浙江文化研究工程成果文庫

浙江文獻集成

李慈銘日記

第十三册

光緒十四年五月初一日起

光緒十七年六月十二日止

［清］李慈銘 著

盧敦基 主 編

何勇强 副主编

浙江大學出版社 ZHEJIANG UNIVERSITY PRESS

·杭州

本册目録

光緒十四年五月初一日至光緒十七年六月十二日
（1888年6月10日—1891年7月17日）

荀學齋日記後乙集之上

荀學齋日記後乙集之下

荀學齋日記癸集上

光緒十四年五月初一日至十二月十六日(1888年6月10日—1889年1月17日)

光緒十有四年戊子夏五月壬子朔　晨及上午晴，酷熱如昨，下午陰，有風，稍涼。得品芳弟南中回電，言僧喜即日來京。庶幾桐杖粗纕，幸有哀子。即作書致敦夫，致介唐，致書玉，告以此事，得介唐復。評點問津諸生課卷。得弢夫書，即復。作致品芳弟書，告以内子臨終及大斂諸事，并處分僧喜進京。作書致弢夫。蓴庭送輓障一軸。夜初更小雨，四更後密雨。

邸鈔：命編修龐鴻文江蘇常熟，丙子。爲雲南正考官，黄桂清貴州鎮寧，癸未。爲副考官；檢討蒯光典安徽合肥，癸未。爲貴州正考官，工部鉛子庫主事趙亮熙四川宜賓，庚申。爲副考官。

初二日癸丑　晨小雨，竟日涼陰，晚有霽色。楊莘伯來唁。敦夫來，介唐來。崇效寺僧玉修率僧九人來轉金剛咒，送以香資十二千。鄭雨卿夫人來唁。是日評點二月望問津諸生課卷訖。凡一百十一人，文題『比及三年可使有勇』，詩題『放出枝頭自在春得春字』，取内課陶喆甡、王奉璋、李家駒等二十名。童卷七十九人，文題『且知方也』，取王德純第一。文多託敦夫代閱。得賀幼甫賀節書，即復，并以去冬課卷兩箱寄去，付郵人錢十二千。子蓴送輓障一軸。得弢夫書，即復。

邸鈔：編修王祖光升國子監司業。

初三日甲寅　晨微陰，巳後晴陰相間，上午甚涼，下午復熱。蔡松甫來唁。龐絅堂來唁，言初七日即奉差行。傅子蓴夫人來唁。敦夫、枚良各送西紗輓障一軸。秉衡、伯循、介夫、鮑陶庵誠叟合送西紗輓障一軸。弢夫送夾紗輓障一軸。介唐、張雲卿各送藍尼輓障一軸。書玉送藍尼輓障及素燭楮鏹。周生學熙、學銘饋節物八合，受其半。賀幼甫再以書送節敬十六金來。署吏送來養廉銀十一兩。介唐夫人來。作書致書玉。付衣賈滕文禮銀十二兩一錢五分，付庖人司馬士容銀八兩，付各家送輓障錢三十八千，天津送卷箱錢六千，周氏送禮使錢三千，付車夫路四車及鞍帷等銀五十五兩五錢。

初四日乙卯　晴，酷熱。日加申地震，數刻始止。內子首七之期，延崇效寺僧九人誦經，晨設祭，用伊蒲饌。黃漱蘭丈、敦夫、伯循、介唐、弢夫、介夫、秉衡、蕚庭、子培、仲弢、班侯、子蓴、胡枚良、駱小圃、謝小崑、郎仁譜、張雲卿、伯榮、子裳、周紳之、緝之、家慧叔俱來吊。儷笙來助喪事。漱丈、慧弟各送藍尼輓障一軸及燭楮。謝小崑惺齋之子。送紫紬輓障及祭筵燭楮。子裳、仁譜、定甹合送尼障一軸。蕚庭送奠銀十兩。班侯送奠銀二兩。介唐、伯循、弢夫、子裳、秉衡、伯榮、子蓴、慧叔各留至送聖而還。介唐、伯循、子蓴夫人、蕚庭如夫人及子蓴第二郎夫人俱來吊。夜二更後客始散，有風，稍涼。付寺僧誦經銀六兩，上祭銀二兩。

初五日丙辰　晴熱如前。繐帳凄然，小設蒲艾靈床，午薦角黍數枚而已。哀哉！晡後身熱不快。作書致書玉，饋食物四合，得復。付寓人車馬樓庫等銀六兩又錢三十一千。

初六日丁巳　晴，熇熱，有風，微陰，夜四更有震雷急雨，旋止。

初七日戊午　歊熱，靉靆，傍晚小雨，有風，旋止。作書致介唐。洪右臣給諫爲其叔開吊，送奠分四千。

初八日己未　晴陰不定。王廉生來吊。何澄齋來。是日評改三月望問津諸生課卷，得七十本，即以其餘三十四本并三取童卷作書乞敦夫代閱。付司廚銀二十七兩二錢。同年郭子鈞丁母憂，送奠銀二金。

初九日庚申　晴。冰玉生日，爲之設水引餅。余比日感熱不食，兼觸引肝气，腹痛多卧，今日始甥飯。亞陶丈來吊。弢夫來。介唐來。作書致子培，託代撰學海堂策問題兩道。族姪灝齋秀才丙吉自太原來京應試，樾薌兄之子也。得孝玟姪書。得書玉書，爲代閱二月望三取書院生童課卷訖。夜評定三取生卷，共五十七人，文題『比及三年可使足民』，詩題『紅杏枝頭春意鬧得紅字』，取内課十名：畢世懷、翁鎧、于文彬、劉鳳翰、常文寯、韓際清、李芬林、向滋、陳文炳、張葆楨。自劉鳳翰以下余所自閱者。童四十人，文題『如其禮樂』。得子培復。

邸鈔：□□□□□綿文補司經局洗馬。

初十日辛酉　晴歊，酷熱，有風。都中陰陽家以是日爲死者出殃之期，江以南謂之轉煞。家人設饌具於内子寢室，床帳、几杖、衣裳如平生。古人下室之祭，亦如是也。對之悽愴不自勝。書玉夫人、資泉夫人及書玉第三女來。得朱虎臣文炳滬上書，言將奉檄閩中，饋鳧脯兩肩，龍井茗四銙，且以余昔年託寄之十二金見還。灝齋姪饋禮物八事，受其黨參、蒲桃幹、醬瓜、磨菌四事。作書致介唐，饋以藕粉、蒲桃乾各一苞，得復。

十一日壬戌　晴，酷熱。内子二七之期，延僧九人誦經，玉皇廟僧。晨設伊蒲齋供。灝齋姪上祭饌一筵，燭楮四事。王可莊同年送藍尼輓幛及燭。爽秋、子虞、濮紫泉合送尼幛，子培送尼幛，花農送尼幛各一軸。紫泉、子培、花農又各送燭楮。謝星海太守送奠分十千。紫泉來，王旭莊來，子虞來，介唐來，馬介臣來。介唐、介臣各送燭楮。子蓴來，復留送聖。花農來。爽秋來，再送素饌一筵，酒一壺，燭楮四事，賜酹奠而去。介唐夫人、書玉夫人、詹黼廷夫人、鄭雨卿夫人、子蓴之姪夫人來，至夜三更始散去。得季士周江陰書，并酬墓志文潤筆銀五十兩，犒其使十千。

十二日癸亥　辰正一刻五分夏至。酷熱，寒暑表至九十分。祀曾祖考妣、祖考妣、本生祖考妣、先考妣，祔以仲弟。子裳來，以一文字相商。得介唐書并代閲問津童卷五十餘本，即復謝。得賀幼甫書，并賻番銀十圓，犒使四千。

邸鈔：命通政使司通政使黄體芳浙江瑞安，癸亥。爲福建正考官，編修吕珮芬安徽旌德，庚辰。爲副考官；翰林院侍講學士惲彦彬江蘇陽湖，辛未。爲廣東正考官，編修褚成博浙江餘杭，庚辰。爲副考官；國子監司業王祖光順天大興，辛未。爲廣西正考官，編修崔永安正白漢軍，庚辰。爲副考官。

十三日甲子　晴，酷熱。作書致子裳、弢夫。作書致書玉。亞陶送洋紬輓額一桁，文曰『轜輅晨遷』。書玉來。朱苗生來。得敦夫書，爲閲問津生卷及三取童卷訖。翁尚書師來詢南來子姓消息，即作復書。得弢夫書。邑人朱連州士璟來拜。比日熱甚多病，不得已剃頭洗足，以自消息老景。

邸鈔：詔：十六日親詣大高殿祈雨。

十四日乙丑　晨及上午晴，午後多陰，炎威少減。龐劬庵來吊。繆筱珊來吊。敦夫來。子培來。得品芳弟書，言僧喜定於初八日首途，族弟幼薌之子孝北及心雲之僕王福隨之來京。此事雖差慰老懷，而炎夏長征，稚年孤苦，令人悽惻。弢夫爲閲三取生卷訖。

十五日丙寅　晴，微陰，稍凉，下午埃𪑠，有雨，即止，晚晴，頗凉。作書致敦夫。是日閲定三月望問津、三取兩書院生童課卷訖。問津諸生百四人，文題『子曰弟子入則孝』兩章，詩題『一院有花春晝永得春字』，取内課華世奎、陶喆甡、張克家、李家駒、鄧承鏞、王奉璋等二十名；童七十七人，文題『子曰弟子』，取内課韋銘勳等十名。三取生五十六人，文題『子曰君子食無求飽至富而好禮也』，詩題『八荒無事詔書稀得稀字』，取内課李廷鈐、李芬、陳文炳等十名；童三十八人，文題『子曰可也』。得介唐書。得子培書，爲代擬學海堂策題兩道，一《易》學，一黄河流徙。灝齋姪來。祀屋之故主。兩日來料理節帳，付隆興厚紬布銀四十二兩，協泰米鋪銀二十兩，同興石炭銀十七兩，吉慶昌乾果銀十兩八錢，廣慎厚乾果銀九兩五錢，天全木廠銀十二兩，福隆堂酒食銀六兩五錢，松竹齋銀六兩，同成香油銀六兩二錢，聚福齋麵食銀四兩五錢，賣花媼銀十一兩。是夕望，月甚佳。

邸鈔：上諭：瞿鴻禨奏在籍前廣東高廉道陸心源因國子監廣求書籍，選擇家藏舊書二百五十種計二千四百餘卷，附以所刊叢書等三百餘卷，願行捐送到監，洵屬稽古尚義。伊子廩生陸樹藩、附生陸樹屏均賞給國子監學正銜，以示嘉獎。

十六日丁卯　晨微陰，頗凉，巳後晴，復熱，下午霎𩄶多陰，晡有小雨，即止，晚凉。自寫策問一道，以第二道作書致灝齋姪寫之。金忠甫來吊。盛伯羲同年送紫段輓障一軸，文曰『遺挂風凄』。蓴庭來。灝齋姪來。作書致賀幼甫，寄去課卷兩箱，題目九紙，并還去年代付《宋史》直銀十一兩五錢。夜月出皎然，入鑒繐帷，倍增凄絶。

十七日戊辰　晴陰埃䁤，大風，歊熱。補寫日記。得周玉山書，送藍緞輓障一軸，奠儀二十金，犒使十二千，作書致其兩郎紳之、緝之。晚風稍止，高柳送凉，移几庭中小坐，讀《中州集》，大半亂離哀怨之詩，不勝棖觸，拈筆寫數絶句以遣悲懷。

悼亡絶句十四首

半年扶病禮慈龕，攲枕支床百苦淹。枉費金剛持咒力，羡人彈指證瞿曇。

少年作婦備貧辛，半世齏鹽不入唇。轉幸消摇從此去，蓮臺長得斷紅塵。

家法相傳佛影臺，羡君此日見如來。應知大母先含笑，璚鑰經房爲汝開。大母倪太淑人有絳跗閣，禮觀音，遺命以付内子，兵亂后，閣久爲劫灰矣。

入棺隨例布襦裙，誓戒精嚴絶縵文。購得黄綾經字被，爲君稽首覆慈雲。

閨門相敬儼朝廷，分手無言即化城。四十七年前合巹，三杯冷奠了平生。内子酒戒甚嚴，臨没遺言以明水爲奠。

痛絶秋風卧茂陵，露香寒禱佛前燈。而今鷄骨支缞杖，慟告靈床總不膺。去秋余病危時，内子每夕五更起禱佛，乞以身代。

生死明知等夢中，睡醒偏奈五更風。從頭細數平生事，那有歡懷一晌同。

壯游老病百難諧，貧賤生涯事事乖。差得靈床含笑去，幸無兒女累君懷。

白頭辛苦綴衣袽，蓋篋丁零手自儲。今日遍教施婢媪，寸縑尺布不成書。

墮地萱堂痛早萎，婿鄉不盡陸沉哀。布包遠寄吴剛婦，留得孤嬰慰夜臺。内子母，余姑也，娩後三月即亡，外舅亦早卒，遺有兩子，皆娶婦有孫。辛酉之變，全家溺死，祇存一五歲之孤姪女，内子取撫之，長嫁州山吴氏，今以遺衣一篋寄之。

一房青豆力經營，掃地焚香待旦明。今日積塵鋪坐具，忍看遺讖佛長生。去年之杪，余書内子經閣桃符爲『佛長生』三字，時已病篤，一日忽悟爲人弗長生也，竟成讖語，哀哉！

戒珠清净斷知聞，不誦周南德自薰。贏得髽縗諸妾慟，人天皈祝魏城君。

頻年勸我買青山，撒手誰知竟不還。終了千秋同穴願，白雲含笑話人間。

百事傷心到盡頭，五倫缺陷幾生修。祇須收拾殘年淚，鐘動鷄鳴各自休。

夏晚遺懷三首

小雨初過衆緑香，高槐猶自眷斜陽。明知光景無多駐，且領風前一晌凉。

像設虚堂午篆清，轉經空自説無生。新蟬囀到庭前樹，又是人間第一聲。

空房日晚怯啼鴉，婢媪猶供夕膳茶。明月不知人已去，繐帷來照佛前花。

邸鈔：前湖廣總督李瀚章至京陛見。外閣謂何事召之，實無其事。户科給事中張元普轉刑科掌印給事中。

十八日己巳　晴，酷熱，寒暑表至九十一分。内子三七之期，延玉皇廟僧九人誦經。敦夫來。灝齋姪來。子蕁來。盛伯羲來。婁儷笙來。鄭雨卿夫人來。子蕁第三郎夫人來。子蕁、敦夫皆留送聖，至夜散。畫師黄元琳繪像成，送潤筆銀八兩。付鍾榮齋買棺銀六十兩。得益吾祭酒初六日江陰書并劾太監李連英奏稿，其言甚激切，爲之憂念。傍晚陰悶，夜一更後大風。付寺僧香資四兩，上齋供銀二兩，儭錢十八千，紙樓庫等銀一兩五錢，司廚賞十八千。

十九日庚午　晨及午晴，酷熱，下午微陰埃霾，晡後陰，傍晚雷，有急雨，即止。弢夫來。

二十日辛未　晴熱如前，下午益酷。陶子方布政來。王芾卿來吊。庚午同年朱少蓮炳熊、金忠甫、朱苗生、黄松泉編修福楙、童庶常祥熊合送藍尼輓障及燭楮。是日以内子所遺衾褥等分賦諸庸媪，愴惻不自勝。始撰内子輓聯二，以洋布書之，云：『自幼育重闈到老分歧無一語；平生遺萬憾蓋棺營奠已虚文。』又云：『暮景泣幺絃風霜慘澹人間世；空房愴遺挂燈火淒迷佛影臺。』作書致敦夫，爲託鍾榮齋再加棺上漆飾。介唐夫人來送楮箱兩對。作書致弢夫，得復。

二十一日壬申　晴，酷熱，寒暑表至九十三四分。作書致介唐，爲辭其夫人欲爲内子作四七功德。得介唐書，再固辭之。作復益吾祭酒書。介唐來。夜熱甚，不食，早睡。

二十二日癸酉　晴陰埃霾，酷暑，寒暑表至九十四分。庚午同年童次山庶常祥熊、黄松泉編修、朱少蓮比部各來吊。是日評閲國子監南學卷，得李澤蘭一卷《説文大徐所補十九文得失及後出逸字考》，折衷段、嚴兩家之説，頗駁鄭子尹諸人，文字謹嚴，具有心得，一時能手也。

邸鈔：命編修陳懋侯福建閩縣，丙子。爲湖南正考官，馮煦江蘇金壇，丙戌探花。爲副考官；張百熙湖南長沙，甲戌。爲四川正考官，修撰趙以炯貴州貴陽，丙戌狀元。爲副考官；編修孔祥霖山東曲阜，丁丑。爲甘肅正考官，周克寬湖南武陵，丁丑。爲副考官。

二十三日甲戌　晴，酷熱益甚，傍晚風，晚少涼。評閲南學卷。是日以熱甚，再作書致介唐辭誦經功德。灝齋姪來，以太谷人所製龜齡集藥爲贈。得介唐復。得張生大仕書，并饋橘紅一餅。

邸鈔：詔：二十六日再親詣大高殿祈雨。　廣東肇慶府知府紹榮升湖南鹽法長寶道。

二十四日乙亥　晴，酷熱如前。書玉來。敦夫來談竟日去。作書致介唐，致書玉。

邸鈔：户部郎中吴澍霖授廣東肇慶府知府。

二十五日丙子　晴，酷暑，傍晚大風。内子四七之期，介唐中允及其夫人送禪經一日并素饌一筵，楮箱兩對，燭一對，楮繦四挂，供佛香燭一副。劉生曾枚送尼幛一軸。得弢夫書，即復。敦夫來。介唐來。桑叔雅來。陳資泉來。劉條甫來。晡後從子僧喜及族子念萱到京，心雲之僕王福送之來。僧喜生十四年矣，名孝璘，爲更名曰孝銮，於内子靈床前易縗服，撫之哀慟。子蓴來，傍晚偕敦夫、介堂、資泉同留送聖。介唐夫人來。鄭雨卿夫人來。

從子僧喜聞赴冒暑南來生十四年矣撫之泫然成詠二首

不見汝生長，間關冒暑來。形容真我弟，先後襲重縗。始見衰門寶，彌深逝者哀。靈床有喪主，一慟告泉臺。

六月風濤惡，縈嫠泣倚閭。乍看疑是夢，痛定益憐渠。怕問家門事，差完骨肉居。吾衰今已甚，成立待何如。

二十六日丁丑　晴，酷暑益熾。得王氏妹書、鄭妹夫書、品芳弟書、詩舫、楚材弟書、莭仙弟書、穎堂弟書、四弟婦書。大妹寄彘脯一肩，番銀十圓；三妹寄笋尖、毛笋尖、笋乾、魚乾、乾菜共四簍，茶葉一合，番銀十圓；詩舫弟寄仙居朮一匣，奠銀一圓；楚材弟寄燕窩一匣，奠銀一圓；品芳弟寄奠銀一圓；穎堂弟寄茶葉一簍，奠銀一圓；鳳妹寄蘆菔乾一簍，奠銀兩圓；隱修庵寄龍眼一簍，日鑄新茶一苞；舊佃人徐國安寄彘脯一肩；徐仲凡寄奠銀四圓。作書致介唐。發電報至家，言僧喜、孝北等平安到京，凡十八字，付番銀三圓。同年李玉舟禮部、龐劬庵、楊莘伯兩編修、王芾卿送祭菜一筵來爲內子設奠，始命僧喜爲喪主。徐石甫郎中麟光來，以其大父鐵孫觀察所繪梅花册子乞題。

二十七日戊寅　晴，酷暑。作書致弢夫，得復，以黃漱丈明日行，屬爲致意也。叔雅送青尼幛一軸。以食物分詒介唐、黼庭、蕚庭、書玉、爽秋，得爽秋復。

邸鈔：新授湖南巡撫王文韶到京。

二十八日己卯　丑初三刻十三分小暑，六月節。晴，酷暑。弢夫來。敦夫來。午後微陰，小雨，即止。得弢夫書。作書致子培。

二十九日庚辰小盡　晴，酷暑。仲弢來。子培來。得姪僧慧書，僧慧幼失父母，先妣嘗命其呼予爲父，今日書來，自稱守制，亦可憐也。

邸鈔：翰林院侍讀丁立幹轉補侍讀，司經局洗馬黃卓元升侍讀。

六月辛巳朔　晴陰霎靆，酷暑。莘伯來，余託其代白翁尚書師，請爲内人點主也。周世講衍齡送尼障一軸，荇農閣學之孫也。

初二日壬午　晴陰相間，下午多陰，酷暑不減。鍾六英太僕來吊。夜五更家人起奠内子。

初三日癸未　晨及上午晴陰埃𣋠，午後大雨，有雷，晡晴。内子五七之期，延玉皇廟僧九人誦經設齋。介唐來。弢夫來。敦夫來。婁儷笙來。灝齋姪來。子蕁來。子蕁、介唐各送燭楮。鍾六英送奠儀十二千及燭楮。介唐夫人、雨卿夫人、子蕁之姪夫人來。夜灝齋姪爲内人設焰口功德道場，并祭菜一筵及燭楮。何澄齋來。

邸鈔：詔：初六日仍親詣大高殿祈雨。上諭：張曜奏遵旨察看道府，據實覆陳一摺。山東督糧道鐸洛崙任用家丁，致被參奏，前經該撫飭令驅逐，仍留在署管事，並有借給幫官庫款銀兩及收受餽送壽禮等情，實屬不知檢束。鐸洛崙著交部議處。青州府知府裕彬雖據聲稱該員心地樸厚，尚無別項劣迹，仍著張曜隨時察看，如不知振作，即行據實參劾。

初四日甲申　晴，酷暑。具柬致王可莊同年，請爲内子書主，且分柬同人。作書致仲弢，請明日代詣翁尚書師送柬。

初五日乙酉　晴，酷暑。楊定旉昨補山東道御史，來拜。作書致弢夫。作書致仲弢。仲弢來，偕灝齋姪詣翁常熟送柬，請十一日至崇效寺爲内子點主。陶子方布政餽銀十二兩爲别。

初六日丙戌　晨及上午晴，午後陰曀。早起，爲蔡松甫、胡伯榮書摺扇。作書作松甫，爲灝齋姪國子監考到送贄也。儷笙來。殷蕁庭來。鎮江劉建伯家立郡丞、樾仲家蔭舍人兄弟送尼障一軸。得陸漁笙明州書。比日患痔，甚覺委頓。夜大雨，有雷，二更稍止。付司廚公砝足銀二十兩。

初七日丁亥　晨及上午晴陰埃曀，午後多陰，間有小雨。早起小食，忽胸腹不快，歐瀉兼作，竟日昏眩。付崇效寺香資十二金，與主僧玉修定議以藏經閣東箱三間爲内人殯屋，每月房租六金。吾鄉士大夫旅殯多在廣慧寺、妙光閣兩處，月不過京錢十四五千，不及銀一兩，今五倍之，以内子好修凈業，寺在城南之偏，素不亭殯，無旅魄雜處之嫌，冀以供奉優曇，隨緣梵唄也。得吴澂夫滬上書，唁内子之喪。得内姪婿吴士麟仁瑞山陰書，并魚乾等物。

邸鈔：以内閣侍讀學士壽蔭爲太僕寺卿。

初八日戊子　晨及上午晴陰蒸溽，下午陰，晡後大雨雷雹。身熱小極不快，多卧客次榻上，閲雜詩自遣。子培來。

邸鈔：上諭：吏部奏部務繁重，請添設司員額缺一摺。吏部文選司事務繁重，近年更甚於前，據稱該司額缺本少，不足以資分任，自係實在情形，著照所請，准其添設文選司滿漢郎中、員外郎、主事各一缺。此外各衙門不得援以爲例。

初九日己丑　晴溽酷暑。敦夫來。儷笙來。韓庶常培森來吊。方比部濟寛來吊，勉夫之子也。周世講衍齡來吊。爲内子作藏宔龕於堂。庚午同年、庚辰同年、浙江同鄉皆送公障。

初十日庚寅　初伏。晨及上午晴陰靉靆，午陰，下午小雨，晚雲合，大雨雷電，至二更稍止。内子六七之期，書玉及其夫人送朱提八兩爲誦經齋祭之費，答以代帛銀四兩，代果合番銀二圓，書玉來奠祭。延玉皇廟僧九人誦經。敦夫來。介唐來。蕚庭來。楊莘伯來。胡枚良來。伯榮來。王子裳來。謝贊臣來。方小雅濟寛來。儷笙來。劉世講曾枚來。詹世講樹敏來，饋祭菜一筵。花農來，饋祭菜一筵。𤿧夫、仲𤿧來，合饋祭菜一筵。王可莊來書宔。函中文曰：淑人會稽馬氏，竺香公樹本女，同邑光緒庚辰科進士、户部江南司郎中加三級越縵李公慈銘元配，道光甲申年九月十八日午時生，光緒戊子年四月二十八日申時卒於京師。户部以季弟提舉惠銘次男孝璘爲嗣，改名孝臹。歸葬於某山。賜進士及第、翰林院修撰、上書房行走年侍生王仁堪拜書。賜進士及第、太子少保、户部尚書、毓慶宫行走、通家生翁同龢點主。

周介甫來。馬叔良來。慧叔弟來，灝齋姪來。介唐夫人、書玉夫人、黼庭夫人、雨卿夫人、駱越樵夫人、伯循夫人、慧叔夫人來。夜延僧九人作瑜伽焰口道場。密雨屢作，至曉不絶。翁叔平師送奠銀四兩。楊莘伯送奠銀二圓。劉絛甫送奠銀二兩。

十一日辛卯　晨小雨，已漸止，日出，上午後晴溽酷暑，傍晚小雨。辰刻發引，率僧喜及家人行祖奠禮，秉衡、介甫贊禮。作文告内子，哀慟不自勝。巳刻柩行，步送由閻王廟街、南横街、粉坊、瑠璃街，至大街易大輴，舁者四十八人，吉凶威儀百餘事，送者車數十輛。弢夫、蕚庭、子裳、班侯、仲弢、子培、紫泉、爽秋、茀卿、花農、仁圃、苗生、書玉、敦夫、介唐、秉衡、介夫、伯循、枚良、謝贊臣、胡伯縈各設道祭，爲雨棚於逵旁。午初抵崇效寺，安殯於藏經閣之東室。諸賓客先待於寺，子蓴、叔雅、章黼卿、李玉舟、楊定旉、周雨卿、周紳之亦至。繆筱珊具祭席來奠。黼庭、伯循、介唐、書玉、蕚庭、慧叔諸夫人皆哭盡哀。午未間叔平師來，先吊，後行點主禮，劬庵、莘伯、花農、仲弢四同年太史贊禮。晡後畢事，賓客皆散，敦夫、介唐、伯循、秉衡、儷笙留至傍晚同歸。晚懸三代神位圖，祭曾祖考妣、祖考妣、本生祖考妣、先考妣畢，虞祭内子，奉其主入龕。

祭内子馬淑人文

嗚呼淑人！我之外姊，生而姑背，育於外氏。維先大母，痛姑之亡，恩斯勤斯，視如孫行。我於淑人，五年以幼，大母愛之，妃爲嘉耦。歲在壬寅，淑人來歸，青廬未徹，已設喪帷。大母之終，殁而猶視，不延晷刻，見婦來至。平生酷痛，已備初來，自是迄今，身萃百哀。先喪我考，繼喪我妣，奉佛長齋，以祈福祉。我困諸生，憤而遠游，何圖寇禍，焚及寢丘。滄海幸平，田宅遂覆，食貧茹荼，忍而弗告。我老登第，仍守訾郎，索米長安，棄汝於鄉。癸未之春，淑人南來，方期晚歲，博汝顔開。豈謂汝來，與疾俱至，日瘁月凋，未嘗啓齒。昔歲之秋，我疾瀕危，淑人泣禱，以身代甾。我杖而行，汝遂卧簀，百苦備嘗，自求速絶。汝修净業，雖病益虔，胡彼慈氏，忍弗汝憐。憶自結褵，四十七稔，無子無孫，溘然以霣。我季有子，生十四齡，匍匐南至，縗杖告靈。嗚呼我生，降禍弗迭，垂暮窮途，首丘無日。崇效古寺，帝城之南，藏經閣下，花滿優曇。地無旅殯，鐘晨磬夕，精舍三楹，暫安汝魄。嗚呼淑人，生死異路，去此寢堂，號咷誰訴。兹當發引，薄薦一杯，汝柩在殯，魂兮歸來。嗚呼哀哉！尚饗。

邸鈔：詔：以迭沛甘霖，郊原霑足，於十三日親詣大高殿報謝，分命諸王、貝勒詣時應諸宫廟。前陝西督糧道善聯補山東督糧道。御史殷李堯升户科給事中。

十二日壬辰　晴陰相間。是日憊劣殊甚。得朱虎臣是月四日滬上書，并賻洋銀四圓。

邸鈔：命吏部右侍郎郎景善正白滿洲，癸亥。爲江西正考官，編修朱祖謀浙江歸安，癸未。爲副考官；内閣學士錢桂森江蘇泰州，庚戌。爲浙江正考官，編修吴樹梅山東歷城，丙子。爲副考官；馮光遹江蘇陽湖，甲戌。爲湖北正考官，户科給事中殷李堯江蘇昭文，丙子。爲副考官。左春坊左中允崔國因升翰林院侍講。詔：前雲貴總督劉長佑之子二品蔭生以通判用劉思謙加恩以同知用，伊孫光禄寺署正劉繩武加恩以主事用。

十三日癸巳　晴。家人詣崇效寺奠内子殯宫。儷笙來。萬薇生户部兄弟送尼障一軸。剃頭。付崇效寺房茶灑掃等銀十六兩，付賃屋銀六兩。

十四日甲午　戌初一刻九分大暑，六月中。晴，微陰，酷暑。得品芳前月二十七日里中書。子縝之子譽光自濟南來應京兆試。得施均甫書。

閲近人巴郡王劼《毛詩讀》，凡三十卷，咸豐乙卯刻於成都。自序謂初爲《毛詩述義》，與包慎伯、陳碩甫相商権，道光戊申於南昌舟次失去，歸田後重輯此書。大抵掊擊鄭箋，以朱子《集傳》爲不足辨，而謂《詩》皆是責備臣道之辭，寓言婦德。《關雎》序言后妃，后妃謂王者之匹偶，引《晉語》『若翟公子吾是之依兮，鎮撫國家惟王妃兮』，韋昭注言重耳當霸諸侯，爲王妃偶，以證后者，王也，妃者，匹也。后妃之德，言賢臣當匹其君之德。不特《周》《召》爲后妃，即《文王》亦爲后妃。《雅》則后妃之政有大小者也，《頌》則美后妃之成功者也，變則非其后妃者也。舊説誤后妃爲王后，他經前史無稱王后爲后妃者。《周書》之后皆斥王；《周禮》皆稱王后不稱妃；《何彼襛矣》序云下王后一等，《葛覃》傳云王后織玄紞，與《周禮》合；惟《關雎》八篇序傳合正喻二義，而立后妃之名，示人以臣道之重，有偶王之責，不得如後世公卿徒卑以自牧也。所言皆狂悍迂曲，絶不可通，雖亦頗講古本章句及典禮名物，而大端已謬，其文義又多故爲晦窒，不足取也。

十五日乙未　晴，酷暑又熾。授僧喜讀《春秋左傳》，用道光御定《春秋左傳》讀本，黄左田、程春海、祁文端諸公所纂者。時程、祁皆以翰編直南齋，注釋兼采諸家，極爲簡明，而大義微言，條旨全備，多正杜氏之失，而不存駁辨之語，是讀本之最善者。周玉山按察來。是日望，比夕頗有佳月。付司廚銀五十三兩五錢。作書致賀幼甫，并是月望課題。

十六日丙申　晴，微陰，酷暑。作致趙桐孫書。得賀幼甫書。作書致儷笙、灝齋姪。弢夫來。儷笙爲送玉如意來。灝齋姪來。作致品芳弟書。作書致介唐，得復。付崇效寺明日齋懺等銀十兩。

邸鈔：詔：禮部尚書奎潤等奏明年正月大婚禮成，請加上皇太后徽號一摺。聖慈謙抑爲懷，未蒙允許，朕竭誠籲懇，至於再三，始荷俯如所請。所有應行事宜，著各該衙門敬謹豫備。塔爾巴哈臺參贊大臣錫綸卒。詔：錫綸於同治年間由郎中補授哈密幫辦大臣，堅守危城，隨勦回逆，卓著勤勞。嗣補巴哈臺參贊大臣，署理伊犁將軍，宣力邊疆，勇於任事。前因患病，賞假調理。兹聞溘逝，軫惜殊深。加恩照副都統例賜恤，靈柩回旗時沿途地方官妥爲照料。以翰林院侍讀學士岳琪爲詹事府少詹事。

十七日丁酉　晴。内子七七之期，家人及孝北姪、灝齋姪俱詣崇效寺設奠，延僧九人誦經，介唐夫人、書玉夫人皆往，至晚歸。作致僧慧書，告以爲人後之義無兼祧之説。作致季弟婦書、致三妹書、致鳳妹書、致三弟、五弟書，作致心雲書，俱封入致品芳函中。子培來。始食新蓮子。

十八日戊戌　晴，酷暑。王夔石中丞來。天津門生陶喆甡來。楊定旉來告其婦李之喪。蓴庭饋西瓜。

十九日己亥　晴陰相間，下午多風。始出謝吊。晤書玉。詣翁尚書師謝點主，饋禮四事，三鑲玉如意一柄，松竹古錦雜佩五事，金壇相國于文襄書乾隆御製詩兩册，天台萬年藤杖一枝。僅收藤杖一枝。傍晚歸。是日晤龐劬庵，言近聞鄭工危甚，走掃甚多。

邸鈔：皇太后懿旨：皇帝明年正月大婚禮成，應即親裁大政，以慰天下臣民之望。著欽天監於明年二月内選擇歸政吉期具奏。

二十日庚子　中伏。晨及上午晴陰相間，午晴，酷暑甚熾，晡後大風驟雨，有雷，至晚稍止。敦夫來。午後詣台州館謝吊，且唁定旉喪耦，即歸。謝王可莊書主，饋禮四事。棗紅江紬一匹，松竹古錦雜佩五事，酒兩壜，彘脯兩肩。得可莊復書，僅收雜佩。饋介唐及黼庭夫人西瓜。始以瓜薦先。

二十一日辛丑　晴，酷暑。作書致可莊，再送紅紬去，得復。作書致仲弢，饋以松竹古錦雜佩五事，彘脯兩肩。午後出門謝吊數十家，晤敦夫、秉衡、子培，傍晚歸。饋儷笙松竹古錦雜佩一匣，酒兩壜。作書致灝齋。

二十二日壬寅　晴，酷暑甚厲，寒暑表復至九十餘分。得仲弢書。作書致楊莘伯，饋以彘脯兩肩，西瓜六枚。灝齋姪來。可莊來，可莊今日得江南副主考。王中丞文韶饋銀八兩爲別。得桐孫天津復書。

邸鈔：皇太后懿旨：明年二月初三日歸政。命翰林院侍讀學士李文田廣東順德，己未。爲江南正考官，修撰王仁堪福建閩縣，丁丑。爲副考官；編修戴兆春浙江錢唐，丁丑。爲陝西正考官，周錫恩湖北羅田，癸未。爲副考官。

二十三日癸卯　晨及上午晴，酷暑，暑表至九十五分，下午多陰，晡後冰雹大雷雨，以風大，木多拔，傍晚稍止，晚復密雨震雷，一更後止。王芾卿來。庭中手植二柳，大皆合圍，今日風拔其一。庭廣僅三丈，房屋四周，樹不甚高，風雖烈而不久，忽有此異，爲之歎息。騶人以今日爲馬祖生日，祀之於廄，付以牲果錢十二千。得楊莘伯書。作書問濮紫泉疾，得復。

二十四日甲辰　晴陰鬱溽，晡後小雨。是日補寫一月來日記畢，多放佛，不能盡記矣。弢夫來。

邸鈔：上諭：彭玉麐奏痼疾難痊，懇請開缺，並開去差使一摺。彭玉麐巡閲長江，勳勤卓著，近年因病屢請開缺，未經允准。兹復據奏病勢增重，情詞懇切，不得不勉如所請，以示體恤。兵部尚書彭玉麐著准其開缺回籍安心調理，其長江水師巡閲差使毋庸開去，即責成李成謀認真經理。彭玉麐不必拘定假期，一俟病體稍愈，仍著照舊任事，以副朝廷倚畀至意。

二十五日乙巳　晴，酷暑。閲《誠齋易傳》。

二十六日丙午　晨及午晴，下午多陰，傍晚小雨數作，夜大雨雷電，至三更止。皇上萬壽慶節。呼南西門外種樹者八人來扶所仆柳，半日始起，已去枝條大半矣，賞以錢六十千。剃頭。介唐夫人來，見其第二女，送果合、洋銀兩圓。作書致周介夫，饋以西瓜十枚，林檎、魚乾各一合。是日酷暑，暑表復至九十三分，夜得雨，仍不凉。

二十七日丁未　晴，酷暑。小極多倦。

閲《四庫》本宋趙昌父蕃詩集，凡《乾道稿》一卷，《淳熙稿》二十卷，《章泉稿》五卷。昌父事蹟附見《宋史·文苑傳》，以祖蔭得官，不過簿宰之秩，平生大半隱居，而以老壽，官至直祕閣，没，得謚文節，可謂儒生殊遇。素與朱子及楊誠齋等交契，其詩頗爲當時稱重，與韓淲澗泉有二泉先生之稱。其五古頗淵原陶詩，五律七律胎息中唐，具有灑落自然之致。又詩中多言梅花及山林閑適之趣，故筆墨間亦時覺蕭然塵外。惟根柢太淺，語多槎枒，時墮江湖、擊壤兩派。《章泉稿》後附雜文二首，亦迂冗不足觀。

周生緝之來。生頗究心算學，言近閲代數疏已能得其奥窔，與之論金元疆域及東北邊地沿革之略，亦能了了，少年雋才也。子培來夜談，以所撰行略乞爲母夫人韓太恭人七秩壽序。近來文字之債山積，奈何！　夜患腹痛，比曉兩發舊疾。

二十八日戊申　晴陰埃隺，上午時有烈景。介唐來。得王子獻是月十六日里中書。亡室卒至今六十日，用素饌奠之，介唐夫人送楮泉。令僕輩汛掃客次東箱及外院東屋，稍整理之。圃中栽紅蓼、鷄冠花。是日上生日。夜稍涼。

二十九日己酉　晴，酷暑。灝齋姪來寓邸中。子裳來，弢夫來。得花農書，爲均甫送來奠銀四兩，即復。内姪婿吴士麟書來，寄奠洋銀六圓。印結局送來是月公費銀二十九兩。下午多陰，夜陰，三更時大雨雷電，烈風暴甚，庭中所扶柳復拔。

三十日庚戌　末伏。午初三刻立秋，七月節。晴。

秋七月辛亥朔　晨及上午晴，酷暑如故，下午晴陰相間，晡後有風，晚涼。詣先賢祠拈香行禮，始薦瓜。又詣靈氾分祠及銅觀音堂拈香。答詣王可莊，賀典試江南之喜，不值。詣仲弢、爽秋，俱不值。詣子蕁晤談，傍晚歸。得婁秉衡書，以陳六舟皖撫致合肥書及合肥答書見示，爲去年合肥從子名天鉞，故甘涼道鶴章子，拔貢，捐納郎中。里中殺人事也。同年孫葆田爲合肥令，力持之，而廬州守黄雲本無賴小人，必欲消弭其事，以爲挾命訛詐，六舟亦游移，臬使張君岳年不肯同，故讞久不決。孫君山東人，由户部主事政官，素有學守，既持此獄，合肥人以包孝肅目之，而合肥相國書謂其專務搏擊强家，比之《漢書》酷吏矣。書玉來。得族弟鼎銘六月十九日南昌書，言中丞德君本以余故爲薦之瑞方伯，又爲人讒沮，此亦其命矣。

初二日壬子　晨及上午陰，午後晴陰靉靆，晚陰，甚涼。秉衡饋深溝湯羊肉一器，作小啓復謝。爽秋來。鄰巷胡鼎臣同年來，求爲其鄉試座主崇文山尚書作六秩壽序，可謂貿貿矣。庭中伐去所拔柳，手植之十年矣，撫之慨歎，兩日以來，便覺院宇改觀，窗檻失色。

初三日癸丑　晨陰，上午後復晴，傍晚頗有爽气。庭中種柳處補栽紫薇一樹，付錢十千，作花甚繁，聊以遺意。岑伯豫來，言其尊人彥卿宮保報效海軍衙門萬金，已由郎中加賞道員，將赴山西候補。郎仁譜來。劉仙洲夫人來，以雜佩四事爲僧喜觀禮。剃頭。

邸鈔：以吏部右侍郎許庚身爲兵部尚書，以工部左侍郎孫毓汶調補吏部右侍郎，工部右侍郎徐用儀轉補左侍郎，以内閣學士汪鳴鑾爲工部右侍郎。

初四日甲寅　晴，炎暑復熾。弢夫來。自昨晚坐庭下微覺中凉，夜患咽痛，今日發熱小極，微軀多沴，暮景滋悲。得弢夫書，再約初八日携子姪小游天寧寺。因知良友計遣窮愁，然室人新喪，何心出飲？鼓盆爲達，余病未能。作片致胡鼎臣，辭以不能作壽文。潘伯寅尚書送青尼障一軸於崇效寺内子殯宫，犒使四千。

邸鈔：□□□□□恩佑授四川川北兵備道。本任道黄槐森丁憂。

初五日乙卯　晨微晴，上午雨作，下午大雨震霆，至晚稍止，凉甚。作書致弢夫辭飲，得復。作書致慧叔，饋以龍眼肉及鮮藕。竟日不食，飲稀粥，服生地、當歸、扁豆、甘草、藕汁湯。得胡鼎臣書，即復。夜大雨至旦。

初六日丙辰　晨大雨，上午稍止，午後陰溽小雨，微見日景。是日甚凉，須袷衣小帽矣。竟日評閲學海堂諸生卷。得胡鼎臣書。灝齋姪赴金臺書院决科試。夜病嗽甚劇。

初七日丁巳　晴，下午間陰。先君子生日，供饋。子培來。書玉來。同邑阮知府祖棠來。倪儒粟來，以秀水潘和叔振節所繪錢江仕女横卷，及西洋鏡、葉明角梳刷等三事，香露兩瓶，新菌兩瓶爲贈，并送亡室奠銀二兩。晡時詣妙光閣吊楊定旉夫人之喪，送藍尼輓障一軸，晤弢夫、仁譜，傍晚歸。夜家人小設乞巧筵，與諸姪小飲。是日復患咯血。

初八日戊午　晨陰，上午小雨，午後大雨至晚。評改學海諸生課卷訖，再閲諸童卷。夜雨聲徹旦。

邸鈔：命國子監祭酒宗室盛昱丁丑。爲山東正考官，編修陳與冏福建閩侯縣，庚辰。爲副考官；翰林院侍講學士徐會澧山東諸城，戊辰。爲山西正考官，編修吴同甲江蘇高郵，庚辰。爲副考官；侍講學士長萃滿洲，丙子。爲河南正考官，編修劉名譽廣西臨桂，庚辰。爲副考官。

初九日己未　晨及上午小雨時作，午後漸霽。是日評閲學海堂生童課卷訖。『易互卦變卦之義孰長解』，『禘祫大小解』，『論語皇疏真僞考』，『張温暨艷論』，『科舉不壞人材及不必改法論』，『清明上河圖賦以東都舊事傳畫擇端爲韵』，『紅桃碧柳禊堂春賦以題爲韵』，『翠添鄰墅竹得鄰字』、『紅照屋山花得紅字』五言八韵二首。生三十人，取張大仕、陳澤霖等内課七名；童二十四人，取内課一名。邑人范炎來。

初十日庚申　晴熱。作書致倪儒粟謝所贈，犒其使六千。作書致敦夫、介唐，約過談，得敦夫復。《左傳·桓二年》：『藻率鞞鞛，鞶厲游纓，昭其數也。』《正義》引服虔注：『藻畫、藻率，刷巾。《禮》有刷巾。』杜注以藻率爲藉玉之韋，是一物，而駁服説。《禮》有刷巾，事無所出，且哀伯謂之昭數，固應禮之大者，不當擧拭物之巾。案：服蓋讀藻爲繅，讀率爲帥。帥爲『帨』之本字，訓佩巾。古『率』『帥』字通，後人通假爲『䢦』『衛』字，是服説非無所出。惟單以『藻』字爲繅藉，既近不辭，而與刷巾亦非同類，且巾何足以昭數？孔説亦是。藉玉用韋，飾刀用革，鞞是刀室，古謂之刀削，以革爲之。鞛是刀本，所謂刀環，亦以革裹之。刀鞞飾以珧曰琫，諸侯則以玉。鞛飾以玉曰珌，諸侯則以金。珌，古作『琿』。故擧物之同類言之，繅藉、刀飾皆有命數，故曰昭數。繅藉謂之率，古雖無徵，疑當時有此語，如鞶厲之比。古人行文，往往用它字足成之。鞶厲之鞶，當讀如《周禮・巾車》『玉路樊纓，十有再就』之樊，鄭注樊讀如鞶帶之鞶，謂今馬大帶也。賈、服及杜氏皆以鞶爲紳帶，不知上文『帶裳幅舄』之帶是紳帶，故與裳並言。杜注以爲革帶者，非。此句鞶帶游纓，皆主車馬之飾言，游即『巾車大常，十有二斿』之斿，纓即『樊纓』之纓，禮家所謂當胸，後鄭以爲馬鞅者是也。馬鞅夾馬之頸，猶人冠之有纓結於頷下。樊纓斿皆有多少之數，故曰昭其數也。解經不必求新，惟比類合誼而已。今日因授僧喜此傳，略一發之。

敦夫來。介唐來。弢夫來。傍晚夕陽在樹，偕諸君坐庭下戲擲采選格兩周，夜飯後去。

邸鈔：上諭：本日據李鴻藻等奏伏秋汛至，請停緩大工，俟秋汛稍平接辦一摺。覽奏殊深憤懣。自上年八月鄭工漫口，迭諭該河督等迅籌堵築，先後發給工需銀九百萬兩，明旨電諭，三令五申，乃該河督等遷延觀望，節經嚴旨催辦，至歲杪始開工。幸自春徂秋，水勢極平，爲向來所未有。前據奏報，僅餘六占未進，不日可望合龍，滿冀早蕆全功，俾數百萬灾黎同登衽席。詎自上月二十一日西垻捆廂船失事，阻礙不能進占，又不先期放河引流，以致口門淘刷日深，秋汛已臨，不克堵合。該尚書等辦理不善，咎無可辭。李鶴年身任河督，陛辭之日，自詡克日就功，詎到任後奏報詞氣全涉推諉，一味敷衍取巧，以致功墮垂成，誤工糜帑，與成孚厥罪維均，縱令留工，難期後效。李鶴年著革去銜翎，與成孚均發往軍台效力贖罪。李鴻藻、倪文蔚督率無方，主見不定，均著革職留任，降爲三品頂帶。現已簡派吳大澂署理河督，未到任以前，著李鴻藻暫署，俟吳大澂到任再行來京。紹誠、潘駿文分任東西垻，進占不能如法，以致蟄陷誤工，厥咎亦重，均革職留工效力，儻再不能竭力保護新工，定當重治其罪。現已飭户部迅籌鉅款接濟工需，著李鴻藻將如何挑溜挖淤及添集料物各事宜認真速辦，詳晰覆奏。至兩垻失事之文武員弁，著李鴻藻、倪文蔚查明嚴參具奏，勿稍瞻徇。詔：吳大澂署理河東河道總督，速赴新任，毋庸來京請訓。廣東巡撫著張之洞兼署。右春坊右中允吴講升司經局洗馬。

十一日辛酉　晴，微陰埃翳。作策問兩道，并學海堂經古課題，問津、三取兩書院文詩課題，作書致賀幼甫。周介甫來。

十二日壬戌　晴。閲《蘇魏公頌集》，嘉慶中吴中刻本。子虞來。付槓房出殯輴翣威儀等銀八十五兩。付崇效寺銀十兩，以六爲是月亭殯之資，以四爲中元齋供。夜有佳月。

十三日癸亥　晴，溽暑復熾，下午尤甚。得子虞書，借《雷塘盦主弟子記》。祀屋之故主。夜月甚皎。作書致慧叔，欲合族子弟應京兆試者課文字，得復。

十四日甲子　微晴多陰，竟日溽暑。剃頭。以明日中元，祀曾祖考妣、祖考妣、本生祖考妣、先考妣，祔以諸弟。作書致弢夫，爲其同鄉楊御史以妻棺與人諧價不遂，遣人至崇效寺擅量亡室之棺，將興問罪之師也。朝廷置此等人於言路，時事可知矣。得復。介唐來。徐班侯來。花農來。夜半時密雨。

邸鈔：上諭：李鴻章奏永定河堤工漫口，分别參辦，並自請議處一摺。本年入秋以後，大雨連綿，永定河水勢盛漲，迭出險工。七月初六日蘆溝汛，南岸三號石堤及南二工十七號、北上汛十二號等處大堤均被漫溢，刷寬口門四五十丈不等。該管各員疏於防範，實屬咎無可辭。署永定河道金福曾、南岸同知鄭煥均革職留任，李鴻章交部議處。

十五日乙丑　晨溦雨，上午漸霽，午後微晴間陰，鬱溽甚熱。先君子忌日，供饋。家人及諸姪俱詣崇效寺祭内子殯宫。下午評閲各書院及南學課卷。夜雷大雨，至二更後稍止，竟夕時有雨聲。是夕望。

十六日丙寅　丑正一刻三分處暑，七月中。晨陰，上午漸霽，下午晴陰相間。書玉夫人生日，送禮番銀兩圓及桃麵、豚肉、雙鷄、鮮果、餅餌等八合。弢夫來。王姬病暑，爲之處方。下午至粵東新館拜子培太夫人壽，送禮紹酒十斤及桃麵燭。子培固留飲，其地小有樹石及曲池小橋，亭廊環帶，偕仲弢、弢夫循行一匝。其先賢之祀，自唐張曲江至近時駱文忠，僅十七人，館爲近年所成，蓋草草不及細考也。夜月上而歸。

邸鈔：上諭：閻敬銘奏病勢日增，懇准開缺一摺。閻敬銘前因患病，屢請開缺，未經允准，兹復瀝陳病狀，懇准開缺留京調理，情詞迫切，不得不勉如所請。閻敬銘著准其開缺，在京安心調理。該大學士向來辦事認真，不避嫌怨，近年整頓部務，日有起色，朝廷倚任方深，一俟病體就痊，即行具摺請安，以慰眷注而資簡畀。

十七日丁卯　晨及（小）〔上〕午微陰，間有小雨，午後晴陰埃䏻，鬱溽熱甚。

閱《蘇魏公集》。凡七十二卷，卷一至卷十三爲古今體詩，卷十四爲輓辭，卷十五以下皆雜文，而内外制至盈十六卷，青詞、齋文、祝文、樂詞、春帖子、教坊致語，皆入内制。詩多酬應率爾之作，文亦頗病沓拖。子容當時負文學名，而所就止此，足見非特歐、蘇爲間出，即如楊、劉、晏、夏、二宋、二劉、王華陽、胡武平諸公臺閣雍容制作之才，亦一代僅見也。然子容學有本原，集中如立家廟議、承重議、學校議、貢舉議、論前代帝王追尊本親及嗣王公襲封故事、論祖無擇對獄事、奏今後不許特創寺院、請增修尚書省稍復南宮故事，皆準古酌今，深得國體。其駁呂公著、王安石等請復侍講坐講議，謂侍講居侍讀之下，若侍講輒坐，侍讀當從何禮？若亦許之坐，則侍從之臣每遇進説，皆當坐矣。足考宋設侍讀、侍講學士，班制自有高下，至今沿之，而《宋史》不詳，尤可裨史闕。惟謂侍講解詁舊儒章句之學，非有爲師之資，不得自居傳先王之道，則近於蔑經而阿主矣。

爲灝齋姪及沅姪評改會課詩文。

十八日戊辰　晴，酷暑如盛夏。閲南學蜀人岳森經解詩賦卷訖，一時之美材也。更閲張守銘卷。得徐石甫麟光書，催題其祖觀察公梅花册子。夜半有風，頓凉，三更後密雨數作。

十九日己巳　晨密雨，上午稍止，午後益密。子培來，久談。

閲張守銘卷訖。其《詩毛鄭異同解》《説文逸字考》，皆密行細字至數萬言。《説文》雜撮諸書，雙行小注至十餘葉，大半割裂段、嚴、錢、桂之説，顛倒錯亂，又益以《類篇》《集韵》及《一切經音義》所收之字，語意多不相屬。此生於學實無所知，嘉其用力之勤，聊爲之正訛謬，目力幾昏。

下午不快，夜輟食。竟夕雨聲凄苦，達旦不休。

二十日庚午　晨雨稍止，巳後陰溽微晴。閲《蘇魏公集》。僕人王成、王升皆罷去。

邸鈔：翰林院侍講學士長萃轉侍讀學士，左庶子志鋭升侍講學士。宗人府理事官宗室奎郁升内閣侍讀學士。此條補十五日。

二十一日辛未　晴陰相間，鬱溽，復熱。得王子獻是月十七日里中書，筆札甚美，并寄亡室奠銀六兩。敦夫來，介唐來，婁儷笙來，留談至夜，小飲，二更後去。

二十二日壬申　晴熱。弢夫來。剃頭。

二十三日癸酉　晴，熱甚。子縝第三郎譽光來。天津門生孟繼坡來。鐵香從子家鼎來。門生張大仕來，饋食物，俱不受。評閲五月望問津諸生課卷。

二十四日甲戌　晴，熱甚。得品芳弟十三日里中書。得弢夫書，即復。閲《一切經音義》。仲弟生日，爲之饋食。

二十五日乙亥　晨晴，上午薄晴間陰，下午多陰。爽秋來。得傅子蓴書。比日忽忽若病，午後尤覺疲困，雜閱詩畫自遣。浮生多苦，何用期頤？夜一更後雨作，夜分後密雨屢下。比日張姬詣諸宅眷謝吊。

邸鈔：命協辦大學士福錕充崇文門正監督，副都統崇光充副監督。

二十六日丙子　晨雨，巳後止，午日出，晡後復陰，頗熱悶。郎仁譜來，言明日赴闈中。殷蓴庭來。楊莘伯來。爲仁譜團扇畫山水。晚詣福隆堂餞仁譜，邀敦夫、介唐、蓴庭、班侯、弢夫同飲，至夜二更後歸。付客車飯錢十二千，酒保賞五千。是日門僕曹升受庸，付工食錢八千。

邸鈔：左贊善馮文蔚升左中允。

二十七日丁丑　晨及上午晴，有風自西，頗涼，午後復陰，傍晚晴，甚涼。爲仁譜書扇致之，已行矣。作書致何竟山闈中。族姪沅來。天津門生楊鳳藻來。趙桐孫令嗣炳林來，桐孫寄來亡室青綾輓聯。得益吾祭酒江陰書，并惠銀三十兩。得弢夫書，即復。下午詣介唐、書玉，俱久談。詣慧叔、弢夫，俱不值，晡後歸。

邸鈔：皇太后懿旨：皇帝大婚典禮於光緒十五年正月二十七日舉行。本年十一月初二日納采，十二月初四日大徵。所有應行事宜，各該衙門迅速敬謹辦理。

二十八日戊寅　晨及上午晴，有風，甚涼，下午多陰。竟日作畫。天津門生陳澤霖來，饋食物，俱不受。

邸鈔：以詹事府詹事陳學棻爲内閣學士兼禮部侍郎銜。

二十九日己卯小盡　上午晴，下午陰。作書致翁叔平師，以所畫桐江秋舫團扇并書己酉秋游靈隱、甲寅春養痾柯山五古二章媵之。午後入宣武門，詣徐亞翁謝吊，不值。詣鍾六英太僕，久談。晡後出城，詣潘伯循。答拜同鄉阮祖棠太守，則已行矣，遂歸。

弢夫來，言余昨致何竟山書，有台州人陳拔貢新自閩來者，言竟山已於五月中病没，爲之憮然。竟山名澂，山陰諸生，於予爲後進，能書畫，有才藻。后入貲爲郡丞，需次閩中，以能吏稱。頗留意金石，所收藏漸夥，亦精鑒别。嘗攝浦城令二年，宦槖頗充而民不惡之。其識余也在乙丑以後。（此處塗抹）竟山日自親於余。其攝浦城，於孫生子宜處得十餘年前所鈔余駢文一册，亟爲開雕，且屢來求全集，將次第刻之。去年冬重致書申前請，余方作書報之，而已爲古人矣，悲夫！

比年故鄉知好如張韜塘丈及其弟梅巖教諭、嚴菊泉師，皆年至耆耋，委化已久。其次若王蓮伯教諭、周子翼庶常，年皆長於余而慕余最至，亦無一存。其次若壽玉谿縣令，余中表也，宰粤西之臨桂，歸買清水閘陳氏宅以居，山水最勝，亦有樓閣，踵而飾之，朱闌翠櫋，映帶巖壑，聞而神往。（此處塗抹）頗日盼余歸，爲鏡湖南道主人。又沈瘦生，亦余中表也，少年往來最狎，而甚敬余。其人雖不讀書，性甚高雅，不與俗伍，能彈琴，精於醫，居柯山中，喜增飾湖山之美。其所居隔岸曰七星巖者，本在荒榛中，游屐無至者，瘦生手闢治之，稍稍藝花樹、治亭榭，遂爲勝地。後以游者麇集，迺更於巖左石佛寺之後造精舍數間，上爲樓三楹，下俯深潭，當軒巨石危立，老樹倒垂，藤蘿罥之，潭曲通舟，石隙遠山，青入窗户，尤爲勝絶。老而貧甚，遠來京師就余，無策濟之，遂歸。又沈雲帆訓導，居倉橋街，世以鬻舊書爲業，余乙丑後里居時窮甚，雲帆每得異書，必先示余。庚午冬，余將再出，雲帆來别，愴然若不自勝，謂公去，越中無人購書矣，手南宋雜事詩爲贈，曰聊以表意也。後聞其收書漸富，家亦日以給。以歲貢爲錢唐學官，方與杭人丁松生謀開書肆於會垣，事未集而歿。又楊雲程上舍，山陰之彤山人，隱於賈而善詩，性耽寂静，不諧俗，得余一字，榮若華衮。其婦余老友沈曉湖妹也，每得余一書，輒録示曉湖，謂又得奇寶也。諸君數年中皆零落盡矣！余即幸而得歸，無一可語之人，無一可居之地，登山臨水，笠屐誰從？讀畫論詩，風流已盡，滿目黄壚之淚，到耳山陽之聲，逝者如斯，唏其悲矣！馤塘丈名景燾，會稽人，嘉慶戊寅舉人，候選員外郎。梅巖名馨，本名景照，會稽廪生，官新城縣教諭。菊泉師諱嘉榮，會稽人，道光乙未舉人，官嘉興府教授。蓮伯名贊元，會稽人，咸豐壬子舉人，官德清縣教諭。子翼名騏，會稽人，同治戊辰科進士，由庶吉士改山東觀城縣知縣。玉谿名祝堯，本名璜，山陰人，咸豐戊午科舉人。瘦生名孳梅，山陰人，候選州同。雲帆名(雲)〔鶴〕書，山陰人，官錢唐縣訓導。雲程名(□□)〔作霖〕，山陰監生。當并竟山爲《傷逝賦》，以存其人。

得翁尚書師復書。

八月庚辰朔　晴。書玉來。介唐來。翁叔平師來。得徐班侯書，爲鄉試乞假事，即復。是日簡放各省學政，外論紛然，無不爲余不平。蓋當國者各有所主，故癸未翰林得五人，南皮門生也。御史陳琇瑩得河南，濟寧之婿也。給事中黄煦、編修王丕釐、趙尚輔皆濟寧私人。樊恭煦得廣東，錢唐私人也。大理寺少卿楊頤去秋乞假歸，遷延不至，今年春末始入都補行京察，旋試考差，竟得江蘇；潘衍桐以侍講得浙江：皆出破格。蓋二人皆粤東人，宜其具大神通矣。余一生偃蹇，不與人競，當軸衮衮皆以簡傲目之，濟寧尤銜余甚。至此中得失，何足置懷。臧氏之子焉能使予不遇哉！刑部侍郎周德潤得順天，工部侍郎烏拉布得福建，内閣學士裕德得山東，翰林侍講學士龍湛霖得江西。此輩一時競出，真文運之厄也。浙人惟樊恭煦及編修朱善祥得四川，可謂雙得梟盧。庚辰惟王丕釐一人。夜詣子培談，初更歸。

邸鈔：上諭：劉秉璋奏察看屬吏，分別參劾一摺。四川漢州知州黃華鎬、萬縣知縣路朝霖、雲陽縣知縣葉慶檮均開缺，以無字簡缺另補。試用道林壽鼎以鹽運同歸部銓選試用。同知張興書、周嶂，候補同知趙茂林，候補知州盛樾，候補知縣曾邦荃均以府經歷歸部銓選。候補知縣鮑夢松性情貪鄙，即行革職。候補知縣羅炤行同無賴，革職永不敘用。另片奏四川候補道丁士彬貪鄙巧滑、不堪造就，著即行革職。原奏丁士彬永不敘用，而擬旨去之，亦以濟寧所素厚也。

初二日辛巳　未正一刻六分白露，八月節。晴。弢夫來。張子虞來。張生大仕來。得蔣生廷黻書，并寄來學海堂生華世奎、黃寶田經古課卷兩本，皆其所代作也。

邸鈔：詔：工部左侍郎徐用儀兼署刑部右侍郎，周德潤缺。理藩院左侍郎崇禮兼署工部左侍郎。烏拉布缺。

初三日壬午　晴。竟午爲弢夫作《台嶠秋瀑圖》，於極紛擾中費此經營，亦以資消遣。下午詣徐班侯、殷尃庭，俱晤，拜班侯生日。詣爽秋，久談。路經長春寺旁積水一泓，頗有遠勢，道樹俯映，秋色碧深。都門塵壒中得此，亦足流連矣。詣玉舟、芾卿，俱不值。詣莘伯并晤劬庵，晚歸。

初四日癸未　晴。李玉舟來。繆筱珊來，言即日扶柩南還。孟生肖瞻繼坡來，并饋食物，却之。作書致張生大仕，饋以果餅。爲弢夫作畫訖，略用小李將軍法，頗極疏密之觀。得子培書，即復。

初五日甲申　晴。周玉山來，久談。王芾卿來。爲族姪沅改文字。作書致翁叔平師。是日庚辰同年於粵東館團拜，以期喪不往。蔡枚龕爲其長男開吊，送奠分四千。

初六日乙酉　晴。子培來。花農來。爲周生學熙改制藝八首。自昨日感疾，今夕尤覺疲困。

邸鈔：命協辦大學士、户部尚書宗室福錕、己未。户部尚書翁同龢江蘇常熟，丙辰。爲順天鄉試正考官，兵部尚書許庚身、浙江錢唐，壬戌。刑部左侍郎薛允升陝西長安，丙辰。爲副考官。劬庵、子虞皆分房，浙江惟子虞及黄松泉，庚辰亦惟劬庵及柏錦林二人。

初七日丙戌　晴。爲周生學銘改制藝六首，試律詩五首，即致兩生，并饋以碧柰一盤。下午詣繆筱珊送行，詣方勉夫小談，傍晚歸。介唐夫人來送亡室百日燭楮。傍晚陰，晚有雷電小雨，即止。

初八日丁亥　晴。内子百日，家人俱詣崇效寺營齋奠，寺僧九人誦經，介唐夫人、黼庭夫人、蕚庭姬人皆往，各送燭楮。付寺僧經銀四兩，齋銀六兩，儭錢十千，紙樓庫錢二十千。得傅節子七月廿五日福州書，言何竟山以時疾卒。

初九日戊子　晨陰，已有小雨，旋晴，午後晴陰相間，晡又小雨，傍晚晴。弢夫來。介唐來。子裳來，告其太夫人之喪。比日中患濕瘀不快，數日不晚食，近復感寒，今日遂覺疾困。夜補作謝弢夫惠萬年藤杖詩七言古一首，别存稿。

初十日己丑　晴陰薄靄，有風。早起，强爲弢夫書扇畢，即致之。疾益困，不食。是日知御出順天鄉試題，首題『是以大學始教至至乎其極』，次題『齊一變』四句，三題『始條理者』四句，詩題『楊柳讀書堂得書字』。楊廉夫送人洞庭西詩，下句『芙蓉采菱槳』。

邸鈔：以江蘇常鎮道梁欽銘爲江蘇按察使。本任按察使杭人張富年卒。

十一日庚寅　晴，微陰，有風，頗凉。病嗽兼身熱，又苦痔發，卧閲劉獻廷《廣陽雜記》。作書致徐班侯，屬入署注假。

十二日辛卯　晴，風，微陰。疾不可支，作書致書玉乞診。作復益吾祭酒江陰書。作書致弢夫，得復。書玉來，言脉像甚伏，爲定方，用桂枝、苦桔梗、大腹皮、貝母、半夏、杭芍、浙貝母、橘紅、木香、枳殼、杏仁、蘇子、雲苓，服之稍瘥。蓋此中結轄已久，必得卒香升散之也。僧喜、孝北詣前門關帝廟拈香乞籤詩。作書致金忠甫，取三月以來先賢祠外官捐款，得復。

十三日壬辰　晨陰小雨，巳後雨漸密，晡稍差，晡後復密，入晚益甚。弢夫來。方勉夫來。得徐班侯書，言署中乞假事，即復。署吏送來秋季養廉銀八十兩。夜雨聲達旦。是日復患咯血。

邸鈔：□□□□□楊儒授江蘇常鎮通兵備道。

十四日癸巳　晴，有風。作書致敦夫。方勉夫來。弢夫來。敦夫來。介唐來。夜月甚皎，邀敦夫、介唐齋中小飲。是日評改五月分問津諸生課卷訖。凡一百四人，文題『五霸者三王之罪人也』四句，詩題『開窗延衆緑得延字』，取内課陶喆甡等二十人。署吏送來養廉銀十兩有奇。付崇效寺房銀六兩，果銀二兩。送劉仙洲夫人節銀四兩。

十五日甲午　晴，有風，晡後微陰，晚陰。徐班侯來。是日病小愈，頗覺秋爽可喜。霞芬來叩節，予以四金，賞其僕十千。夜小作月筵，雨作無月，偕家人於聽事點燈小飲。初更月出，旋復雨，竟夕雨數作。是節付各鋪帳記，隆興厚紬布銀三十五兩，秀文堂書銀三十兩，司廚銀二十五兩又送一品鍋銀二兩，京兆榮記銀二十兩五錢，天全木廠銀十九兩，松竹齋紙銀十五兩，協泰米銀十一兩，吉慶昌乾果銀十一兩一錢五分，同盛石炭銀十兩，翰文齋書銀九兩，廣慎厚乾果銀六兩，同盛香油銀二兩三錢六分，福隆堂酒食錢四十千，聚福齋麵食錢四十四千四百，滕估衣銀三兩五錢五分，賣花黎媪銀三兩五錢，首飾樓銀五兩。是夕望。付僕媪等叩節錢九十千。

十六日乙未　晴。得子裳書，借婦人孝襦裙，即復。閲《范石湖集》及沈文起注，隨筆點正之。下午詣子裳唁，并晤弢夫。詣周玉山，不值。詣書玉，久談，并乞診脉改方。詣介唐，不值，晚歸。

十七日丙申　晨陰，上午晴陰相間，下午多陰，傍晚風雨，有雷。先妣忌日，供饋。剃頭。下午詣廣惠寺吊子裳，送奠銀四兩，藍尼輓障一軸。夜子初一刻十三分秋分，八月中。夜秋風甚勁，聞城南雨雹。

十八日丁酉　晴，有風，凉甚。整理書籍。楊生鳳藻來辭行。作書致弢夫，得復。得胡鼎臣書。以十金購得丁南羽雲鵬貝葉墨畫阿羅漢，凡三十六葉，應真一百八人，侍者三人，觀世音及善財綴於末，共爲一册，用筆細入豪芒，瑞相畢呈，衣摺甚古，可寶也。桐孫之子炳林來。朱編修善祥來。傍晚詣同年范户部德鎔小坐。送趙年姪行，遂歸。是日復咯血。

邸鈔：左春坊左贊善秦澍春升右春坊右中允。

十九日戊戌　社日。晴。病甚，多卧，服藥。得子裳書，饋台州鮝魚八尾，即復謝。同司新知廣東肇慶府吴鑑堂澍霖來。吴君武昌人，壬戌進士，年七十餘矣，彬彬長者，户部諸少年皆狎侮之，雖久次不得主四大司稿。山東、陜西、雲南、福建爲四大司，掌印主稿者例得京察高等；其次江南、貴州兩司，亦間得之；餘不能與。去年冬以河南司得京察高等，聞常熟師念其貧老，破格爲之也，竟得出知端州，此亦桑榆佳境矣。作書致弢夫，送丁南羽畫册銀去，得復。午令僧喜等詣福隆堂邀周生學銘、學熙、周生衍齡、陶生譽光、孟生繼坡、族姪沅飲。陳生文炳、陳生自珍來。周生學銘、學熙來。傍晚詣台州館送子裳行，即歸。夜五更後有雷雨。

二十日己亥　黎明雨，晨雨數作，巳後稍止，竟日陰潤。作書致賀幼甫，并是月學海堂課題，問津、三取兩書院課題，及課卷一箱。是日去冷布窗，上風門。張姬詣黼庭夫人家飲酒。

二十一日庚子　晨晴，巳後晴陰相間，午後陰有風。寫兩柬約郡人於二十五日鄉祠祀神，二十七日祀先師孔子及先賢。以六金購得日本刻本《大唐六典》。張叔平於初二日卒來訃，以今日開吊，送奠分十二千，以疾作不往吊。叔平名觀準，渾源州人，癸亥翰林，其人長者，而不飭簠簋，又濫於交游，蘭艾不擇，遭值非偶，免官禁錮，重遘禍變，身名掃地，竟偃蹇以死，年僅五十有八，亦可哀也。弢夫來。孟生繼坡來，爲評閱文字。鐵香之從子懷錦來，告後明日還粵，來取所贈扇。不得已爲之，力疾作畫。此歐公所謂年老求人惜性命者也。晚雨作，竟夕雨聲淒苦。

邸鈔：以詹事府少詹事梁耀樞爲詹事。

二十二日辛丑　晨濈雨，竟日霃陰，午後微見日，晡後小雨，旋止。爲鐵香作《山雨欲來風滿樓圖》訖，書夏初崇效寺餞行詩二律於背，即以扇屬張標雲主事轉致鄧秀才附去。得弢夫書問疾，即復。閱《大唐六典》，頗有誤字，似不及掃葉山房本。比日天气稍和，頗苦濕滯。今夕漸凉，夜半後寒，須絮衾。

二十三日壬寅　晴，早凉甚，午後復暖。陶譽光來辭行。曬書。僧喜詣内城周、駱兩家謝吊。敦夫來。

二十四日癸卯　晴。今日復覺困劣，卧閱《唐六典》。其中多古義，有裨《周禮》之學，惜其時亦不能盡行，而總其成於哥奴，爲是書之玷耳。弢夫來，不晤。是日復服書玉方。傍晚聞雁聲，秋風颯然，頗有寒色。與諸姪略商歸柩事，便覺旅愁交集，悽黯彌襟。夜推案不能食。

邸鈔：上諭：前因河南鄭州大工日久未蕆，在事人員辦理不善，並據御史劉綸襄、燕起烈奏參糜帑誤工各款，當經諭令吳大澂於到任後確查具奏，並將該工情形速勘妥籌。茲據查明覆奏，倪文蔚以辦料委之州縣，係按照祥工成案辦理。該撫目擊河工待用情形，趲催未免過急，書差擾累並無確據。總兵崔廷桂挑挖引河，用款造册開報不及七十萬，並無一百二十萬包辦之事。引河上下均有船隻往來，亦未全行淤墊。在工人員薪水係照歷辦成案支銷。投效並無數百員之多。成孚賣札、紹誠匯銀均無其事。即著毋庸置議。道員歐陽霖委辦稭料，查無實在劣迹，惟人言藉藉，著撤去總辦差使，咨回江蘇試用。紹誠於應辦工程師心自用，委任伊迹蔣文海，不知遠嫌，著撤去掌垻差使，俟經手事竣再行回旗。知縣蔣文海聲名甚劣，蹟近招摇，著即行革職降調留工。前開歸陳許道李正榮、革職留工上南廳同知余潢上年搶險不力，均著交部嚴加議處。另片奏請飭部添撥的款一百萬兩，著户部速議具奏。此次大工前後撥帑已及一千餘萬兩，該署督務當嚴飭在工員弁，處處核實，不可稍涉浮冒，所有築垻挖河等工即著認真辦理。

二十五日甲辰　晴和。鄉祠祭神，到者鍾六英、章黼卿、子蓴、書玉、敦夫、介唐等十五人，午飲胙，至晡歸。仲弢來。弢夫來。子培來，久談。閱《唐六典》。付福慶堂備辦肴饌粥飯等錢一百二十三千，下賞錢十千，酒五斤錢六千，祀神牲果、麵食、香燭、鞭爆等錢五十一千，賞長班錢三千。

邸鈔：右庶子溥良轉補左庶子，宗人府理事官恩景調補右庶子，編修王貽清升左贊善，檢討李紱藻升右贊善。

二十六日乙巳　晴暖如中春。剃頭。午詣邑館秋祭先賢，晡飲胙散。詣花農，不值，遂歸。作書致弢夫，得復。庚辰同年福閣學楙爲其母夫人八十壽稱觴，送禮錢八千。夜書明日先賢祠祝版文。

邸鈔：皇太后懿旨：醇親王奕譞奏海軍章程已定，病仍未痊，歸政有期，懇恩開去差使一摺。醇親王體國公忠，經猷閎遠，數年來創辦海軍，盡力籌維，悉臻妥善。現在章程已定，詳加披閱，鉅細畢賅，洵爲經國要圖。茲懇請開去海軍衙門、神機營差使。在深宮係念之情，本不忍責以政事。惟海軍關係重大，應辦之事正多，非特宮廷軫念時艱，冀歸盡善，即醇親王休戚相關之意，諒亦未能恝置。數月以來，迭次視疾，見王眠食精神漸臻康復。所有海軍衙門一切事宜，仍著醇親王照常總理，庶會辦諸臣有所稟承，其神機營事務並著照舊管理。明年歸政後，該衙門具奏事件，毋庸列銜，俟海軍著有成效，由王斟酌情形，奏達深宮，再行降旨。王務以國事爲重，勉肩鉅任，不必推辭，一面善自珍攝，俾氣體日就强固，用副委任眷注之至意。

奉天將軍慶裕等奏奉省於七月初間大雨滂沱，河水斗漲，淹斃人口，沖倒房屋，並永陵泊岸被水沖刷情形，業經兩次奏報在案。茲據鳳皇廳稟報，該廳地方河水泛溢，平地水深數尺，官署及附近民房均被水浸，四鄉禾稼被淹。又安東縣稟報該縣地方平地水深二三丈，衙署民房沖失殆盡，街市鋪房祇存十之三四。又通化縣稟報該縣江水斗漲，沖開堤填，城内城外一片汪洋，衙署民房沖塌不少。又遼陽州稟報該州沿河一帶平地水深五六尺，城内水深尺餘。又海城縣並牛莊防守尉稟報該縣遼河水漲，近城一帶平地水深三四尺，沿河低窪之處禾稼被淹，房屋亦多沖塌，城西牛莊一帶地居下游，幾成澤國。又蓋平縣稟報該縣河水盛漲，加以山水並注，雨狂溜急，沖塌城墻數處，沿河一帶鋪户民房沖塌不少，城内衙署民房亦多傾頹。又岫巖州稟報自七月初一日起大雨七晝夜，河水漲發，城南沿海一帶被淹尤甚。又興京廳稟報該廳山水驟注，河流斗漲，該同知駐扎新賓堡街沿河一帶沖塌房屋一百零三間，其四鄉被水之區因水道路不通，一時無從查報。又東邊道稟報中江九連城地方水深丈餘，榷税局房屋以及民房鋪房沖塌甚多。此次水患自東山沿河入海，泛濫横流，幾及千里，水到之區，人口、牲畜、房屋、器皿漂没者不可勝計，已成巨灾。詢之耆老，僉云爲百數十年所未有。雖多方籌賑，委員拯救，無如變起倉猝，人力所不及，兼以地方遼闊，道路不通，節節阻滯，無法救援。小民遇此奇灾，淹溺無算，其幸保餘生者無屋可栖，哀鴻遍野，慘不忍言。每接屬員稟報，五中悽愴，寢饋難安。思惟其故，變不虛生，總由奴才等以謭劣之材，謬膺重任，待罪五年，愆尤叢集，刻下雖力圖善後，補救已遲，上無以慰九重宵旰之憂，下無以拯百姓流離之苦，奉職無狀，咎實難辭，惟有籲懇天恩，將奴才等立予罷斥，另簡賢能以慰灾黎而儆不職。無任悚惶待命之至。硃批：覽奏被灾情形，深堪憫惻。地方罹此奇灾，該將軍等自應倍加儆惕，現在賑撫事宜極關緊要，惟當實心辦理，以資補救，正無事空言引咎也。

二十七日丙午　晴和。晨詣先賢祠，黼卿、敦夫、秉衡、介唐、莫堅卿、陳心齋、朱少萊、胡伯榮、周介夫、馬介眉先後至。巳刻以特羊祀先師孔子，禮畢，叔雅、子蓴、書玉、資泉、六英、王刑部鵬運始來。午刻以少牢祀先賢。午後散胙，晡時歸。得弢夫書，約天寧飲期。傍晚痔發甚劇。

二十八日丁未　晴和間陰。患痔，卧閱《唐六典》。作書致弢夫，得復。强起校《史記》十二諸侯及六國年表。付豕銀六兩五錢六分一釐，羊銀四兩六錢。

邸鈔：吉林將軍希元奏吉林省城西北長春廳境本古郭爾羅斯前旗游牧地，嘉慶五年始設理事通判於長春堡，並設巡檢以司獄事。道光五年因所屬寬城商賈輻湊，移建通判衙署於此；光緒七年改爲撫民通判，仍加理事銜，於農安城添設分防照磨，專司緝捕。查長春幅員周五百餘里，以南北相距最遠者計之，幾及三百里，東西亦然，廳城在南面之適中，而東、西、北三面空闊，其勢偏重。境内無山，以山名者皆高阜耳，既無險阻可恃，又僅有駐紮馬隊二起，並無重兵，一遇盜賊，此拏彼竄，如入無人之境，其形勢之散漫如此。該廳居民雖非土著，然休養生息已百餘年，當時所稱爲荒甸者，今則屋宇櫛比，鷄犬相聞，三里一小屯，五里一大屯，省東一帶無如是之稠密，其生聚之繁庶又如此。廳屬户口既盛，良莠難齊，睚眦即肇衅端，奸宄易於匿迹，命盗等案紛至沓集，往往印官勘驗方急，南轅旋更北轍，一月之内，大半忙於奔馳，公事積壓耽延，廳民又多好訟，守候追比，累月窮年，官民交困，其訟獄之滋豐又如此，非分建府縣不能爲理。擬請將通判一缺升爲知府，所駐之寬城爲吉林赴奉天通衢大道，實省城西北門户，改設府治，名曰長春府，仍仿照本省吉林府之例，自理地面命盗詞訟各事；而於寬城正北相距一百二十餘里之農安城分設縣治，名曰農安縣，歸府統屬。西南自八保户起至窪中高等處，東南以紅石砑子、靠山屯南面之駟馬河爲止，計南北相距九十里，東南相距二百數十里，均歸農安縣管轄。至靠山屯一處雖已劃歸農安，而相距尚在百里以外，近來烟户較前爲稠，擬請將農安原設分防照磨移設該屯，以資巡緝。長春原設訓導改升教授；原設巡檢改升經歷，兼司獄事。並於農安縣添設訓導、巡檢各一員。詔該部議奏。

二十九日戊申小盡　晨陰，巳後晴陰不定。

九月己酉朔　晴，有風，頓寒。弢夫來。

校《史記·十二諸侯年表》。《竹書紀年》雖始出，時事已難信，今本又屢經竄亂，非唐以前人所見之本。然如所載《春秋》以後事：威烈王六年，晉夫人秦嬴賊幽公于高寢之上；十二年，於越子朱句伐郯，以郯子鴣歸；十七年，田悼子卒；安王九年，晉烈公卒，子桓公立；十五年，晉太子喜出奔；二十三年，於越遷于吴；二十六年，越人殺太子諸咎越滑，吴人立孚錯枝爲君。此等皆足以補正史表。其以赧王爲隱王，蓋『赧』非謚。《史記》赧王名延，『延』『赧』一聲之轉，『隱』其謚也。

邸鈔：皇太后懿旨：醇親王奕譞奏現居賜邸爲皇帝發禪之所，敬稽成憲，應否恭繳，請旨遵行等語。醇親王府第爲皇帝潛邸，應恪遵雍正二年成憲及乾隆五十九年諭旨升爲宫殿，准其恭繳。貝子毓橚府第賞給醇親王居住，並賞銀十萬兩，由王自行修理，俟修竣後再行移居。西直門内半壁街空閑府第一所，著賞給毓橚居住，並賞銀一萬兩修理。所賞銀兩均由户部發給。詔：新襲一等恪靖侯左念謙加恩以四五品京堂候補。

初二日庚戌　晴，下午微陰。上午挈僧喜出城詣天寧寺，弢夫、仲弢及班侯先在，莘伯、子培、介唐、爽秋繼至。先集於塔射山房，午移飲於寺之西箱，就桂花也。酒畢，復坐山上茗話。薄陰春樹，餘映在山，秋望彌佳，素襟交暢。傍晚塔景如繪，明霞卷綺，流連至曛暮而歸。

初三日辛亥　晴。撰子培母夫人韓太恭人七秩壽序訖，凡一千四百餘言，頗費營構，不失醇實之風。即作書致子培。子培來謝，偕閲丁南羽《貝葉長生册》。

邸鈔：御史金壽松升刑科給事中。

初四日壬子　卯初一刻九分寒露，九月節。晴，午後大風。評改問津諸生課卷。晡時冒風至教場胡同答拜吴鑑塘太守，則已行矣。本欲便道過仲弢，以寒甚，遂歸。

初五日癸丑　陰寒。徐亞陶來。方勉夫來辭行。徐班侯來。鄉人沈贊賢、俞邦達自粤來見，得族姪恩圭書，寄來内人奠儀洋銀四圓，族弟少梅寄來一圓。評閲問津諸生課卷。

初六日甲寅　晴寒，晡陰，忽雨，旋霽。剃頭。介唐來。評閲問津諸生卷。

邸鈔：陝西巡撫葉伯英卒。伯英字冠卿，懷寧人，以附貢入貲爲户部郎，後附其鄉人合肥相國，改知府，擢直隸清河道，夤緣至今官。詔旨褒惜，照巡撫例賜恤。以山西布政使張煦爲陝西巡撫，以湖南按察使豫山爲山西布政使，以浙江寧紹台道薛福成爲湖南按察使。

初七日乙卯　晨陰，稍和，下午晴。是日病體少愈，竟日閱改課卷。周玉山饋銀三十兩爲别。族姪蘭舫寄來砂仁一瓶，奇楠香屑一合，萬應如意油、紅靈丹各兩小注。沈、俞兩鄉人饋浄絲水菸六苞，粤東丸藥一苞。夜爲僧喜講古詩。

初八日丙辰　晴和。家人勃谿，復觸動肝气，不食。此輩儜奴蠻婢，盡遣之可也！得介唐書，以緒河南《聖教序》贈僧喜，即復謝。是日評改問津諸生課卷訖。凡一百三人，文題『春秋修其祖廟』，詩題『一聲啼鳥覺山深得深字』。取内課孟繼坡、陶喆甡等二十名。朱味笙同年來。周生紳之來。

初九日丁巳　陰，午後有微雨。是日邀敦夫、介唐、亞陶、子培、爽秋、弢夫、蕚庭、仲弢、班侯、花農、莘伯、秉衡、子蓴、書玉、資泉、倪儒粟、謝小崑、婁儷笙及兩姪并携僧喜飲於安徽館之碧玲瓏館。高柳翳然，竹樹疏峙。酒罷漸晚，客多散去，偕子培、爽秋、花農久坐小山亭上，秋色已深，暮色逾静，句留至暝而歸。花農言其同寓粤西人陳某於闈試前夢人示以一詩云：『清香飛過小橋東，半在垂楊隱約中。問遍漁家三十六，無人知是藕花風。』其句法空靈婉約，絶似中晚唐高作。周生衍齡來。付客車僕等飯錢二十九千，司廚賞錢十四千，館坐錢十千，車廠錢四千二百。

邸鈔：刑部員外郎吴引孫授浙江寧紹台兵備道。揚州人，癸酉拔貢，授刑部七品小京官，旋升主事，充軍機章京。己卯順天舉人，至今官年未四十，蓋捷足之尤也。其人以善小楷名。

初十日戊午　晴。得亞陶書，并洞庭王洪緒維德《外科證治全生》兩册，即復。評改三取諸生課卷十餘本，即作書致敦夫乞代閲其餘，得復。倪儒粟來，不見。杭人大半囂浮，此輩後生不宜常與相見，自取狎侮。評改學海諸生經策卷。得天津門生張大仕、胡孝廉濬書。

邸鈔：上諭：前據李秉衡奏已故前任廣西巡撫張凱嵩功德在民，據本籍紳士請建專祠並將事蹟宣付史館，當經降旨允准。嗣經都察院據廣西京官劉宗標等呈請代奏並御史李士琨奏，臚列該故員貪劣各款，請收回成命，當交沈秉成逐款詳查。茲據奏稱各款均無確據，惟張凱嵩果係功德入人，自必群情悦服，何至毁譽参半，衆論不符等語。張凱嵩既非政蹟昭著，輿論胥洽，所有建立專祠著即徹銷。

十一日己未　晴。評改學海諸生課卷。弢夫來。付《唐六典》直銀六兩。

十二日庚申　晴，下午微陰。評閲南學諸生程棫林等三卷，以所餘二十八卷作書致弢夫屬代閲。周生學銘來。蔡枚庵卒來赴，以今日開吊，送奠儀六千。枚庵名壽祺，本名夢齊，江西德化人，己亥、庚子聯捷進士，入翰林，沉滯不遷，客游干乞。後入故侍郎勝保幕，頗招摇聲气，以不謹聞。久之復官京師，署講官，遂疏劾恭邸并及其任用非人，有云或挾重貲而内居卿貳，或善夤緣而外任封疆。有旨令指實，乃謂内者禮部侍郎薛煥，外者陜西巡撫劉蓉。時薛煥方與通政使王拯互劾罷官，旨下劉蓉問夤緣狀。劉素負气，上疏力辨，詞甚憤激，謂平生未至京師，與朝貴從無一竿牘之通，所恃聖明在上，無容瞻顧，今被一小臣肆口誣罔，即蒙詰問，不勝危懼，因自請罷斥；且謂臣不識夤緣爲何事，然它人以爲難而臣不自謂難，以衾影自治之精，尚有嚴於此者。其言尤狂誕倨傲，無人臣禮，并發蔡前在四川詐刻欽差關防騷擾鼓煽狀，斥謂無廉耻之小人。有旨慰諭劉而蔡降調矣。給事中蘄水陳廷經不平之，疏劾劉，以爲至聖如孔子尚自言躬行君子，未之有得，劉蓉何人，敢於君父之前自比聖賢！此爲無忌憚之小人。復降旨誡諭劉。劉與陳皆楚人，疏出，士夫以爲公論。然蔡素無士行，人亦不惜之。於是久居京師，益跅弛，日游坊曲，頗喜爲詩文，刻小板書，多近人著作，亦借以爲干食計。余辛未再入都，蔡於董峴樵處見余詩，大悦服，介峴樵來訪，時未六十，目已失明，猶爲狹斜游，余厭而遠之。比歲間過余，輒辭以在泮門未歸，然頗念其偃蹇。今卒矣，年七十三。其子入貲爲工部郎。劉蓉者，瀏陽人，以諸生從軍後入川督駱文忠幕，驟擢四川布政使，蔡在蜀時爲所逐者也。

十三日辛酉　晴。慧叔弟生日，饋以桃、麵、糕、豚、酒、燭，令僧喜偕孝北往拜之。慧叔來請觀劇，不往。剃頭。徐石甫郎中麟光來，故紹興知府鐵孫先生之孫也，廣州駐防漢軍人。自言本曰徐受麐，同治中户部奏留引見時，上指『麐』字問帶引見者，尚書載齡公對曰：『讀若米。』蓋誤認爲『麋』字也。既退，載謂之曰：『上不識汝名，幸我言之。』對曰：『此「麟」之本字，亦音吝，非音米也。』載愕然良久曰：『我已告上讀米矣，汝亟改名受麋，可乎？』對曰：『兄弟行有名受麋者，司官小名光，今當改曰麟光。』載曰：『甚善。』於是呈吏部文曰徐受麐改名麟光，吏部以文不曰改名徐麟光，遂去其姓矣。是日風日和美如春中，坐車出，欲游陶然亭，盡秋望之美。順道至嘉興館答拜朱味笙。出南下窪，見斜陽在樹杪，遂回車。詣子培，遇仲弢、濮紫泉，暢談至晚而歸。夜月出甚佳，二更陰，有風，三更後雨。

邸鈔：以廣西右江道裕祥爲陝西按察使。

十四日壬戌　晨雨止，陰寒，傍午晴。子培來。下午詣琉璃廠看紅録。至翰文齋書肆，遇子培、紫泉，共坐閲書。以十金購得武英本《建炎以來朝野雜記》、通志堂初印本《三禮圖》而歸。是日評改學海堂諸生課卷訖。經文二題：『肆類于上帝禋于六宗望于山川遍于群神』，『晉荀吳帥師敗狄于大原』；昭公元年。策二道：一《易》學源流，一黄河遷變；『平泉花木記賦以石能醒酒亭號精思爲韵』，『荷錢賦以點谿荷葉疊青錢爲韵』，『申洪容齋曹魏朱梁地形論』，『雨過好花紅帶潤得紅字』『日長嘉樹緑移陰得長字』五言八韵二首。凡二十餘人，取華世奎、姜秉善等内課六名。夜風。

十五日癸亥　晴寒，有風。早起閲題名録。天津諸生中四人：陳澤霖、陳驤、鄭文彩、朱懋昌；山、會各中一人。得傅節子八月廿九日書并其配李夫人訃。作書致張子虞取副榜名單，得復。周生學銘得副榜。夜爲弢夫跋果毅親王爲齊次風侍郎書所作春柳七律四章直幅。其自跋云：『此調久已不彈。予與諸阿哥詣暢春園，見柳枝明媚、葱蒨宜人，即率成七律四章，譬如蚓唱蟲吟，自抒鄙見，實不暇計工拙耳。録呈次風老先生大人，即請誨正。果親王稿。時甲辰春三月十有六日。』其稱謂甚恭，於『誨』字亦空格書之，如弟子之於師。毅王爲高宗叔父，時尊禮甚至。次風官不過侍郎，而能得此於王，蓋碩學重名有以致之也。惟次風以病告歸在乾隆十四年己巳，至甲辰則爲乾隆四十九年，不特毅王早薨，侍郎亦久歸道山矣。此幅弢夫得之侍郎後人，必非僞作。甲辰蓋是甲子，一時筆誤耳。夜半後大風，寒甚。

十六日甲子　晴，沍冰，嚴寒如冬中，上午後又大風。作書致弢夫，還果親王字幅。作書致敦夫。夜風少息，是夕望，月皎甚。與僧喜輩講《史記·項羽本紀》。閲《元史》北監本。

十七日乙丑　晴，寒甚，沍冰。午後出門，詣龐劬庵、張子虞、敦夫，皆不值。詣弢夫少坐。詣書玉，不值。反至家小住，再出門詣子培，談至晚歸。殷蕚庭來。楊定甹來。同年福閣學來謝爲壽。閲《元史》。

十八日丙寅　晴，稍和。亡室生日，供饋於堂，介唐夫人、書玉夫人皆送燭楮。凄然奠茗，燈影虚帷，落葉滿庭，蕭蕭欲絶。敦夫來。下午弢夫送所閲課卷來，即復。夜重閲學海諸童經古卷，略加評改。取黄葆和卷第一，蔣生廷黻所作也，其《申洪容齋曹魏朱梁地形論》，識議筆力俱佳；《平泉花木記賦》亦可觀。課者四十餘人。是日就翰文齋取劉布政喜海《金石苑》五册，索直十四金。

十九日丁卯　辰正初刻七分霜降，九月中。晴和。作書致賀幼甫，并課卷兩篋及是月望課題。傅慶咸來，節子之兄子也。作片致敦夫、周介夫，約今夕小飲。弢夫來。晚詣益勝居，邀敦夫、介夫、弢夫及沈、俞兩鄉人、孝北、僧喜飲。夜二更後歸，月色佳甚。

二十日戊辰　晴和。

閲劉燕庭《金石苑》。較余舊所得者，唐以後增十之三四，自漢而下皆系以跋尾，蓋足本也。然紙槧已遠遜，諸跋亦罕所考證，時有謬誤。蓋燕庭是收藏家，於學問殊淺，惟摹刻精工耳。跋皆後增，頗有訛字。隋大業六年庚午道士黄法暾造天尊像，又十年女弟子文託生母造天尊像，皆在綿州西山觀。唐貞觀廿二年戊申洞玄弟子辨法遷造天尊像，在綿州佛祖巖。此三種皆余舊藏本所無。辨姓見《萬姓統譜》，漢有淮南名士辨武，劉氏謂西山觀又有咸通七年造像，亦多辨姓，而楊升庵《希姓録》不載，亦疏略也。又周久視元年庚子十一囸（即『月』字）石堂山高凉靈泉之記，文已半泐，中有云：朝散大夫清河崔府君諱融，夫㞢（即『人』字。）滎陽□（當是『鄭』字。）氏，□□□□懷無玉葉，乃相與單車而適野，祈告于石堂山□□□□致誠挹清流而絜敬，歆然有感，即事可追，徵蘭之□□□[illegible]囸府君以爲明靈之不欺，宜其如在，乃命立碑云云。蓋崔融夫婦因無子禱於石堂山，有應而刻石爲記。又元和四年三月攝魏成令沈超有《崔文公魏成縣靈泉記述》，首云『崔司業融當久視元年蒞斯邑』，是融嘗爲魏成令，而兩《唐書》失載。石皆在綿州。

孫子授侍郎喪其耦朱夫人來訃，送奠分十二千。

二十一日己巳　晨晴，午後陰。閲《金石苑》。所載大足縣北山宋紹興四年惠因寺刻文殊師利問訊維摩詰碑，刻畫精工，碑凡三層。中層左右兩寶床：右維摩詰，旁有散花天女及兩侍者；左文殊，旁有十大弟子及一聖者。上層雲气，中有佛四五座。下層右爲菩薩四，有侍者三人，各持寶幢；左爲僧及侍者九人，前一人奉果盤，各作相見狀。右有小字云：李大卯摹，羅後明男刻。王象之《輿地碑目》云昌州郡之惠因寺藏殿壁陰有水墨畫文殊詣維摩詰問疾一堵，意全相妙，合經所説，恐浸漫滅，故石刻於此者，是也。徐班侯來。周春圃衍齡來，求爲其祖父苻農先生撰神道碑。新授寧紹台道吴觀察引孫來。是日閲浙江題名録，紹興得三十人，山陰十一人，會稽五人。解元府學王會澧亦山陰人，聞年甚少，文亦甚劣。

邸鈔：工部郎中景星授江蘇蘇松糧儲道。

二十二日庚午　晴和。得傅節子八月廿二日福州書，并陳恭甫先生《左海文集》兩函及《樸齋詩遺説考》《詩四家異文考》《禮堂經説》。作書致彂夫，得復。作書致敦夫，約午後同詣慶和園觀三慶部。夜敦夫邀同彂夫、書玉飲萬福居，僧喜隨往，二更後歸。

二十三日辛未　晴和。作書致子培、花農，約至陶然亭秋眺，得花農復。子培來。晡携僧喜及孝北偕游陶然亭。寺僧於亭南新闢精舍三楹，整潔可喜，亭外增碧闌一帶，疏楊掩映，尤爲佳觀。夕陽正晴，西山朗列，葦花未老，樹緑初稀，野色入幽，秋望彌美，流連至晚而歸。介堂來。龐劬庵來。花農來。爽秋來。夜子培邀同劬庵、花農、仲彂飲廣和居，二更後歸。是日得七律一首，七絶一首。

秋晚偕子培同年挈子姪輩游陶然亭

側身衰病傍修門，暫出郊坰倚樹根。山帶夕陽移近塔，郭連秋色入遥村。知交馬齒憐余長，子弟烏衣廑有存。惆悵江亭延竚意，碧雲天末又黄昏。

寺僧於江亭外新添碧闌一帶頗增麗矚爲題一絶

徙倚山光落日邊，葦花如雪遠含烟。碧闌一折紅亭外，小著疏楊更可憐。

二十四日壬申　晴和。晨卧中疾動。張子虞來。閲《金石苑》。比日暄暖如春中，晴日滿窗，讀書作畫事事皆空，而爲人事瑣碎相擾，心不得閑，諸生課卷及應答人書俱積至數尺。石湖詩云『退閑驚客至，衰懶怕書來』，可歎也。是日得題畫詩兩首。

題秀水潘生爲余畫錢江舫影圖

江上微波並舫時，晚潮欲上柳絲絲。分明十八年前夢，桂月松風在酒巵。

題錢唐倪上舍爲余畫魯墟夜歸圖

魯墟西畔放翁家，晾網長橋繫釣槎。記得夜歸山已睡，一竿燈影照蘋花。

邸鈔：以翰林院侍讀學士龍湛霖爲詹事府少詹事。

二十五日癸酉　晴和。得陶仲彝江寧書并亡室奠銀八兩。竟日閲《金石苑》。夜題任渭長布衣所畫漢代仕女三幅，一河内老女，一王昭君女須卜居次，一曹大家，各系以贊一首。渭長書法高古，而未嘗讀書，不諳制度，所畫本無所指，余以意題目之耳。

二十六日甲戌　晨陰，旋晴，下午晴陰相間，天气和煦。周生學熙來。敦夫來。介唐來。夜三更後雨。

邸鈔：漕運總督盧士杰卒。士杰字藝圃，河南光州人，咸豐癸丑翰林，由御史授福建糧道，至今官。詔照例賜恤。以前湖廣總督李翰章爲漕運總督。

二十七日乙亥　晨雨，竟日霃陰，時有小雨，晚風漸涼。

二十八日丙子　陰，稍涼。楊莘伯來。比日小極。

閲陳樸齋《齊詩遺説考》，共四卷。三家齊最無徵，樸齋本其父左海所輯之緒，增而益之，推衍其説，凡所增者，加一補字以爲别。其自敘謂轅生以治《詩》爲博士，諸齊以《詩》貴顯者，皆固之弟子，而夏侯始昌最明。始昌通五經。后蒼事始昌，亦通《詩》《禮》，爲博士。戴德、戴聖、慶普皆后氏弟子。《詩》《禮》師傳既同，則《儀禮》及二戴《禮記》中凡所稱《詩》皆當爲齊《詩》。鄭君本治《小戴禮》，注

《禮》在箋《詩》之前，未得毛傳，知《禮》注所述多本齊《詩》之義。齊《詩》有翼、匡、師、伏之學。班固之從祖伯少受《詩》於師丹、叔皮父子，世傳家學，《漢書・地理志》引『子之營兮』及『自杜沮漆』，并據齊《詩》之文。又云陳俗巫鬼，晉俗儉陋，其語亦與匡衡説合，是《漢書》皆用齊《詩》也。荀悦叔父爽師事陳寔，寔子紀傳齊《詩》，見《經典釋文》。《後漢書》言荀爽嘗著《詩傳》，爽之《詩》學，太丘所授，其爲齊學明矣。轅固生作《詩内外傳》，荀悦特著於《漢紀》，尤足證荀氏家學皆治齊《詩》，是《漢紀》《申鑒》所引皆齊《詩》也。公羊氏本齊學，治《公羊春秋》者，其於《詩》皆稱齊，猶之穀梁氏爲魯學，其治《穀梁春秋》者亦稱魯也。董仲舒通五經，治《公羊春秋》，與齊人胡母生同業，則習齊可知，是《春秋繁露》所引皆齊《詩》也。《易》有孟京卦氣之候，《詩》有翼奉五際之要，《尚書》有夏侯《洪範》之説，《春秋》有公羊灾異之條，皆明於象數，以著天人之應，淵源所自，同一師承。孟喜從田王孫受《易》，喜即東海孟卿子，焦延壽所從問《易》，是亦齊學也，故《焦氏易林》皆主齊《詩》説。非僅『甲戌己庚，達性任情』之語，與翼氏齊《詩》言五性六情合；『亥午相錯，則亂緒業』之辭，與《詩氾曆樞》言午亥之際爲革命合。桓寬《鹽鐵論》以《周南》之罝兔爲刺義，與魯、韓、毛迥異；以《邶風》之鳴雁爲稚文，與魯、韓、毛并殊，是所引亦皆齊《詩》也。其搜采可謂備矣。

覈而論之，惟《詩緯》如《推度灾》《氾曆樞》《含神霧》等，蓋多齊《詩》説。公羊本齊人，《春秋繁露》中或有齊《詩》説，餘皆推測流派，近於景響之談。至鄭君本傳明云習韓《詩》，亦間用魯《詩》，《坊記》注以《燕燕》爲衛定姜之詩，與劉子政《列女傳》同，中壘世習魯《詩》，則注所用魯《詩》説也。至班孟堅本傳惟云九歲誦《詩》《書》，及長，所學無常師，不爲章句，則其於《詩》無所謂家法。《漢書・地理志》引齊《詩》曰『子之營兮』，顔注：毛《詩》作『還』，齊《詩》作『營』。又右扶風杜陽下引《詩》曰『自杜』，顔注『自土沮漆』，齊《詩》作『自杜』。王伯厚輯三家《詩》，據以載之齊《詩》。《左海文集·答許子錦論經義書》謂師古時齊《詩》久亡，不知何從得其説，其注此志誤以『周道郁夷』爲韓《詩》，而不知韓《詩》實作『威夷』，則其踳駁未可盡信。班固之習齊《詩》，它無左驗。其説甚覈，樸齋强以《漢書》證齊《詩》，亦顯背其父説矣。

二十九日丁丑　晨陰旋晴，天气復和。上午答拜數客。詣弢夫、敦夫處小坐，午後歸。

邸鈔：皇太后懿旨：皇帝大婚典禮，前經明降懿旨，一切遵照《會典》辦理。嗣據禮部單開大婚前期遣官祭告天、地、太廟後殿、奉先殿禮節，請照案前二日舉行，當經查照《會典》，改爲前一日粘籤，宣示該部宜如何敬謹遵行。乃昨據繕奏清單，仍開列大婚前二日祭告，殊堪詫異。此次該部於具奏典禮摺件漫不經心，屢有舛錯，均未加究詰，兹竟於告祭大典籤改日期並不細心照繕，律以有心貽誤，咎復何辭？所有禮部堂官及承辦司員均著交部嚴加議處。同治大婚以前二日祭告，《會典》載康熙大婚以前一日，懿旨尊《會典》，蓋有所避也。禮部司員總辦大婚者徐家鼎、高尉光皆終日狎游，不省吏牘，此次奏摺中仍循同治故事，甚至書兩宮皇太后又有墨染指迹。聞東朝怒甚，初旨有『有心抗違』語，樞臣力救之，乃改爲『有心貽誤』云。

三十日戊寅　晴，暄和如春中。介唐來。上午邀介唐、敦夫及兩姪、僧喜小飲真蘇館，同年吴縣吴均金舍人所新設行廚也，在驢駒胡衕，本宴賓齋酒館，其餅餌、湯圓皆放蘇州。傅通判慶咸來，節子之兄子也，其尊人嘗宰山東之陵縣。楊莘伯來。是日買菊花六十盆，付直十六千。

冬十月己卯朔　晴和。家人詣崇效寺内子殯宮設奠，送寒衣焚之。傅子蓴來。弢夫來。夜得子培書，以舊拓郭忠恕三體《陰符經》一本贈僧喜，并和余前日游江亭詩，即復謝。

初二日庚辰　晴暖如春中。祖妣倪太恭人忌日，又是月六日祖妣余太恭人忌日，合饋於聽事，肉肴、菜肴各七豆，菜羹一，時果四盤，饅頭兩盤，酒三巡，飯再巡，栗子湯一巡，晡後畢事，焚楮泉。胡枚良來。子培來。得樊雲門中秋日長安書，并近詩十餘首。

邸鈔：以甘肅按察使方汝翼爲江西布政使，本任布政使蕭韶行至江寧病故。以陝西陝安道唐汝楠爲甘肅按察使。

初三日辛巳　晴和。作書致伯循，爲雲門送書去。介唐邀同敦夫、弢夫詣三慶園觀三慶部，挈僧喜同去。夜飲福興居，坐客有爽秋、仲弢，二更後歸。

是日演《戲崇臺》一齣，晉郤克聘齊及鞌之戰也。本之《列國志》，演義全用《穀梁傳》，以郤克爲眇，孫良夫爲跛，與《左傳》《國語》不合。夜與僧喜輩講三《傳》，因爲坐客言，即此一事觀之，可知《公》《穀》皆不免道聽涂説，遠不如《左傳》，而《穀梁》又因《公羊》而傅會之，愈失其真。是時衛、齊方相仇，並無四國同聘齊之事。《左氏傳》惟云郤子登，婦人笑於房，雖不明言跛而跛可見。《國語》亦祇云郤子聘齊，婦人觀而笑之。《公羊》云郤克與臧孫許同時而聘于齊，或跛或眇，則增一同聘者而以眇屬臧宣叔；《穀梁》更益其事，同於兒戲。唐陸質以街談巷議訾之，是也。蕭同叔子，《公》《穀》皆作蕭同姪子，范氏集解不知蕭同叔爲蕭君之名，而曰同姓也，姪子字也，固謬。至云其母更嫁齊惠公，生頃公，宣十二年，楚人滅蕭，故隨其母在齊，此語必有所本，非武子所能造。《左氏》但云帷婦人使視之，不言何人。其後頃公朝晉，郤克曰此行也，君爲婦人之笑，辱也。先曰婦人曰使，其爲非母可知；郤克之對頃公斥言婦人，亦非其母可知。《國語》亦止謂齊頃公使婦人觀，是《左氏》並不以笑客爲齊侯母。後人因其下言郤子欲以蕭同叔子爲質，而國佐稱爲寡君之母，遂以笑客者爲即頃公之母。《公羊》從而實之，曰蕭同姪子者，齊君之母也，踊于棓而闚客。國君之母何至上躡懸絶之板以闚人？據何氏《解詁》。是直齊東野人之言。《穀梁》先云蕭同姪子處臺上而笑之，後云以蕭同姪子之母爲質，所敘較《公羊》爲近理。范注齊侯與姪子同母異父昆弟，不欲斥言齊侯之母，故言蕭同姪子之母，兼忿姪子笑，其語亦有斟酌。蓋郤克忿其女之笑，因欲質其母以脅齊侯，誠以笑客之婦人不足爲輕重也。《國語》載齊侯朝晉，郤子有以慭御人之言，韋注『御人，婦人也，顧以此報君御人之笑己者』，是並不以婦人爲君母也。《左氏》以蕭同叔子指頃公之母，《穀梁》以蕭同姪子之母爲頃公母，亦傳聞異辭。近人歸安董氏增齡《國語補注》謂《左傳》兩蕭同叔子下俱脱『之母』二字，亦近臆説。鍾氏文烝《穀梁補注》以《穀梁》兩『之母』字爲衍文，尤誤，蓋過信《公羊》也。《史記》大氐本《左傳》，而亦參用《公羊》，故改『帷婦人』曰『使夫人帷中』，改『婦人笑』曰『夫人笑』，失輕重之倫矣。鍾氏又謂《穀梁傳》季孫行父禿云云，姑廣異聞，原不深信，此猶《公羊》以叔術妻嫂爲賢。孔巽軒《通義》謂自『顔夫人者，嫗盈女也』句以下皆傳所不信，聊廣異聞，皆曲護本經之辭。然《公羊》彼傳下文載公扈子曰『惡有言人之國賢若此者』云云，則猶可謂傳所不信。若《穀梁》此傳自冬十月下鄭重言之，尚得謂姑廣異聞乎？《左傳》止云郤子怒；《公羊》云二大夫出，相與踦閭而語移日，然後相去；《穀梁》甚之，曰客不説而去，相與立胥閭而語移日。不解夫豈有謀伐人之國而即在其國終日言之者乎？昔人謂作《穀梁傳》者似已見《公羊》，其説是也。

邸鈔：皇太后懿旨：吏部都察院奏尊旨嚴議禮部堂司各官處分一摺，本屬咎有應得，惟念事關慶典，量予從寬。署禮部尚書紹祺，尚書李鴻藻，左侍郎敬信、徐郙，署右侍郎清安，右侍郎童華應得降四級調用處分，及承辦司員郎中桂斌、員外郎徐家鼎應得降五級調用處分，均加恩改爲革職留任。李鴻藻原有革職留任處分，並加恩免其革任。吏部郎中吕鐘三授陝西陝安兵備道。

初四日壬午　辰初三刻一分立冬，十月節。晨陰，有霧，午晴，甚和。竟日評改問津諸生課卷。胡伯榮來辭行。子培來，久談。族姪丙吉還太原，予以錦匣盛佳茗四瓶，蜜棗、杏人兩匣，餅餌四匣。以珠皮馬褂羊裘贈孝北。

邸鈔：内閣侍讀鶴山授浙江杭州府遺缺知府。本任杭州府陳文騄丁憂。

初五日癸未　濬晴，甚和，下午多陰，夜霒陰，三更後風，旋密雨，至曉有聲。子蓴夫人五十生日，送禮銀四兩，酒兩罎，燭四斤，晡後往拜壽。傍晚至邑館，晤介唐。晚赴子虞之飲，坐有子培及黄松泉，二更後歸。是日苦齶爛齒浮，腫不能食，屬松泉診脉處方，夜二更後歸。

閱《唐六典》。卷十二《内宫》云：『妃三人，正一品。』注云：《周官》三夫人之位也。皇朝上法古制立四妃，其位貴妃、淑妃、德妃、賢妃。今上以爲后妃四星，其一后也，既有后位，復立四妃，則失法象之意，改定三妃，其位惠妃、麗妃、華妃也。案明皇自廢王皇后後，專寵武惠妃而不立后，其後以楊氏爲貴妃，是《六典》未嘗行用也。

邸鈔：慈禧端佑康頤昭豫莊誠皇太后懿旨：皇帝寅紹丕基，春秋日富，允宜擇賢作配，佐理宫闈，以協坤儀而輔君德。兹選得副都統桂祥之女葉赫那拉氏，端莊賢淑，立爲皇后，原任侍郎長敘之十五歲女他他拉氏封爲瑾嬪，十三歲女他他拉氏封爲珍嬪。桂祥，承恩公照祥弟也。

初六日甲申　晨密雨，至午稍止，下午晴陰相間，漸寒。是日評改問津諸生卷訖。凡百六人，文題『北方之學者』三句，詩題『藕花多處别開門得開字』。取陳澤霖、胡溶等内課二十名。夜命僧喜及孝北詣萬福居邀沈、俞兩鄉人及賈客鍾榮齋飲，以孝北將與沈、俞作伴歸也。司廚饋菊花魚羹。

初七日乙酉　晴寒。得賀幼甫書，并冬季兩書院修脯等銀二百七十一兩，又明年關聘銀十二兩，即作復書，犒其使二金又錢六千。沈敬甫及俞伯常秀才來，合送余六十壽字紅呢幛一軸及酒、茗、燭，受其幛，犒使五千。周生學銘來。生得順天副榜，其兄學海江南中式，可喜也。今日來告明日赴津門，以合肥相國以女妻張幼樵，定期十二日親迎，請周生之母及胡雲楣夫人扶新人入青廬，故往省之。合肥止一女，繼室趙夫人所生，敏麗能詩，甚愛之，今年甫逾二十。幼樵年四十餘，美須髯，已三娶矣。婁儷笙來，見所傳鈔黄檗禪師讖詩，有云：『秦晉一家成鼎足。』其言已驗，可異也。

初八日丙戌　陰寒，晡後微晴。料檢孝北南歸事，贈以銀三十兩，又盤川銀二十六兩，命家人具食物及分詒族親婦人衣飾。作復族姪恩圭書，還其所寄番銀三餅，詒以蜜果、餅餌各一匣。又以食物四匣詒沈、俞兩君。庚午同年劉雅彬編修傳福來，故浙江學使叔濤祭酒之子也。

初九日丁亥　晴，稍和。爲品芳畫山水團扇。倪儒粟來辭行。夜作書致儷笙，屬覓西洋照相人，以孝北將歸，固請得余小影歸示諸弟妹，可以少釋思念也。其意甚可悲，勉許之。得麗生復，以吴箋四匣爲贈。

初十日戊子　晴和。皇太后萬壽節。儷笙邀一照相者都人趙姓來，同家人坐堂下合照一幅，下及貓犬之屬亦入畫中。得徐花農書，以摺扇乞書，并爲儒粟索書箋。午出門送沈、俞兩君及儒粟行。詣介唐，小坐歸。傅子蓴來。額裕如運使來。吴福茨觀察引孫來辭行。夜邀介唐及其從子偕儷笙、孝北、僧喜飲宜勝居，邀敦夫，以小疾不至。二更歸。

十一日己丑　晴和。翁叔平師來。介唐來。書玉來。爲孝北畫團扇，作《陶然亭秋望圖》，并爲書前日一詩於背。爲品芳書扇。爲儒粟書箋。夜孝北叩辭去宿旅店，以明日早行，爲之愴然淚下。

作書致品芳，并銀二十二兩，還其夏間所付僧喜川資也。又寄四弟婦銀三十六兩，亦還僧喜川資。寄三妹番銀十圓，銀四兩；寄大妹番銀十二圓；寄二妹銀八兩；僧慧番銀十圓；詩舫弟銀四兩；楚材弟銀八兩；内姪婿吴士麟銀二兩，還其所寄番銀六圓；資福庵、隱修庵各銀二兩。以藍呢幃料七匹分詒大妹、二妹、三妹、四弟婦、僧慧、孝北、士麟。以内子遺衣一襲寄士麟之婦。磨本緞、湖縐襖各一。家人以花袖、闌干、花鞋、脂粉、鬢花之屬分遺諸親，余佐以金頂、花箋、藥物，遍及鳳妹，嘯巖、穎唐兩弟，族姪女采。舊佃人徐國安兩寄所畜牛乳，聞其念余甚至，去年死矣，其子今年亦寄田物，報以紬布數事。

十二日庚寅　晴和。弢夫來。殷蓴庭來。作書致介唐，託代閱三取諸童卷，贈以西湖箋兩匣，得復，以杭菸四包見惠。剃頭。

邸鈔：詔：理藩院尚書紹祺、總管内務府大臣崇光均加恩在紫禁城内騎馬。

十三日辛卯　晴和。點閱六月望三取諸童卷、七月望問津諸童卷，甚覺疲困。作致四弟婦書，補寄銀六兩，昨孝北臨發所遺也。作書致子培，得復。

邸鈔：命吏部尚書徐桐爲武鄉試正考官，左副都御史徐樹銘爲副考官。

十四日壬辰　晴和。作書致弢夫，得復。點改六月望三取童卷訖。凡四十人，文題『晉國亦仕國也』，詩題『藕花相間柳陰陰得陰字』。此次三取生卷託敦夫代閱。晡後驚聞詩舫三弟之訃，以患利卒於九月八日子時，其季子孝瑩始自保定以書來告也。弟生於庚寅二月，少余一歲，實相去三十餘日耳。幼孤而馴，先本生祖母及先君子甚愛之。與余同入塾受書，時年六歲，余幼孱甚，即能扶持余。比長，勤於家事，綜理精密。先本生大父蘊山府君高年好賓客，食指甚盛，族黨事皆就質，坐上常滿，錢米一切出入皆倚弟以辦。及府君歿，家驟落，弟力榰柱之。旋遭寇亂，益苦貧，而泊然自守，一介不取。平生謹飭，無一言之玷，與人和易，人皆樂就之，而熟於世務，凡親族吉凶大事皆以相屬，任勞怨事，持大體而籌度委曲，米鹽煩碎無不中程。近年聞其稍衰，方思明歲勸其入都，白頭兄弟相怡暮景，且便其兩子就近奉養，而不謂已作古人矣。寒門衰替，死喪洊臻，泣下霑襟，爲之却食。作致四弟婦書，以賻詩舫弟八金屬轉交，并唁姪孝堪書。作書致孝瑩保陽，天涯孑身，遭此銜恤，風霜可念。夜作書致子培。古人功緦之喪，皆相吊問，雖以六朝世家，放達相尚，而緦慘變禮，猶守往制。至於今日，何能復行？可太息也。

十五日癸巳　晴和。得敦夫書并代閱八月望兩書院諸童課卷，即復。鎮江劉建伯、樾仲兄弟爲其母錢太夫人稱七十壽，演樂於河東館，送紅呢壽障一軸，下午往祝，晤子培、仲弢、弢夫、爽秋諸君，慧叔亦來，遂留飲至夜，三鼓後歸。是夕望，月色如晝。黄松泉同年來。作書致賀幼甫，寄課卷一箱，題目兩紙。

十六日甲午　晴和，下午微陰。爲詩舫弟設位奠之。閱《陳左海文集》。左海爾雅有法，而頗推其鄉人朱梅崖之文，則鄉曲之見矣。張亨甫爲其弟子而亦盛稱其詩，尤近阿好。夜月出，旋陰，二更後風，旋有雨。

邸鈔：湖南提督總統北洋練軍周盛波卒。詔：周盛波剿辦髮、捻各逆，戰功卓著；駐軍天津，訓練精勤。兹聞溘逝，殊深軫惜。照提督軍營病故例從優議恤，平日戰功事迹宣付史館立傳，並加恩予謚，在安徽原籍及立功省分建立專祠。以甘肅寧夏鎮總兵馮南斌爲湖南提督，□□□□衛汝貴爲寧夏鎮總兵。

十七日乙未　晨小雨，竟日寒陰。曾祖考忌日，供饋肉肴六豆，菜肴四豆，十錦火鍋一，時果四盤，饅頭一盤，栗子湯一巡，酒三巡，飯及茗飲各再巡，晡後畢事。閱《左海文集》。其與何郊海書，規其稱何氏學之非體，譏彈先輩之過當，及謂福建當稱東越東冶、不當稱閩之偏駁，皆足爲高明者之針砭。

邸鈔：詔：安徽巡撫陳彝開缺來京，以三品京堂候補。以廣西巡撫沈秉成調安徽巡撫，以廣東布政使高崇基爲廣西巡撫，以浙江巡撫衛榮光調補山西巡撫，以江蘇巡撫崧駿調補浙江巡撫，以山西巡撫剛毅調補江蘇巡撫。上諭：劉銘傳奏彰化土匪搶劫鹽館，圍攻城池，先後剿平一摺。本年八月，鹿港鹽館土匪搶劫，並圍攻彰化縣城，經劉銘傳派令朱焕明、林朝棟等分路進攻，立解城圍，並連破竹園二十一處，斬獲多名，脅從全行解散，地方安謐如常，辦理尚爲迅速。候選道林朝棟著賞穿黄馬褂，其餘出力官紳將弁著彙入呂家望番社案内，擇尤請獎。陣亡之記名提督朱焕明力戰捐軀，深堪憫惻，著照提督陣亡例從優議恤，並加恩准於彰化縣城建立專祠。

十八日丙申　晴寒，有風。作書致子培。傅之範慶咸來辭行。得子培書，言子封已自粤東還，附來羊辛楣太守所寄藥物、雜事一簏，内奇楠十八子一串，端硯一方，清香肉桂一枝，普洱茶兩包，蟠龍砂仁兩匣，化州橘紅一匣，翩鶴香四匣，午時茶四匣，婦人畫紈扇一柄，首飾金蝶一匣。柬邀子虞、子培、弢夫、仲弢及傅之範飲宜勝居。晡後先答詣劉雅彬，歸後往酒家，已上燈矣，二更後歸。月皎如晝而寒甚。付酒保賞四千，客車飯九千。

邸鈔：以四川按察使游智開爲廣東布政使，以湖南辰沅永靖道何樞爲四川按察使。

十九日丁酉　寅正三刻三分小雪，十月中。晴寒。晴日滿窗，菊花盛開，竟日坐聽事南榮作畫。徐亞陶來。敦夫來。得定夫濟民場書，并寄銀十兩爲余六十之壽。夜月仍皎，二更後有風。

二十日戊戌　晴寒，上午有風。寄何竟山輓障一軸。竟山之喪已歸里，其子弟來赴也。偕敦夫、秉衡、伯循合送一幛，余更輓以一聯云：『兩世遞論交自燕閩分手廿年輟俸刻文知敬禮；一官遽委化祇金石歸裝千里遺書輯録繼明誠。』諸暨人孫葉舟秀才霖以書并寫所作詩及國子監録科算學策、致肅寧李令辭館書送閲，言久寓郡邸，旅費已竭，求爲道地。其人年已五十餘，今年來試京兆，欲援新例生監通算學者總理各國衙門試其高下録選鄉試，而已遲數日，不得收。其文筆亦清徹，詩雖不工，尚能達意。閲其辭館書，蓋亦自好之士。算學策雖淺近，然墨守璿機渾天之説，不取西法，駁其言地球周圍九萬里，厚二萬八千六百三十六里零三十六丈，又謂每地二百五十里當天一度，矛盾不合，是亦不隨時趨者矣，當留意其人，毋俾窮餓。夜有風，甚寒，始飲牛乳。

二十一日己亥　晴，寒甚，始用鑪。爲傅之範書聯語云：『中原禮樂思微管；江左風流欲廢莊。』又爲上虞人連穆軒、擷香兄弟書義莊藏書樓聯云：『書樓枕湖燀花鄂；義莊連頃詒穀香。』得介唐書，爲閲七月望三取童卷并問津諸童所未閲卷。夜風，寒甚。付賃屋六金，崇效寺殯屋六金。

邸鈔：詔：皇后之父副都統桂祥封爲三等承恩公。

二十二日庚子　晴，有風，午後稍止。作書致介唐，詒以蟠龍砂仁一匣，普洱茶一餅。更定七、八兩月問津、三取兩書院童卷，以此兩月諸生入赴京兆試，故輟課也。七月問津童題『若伊尹』，詩題『新涼燈火小窗初得初字』；三取童題『若太公望』，詩題『斜日竹梧新雨後得梧字』。八月問津童題『色惡』，詩題『一窗暖日棋聲裏得棋字』；三取童題『臭惡』，詩題『夜雨留僧竹裏棋得棋字』。以普洱茶一餅、午時茶兩匣問詒劉仙洲夫人，託其往米祝家爲雲門夫人取其母家消息。

夜授僧喜《木蘭詩》，即考木蘭本末，當以宋氏《過庭録》之説爲是。詩中所云可汗者，突厥啓民可汗也；天子者，隋煬帝也。宋氏謂木蘭之父蓋啓民部落人，時啓民屢與其兄弟都藍可汗雍虞閭相仇殺，文帝遷之河南，在夏、勝二州之間。河南爲今陝西榆林府西北邊墻内外地，故有朝宿黄河、暮宿黑山之語。慈銘案：詩人之言雖多文飾，然玩詩中『當户理紅妝』『對鏡帖花黄』等語，必非胡女。考《隋書・突厥傳》，自文帝開皇十八年詔蜀王秀出靈州道擊都藍，明年遂遣漢王諒、高熲、楊素等分道出兵，是爲助啓民出師之始。直至大業三年煬帝幸榆林，啓民及妻義成公主來朝行宫，是時都藍可汗早殁，嗣之者步迦可汗，屢爲楊素等所敗，奔吐谷渾，兵争始息，蓋兵士久戍者皆得歸，故有『將軍百戰死，壯士十年歸』之語。時雖命親王、上相督師，而史言上發兵助啓民守要路，蓋征戍者兼爲啓民所轄，其後功賞亦當由啓民請之，故有『可汗大點兵』及『可汗問所欲』等。若本啓民部落，安得云『願借明駝千里足，送兒還故鄉』耶？一宿黄河、再宿黑山，不過甚言其行之火速，一日千里，豈可實計路程？且其詩云『當户織』，云『機杼聲』，豈胡中所有之事？又云『不聞耶娘唤女聲，但聞燕山胡騎鳴啾啾』，正形其爲中國之女，未嘗聞胡語也。玩『將軍』二語及『朔气傳金柝，寒光照鐵衣』，確是隋人語，已開唐音之漸。《文苑英華》卷三百三十三《歌行・征戍門》載此詩，所注異同頗詳，其題韋元甫名，則誤合《樂府詩集》中所載後篇爲一人作也。

二十三日辛丑　晴。剃頭。書竟山輓聯并輓幛，作片託介唐轉屬故鄉酒客寄去。閲王子弁俅《嘯堂集古録》，嘉興張氏醉經堂本也。王氏所釋多未覈，不特小篆文夏禹印及滕公石室銘之詭誕不足據也。爲連氏書樓楹帖，旁系一跋，以王子獻書來，言擷香見余所書快閣姚氏書樓聯，艷羡無極，故以其曾祖宧游時所得真藏經紙遠寄乞書，不可無以厭其心也。晡後詣子培、子封兄弟，談至夜而歸。

二十四日壬寅　晴，稍和。閲王勉夫楙《野客叢書》三十卷，末附其父《野老記聞》一卷，吴□□刻本，索價至三十金。得賀幼甫書并課卷，即作復，以所定兩箱課卷寄去。弢夫來。夏槐青觀察宗彝來，會稽東關人，以難蔭得官，今由吴縣知縣援鄭工例得選湖北督糧道，入都引見，年止四十一，亦吾越近日外吏之錚錚者。

邸鈔：翰林院侍講學士徐會澧轉侍讀學士，左春舫左庶子張英麟升侍講學士。

二十五日癸卯　陰，午前後微見日景。作書致族弟品芳，并以所畫桃花竹石紈扇寄族弟嘯巖，且爲書近詩於背。作致徐仲凡書，爲託買蘭渚橋應家湖山地，且賀其子中副榜。作復王子獻書，謝其寄奠，且以連氏楹聯屬轉致。夜作片致介唐，以所作書件託轉交同鄉酒客附去。是日騶人范三忽死。昨晚猶遣其送弢夫至酒家，夜半忽發病狂走，曉遂不能語，爲延醫及按摩，人移之玉皇廟中，予寺僧錢物，屬善視之，至夕竟死，亦異矣。

邸鈔：命協辦大學士、户部尚書福錕爲皇后納采正使，禮部尚書奎潤爲副使。

二十六日甲辰　晨霿陰，上午雨霰兼作，午後雪，晡積盈寸，晡後漸霽，朔風寒甚，晚晴。閲《僞齋録》。所載羅誘上劉豫南征議，所駁不可擊之四議，所籌不可擊之六便，其言亦甚可聽。南宋當日之不亡，慬哉。其所指當時宰執，謂吕頤浩横議狂直，失大臣風；朱勝非雖老臣，然守法具位，怯於圖大；秦檜智小而謀大；翟汝文才有餘而量不足；趙鼎雖大器，然孤立在外，進不容於朝；范宗尹口尚乳臭，驟然登庸，言不顧行，驕貴自用，尤不足道。亦皆不謬是非。其謂秦檜智小謀大者，時檜奸凶未著，猶以存立趙氏之議，公論予之也。

夏槐青來。僧喜以胸鬲積熱，走禱吕仙祠。作書致子培。夜風洌嚴寒，二更風益勁，木葉盡脱。得子培書，即復。

二十七日乙巳　晴寒。是日爲先本生祖母顧太君供饋。太君忌日在廿五日，以有事今日追薦。作書致婁秉衡，致弢夫。儷笙來，屬其偕僧喜至邑館乞秉衡診脉。弢夫來。介唐來。子培來。爽秋來。是日爲范三棺斂，先告之北城司坊官，召陰陽生具榜帖，以酒肉饅頭祭之，爲焚紙錢。付買棺銀四兩，陰陽生錢六千，寺僧錢十六千，米一斗，棺斂錢四千，香燭錢八千。昨日張延秋編修開吊，以事不能往。編修名鼎華，番禺人，南山太守之孫，其先越産也。丁丑進士，其中戊午副榜時僅十三歲，卒年四十三。

二十八日丙午　上午晴，下午微陰。午前答詣夏槐清，詣弢夫，皆不值。詣書玉，久談，午後歸。孝北自上海寄書來，言十八日抵滬。夏槐清送禮紬段及筆、墨等六事，受筆兩匣，茶兩瓶，餘悉反之，犒使四千。印結局送來是月公費銀十七兩。

二十九日丁未　晴，下午澹晴。弢夫來。

閱《文苑英華》書疏類。其徐孝穆、王無功諸書，首曰徐君白、王君白，皆其後人刻家集者諱其名而但曰名，遂誤爲君耳。孝穆爲陳武帝、文帝未爲帝時作與人書，尚皆曰陳諱白及陳諱頓首，豈有自稱徐君者？無功雖高誕，亦不至是，蓋文章無此體也。

張姬視書玉夫人，詒以藍尼、淺青紗各一匹。廄中祀馬神。酬玉皇廟僧十金。

十一月戊申朔　晨及上午陰，午後微晴，比日稍和。弢夫書來，以所購馬湘蘭畫牽牛花直幅屬閲，款題『甲辰七月馬守真寫』，字畫皆不佳，右方有綺莊題七絕一首，詩字俱劣，贋作之拙者也，作復還之。舊太倉送來俸米七石八斗，量之得一千零二十斤，付車錢四千。沈子封來。作書致婁儷笙，饋以午時茶一匣。夜赴宜勝居弢夫之飲，坐有王芾卿、王旭莊、子培、子封、班侯、仲弢，談至二更後歸。是日有火輪車數輛入城，聞美國所進奉也。

初二日己酉　晴。

閲沈文起《左傳補注》。其自序極詆《公》《穀》及杜氏《集解》，言雖雋快，而以胡毋生等爲漢之賤儒，以杜氏爲起紈絝之家，習篡殺之俗，以孔沖遠爲賣國之諂子，以啖助等爲儇惡，以宋人爲吮杜豫之涕唾，以元明人爲目不識丁，以近人劉申受等爲聖世之賊民。至謂以左氏視公、穀，如二八妙姝與盲母狗，殊病偏激，不似儒者之言。

其書意主發明左氏《禮》學。如論繼室，以聲子謂大夫而下繼室有爲嫡者，故喪服之繼母如母，天子、諸侯不再娶，故繼室而非嫡，《雜記》所謂攝如君也。論先配而後祖，謂聘禮大夫之出，既釋幣于禰，其反也，復告至于禰。忽受君父醮子之命于廟，以逆其婦，反不告至，徑安配匹，始行廟見之禮，是爲墜成命而誣其祖。大夫宗婦覿用幣，謂《禮》有内宗、外宗，鄭云王同姓之女謂之内宗，王諸姑姊妹之女謂之外宗，又得兼母之黨。《雜記》『外宗爲君夫人，猶内宗也』，鄭云謂姑姊妹舅之女及從母皆是。又有同姓大夫之妻，《喪大記》所謂外命婦也。又有外親之婦，亦通謂之外宗。《服問》注云：外宗，君之外親之婦也。大夫宗婦覿，則外、内宗之嫁大夫者及同姓大夫之妻覿夫人，非謂大夫與宗婦雙雙而至也。其言男女同贄者，謂婦人而用幣，是無别於男子。《列女傳・嬖孽》載此事，謂婦贄用幣，是男女無别也，語尤明。論北面重席，『新尊絜之。召悼子』，『及旅，而召公鉏』，謂《鄉射禮》主人獻衆賓後，『大夫辭加席。主人對，不去加席』，注云：不去者，大夫再重席正也，賓一重席。又《燕禮》『司宫筵賓于户西東上，無加席』，此以賓無加席，故《燕禮》『卿辭重席』，明非君在前則得重席。臧紇以重席待悼子，明其爲卿之適從卿禮也。新尊絜酒，如《士冠禮》『再醮。攝酒』，《有司徹》『司宮攝酒』，《士冠禮》注：攝，猶整也。又『三醮，攝酒如再醮』。更新示敬也。《燕禮》卿大夫皆脱屨就席，主人仍獻士于西階上，所謂大夫舉旅行酬而後獻士也。《鄉飲酒禮》云『既旅，士不入』，明士入當旅酬節也。旅而召公鉏，以士禮待之，明其不得嗣爵。論『使與之齒』，謂與旅者子姓兄弟爲齒也。《特牲饋食禮》設堂下尊之後，兄弟之子舉觶，爲旅酬悼子，設席自在堂上，所旅酬之人堂上無位，公鉏安能與悼子爲齒？論『韈而登席』，謂《燕禮》命安徹俎之後，乃説屨升就席，皆坐。《詩》傳不脱屨升堂謂之飫，是君之享臣有終日不脱屨者。燕雖脱屨，亦在禮終，故《少儀》云『堂上無跣，燕則有之』。今褚師聲子必是未命坐之先已跣而升堂，玩其『臣有疾，異于人，若見之，君將㱿之』之語。必是足創不堪著屨，若勉著之，恐潰浥須擱拭，將使君見而嘔也。古者除遭喪，於禮事未聞徒跣。案去屨謂之跣，去韈謂之徒跣。杜謂見君解韈，出於杜撰。

此類皆數典精確，足以推明禮制，餘亦多所折衷。其謂僖十五年傳文曰『上天降灾』至『唯君裁之』四十七字，證以《列女傳》並有此文，是孔、陸之本偶爾褫奪，與余舊説合。予説見《受禮廬日記》。

是日付車夫李秀工食芻料銀七兩四錢。

初三日庚戌　晨陰，上午後微晴。閲《左傳》補注，其『隱公二年夫人子氏薨』一條獨從《穀梁》，以爲隱公之妻；『僖公八年用致夫人』一條獨不信左氏哀姜之説，亦從《穀梁》，以爲成風。此兩條推尋經義，實以《穀梁》爲當，余舊亦主此説。徐花農來。婁儷笙來。剃頭。

初四日辛亥　晴。外祖倪公忌日，供饋於堂，祔以三舅、四舅，肉肴七豆，鷄、豚、魚加特凫。菜肴三豆，火鍋一，時果四盤，饅頭一盤，栗子湯一巡，酒四巡，飯一巡，茗飲再巡，哺畢事，焚楮泉兩挂。閲劉武仲淇《助字辨略》，此書王伯申氏所未見也。夜子初三刻一分大雪，十一月節。

邸鈔：上諭：剛毅奏特參專閫大員貪劣多端一摺。山西太原鎮總兵何鳴高辦事任性，信用私人，兼有扣餉曠糧情事，實屬貪利營私，著即行革職。

初五日壬子　晴，下午澹晴，比日頗不甚寒。評改學海諸生經古卷。介唐來。

初六日癸丑　晨晴，巳後陰，傍午復晴。下午詣棉花八巷賀殷萼庭移居，見客次所懸袁祖惠畫《豐樂亭圖》，仿文五峰筆法，峰巒作大青緑，奇峭層疊，林木秀蔚，極可愛玩。詣敦夫視其疾，已愈，晚歸。夜小飲，微醉。五更腹痛甚劇，天明始睡。

初七日甲寅　竟日霒陰，晚晴。得品芳弟十月廿三日書，言蘭渚橋殷家隝山地已成券，計地六分，須番銀一百十五圓，皆徐仲凡力任之，又付中人酒直洋銀七圓，已系籍於九都二圖李敬安户，可以漸營兆域爲先祖考妣佳城矣。行年六十，始藉友朋兄弟之力得此尺壤，悲哉。比日召圬人墁唐涂易新磚，自此行步坦平，殊便杖履。以麵桃、花糕、碧柰、福喜餠賀萼庭新居。王子常所詒大秦山水舊畫兩幅，其一山谿夕陽，深秀無盡，董源《落照圖》不是過也，今日裝以大波黎鏡，釘之坐間，以供愛玩。付波黎鏡匣錢二十千。

初八日乙卯　晴和，下午微陰。外祖母節孝孫太恭人忌日，供饋菜肴十豆，以平生素食也，祔以三舅、四舅，加火鍋一，肉餡麵食四盤，饅頭一盤，時果四盤，栗子湯一巡，酒三巡，飯及茗飲再巡，逮闇畢事，焚楮泉兩挂。得敦夫書，即復。是日市中決囚。

邸鈔：山西大同鎮總兵張樹屏告病，以□□□□黃金志爲大同鎮總兵。

初九日丙辰　晴和，晡後澹晴。評改學海諸生課卷訖。閲沈氏《新唐書宰相世系表訂譌》。所注寥寥，未能鈎稽漢、晉、南北、五代各史，補其世數、官閥、子姓；若更取《全唐文》及自漢至宋文集、碑版廣證之，猶可十得四五也。

初十日丁巳　晴和。弢夫來。讀《説文段注》金部。晡後詣夏槐青，不值。詣弢夫、定夷，談至晚歸。夜月甚佳。

十一日戊午　晴和如春。閲《舊五代史》。（此處塗抹）近日海軍衙門收捐款者，名曰報效，由縣丞升知縣，不過數百金便可分發，凡革職私罪皆可開復，不由吏部，徑取中旨行之，且可先下旨而後入貲，斜對墨敕不是過矣。下午詣爽秋，不值。詣王可莊、黄仲弢，俱晤談，至晚歸。夜月皎如晝。

邸鈔：理藩院尚書紹祺卒。紹祺，宗室，鑲白旗人，丙辰進士。詔：紹祺練達勤慎，學問優長，由翰林洊陟卿貳，外任都統，旋授尚書，宣力有年，志稱厥職。兹聞溘逝，軫惜殊深。加恩賞給陀羅經被；派奉恩輔國公載澤帶領侍衛十員，即日前往奠醊；照尚書例賜恤；並賞銀五百兩，由廣儲司給發經理喪事；伊子候選員外郎世培俟服闋後以員外郎即選。禮部旋請應否賜謚，有旨毋庸予謚。以户部左侍郎嵩申爲理藩院尚書。額駙扎拉豐阿補正藍旗蒙古都統。

十二日己未　晴和。楊定夷來。敦夫來。下午詣河東館拜劉祭酒夫人七十壽，雅彬留觀劇，不坐而出。詣花農，不值。詣子培、子封兄弟，暢談至夜歸。月皎如昨。

聞近日盛伯希祭酒、屠御史仁守皆疏言海軍衙門報效事。伯希一摺兩片，正摺争開京師鐵路及用火輪車，一片劾合肥進奉西洋燈玩，一片指報效也。前月吾浙人如已革道員姚賨勳、已革山西知縣陳本皆以報效復官，分省特用，兩人皆私罪永不敘用者也。鄉人沈水泉本書吏，以候選道報效銀萬兩，得以繁缺道員請旨簡放，其人於吏、户兩部皆未注册，中旨交軍機處列於記名請簡單之首。鎮江人楊鴻典亦以私罪革職，報效特用道員。屠御史疏論及之。

初一日上諭：廣東學政、工部侍郎汪鳴鑾奏保廣東耆儒知府銜陜西補用直隸州知州張其翽、國子監監丞銜舉人金錫齡、增貢生劉昌齡品端學贍，均堪矜式士林，張其翽賞加四品銜，金錫齡賞加光禄寺署正銜，劉昌齡賞加翰林院待詔銜。今日閲汪君原疏，言張其翽嘉應州人，道光甲午舉人，著有《春秋三統朔閏表》《前漢三統朔閏表》《兩漢日月徵信算法》《統宗難題衍術方程正負定式量倉八法》等書，其説經訂史之文及讀書雜記亦數十卷，今年已八十。金錫齡，番禺人，道光乙未舉人，著有《周易雅訓》《毛詩釋例》《禮記陳氏集解刊正》《左傳補疏》《穀梁釋義》，年近八旬，尚事丹鉛，所著各書易稿至於三四。劉昌齡亦番禺人，尤邃於禮，制度章典考證皆有心得，今年近七旬，讀書日有常程，無殊少壯。因援前山西襄陵縣知縣朱次琦、國子監學録銜舉人陳澧、棗强縣知縣方宗誠等賞五品卿銜例，謂張其翽已保加知府銜，仰懇天恩逾格優奬，金錫齡請量予奬勵，劉昌齡可否賞給京銜。蓋以陳澧由八品京銜得五品卿銜爲比，則張應得三品卿，故云不敢擅擬；金爲正七品京銜，如得五品卿，已較陳爲遜，故云量予奬勵。乃張僅得四品銜，知府亦四品也。金止加一秩，且是背吏雜流之官。朝廷蓋悟前賞過優，陳尤破格，故不復行前請也。劉以諸生得待詔銜，亦循故事，可謂慎惜名器矣。張佩綸之入贅合肥署中也，仍用三品頂帶。合肥爲之行數萬金於海軍衙門，乞以道員簡放。或云五萬金，或云三萬。張欲得四品京堂而醇邸却之，以慈寧怒佩綸未已也。佩綸漸干預督署事，凡章奏文牘皆徑改作，幕中大鬨。吾鄉景某爲合肥司章奏二十餘年，最練事者，首辭去，賓客紛紛告退，將空署矣。小人失志，遂爾披猖，可歎也。是日送劉母壽禮錢十二千。近日以銀易蚨票，一兩得十一千。

夏槐青來。

十三日庚申　晴，下午微陰，有風，頓寒。是日評改學海堂生童課卷訖。經藝二首，文題『駿發爾私』四句、『棗栗飴蜜以甘之』二句；策兩道，一問語助字辭本義、借義、引申義，一問氏姓源流及後世附會之失。『漢武帝塞瓠子河築宣房宫賦以負薪塞河築宫其上爲韵』，『盂蘭盆賦以俗傳荆楚儀備有唐爲韵』，『擬柳子厚乞巧文』，『清風不去因栽竹得風字』、『隙地無多也鑿池得池字』五言八韵二首。生十人，取姜秉善、陳文炳、李家駒、蔣廷黻内課四名；童二十三人，取徐寶湘内課一名。夏槐青來。王可莊詒《金陵詩徵》一部，朱述之撰，僅刻國朝。吴箋一箱，燕窩一合，蜜漬青梅兩瓶及燕窩，犒使三千。夜月微陰，嚴寒，須附火矣。

檢閲《文苑英華》。其所收賦至一百五十卷，唐賦居十之七八，陳陳相因，最無足觀。中書制誥四十卷，翰林制誥五十三卷，表七十四卷，皆以當時所尚，而宋初尤重之，多足以考證史事。判五十卷，則唐代以此設科，其文雖寂寥，而不失雅馴。最可觀者，書二十七卷，論二十三卷，碑九十卷，志三十五卷，可謂考據之淵藪，册府之鴻寶也。其雜文中不收柳州《乞巧文》、昌黎《送窮文》，而收沈下賢爲邯鄲伎李客子所作《乞巧文》，殊不可解。

十四日辛酉　陰，午微見日景。作書致賀幼甫并是月課題。

閲《舊五代史》。朱梁之惡極矣，而篡代以後，凶暴頗戢，愛禮文士，容納諫臣，亦有一二可紀。如任李琪兄弟及容崔沂之類。又其時蒙面喪心如張文蔚等，皆終身富貴，唐之世族如李、盧、崔、鄭、蕭、杜、薛之流，科第仕宦，往往如故。友貞尤好儒士。見李愚、竇夢徵等傳。當日士夫沿唐季浮薄之習，止知詩賦，不識倫常，社稷爲輕，科名爲重，但保門第，遑恤國家。故雖劇盜之朝，儼然奉爲正朔所在，中原禮樂，自詡承平。其視李晉王父子憑阻河東，崎嶇百戰，經營西北，參雜華夷，外倚契丹，内恃部族，雖名爲興復唐室，而時人不知忠義，反以蕃人外之。迨莊宗滅梁，諸人久據華要，相率歸順。莊宗既以爲中朝舊族，練習掌故，欲資其用，於是黨護氣類，陰右朱氏。既有張全義力阻發朱温之冢，并其用事之臣，自敬翔、李振、趙巖、張漢傑等數人外，一切録用，而發唐陵之温韜，改昭宗謚之蘇楷，皆居位如故。至明宗時，始議改哀帝之謚，欲尊爲景宗，而廷臣復謂少帝行事不合稱宗，遂止改謚昭宣。蓋皆陰主梁以外唐也。宋初修史者薛居正、李昉、李穆之徒，皆歷事二朝，受唐六臣之衣鉢，耳目相習，不辨邪正，公然以梁爲正統，於《太祖紀》務求詳贍，推崇備至，（今本《梁太祖紀》、《永樂大典》已闕，據《册府元龜》所引薛史，并掇《五代會要》《太平御覽》諸書爲之附注，仍得七卷。）《末帝紀》論系以美辭，而於《唐武皇紀》論多致不滿，令人讀之張目。昔人謂唐修《晉書》，出許敬宗等人奴之手，宜其蕪雜，薛文惠等亦奴才也。至於作《五代會要》者爲王溥，撰《册府元龜》者爲王欽若，皆不足道之人，宜其奉碭山如唐、虞，視巢、蔡如湯、武矣。然當日人心之不偏梁者，實藉文士之力。吾嘗論北齊高氏之得並魏、周，其書亦列爲一代之史，由於文林館中李德林諸人，朱梁亦然。

夜月有雲气映隔，而明如晝。

十五日壬戌　晴，嚴寒少減。剃頭。閲《舊五代史》。盛伯希來。仲弢來。王可莊來。（付王升工食錢八千，升兒五千，俱以十一日受庸。）

邸鈔：以户部右侍郎熙敬轉補左侍郎，以禮部左侍郎敬信調補户部右侍郎，以禮部右侍郎績昌轉補左侍郎，以内閣學士文興爲禮部右侍郎。以直隸天津鎮總兵丁汝昌爲北洋海軍提督，以□□□□□林泰曾爲北洋海軍左翼總兵，以□□□□□劉步蟾爲右翼總兵。

十六日癸亥　晴。是日上奉皇太后自西苑還宮。閲《五代史記注》。聞同年福幼農閣學（福楙）於前日卒，年僅三十二，故相倭文瑞公之從子也。其人雖未識面，聞慕余甚至。平生孝友，其嫡母甚愛之，今年夏以將稱八十觴，思得余文爲壽而不敢言，恭敬自好，即此可見矣。其兄福潤，今任山東按察使。蔡松甫來。張姬詣介唐夫人，以暖帽鞋韈詒其女嬰。是夕望，月皎如晝。

十七日甲子　晴和。祖妣倪太君生日，供饋菜肴七豆，加肉肴三豆，火鍋一，時果四盤，饅頭、麵絲各一盤，酒三巡，栗子湯一巡，飯及茗飲各再巡，晡後畢事。

十八日乙丑　晴和。以明日冬至，家人皆詣崇效寺祭内子殯宫，用素饌、餅餌、時果、餛飩。弢夫來。書玉來。晡後偕弢夫詣敦夫談。敦夫邀飲宜勝居，夜二鼓歸，月皎甚。夜閲《弇山堂别集》。其《盛事述》中紀南直隸之盛，至并明代帝王數之，殊爲非體。其載親王名下一字，皆左右參差書之，蓋明制不得直書親王名也。付賃屋銀六兩，崇效寺殯屋銀六兩，寺僧茶錢四千。

十九日丙寅　酉初一刻六分冬至，十一月中。晨及上午晴，下午微陰，晡後陰。晨起汛掃聽事，敬懸三代神位圖，祀曾祖考妣、祖考妣、本生祖考妣、先考妣，祔以三亡弟，肉肴七豆，菜肴七豆，火鍋一，時果五盤，餛飩四盤，饅頭一大盤，栗子湯、茗飲各一巡，酒三巡，飯再巡，晡後畢事，焚楮泉、楮鋌。祀屋之故主。爽秋饋閩橙十枚，作書復謝。夜同家人小飲。古人最重至日，今無講此者矣。放翁詩云：『家貧輕過節，身老怯增年。』誦之慨然。夕仍有月。

二十日丁卯　晴，有風，仍不寒。閲《弇山堂别集》，爲題籤及跗。作復品芳弟書，致徐仲凡書，俱爲蘭渚山地事。又作致心雲書。饋族人王節婦米十斤，石炭百斤。潘伯循夫人四十生日，饋以糕桃酒燭。吴庶常慶坻來。

二十一日戊辰　晴和。閲《弇山堂别集》。下午詣潘伯循、胡枚良、夏槐清，俱不值。詣書玉，談至夜歸。直隸知縣吴文焕來。作復傅節子閩中書。弢夫來，以一文字相商榷，爲之點竄竟夕。

二十二日己巳　晨及上午陰，午後微晴。雜考《南史·梁書》、舊新《唐書》、《通鑑》。得弢夫書。得介唐書，即復。夜校正徐星伯《唐兩京城坊考》『九曲池』一條，沈景倩《萬曆野獲編》三條。

二十三日庚午　晴。弢夫來。胡枚良來。介唐來。介夫來。剃頭。張姬挈僧喜至土地廟市買梅花。同年福幼農閣學開吊，送奠分六千。新授杭州遺缺知府鶴君鶴年來。潘伯循來。閲《萬曆野獲編》。此書不特考據故事極爲精覈，其議論持平，絶無偏黨，亦明人説部所僅見也。

二十四日辛未　晴。作書致弢夫，得復。潘伯循夫人來謝。書玉夫人來寧。下午入城詣伯希祭酒、翁叔平師，俱不值。詣章黼卿，問其疾。答拜吴縣令、吴庶常而歸。夜再作致傅節子書，俱答其所言輯録收購經籍之事。夏槐清來。

二十五日壬申　晴。李若農學士饋閩橙十枚及江南闈墨，作書復謝，犒使二千。作書致弢夫。得敦夫書并陳畫卿所寄翻刻《有明越三不朽先賢圖贊》一册，即復。寫柬致夏槐清、王可莊、王芾卿、胡枚良、仲弢、子培、劬庵，俱約後日夜飲，并作書約書玉、介唐。夜檢丁卯正月日記中論張陶庵《三不朽圖贊》，删去大半，改爲書後一首，存《越縵雜著》中。得枚良書并柬，約廿八日飲安徽館。付司廚銀十兩。

二十六日癸酉　晨及上午澹晴，午後晴。得王廉生書，并其從舅謝編修雋杭同年爲余所評子平一紙。婁儷笙爲余購《漁洋三十六種》送來，内缺《香祖筆記》等數種；又以所繪湖塘林館小横幅爲贈，其畫筆頗秀，稍改潤之便佳。得龐劬庵書，以明夕有它約辭飲。作書致敦夫，得復。以十二金購狐袍一領。

閲阮亭《居易録》。阮亭藏書頗夥。一時往還，皆博雅勝流，故見聞既廣，議論皆有本末。其於集部致力最深，《四庫提要》多取之。惟於經學太淺，又其時目録之學未盛，往往有失之眉睫可笑者，如云嘗於慈仁寺閲市見孔安國《尚書大傳》、朱子《三禮經傳通解》，吴任臣家有《唐會典》《開元因革禮》之類是也。

是日感風温不快，服湯藥。發節子書往閩中。

二十七日甲戌　比日和煦如春，今夕下午少寒。閲《居易録》。夜宴客於軒翠舫，二更後始散，甚倦。是日買紅尼抗枕、抗墊一副，付錢四十二千。連榻之坐，乏武子之貴客；舉床之移，無僧真之雜流。而猶飾此外觀，附於重席，亦可笑矣。付厨人賞十五千、客車飯十六千。

邸鈔：翰林院侍講學士志鋭奏請續修八旗氏族通譜，不許。上諭：岑毓英奏雲南布政使曾紀鳳以伊母年逾八旬，懇請開缺，回籍終養，詞情肫摯。惟雲南現在籌餉、開荒等事均關緊要，伊母迎養在署，自可隨時侍奉，著俟辦理就緒再行陳請。

二十八日乙亥　霒陰竟日。午後赴胡枚良安徽館之飲，坐有子蓴、秉衡、敦夫、介唐、介夫、弢夫。夜歸，甚券。徐花農來。

二十九日丙子　竟日陰寒。得花農書，即復。

王叔文、李訓，一謀奪宦官兵柄，不遂而竄死，一謀誅宦官，事垂成而被禍尤酷，此皆唐之陳蕃、竇武也，而史臣痛斥之，比於亂臣賊子，此古人之奇冤。李訓事當日李衛公猶有平情之言，王叔文則昌黎亦力詆之矣。范文正獨爲八司馬平反，孔經父文仲謂李訓義不顧難，忠不避死，而惜其情鋭而气陜，志大而謀淺，可謂卓識矣。牛、李之黨，唐人亦無定論。葉石林始推文饒爲唐中世第一流人物，王漁洋又舉唐子西《眉山集》中寄郭潛夫詩云：『黔江清且碧，瀘江濁而紅。須臾盡變濁，混混顔色同。清固不勝濁，此理天下通。君視開成間，牛李争長雄。卒之贊皇老，不勝太牢公。物理自古然，徘徊歎無窮。』以爲篤論。然尚未知所謂牛、李者，李指宗閔，非贊皇也。鄉先生沈清玉詠史樂府云：『玨耶嗣復耶，贊皇實救之。綯耶敏中耶，贊皇實引之。此皆太牢黨，誰謂平泉中有城府私？武宗二宗本水火，太叔得立太尉禍。崖州之貶公意中，那有夢中乞哀我？』商寶意評爲『史筆如山』，信哉。

夜微雪，旋止。

邸鈔：禮部右侍郎童華第三疏請開缺養病。詔：童華加恩再賞假一月，毋庸開缺。

三十日丁丑　竟日霒陰而不甚寒。作復雲門書、復仲彝書。致許仙坪布政書，爲弢夫之弟清夫乞小差幹也。雲門訃已扶柩還葬楚中，其妹婿張需次金陵，以書託仲彝附之轉寄。

復雲門書

自聞銜恤，薄致生芻，未得嗣音，時縈夢想。孟冬二日，忽承中秋所發手書，并示新詩，纏綿纍幅。具悉。禮廬安隱，潭春團圝，作長安之寓公，徵去思之賢令。並稔扶輀在即，旋葬克期，盡禮盡哀，定無遺恨。一官匏繫，執紼無從，南望楚雲，倍增悵結。兄自遘危疾，日久未瘳。灾禍頻仍，内人繼病，由冬及夏，展轉繩床，延至四月下旬，溘然就化。憶自壬寅之歲，大母瀕危，命選嘉辰，冀延暮景，而御輪未反，屬纊已終。勉止哀音，權成吉禮。青廬甫入，凶門即陳。不行廟見之儀，遑論合巹之事。洊更變故，又直亂離，茹蘖含冰，兼旬并食。重以瑟琴異趣，襆被遠游。生非稚都，終年齋禁；學殊子季，築室別居。遂復皈向空門，終身布素，專修浄業，誓戒精嚴。比歲迎至京師，已臻老境，龍鍾扶杖，日粥一甌，而膜拜誦經，暑寒不輟。冀憑慈氏之力，得延偕老之年。

方謂桑喝餘陰，俸錢稍給，青山無恙，白首同歸。尋經閣之刦灰，認重闈之拜蹟。先祖母管絳跗閣奉觀世音，遺命以屬内子，遭亂被焚。同證蒲團之福，重營佛影之臺。而鬼伯遽侵，空王無力，備嘗百苦，遍謁三醫，孑影窮涂，俄成永訣。一抔同穴，未卜何年。無子無孫，不赴不祔。况復亡姑早逝，淒涼野殯之魂；盡室遭兵，慘黯陸沉之鬼。内子母，余姑也，生内子三月即卒，今尚殯琶山。其家辛酉之變遇賊，盡溺於水。人生之厄，亘古難儔。兄酷備窮民，身兼六極，自童至老，汲汲無懽，家禍洊臻，比年尤甚。季弟歿逾兩稔，遺有二子，幼名僧喜，生十四年，於五月中召之來京，俾主喪事，甫勝縗絰，粗識踊咷。仲弟亡逾十年，衹有一女，亦在膝下。銅杖箭總，强備嬰娩。季夏中旬，出殯城南崇效寺，昔年與吾弟及笣仙、竹篔諸君所嘗游者也。嗚呼！載酒題詩，卒歸虞殯，持花見佛，迺以棺來。骨肉已空，浮生將盡，吾子知我，能不悲哉！承示明春當爲粵游，殆非得已。春明尊俎，吴越舟車，何日相逢？言之纍息。今冬鄙人初度，同人頗有稱祝之辭。爽秋、弢夫，詩文先就，前書承許爲序。刻琱鹽嫫，增畏畫之赧顔；頌禱榮林，繪行歌之樂事。託於不朽，藉有高文，聊證同心之言，敢詡餘齡之算？鮮民爲壽，非所忍聞。六十曰耆，亦爲未老。附去西洋照景一紙，欲使吾弟見之。耳目聰明，尚能如故；形容衰醜，益覺難堪。睹賃廡之依然，數當年之行迹。窗斜户朽，盡入畫圖；稚子山姬，皆在左右。雙柳已折其一，三徑何時復來？臨楮黯然，遡風神往。吾弟還後，眷屬想亦俱行，令親祝家，平安無恙，祝母猶健，九姨未字。錦書久闊，蓋由道遠，爲語清闉，不須念也。歲暮冱寒，方敕大事，惟慎衛自愛，鄭重不宣。

是日始授僧喜試律，取吴穀人《有正未齋集》中『既雨晴亦佳』『山冷微有雪』兩詩爲之講解，且略改數語。試律自有家法，紀曉嵐墨守唐人，穀人稍變化之，後來王澹香、陳秋舫皆嗣響唐音，尤推能事，劉芙初、楊雙庚、鄭念橋皆別調矣。若以教初學則穀人最宜，其體格清新，佳句絡繹，非樫花、十杉等所能及也。以上九家皆余幼時先君子所授讀者，今將五十年矣，始以傳予季之子，展念庭訓，曷禁泫然。

夜閲《居易録》。卷二十載崔鷗德符論楊嗣復，備言小人常勝、君子常不勝。其大端有十二，而終之曰：君子、小人之不敵亦明矣，此鄭覃、陳夷行所以罷黜，李德裕所以謫死窮荒，李逢吉、宗閔、楊嗣復輩所以卒於翔徉而得志，豈足怪哉！崑山王志堅弱生跋云：李贊皇之相業，唐季無兩。弇州以比裴晉公，而稍昂之，其論當矣。至其爲人，論者猶或不滿，以爲不能釋憾解仇，亦不然也。仇士良以武宗之立非宰相意，勸帝誅楊嗣復、李珏，而杜悰請贊皇救之。三人者皆牛黨也，使以私怨行之，立齏粉耳，乃與同列上奏，至於伏地不起，楊、李得全，僧孺、二李能之乎？二李之惡極也，貶之未可謂私。白敏中、令狐綯皆二李黨，贊皇引用不疑，而卒受其禍。憾自不釋，仇自不解耳，非贊皇之過也。晁無咎詠贊皇云：『當年伏地全楊李，公亦何知愛惡間。』亦同此意。

又卷二十四載海寧朱一是近修論李衛公云：牛李之黨，蘇轍謂牛以德度勝，李以才气勝，並有瑕瑜焉。自吾觀之，其相去遠甚。僧孺者無識之庸流，德裕者經世之名佐也。僧孺之黨若李宗閔、李逢吉之徒，皆憸險嫉媢之小人，大禍人國；而德裕之黨若裴晉公，則國之勳臣，社稷視以安危者也。又云：使天祚唐室，假武宗以年，而德裕前不小用於節使，後不摧折於貶竄，并一生之精神才智，盡效於政府之區畫，將藩鎮盡革，外攘内安，不難復貞觀、開元之盛。其論維州事尤確。案：鄭覃、陳夷行與楊嗣復、李珏争論事，《通鑑》詳載之，胡身之注亦謂史言小人之厄君子不遺餘力。王弱生之跋與沈清玉詩意正同。漁洋極重衛公，所著書中再四言之，極與余意合。至僧孺之罪，莫大於不納悉怛謀，而温公《通鑑》反取之，此當日姑息西夏之餘智也。其對文宗謂天下已太平，亦小人欺罔之尤。

十二月戊寅朔　晴。剃頭。弢夫來。

閱樓大防鑰《攻媿集》。其文辭爾雅，亦能原本經學，不墮南宋人空疏鹵莽之習。觀其《答楊敬仲論詩解書》《答張正字論莊子講義書》，皆確守儒先訓義。跋《䂓書》《蘵書》及《答趙郎中書》，論濂谿之『濂』字，於小學亦甚留心。《答徐敬甫書》言翼祖雖已經再祧，在臣子終不當以『敬』爲名字及齋室之名，因言張南軒之字敬夫爲非是，而引文潞公當翼祖祧時，或勸復舊姓，潞公答以『老夫弼亮四朝，未敢遽改』，此亦足見其學行之醇謹。王漁洋極稱其跋之佳，而惜毛氏未刻入《津逮祕書》，誠知言也。

傍晚赴楊莘伯招飲，坐爲敦夫、介唐、書玉、介夫、弢夫、仲弢，肴饌甚精，清淡彌暢，夜二更始歸。

夏槐清來辭行。

邸鈔：右庶子朱琛轉左庶子，翰林院侍讀王文錦升右庶子。

初二日己卯　晨及上午晴，午後陰，晡密雪，旋止，傍晚大風，嚴寒，夜風益厲。閱《攻媿集》。作書致夏槐清，屬其莅任時向余姻陳蓮峰郡丞慶煌詢亡友陳閑谷汴中旅殯處也。閑谷亦名煌，年將三十，尚困童子試，家貧甚，客游汴，從蓮峰習申、韓，不數年客死，其家遭寇亂，盡没，僅餘一子在里中，習賈，亦久無耗。辛未秋，蓮峰改官楚中，入都引見，余嘗叩閑谷殯處，云在汴城一寺中。今忘其名，故屬槐清轉問之，將以託傅蓮舟及族弟小圃爲之經營還葬故鄉，亦未知此願何日得遂耳。

今制，漢人自中允以上，皆吏部進單請簡，其結銜曰左右春坊，而不繫詹事府，至庶子皆然。其贊善缺出，以編檢資深者二十人引見，則上諭書詹事府左右春坊。若滿洲則自贊善至庶子皆擬正陪二人引見，皆止稱詹事某官，不稱左右春坊。嘗疑其不盡一。偶閲《居易録》云：今諸衙門滿漢設官略同，其同而異者，如詹事府滿洲掌詹以下皆不兼翰林院銜，左右春坊、司經局銜上皆冠以詹事府，十三道監察御史皆冠以都察院，而不分某某道是也。

案：明代詹事府詹事一官罕真除者，成、弘以後率以禮部尚書、侍郎掌詹事府，嘉靖以後又有以禮尚協理者。其或不置掌詹，則以少詹掌之。故中葉以後，少詹在會推閣臣之列。而詹事必兼翰林學士銜，少詹必兼侍讀、侍講學士銜。至翰林院學士，官止正五品，侍讀、侍講學士從五品。而稱爲光學，爲清華之極選。故禮部尚書必翰林爲之，而以光學爲兼官。左右兩侍郎，亦皆翰林；吏部兩侍郎中，亦必有一翰林，皆以講、讀學士爲兼官。然掌詹事之禮尚不理部務，其禮尚、禮侍之兼光學、讀學者，亦不理院事。嘉靖以後不真除光學及讀學、講學，其掌翰林院事者或少詹，或太常卿、太常少卿，皆兼讀學、講學銜爲之，而以吏部、禮部侍郎各一人掌教習庶吉士。至萬曆中年後，則侍讀、侍講亦無除授者。此其大略也。明以侍讀、侍講及典籍、待詔、孔目等爲翰林屬官；修撰、編修、檢討爲史官，別設一廳，亦屬於翰林院。國初小變其制，以吏、禮兩部或尚書或侍郎兼翰林院掌院學士，仍理部務。而漢詹事兼翰林院侍讀學士，少詹事兼侍講學士；滿人則不兼。今官制遞變，而滿庶子、中允、贊善不繫銜，左右春坊、洗馬不繫司經局，皆止冠以詹事府，則至今猶然也。

初三日庚辰　晴，朔風嚴寒，竟日凛冽，不敢出户。閲《攻媿集》中題跋十卷。其議論考證多精當，亦多有宋代舊聞佚事。兹録其跋先莊簡書兩則，并録岳倦翁《寶真齋法書贊》中一則，它日刻先集時將編之附録也。

李莊簡三字帖 行書九行，見《寶真齋法書贊》卷二十四。

光悚息。朝請郎吴師直作吏，能盡『公廉勤』三字，通知財穀兵刑之要，蓋實才也。僕初昧平生，頃在宛陵知之，相隨累年。建康以參議、通判兩辟之命未下，而僕以罪去。今待遠闕，欲得一攝職以活幼累，望公稍以吏事試之，有不如所舉，僕爲妄人矣。光再拜。

右紹興參政李莊簡公光字泰發《三字帖》真蹟一卷。秦禍烈矣，元臣鉅公、耆德碩彦俱罹正論之酷，公家復再世以私史嬰重劾，原奸臣之釁，是不惟煽其虐於一時，而實欲毁其傳於萬世。雖然，無益也。節概如漢李膺，忠言如唐陸贄，直道全德如先正韓、吕、劉、范諸大老，豈以一節之貶及史事，故少詘哉！珂家世同患難者也。嘉定己卯與公孫知孝同寅江左漕臺，嘗刻公遺事於官寺，敬仰高風，每切歎息。後四載，寶慶乙酉之六月始得此帖於京口，贊之以見尊鄉之心焉。

贊曰：秦禍滔天，鯨洶九淵，淪胥以顛，而我謂不然。如公之賢，泰山巋然，奔流百川，何傷乎一卷野史所編！人心之傳，匪石則遷，誰爲之燎原？兩家之先，義比仲連。覽此卷焉，不知其涕漣。

跋李莊簡公與其婿曹純老帖 見《攻媿集》卷七十三。

韓文公《潮州表》、柳河東《囚山》、劉賓客《謫九年》，文愈奇而氣愈下，盛哉。本朝諸公如忠宣之德度、元城之勁節、東坡先生英特之氣，行乎患難，高掩前人。莊簡公流竄瀕死，重以愛子之戚，尤所難堪，家書中言議振發，略不少貶其氣，何如哉！三誦以還，慕仰不已。純老姓曹氏，諱粹中，吾鄉之善士，有詩傳行於世，真冰玉也。案：曹純老名粹中，所著《放齋詩傳》，王厚齋《困學紀聞》極稱之。是集卷一百六有《朝請大夫曹君囦明衆墓志銘》，即純老仲子也，其文首云紹興李莊簡公以直道大節，屹然爲中興元臣，聞四明曹公粹中之賢，妻以長女，翁婿間自爲知己，是也。

跋李莊簡公與傅樵風帖見《攻媿集》卷七十八。

建炎四年，金陵潰卒四散，三月戚方既殘廣德，五月遂圍宣州，鋒不可當。參政莊簡李公時爲太守，無兵可恃，亟設方略，招潰卒於郊野，厚待之以爲用。戚與其副並馬近城，指畫攻具，公以一書傅矢射副馬前，大略言戚乃凶寇，天誅必加，汝爲將家，何至附賊？二人相顧曰：『此間我也。』攻稍緩，始得爲備。詔遣統制巨師古、劉晏率兵救之，晏戰死，第三帖所言巨、劉爲此也。嘗巡城，親以鐵扇障面，而賊箭正中之，危機屢矣。舊曾問於老校退卒而得其詳。經略潘公，其婿也，嘗言公當危時，置匕首枕匣中，與家人約曰：『城不可必保，若使人取匕首，則我必死。汝輩亦俱自戕，無落賊手。』一日危甚，果遣人至，一家慟哭，既而報少寬矣。公誓以死守，勵志如此，故將士用命，賊遁而城全，郡人至今祠事之。觀所與給事傅公手帖，則所聞益信。二公里人，忠義相勉，風節凜然，皆可畏而仰哉。案：張淏《寶慶續志》載公守宣州禦戚方日，有束薪貫油作火牛投城下爇賊攻具，及城南水門有神龍尾兩岐見於公衣間，每賊攻急，龍輒至等事。自注云：據樞密樓炤《宣城事實》修入。炤，婺人，《宋史》有傳，官參知政事。《宋史》莊簡傳已載射戚方副馬及取枕匣匕首事，蓋即采之此跋，而施宿《嘉泰志》及《續志》莊簡傳中皆未載。《續志》修入兩事，《宋史》亦未載也。考公集中卷十四有宣城與屬縣官兩書，皆言圍城中事，又卷十五《答樓仲暉書》有『承寄示宣城父老王霖等申狀，讀之感歎』等語。時公方謫海外。仲暉即炤字，時方守宣也。

慈銘謹案：右三書集中皆不載，蓋《大典》已佚之。《三字帖》幸録全文，當補入集中。

初四日辛巳　巳正一刻四分小寒，十二月節。晴，嚴寒凜冽。閲《弇山堂別集》及《萬曆野獲編》，多足補《明史》所未及。

邸鈔：御史楊廷傳授甘肅甘州府知府。本任吴協中告病。

初五日壬午　晴，嚴寒。

閲《攻媿集》。宋世官制及科名選舉之制皆屢變，史不能詳。今考集中《跋元豐八年進士小録》云：是録大略與今日相似，而不同者九。終榜無一宗子，蓋天族未有試進士者。任子當有自鎖試進，亦不見一人。既無廷試，案是年以哲宗在諒闇，故不廷試。止書第一、第二等期集，所供職纔二十五人。卷首祇以二版書雜事，試官書知舉，而不及參詳以下。猶有明經科，謝恩延和殿，賜優牒於崇政殿門外，不曉優牒之義。四月二十九日奏號，五月二十日御史拆卷封，三日奏名，六日奉敕放榜，皆事之變。又《跋嘉祐二年進士小録》云：此録分試題爲三等，殆不可曉。同年生無分職，姓名下每事輒容一字，事之因革類如此，不能詳考矣。又《跋咸平元年王扶、盛京二家金花帖子綾本小録》有云：知舉止列祖父，不及三代。詩限六十字以上，論限五百字以上，皆與今小異。今止書第一人，此直書狀元；外氏書其母之封；祖父俱存者，今曰『重慶』，此書『榮侍下』；父祖未仕者書『不仕』；三代名下書『皇仕』，多有稱皇不仕者。又或止書見任某官，每一項各空一字，皆與今不同。足見北宋科名制度，南渡後已不能盡知，無論後世矣。

又云：藝祖一朝進士凡十五舉，多者不過三十餘人。太宗朝取士寖廣，至二百餘人，獨孫何一榜放三百三十五人，諸科合千餘人。後世但駭其多，而不知前兩年詔權停貢舉，至是集闕下者萬人，太宗既多取之，而後連四年俱有權停之詔。次五年爲至道三年，三月以大喪不暇及，至咸平之初詔以久停貢舉，頗滯時才，令禮部據合格人内進士放五十人，諸科百五十人，來歲不得爲例。於是進士孫僅等及高麗所貢並賜及第，此《小録》所載五十一人是也。是科以真宗諒闇，不廷試，而敕下禮部放榜。《登科記》亦稱省試。時猶得以帖子報中選者，非以不臨軒策試而廢也。此榜止五十人，可以綾書。不知前此孫何一榜三百餘人，亦可以綾書耶？五十人貫開封者三十七人，不應如此之多。按端拱二年有旨，國子監生並須品官子弟開封府有户貫者充，豈以此故士子多用開封貫耶？

慈銘案：此三跋爲考宋科名者所不可少。孫何榜爲太宗淳化三年，《文獻通考》謂是歲諸道舉人凡萬七千餘人，蘇易簡知舉，既受詔，徑赴貢院，以避請求，後遂爲例。殿試始令糊名考校，内出『卮言日出賦』題，試者不能措辭，《容齋隨筆》言孫何不得知所出。相率叩殿檻上請。《隨筆》言上爲陳大義。得孫何等三百餘人，諸科八百餘人，是則舉士不得謂非濫，而所取者又如此，則人才可知。史言是科錢易日未中三題皆就，上以其輕俊出之，宜其登選者皆庸庸矣。至咸平元年一榜，《通考》亦言自淳化五年停舉凡五年，至是始行之。是榜五十人，高麗賓貢一人。密州發解官坐薦送非人，特詔停任。洪容齋謂自第一名至十四人，惟第九名劉燁爲河南人，餘皆貫開封府，其下二十五人亦然，不應都人士中選如是其多，疑外方寄名託籍爲進取之便。攻媿所引端拱二年之制，亦猶今之江浙人多寄順天籍登科也。攻媿謂是科知舉四人楊礪、李岩拙、梁灝、朱台符，台符即前一科孫何榜第二人。劉燁即劉温叟之子；中山劉子儀、參政李子淵皆在此榜；高輔國爲高從晦之孫，父名保寅；吕蒙休爲文穆公蒙正之弟；王克從爲彦超中令之孫；句希吉爲中正之子；盛京爲文肅公之弟；樂黄庭爲樂史之子。李山房謂是榜知名之士幾三之一，然則取士者愈少者，得人愈多，不益可信哉。

初六日癸未　晴，風止，寒威少減。閲黄穀原均山水畫册十幅。其第一幅松谿野艇，第三幅『枯枝不礙路，水上自行舟』，第六幅『坐久談深天漸曉，紅霞冷露滿蒼苔』，皆極清深秀峭之觀；第十幅板橋曲折，村落疏映，令人想田居之樂；餘亦有渾厚近二米者。介唐來。婁儷笙來。得從弟楚材書，言三弟身後蕭條，其在家兩子營附身之事，頗能盡禮。

初七日甲申　晴。天津門生饋銀魚、春韭，即作書饋婁儷笙，託其鈔先莊簡公集。馮伯申太僕光勛開吊，送奠分四千。伯申，余同年，編修光遹之兄也，以乙丑庶常改刑部，直軍機十餘年，至三品卿。前年告病，近始復出而遽卒。近日如梁詹事耀樞、福閣學楙，皆所謂隆隆遽滅者也。

初八日乙酉　晴。煮臘八粥，供先人。先賢祠、崇效寺、玉皇廟各付錢米煮齋供之粥，命僧喜詣先賢祠行禮，銅觀音堂、靈氾分祠各拈香，付祠中米錢八千，燭錢三千，玉皇廟米錢六千，香燭錢六千，崇效寺米錢六千。弢夫來。同年金給事壽松嫁女，送賀錢六千。蕚庭明日生日，饋食物四事。

校閲王氏《揮麈録》《後録》《三録》《餘話》。汲古本誤字甚多。錢竹汀氏嘗謂此書及《春明退朝録》所載宋臣之謚，多足以裨史闕。此在《後録》第五卷，訛舛尤甚。如莊敏一謚，所載有藺中。謹考宋代士夫並無藺姓，惟《宋史》卷三百八十六有王藺，字謙仲，廬江人，光宗時樞密使，寧宗時卒，史不言有謚。仲言《餘話》成於寧宗慶元六年，蓋在藺卒之後；而《後録》成於光宗紹熙之末，所載謚大率迄孝宗之世，何以獨載藺謚？且其謚分宰相、執政、文臣，藺謚當如執政，不應入文臣。然其文臣中如宇文虚中、范成大皆應入執政，知不免有舛誤。而藺以功名終，其卒史稱薨，不應無謚，蓋史失之。而仲言補入其謚於此録也。

邸鈔：詔：明年舉行歸政典禮，崇上皇太后徽號，普天率土，忭舞臚歡，多士如林，涵濡聖澤，允宜特開慶榜，俾遂觀光。著於光緒十五年舉行恩科鄉試，十六年舉行恩科會試。上諭：衛榮光奏來京陛見一摺。前有旨令崧駿毋庸來見，衛榮光著俟崧駿到任再行來京陛見。江蘇巡撫著黃彭年暫行護理。

記名道岑毓寶授福建鹽法道。

初九日丙戌　竟日霃陰，傍午有微雪。校閲《宋史·宰輔表》及列傳，高、孝、光、寧四朝，隨筆注補之。爽秋來。得介唐書，即復。張姬詣蕚庭家飲生日酒。前日得徐石甫書催題其大父鐵孫先生梅花畫册，今夕始於燈下啓匣閲之。畫凡四幅，其第一幅雙鉤法最佳，餘亦清老，題詩皆不俗。時咸豐壬子歲繪於杭州太守官署，尚用一印曰『會稽太守之章』，蓋猶戀州宅仙居，不以西湖易也，宜至今遺愛尚在稽、陰耳。

邸鈔：詔：修《削平回匪方略》，命軍機大臣禮親王世鐸等充方略館總裁。以詹事府詹事霍穆歡、太常寺卿愛廉俱爲内閣學士，兼禮部侍郎銜。

初十日丁亥　晴。評改學海堂諸生課卷。夜詣宜勝居赴潘伯循之飲，坐有敦夫、介唐、爽秋、子培，二更歸。

邸鈔：詔：本月十三日親詣大高殿祈雪，貝勒載瀅等分禱時應諸宫廟。

十一日戊子　晴。校閲《宋史》。評改學海堂諸生課卷。花農來。周衍齡來，蓋催其大父神道碑文，姑謝去之。殷蕚庭來。

邸鈔：以詹事府少詹事龍湛霖爲詹事。以長蘆鹽運使賀良楨爲貴州按察使。詹事梁耀樞自山東學政請假歸粤，未至，道病卒。

十二日己丑　晨晴。上午日景中有飛雪，下午陰。評改學海諸生課卷訖。凡二十餘人，『琫珌解』，『緑衣當作褖衣解』，『張柬之等五王論』，『郭子儀單騎見回紇賦以令公騎來群醜羅拜爲韵』，『采菱賦以采蓮才罷又聽菱歌爲韵』，『雨網蛛絲斷得絲字』、『風枝鳥夢摇得風字』五言八韵二首。取李家駒第一，張大仕第二，姜秉善第三，陳文炳第四。繆仲英觀察焕章以余生日將至，送楹帖爲壽，云：『著書十餘萬言，此後更增幾許；上壽百有廿歲，至今纔得半云。』佳句也。佐以魚麵兩包，苣燭鞭爆，受聯及爆，犒使四千。評閲學海諸童卷。

邸鈔：丁憂服闋前長蘆鹽運使額勒精額補原官。

十三日庚寅　晨及午雪，下午霡陰，傍晚雪大作，入夜積四寸許。竟日評閲學海諸童卷及問津諸生卷、三取諸生卷，一日計畢百餘卷，多加改削。作書致弢夫，以問津生童卷託閲。

十四日辛卯　晴。作書致敦夫，以明日爲其生日，治具邀夜飲，并託代閲十月望課問津生童卷。剃頭。竟日評閲問津諸童、三取諸生卷。作書致書玉，乞代閲三取生童卷。是日雪霽，欲詣陶然亭看西山不果。夜月皎甚，下映積雪，如在冰壺中。得敦夫書，以有事辭明日之飲，即復書改約十七日夜飲。夜閲南學諸生卷。

十五日壬辰　晴。作書致弢夫，約同詣江亭看積雪。張子虞來。弢夫來，談至日晡始飯，已不能出江亭矣。詣介唐，賀其擢侍講，不值。詣子培、子封談。夜詣弢夫赤城之飲，月皎於晝，三更後歸。

十六日癸巳　晴，晨及上午有風。太和門灾。得弢夫書。介唐來。得書玉書，并送課卷來，即復。

荀學齋日記癸集下

光緒十五年正月初一日至七月初十日(1889年1月31日—1889年8月6日)

光緒十五年(一八八九)

光緒十有五年太歲在徒維赤奮若春正月在修陬元日丁未　晴和。予年六十有一歲。昧爽介唐侍講來賀，遂同入内，進東長安門，有風，頗寒。辰正上御太和殿受賀，偕介唐依五品山立。巳初散班，偕介唐及可莊修撰、仲弢編修俱詣内閣直房小憩。巳正出東華門，坐車歸。叩先像，供湯圓子。拜竈神。詣先賢祠叩謁，供饅頭二百五十枚，蜜果五坐。又詣靈氾分祠及銅觀音堂拈香。詣書玉、弢夫、介唐而歸。是日得詩二首。敦夫來。慧叔弟來。是日來賀者三十一人。

己丑元日太和殿朝賀恭紀二首

千門爆竹送朝正，珂繖雍容散火城。夾陛旌旗分瑞靄，九閶鐘鼓轉春聲。奉觴長樂龍顔喜，歸政重華日珥明。正是爻閭新煥采，黄麾遥見五雲生。時太和門未建，樹綵棚爲之。

爲郎白首未全貧，乍具冠裳略稱身。京官多有不能具朝衣冠者，余爲郎三十年，去歲始得一稱。敢謂主恩偏重少，自緣臣壯不如人。喜聞天樂隨仙仗，粗識朝儀近紫宸。幾輩玉堂同學侶，御香猶接鳳池茵。是日朝退，偕介唐侍講、可莊修撰、仲弢編修小憩周介夫舍人直廬。

邸鈔：上諭：本日據吴大澂、倪文蔚馳奏鄭州大工合龍日期一摺。已寫入去年除夕。

初二日戊申　晴，叩先像，供紗帽餡子及茗飲。

閲《建炎以來朝野雜記》。其甲集卷十一『宣撫使』一條云：宣撫使，祖、宗時不常置，有軍旅大事則命執政大臣爲之。若前宰相爲宣撫者，則自渡江以後，亦止除李伯紀、吕元直、朱藏一三人。紹興元年，劉光世以使相宣撫淮南，武臣非執政而爲宣撫使自此始。二年，李泰發以端明殿學士爲壽春等州宣撫使，文臣非執政而爲宣撫使自此始。然自紹興至嘉泰，武臣止劉光世、韓世忠、張俊、吴玠、岳飛、吴璘六人，從官止李泰發、王伯召二人，蓋重之也。又『制置大使』一條云：制置大使古無有，紹興三年趙忠簡始爲江西制置大使，其後席大光帥潭、益，李伯紀帥江西，吕元直帥河南，皆領之。八年李泰發爲江西帥，以前執政，亦帶安撫制置大使。是歲大光在成都，以憂去，胡承公自給事代之，始去大字，至今不改。慈銘案：此兩事俱可采入先莊簡遺事中。惟《宋史·高宗紀》及《寶慶志》本傳言紹興八年五月，除江西安撫制置大使；十月，除吏部尚書；十二月，除參知政事；九年十二月，以忤檜罷政。《宋史》諸書皆止言除知紹興府，固辭，遂予祠。是公爲江西安撫制置大使時，尚未執政，此蓋誤。

下午詣仙洲夫人拜鐫山師像，又答謝客十餘家而歸。是日來賀者三十人。

初三日己酉　晴，微陰，稍和。叩先像，供炒年糕及酒。得王旭莊書，乞題錢籜石梅花詩畫卷。周介夫約初五夜文昌館觀燈劇。

閲朱述之所輯《金陵國朝詩徵》，采擇不苟，多有可觀。所載程嗣章，上元人，廷祚之弟，字元朴，號南耕。謂綿莊專心經學，南耕專心史學，所著有《明史紀略》《明儒講學考》《史學例議》《金陵識古録》諸書，其詩有《明宮詞絶句》百首，選九十二首，雖取材多出正史，亦頗有佚聞，足資采擷。

是日來賀者工部潘尚書祖蔭、徐侍郎用儀等二十七人。褚百約來。

初四日庚戌　晴。亥初三刻五分立春，正月節。叩先像，供餃子及茗飲。閱《金陵國朝詩徵》，隨所見評點之。其《寓賢》卷中采錢唐吴慶百農祥《金陵集》詩有《甲申南都紀事》《甲申述事》《乙酉南都雜感》《乙酉秋感》等七律二十八首，頗高壯可誦。下午答客二十餘家，至晚歸。是日來賀者工部徐侍郎樹銘等二十四人。子培來。

邸鈔：詔：以大學士額勒和布、禮部尚書奎潤爲奉迎皇后正副使。　以大理寺卿劉瑞棻爲廣東巡撫，未到任以前，仍命張之洞兼署。

初五日辛亥　晴。上午詣慧叔弟拜高叔祖以下像，又答賀十餘家，入城詣翁叔平師賀年，不值，仍答客數家，晚出正陽門而歸。夜祀先，肉肴五豆，菜肴五豆，紅棗銀杏湯一巡，酒再巡，焚楮泉五千。命僧喜詣文昌館就介夫之招。比日倦甚，晚多熟睡。得弢夫書，以廠市新購趙松雪山坡人馬立幅屬審定，雖是臨本，而絹素黯澹，筆法簡秀，懸崖花樹，繽紛若繡，亦足賞也，即復。是日來賀者吏部許侍郎應騤等十五人，以後來賀者日益少，不復記。

初六日壬子　晴。

閲《魏鶴山集》中題跋，《津逮祕書》所刻本也。其《跋虞丞相帖》《跋文忠烈公真蹟》《跋祖擇之龍學帖》《跋河東轉運使王崈陷虜後家書》《跋向侍郎子諲拘張邦昌家屬檄稿》《跋黄尚書由與任千載逢詩後》《跋唐恭愍公遺墨》《跋任諫議伯雨帖》《跋虞雍公折虜使奏劄》《跋晏元獻公帖》《跋東坡獲鬼章告裕陵文真蹟》《跋東坡辭免中書舍人稿真蹟》《跋高宗付吴玠凡事密奏宸翰》《跋孟蜀斷憑》《跋韓持國帖》《跋何丞相栗家藏欽宗御書》《跋鄭忠穆公家問遺事》《跋高宗賜吴玠招納關陝流亡御札》《跋山谷安樂山留題後》《跋李文簡公手記李棁等十事》《跋司馬文正帖》《跋宋龍學帖》《跋劉御史述帖》《跋馬御史涓帖》《跋王拱辰等七賢帖》《跋趙忠定公與游忠公仲鴻帖》《跋呂文靖公試卷真蹟》《跋端明程公振謚剛愍議》《跋張忠獻公所與張忠簡闡三帖》《跋吴正憲公充帖》《跋鄭資政剛中遺事》《跋李清臣奏疏》《跋晏元獻公帖》《跋蘇文定公帖》《跋陳正獻公所藏孝廟御書用人論》《跋陳忠肅公嶽山壽寧觀留詩》《跋方宣諭宗卿庭實奏議》《跋陳忠肅公帖》《跋北山讜議》《跋張忠獻呂忠穆與李忠肅書》《跋羅文恭公點諫稿》《跋羅文恭公薦士稿》《跋羅文恭公後省繳駁稿》《跋辛簡穆公與秦檜争和議奏稿》《題蘄州儀曹范塤元帥府牒後》《題吴武安所得高孝兩朝宸翰》，皆足以考證宋事，深裨史學。其文亦多忼慨激昂，往往引詩以詠歎之，有周秦諸子之遺風，其議論亦甚平允。惟過貶荆公，動以王、呂、章、蔡並言。其《跋王荆公真翰》云：『介甫既爲相，而庳屋寒蔬，不改其素，所以見信於當時，而得以肆行其志也。』則并其清節而詆之，非惡而知其美者矣。其《跋尤氏遂初堂藏書目録序後》備舉宋世士大家藏書之厄，謂其理不可曉，是真不可曉也。

命僧喜詣許筠庵少宰、徐壽蘅少司空家通謁，且代余賀年也。送少宰年敬二金，付許、徐兩家門禮各四千。又令詣敦夫、介唐、弢夫、秉衡、介夫賀年，爲之作十餘刺，且代余答客三十餘家。得均甫去臘濟南書。得天津門生胡孝廉濬賀正書，并呈詩文乞改定。夜閲《真西山題跋》，亦《津逮》本，其文不及華父遠甚，惟跋二吴公正肅、正憲。帖爲佳。是日來賀者十一人。

初七日癸丑　晴和，有春暄人日之美。剃頭。叩先像，供饅頭及茗飲。弢夫來。花農來。介唐夫人來。命僧喜詣弢夫，隨之觀廠市，弢夫贈以墨一匣。閲《西山題跋》《放翁題跋》。

邸鈔：以甘肅西寧鎮總兵譚上連爲新設喀什噶爾提督。□□□□董福祥爲新設阿克蘇鎮總兵。

初十日，以□□□□張俊爲西寧鎮總兵。

初八日甲寅　晴和。弢夫來。張姬詣慧叔弟家拜像及子蕁、書玉諸夫人家賀年謝壽，送書玉夫人朱提銀六兩。

初九日乙卯　晨雪，上午稍密，下午微見日景，晚又雪，入夜漸密，積寸許。詣可莊家拜其太夫人壽，送禮酒兩罈，燭二斤。又答客數家而歸。叩先像，供炒麵及酒。閱《東坡題跋》。夜雪中家人出市買花爆歸，小試之。夜半後風。

初十日丙辰　晴。比鄰詹黼庭禮部夫婦五十壽，往拜，不值，饋以桃、麵、酒、燭，張姬別送其夫人桃、燭。潘伯循夫人來。得徐仲凡去臘二十三日里中書并所繪新買錢家山圖，圖中言西連楊嘯湖，是與先高祖墓甚近，尤可喜也。書玉來。

十一日丁巳　晴。先妣生日，供饋十豆，加點心四器，火鍋一，饅頭一盤，時果四盤，蓮子湯一巡，瀹麵一巡，酒四巡，飯再巡，茗飲再巡，先像前供花糕及茗。弢夫來，爲代購得家松雲先生楷書姜白石詞册，凡《霓裳中序第一》等十三闋，款題『辛巳立秋爲秋帆六兄書』。秋帆不知何人。辛巳爲道光元年，先生由湖南巡撫召入京，以三品京堂用，未幾即乞病歸矣。時方在閑退，故有『雨後灑然，几席生凉』之語。先生年二十四成乾隆壬辰科進士，以二甲第二人入翰林，至是年七十三矣，而字畫秀健，一筆不苟。平生嘗手寫十三經，故是册首有朱文印曰『寫十三經室』。告歸後又手寫《大戴禮》，更曰『寫十四經室』。此册名印中又有一印曰『斐然森然』，回環刻之。

十二日戊午　晴。書玉生日，饋以酒、燭、桃、麵、糕、豚。午詣子培、花農，俱不值。詣仲弢，亦以今日生日，饋以酒、燭、桃、麵。下午詣宜勝居，邀書玉、資泉兄弟及介唐、介夫、枚良、周夢飛、儷笙飲，夜初更歸，月皎甚。自書《藤杖銘》，付松竹齋鎸之。

十三日己未　晴。午飯後挈僧喜詣弢夫，同游廠肆，入翰文齋，晤子培、子封、仲弢諸君，久坐暢談至晡後，入火神廟，攤市漸收，亦甚寥。於翰文購明版《宋學士集》、汲本《唐詩紀事》、明刻《野客叢書》三十卷足本，諧價二十一金而歸。夜叩先像，供杏酪及茗。家人盡出至大柵闌觀燈買花爆。月皎如晝，獨坐閲《唐詩紀事》汲本，雖似精整，而訛舛較明刻軟字本爲多。

十四日庚申　晴。上午入城答客數家。詣伯希，坐其新開山後小室中久談。傍晚出崇文門，已月上矣，見廠市始散，多坐冰床，渡濠而行，人物如畫。夜叩先像，小張燈燭，供紗帽餡子及酒，放花爆。月皎於昨。仲弢來。

十五日辛酉　晴和。先賢祠供粉團三百枚，命僧喜往代予拈香，又詣崇效寺謁亡室殯宫。仙洲夫人生日，饋以酒、燭、桃、麵，命僧喜往拜。午後挈僧喜再游廠市，坐翰文齋，遇子培、弢夫、龐劬庵、馮夢花、劉建伯，暢談至晡後，入火神廟。傍晚偕建伯、弢夫詣含英閣，觀黄小松墨畫山水册十二幅，气格超雋。聞又有嵩洛訪碑圖册二十四幅，索價至二千四百金，此怪事也。晚偕弢夫、子培、子封、爽秋詣仲弢家赴元夕之飲，僧喜亦與其末。夜二更後歸。是夕月初出甚皎，後微陰，夜分復皎。祀先，肉肴、菜肴各五豆，湯圓子一巡，酒再巡，飯再巡，張燈放花爆。是日於翰文購掃葉山房刻《東都事略》《南宋書》《契丹國志》《大金國志》《元史類編》，總稱『四朝别史』，爲一部；又張介侯澍所輯《二酉堂叢書》，《司馬法》至《李益集》共二十一種，都爲一帙，諧價十四金。是日來賀者，房師林御史紹年、沈叔美大理、伯希祭酒等七人。

邸鈔：以刑部尚書、協辦大學士張之萬爲大學士，管理户部事務。以吏部尚書徐桐協辦大學士。以吏部右侍郎孫毓汶爲刑部尚書。

十六日壬戌　晴，下午微陰。午後答客十餘家，復至廠市，晤介唐，同入火神廟，已收攤矣，傍晚歸。夜叩先像，供春卷子、蘆菔絲餅、炸粉團及茗飲。

是日於翰文齋購得《明狀元圖考》三册，《國朝三元題詠》一册，漢陽葉氏藏本，校刻精工，以付僧喜藏之。《狀元考》，太倉陸祖訓所輯，前列采用書五十餘種，有沈一貫、湯賓尹兩序，其圖多近鄙瑣，敘次亦頗失倫，而閑有佚聞，可資考證。《三元題詠》爲乾隆辛丑錢湘舲棨、嘉慶庚辰陳哲臣繼昌作。錢事首載高宗御製詩六韵及翁覃谿諸人詩。覃谿己亥副江南典試，得湘舲爲解元，是時爲司業。故事，狀元所賜花，至文廟釋褐日歸國子師，至是覃谿得之，故又作《三元花歌》。湘舲會試房師，爲吾鄉王方川編修增，有和覃谿七律四首。陳事首載仁宗御製次高宗詩韵及孔孟歐傳綸諸人詩。孟歐癸酉主廣西試，得哲臣爲解元，是時爲御史。哲臣會試房師爲大興王楷堂郎中廷紹，向以詩名者，獨無所作。而吾鄉高鳳臺有和阮文達時爲兩廣總督。詩韵七律二首，和陳舍人元燾哲臣之父。詩韵七律四首，又作《巍科瑞兆記》一首，《三元姓氏考補》一首，補覃谿所作《三元姓氏考》也。錢、陳皆素無文學名，其後亦絶無表見，而錢爲康熙己未鴻博宫聲編修中諧之玄孫，陳爲榕門相國之玄孫，皆有先澤。錢本名起，字湘靈，入學時吾鄉梁文定相國爲學使，爲改今名。陳本名守壑，謂志在一丘一壑，會試始改名此，亦事之偶同者。

夜作書致介唐，詒以楊致堂漕帥所刻《助字辨略》《六藝綱目》各一部，得復。是日以銀四兩買得乾隆時窑海棠白甆甌十二枚。夜月甚皎，二更風起，不能張燈，偕家人作采籌之戲。

邸鈔：以兵部右侍郎孫家鼐調補吏部右侍郎。以工部左侍郎徐用儀調補兵部右侍郎，仍兼署刑部右侍郎。工部右侍郎汪鳴鑾轉左侍郎。以左副都御史徐樹銘爲工部右侍郎，兼管錢法堂事務。徐桐充會典館正總裁。杭州將軍長善卒。詔旨褒惜，照將軍例賜恤，准其入城治喪，伊子編修志鈞賞給翰林院侍讀銜。以黑龍江將軍恭鏜調補杭州將軍。以琿春副都統依克唐阿爲黑龍江將軍。

十七日癸亥　薄晴，多風，下午陰，晚風稍止。閲錢士升《南宋書》，詮綜雜糅，求簡而無義例，所附傳諸人往往不成文法。里中到一電報，令人譯之，是從弟輩以高祖墓旁有人造墳侵界來告，付信譯錢七千。以素饌祀亡室，收遺像，祀屋之故主。夜叩先像，供茗飲。以先賢祠蜜果、粉團分致介唐、書玉、子蓴、伯循。

邸鈔：上諭：惇親王奏因病請假一摺。惇親王感患痿疾，爲日已久，實深廑系，著賞假一月，並派御醫莊守和、李德昌前往診視。

十八日甲子　晴。剃頭。午詣北半截胡同江蘇會館赴馮夢華編修之飲，坐有爽秋、子培、子封、仲弢、芾卿、劉毅卿，談至晡後歸。徐亞陶來。敦夫來。祀先，以肉肴六豆，菜肴六豆，加果羹一器，饅頭一盤，酒再巡，飯再巡，茗一巡，晚畢事，焚楮繈、楮泉，夜收神位圖。得慧叔書，以唐六如墨畫山林小幅乞題，并詒蜜果、碧柰，報以年粽、南棗。以先賢祠旁靈氾分祠所供蜜果兩樹詒周介夫，以供先蜜果兩樹及牙盤一合詒慧叔弟。介唐夫人來。

夜閲邵遠平《元史類編》。此書於庚申歲閲之甚熟，今三十年矣，都已遺忘。錢相國《南宋書》閲於丙辰，幾如隔世。邵書較有端緒，遠過錢書。

十九日乙丑　酉初三刻七分雨水，正月中。晴。張姬及僧喜詣白雲觀過燕九節，仕女闐填，車騎如織，食香積而歸。殷莩庭來。介唐來。弢夫來。閲王勉夫《野客叢書》。付賃屋銀六兩，崇效寺殯屋銀六兩，新年花爆錢八十千。

邸鈔：惇親王奕誴薨。宣宗第五子也，年五十九。詔：朕叔惇親王秉性肫誠，持躬謹厚，自幼仰承皇祖宣宗成皇帝慈愛，封爲郡王。我皇考文宗顯皇帝誼篤友于，晉封親王。穆宗毅皇帝迭加優禮。朕御極後敬禮彌隆。本月十七日因感疾請假，朕恭奉皇太后親臨看視，疾已危篤。本日遽聞薨逝，軫悼實深。著照親王例賜恤，賞給陀羅經被，派貝勒載瀅帶領侍衛十員即日前往奠醊，派總管內務府大臣師曾辦理喪事，所有一切事宜官爲經理。伊子奉恩輔國公載濂著即承襲貝勒並賞加郡王銜，貝勒載漪賞假百日穿孝。朕於本日恭奉皇太后親臨府邸賜奠，用示篤念懿親至意。皇太后懿旨：禮親王世鐸奏再陳下悃，請開去軍機大臣要差一摺。覽奏具見謹慎之忱，現在歸政伊邇，皇帝躬攬萬幾，正賴左右輔弼之臣。該親王自入直以來，恪恭盡職，機務悉臻，妥協朝廷，深資倚畀。著照常入直，毋庸固辭，仍俟數年後一切全復舊制，再降諭旨。詔：世鐸管理欽天監事務。詔：甘肅按察使唐汝楠、陝西按察使裕祥對調。　以□□□□□卓凌阿爲琿春副都統。

二十日丙寅　晴。僧喜生日，家人爲具麵果別饌，召絃鼓彈詞。作書致弢夫。得子蕁書，送令弟蓮舟太守自汴寄壽銀十兩，即作復謝，犒使六千。可莊來。晡後詣弢夫談，傍晚歸。於廠市購得明人鄭千里著色《佛地阿羅漢》長卷。千里名重，歙人，居金陵，以畫佛名。此卷如來在高坐，羅漢百八人各見神通，游戲侍者十餘人，前列巨象負寶瓶，其間殿宇參差，竹樹茂密，設色極爲穠至。千里人品高潔，日以焚香煮茗爲事，每繪佛，必齋沐危坐，可想見歸心樂土、經營慘澹時也。卷首有黄石齋書『法界莊嚴』四大字。裝裱華整，弢夫爲諧價十四金。夜補寫元日以後日記，頗費記録。

二十一日丁卯　晴和，春暄甚美。補寫日記。作書致弢夫。

邸鈔：以宗人府右宗正禮親王世鐸爲宗人府宗令，管理宗人府銀庫。以宗人府左宗人慶郡王奕劻爲宗人府右宗正，以克勤郡王晋祺爲左宗人。奕劻調補鑲黄旗滿洲都統。尚書嵩申補鑲白旗漢軍都統。怡親王載敦補鑲黄旗領侍衛内大臣。貝子奕謨充總理行營事務大臣。豫親王本格補閲兵大臣。皆惇親王遺缺。貝勒那爾蘇補内大臣。皇太后懿旨：御史屠仁守奏歸政屆期，直抒管見一摺。據稱歸政伊邇，時事方殷，請明降懿旨，外省密摺、廷臣封奏仍書皇太后聖鑒，懇恩披覽，然後施行等語。覽奏殊深駭異。垂簾聽政，本屬萬不得已之舉，深宫遠鑒前代流弊，特飭及時歸政，上符列聖成憲，下杜來世口實，主持堅定，用意甚深。况早經降旨宣示中外，天下臣民翕然共遵，今若於舉行伊始又降懿旨，出令未幾旋即及汗，使天下後世視爲何如人耶？况垂簾權宜之舉，與高宗純皇帝大廷授受訓政之典迥不相侔，何得妄爲比擬？至稱歸政後祇醇親王單銜奏件暫須徑達深宫。醇親王密陳數條，亦爲皇帝初裁大政，軍國重要事件，宫中定省可以隨時稟承，並非著爲典常，使訓政之事永無底止。該御史此奏所見甚屬乖謬，此事關係甚大，若不予以懲處，無以爲逞臆妄言紊亂成法者戒。屠仁守著開去御史，交部議處，原摺著擲還。

二十二日戊辰　陰，午微見日，傍晚霒陰，夜雪，積二寸餘。補寫日記。得弢夫書，即復。閲張介侯所輯《叢書》。其《世本》五卷、《三輔决録》二卷、《風俗通·姓氏篇》、《十三州志》俱有可觀；《司馬法逸文》《子夏易傳》亦足備一家；《三秦記》《三輔舊事》《凉州異物志》，陰鏗、李益詩集亦尚能成書；餘如皇甫規、張奂、段熲諸集，《周生烈子》、侯瑾《漢皇德傳》、《凉州記》、《沙州記》、《西河舊事》、《西河記》諸書，皆寥寥不足見梗概。闞駰《十三州志》見《水經注》《漢書注》《續漢志注》，引之頗多。張氏所輯得五十餘番，恐尚有遺落，當再搜采《通典》《元和郡縣志》《御覽》《玉海》等書以補足之。其首列目録，誤稱劉昞《十三州志》，蓋涉下目劉昞《敦煌實録》而誤；惟其序亦牽引《史通·雜述》篇

『劉昞該博』之語，或緣《魏書》列傳闞駰、劉昞相連，故致雜糅。昞本傳及隋、唐諸志並無昞著《十三州記》之文。

二十三日己巳　晴和。敦夫來。資泉夫人來。

閲《宋學士全集》。明嘉靖中浦江知縣韓叔陽所刻三十二卷本，又附録一卷，亦多誤字，而較後來刻本爲近古。金華文气從容而博大，故有明推爲一代之冠；然頗乏精采，故罕警策可傳誦者。其題跋三卷及雜著中《演連珠》五十首、《諸子辨》等，識議皆可觀。

夜作片致介唐，致子培，俱約同入内謝减緩浙中錢糧恩旨。庚辰同年陳舍人桐翰丁内艱，送奠分四千。

邸鈔：慈禧端佑康頤昭豫莊誠皇太后懿旨：垂簾聽政以來，軍機大臣朝夕論思，恪恭匪懈，每遇軍國重事，指示機宜，均能悉心區畫，克慎克勤。現在歸政届期，深宫數十年兢業之懷可以稍釋，實惟前後諸臣夙夜在公，襄成郅治，允宜特沛恩施，以示寵眷。禮親王世鐸賞給御書『果行育德』扁額一方，交宗人府從優議敘。大學士額勒和布賞給御書『言物行恒』扁額一方，張之萬賞給御書『進德修業』扁額一方，兵部尚書許庚身賞給御書『居德善俗』扁額一方，刑部尚書孫毓汶賞給御書『經德秉哲』扁額一方，均交部從優議敘。前軍機大臣恭親王奕訢交宗人府從優議敘。致仕大學士寶鋆賞食全俸。前大學士閻敬銘、户部尚書翁同龢、禮部尚書李鴻藻、工部尚書潘祖蔭、湖南巡撫王文韶均交部議敘。原任大學士文祥、桂良、左宗棠，協辦大學士沈桂芬、户部尚書沈兆霖、禮部尚書李棠階、工部尚書曹毓瑛、都察院左都御史汪元方、内閣學士景廉均賜祭一壇。

皇太后懿旨：醇親王奕譞志慮忠純，經猷閎遠。自垂簾聽政以來，深宫宵旰，焦勞勤求，上理王以，一心一德，宏濟艱難，凡可以安國家利社稷者，罔不綜攬大綱，竭誠匡助。從前挑立神機營，規制整肅，訓練日精。近年創辦海軍，運籌精密，規畫周詳，力破群疑，折衷一是。其餘重大事件，前席諏諮，直抒忠讜，仍復嚴恭寅畏，翼翼小心，稽諸史册，所稱親賢重臣，罕有倫匹。現當歸政伊邇，懋賞酬庸，允宜特沛殊榮，益昭恩眷。著賞給金桃皮鞘威服刀一柄，王所用弓刀均准飾用金桃皮，並賞給御書『懋德嘉績』扁額一方，以示優異。

皇太后懿旨：各省封疆大吏均爲國家倚任之臣，其久歷戎旃、熟諳韜略者懋建殊勳，賢勞尤著。現任提鎮諸臣，類皆起自行間，洊膺專閫。各該文武大員爲國宣勤，歷久不懈，現在歸政伊邇，允宜分别施恩。大學士、直隸總督李鴻章著賞用紫韁；兩江總督曾國荃、雲貴總督岑毓英均賞加太子太保銜；陝甘總督楊昌濬、山東巡撫張曜、甘肅新疆巡撫劉錦棠、福建臺灣巡撫劉銘傳均賞加太子少保銜；吉林將軍長順、江寧將軍豐紳、綏遠城將軍克蒙額、烏里雅蘇臺將軍杜嘎爾、察哈爾都統托倫布、直隸提督李長樂、山西提督雷正綰、甘肅提督周達武、長江水師提督李成謀、浙江提督歐陽利見、福建水師提督彭楚漢、福建陸路提督孫開華、廣東水師提督方耀、廣東陸路提督程文炳、四川提督宋慶、雲南提督馮子材均賞加二級；前兵部尚書彭玉麟交部從優議敘；前陝甘總督楊岳斌、前長江水師提督黄翼陞、前江南提督李朝斌均交部議敘；此外現任曾歷軍營之文武一二品大員，著吏部、兵部分晰查明，均賞加一級。

皇太后懿旨：科爾沁博多勒噶台親王僧格林沁於咸豐、同治年間迭平巨寇，功在旗常，前經從優賜恤，並圖形紫光閣，配饗太廟。現在歸政届期，追念前勞，允宜再沛殊恩，以示優異。僧格林沁著於京師建立專祠，春秋致祭。

皇太后懿旨：邇來各省軍務一律敉平，朝廷安不忘危，每思疆場之臣，身經百戰，賫志捐軀，亮節孤忠，時深憫念。本年二月舉行歸政典禮，論功行賞，普遍寰區，更宜澤及九原，以褒忠藎。原任西安將軍多隆阿、杭州將軍瑞昌、伊犁將軍明緒、正黃旗漢軍都統舒通額、烏魯木齊都統平瑞、署雲貴總督潘鐸、浙江提督饒廷選、廣西提督張玉良、烏魯木齊提督業(師)〔普〕衝額、署福建陸路提督福寧鎮總兵林文察、署貴州提督趙德光、甘肅提督高連升、廣東陸路提督劉松山、鑲紅旗護軍統領舒保、護軍統領恒齡、吐魯番領隊大臣色普詩(計)〔新〕、塔爾巴哈臺參贊大臣武隆額、巴燕岱領隊大臣穆克登額、庫倫辦事大臣薩凌阿、內閣學士全順、浙江巡撫王有齡、兵部左侍郎黃琮、刑部右侍郎張錫庚、都察院左副都御史張芾、副都統舒明安、副都統蘇倫保、乍浦副都統傑純、河南歸德鎮總兵李臣典、江西南贛鎮總兵程學啓、總兵何建鼇、廣西右江鎮總兵張樹珊、廣東高州鎮總兵楊玉科、貴州安義鎮總兵陳嘉、福建按察使張運蘭、乾清門頭等侍衛卓明阿、頭等侍衛隆春、頭等侍衛奇克達善均賜祭一壇。此外滿漢陣亡殉難之實任一、二品文武大員並蒙古各盟陣亡二品以上各員，著吏部、兵部、理藩院、八旗確切查明，咨報禮部，各賜祭一壇。

皇太后懿旨：從前軍務繁興，封疆將帥之臣運籌決策，竭力同心，或未蒇全功，或始終勤事，論其謀國之忠，均屬聲施爛然，勛名相埒。茲當歸政之始，追念勞臣，所有功績最著之原任大學士官文、大學士兩江總督曾國藩、協辦大學士四川總督駱秉章、盛京將軍都興阿、吉林將軍富明阿、荊州將軍巴揚阿、福州將軍穆圖善、福州將軍善慶、伊犁將軍金順、四川總督吳棠、漕運總督袁甲三、四川總督丁寶楨、兩廣總督張樹聲、雲貴總督劉長佑、鑲紅旗蒙古都統穆騰阿、鑲黃旗蒙古都統明慶、察哈爾都統西凌阿、察哈爾都統色爾圖善、湖北巡撫胡林翼、安徽巡撫李續宜、貴州巡撫曾璧光、浙江提督鄭魁士、直隸提督郭松林、湖北提督傅振邦、雲南提督胡中和、廣東水師提督吴長慶、福建水師提督吴全美、署湖南提督周盛傳、湖南提督鮑超、福建陸路提督唐定奎、湖南提督周光世、湖南提督周盛波、甘肅寧夏鎮總兵譚拔萃、福建建寧鎮總兵張得勝均賜祭一壇，烏魯木齊都統英翰著開復總督。

皇太后懿旨：國有大慶，中外攸同。自各國訂約通好以來，修睦之誼久而彌著，各國駐京使臣均能深明大體，慎固邦交。茲當盛典躬逢，允宜慶忱同洽。所有現在京城之巴蘭德、田貝、鹽田三郎、華爾身、庫滿、羅德理、李梅、維禮用，著總理各國事務衙門慶郡王奕劻等於二月内擇日在署設宴款待，並頒給如意、緞匹等件，其現未在京之庫嘉德、費果孫並著一體頒給，用示朝廷行慶睦鄰之至意。

皇太后懿旨：頭品頂帶花翎總税務司赫德久辦洋税，精明切實，事事盡心，近來收數逐年加增，確著明效。歸政伊邇，允宜特加褒獎，以勵賢勞。著賞給三代一品封典。

皇太后懿旨：御史林紹年奏督撫報效有關政體民生，請旨飭禁一摺。海軍爲經國要圖，需款浩繁，前據總理海軍事務衙門奏准，由兩江等省於正雜諸款内騰挪巨款，分年撥解天津，交李鴻章發商生息。各省籌解之銀，專備海軍不時之需，其每年息銀，則以補海軍衙門放項之不敷，並無令各省督撫報效之事。該御史此奏，乃以朝廷責進獻、督撫肆誅求等語任意揣測，危詞聳聽，實屬謬妄，著傳旨嚴行申飭。

二十四日庚午　晴。四更起盥漱。子培來。五更介唐來，偕入正陽門，進東安門已昧爽矣。夾道新列雙喜字燈，絳燭猶晃。入東華門，道中列峙波黎龍鳳燈，直接乾清，天明燭已盡息，朝官畢至，偕諸子立談殿陛間。卯刻日出，宫門懸綵，五雲四映，觀迎皇后妝奩，先以四亭黄紬罥之，皆首飾服玩之屬，次以陳設之具凡一百舁，最後爲大鏡屏兩架。自古銅彝器、白玉瓶盂、碧玉盤合以外，鏡奩几案之物大率如民間，桌椅箱廚皆粵中所製，紫檀文木不加琱飾。聞明日尚有百舁，則匡篋、帷幕、床帳類矣。辰刻謝恩摺始發下，偕同鄉孫子授、徐小雲兩侍郎及紫泉、花農、仲弢諸君三十餘人向乾清門行禮畢，出景運門，詣太和殿觀演筵宴禮。鐘磬在懸，樂舞畢具，惟琴瑟僅具虚器而已。出東華門，偕諸子飲聚豐堂。詣徐蔭軒師賀拜協揆，不值。午歸，倦甚，小睡。晚詣萬福居赴爽秋、班侯、子培、子封、弢夫五君之招，坐有可莊、旭莊兄弟、仲弢，夜一更後歸。是日得詩一首。夜雪。

乾清門觀迎皇后鳳奩恭紀

九閶曙色啓銅龍，夾道珠燈拱法宫。綵仗千官迎日下，瓊函百輦出雲中。光華共識天顔喜，樸儉先昭内治風。添得層城王母笑，蓬萊綺映早霞紅。是日先進百舁，聞懿旨：上及后寢宫簾幕、衾褥俱用絳色。

邸鈔：以詹事府少詹事岳琪爲詹事。以光禄寺卿榮惠爲太常寺卿。以翰林院侍讀學士李文田爲詹事府少詹事。户部員外郎劉齊潯授廣東廉州府知府。詔：海年克、文德、善信恪施恩榮，均賞給散秩大臣。

二十五日辛未　晨雪，積三寸許，上午薄晴，甚寒，下午復陰，夜霒陰，又雪。

閲《大金國志》。此書前人多疑之，余謂實僞作也，宇文懋昭之名亦是景撰，蓋是宋、元間人鈔撮諸紀載，間以野聞里説，故多荒謬無稽，複沓冗俗。而亦時有遺聞佚事，爲史所未及。其載世宗之荒淫，章宗之衰亂，世宗有元悼太子允升因謀害晉王允猷事發叛亡，章宗誅鄭王允蹈後，其子愛王大辨以大通節度使據五國城以叛，屢敗國兵，及章宗母爲宋徽宗子鄆王楷之女，又有鄭宸妃爲宋華原郡王鄭居中之曾孫女，皆委巷傳聞，絶無其事。又載明昌二年三月拜經童爲相，經童者，僧童也，是不知胥持國中五經童子科出身，但聞當時有經童作相、監女爲妃之説，妄以經童爲僧童，成作僞之顯證。至謂元爲韃靼，其先與女真同類，皆靺鞨之後，别有朦骨國亦曰蒙兀，在女真東北，人不火食，夜中能視，金末漸强，自稱祖元皇帝，其後韃靼乃自號大蒙古國。然二國居東西兩方，相望凡數千里，不知何以合爲一名。其語尤爲荒謬，蓋是南人全不知東北邊事者訛傳妄説，所云朦骨似即俄羅斯也。其言愛王構兵與北朝通，定約以國家初起之地及故遼封疆自溝内以北歸之於北，溝南則爲己有，累歲結謀用兵，愛王無分豪得也。章宗太和四年六月，愛王發疾卒，其子雄三大王立，北朝約以進兵，雄畏懼而從。疑當日西北有假鄭王子孫之名，嘯聚擾邊，蒙古陰與之通，覘釁而發，故一聞衛王之立，遂致興兵入犯。此書與張希顔《南遷録》所以異説滋紛耳。

邑人章孝廉之傑來。胡枚良來。夜四鼓後有風，漸晴。寅卯間西北方天裂如火赤色，或云天笑，俗謂之天開眼。

二十六日壬申　晴，大風，甚寒。仲弢來。子封來。弢夫、班侯、佩蔥來，午同入宣武門，至西長安門下車，進天安門、端門，風勁甚，門内陳列鳳輿及黄帷車三，册亭、寶亭各一，奉迎繖扇、旌旗、燈仗之屬。進午門、太和門。上御太和殿受賀畢，遣大學士額勒和布、尚書奎潤持節迎后，王公大臣庶僚扈從者數十人。偕子培、子封、仲弢、弢夫、旭莊、班侯、蕚庭憩於會典館，風益甚，王廉生送肴饌一品鍋。晚小飲，旭莊邀憩内閣直房，晤連聰叔。屋窄人衆，不能容膝，竟夕劇談。至丑刻由太和門左出午門，小憩工部朝房。寅刻皇后鳳輿至，前列畫鳳玻璃燈數十對，馬百餘匹，午門鳴鐘，迎入乾清門。復偕諸子坐内閣直廬，待旦而出。

二十七日癸酉　晴，有風，甚寒。曉出東華門，坐車歸。江西布政方佑民來。周生學海來。胡枚良來。

二十八日甲戌　上午陰，下午晴。閱王勉夫《野客叢書》三十卷本。其記聞頗淹洽，而識見多局，筆亦冗漫，時有酸餡陳腐之气，在宋人説部，不過位置《甕牖閑評》《學齋佔畢》《寓簡》《鼠璞》之間，以較《學林》《能改齋漫録》諸書尚不能及，《四庫提要》比之《夢谿筆談》《容齋隨筆》，則相去遠矣。書柬帖二十餘事，分致同人，約初二、初三分日宴客，皆以酬去年爲壽雅意也。京官請客不易，一席之費輒至十金，而選饌、命廚、作柬、走使以及貰酒、治茗、杯勺、燈燭之具又須紛紜數日，亦苦事矣。

邸鈔：慈禧端佑康頤昭豫莊誠皇太后懿旨：醇親王奕譞以親賢而肩重任，公忠體國，中外咸知，深宫嘉許之懷，非名言所能罄。茲當皇帝大婚禮成，允宜再沛殊恩，益光慶典。著賞添頭等、二等護衛各一員，三等護衛二員；加賞修葺府第銀六萬兩，由户部給撥；伊子不入八分輔國公載灃晉封爲入八分鎮國公，不入八分輔國公載洵晉封爲入八分輔國公，賞食全俸，載濤賞給頭品頂帶，並賞戴花翎：以示優眷。

皇太后懿旨：皇帝寅承大統，於今十有五年，倚任親賢，弼成郅治。茲當大婚禮成，自應特沛殊施，用昭懋賞，其近支王公勳舊後裔，亦宜一體施恩，以彰慶典。恭親王奕訢著賞添頭等、二等護衛各一員，三等護衛二員。貝勒載瀅賞加郡王銜；貝勒載澍賞穿四行龍補服；貝勒載潤在上書房讀書；貝子奕謨賞加貝勒銜；貝子溥倫賞食全俸；輔國公載澤賞食鎮國公俸；鎮國將軍溥侗賞食全俸；鎮國將軍載濟在上書房讀書；睿親王魁斌、鄭親王凱泰、莊親王載勛均賞戴三眼花翎；豫親王本格賞穿四團正龍補服；肅親王隆懃之子善耆賞給頭等侍衛，挑在乾清門當差，善旌賞給二等侍衛，在大門上當差；怡親王載敦交宗人府議敘；順承郡王訥勒赫賞食全俸；郡王銜貝勒奕綑交宗人府議敘；貝子毓橚賞給散秩大臣；鎮國公載遷、榮毓，輔國公榮頤、載卓、溥豐、光裕均賞給委散秩大臣；定郡王溥煦等均賞加二級；固倫額駙景壽在紫禁城內賞坐二人椅轎，伊子候補郎中志勳以五品京堂候補；固倫額駙符珍交部議敘；和碩額駙扎拉豐阿在紫禁城內騎馬；御前大臣、博多勒噶台親王伯彥訥謨祜在紫禁城內賞坐二人椅轎，伊子貝勒那爾蘇在紫禁城內騎馬；輔國公溫都蘇挑在御前行走；克勤郡王晉祺賞加親王銜，伊子崧杰賞給頭品頂帶；慶郡王奕劻賞穿四團正龍補服，伊子載振賞給頭品頂帶；軍機大臣、禮親王世鐸賞添頭等、二等護衛各一員，三等護衛二員，前經賞穿四團正龍補服，著准其帶章，伊子不入八分輔國公誠厚挑在御前行走；大學士額勒和布、張之萬均賞加太子太保銜；尚書許庚身、孫毓汶均賞加太子少保銜：以示行慶推恩之至意。

皇太后懿旨：副都統、護軍統領、承恩公桂祥加恩以侍郎候補。　皇太后懿旨：皇帝大婚禮成，所有內廷行走及執事諸臣亦應一律加以獎敘。毓慶宮行走、尚書翁同龢賞戴花翎，侍郎孫家鼐賞加頭品頂帶，侍郎松溎在紫禁城內騎馬，上書房行走、協辦大學士、尚書徐桐賞加太子太保銜，侍郎童華賞加頭品頂帶，南書房行走、尚書潘祖蔭賞加太子太保銜，侍郎徐郙在紫禁城內騎馬，詹事府少詹事李文田、編修吳樹梅均遇有應升之缺開列在前，總管內務府大臣、協辦大學士、尚書福錕賞加太子太保銜，尚書嵩申、侍郎師曾均賞加太子少保銜，副都統巴克坦布賞加頭品頂帶，餘升賞有差。

二十九日乙亥　上午陰，午後晴。汪柳門侍郎來。介唐來。弢夫、仲弢來夜談。

三十日丙子

二月丁丑朔　晴。得爽秋書，以後明日有事辭飲。得蕭山人丁藍叔文蔚書，此余二十餘歲時交游也，別來三十年，久絶音問，一緘忽至，怳如夢寐。且以游閩時所拓旗山枯木庵唐天祐乙丑歲禾刻一紙爲贈，文三行，楷書，字廣二寸餘，右行首一行云『維唐天祐乙丑歲』，第三行云『廉主王大王』，其下已漫滅。王大王者，審知也。

閱朱豐芑《夏小正補傳》。朱氏精於形聲訓詁，故推闡古人文字，頗有創解。其解『匽之興，五日翕，望乃伏』，傳曰：『五日也者，十五日也。謂望讀爲朢。古以五月十五日爲五日節，故《淮南》高誘注『五月望作梟羹』。《文子·上德》篇詹諸『辟兵，壽盡五月之望』。匽讀爲蝘，蝘蜓，守宮也，在壁曰蝘蜓，在草曰蜥易，世稱它蠍之類，五日節必伏。興者，生也。此説爲前人所未發。

邸鈔：左春坊左中允馮文蔚升司經局洗馬。

初二日戊寅　晴和。是日加寅上親祀社稷壇，臣慈銘陪祀。本生祖妣顧太君生日，午供饋。傍晚邀劬庵、莘伯、可莊、旭莊、建伯、樾仲、蓴庭、班侯、子虞、定甹、弢夫、仲弢、紫泉、佩蔥、子承、子培、子封、花農集寓齋，張燈設飲，惟子封以事不至，胡枚良自通州來，亦留之飲，至夜二更後散。付客車僕飯錢三十八千，廚人賞十八千。

邸鈔：慈禧端佑康頤昭豫莊誠皇太后懿旨：吏部奏遵議開缺御史屠仁守處分，議以補官日革職留任，當以摺內所稱屠仁守開去御史另行辦理及該員應補何官均未聲敘明晰，諭令該部明白回奏。茲據奏稱所稱另行辦理，係將屠仁守所遺掌山西道御史一缺咨都察院照例題轉，其應補何官，俟所議處分奉旨後再行請旨，如前奏依議，即請以對品之部屬用等語。屠仁守陳奏事件違旨妄言，厥咎甚重，該部議以補官日革職留任，已堪詫異，又不將應補何官之處詳細聲敘，直待降旨詰問，始行敷衍覆奏。若前奏竟予依議，則屠仁守直可徑改部屬矣。該部於此等交議要件徇庇欺蒙，情節顯然，不得不予以懲儆。吏部堂官著交都察院議處，承辦司員著查取職名交都察院嚴加議處。屠仁守著即革職，永不敘用。

皇太后懿旨：本日據吴大澂奏請飭議尊崇醇親王典禮一摺。文宗顯皇帝以皇帝寅承大統，醇親王奕譞謙卑謹慎，翼翼小心，十餘年來深宫派辦事宜，靡不殫竭心力，每遇優加異數，皆再四涕泣懇辭。前賞杏黄轎，至今不敢乘坐。其秉心忠赤，嚴畏殊常，非徒深宫知之最深，實天下臣民所共諒。自光緒元年正月初八日醇親王即有豫杜妄論一奏，内稱歷代繼統之君推崇本生父母者，以宋孝宗不改子稱秀王之封爲至當。慮皇帝親政後僉壬倖進援引治平、嘉靖之説肆其奸邪，豫具封章，請俟親政時宣示天下，俾千秋萬歲勿再更張。其披瀝之誠，自古純臣居心，何以過此！深宫不能不嘉許感歎，勉從所請者也。兹當歸政伊始，吴大澂果有此奏，若不將醇親王原奏及時宣示，則後此邪説競進，妄希議禮梯榮，其患何堪設想？用特明白曉諭，並將醇親王原奏發鈔，俾中外臣民咸知我朝隆軌超越古今，即賢王心事亦從此可以共白，嗣後瞰名希寵之徒，更何所容其覬覦乎？爲此通諭中外知之。

初三日己卯　晴暖。是日加辰上以皇太后歸政，御太和殿受賀。午邀伯希、廉生、亞陶、子尊、芾卿、夢花、敦夫、介唐飲寓齋，談甚暢，傍晚始散。得額裕如書，并今年三書院關書聘金十二兩，犒使四千。始徹火鑪。是日上御羊鼲褂。

初四日庚辰　申正一刻二分驚蟄，二月節。晴暖，柳始荑。下午詣李若農學士，久談。答拜汪柳門侍郎、方右民布政、郭少蘭，皆不值，傍晚歸。夜作致徐仲凡書，即作書託胡枚良轉致。作致品芳弟書，復五弟書，皆以高祖木客山塋地事也。吾家房族衰替，子弟又作事不慎，深以憤邑。

邸鈔：以體仁閣大學士恩承爲東閣大學士。張之萬授體仁閣大學士。前大理寺卿沈源深補原官，仍在軍機處章京上行走。户部郎中成章授安徽徽寧池太廣兵備道。

初五日辛巳　晴和，有微風。曾祖妣忌日，供饋肉肴六豆，菜肴四豆，菜羹一，時果四，饅頭一盤，蓮子湯一巡，酒三巡，飯及茗飲再巡，晡畢事。弢夫來，以新購柯丹丘雙鉤墨竹屬題。閲《元史類編》。

邸鈔：詔：今日太和殿筵宴著即停止，其入座王大臣著開賞宴桌。以通政司使奕杕爲都察院左副都御史。

初六日壬午　晴，下午有微風，稍寒。剃頭。閲《元史類編》。補寫日記。比鄰聶濟時同年來。庚午同年朱寬叔來。邑人湯孝廉震來。夜閲《金史·宗室表》《交聘表》。金之皇族自熙宗、海陵兩次誅戮後，存者無幾；章宗於世宗子孫復行酷法；衛、鄭、鎬三王房，宣宗又禁錮之；至青城之變，蒙古恣行屠殺，且云完顔一族不赦。蓋孑遺者僅矣，史家復不能詳考，故所載寥寥，令人三歎。

初七日癸未　竟日陰寒，下午霰屢作，晚雪，入夜大風狂甚，雪積寸許。

閲施北研《金史詳校》。其用力甚至，於《交聘表》增注事實，尤爲詳備；然所采大率以李氏《建炎以來繫年要録》、徐氏《三朝北盟會編》爲主，而所載書名如李大諒《征蒙記》、晁公志《敗盟録》、趙甡之《遺史》、張棣《圖經》，以及《靖康紀聞》《靖康要盟録》、汪伯彦《時政紀》、趙良嗣《燕雲奉使録》、馬擴《茅齋自敘》、王繪《紹興甲寅通和録》之類，皆其書久亡，本之《繫年要録》所引，今不明出之而直云某書，則似親見其書矣，此體例之可議者也。

朱寬叔饋阿膠、𣰰脯，受阿膠。湯孝廉饋𣰰脯、新茗，受之。

邸鈔：上諭：馮子材奏特參吏部書辦任意索賄，顛倒保案，請將議駁之員仍照原保給奬，及聲明伊子前項保案應否照准各摺片，當諭令吏部將書吏沈錫璋密拏並查明保案各節。兹據該部覆奏，調查書吏印册並無沈錫璋之名，即按原奏住址名號，將沈錫璋即沈梅卿並冒充沈梅卿之樊子清一名、家人張升一名拏獲，著交刑部嚴審確情，據實覆奏。馮子材所稱吏部核奬歧異各情，經該部將原案逐一查明，均係按照定例定章分别准駁，並無顛倒情弊，即著毋庸置議。至剿辦瓊州黎匪出力各員，業據張之洞查照部議核減並删去三員，經該部議覆奏准，馮子材輒將初次原請奬敘開單，懇請照准。伊子馮相華等前奬同知花翎，係光緒六年特旨允准之案，兹復奏請應否照准，殊屬糊塗冒昧。馮子材著交部議處。上諭：御史端良奏禁門未能嚴肅，據實糾參一摺。據稱本月初四日天安門宣詔，有常服官員與便衣短褐之人任意喧嘩，右翼班房之前並有官員踞坐情事。宣詔大典，理應嚴肅，豈容便衣人等喧嘩踞坐？該值班官員並不禁阻，殊屬不成事體。所有是日天安門直班官員，著查取職名，交部議處，以示懲儆。詔：曹鴻勛授載潤讀，張仁黼授載濟讀。

初八日甲申　風，陰寒甚，下午微晴。閲《建炎以來繫年要録》。付翰文齋掃葉山房所刻《宋遼金元四朝别史》及《二酉堂叢書》銀十四兩，《野客叢書》銀三兩。作書致敦夫，爲紹郡公宴事，得復。

初九日乙酉　晨及午晴陰相間，下午陰。閲《建炎以來繫年要録》。作書致敦夫，得復。弢夫來。夜跋家松雲先生手書《白石詞帖》。

初十日丙戌　午前晴，午後陰。閲《建炎以來朝野雜記》。李氏意以《要録》備本紀、列傳之取材，以《雜記》備志、傳之取材，故博取兼收，事加綜覈，務詳所據，以求是非之公。惜乎《要録》孝、光兩朝已無傳本，《雜記》雖載至寧宗朝，而丙、丁、戊三集亦皆不傳，此欲重修南宋書者所深致慨也。

十一日丁亥　晨及午晴，午後有風，屢陰，晡後有微雪，即止。余壽平孝廉自汴來，以茶青銀灰段裁兩匹、兗脯兩肩、永城乾棗兩匣、龍井茗六瓶爲饋，固辭之不得，犒使十二千。下午答拜朱昂生及同鄉湯孝廉等，坐邑館偕介唐、介夫久談，至晚歸。花農來。同邑章孝廉華國來。夜得花農書，爲許少筠舍人代求撰其尊人少宰公六十壽序，舍人致花農書辭甚委婉，不得不允所請也，即復。得徐石甫書，催題梅花册，即復。

邸鈔：詔：都察院遵議吏部尚書錫珍、徐桐等應得革職處分，均加恩改爲革職留任。郎中鈺麟、主事盧昌詒均照議即行革職。以宗人府府丞薛福辰爲都察院左副都御史。以通政司副使志顔爲光禄寺卿。以□□□□婁雲慶爲廣東潮州鎮總兵。

十二日戊子　晨及午晴，午後屢陰，有風，傍晚風益勁，甚寒。詣先賢祠拈香。午後公宴方佑民布政，邀同郡書玉、敦夫、叔雅、介夫、介唐、子蓴等八人作陪，傍晚歸。同郡同邑公車數人來拜，多不識姓名，少年也，率易投一片刺，亦無稱謂，不答可也。許少筠舍人來，筠庵師之子也。得花農書。邑子朱賡亮來投行卷，并齎來馬三嫂書，言去年十一月廿五日已葬外舅馬公及姑李孺人於許家墺。亡室泉下，亦可稍慰孝思已。夜風益厲，月皎，甚寒。郡祠宴客燕菜席銀八兩，使席一兩，酒一兩，車飯二千，廚人賞十二千，長班賞三千。

十三日己丑　晴寒，有風。上午詣筠庵師，晤其世兄。答拜余壽平。詣徐壽蘅侍郎投刺。詣老墻根晤劉建伯、樾仲兄弟。晤爽秋、仲弢，小坐。詣慧叔弟賀其子納徵。詣肉市天福堂赴亞陶之飲，坐爲孫子授侍郎、子培、花農，晡後歸。比日付郡館糊房銀六兩四錢，典録堂懸波黎燈四琖付銀二兩，先賢祠頭踏大燈兩對付銀三兩四錢，祠前栽西府海棠一對、紅碧桃一對、雪梨一對銀五兩六錢。頻年拮据祠事，冀以輝煌俎豆，增飾佳觀，區區心力，盡於此矣。田杏村孝廉來。

邸鈔：以翰林院侍讀學士鳳鳴爲詹事府少詹事。

十四日庚寅　晴，風止，稍和。王姬生日，廚人小治麵筵，午飲微醉。書玉夫人偕其第三女來寧，夜飯後去。花農來。周衍齡來。家人召禺人戲，喧鬧至夜三更始罷，月皎於晝。是日剃頭。

邸鈔：上諭：昨據奉宸苑奏請保奬人員一摺。大婚典禮，該苑並無承辦事宜，何得濫行奏請？殊堪詫異，著不准行。本日通政司、欽天監各有請奬之摺，該衙門承辦事件亦屬無多，均著毋庸保奬。比日工部保舉一百八十餘員，户部保舉一百二十餘員，禮部、翰林院、内閣、光禄寺皆數十員，内務府二百餘員，得京堂道員者數十人，花翎百餘人。詔：盛京將軍慶裕加恩在紫禁城内騎馬。

十五日辛卯　晨及午晴，下午有風，多陰。得弢夫書，以乾、嘉間名人尺牘兩册屬閲。蓋桂未谷、顔運生兩家物，有劉端臨、羅兩峰、牛空山諸人書，餘無甚可觀。其稱未谷多曰冬卉，亦曰東翁。未谷行四，運生行六，皆於此見之。中有一紙云錢生來館，言泰不華有《續復古編》，平生所未見。下鈐祕閣校理一印而其書不完，故未見姓名署款，蓋是邵南江書也。又有金壽門書兩紙。爲徐石甫題其祖父鐵孫觀察梅花畫册詩二首。作書致額裕如，并是月望課題。陳生澤霖來見，去年問津書院肄業生新舉京兆試者，以羮脯、鱈魚、蝦米、蟹黄爲贄，還其羮脯、鱈魚。夜月出甚佳，一更時有風，甚寒，微陰，夜分皎絜如故。

徐石甫户部麟光**以其大父鐵孫觀察**榮**梅花畫册屬題二首**

地老天荒後，花中見典型。斯人今不作，遺墨尚含靈。石孕空山秀，苔留太古青。銜鬚握拳意，放佛寫真形。觀察以咸豐初督兵禦粵賊，於徽州之漁亭陣亡。

昔日會稽守，風流滿鏡湖。觀察於道光、咸豐間守吾郡，有惠政。是册以壬子春守杭州時所畫，尚鈐一小印曰『會稽太守之章』。承平良史重，文采近來無。桃李存能幾，祠堂亂已蕪。劫灰留此册，家寶比球圖。

十六日壬辰　晴，有風，尚寒。田杏村來。得徐仲凡書，并以所買錢家山地契一紙見寄。奉新游孝廉三立來。得張公東書，言族弟鼎銘已旅歿南昌，爲之驚痛，寡妾弱息漂泊何依，房族凋零至此極矣。弟嘗從余讀書，今年已五十餘，久以錢穀佐江西縣令。比數年無館，日貧老，余方爲之道地，而遽至於是，命也。田杏村饋冬笋兩簍，新茗四瓶，冬菰兩簏，白菊花兩筥，犒使八千。張公東寄所選《續駢體正宗》一册，内録余文一首，慚愧之甚。是日加辰上御太和殿，加上慈禧端佑康頤昭豫莊誠皇太后徽號曰壽恭，進册寶。是夕望，月出甚皎，一更後陰。得花農書，即復。

邸鈔：翰林院侍講學士張英麟轉侍讀學士，左春坊左庶子朱琛升侍講學士。

十七日癸巳　晴，晡後微陰，有風。同邑俞孝廉慶恒來，晤談。其人年歲五十，居型塘，去年新得舉者，甚恭謹。又有同邑新計偕者李汝奎、傅作梅等數人來投行卷。下午答拜田杏村、俞午軒，晤談。詣花農及邑館、全浙館答拜數客。詣介唐談，晚歸。田孝廉寶祺來，杏村之子也。夜詣宜勝居赴敦夫之飲，坐爲莘伯、子蓴、伯循、杏村。一更後歸，月皎於晝。

十八日甲午　晴，有風，不寒。比日部院諸司營營保舉，奇聞百出。工部捐納學習郎中岑春暄者，岑毓英之子，有旨免補郎中，以應升之缺升用，即可得閣讀學士。户部大婚前一日張之萬忽添派司員一十餘人，後二日福錕又添派二十餘人。工部捐納郎中許禄身、江槐庭、蔡之傑、梁有常皆錢塘人。等五人皆求保，不論題選咨留四字，吏部定章凡保四字者每部不得過二人，工部諸堂官欲拈鬮决之，司官不肯，乃掣籤，復不肯，竟五人盡列上。聞前門頂帶、荷包，諸鋪户花翎、藍頂、四品補服皆賣盡。翰林院有一人當升學士，先屬託吏部速進題本請升，然後乞掌院保以應升之缺升用，便可得内閣學士。此皆可入五行志，非禹鼎所能盡鑄者矣。士風朝局塗地至此，吾輩尚栖栖冗郎，老病不去，亦可哂矣。書玉來。爽秋來朱孝廉賡亮饋鯗脯、茶葉，還其脯，犒使二千。邑子戚揚來投行卷。游孝廉三立來，具柬受業。傍晚詣弢夫，知其眷屬已到。晚詣萬福居赴芾卿之飲，坐爲爽秋、子培、子封、夢花、仲弢諸君。夜二更歸，月皎甚。

十九日乙未　晴暖。酉初二刻三分春分，二月中。姬人等詣銅觀音堂拈香。同郡何紹聞、趙琴、徐承宣、張金鑑諸孝廉來，徐、張兩君皆投行卷。邑人謝昌運、楊福璋、王餘慶來。得從子子弁孝堪書，寄番銀兩圓爲余壽，書中言：先本生王父母以下三世未葬，感念存没，慘絶心脾。比日精神疲劣，時忽忽若病，不能讀書。閲紀文達《閲微草堂五種》，藉以遣日。其中名理湛深，多足以化導愚頑、針砭智巧，不賢内省，時覺毛骨竦然。鄭雨亭德霖生子，饋以糕、桃、酒、麵。夜閲紀文達《灤陽續録》。文達極惡講學家，故於宋儒多微文刺譏，見之《四庫提要》。其言有未盡者，悉發之於此五書。是録成於嘉慶三年，年已七十有五矣。

二十日丙申　晨陰，上午小雨，午後微晴。先祖考忌日，供饋肉肴、菜肴各五豆，時果四盤，饅頭一盤，蓮子湯一巡，酒三巡，飯及茗飲各再巡。是日又爲節孝張恭人忌日，別供饋素肴八豆，時果三盤，饅頭一盤，湯、飯、酒、茗如前，晡後畢事，焚楮泉。得弢夫書，以錫笵飲器十事見詒，并龍井茶四瓶，作書復謝，受茶反器，犒使四千。再得弢夫書，仍送酒器來，受之，犒使二千。田祥伯寶祺來。何孝廉淦、何孝廉元泰來投行卷。曾君表饋鯗脯、茶葉，犒使二千。

邸鈔：禮部右侍郎童華卒。華字□□，號薇研，鄞人，道光戊戌翰林。年七十三，以是月初二日卒，因逢慶典，花衣期内例不奏凶喪事，今日始遞遺摺。詔旨褒惜，照侍郎例賜恤。直隸候補道劉汝翼授津海關道。前四川重慶府知府恒齡選福建邵武府知府。劉汝翼，安徽人。

二十一日丁酉　晨澹晴，上午晴，傍午有風，下午微陰，頗寒。弢夫來。邑人章孝廉廷黻、廷爵、薛孝廉沅、俞孝廉官圻來，并投行卷。曾君表來。周介夫來。徐班侯來。作書致弢夫，還其代購鄭千里法界莊嚴長卷銀十三兩，家松雲中丞字册銀一兩。作書致從子孝瑩保陽，寄以十金。作片致介唐，託轉寄保陽銀信，聞其今日新得一子，可喜。作片致田杏村，約其喬梓後日觀劇。夜大風，二更稍止，聞城東有火灾。付賃屋銀六兩，崇效寺僧房銀六兩。

二十二日戊戌　春社日。晨陰，午微晴，有風，下午復陰，大風。作片致敦夫，約後明日飲。弢夫偕其子伯澐來，饋以果餌錢二金。介唐來。得亞陶書，以道光乙巳冬所繪《雨香室雅集圖》屬題。雨香室在石門城東青陽庵中，集者嘉興張叔未等六人，叔未時年七十八，亞陶時年二十九，今四十五年矣。庵已久燬而圖幸存，亦可感也。卷中翁叔平師題七古一首，甚佳。得慧叔書，以三月三日伊子花燭請余祝壽，即復。同邑王解元會澧、朱孝廉秉成來。饋介唐姬人蓐房食物。爲胡生濬改制義三首。周生學海來。

邸鈔：以兵部左侍郎廖壽恒爲禮部右侍郎；兵部右侍郎徐用儀轉左侍郎，仍兼署刑部右侍郎。以都察院左副都御史白桓爲兵部右侍郎。以詹事府詹事岳琪爲通政使司通政使。户部郎中施典章授陝西榆林府知府。

二十三日己亥　晨霒陰，旋密雪，傍午稍止，日出，午晴，下午復雪，晡後晴，風。賀幼甫臬使來。幼甫少余一歲，已皤然老矣。其尊人雲甫尚書今年八十，聞尚健甚，數年前尚舉一子，亦人瑞也。兩姬詣介唐家看洗兒，即邀介唐夫人同至下斜街觀劇。夜大風。

二十四日庚子　晨至午晴，下午多陰，竟日有風，頗寒。命僧喜至慶樂園陪客觀劇。作片致敦夫，請代作主人。鄭鹿門同年來。晚詣宜勝居，邀敦夫及田杏村、春農喬梓，俞午軒慶恒、朱賡亮、弢夫、朱昂生飲。夜二鼓歸，風不止。

二十五日辛丑　晴，稍和，下午又風。邑子單荇洲春泩、單崇恩兩孝廉來投行卷。荇洲饋仙居朮一匣并彘脯，受朮反脯。邑子王慶埏孝廉來。剃頭。子培來，以程端伯侍郎正揆《江山勝覽圖》長卷見示，約三丈餘，雄厚清超，備具衆美。其皴法兼用數家，礬頭、瘢皮、斧劈皆有，屋樹多作淺絳深赭色。自題云：『黄子久富春山及此圖並稱尤物。富春如江瑶柱，味在酸鹹之外，而諸味具足，非嗜醋醬者所知；此圖則如大官庖，無論雅俗，皆思染指，嘗鼎一臠，可飽十日。』足以知其指趣矣。其中千巖萬嶂，村落相望，中忽空闊中斷，長江淼然，峭石凌空，點綴波際，惜平生未見大癡真蹟，不能印證其離合處也。前有谷口鄭簠題『江山勝覽圖』八分五字。索價百餘金。亞陶來。龐絅堂來，新自滇中典試歸者，爲余言雲南會城之陋，昆明五華絶無可觀，惟聞楚雄諸山銀礦甚盛，彼中人言晴日望之，銀苗四映，光采燭天，而開采甚難，官民束手，外夷眈覗，有開門揖盗之憂。此主國計者所當講求良法，勝於借洋債萬萬也。傍晚唁房師林御史丁母艱，即歸。

二十六日壬寅　晨及午晴，下午陰。是日尚寒，而街巷間歊熱鬱蒸，午後黄霾，尤苦晦悶。江敬所來，以所刻文集及筆爲贈，還其筆。爲亞陶題雅集圖卷訖，即作書還之，得復。爲慧叔弟題唐六如山水小幅，即還之。傍晚答拜數客，詣弢夫談，晤子封、佩蔥，晚歸。

題唐子畏寒林獨立小景爲族弟慧叔四首

落木蕭蕭雁到遲，荒寒小筆最宜詩。江潭醮頷無人問，含墨幽窗寫楚辭。

一枕桃花塢裏春，空山琴思更無鄰。偶然自貌吴裝出，惆悵鬚眉六代人。

隴首秋雲幾度飛，山山容易又斜暉。東皋北渚經過外，擊木狂歌獨自歸。

兄弟天涯薄宦同，田園指點畫圖中。何時曳杖山陰道，風帽葦衫繪兩翁。

同年徐亞陶比部以道光乙巳冬所繪雨香室雅集圖卷屬題室在石門城東青陽庵亞陶婦弟蔡學博所築時集者六人嘉慶張叔未解元廷濟**年七十六最長亞陶年二十九今四十餘年矣庵及室久燬於兵而圖幸存爲題絶句五首**

人物湖山盡幻緣，化城回首入烽烟。畫中留得蒼官在，小劫滄桑五十年。

記看桃花到石門，青陽鐘梵定黄昏。十年重過無人識，烟水平橋略有村。余以己未春過石門，桃花甚盛，亂後無一存矣。

城北徐公少擅名，披圖指點似三生。不須趙逸談苻石，遼海歸來問佐卿。

眉壽風流不可追，叔未自號眉壽老人。竹聲琴韵夢中思。道光朝士今存幾，遑問楸花自宋時。寺有宋梓。

歷歷黄壚數舊游，婿鄉文物付東流。珠還一卷雲烟迹，猶得長生伴白頭。亞陶言蔡氏嗜風雅，故藏頗富，嘗刻歷代名人畫帖，經亂無一存者。此卷本藏庵中，兵火後得之鄉農家，今歸亞陶。

二十七日癸卯　晴。宗湘文觀察源瀚來，談甚久。湘文久官浙中，守明州，有惠政。胡伯榮來。同年黄修撰思永來。天津門生李天閑家駒來。下午詣介唐，賀生男。詣先賢祠，答同郡計偕諸子。詣邑館，答同邑諸子。詣莘伯、君表，晤君表。詣子培，談至夜歸。單荇洲饋仙居朮一小匣，㷆脯一肩，還其脯。伯榮饋茶葉、醃鴨。李生饋冬笋、甘蔗、青果、柑子各一合。王坦庵慶埏饋㷆脯兩肩，還其一。鄭鹿門饋黄菊兩小筥，㷆脯一肩，還其脯。樓孝廉藜燃饋㷆脯、茶葉，還其脯。夜半後肝气復發。婁秉衡饋漳州貢柚一枚，作書復謝。

二十八日甲辰　晴和。柳絲漸緑，山桃花開。作書致花農。天津門生胡孝廉濬來，以糕餅一匣、笋一包爲贄。吴澂夫來。得宗湘文書，饋杭茗二匣，彘脯四肩，《汪梅村集》一部，照搨漢華嶽碑拓本一册，及所刻《右文掌録》等書數册，作書復謝，還其彘脯，犒使六千。是日時苦肝气作痛，多卧。

閲汪梅村士鐸文集。共十二卷。又外集一卷。士鐸字□□，江寧人，道光庚子舉人。今年八十餘矣。其地理考據之學多稱於時，文亦修潔。集中如《後釋車》以戴東原《釋車》專釋經，今爲釋史，故曰後也。《釋帛》以任芝田《釋繒》徵引繁博而鮮端緒，爲董而理之，況以今制也。《穀釋名》以程易疇《九穀考》太繁富，其言亦未必皆可信，曾爲删定之，復作此正之也。此等頗皆便於省覽，而《釋穀》亦時不免參以臆説。它若《釋緣中衣》《釋帶》《三楚考》《三吴考》《九河既道解》《月之從星則以風雨解》《答曾孫爲庶曾祖母後問》《答妾爲其父母服問》《記聲詞》《方言補正注序》等作，皆足資采摭。其《釋嶓冢》《禹貢揚州疆域考》《三江説》《伯男説》多意必之談，《無後爲大解》《女子祔於王母説》《外孫主祭説》亦多駁雜語，《魏相論》等尤失是非之平。它文多立意不純，時涉偏譎，蓋矜气過甚也。志、傳拙於叙事，尤不足觀。其人尚存，而自題《汪梅村先生集》，雖託於門弟子編輯，然從無此體。

命僧喜答拜天津諸生。介唐來。是日圃中補種海棠一樹。

二十九日乙巳小盡　晨至午晴，下午陰。胡生濬來。同邑趙孝廉書田、陶孝廉聯琇來。弢夫來。下午詣楊莘伯，拜其四十生日，送糕、桃、燭、麵，酒兩罎，茶四瓶，反茶、酒。詣子培，亦賀其四十生日，不值，送禮皆璧。詣蓮花寺答拜宗湘文，不值。詣田杏村、祥伯喬梓，請杏村診脉定方，晚歸。夜服藥，復咯血。得陶仲彝江寧書，寄來書一箱，爲代購金陵局刻前、後《漢書》各一部，《史記札記》五卷，南匯張文虎撰。汲古本《文選》一部，《太平寰宇記》一部，金陵刻經處所刻《華嚴經》《楞嚴經》《維摩詰經》各一部。《寰宇記》以乾隆癸丑崇仁樂氏祠堂本爲王，前有校例十七則，考據詳慎，蓋亦出張嘯山之手。得趙桐孫是月十八日冀州試院書，桐孫時攝州篆也。皇上以昨日奉皇太后居南海。

邸鈔：吉林分巡道豐伸泰升山東鹽運使。

三月丙午朔　晨微晴，竟日多陰，時有微雨。同邑陳孝廉陔、沈孝廉百墉、何孝廉榮烈來。同郡蔣孝廉鴻藻、周孝廉光藻、金孝廉福昌來。馬叔良來。胡伯榮來。陶心雲來。是日以咯血不止，不敢出户，概謝客不見。周莪君孝廉來，附交家書一苞，内四弟婦兩書，王氏妹一書，嘯巖弟兩書，品芳弟一書，孝北姪兩書。四弟婦寄來燕窩一匣，新茗一簍，醬菽乳一瓿，楊梅浸燒酒一瓿，杭州菸絲四包，楊梅乾一合，壽禮番銀四圓；王氏妹寄來枇杷露一罏，燕窩一匣，魚乾一瓿；嘯巖寄來壽禮番銀一圓；孝北寄來兩圓。慧叔弟之子娶婦，饋以酒兩罏，燈燭六斤，爆鞭一千，饅頭一盤，狀元糕一盤，茶葉兩瓶。其婦家同年朱小唐學士亦來請酒，賀以錢八千。得宗湘文書，仍送鮝脯來，作復還之。

閲歐陽文公《圭齋集》。道光十四年其族裔廬陵歐陽杰等所刻也，即《四庫》所收成化六年刻十六卷本，國朝乾隆中瀏陽後人據成化本重刻之。是本又合成化、乾隆兩本，校以梓行者，上冠以《四庫提要》、像贊及舊刻諸序跋，而本傳惟取《元史類編》，不取《元史》，即其書可想。圭齋負元季文章重望，一時詔册、碑傳、大著作多出其手，而集久散佚，此所存僅十之一，爲賦一卷附頌一首，詩三卷，記二卷，序二卷，碑銘二卷，阡表、哀詞、傳一卷，各止一首。經疑、書義、策問一卷，詔、表、册文、銘、説等一卷，題跋一卷，贊、疏、簡、啓、祝文、祭文一卷，附録一卷。詩賦雖清雅，而淺弱易盡，文亦多落庸近，惟碑銘尚有气勢，而自張齊郡公、趙國忠靖公馬合馬沙、徐文正公、趙文敏公、虞雍公、貫酸齋、揭文安公數篇外，亦鮮有關文獻。然一代盛名，其文終可傳也。

中有喜門生中狀元詩序云：『泰定丁卯八月十二日，崇天門傳臚賜進士右榜第一人阿察赤，左榜第一人李黼，皆肄業國學日新齋，余西廳授業生也。是日京尹備鼓樂、旗幟、麾蓋甚都，導二狀元入學謝師，拜予明倫堂。榜眼劉思誠、探花郎徐容嘗因同年黃晉卿、彭幼元從予游，亦拜其側。其餘進士以門生禮來拜謝，圜橋門而觀者萬計，都人以爲盛事，昔未有也。同寅舉酒相屬，偶成四絶，以紀其事。』云：『昔被仁皇雨露恩，三朝五度策臨軒。小臣報國無它技，館下新添兩狀元。』『禁院層層桃李開，天街繡轂轉晴雷。銀袍飛蓋人争看，兩兩龍頭入學來。』『淡墨題名十二年，一官獨自擁寒氈。居然國子先生館，三五魁躔拜座前。』『都人舉手賀昇平，不羨黄金遺子籯。進士從今成典故，唱名纔罷拜先生。』案：圭齋時爲國子博士，據此則元時尚無新進士釋褐國學、謁拜祭酒之制，而榜眼、探花已爲第二、三人一定之稱。《明史·選舉志》謂一甲三人曰狀元、榜眼、探花之名，制所定也。蓋其稱始於南宋時，而第三人亦可稱榜眼，第二、三人亦通稱狀元，猶無一定；至元代遂爲定名，明代竟成定制矣。新進士文廟釋謁始於宋，其拜祭酒則定於明初，見《明史·職官志》『國子監祭酒』下，國朝因之。然無論曾入國學與否，鼎甲三人拜於堂上，餘皆拜於堂下。其曾肄業成均者，復升堂三拜。而止拜祭酒、司業，不聞拜六堂助教以下，祭酒、司業又坐受狀元等之拜。竊以爲非曾在國學者，不應拜祭酒、司業，祭酒、司業亦不應坐受其拜，其嘗肄業者自祭酒以至學正皆應拜，今沿習流失，皆非禮也。近世詣國學釋褐者，惟一甲三人，餘皆不往矣。圭齋所言，猶有師弟古意。其狀元由京兆給旗幟、麾蓋，即起於此時，此足補史志所未及。圭齋爲仁宗延祐首科乙卯榜進士，故有『淡墨題名十二年』之句。

集中又有《天曆庚午會試院中馬伯庸尚書楊廷鎮司業及玄皆乙卯榜進士偶成絶句》云：『省垣東畔至公堂，十五年前戰藝場。飽食大官無補報，兩科來此校文章。』『御史承差鎖院門，侍臣傳詔出天閣。試官被命聯鑣至，同榜三人出謝恩。』是圭齋於泰定丁卯亦與主文，皆本傳所未詳。集中又有《試院倡和》詩云：『至正群興郡國賢，威儀重見甲寅前。杏園花發當三月，桂花香銷又七年。』案：順帝以至元元年乙亥十一月詔罷科舉，六年庚辰十二月詔復之，次年辛巳改元至正，故有『香銷七年』之句。元代開科始於延祐乙卯，故云『重見甲寅前』，以甲寅爲仁宗改元延祐之年，先一年十一月下詔行科舉，與此正同也。是圭齋於至正二年壬午復爲主文，蓋三爲主文可考矣。而至公堂之名，亦始於元代。此皆考科名掌故者所必資焉。

晚雨漸密，夜一更時止，三更後風。

初二日丁未　晨晴，有風，午前後微陰，風止，復暖，下午晴。上午詣慧叔弟家看新房，送覿儀二金，張姬送覿儀番銀兩圓。午後偕濮紫泉、江編修澍昀、汪主事鴻基、沈主事維誠等至朱宅迎新人。晤小唐同年及其弟署正瑜，留飲，旋歸寓小憩。復至慧叔家看花燭，爲之祝壽，晡後歸。黄漱蘭通政來。心雲來。莘伯來。陳蓉曙、沈伯祥兩庶常來。同邑柳孝廉元俊、秦孝廉德埏、韓孝廉開濟來。陳梅坡孝廉來。何孝廉榮烈饋黄菊兩小瓶，彘脯二肩，還其脯。韓達夫饋越中醃脯、茶葉四小瓶。秦芝孫饋彘脯二肩，茶葉四瓶，還其脯。陳梅坡饋臘醃野凫一雙，彘脯一肩，還其脯。得陳孝陔書，饋椰杯十枚，隋〈寧〉贊碑拓本兩通，羊豪四枝，化州橘紅六片，作書復謝，犒使六千。

邸鈔：翰林院侍講學士志鋭轉侍讀學士，左春坊左庶子溥良升侍講學士。

初三日戊申　晨陰，上午溦雨，下午稍密，傍晚漸霽。陳孝廉彬華來。黄孝廉維瀚來。作書致宗湘文，并柬約後日夜飲，得復。又作柬約賀幼甫飲。王子獻來，饋燕窩一合，貴壽香屑兩小瓶，彘脯兩肩，黄菊兩盉，茶葉兩瓶，笋尖兩匣，犒使六千。漱蘭通政詒林教授春溥《竹柏山房叢書》一部，漆竹鏤銅絲朝珠合一枚，衢州朱橘一盤，龍井茗四瓶，福建米麯十六匣，酸棗糕一匣，作書復謝，犒使八千。陸一諤孝廉壽民來。得沈曉湖龍泉書。同邑沈蒲洲孝廉鏡蓉來。得鍾昚齋書。孫孝廉模、朱孝廉戴清來。周蕺君來。黄孝廉紹第來，卣香比部令嗣，漱蘭通政之兄子也。得品芳弟書，言木客山高祖塋地事。吾家子弟作事侜張，深可憂念。介唐、秉衡皆今日生日，饋介唐壽桃、壽麵、豚肉，饋秉衡酒一罎及桃、麵、燭。晡後詣介唐拜壽，不值。作書致秉衡，再饋以醩魚一器，得復。陶秀充孝廉饋藕粉四小合，彘脯兩肩，還其脯。閲吴山夫《金石存》。山陽李芝齡尚書刻本，共十五卷，分篆存五、隸存十。吴氏好博而未精，其所收藏亦鮮善本，李氏訂正之功爲多。答詣龐絅堂、黄漱丈、袁爽秋，俱不值，晚歸。

邸鈔：禮部郎中康敉授山東泰安府知府。□□□□□吴鳳柱授湖南綏靖鎮總兵。

初四日己酉　晴暖。是日寒食，家人俱詣崇效寺祭亡室殯宫，焚楮泉。上午詣弢夫小坐。詣先賢祠答拜王子獻、陳蓉曙、沈伯祥、吴瀓夫、陳梅坡，俱晤談。詣江敬所，詒以醃肉一方，黄菊一筥，神麯四匣。答詣柳孝廉元俊、黄同年思永，俱不值，午歸。得賀幼甫書，辭飲。作書致仲弢。得心雲書，饋酒兩罎，彘脯兩肩，鰒魚片一包，蘭花菌一包，笋尖、乾菜一簍，春茶兩瓶，黄菊兩瓶，粤東梅鶴香兩盒，化州橘紅兩片，作書復謝，還其彘脯、鰒魚，犒使七千。又附來王子清太守廷訓所寄燕窩兩匣，彘脯四肩。得花農書，饋桐城秋石一方，即復謝。陳蓉曙饋酒四罎，彘脯兩肩，茶葉兩瓶，還其酒，犒使四千。沈蒲洲饋彘脯及茗四小瓶，孫孝廉模饋彘脯及茗兩瓶，皆還其脯。下午詣邑館，晤心雲、沈蒲洲、胡伯榮、陶秀充、朱文川秉成、韓達夫、周蕺君，晚歸。子培來。弢夫來。

初五日庚戌　晴，有風，下午陰。亥初三刻十三分清明節。晨懸三代神位圖。剃頭。祀曾祖考妣、祖考妣、本生祖考妣、先考妣，肉肴六豆、菜肴六豆，特鳬一，果羹一，杏酪一巡，時果四盤，饅頭一大盤，酒三巡，飯再巡，茗飲一巡，祔以諸弟，晡後畢事，焚楮泉六挂。介唐來。酈甥昌祁來。言孝廉寶書來。沈伯祥饋仙居朮兩匣，甌紬被裁一事，羗脯一肩，酒一罈，還其朮、脯。酈祝卿饋羗脯一肩，杭州菸絲兩苞，魚乾一尾，筍尖一簍，還其脯。夜邀瀓夫、子獻、心雲、伯循、陳孝蘭、陶秀充、陳梅坡、胡伯榮飲齋中，酒闌時宗湘文來談，至三更始散。

初六日辛亥　晴。是日上親耕耤田。弢夫來。天津門生華庶常學瀾來。杭州遺缺知府鶴君鶴山來。下午詣介唐、書玉，俱久談，傍晚歸。介唐邀同書玉、敦夫、資泉夜飲宜勝居，二更時歸。得王子清滬上書。方右民布政送來越祠團拜費松江銀二十兩，別敬二十兩，犒使六千。

邸鈔：命禮部尚書李鴻藻爲會試正考官，工部尚書宗室崑岡、潘祖蔭，禮部右侍郎廖壽恒爲副考官。同考官編修朱光黻、熙麟等十八人，內九人皆去年順天同考也，此自來所無者。杭人黃松泉、張子虞皆再入中書。周雲章與熙麟等皆是也。兵部員外郎曾樹椿亦丙戌同考。江蘇候補道黃祖絡授常鎮通兵備道。刑部郎中阿克敦授廣東南韶連兵備道。

初七日壬子　晴和。得宗湘文書，以所藏禊帖見示。前有金壽門題籤曰『定武蘭亭未損本，雍正九年人日杭郡司農記』。末有楊大瓢、王篛林、鄭板橋諸家印。帖中『亦可』二字塗處有『某叡』二字陰文印；二十七、二十八行間有『賈似道印』四字朱文印，蓋不可信；十四、十五行間有『騫异僧』三字，在『自足不』三字之旁，此它本所罕見。據桑世昌《蘭亭考》，謂騫者，梁句章令滿騫；异者，朱异；僧者，梁中書舍人徐僧權。黃伯思《東觀餘論》謂梁御府中法書接紙處皆於旁著名，謂之押縫。姜白石所見吳傅朋家古石本『僧』字上又有『察』字，謂即姚察。王篛林《竹雲題跋》謂海寧陳氏藏本中間合縫處

『僧』字上有『騫异』兩字，定爲隋開皇本，自唐以後摹本傳刻者或止有『僧』字，不察者遂謂右軍於『不知老之將至』句上旁注一『曾』字而偶誤作『僧』，可笑甚矣。此本紙堅墨黝，精采煥發，第一行末『會』字亦全，自爲難得。湘文自系跋十五則，定爲唐摹宋拓本，謂非定武本而實在定武之上，其詞甚辯。是日倦甚多卧。夜洗足。付先賢祠床几等銀六十四兩八錢，糊房銀十三兩七錢。

邸鈔：以太常寺卿徐致祥爲宗人府府丞。右中允秦澍春轉左中允，原任右中允陳秉和補原官。

初八日癸丑　晴和，上午有風。柳絲緑長，櫖桃花落，杏花、丁香俱有開意。竟日補寫日記，暇多循行花竹。夜有風。閱歐陽《圭齋集》。

初九日甲寅　晴暖，可御棉。寫柬約鶴太守越祠公飲，復辭。祀屋之故主。聞賀幼甫以初五日暴疾殁於興勝寺，可駭之甚。其先一日辭余招飲，猶手書精謹，詞意周至，且言是日須移寓内城，故不得晚出。忽以徂謝，覿面山河，老景浮生，深堪自懼。晡詣子尊家問其疾。詣劉建伯唁其喪耦。詣爽秋，晤談。詣漱丈、仲弢喬梓，詣花農，俱不值。詣子培、子封，談至夜歸。陳蓉曙來。子承、子封來，留共寓齋剪燈小飲，初更後偕飲秋蔆家，招霞芬，三更後歸。

初十日乙卯　晴暖，下午有風。寫《維摩詰經》《楞嚴經》《華嚴經》籤題。介唐來。新授廣東廉州府劉君齊溽來。修理書架，移置經籍。曬衣裘。閱《明史・禮志》。

邸鈔：會試四書題。『子曰行夏之時』至『樂則韶舞』，『取人以身修身以道』，『曰子不通功易事』至『皆得食於子』，『賦得馬飲春泉踏淺沙得沙字』。

十一日丙辰　晴暖。杏花開，紫丁香半放。閱《明史・禮志》《選舉志》。花農來。夜風，一更後益横，二更後雨，三更後密雨，仍有風。課僕芟竹澆花。

十二日丁巳　晨小雨，上午陰，傍午晴，午後晴陰相間，下午風。有大興人胡進士薇元來見，先以書及所著古文兩册爲贄，言本山陰之張溇人，從其父官蜀中，後入京兆籍，丙子、丁丑聯捷進士，爲廣西知縣，丁母憂還蜀，今入都謁選。其文已刻，曰《玉津閣文略》，分類編之，共四十首，自謂以惜抱、大雲爲法。雖根柢太淺，辭气未老，亦有志之士矣。宗湘文來。得張朗齋尚書書，以余去年六十，寄絳綢金字幛一軸、楷木鏤花如意一柄爲壽，作書復謝，犒使十四千。

十三日戊午　晴。杏花、迎春俱盛開。得額裕如書并課卷。得花農書，即作復。作致額裕如書，并是月課題兩紙。爽秋來。下午風日清爽，體中小佳，讀畫自遣，跋明人錢禹功等山水小幅。

夜閱《感舊集》。此實漁洋隨時命人抄撮未成之本，故編次雜糅，所選亦不一律。德州盧氏編刻時，頗以己意更定，每人下多附補遺，亦純疵不一，然人爲補傳，頗費搜羅，采輯之功良不可没。順治、康熙兩朝詩人亦大略具矣。

會試五經題。『交也者效此者也象也者像此者也』，『帝曰咨汝二十有二人』，『眉壽保魯居嘗與許』，『春齊高偃帥師納北燕伯于陽（昭公十二年）』，『是月也命野虞毋伐桑柘』至『具曲植籧筐』。

邸鈔：前任禮部尚書畢道遠卒。詔旨褒惜，照尚書例賜恤，伊子工部郎中畢念承俟服闋後以本部郎中即補。前任杭州將軍古尼音布卒，詔照將軍例賜恤。

十四日己未　晴暖，下午微陰。慧叔弟婦率其新婦朱來謁見，姬人等以首飾三事詒之。下午詣先賢祠視牲及祭具。詣湖廣館吊賀幼甫，送藍呢輓障一軸，文曰『柏慘黔臺』，晡歸。作書致介唐，得復。夜書先賢祠祝版文。是日撰許筠庵師六十壽序訖，即作書致花農，得復。是日加辰，上詣慈寧宮，加上慈禧端佑康頤昭豫莊誠壽恭皇太后徽號曰欽獻。

十五日庚申　晴和。上午詣先賢祠，用少牢釋菜，午刻行禮，到者鍾六英太僕等十八人，余爲亞獻，又遍行禮於靈汜分祠、唐觀音殿，未刻飲胙。晡歸，付少牢銀九兩一錢二分，廚饌銀十一兩，酒銀一兩，香燭等銀二兩，廚賞十二千，長班等雜賞十七千。分胙於諸家及館人。李若農學士來。黄仲弢來。是日加辰上，詣慈寧宮，進皇太后徽號册寶。比夕月甚佳。

十六日辛酉　晴暖。紫丁香、榆葉梅俱華，杏花漸落。晡陰。得花農書，爲筠庵師壽屏稱謂事。余本題曰『少宰許筠庵夫子六十壽序』，文中皆稱先生，末繫以門下士某謹撰，悉去『大人』『頓首』等字。花農意欲從俗，上冠以誥授光禄大夫，其書撰人亦系以賜進士出身及階官，此於文章義法固無傷也，即復。李生家駒來。晡後詣林贇虞侍御，慰問良久。晤同年傅工部嘉年。詣若農師，不晤。至邑館問心雲，尚在闈中，未出也，即歸。是日加寅，皇上御太和殿受賀，頒恩詔。夜雨，有風。

邸鈔：上諭：御前大臣奏查參工部堂司各官，工部奏查明檢舉各一摺。本月十四日，慈寧門外應行支搭黄幄金殿，該部理宜妥爲豫備，何以届時竟未備齊？實屬不成事體。承辦司員著查取職名，交部議處，該部堂官一併議處。

十七日壬戌　晴暖，午後風。上午詣才盛館吊林侍御，送奠儀六金，晤黄慎之、王可莊兩修撰，午飯於賓次。出詣邑館，訪介夫、心雲，皆不值，遂歸。王子獻來。晡詣弢夫、鹿門、佩蔥，皆晤談。詣先賢祠，晤子獻、澂夫、梅坡，晚歸。是日望。夜作書致心雲，得復。始食黄花魚。

十八日癸亥　晴暖。諸暨陳式庵同年模來。陳孝廉偉來。臨海朱孝廉謙來。同邑楊孝廉越來。天津門生胡孝廉濬來。弢夫來。午詣子培、子封談。詣邑館，答拜同鄉十餘人，晤心雲、秉衡、陸蓮史、陸一諤、韓達軒、胡伯棨、周蕺君。下午歸家，飯畢復出答客，晤宗湘文、曾君表，晚歸。得子獻書。

邸鈔：以江寧鹽巡道田國俊爲貴州按察使。

十九日甲子　晴暖，有風。梨花開。

閲鄒潤安《本經疏證》十二卷，《本經續疏》六卷，《本經序疏要》八卷。潤安名澍，武進人。前有歙人洪上庠敘、武進周儀顥所撰傳及自序。其書因潛江劉氏《本草述》而作，以《本草經》爲主，《別録》爲輔，而取《傷寒論》《金匱要略》《千金方》《外臺祕要》諸書以及經史、五《雅》、《説文》、《圖經》參稽互證爲之疏證，所采博而辨析精細，於醫學深爲有功，惟筆舌糾繚，多病詞費，其自序譏劉氏之冗蔓萎茶，而所作冗茶亦不能免。此徐洄谿、吴鞠通所以獨出流輩也。《本經序疏要》以陶貞白爲主，而取徐之才《藥對》，以下依類附之，尤便於檢尋。其書成於道光中。據周傳言，所著尚有《醫經書目》八卷，《醫書敘録》一卷，惜未之見耳。

姬人等詣介唐夫人家作湯餅，詒以紅緑洋縐一丈二尺，紅呢一丈，玉頸瓔一，銀頸貝一串，塗金鈴飾等九事，佩鏡等四事，糕桃等四事，禺人戲一晝夜。天津羅生清源饋海參、蝦米、薏米各一包，復書還之。天津門生陳孝廉澤霖來。周蕺君來。心雲來。新昌陳孝廉諨來，竹川同年之弟也。竹川於辛酉、乙丑補行。庚午兩中副榜，乙酉始以榜末發解，丙戌罰停會試一科，年已五十餘矣，去年病卒，竟不得一與禮闈也。得傳慶咸澠池書。得額玉如津門書并課卷。爲津門胡、李兩生評試藝。留心雲齋頭小飲，子培亦來，同作夜談，二更後始去，月皎如晝。是日中庭紫丁香一樹作花正穠，忽被風吹折，狼藉滿地，自率童僕用土封裹，仍支柱之。

邸鈔：以詹事府少詹事鳳鳴爲詹事。

二十日乙丑　上午晴陰相間，有風，下午大風黄霾。楊寧齋孝廉越來，得平景蓀觀察去臘十五日里中書，并以朱提四金爲余壽。四千里外，三十年前故交，尚能記録生辰，遠將饋問，深可感也。寧齋言比年爲景蓀編録所著書，其《四部考》皆考證古義，訂補經籍，凡百餘種，高至數尺許，而目録尚未肯出。近刻《葛園叢書》十餘種及《樵隱昔嚶》，皆經籍書後之文，凡二百餘首；又《國朝文藪題辭》六百餘首，皆論國朝人文集，目録至三十家。得宗湘文書，以所藏趙千里山水長卷屬題。爲湘文跋禊帖數行，即作復還之。得雷瓊朱亮生觀察手書，并饋歲銀十六兩，書中言瓊黎剿撫事甚悉也。

閲《吴淵潁先生集》，凡賦一卷，詩三卷，文八卷，共十二卷，又附録一卷。宋濳谿所編目録後有淵潁子金華縣儒學教諭謂識語，後有一行云『金華後學宋璲謄寫』。濳谿自稱門人，璲爲濳谿次子而祗稱後學，此可爲法者也。

田杏村來。下午詣介唐家赴湯餅筵，夜二更歸。爽秋來。花農來。余壽平來。同郡俞孝廉壎、吕孝廉桂芬、吕孝廉錫時、丁孝廉謙來。復子獻書。

邸鈔：湖南巡撫王文韶奏國子監祭酒王先謙懇請因病開缺，據情代奏。詔：王先謙准其開缺。詔：前翰林院侍讀陸潤庠著仍在南書房行走。

二十一日丙寅　卯初二刻五分穀雨，三月中。晴，上午有風。

書賈以澹生堂鈔本《鄭師山文集》四册來售，索價至二十金。師山名玉，字子美，歙人，至正十四年除翰林待制，不起；十七年明兵入徽州，執至郡不屈死。事迹詳《元史·忠義傳》。此本詩文集八卷，遺文五卷，附録當時酬贈詩文及後人題詠等一卷，前有至正丁亥程文序及至正庚寅玉自撰《餘力稿序》。每卷首有『澹生堂圖籍記』朱文印、『曠翁手識』白文印、『子孫世珍』朱文印、『山陰祁氏藏書之章』白文印，又有『禦兒吕氏講習堂經籍圖書』朱文印。蓋祁氏因亂移書藏雲門山寺，後被賣出，半歸石門呂留良，此其一也。師山力守朱子之學，大節凜然，其隱居山中，潛心《春秋》之學，著《春秋經傳闕疑》三十卷，至今學者傳之。嘗往來富春，偶憩一巖石，臨江可釣，唐兀忠宣公余闕爲篆書『鄭公釣臺』四字，二忠相契，尤爲佳話。

其文亦簡老，無槎枒冗沓之病，惟議論多近迂闊，不深切於事理。如《唐太宗論》謂隋煬之暴，太宗弔民伐罪，才足濟事，而高祖庸人，不足有爲，太宗當徑起兵，不必以告高祖，則天下可自取，名正言順，前不致有劫父之嫌，後不致有殺兄之事，亦不必仍立代王，蹈前代篡禪故迹。不知高祖爲太原留守，世爵唐公，太宗不過一貴胄少年，手無一兵，豈能憑空起事？高祖久於軍旅，遵養時晦，沉幾觀變，其初拒太宗起兵之請，且欲執送長安，皆老成持重，欲以覘人心之向背，非真碌碌者。古帝王起事必有所資，漢高之因義帝、項梁，明祖之因韓林兒、郭子興，皆非以匹夫崛興也。《張華論》謂當賈后殺楊駿，幽太后時，華爲重臣，朝野屬望，即當廢黜賈氏，申大義於天下，乃附會時局，苟幸未至大亂，卒致太后被弒，愍懷受禍，身亦族滅，爲不知經權之義。然楊駿之誅，方以反名，賈后凶焰正熾，華雖三公，不過一文臣，無兵權之寄，豈能遽行廢后之事？此皆不免過當。《狄仁傑論》極稱其爲社稷臣，而惜其不早圖反正，謂尚惑於當時習俗，以武后爲真主，不知其爲唐之罪人，所謂明其爲賊，敵乃可服，亦好爲高論，宋儒責人無己之故智也。

海寧蔣孝廉廷黻來，執贄稱弟子，送贄儀四金，固辭之不得。蔣爲生沐明經光煦幼子，丙子舉人。同郡王孝廉恩元來。同邑朱孝廉秉成、許孝廉在衡來。游生三立來辭行。新授陝西榆林府施子謙典章來。同年聶楫臣濟時來。下午詣王可莊、旭莊兄弟談，又答客數家而歸。爲陳生澤霖評試藝，即作書還之，并饋以食物。

邸鈔：吏部右侍郎景善奏假期已滿，病尚未痊，懇請開缺。詔：景善准其開缺。

二十二日丁卯　晨及上午晴，午有風，下午陰霾，晚雷，有雨。欒枝花、白丁香俱盛開，海棠試花，梨花、迎春漸落。漱蘭通政來。弢夫來。黄同年維瀚、葉同年秉鈞來。瞿子九學士來。新昌梁孝廉國元來。介唐來。下午詣粤東新館拜許筠庵少宰師六十壽，嗣君少筠固留觀劇，子培、花農、吴佩蔥皆在。夜觀吴伶周雙麐演仕女，三齣皆佳，三更始歸。得花農書，約後日飲其寓齋賞花，即復。

二十三日戊辰　晴，微陰，有風。沈步驧孝廉送來孟益甫所寄緋緞金字壽障一軸，覣脯四肩，爲余六十壽，犒使六千。同邑宋孝廉壽崑來。俞孝廉慶恒來。陳榮伯、田祥伯兩孝廉來。胡伯榮來。同年吴孝廉兆鑅來。同郡孫孝廉廷翰來。新授湖南臬使薛君福成來。下午詣劉建伯、樾仲家吊，送奠儀四金。晤子培、絅堂，又答客十餘家。晤胡進士薇元，以所儲小李將軍畫扇屬題。樓閣百餘間，宫女、阿監數十人，細如針黍，而人物生動，工麗眩目，真奇作也。爲孫北海故物，後歸湯西崖，有王良常題字。晚歸。得王子獻書。

邸鈔：以户部右侍郎宗室敬信調補吏部右侍郎；以禮部左侍郎續昌調補户部右侍郎，兼管錢法堂事務；以禮部右侍郎文興轉補左侍郎；以内閣學士寶昌爲禮部右侍郎。上諭：閻敬銘奏懇請准回籍調理一摺。閻敬銘准其回籍，並加恩賞給馳驛。該大學士辦事認真，深資依畀，一俟病痊，即行來京陛見。

二十四日己巳　晴。閲趙文敏《松雪齋全集》。凡賦一、詩四、文五，共爲十卷，後附樂府。外集一卷，續集一卷，前有戴表元序及《元史》本傳、至順三年謚議及詔旨、楊載所作行狀，國朝康熙癸巳上海曹培廉刻本。其集十卷，是文敏子仲穆所編；外集，至元間花谿沈氏所編；續集，則曹氏所輯墨蹟、石刻諸詩及題跋也。

徐亞陶來。午後答客數家，即赴花農看花之飲。海棠兩樹開已爛漫，其一樹差小，尚半開，丁香、鸞枝争香競艷，徙倚籬落間，殊有山澤閑儀。坐客爲亞陶、子培、子封、弢夫、佩蔥、心雲，談笑甚歡，夜一更後始歸。是日見花農客次懸吴穀人楹帖云：『康成階下多芳草；董子篇中有玉杯。』前日見可莊客次懸王西莊楹帖云：『詩如孟六文歐九；友是墻(冬)〔東〕屋瀼西。』款系琢齋，不知何人。又許印林一聯云：『□□□□□□□；□□□□□□□。』皆可愛也。曾君表來。鄺甥昌祁來。單生春洤、單生崇恩來。始食香椿牙，此物風味甚佳，而易於發風動气，故鮮食之。陸蓮史庶常來請賦題。

邸鈔：詔：此次會試浙江取中二十四名。浙江入試者四百八十人。

二十五日庚午　晴，有風。上午詣邑館春祭，余爲終獻，午歸。歸安錢學嘉恂來，以所撰《中外交涉類要表》《光緒通商綜覈表》見贈，前有譚仲修序。其書旁行斜上，爲《交涉類要表》四、《通商綜覈表》十六，權出入盈虚之數，一覽瞭然，經國者宜時置坐間，可以觸目警心也。每表有一序文，亦簡嚴有法。王子獻來。庚午同年許德裕來。王旭莊來。東鄰詹禮部夫人饋榆錢一筐，作糕食之。爲子獻之弟繼業及令嗣祖杰入學試草作評跋一通。咸豐丁巳子獻之兄根仙與其叔竹泉同入學，年皆十四五，傳有《竹林試草》。今繼業年二十，祖杰年十七，復同游泮，故曰《小竹林試草》，屬余敘其事。是日衢巷歊熱。夜大風，震撼徹旦，庭花落盡。作書致陸蓮史，爲儗賦題。

二十六日辛未　晴，竟日風。欒枝、丁香花落。介唐來。單荇洲來，言明日戊子浙榜團拜，請觀劇，王解元會澧亦具柬來請，皆辭之。庚午同年沈瑜寶來。金忠甫來。王可莊來。傍晚詣宜勝居，邀弢夫、鄭鹿門、韓達軒、沈蒲洲、王建新、鄺祝卿及諸暨樓孝廉藜然飲，至夜二鼓歸。付酒保賞五千，客車飯六千。是日换戴凉帽。閲仇仁父遠《金淵集》，武英殿聚珍本。山村書畫名家，詩實非其所長，而气格頗蒼老，不墮江湖惡派，故雖槎牙率易，終近雅音。是集輯自《永樂大典》，得蒙高宗御題之什，比之蘇、陸，可謂厚幸矣。付□文齋書鋪《陔餘叢考》銀三兩。

邸鈔：吏科掌印給事中馮應壽選江南鹽巡道。

二十七日壬申　晴，風，下午尤甚。余壽平來，爲之評試藝。得弢夫書。下午答客數家，於心雲處見曾鯨所繪王文成公像，廣顙秀眉，穆如清風，令人肅然仰止。晚歸。俞同年炳輝來。是日所畜一犬死，大耳卑脚，都人所謂叭兒狗也。卑脚犬見唐人《三水小牘》，叭兒狗見宋人《續資治通鑑長編》。黑色甚馴，每余咯出淡涕，皆食之。忽病四五日，療之不效，爲埋之南下窪。

邸鈔：寧夏副都統常星阿卒。詔：常星阿於咸豐年間帶兵剿賊，轉戰直隸、河南、陝西、湖北、江西、安徽等省，在營二十餘年，迭受重傷，戰功卓著。兹聞溘逝，軫惜殊深。加恩照副都統例賜恤，賞銀一千兩，由甘肅藩庫給發。

二十八日癸酉　晴。沈松亭柬飲惠豐堂，辭之。作書致弢夫，借以《晉書》一帙。作書致金忠甫，得復。庚午同年褚孝廉仁來。閲《陔餘叢考》。此書少時最所喜，今日對之，如夢境矣。其中多有失之眉睫者，蓋全出最録之功，往往務得貪多，致不相照覆耳。汪署正樹廷病歿，其兄樹堂爲之開吊，送奠分四千。二汪故左都汪文端子也，其妹爲孫毓汶尚書繼室，故樹廷依之。今年二月間，孫氏家鬼病大作，汪夫人及一女、一婦、兩孫旬日間暴亡，署正及兩僕皆死，此求繫援之禍矣。命長班買羊角六尺，圓燈兩對，瑠璃檐燈三對，懸之先賢祠享堂，付銀十九兩六錢。是日收紹興外官先賢祠捐款自去年十二月至今二月共銀六十八兩。

邸鈔：上諭：署正白旗滿洲副都統明秀奏印信被竊，請將參領議處，並自請議處一摺。據稱本月二十三日夜間被賊盜去都統印信，該旗都統伯彥訥謨祜、副都統容貴均在頤和園當差，是以先由該署副都統奏參等語。旗署重地，竟至印信被竊，殊堪詫異。印務參領承齡先行交部議處；其如何被竊情形及該參領有無蒙混情事，著伯彥訥謨祜、容貴迅即查明，據實具奏。次日伯彥訥謨祜等奏實係二十三日夜間被竊。詔步軍統領衙門、順天府、五城嚴拏賊犯，該旗世管佐領德容等交刑部審訊，伯彥訥謨祜等均交部議處。以大理寺卿沈源深爲都察院左副都御史。左春坊右庶子王文錦轉左庶子，翰林院侍讀潘衍桐升右庶子。

二十九日甲戌　晨晴，上午微陰，有風，下午風霾。得爽秋書，饋子陵魚一器，作書復謝，報以津門醴魚一盤。庚午同年沙孝廉中金來。剃頭。有貴州新科舉人謝乃元來見，并投行卷，言本會稽人，隨其父游幕黔中，遂籍貴筑。其行卷全刻經策，多用古字，且有鐘鼎籀別之文，蓋少年有才而未知門徑者，籤題亦作篆文。弢夫來。再得爽秋書。午後答詣薛叔耘廉使，不值。至先賢祠答客數人而歸。沈蒲洲、酈祝卿來。金忠甫來。夜陰晦，一更後大風橫甚，有發屋拔木之勢，終夕震盪。

三十日乙亥　薄晴間陰，竟日有風。紫藤始華，柳絮將吐。王子獻來。子培來。陸蓮史來。得忠甫書，皆爲庚午浙榜同年團拜事，即復。吴澂夫、陳梅坡來。陸鳳石侍讀來，以所刻《佩文詩韻釋要》及《山左校士録》見詒。曾君表來。夜陰，五更有雨。

四月丙子朔　晴。傅子蓴來。上午答拜客一二家，即詣才盛館赴楊定旉、吴佩蔥之飲，與黄漱翁、子培同席。是日壬午、乙酉兩科浙人團拜，陳孝蘭及酈甥亦各具柬相邀，觀劇數齣，日將入而歸。梁進士葆仁來。陳蓉曙來。書玉來。得吴澂夫書并闈中首藝，即復。

初二日丁丑　晴。得子獻書，以所藏歙龍尾硯屬爲題識，硯背有梁山舟題字，匣蓋有翁覃谿八分書，即復。得陳梅坡書，皆爲子培兄弟明日借先賢祠開壽燕之筵，有歌樓之東房六間，向爲仕女退息處，近日訃偕諸君寓此，須暫徙避也。敦夫來。介唐來。上午詣餘慶堂，偕敦夫、介唐、子蓴、秉衡、伯循、介夫爲山，會兩邑公車接場設宴，到者三十餘人，共坐四席，尚餘一席，以詒新科諸君。晡後歸。楊孝廉家駼、家驥來，饋羗脯一肩，黑驢皮膏一匣，海子魚兩合，茶葉兩瓶，受羗脯，子魚。額運使送來三書院夏季脩金，即復，犒使二金，飯錢四千。得桑叔雅書，爲鄉人董姓借先賢祠爲壽筵，即復。得曾君表書，爲其長郎乞書紈扇，即復。書子培太夫人開八壽聯，文曰：『湛節鍾儀，辯通仁智；唐苗宋晏，富貴吉祥。』又爲吴瀓夫書五言楹帖，爲蔣稚鶴書七言楹帖及『卍學庵』三字齋額。作書致子承、子培、子封兄弟，送祝儀十二金及楹帖巨燭爲壽，得子承復。再得叔雅書，定期初七日，即復。晚詣先賢祠，偕子獻、瀓夫夜談，一更後歸。得子培書，即復。夜陰，有風。

邸鈔：烏里雅蘇臺將軍杜嘎爾卒。詔：杜嘎爾老成謹慎，前在軍營帶兵剿賊，轉戰江、皖、陝、甘等省，歷著戰功。自簡任將軍後，整頓營伍，克稱厥職。兹聞溘逝，軫惜殊深。加恩照將軍例賜恤，賞銀一千兩治喪，由黑龍江將軍衙門給發。伊子呼倫貝爾副總管烏爾圖那遜俟百日孝滿後由該旗帶領引見，次子扎木色林扎布俟及歲時由該旗帶領引見，用示眷念藎臣至意。

初三日戊寅　晨微陰，上午陰晴相間，午後晴。周夢飛孝廉來，同邑應孝廉大坤來，皆爲董氏借祠樓演戲也。上午詣先賢祠拜沈太夫人壽，旋偕弢夫、爽秋、子獻、介唐及僧喜坐典録堂啜茗。畢，詣先賢神坐前及靈氾分祠、觀音堂拈香行禮。亞陶及莆田林某比部、嘉興錢子密太僕來觀禮。午日滿窗，暢談甚樂。下午子培爲之設飲。晡後子承邀觀劇，偕敦夫、書玉、介唐、弢夫共坐至夜，演劇彌佳，遂至樂關。三更後雨作，四更後密雨，五更後冒雨歸，凉甚。得君表書。付先賢祠香燭錢十二千。

邸鈔：都察院左副都御史薛福辰奏病難速痊，懇請開缺。詔：薛福辰加恩賞假一月，毋庸開缺。新簡出使英國大臣、江蘇按察使陳欽銘奏病難速痊，懇請開缺。詔：陳欽銘准其開缺。詹事府右庶子恩景轉補左庶子，翰林院侍讀長麟升右庶子。河南候補道朱壽鏞補授南汝光兵備道。

初四日己卯　竟日小雨時作，濕陰，甚凉，下午微晴，藤花盛開，傍晚又雨。倦甚小極，時時困卧。作書致君表，致莘伯。湖州許孝廉延祺來，庚午副榜也。得忠甫書。

邸鈔：以齊齊哈爾副都統托克湍爲烏里雅蘇臺將軍。以太僕寺少卿錢應溥爲太常寺卿。以鴻臚寺卿良培爲通政司副使。以翰林院侍讀學士志鋭爲詹事府少詹事。以直隸分巡清河道劉樹堂爲江蘇按察使。詔：撥本年輪船起運南漕十萬石，迅往山東，振給被灾地方

初五日庚辰　晨有小雨，上午微陰，霎𩆷，傍午漸晴，下午晴陰相間。剃頭。上午詣陶然亭，偕庚午同榜十六人團拜公宴若農師，每人醵銀二兩，晡後歸。晚詣霞芬家赴君表之飲，坐有弢夫、絅堂、劬庵、莘伯、李玉舟、檀斗生、陳夢陶名侃，夜四更始歸。作書致敦夫。田杏村邀飲聚寶堂，辭之。是日召西洋照景人來，於東圃竹下扶杖，僧喜旁侍，作一圖，中庭偕家人列坐，前設横几，作一圖，共付銀六兩。

初六日辛巳　申正一刻立夏，四月節。晴。季弟忌日，爲之供饋，計其没也，三周歲矣，哀哉。得敦夫書、心雲書。作片致吴澂夫，爲評點闈藝。作片致慧叔弟，辭明日福隆堂之飲。作片致介唐，得復。作書致周生學海，爲評閲闈藝。夜閲《建炎以來朝野雜記》乙集，其紀高宗立儲始末，於張魏公甚有微辭，可謂不私鄉邑者矣。諸暨蔡優貢啓盛來投行卷。族姪珊園來，并送禮物。

初七日壬午　晴暖，柳花亂飛，下午有風，庭院皆滿。姬人等請慧叔弟婦及其新婦詣先賢祠觀演劇，以邑人董灝是日借祠開壽宴也。余送以越中陳釀兩罎重五十斤爲酬席之用，并辭其招簡。閲蔡優貢行卷，其人以文學見賞於俞曲園、瞿學使，爲郡士後來之雋，而鄉人頗多不滿者。今日閲其履歷，首曰始祖宗鼎，宋嘉定間刑科給事，即其史學可知。其『舜使益掌火』制藝，謂掌火是特設之官，駁趙注火正之説，猶可言也；乃曰用火之奇，實自虞廷始，是何言歟？去年俞曲園有各省擬墨八首，其順天首題文全入朱子語氣。中二比，一云『吾嘗注《參同契》之文，而知彼道家者未嘗聞《大學》之教也』，此可言也；一云『吾嘗學白骨觀之法，而知彼釋氏者未嘗聞《大學》之教也』。朱子之論佛經，見於語録、文集者詳矣，顧未嘗言及白骨觀，此亦好奇之過也。王芾卿來。傍晚答拜客數家。詣先賢祠料檢門户，演劇方酣，仕女甚盛。坐吴澂夫室中，偕梁西園進士、金孝廉福昌談，至晚歸。弢夫來夜談。家人盡往劇場，五更方歸，余亦天明始寢。

初八日癸未　晨及午晴，下午大風，陰，傍晚小雨。庚午同年曹户部榕爲其二親八十壽，送禮錢六千。庚午同年翟鶴儕鳴盛卒於京，賻錢十千。以是日浴佛，命僧喜詣銅觀音堂拈香。子培來，久談。

邸鈔：慈禧端佑康頤昭豫莊誠壽恭欽獻皇太后懿旨：上月二十三日臨幸頤和園，閲視神機營水陸各操，隊伍整齊，聲勢聯絡，實深嘉悦。醇親王奕譞管理多年，訓練精勤，卓著成效，著交宗人府從優議敘。上諭：上月二十三日朕恭奉皇太后閲看神機營水陸各操，技藝精熟，該大臣等平日訓練認真，深堪嘉尚。所有管營大臣慶郡王奕劻交宗人府從優議敘，都統德福、扎拉豐阿，副都統熙敬、容貴，全營翼長、副都統秀吉、恩祐均交部議敘。營務翼長、祥普並各委員、管帶等官均交總理海軍事務衙門酌加保奬。其餘各項書手、兵丁等均加恩賞銀五千兩，以示鼓勵。上諭：怡親王載敦奏因病懇請續假並開去差使一摺。載敦著再賞假兩月，毋庸開去差使。

初九日甲申　晴，下午有風。上午答拜客數家，至心雲齋頭談，逾時歸。蔡曜客明經饋㲋脯、茶葉、朮片、蘆菔乾及所編《皇清經解目録》，反其脯。心雲來。作書致弢夫，致子獻。子獻來。澂夫來。傍晚詣瑠璃廠看紅録，小坐翰文齋而歸。弢夫來，夜談。是日知子獻得雋。得莘伯書。

初十日乙酉　晴暖。晨閲《題名録》。會元許葉芬，宛平人。山陰得四人：許在衡、戚揚、朱秉成、周來賓；會稽二人：子獻及陳庚經；蕭山二人；諸暨一人。庚午浙榜中二人：義烏朱懷新、秀水沈瑜寶。天津門生陳澤霖、望江余誠格皆得雋。下午賀客數家。詣繆仲英丈，久談。又詣心雲、君表、莘伯，談至晚歸。介唐來。余壽平來。

十一日丙戌　晨陰，上午薄晴，下午陰。得弢夫書，即復。弢夫勸余赴考試差，言甚切至，同人亦多相勸勉。六十外人，尚何所求，姑徇知己之意，聊爲馮婦而已。作書致敦夫，致書玉。宗湘文來，久談。新昌俞孝廉壎來。陸蓮史來。敦夫來。得書玉復。得子獻書。傍晚偕家人坐紫藤花下聽花香，今年花時，祗此偷閑一賞耳。

十二日丁亥　晴熱，始服袷衣。弢夫來。作書致額裕如，并是月齋課題。作書致心雲，得復，并以墨盒、紫豪筆見借。得宗湘文書，索還趙千里《江村春曉圖卷》并屬書籤及題詞，因坐庭柳下細讀一過。山石俱大青緑鉤勒，水波細紋交互如髮，樓榭精工，人物生動，花樹藤蘿錯綺交鮮，真妙筆也。時已薄暮，暝色映之，尤覺山水静深。其卷中空闊處烟波無際，岸旁有城闕戍堠，帆檣鱗比。款題惟『千里趙伯駒』八分五小字。有薩天錫印。湘文謂是《洞庭春曉圖》，然右幅山居間整，村落相接，不似君山風景。姑如其意。匆匆爲題籤還之，并作復書。對門聶檝臣主事來。鄉人章孝廉之傑來辭行，并投行卷。夜作書致書玉，取還去年卷夾及格子。付賃屋六金。

十三日戊子　微晴，多陰，晡陰，傍晚溦雨。無錫秦孝廉寶瑉來，宗湘文之婿也，以其曾大父小峴侍郎所輯《康熙己未詞科録》及其兄寶璣《霜傑齋詩集》爲贄。得弢夫書，以佩蕙所製墨合見假。是日始書白摺紙一葉有半，即續去年所書《干禄字書》卷中。得書玉書。

閲《難經疏證》。日本人丹波元胤著，凡上下二卷，前有《難經解題》一卷，云本其父所撰而增補之，其末題年曰『文政己卯』，自稱曰『東都丹波元胤紹翁學』，東都即日本之東京，紹翁則其字也。其籤題曰『多紀柳沜先生著』，後附《醫學館御藏版目録》五葉，中列多紀柳沜先生所著，有此書及《醫籍考》百卷，《疾雅》三十卷，《名醫公案》五十卷。多紀蓋所居地名，柳沜則其别號也。其人蓋彼國博洽之士，尤究心於醫學者，所采取甚博，於滑氏《本義》間有駁正，其訓釋字義多本之《説文》《字林》《爾雅》《廣韵》諸書。考文政己卯爲彼國仁孝天王之三年，當我朝嘉慶二十四年。書中墨筆附注甚多，或曰『約之案』，或曰『立之案』，亦皆引用群籍，而於彼國書爲多，間有用朱筆者。書尾有朱筆題識云『嘉永壬子二月上旬校讎訂正了灜約之辛堤』，又墨筆題識云『文久癸亥十月十九日標記茝庭君及堀川濟説竟灜約之森養真』。考嘉永壬子爲我朝咸豐二年，文久癸亥爲我朝同治二年，皆日本今王年號，則約之當是見在人，立之不知何人矣。所云茝庭君者，目録所列有多紀茝庭先生，所著《名醫彙論》八十卷，《傷寒論述義》一卷，《傷寒廣要》十二卷，《證治通義》二十卷。堀川濟不知何人。此書眉間所注堀川未濟之説頗多，想見彼國醫學之盛，有中朝所不及者矣。

晡後詣朱苗生賀得雋，不值。詣先賢祠送俞枚臣壎行。賀子獻得雋。晤溦夫、梅坡、陳藹卿諸君。傍晚詣書玉小坐，晚歸。是日忽忽若病，甚不可支。夜作致弢夫書。是日上命會試中式覆試題：『登泰山而小天下故觀於海者難爲水』,『風傳刻漏星河曙得河字』。

邸鈔:詔:十六日親詣大高殿祈雨,分遣貝勒載瀅等詣時應諸宮廟拈香。以光禄寺卿馮爾昌爲大理寺卿。以左春坊左庶子王文錦爲國子監祭酒。翰林院侍讀陸潤庠補原官。詔:卓凌阿調補吉林副都統,恩澤調補琿春副都統,並隨同長順幫辦吉林一切事宜。詔:前任呼倫貝爾副都統薩克慎由侍衛帶兵剿賊,咸豐年間歷在直隸、山東、河南、安徽、江南、湖北等省迭著戰功,洊升副都統,克稱厥職。上年因病准其開缺,回旗調理。兹聞溘逝,軫惜殊深。加恩照副都統例賜恤;賞銀五百兩治喪,由廣儲司給發。伊子蔭保、桂保均俟及歲時由該旗帶領引見。　以□□□□竇如田爲浙江處州鎮總兵。

十四日己丑　晴和。弢夫來。作書致子培。上午病甚,困卧。桑叔雅來。陶秀充來。吴澂夫來。陳梅坡來。敦夫來。介唐來。子培來。陳生澤霖來。晡後病小愈,力疾起料檢考具,偕敦夫、介唐入城,至東華門下車,詣内閣滿本堂。介夫、書玉已先至。晚飯後偕諸君至左掖門步月,二更宿堂中。

邸鈔:兵部郎中黨吉新授雲南雲南府遺缺知府。

十五日庚寅　晴。昧爽起,飯畢,侵晨詣中左門接卷。與試者二百二十八人。與若農師久談。洎入保和殿,已加辰矣。偕敦夫諸君坐殿東。上命首題『菉竹猗猗有斐君子』,次題『君子聽鼓鼙之聲則思將帥之臣』,詩題『一覽衆山小得宗字』。午後小飯於中和殿陛間。晡後繳卷。傍晚仍偕諸君宿滿本堂。比夕月甚佳。

十六日辛卯　晴,下午微陰,有風。五更起,偕諸君披衣翦燭,談至曉,待車不至。介唐邀同敦夫飲久和新酒家，在東安門外，有車廠，内直諸公解貂待漏多在此地也。午出城歸寓。得叔雅書，以郡人孫秀才霖寓書張朗齋中丞乞佽助，朗齋以二十金寄叔雅，屬審察其人應否予之，叔雅以詢之余。余爲復書，告以其人貧老可念，予之可也。得同年俞潞生炳輝書，催常熟師壽文。子培來。胡進士薇元來。陶秀充來。吴佩蔥來。殷萼庭來。胡伯榮來。作書致弢夫，還佩蔥墨合。晡後詣妙光閣吊漱丈從弟孝廉之喪。出詣爽秋、旭莊，俱不值。詣君表、莘伯，俱晤談。詣子承、子封，談至夜歸。得叔雅復，言如余意。得弢夫復。得子獻書、心雲書。是夕望，月皎於前。

邸鈔：上諭：黄彭年奏營勇搶鹽被燒斃命，請將知縣及統帶等官分别懲處各摺片。此案江蘇鹽捕營哨弁王永昌恃與哨官吴家正姻親，膽敢率勇至奉賢縣紅廟地方搶劫竈民張照銓家門外鹽斤，致鄉民激怒，燒斃多命。該弁勇等行同梟匪，固屬咎由自取，而該鄉民等既將弁勇捕獲，並不送官究治，輒行致斃十四命之多，實屬凶殘藐法，此風斷不可長。著該署撫嚴飭地方文武，將滋事要犯勒限緝拏，訊明懲辦。奉賢縣知縣陳熊才疏於防範，該營官等約束不嚴，均難辭咎。陳熊才著先行摘去頂戴，統帶緝私營候補道丁兆基著摘去翎頂，總領哨官候補游擊吴家正著即行革職，以示懲儆。至所稱明定緝私章程各節，著會商崧駿，妥籌辦理。

十七日壬辰　晴，微陰。漱蘭通政來。田杏村來，爲診脉撰方。作書致花農，還筠庵師壽屏等銀六兩。作書致心雲。婁秉衡來。吴澂夫來。陳梅坡來。書玉來。是日疲劣殊甚，客多不見。介唐夫人來。子培夫人來。晚坐庭下閲畫卷，神思稍清。飯後早睡。得花農復書。付崇效寺房租六金。付内閣滿本堂房飯銀二兩八錢。

邸鈔：皇太后懿旨：山東省灾民甚衆，著發去宫中節省内帑銀十萬兩作爲賑款，交張曜分派妥員，詳查灾區，迅籌散放。詔：免山西省光緒三、四年旱灾借支常平倉穀一萬七千十石。從剛毅請也。詔：浙江台州府知府成邦幹、温州府知府福榮均開缺，送部引見。

十八日癸巳　晨晴，上午微陰，下午陰，有風。倦甚，多卧。龐劬庵來。田春農來。楊寧齋來，以平景蓀所校補《顧亭林年譜》及唐人孫郎中樵《經緯集》見詒。顧譜校補，《香雪崦叢書》之一種；《經緯集》，《葛園叢書》之一種也。酈祝卿來。子獻來。弢夫來，傍晚與共坐庭柳下閑話，適王旭莊來，亦坐談，逾頃而散。晚風，頗凉。夜作書致劬庵，得復。是日丙戌庶吉士散館，上命詩賦題『凌烟閣畫功臣賦以君策勳兮旌予賢爲韵』，『渠柳條長水面齊得齊字』，王仲初《早春》詩也。

邸鈔：詔：布政使銜湖南按察使薛福成開缺，以三品京堂候補，並賞給二品頂帶，爲出使英國大臣。

以詹事府詹事鳳鳴爲内閣學士，兼禮部侍郎銜。詔：男爵壽昌賞給二等侍衛，在大門上行走。

十九日甲午　晨小雨，旋微晴，上午陰晴相間，下午陰，晡後時有溦雨。子培來。仲弢來。心雲來。楊寧齋來。是日聞散館，閲卷爲尚書李鴻藻、潘祖蔭、孫毓汶，侍郎許應騤、孫詒經、徐郙、廖壽恒、汪鳴鑾，八人皆漢人也。作一紙致伯寅尚書，詢子封諸君名次。得尚書復，言子封在二等，李尚書所定也；陳蓉曙一等第五，伯寅所定也；陸壽臣在二等，沈維善在三等，餘姚韓培森一等第三。傍晚作書致王芾卿，約明日同入内。作片致子培，詢子封居浙江第幾，得復，言在二等二十四，浙江居第九矣。此次吾浙散館十一人，是可慮也。晚坐庭柳下，得子獻書。夜得芾卿復。

邸鈔：翰林院侍講薩廉轉補侍讀，編修繙譯進士。清鋭補授侍講。前河南開封府知府王兆蘭准其開復原官，照例用。安徽銅陵縣知縣俸朝仁准其開復原官，照例補。俸朝仁可入《希姓録》。

二十日乙未　晴。五更起，盥漱小食。芾卿來，遂偕入城，至東華門下車，步出西華門，曙色初啓，宫殿如畫，殘月在樹，曉風甚凉。寅初抵西苑門，小憩六項公所。卯刻排班佇立，宫門外旭日初出，禁樹濃霽，金鋪映耀，丹翠欲滴。余指謂子虞、廉生諸君曰：此所謂『雲近蓬萊常五色』也。日加辰入宫門，循柳陰而西，過橋行湖濱，荷葉新浮，烟水一碧，有船三四，曳泊樹陰，對岸樓閣參差，瓊島卓立，覺圓嶠方壺，去人不遠。引見於勤政殿。昨日宗人府、内閣、翰林諸員百十二人，今日翰詹科道、部曹百十六人。巳刻坐車，緣景山過大高殿，沿北池子出東安門。視伯希疾，不晤。上午出城歸。沈步騶來辭行。敦夫來，言派殿試彌封官，書玉派收掌官。夜作書送沈步騶行，贈以松竹齋芭蕉箋四匣。洗足。

邸鈔：命大學士恩承，協辦大學士、尚書徐桐，尚書李鴻藻、許庚身、潘祖蔭，左都御史祁世長，侍郎孫詒經、薛允升爲殿試讀卷大臣。以山西冀寧道沈晉祥爲湖南按察使。

二十一日丙申　晴，下午微陰，有風，甚熱。撰翁叔平師六十壽文。作書致子培，致絅堂、劬庵，俱詢叔平師道號，得子培復。午後卧，至晡始起。徐班侯來。爽秋來。介唐來。夜撰壽序訖，凡千餘言。作書致子培，屬其轉送直年處，得復。

二十二日丁酉　卯初二刻九分小滿，四月中。晨及午晴，午後風，下午陰霾，震雷，有雨，晡後微晴。作書致俞潞生炳輝。得劬庵書。午詣先賢祠，晤子獻、瀓夫，小談。詣弢夫、佩蔥，少坐，歸。徐班侯來。庚午同年吴縣令兆鏻來。晡後詣蓮花寺答拜宗湘文及其婿秦孝廉，則已行矣。詣田杏村喬梓，不值。詣邑館，晤秉衡、蓮史、一謂、心雲、秀充、伯棨、蕺君、儷笙，田杏村亦來，共談至晚。詣子培、子封，晤子培，夜歸。是日室中掃塵，净洗床帳之屬，以紙褾糊墻壁，擾攘至夕始了。剃頭。慧叔弟來。

邸鈔：以前太常寺少卿胡聘之爲太僕寺少卿。詔：本月二十六日再詣大高殿祈雨，仍分命貝勒載瀅等禱時應諸宮廟。

二十三日戊戌　晴，午後微陰。得亞陶書，言送翁叔平師壽障事，即復。得弢夫書，言二十五日朝賀事。單孝廉春泩來。韓達軒來。陸一諤來。得許仙坪布政江寧書。作書致弢夫。是日評閱問津書院三月望課諸生卷四十本。外舅馬竺香公忌日，供饋於客次。

二十四日己亥　晨至午澹晴，下午陰霾，歊熱，晡後有雷，小雨，傍晚風，稍霽，晚微雨，旋止。得亞陶書。一諤來。韓達軒來。俞午軒來。是日評改學海堂諸童經古卷十本。

邸鈔：狀元張建勳，廣西臨桂人。榜眼李盛鐸，江西德化人。前湖南巡撫明墀子。探花劉世安，廣東駐防漢軍人。二甲一名杜本崇，湖南善化人。

二十五日庚子　晴。蔡曜客優貢來。吳澂夫來辭行。梁西園進士來辭行。胡進士薇元來。陳蓉曙來。陳孝蘭解元來。作書致子獻，致澂夫，致敦夫，致心雲，俱約今日夜飲。曾君表來。得弢夫書，即復。晚詣宜勝居，爲澂夫、韓達軒、陸一諤、單荇洲餞行，及敦夫、心雲、子獻飲，夜二更歸。是日評點三月問津望諸生卷訖。凡百二十人，文題『爲人臣』六句，詩題『春風晚暖曉猶寒得寒字』。取內課趙士琛、李鳳池、陶喆甡、孟繼坡、蔡相等二十人。

二十六日辛丑　晴熱，微陰。得子獻書，以亡室周年之忌饋祭菜一筵，即復謝却之。作書致伯寅尚書，得復。得子獻書，仍饋祭筵，即復謝，犒使六千。再作書致伯寅尚書。山陰令曾星垞壽椿來，湖南癸酉舉人，久爲邑令，有政聲，今以俸滿引見，其人長者，無州縣習气，與久談而去。胡伯榮來，言昨日選得山東蓬萊縣知縣。徐花農來。

邸鈔：滿洲軍機章京、内閣侍讀文英選浙江台州府知府，德克吉訥選温州府知府。詔：以大婚推恩，貝勒載漪賞加郡王銜，二等鎮國將軍載瀾封爲不入八分輔國公，委散秩大臣載瀛、載津均封爲二等鎮國將軍，載瀾之子溥倬賞給二品頂帶，用示嘉惠懿親至意。皆惇親王子。　翰林院侍講學士溥良轉侍讀學士，左庶子長麟升侍講學士。

二十七日壬寅　晴，熱甚。作書致花農。秦芝孫德埏來。上午入城至東單牌樓二巷，拜翁叔平師六十壽。是日上賜壽物，有『謨明弼諧』扁額，賀客甚盛。余送壽禮四金。偕花農諸君小飲，觀園中新畜鶴二、鴛央三。偕君表諸君談。過晡出城答拜曾山陰，賀薛叔耘出使而歸。弢夫來。子培、子封來，談至暮散。

二十八日癸卯　晴，熱甚。亡室周年忌日，偕家人詣崇效寺設奠，延僧十三人誦經。介唐、心雲、蕚庭、書玉、敦夫、子蓴及其夫人皆來吊慰。介唐詒楮繦一萬，糕餡等六合及燭。敦夫詒酒一罎，藏香四封及燭。子蓴詒梨、橘、櫻桃、鳧茨四合及楮燭。心雲、蕚庭、書玉皆詒楮燭。午後設伊蒲齋於靜觀堂。傍晚諸君送聖而歸。子蓴留待車，與余及僧喜坐樹下，至晚始散。犒吴使五千，還其龍眼、蓮子兩合。犒鮑使三千，傅使四千，餘各一千。寺僧誦經銀六兩，齋饌一席僦錢十四千，坐錢十二千。行者賞錢六千。廚人賞二十一千。茶人賞二千。弢夫來。朱同年毓廣來。梁孝廉國元、楊孝廉廷燮皆來辭行。是日新進士朝考，上命題：『戒俗吏矯飾論』（漢章帝詔）、『勞農勸民疏』、『柳邊人歇待船歸得歸字』。又是日九卿考差，上命題：『規矩方員之至論』、『繁雲方合寸得雲字』。

邸鈔：詔：此次散館之修撰趙以炯、編修馮煦業經授職。二甲庶吉士孫錫第、韓培森、熊亦奇、陳遹聲、華學瀾等四十七人俱授爲編修。三甲庶吉士宋育仁等六人俱授爲檢討。李焕堯等十二人俱以部屬用。馬芳田等十二人俱以知縣用。浙人留館者七人，童祥熊、沈曾桐皆在二等。童居浙人第六，沈居浙人第九，皆得留。陸壽臣、洪家滋居浙人第七、第八，皆改部屬。

二十九日甲辰　晴，熱甚，寒暑表至八十九分，已入大暑限。張子虞來。作書致子培、子封，賀子封留館。作書致心雲。弢夫來。朱進士秉成來。作書致書玉，屬其轉託章黼卿代領奉米。子培來。聞子獻朝考列一等二十四，吾浙得一等者七人，周蕺君、朱苗生、沈子美瑜寶皆在二等。剃頭。

邸鈔：以協辦大學士、户部尚書福錕，户部尚書翁同龢教習庶吉士。

三十日乙巳　竟日薄晴，多陰，有風，頗涼。本生祖考蘊山府君忌日，供饋。作書致可莊、旭莊兄弟，辭今日馮園之飲。又作書致子培，屬代致意，子培復書力勸一行，以可莊昆玉意專爲余設也。弢夫來。時日加辰，偕出廣寧門，過白雲觀，樹緑如畫，野望彌清。午抵小屯村園外，榆柳成林，覺較去歲益增佳觀。入門下車，芍藥二十餘畝，花開如錦，一望無際。可莊、旭莊兄弟及仲弢、叔容、子培俱已至。歷覽園中草木，循畦入籬，佳趣無盡。日昳設飲，至晡罷酒。復過花田，夕照漸催，高樹錯峙，水流滿徑，花光欲滴。留連俄頃，出籬門，登車回望，朱闌碧亭間鏤金堆綺，萬緑擁之，蓬壺碧城不是過也。主人馮一亭各贈芍藥一束，風流好事，亦近日之勝流矣。園中新置竹柴數間，蓄二鶴、二錦鷄、二孔雀、二雁。錦鷄已伏雛，孔雀與雁皆失其一。回車半道，小憩一茶肆間，還指向路，有小山一帶，隱隱起伏路旁，蓋地已近翠微山，故山脉隱見。沿途多細石，頗礙輪蹄耳。傍晚入西便門，曛暮抵家。張姬詣劉仙洲夫人家，以初五日江亭團拜所餘四金及范聘席所寄十金付之爲過節之費。范君本以三十金寄弢夫爲團拜演劇之用，今年既罷舉樂而劉家貧甚，故與弢夫及諸同年商之，分十金以饋節。單孝廉春泩來辭行。得品芳弟里中十七日書，極言李福疇與木客山墳丁馮姓强占高祖塋地之惡狀，令人憤絶。夜作致楚材弟書并銀四兩，詣邑館送單杏驧行，託其附去。

五月丙午朔　晨陰晴相間，上午霎霴多陰，下午小雨時作。竟日整理堂室書籍，新作一高架，分三層，庋置之，塵勞殊甚。子獻來。田春農來。周葴君來。陳生澤霖來。余生誠格來。傍晚子獻復來，與言高祖木客山墓地事，夜復作書致之。

邸鈔：命編修李聯芳陝西平利，辛未。爲雲南正考官，張星炳河南固始，庚辰。爲副考官。陳如岳廣東南海，癸未。爲貴州正考官，劉名譽廣西臨桂，庚辰。爲副考官。

初二日丁未　晴，酷熱，晡後微陰。上午詣心雲談。賀胡伯棨選蓬萊。慰陸蓮史改主事。詣周葴君談。答拜余壽平。午後歸飯。田杏村來。陳梅坡來。同邑任彤臣燕譽大挑得廣東知縣，來辭行。晡後復詣邑館送行。詣蓮花寺訪田杏村，不值，晤其令嗣春農，以寄還徐仲凡代買山地銀一百兩託其附致，晚歸。中暑，不食。子獻來，不值，留書見告余以高祖塋地事，託子獻轉告山陰令曾星垞，以墓圖及説帖致之，子獻今日已爲轉達矣。夜作書致子獻謝之。是日詣子蓴、敦夫、介唐、蕚庭、心雲諸君，謝過慰亡室周年之祭。始去門首期服帖子，禮爲妻禫當俟六月朔除服也。

初三日戊申　晴，酷熱。得子獻書。書請客柬帖。朱苗生來。上午詣苗生、子獻，俱不值。詣書玉謝過慰。詣胡孝博薇元，晤談，午後歸。陳蓉曙來。孫文卿進士廷翰來。周生學海等兄弟來。下午作致仲凡書，凡數千言，託其料檢塋地。作書致田杏村，屬其南歸附致，饋以餅餌兩匣。司廚饋肉餚一品鍋及鯖饌素肴等十餘事，酬以銀四兩，錢四千。介唐、蕚庭、子蓴、花農、書玉、慧叔各家以節物相往還。周生澄之等饋節物八合，受其四。晚詣子培、子封兄弟談，夜歸。作致李若農師書，以肴鯖一品鍋饋之，得復。

邸鈔：詔：本月初六日親詣大高殿並時應宫祈雨。遴選光明殿道衆在大高殿祈禱，遴選僧衆在覺生寺諷經，均於初六日開壇。大高殿派巴克坦布常川住宿，派睿親王魁斌、貝勒奕綑等分爲兩班住宿行禮。覺生寺派豫親王本格拈香，海緒常川住宿，莊親王載勛、鎮國公載遷等分爲兩班住宿行禮。並分派貝勒載瀅、載澍等分禱昭顯、宣仁諸廟，鄭親王凱泰禱黑龍潭。

初四日己酉　晴，酷熱。張姬生日。介唐夫人、書玉夫人、仙洲夫人、黼庭夫人、蕚庭夫人各饋禮物。家中設小飲，黼庭夫人來，書玉夫人及三小姐來。詒書玉夫人番銀三圓，三小姐佩飾兩事。作書致子培，託代送麟芝龕師節禮二金，得復。得弢夫書，言所延塾師王優貢舟瑶已到京，弢夫之族子也，即復。余壽平來。華生學瀾來，新留館授編修。同邑戚聖懷進士來。沈伯祥來。胡伯榮來。陸蓮史來。田杏村來。陳梅坡來。得子培書，爲余代擬學海堂策目金石河渠兩通，即復謝。得胡孝博書，以所藏小李將軍天台山圖團扇册子屬題。其圖中無題款印記，惟上方有朱文三行十二字，隱隱可辨者『大和洪寳』四字，疑是中唐御府收藏印記，左方下層有一印，不可識矣。王篛林跋一通，爲其師湯西崖少宰所作，言是孫退谷舊藏物。其前有國初吾鄉胡貞碞尚書題字。即復。

邸鈔：都察院左副都御史薛福辰奏假期届滿，病仍未痊，懇准開缺。許之。

初五日庚戌　晴，酷熱。上午出門詣許筠庵師賀節，送節敬二金。詣邑館答拜戚聖懷而歸。介唐來。花農來。敦夫來。心雲來。王稷堂孝廉餘慶來。還各店節帳。付翰文齋書坊銀三十兩，修文堂書坊銀二十兩，司廚銀三十兩，天全木廠銀二十兩，隆興厚紬布銀二十二兩，米鋪銀二十五兩，石炭鋪錢二百二十千，松竹齋紙鋪銀十兩，吉慶乾果鋪銀十兩，廣厚乾果鋪銀八兩一錢，宜勝居酒食銀十一兩，聚福齋麵食銀三兩七錢三分，同成香油銀六兩。　賞僕媪節錢。曹升十一千，王升、王福各十千，廚人、車夫、更夫、升兒各九千，楊媪、劉媪、孫媪各十千。　霞芬來叩節，予以四金，賞其僕十千。

下午答詣介唐、花農、心雲、弢夫而歸。後孫公園火，焚安徽館及張朗齋尚書家。夜卧，易凉席。

初六日辛亥　晴，酷熱。齋中設席，邀黄潄丈，王可莊、旭莊兄弟，曾君表、楊莘伯、子培、介唐、心雲午飲，至晡時散。蔡耀客明經來。爲胡孝博跋《小李將軍畫》一通，其畫絹本，高建初尺尺許，而中具樓榭六七重，雲窗霧閣，朱闌琱檻，織簾綺户。仙女八十餘人，皆宫裝錦衣，扇節導從，亦有在窗户間凝望者，細如絲髮而神采飛動，手中各有所執。又間以屏風、几席、陳設之屬，地衣皆碧，繡黻綵文，下爲四出。陛上皆金翠峰巒，圍以雲采。空中有仙女乘雲或驂虬鳳者五人。其用筆之精，蓋非思訓、昭道父子不能爲也。胡尚書名升猷，順治丙戌進士，歷官有政聲，事具國史。此册首題『赤城霞燦』四大字，後書《天台山賦》一首。孝博爲其十世從孫。此册後歸完顔見亭河帥麟慶，孝博以仇十洲仕女、惲南田花卉向河帥之孫犢山尚書嵩申易得之。得弢夫書，言塾師節禮月費及上館日期，即復。夜作書致孝博，以圖册還之。王姬病足不能行，治以諸方不效，呼李嫗以符水治之。

初七日壬子　晴，酷暑。亥初初刻十分芒種，五月節。比日寒暑表皆至九十五六分，今日已過百分矣。王星垣明經舟瑶來。上午詣台州館拜塾師，不值。晤楊定旉、鄭鹿門、朱益甫謙，午歸。赴弢夫齋中飲，坐有潄丈、可莊、旭莊、心雲諸君，日昳而散。自昨夕患咯血，今日復作。

初八日癸丑　晨晴，午後微陰，下午陰，酷熱鬱悶。馮夢花來。亞陶來。瞿子九學士來。陳梅坡來。楊縣令葆光來。子獻來。午詣江蘇館赴王芾卿之飲，坐有爽秋、花農、心雲、玉舟諸君。傍晚詣蓮花寺送田杏村行。夜邀杏村喬梓、敦夫小飲齋中，請杏村爲王姬及冰玉診脉撰方。二更後有風，少凉。

邸鈔：盛京將軍慶裕奏病勢日增，懇請開缺。詔賞假兩月，毋庸開缺。禮部郎中玉恒授山西雁平兵備道。本任道胡毓筠告病。

初九日甲寅　晨微陰，上午陰晴相間，仍熱甚，下午小雨。徐班侯來。酈甥昌祁來。竟日撰學海堂策目經學兩道，又寫定金石一道。作書致子培，致心雲，俱借均齋趙郡王碑、隋正解寺殘碑拓本，以兩碑一在靈壽，一在定州，皆近時新出，昔人罕見著録者，故舉此入問目家藏偶，無此本也。得子培復，以正解寺碑見借。得心雲復，以趙郡王碑見借。得朱生文炳鎮江文報局賀節書。作書致弢夫，屬代寫塾師關書。得蔡耀客書，以所著經説四册就質。

邸鈔：以署安徽巡撫、候補三品京堂陳彝爲順天府府尹。以順天府府尹高萬鵬爲湖南布政使。陳彝未到任以前，仍著高萬鵬署理。本任湖南按察使孫翼謀病故。

初十日乙卯　晨微陰，上午後晴。胡孝博來，執柬稱門生。仲弢、叔容兄弟邀一善相者閩人趙冲甫來爲余談相，心雲同來。余一生從不問姑布子卿之術，夭壽不貳，聽之於天，雖在極困中未嘗屑意星卜，況今崦嵫已迫，此生休咎，自斷已定，七十老公，尚何所求？今日趙生言余神清骨秀，世所僅見，聰明正直，一望可知，然非功名富貴中人，故一生偃蹇，亦無子息，眉采太重，故三十歲外尤爲困厄，其言皆中，然亦老生之常談耳。子培來。陳蓉曙來。沈伯祥來。弢夫來。作書致額裕如運使，并學海堂兩課經策詩賦題，問津、三取兩書院望課題。晡後詣台州館晤塾師王星垣，送關書、請酒柬帖及聘金二兩，書中載每月束修八兩，月費八千，節敬每節二金，兼辦書啓。晚詣張子翼，慰其失火。詣俞潞生，言明日團拜事，夜歸。族弟慧叔來。

邸鈔：詔：新科一甲進士三名張建勳、李盛鐸、劉世安業經授職外，杜本崇、周樹謨、饒士騰、劉彭年、丁惟禔、費念慈、魏時鉅、許葉芬、曾廣均、江標、葉昌熾、張孝謙、陳祥燕、惲毓鼎、程棫林等八十六人俱改爲翰林院庶吉士。葉祥麟等八十人俱分部學習。鍾承祺等九人俱以内閣中書用。楊德鏻等一百三人俱交吏部製籤分發各省，以知縣即用。户部候補員外郎毛慶蕃等四人俱以原官即用。分發四川道員張華奎仍發原省以道員補用。浙江改庶常者七人，山陰戚揚、會稽王繼香、諸暨孫廷翰皆與焉。廷翰三甲第一。嘉興錢駿祥、仁和李鵬飛皆以三甲得庶常，山陰周來賓、會稽陳庚經、秀水沈瑜寶、蕭山何文瀾、義烏朱懷新俱分部，蕭山沈祖燕用中書，山陰許在衡、朱秉成俱用知縣，余生誠格得庶常，陳生澤霖分部。

十一日丙辰　晴，酷熱，晡後陰，傍晚風。弢夫來。上午以車迎塾師王星垣到館，爲僧喜上學，弢夫之子伯澐來附學。午詣財盛館庚辰同年團拜，演三慶部，請翁叔平、許筠庵兩師，送分資二金，至夜三更後歸。李生家駒來，以津沽鰕脯及笋乾各一苞爲饋。蔡曜客來。

十二日丁巳　晨及上午晴，微陰相間，下午陰。敦夫來，以今日奉主考閩中之命，請代擬策題及後序。余壽平來，新選庶吉士。夜治饌請塾師及仲弢、叔容、蔡曜客、陳孝蘭、胡伯棨、弢夫、心雲飲齋中，至三更散。雨作。聞岑彦卿少保以初八日卒於雲貴總督任。得書玉書，即復。

邸鈔：命宗人府府丞徐致祥江蘇嘉定，庚申。爲福建正考官，編修鮑臨浙江山陰，甲戌。爲副考官。内閣學士李端棻貴州貴筑，癸亥。爲廣東正考官，修撰王仁堪福建閩縣，丁丑。爲副考官。編修陳同禮安徽懷寧，癸未。爲廣西正考官，潘炳年福建長樂，辛未。爲副考官。

十三日戊午　晨陰，上午微晴，午後密雨，旋止，下午晴陰不定，時有小雨。於中室環翠舫新作兩高架三層，督僕輩整比書籍，移庋其中。子獻來。戚聖懷新選庶常，來見。陳生澤霖新以部屬用，來見。童次山同年祥熊新留館，來拜。江蘇人陳慶年明經來，得同年黄元同江陰書，寄其尊人薇香先生《儆居行略》四册。下午詣龍泉寺吊黄松泉同年婦喪，已出南下窪，方悟未携羽纓冠，乃令從人送奠分八千而回。詣敦夫賀得典試，不值，遂歸。

得子培書，以《高叡造寺頌》大字拓本見示。文曰：『天保八年，歲次丁丑四月己巳朔八日丙子，趙郡王高叡與僧欝同捨異珎，建兹靈宇。』下有『定國寺主慧照』云云。考小字碑文至千餘字，亦天保八年所立。其文謂定州定國寺禪師僧欝愛朱山之勝，『乃施凈財，云爲禪室』；下述趙郡王莅定州之德政，而云：『□聞道場，攝心迴向，隨憘供設，爲福田□，因以其寺，名粤□□。宣尼論至道之時，乃有斯稱；軒轅念天師之教，且苻今旨。凈心所宅，豈與同年？兼於此伽藍，更興靈塔。』則僧欝本居定州定國寺，此所營朱山乃別一寺，而叡爲名之，又建一塔。其末題『天保八年，歲在丁丑□□戊辰十五日壬午刊記』，以《通鑑目録》校之，『丁丑』下所缺乃『六月』二字。是月戊辰朔也，『戊辰』下偶脱一『朔』字耳。大字碑與此相去僅兩月，而此文敘述詳贍，無一語及之。朱山，今曰祁林山，在真定府靈壽縣，疑大字者後出，近時人依託爲之，故與小字碑文不相應也。

夜晴，月甚皎。是日頓涼，夜可衣棉。

十四日己未　晴，微陰，甚涼。晨起剃頭。胡伯榮來。下午答拜余庶常、戚庶常。詣可莊，賀其典試粤東，詣徐班侯，俱不值，傍晚歸。作書致子培，借以《津逮祕書》中《鶴山題跋》等一册。晚詣宜勝居赴子獻之飲，坐有敦夫、書玉、介唐、介夫、心雲。夜二更後歸，月皎於晝。

十五日庚申　晨雨數作，旋晴，上午後晴陰相間。同邑許縣令在衡來。介唐夫人來。午後小極，久卧，閲心雲前日送來所蓄史辰前後碑舊拓本，古色可愛，取諸家著録本勘一過。是夕望，微陰。

邸鈔：詔：十八日再親詣大高殿及宣仁廟祈雨，仍分命諸王、貝勒等禱覺生寺及時應諸宮廟。

十六日辛酉　竟日凉陰，小雨時作，晚有霞，甚艷。竟日補寫日記。孫文卿庶常來。陳秋舫主事庚經來。付賃屋銀六兩，崇效寺房租銀六兩。

邸鈔：國子監司業崇文升詹事府右庶子。

十七日壬戌　晴，復熱。弢夫來。陸壽臣蓮史新分刑部湖廣司，來見。李生家騊來。得心雲書，送新得精拓本趙郡王碑乞題跋，即復。閲正解寺殘碑，凡四段，其字在篆隸間，甚工。張姬詣吴、傅、陳、詹諸家謝送禮物。

邸鈔：詔：祁世長賞假四月回籍修墓，都察院左都御史著李鴻藻署理。　以通政司副使壽昌爲光禄寺卿。漢缺。右春坊右庶子潘衍桐轉左春坊左庶子，翰林院侍讀丁立幹升右庶子。

十八日癸亥　晨及午晴，下午微陰，風，歊熱甚。同邑周莪君、許在衡、陳庚經、朱文川、戚聖懷五進士柬飲惠豐堂，辭之。楊定甹來。爲敦夫改撰問《春秋》三傳策目一道，加以附注。詣僧喜塾中，爲整比插架書。審閲正解寺碑拓本。傍晚坐庭下，有風頗快。補寫日記訖，此亦近年功課不能中程之一端。夜陰，頗凉。

十九日甲子　晴，酷暑鬱煩，下午微陰。作書致心雲，約同觀碑帖。作書致弢夫。胡伯榮柬請廿三日飲慶和堂，作書辭之。得庚午同年山東樂陵令范聘席書，饋冰敬十六金，犒使四千。作書致子培。心雲偕楊寧齋來，留同塾師齋中夜飲，飯畢子培亦來，暢談至三更始散。

邸鈔：宗人府理事官祥霖爲鴻臚寺卿。

二十日乙丑　晴，酷熱，寒暑表復至九十餘分。外祖母孫太恭人生日，供饋，下午畢事。得弢夫書，即復。介唐來。蕚庭來。移筆硯坐席於環翠舫。弢夫來，夜留齋中同王星垣小飲。二更後弢夫携其子伯澐籠燈歸去，此景可思。

二十一日丙寅　晨至午晴，酷熱，下午大風，驟陰，晡後復晴，傍晚風，陰。上午詣長椿寺，偕弢夫、仲弢、子培、班侯同餞敦夫、可莊也，廉生、旭莊作陪客；子培、子封兄弟更偕爽秋、芾卿、馮夢花作一筵，亦餞敦夫、可莊；而別有它客兩席，偕設於西廊。日晡酒畢，入佛殿觀明孝純劉后畫像，殿宇幽奥，涼不見日，中有鐵塔，旁爲僧房，憩坐久之。傍晚出寺，由彰義門大街行，東風狂甚，揚塺疑晦。至虎枋橋，答拜胡孝博而歸。庚辰同年柏錦林編修丁艱，送分四千。夜雲合，有雷，一更雨作，二更後稍密，三更後漸止。是日以夏至，先祀屋之故主。得心雲書，以近日所臨李北海麓山寺碑銘見示。蕭山人汪縣令望庚來辭行。朱益甫來，弢夫之妹婿也。剃頭。

二十二日丁卯　竟日涼陰，密雨數作，晡後稍霽。又作兩高架三層：一置之中堂之右，盡庋經部，與是月朔日所置儲史部者相對；一置之卧室，以庋金石小學諸書及朝夕所觀者。竟日屏營料檢，塵勞殊甚。自此卧榻前略有餘地，可以延納景光。

邸鈔：命太僕寺少卿胡聘之湖北天門，乙丑。爲四川正考官，翰林院侍讀黄卓元貴州安順，甲戌。爲副考官。編修高賡恩順天寧河，丙子。爲湖南正考官，修撰陳冕順天宛平，癸未。爲副考官。編修陳兆文湖南桂陽，丙子。爲甘肅正考官，檀璣安徽望江，甲戌。爲副考官。

二十三日戊辰　未正初刻八分夏至，五月中。竟日涼陰溽潤，晡後小雨，傍晚漸密。敬懸三代神位圖，祀曾祖考妣、祖考妣、本生祖考妣、先考妣，肉肴六豆，菜肴六豆，加冰雪梅糕、瓠絲煎餅各一器，饅頭一大盤，麵一盤，時果四盤，龍眼湯一巡，酒、飯、茗、飲各再巡，祔以三弟，晡畢事，焚楮泉鏁；别以素饌、時果、饅頭、湯、茗奠亡室，以當禫祭。得心雲書。陳孝蘭來辭行。諸暨樓孝廉藜然來，以新刻楊鐵崖《樂府詠史詩注》一帙爲贈。作書致心雲，招夜飲，不至。夜密雨，至二更後稍止，天气涼甚，需棉衾。

閲《鐵崖樂府》諸集。其擬古諸篇，務求尖新，而多近傖調，時病粗梗，至改撰《焦仲卿妻》等詩，真點金成鐵矣。詠史諸作，亦多苦槎枒，識議亦往往庸下，不及其門人張玉笥時有警句也。注爲乾隆間諸暨樓西濱孝廉卜瀍所撰，頗弇陋不足觀。所注樂府十卷，詠史詩八卷，逸編八卷。

二十四日己巳　竟日霒陰，時有微雨，傍晚漸密。王可莊來。陳生澤霖來，新分工部。敦夫來。雜考金石書，復整比新置書架，各從其類，揭櫫十餘册。得江敬所自江西寄謝饋乾脯詩七古一章，頗似山谷。

邸鈔：命協辦大學士、吏部尚書徐桐，户部尚書翁同龢，禮部尚書李鴻藻，工部左侍郎汪鳴鑾爲考試漢中書大臣。文題『助者藉也龍子曰治地莫善於助』，策問『直隸水利』。工部郎中夏玉瑚授湖南長沙府遺缺知府。本任長沙府翁曾桂升辰沅永靖兵備道。

二十五日庚午　晴陰，溽暑。子獻來。吴子修編修慶坻來。劉景韓廉訪樹堂來，新自保定赴江蘇按察任。薛叔耘福成來辭行，以銀一流爲別，并送先賢祠團拜費五十金。錢念劬來，言將從薛星使往英吉黎。華生瑞安編修來。爲心雲跋舊拓史晨碑、近拓趙郡王碑兩通，即作書還之。作片致陸蓮史，辭今夕之飲。蓮史及戚聖懷復來速飲餘慶堂，夜赴之，終席未舉匕箸，二更歸。通倉送來奉米七石八斗，半朽，不可食，却還之。

邸鈔：詔：以連日迭沛甘霖，郊原普被，於本月二十七日親詣大高殿及時應宫拈香，貝勒載瀅等分詣昭顯、宣仁、凝和諸廟，豫親王本格詣覚生寺，鄭親王凱泰詣黑龍潭，敬謹報謝。大高殿、覺生寺即行徹壇。詔：直隸邯鄲縣龍神廟祈雨顯應，迭經加上封號。近日迎請鐵牌，甫於本月二十日供奉大光明殿，旋於二十一、二十二、二十三等日迭沛甘霖，靈貺立昭，實深寅感。著再加封靈應昭祐宏濟溥惠聖井龍神，朕親書扁額一方，交李鴻章敬謹懸挂。

二十六日辛未　晴，暑鬱溽。作公請薛叔耘簡并致錢念劬書。作書致書玉。評閲學海堂諸童卷。作書致弢夫。弢夫來。子獻來。得心雲書，告廿九日準行，且催畫扇，即復。再得心雲書，即復，以金泥兩鍾及柿青折扇屬其縮臨嶽山寺碑銘及銘後黄仙鶴題詞。黄仙鶴者，北海託名也。夜二更後雷雨，三更後有震霆，雨益緊，五更漸止。

二十七日壬申　晴陰埃髾，時有小雨。得錢念劬書。得書玉書。仍遣人取奉米來，付車脚等小費二十二千。評閲學海堂諸生卷。何進士文瀾來，新分工部主事。張子虞來。

二十八日癸酉　晴，酷暑。爲心雲畫扇，作青緑山水、村寺谿橋，頗有會心。其中略彴屈曲，仿文待詔，尤所得意。久不作畫矣，比日百事紛如而以此應人，遂至竟日。甚矣，技之累人也！得錢念劬書，并薛叔耘新校刻全謝山氏《七校水經注》四十卷，補遺一卷，附録一卷，及叔耘《庸盦文編》，即復。爽秋來。徐班侯來。潘伯循來。朱文川進士來。傍晚作書致心雲，以扇還之。夜二更心雲來辭行。

二十九日甲戌小盡　晴，酷暑，寒暑表復至九十分。爲弢夫題柯丹丘墨竹，得三絶句，即作書還之。得徐亞陶書，言其鄉人有試京兆不能歸者，以翻板《格致鏡源》一部乞售四金。沈子美同年來，新分吏部主事。湯蟄庵孝廉來辭行。得弢夫書。

題柯丹丘墨竹爲王弢夫四首上有自題云：『世傳江南李後主畫竹，自大處至小處，筆筆鉤勒，謂之鐵鎖子法，自言是柳公權法。』下題『至正甲申秋仲』。此幅左有『三希堂精鑑璽』朱文長印，右有『乾隆鑑賞』及『宜子孫』朱文兩方印。今年正月同年黄巖王弢夫閱廠市得之。

束笋從教節節量，玉鉤金鎖引風長。誰知新樣元和脚，翻到凌波舞窈娘。

鳳尾翛翛自絶塵，黄華墨法更無倫。奎章閣本澄心紙，肯與湖州作替人。

供奉承平至順朝，無端臺疏比甘蕉。赤城十載觚棱夢，自寫霜筠寄楚騷。

小璽琳琅識紫宸，微凉殿閣又風塵。它年賡和南薰後，歸伴桃花洞口春。

六月乙亥朔　晴，酷暑。得繆恒庵二十八日津門書。作書致王子獻。作書致弢夫，得復。四川按察使何相山樞來，山陰同鄉也。作書致亞陶，送去書直四金。是日評閱學海堂諸生卷。張姬詣中頂觀賽會。

初二日丙子　晴，酷暑。評閱學海諸生卷。得亞陶復、子獻復。爲敦夫撰福建鄉試録後序。敦夫來。子培來。雲門之嗣子庶自陜西來應京兆試，得雲門四月四日秦中書，言以發書後三日扶柩歸楚，將以五月下旬安葬，事畢入都，并近作詩詞數番。夜詣邑館送敦夫行，并晤湯蟄仙孝廉。今日中書試竣，取八十人，浙江得七人，吾越中惟取陳梅坡及蟄仙耳。即歸。

邸鈔：上諭：雲貴總督岑毓英秉性公忠，才識沉毅，由諸生從事戎行。咸豐、同治年間，雲南回匪倡亂，兵事孔殷，仰荷先朝特達之知，迭加拔擢，代理雲南藩司，旋即簡授巡撫。當兵單餉絀之時，激厲衆心，出奇制勝，克復省城，肅清大理等府，掃穴擒渠，全滇底定，厥功甚偉，迭經賞給一等輕車都尉世職。朕御極後，擢任雲貴總督，整頓地方，操練營伍，均能悉心任事。光緒九年統兵出關，卓著勞勩，復加賞一雲騎尉世職。該督久居邊陲，染瘴成疾，上年查閱營伍，途次觸發舊病，迭次賞假調理。本年四月力疾銷假，方期醫治就痊，長資倚畀。遽聞溘逝，軫惜殊深。加恩晉贈太子太傅，入祀賢良祠，於雲南建立專祠，生平政蹟事實宣付國史館立傳。賞銀一千兩治喪，由雲南藩庫給發。照總督例賜恤。靈柩回籍時，沿途地方官妥爲照料。伊子山西即用道岑春榮遇有道員缺出，請旨簡放；候選同知岑春煦以知府選用，句。應升之缺升用；前工部郎中岑春暄以五品京堂候補；監生岑春蓂俟服闋後由吏部帶領引見；岑春蔭並伊孫岑德純均俟及歲時帶領引見：用示篤念藎臣至意。以詹事府少詹事志鋭爲詹事。兵科給事中鄭嵩齡轉吏科掌印給事中。

初三日丁丑　晨陰，上午雨，旋止，午後陰晴埃皚，溽暑蒸鬱。是日評改學海堂生童課卷訖。尚是去年十月命題也，『春秋書惠公仲子僖公成風異同解』，『殷周漢三代五嶽考』，『助役免役得失論』，『十國應數李茂貞不數荆南論』，『夜燈開卷有兒同賦以題爲韵』，『漁家船舫道家衣賦以却爲游山置行李爲韵』，『儗賀知章乞賜鏡湖一曲表』，『田家打稻詞七絶』。舉貢生員等二十八人，取内課陶喆甡、張大仕、姜秉善、李家駒等五名；童三十人，取内課陳澤寰等二名。樊生庶來，介唐來。是日感涼鼽涕，身熱不快，夜咳嗽大作。

邸鈔：以湖南巡撫王文韶爲雲貴總督，未到任以前，雲南巡撫譚鈞培兼署。以福建臺灣布政使邵友濂爲湖南巡撫，以湖北布政使蒯德標調補福建臺灣布政使，以雲南按察使鄧華熙爲湖北布政使，以福建鹽法道岑毓寶爲雲南按察使。

初四日戊寅　竟日陰雨。病甚，身熱咳嗽，多卧。孫文卿庶常柬請明日飲陶然亭，以病辭之。夜咯血數合。是日雨，至晡密甚，夜凉，去草席，時有雨。

邸鈔：以宗人府府丞徐致祥爲都察院左副都御史。前丁憂甘肅甘凉道龍錫慶授福建鹽法道。

初五日己卯　晨至午晴，酷暑，午後陰，晡後雨。王弢夫來。范□□許琫來，聘席同年之弟也。評閲學海堂諸生卷。仍咯血，中懣不快。梁有常爲子娶婦，送賀錢六千。朱苗生柬飲嵩雲草堂，以疾辭之。夜雨，有秋意。

初六日庚辰　晨雨，巳後陰晴不定，午後仍酷暑，傍晚陰，有小雨。得弢夫書，爲代閲問津諸童卷，即復謝，犒使二千。得心雲初二日潞河舟次書，并送所書摺扇來。陳梅坡來。是日王星垣赴優生廷試回，文題『志臺則動氣』，詩題『幽溪鹿過苔還静得溪字』。西鄉人傳有人面豆生，今日得數粒，觀之，眉目宛然，可畏也。

初七日辛巳　陰晴靉靆，酷暑。病不愈。評閲學海堂諸生卷。作書致子獻，得復。作書致弢夫，送以西瓜十枚，得復，止受其半。弢夫來。陳蓉曙來。得子培書。夜洗足。送星垣五月脩金八兩。

邸鈔：命尚書翁同龢、許庚身、潘祖蔭，侍郎寶昌爲考試優生閲卷大臣。諸暨蔡攸盛取一等二十名，浙江取者四人。編修闞普通武丙戌。升國子監司業。詹事府右中允文焕轉左中允，檢討恩順癸未，繙譯。升右中允。

初八日壬午　晴，微陰，酷暑。嗽劇，病不愈，中熱。是日評改學海堂經古卷訖，去年十一月課也。『陰厭陽厭解』，『霜降逆女與二月昏時之義孰長解』，『賈魯治河功過論』，『白馬馱經賦以法蘭西至象教東行爲韵』，『半江紅樹賣鱸魚賦以題爲韵』，『擬朱元思復吴叔庠書』，『上方月曉聞僧語得僧字』、『下界林疏見客行得行字』五言八韵二首。舉貢生員等二十七人，取内課孟繼坡、高凌雯、張大仕等六名；童四十三人，取内課董煜等六名。

初九日癸未　晴陰相間，酷暑。嗽劇身熱，吃燕窩和鷄子青以潤肺。得弢夫書。是日閲定二月望課問津童卷。文題『菉竹猗猗有斐君子』，詩題『春風晚暖曉猶寒得寒字』。試者七十七人，取王德純第一。又評改三取諸生童課卷訖。生五十七人，文題『詩云桃之夭夭兩節』，詩題『紅氣通林未放花得通字』，取李雲瀚第一。童三十八人，文題『其葉蓁蓁之子于歸』，取孫葆琛第一。武進費屺懷庶常念慈來。胡伯榮來辭行。

初十日甲申　辰初三刻一分小暑，六月節。晴陰埃𣆶，酷暑溽蒸，傍晚雨。作致額裕如書，寄去課卷三箱。作復繆恒庵書。樓藴盦藜然來辭行。病寒熱，腹痛下利。付津門寄卷錢十三千。

十一日乙酉　晴，酷暑極鬱，寒暑表至九十餘分。作書問子獻疾，得復。作書致子培。朱苗生來。余壽平來。閲侯君謨《三國藝文志》。比來久不能讀書，今日始少得閑耳。司廚進西瓜一儋。

邸鈔：詔：文廷式等四十人俱記名以内閣中書用。浙江惟諸暨陳瀚一人。

十二日丙戌　晨晴，旋陰，午雨作，下午大雨，傍晚稍止，夜密雨屢作，四更稍止，復凉。弢夫來。孫文卿庶常來。

閲毛西河氏《經問》。其議論通闢處，往往推經義以斷史事，極爲明快，而臆説無徵亦時有之。如辨陰厭陽厭，謂成人之陽厭在室之西北隅，所謂屋漏；殤之陽厭在室之東北隅，所謂窔，即當室之白。不知室之東北隅名宧，爲人之飲食處，窔在室之東南隅，即安户處，此明見《爾雅·釋宫》者，《説文》亦同。惟窔作窅，曰户樞聲也。因户在東南少右，其左之隙地曰窅，正直户安樞處，常聞户樞之聲，窅，窅然，因名之曰窅。《釋名》曰：窔，幽也，亦取幽冥也。《儀禮·既夕記》云『掃室，聚諸窔』，鄭注：室東南隅謂之窔。其字作窔。《説文》『窔』『宧』：窔，穾也；宧，冥也。二字蓋可相通。是窔亦幽暗之處，故掃室者聚塵垢於此，猶今之掃室者必先聚之户下以便畚而出之。窔自當在户東，與牖隔遠，故幽暗。牖更在户西，户東無牖，古室中惟西南有一牖。其内曰奥，爲尊者所坐處。段氏《説文注》謂窔在户東牖西者，非是。然則窔之爲地甚迫，豈有容祭之處？毛氏蓋誤記宧爲窔，至以爲當室之白，尤謬。古人床在北牖，居室之西北，其上有囱以取明，故曰屋漏。言日光所穿漏，故曰當室之白。以日夕寢處其下，故曰仰不愧于屋漏，即獨寢不愧衾之意。此事别有辨。若宧與窔安有此乎？

是晨梳我頭。

邸鈔：命都察院左副都御史沈源深河南祥符，庚申。爲江西正考官，編修陸繼煇江蘇太倉，辛未。爲副考官。詹事府少詹事李文田廣東順德，己未。爲浙江正考官，編修陳鼎湖南衡山，庚辰。爲副考官。内閣中書陳璧福建閩縣，丁丑。爲湖北正考官，編修華煇江西崇仁，癸未。爲副考官。命通政司使黄體芳、太常寺卿錢應溥俱署理都察院左副都御史。上諭：奕劻等奏遵保神機營備操各員並統營管帶官及海軍内外學堂出力人員各摺片。副都統銜營總國勝著以副都統記名坐補。浙江鹽運使惠年著不必坐補，仍以鹽運使用。已革庫倫辦事大臣桂祥、陝西鹽法道常瑛均著開復原銜翎枝，桂祺賞給頭等侍衛，常瑛以知府記名。

十三日丁亥　上午陰，午後晴陰埃飴。是日又小極，多卧。

閲王定保《摭言》。其卷十四載咸通四年蕭仿貶蘄州刺史謝上表云：『臣官爲牧守，不同藩鎮，謝上之後，他表無因達天聽，而知在何時，備繁辭而併陳今日。』可知唐代刺史平時不得上章疏。今制，文職自道員至布政使、武職提鎮皆惟到任有謝疏事，原於此。惟唐代刺史進賀表；今制，文則布、按兩使，武職提、鎮許上賀表，餘不得上。宋代貶官者雖至海外，員外、司馬到日皆有謝上表。唐時未聞。宋制貶官至司户參軍，始削階勳、封邑，著緑衫，不得有謝上表矣。

鄭鹿門來。星垣校《漢書·藝文志》，來問數事，即復。

十四日戊子　晴陰靉靆。詹黼庭夫人饋西瓜一擔。作致品芳弟書。作致額裕如書，并是月望課題。兩得弢夫書，言星垣將南歸應試，此可謂輕於去就者矣。命僧喜答拜客數家。作書致子培。邸鈔：以太常寺少卿林維源爲通政司副使。翰林院侍讀吴講轉侍讀，司經局洗馬馮文蔚升侍講。

十五日己丑　晨晴，巳後多陰，午後大雨，有雷，下午雨止，陰晴靉靆，晡後復大雨，入晚稍止。弢夫來。仲弢來。夜月出，甚清皎，庭樹尚濕，凉影可濯，小窗映之，燈火可親，卧須衾褥。

十六日庚寅　初伏。晴，上午頗凉爽，下午漸熱。得陳蓉曙書，約爲十刹海觀荷之飲，即復，以疾辭。得蔡耀客書，取還所著《經窺》四册，言將以贄翁尚書。王星垣以書告將南歸應試，作書慰藉之。子培來。湯蟄仙來。是日家人召演傀儡戲，終夕聒擾，爲之不瞑。雲門之子仲敏來，命僧喜見之。

十七日辛卯　晴，酷暑。鄭鹿門來辭行。作書致書玉，饋以西瓜十枚，得復。始以瓜桃薦先人，并薦冰，以昨日少凉，故改今日。始嘗瓜，遍頒僕媪。子虞來。是日疲倦之甚，取星垣所閲問津諸童三月望課卷更定之。文題『服周之冕樂』，凡七十七人，仍取王德純第一。傍晚雨，入夜益密。命僧喜視子獻疾。

十八日壬辰　至午陰晴蒸溽，下午陰，晡後密雨。剃頭。得子獻書，即復。周蕺君來。新選長蘆海豐場鹽大使謝恭壽來辭行。評閲學海堂三月諸童卷訖，凡三十九人，取孟廣悟第一。題見後。得介唐書，即復。

邸鈔：上諭：翰林院編修王懿榮呈請續修《四庫全書》，並臚陳本朝儒臣所撰《十三經疏義》，請飭取列學官各一摺，著俟《會典》纂輯告成後由翰林院奏明請旨。前直隸津河道萬培因補永定河道。本任道方濬師病故。

十九日癸巳　晴，微陰，酷暑。王星垣解館去，送以六月脩金八兩。作書致弢夫，約其邀鹿門及星垣今夕小飲，得復，言鹿門已行，渠患腹疾，辭飲。饋殷尃庭西瓜一儋。評閱三取書院三月望生童課卷訖。生五十一人，文題『服周之冕樂則韶舞』，詩題『桃花梨花參差開得開字』，取陳文炳第一。童三十八人，文題『遠佞人』，取余士偉第一。再作書致弢夫，得復。得爽秋書，即復。

二十日甲午　晴雨不定，下午陰，傍晚又雨。以素饌祀觀音，以瓜果蔬酒祀節孝張太恭人，以十六日生日，今日併供食，下午畢事，焚楮泉。星垣書來，乞書摺扇，乞怡府箋留其一紙，作復還之。兩作書致弢夫，以星垣言到館未及四十日，不敢受兩月脩脯，屬弢夫告以君子之交，非同市儈計日論直，此所謂客气，非禮辭也。介唐來，以前日命僧喜告以延請楊寧齋爲塾師託爲轉致，今日來言已訂定矣，每月束脩六金。是日評改學海堂三月諸生課卷訖。『子雖貴不爵父解』，『大夫宗子七十必娶婦解』，『荀子性惡論』，『唐宣宗當後武宗論』，『清明日賜百官新火賦以題字爲韵』，『春水船如天上坐賦以題爲韵』，『春陰妨柳絮得妨字』、『月黑見梨花得花字』五言八韵二首。舉貢生員等三十餘人，取内課張大仕、李鳳池、楊鳳藻、孟繼坡、趙慶頤等五名。更閱問津諸生卷。

二十一日乙未　晴陰相間。評閱問津諸生卷。以團扇畫竹籬高柳并書《唐摭言》一則贈王星垣，又爲書怡府箋一紙，命僧喜往送。高主事增融來，陝西人，新分户部江南司。得陶秀充書，爲湘中秦子質乞書摺扇。星垣來辭行。

邸鈔：正白旗領侍衛内大臣、正黄旗滿洲都統、固倫額駙公景壽卒。 詔：景壽持躬端謹，練達老成，蒙宣宗成皇帝賞給散秩大臣，文宗顯皇帝擢授都統、御前大臣。 穆宗毅皇帝復加倚任，賞派各項差使。 朕御極後，派令管理神機營等處事務，並賜在紫禁城内乘坐二人椅轎，賞坐四人肩輿。 宣力有年，克稱厥職。 前因患病，迭次賞假。 兹聞溘逝，軫惜殊深。 加恩賞給陀羅經被，派輔國公載澤帶領侍衛十員即日前往奠醊。 照都統例賜恤，賞銀二千兩治喪。 伊子候補五品京堂志勳、工部候補郎中志崇均俟百日孝滿後由該旗帶領引見，署正衘監生志常俟及歲時帶領引見，用示篤念藎臣至意。

二十二日丙申　晴陰埃皆，酷暑，極鬱，晡後尤甚。 評改問津書院三月諸生課卷訖。 文題『樂則韶舞放鄭聲』，詩題『梨花淡白柳深青得青字』。 凡一百十一人，取内課陶喆甡、李鳳池、楊鳳藻、華世奎等二十名。 庚午同年許延祺來，新分發四川知縣。 弢夫來。 子虞來。 陳梅坡來。 慧叔之子珣新入大興縣學十四名，今日來報。 夜酷熱，卧裸，但須扇。 二更後雲合，三更後大風，四更後大雨，徹曉有聲。 作書致額裕如，寄去課卷兩箱并是月學海堂課題。

邸鈔：命鴻臚寺卿李端遇山東安丘，癸亥。 爲江南正考官，户部主事承蔭正藍滿洲，庚辰。 爲副考官。 翰林院修撰曹鴻勛山東濰縣，丙子。 爲陝西正考官，編修劉傳福江蘇吴縣，甲戌。 爲副考官。 以翰林院侍讀學士溥良爲詹事府少詹事。

二十三日丁酉　晨密雨，至上午稍止，傍午復雨，晡稍止，微見日景，晡後復雨，傍晚止，晚又雨。 廄中祀馬神。 胡伯榮來辭行，以十六金爲別，固却之不得。 陶秀充來。 夜雨，二更後益密。 蕚庭饋西瓜八枚，即以饋詹黼庭夫人。

邸鈔：以貝勒載漪補正白旗領侍衛内大臣。 以禮親王世鐸調補正黄旗滿洲都統。 協辦大學士、户部尚書福錕調補鑲紅旗滿洲都統。户部左侍郎熙敬補正紅旗漢軍都統。命豫親王本格總理行營事務大臣。貝子奕謨補授閲兵大臣。皆景壽缺。

二十四日戊戌　晨密雨，上午微晴，午後晴，下午驟雨，密甚，晡後漸霽，虹見。是日倦甚，卧而讀《易》，時時睡去。弢夫饋西瓜五枚。慧叔弟饋西瓜八枚。

《易》理幽深，往往百思。如歸妹六五，『其君之袂不如其娣之袂良』，虞氏雖委曲取象而『袂』字終不可通。竊謂君者，女君也，六五以陰而居尊位，爲女君之象。袂即夬字，夬者，决也。娣謂二也，二居中而得五之應，其上衹一陰，可决而去之。五則本陰，又比於上之陰，欲决去之，甚難，惟與娣同心相應，得二之助，則有又成。故曰『月幾望，吉』。望者，日與月相對，五二同心以感君，則可冀君之相敬愛。聖人繫此爻者，爲后、夫人警，不可恃帝妹之尊而不禮娣姪，或生嫉妒也。唐高宗王皇后害蕭淑妃之寵，援武昭儀以敵之，遂罹奇禍，此厄於上六之陰也。故孔子《象傳》曰：『帝乙歸妹，不如其娣之袂良也。』不下解義，惟省『其君之袂』四字，知所謂君者即帝之妹，而義已明也。六五終在尊位，能與二相應，則不失其貴而可行，故曰『其位在中，以貴行也』。付崇效寺殯宮銀六兩。

邸鈔：上諭：禮部奏江南副考官承蔭係江寧駐防，應否迴避，請旨一摺。江南副考官著改派曹鴻勛去。劉傳福著改充陝西正考官。陝西副考官著承蔭去。

二十五日己亥　晨微陰，巳後晴陰相間，午晴，晡後微陰，傍晚雨，入夜漸止。

偶與子弟論《説文》□、□兩古文之義，記之於此，足爲言小學者之一助。手部握，搤持也，从手，屋聲。□，古文握，此大徐本也，小徐本作□。案：此即奉字也。奉从丯，从廾，从手，既从廾，又从手，繁複無義，此蓋後出字。□上丯即丯之小變，非艸蔡之丯字。□即廾字而連之，故小徐仍从廾。从至者，

物至而搤持之。亦从屋省聲。奉，輕讀扶隴切，重讀步奉切。俗之捧字，即奉之重讀。奉、屋一聲之轉，古以握、奉爲一字，而奉从至不从手也。民，衆萌毛本作氓。也，从古文之象[glyph]，古文民。案：[glyph]，从[glyph]从[glyph]。[glyph]者，女之古文。許於女部云：婁，古文作[glyph]。其下女字正如此作。《汗簡》女作[glyph]，母作[glyph]，毋作[glyph]。又引《説文》：妻，古文作[glyph]。是[glyph]，爲古女字無疑。[glyph]者，草木生也。民从女[glyph]，猶姓从女生。古惟天子因生以爲姓，其下惟帝子及大臣有功德者得賜姓，故姓从女生，言惟神聖之母所生者，始有姓也。民者，衆庶萌生，故从女[glyph]，猶草木之繁蕪以生也。大徐本[glyph]作[glyph]，蓋从母之古文；小徐作[glyph]，筆畫小變而从母之形更顯，从母者所謂衆人之母，與从女之義一也。或疑下从匕，古化字，从到人，謂母之所化生，其説亦通。小篆作[glyph]，仍从古[glyph]字，而下省作[glyph]，蓋即[glyph]形而小變之，其實一也。故曰从古文之象。至民、氓、實一字，後人重讀之，因加亡爲聲，而作氓，經典用民、氓，字無異義。氓之蚩蚩，即所謂『民可使由之，不可使知之』也。

爲胡伯榮作書致施君甫，因言近年老病跛躄之狀，約千餘言。周世講衍齡來，蓋催撰荇老志銘也，以病甚謝之，稍緩此事，耿然於心，然近日實不能爲也。付長春寺公餞敦夫、可莊酒席銀二兩二錢三分，付擴誼、同誼兩義園中元楮繦錢八千。以西瓜六枚饋介唐，見報以蘋果酒一瓶。伯循來。

邸鈔：以户部右侍郎續昌轉左侍郎，兼管三庫事務。以兵部右侍郎崇禮調補户部右侍郎，兼管錢法堂事務。以□□□□巴克坦布爲兵部右侍郎。

二十六日庚子　丑初初刻十二分大暑，六月中。是日中伏。晨至日昳晴，酷暑，晡微陰，有雷，旋復晴，傍晚大風，晦，雷，暴雨狂甚，晚東南虹見，西北黄色如金光。皇上萬壽慶賀節。晨起剃頭，晡浴。

閲高郵茆雩水泮林所輯《世本》。較洪氏飴孫本爲謹嚴。前有自敘，考證甚密，頗言錢氏大昭、孫氏馮翼所輯之疏，又謂孫淵如所藏澹生堂鈔輯《世本》二卷及洪氏所編《世本》四卷，外間俱未之見。江都秦嘉謨因洪書作《世本輯補》刊行，而所補者類皆司馬遷、韋昭、杜預之説，注欠分曉，與《世本》原文相汩，轉覚蕩然無復疆界。泮林輯此，與秦同時云云。是序後題道光元年十月。案：秦嘉謨補輯本自序稱原輯僅得六卷，復得澹生堂鈔輯《世本》三卷，又於孫淵如觀察處購得洪大令飴孫所編底稿十卷，較原輯增十之三四。爰延顧君千里詳加校閲，其體例悉遵洪武云云。其後題嘉慶丙子九月。是洪書本十卷，今秦書亦十卷。近時吴中人皆言即洪氏書，秦實無所增加而盜爲己有者。據茆序則當時耳目所接，與秦同輯此書，而秦先刊行也，然秦書竟據《史記》及韋氏《國語解》、杜氏《左傳集解》所言，以意增補，取盈卷帙，大非輯古佚書之體。茆氏譏其汩亂，蕩無疆界，是也。

得介唐書，即復。再命僧喜視子獻疾。新授湖南沈廉使晉祥來。

二十七日辛丑　竟日陰晴靉靆，濕溽鬱悶。得額裕如書。得子獻書，饋藿香露一小瓶，糟鰣魚兩片，并贈僧喜竹臂閣一枚，作書復謝，犒使二千。閲秦氏《世本輯補》。作書致子獻，饋以肉瀋海參一器，笋燖素脯一器，以菽乳衣裹築之成餅，軒而切之成方片，再以香油和笋及木耳、笋幹、香菌煮之，名素鷄脯。此爲越中僧庵香積珍膳，吾家擅之。棗嵌核桃一盤，并代僧喜作謝以嘉定刻花竹臂閣見詒七律一首，得復。以花糕、蜜桃、燖肉、餅餌饋慧叔弟。傍晚坐庭下理畫具。補作昨日紀夢詩一首。

夜夢歸故園作

夜來何所夢，夢歸故山廬。山陰西郊外，聚族横河居。宅後十頃地，旁臨官瀆湖。竹圃各自闢，袤延半里餘。家家有高樓，朱翠相縈紆。吾宅割半畝，面城開里閭。後有樓五間，青苔黯金鋪。時節偶一登，憑闌俯佃漁。湖光收不盡，平野連茭蒲。亂帆過如葉，鼓枻時相呼。鸕鷀排艇列，鷺飛趁鷗鳧。柴罧忽中斷，間以紅芙蕖。此境常在目，久旅徒長吁。一旦落吾手，指點真畫圖。青山列眉際，天光在衣裾。左右挹明鏡，瑠璃納窗虛。七日儻不醒，何必游華胥。

此詩伸紙疾書，一晌而成，不改一字，由理得情，真絶去琱飾也。其佳處尤在起結，自然不贅一語，此晚詣老成不易到也。

夜偕家人小飲，二更後就卧。是夕熱甚，五更後有雨。

二十八日壬寅　晨陰，上午微晴，午後埃䨠，鬱溽，晡後雨，傍晚止，夜雨數作。皇上誕節。爲黄叔容紹第扇面畫『倚杖柴門外，臨風聽暮蟬』詩意，略用黄鶴山樵兼石田法作兩童叟，尤有意。蔡臛客來，朱文川來，邑人袁敬偕其子蓺來，此皆前昨兩日來者，比日以疾謝客，皆不見，今日閲門籍，始知之。劉仙洲夫人來，以其媵手製繡黹兩事詒張姬。江蘇劉廉使樹堂送別敬二十金，四川何廉使樞送别敬十六金，皆犒使四千。兩君皆過余而未嘗往答，重煩此饋，甚歉於懷，又聞其皆已出京，留人轉送，不能還之，既缺酬酢之禮，又虚施報之意，矯枉過正，君子不爲，記之以志自愧。更爲叔容扇面書昨詩，即作書致仲弢送去，得復。印結局送來是月公費銀十八兩。

二十九日癸卯　晨霒陰，上午溦雨，午後微見日景，下午大雨，晡後雨益甚，入夜瀧瀧，至五更稍止。買草花兩儋，種之東圃，紅紫粲爛，以襯緑陰，亦自可觀。弢夫來。内堂頂笮漏，易以葦架。作書致楊寧齋孝廉越，并聘金二兩，約其月吉上館。作柬致介唐，邀是日午飲，并寫單約邑館六七君同飲。比日苦濕，多卧，閲胡元任《苕谿漁隱叢話》以自遣。

三十日甲辰　晨溦雨，已後漸晴，午後晴。比來每早遣僕詣深溝市羊肉一斤，所煮帶湯，用南法也，地在正陽門東都中，祇此一家。往市者苦涉泥淖，日給以京錢三百爲賞格，自昨日令止之，以節其勞。兩日斷屠，便覺無下箸處。自歎年在西崦，不能舍肉，遠慚士季，近愧東坡，欲回屠肆之心，宜付門生之議。子虞來。命僧喜往拜其師。作書致介唐。

秋七月乙巳朔　晨晴，上午微陰，旋大雨，傍午雨益甚，午後如注，至日昳稍止，衢巷庭院積水尺餘，晡後晴。命僧喜詣先賢祠代余行禮。以車從迓楊寧齋到館，傍午送僧喜入塾讀書。介唐、沈伯祥、陸蓮史、戚聖懷、朱文川及婁儷笙次第至，雨甚，客皆淋浪褰衣濡足以入，亦飲客之惡劇矣。下午設飲，至晡散。徐班侯來。室後墉將圮，召圬人更築之，方坼而雨大至，甚有排墻之恐。以瓜、桃、新蓮子、新核桃、新藕羹及素饌供先人。付客車飯錢十千，廚人賞十四千。

初二日丙午　晴，酷暑，溽蒸甚，不能堪。比日病濕，倦甚，卧閱《苕谿漁隱叢話》，時時睡去。付翰文齋書肆銀十六兩。

初三日丁未　竟日濕陰，間晴，鬱溽酷暑。剃頭。昨以修北墉移室中家具，僧喜於書架上積塵中檢得紙一束，啓之，得一直幅，上爲王定甫通政所書《滿江紅·雪中訪徐天池青藤書屋不得》詞一闋，是乙丑冬爲季弟彦僑所書，便面下爲任渭長山水小景，蓋癸未春内子來京時季弟屬附乞余題詩者。内子未以告余，亦未之見也。次年季弟有書來促，余索之不得，遍問家人，無知者。今季弟没已逾三稔，内子去我亦已歲餘，展卷悽然，惝怳如夢。今日爲題一絶以付僧喜。酈昌祁來，不見之。仲弢來。晚霞催霽，有風，頗凉，坐庭柳下聽蟬聲，便覺蕭爽。是日買紫薇花兩盆，付錢十二千。

題季弟數年前所寄山水小幅

一角清秋小筆山，荒寒野渡古林間。雁行已斷斜陽暮，猶繫孤舟待我還。

庭樹入秋始聞蟬鳴以詩詠之

爾亦來何暮，迎秋始作聲。園林知未就，門户本無争。選樹終堪託，因風倍有情。爲催殘暑退，故送管絃清。

邸鈔：上諭：張曜奏伏汛盛漲，六月二十五日山東章丘縣大寨、金王等莊圈埝被冲，將南面大堤漫流並塌陷堤身三十餘丈。覽奏殊深軫系。即著張曜督同在事員弁將漫口迅速堵合，毋稍延緩。被災户口分別振撫，毋任失所。其搶護不力之道員李希杰摘去頂帶，副將黃金得革職留工。張曜督率無方，亦難辭咎，著交部議處。丁憂前□□府知府孫紀雲授山西太原府遺缺知府。前□科給事中張人駿補兵科給事中。捐復知府林戴亨准其捐復原官，照例用。丁道臣以主事用，丁道源以光禄寺署正用。山西太原府知府俞廉三升冀寧兵備道。廉三，山陰人，由佐貳雜職出身。林戴亨，林肇元之弟，前以交通賄賂革職。丁道臣、丁道源，皆丁寶楨之孫。

初四日戊申　竟日微晴，多陰，晨凉，午後溽暑如故，晚稍凉。閲《通考》。朱苗生來，并投行卷。爲庚午同年許維伯延祺作書致何相山廉使，并謝其惠銀，寄以先賢祠目三册。命僧喜詣先賢祠視子獻疾，又詣吴興館送許維伯行，以書交之。是日以俯整書架致傷腰呂，此自忘其老之過也。

初五日己酉　晴，酷暑，微陰。得子獻書，饋海參一包，三白瓜兩枚，即復謝，還海參。新授永定河道萬蓮初培因來。再得子獻書，送海參，復受之。閲《通考》。比日多病，看書不能竟首尾，即困劣思卧，可歎也。夜一更後忽雲合，雷電交作，大雨，歷一時許稍止，復雨，竟夕點滴有聲，漸凉。

初六日庚戌　竟日陰晴不定，傍晚有雨，即止。作書致子培，致弢夫，以久病不出，約日詣陶然亭看雨後萫色，俱得復。西偏緑藤小舍後梠圮，復召圬人修之。閲翁氏《復初齋文集》，其序跋議論儘有佳者。子培來。爽秋饋鮮荔支三十枚，作書復謝。夜二更後雨，蕭瑟達旦。

初七日辛亥　晨雨益密，瀧瀧至晡稍止。先君子生日，供饋肉肴六豆，菜肴四豆，菜羹一，饅頭一盤，麵一盤，時果四盤，西瓜一，新蓮子湯一巡，酒、茗、飯各再巡，晡後畢事。得子封書，即復。得心雲六月二十一日里中書，言於十五日抵家，里黨平安，又聞仲凡言，先高祖木客山塋地被盗葬事，李幅籌已知改悔，自願遷移。此祖宗之靈有以默相之，果能如此，吾家之福也。子封來。夜家人小作瓜果筵祀牛女。

初八日壬子　晴，酷暑鬱溽。得弢夫書。作書致朱苗生，則已於今早赴山左矣，作書致弢夫屬轉送。是日簡放試差畢，余又不得命。兩年兩試，兩取第一，而皆付沉淪，此自來所無，非政府力沮之，不至此也。然余一生偃蹇，所至鉏鋙，無顔駟之怨尤，守子雲之寂寞，鑿舟任運，木雁何心，事事磨牛，年年失馬。宋人詩云：『不須愁日暮，天際乍輕陰。』若余之西崦，久催東隅，何得羞方朔之自薦，戒主父之倒行？絶望陽戈，難收炳燭，生涯久盡，疾病交侵，要豈盡章惇所爲耶？弢夫來言漱丈、仲弢喬梓與可莊、敦夫謀爲余捐試俸爲考御史地。向例進士補官無試俸，蔭生及捐納者則有之，其先到部後中進士者仍須試俸。然既奉旨以原官即用，且先給半俸，則例應免之，而捐納者得一小差幹，保補題缺及任子恩賞選缺得官者反不試俸，此吏部胥吏舞文，最不平之事也。余補缺已二十有八月，將届三年，而捐免試俸仍以三年計，需實銀五百十八兩，不繳此銀則不得保送御史。昔年伯希、仲弢、介唐、可莊、子培、弢夫諸君已有此議，余力止之；今諸君不以告余，先自集貲，俟今日試差已竣，即具呈户部，其意甚盛。又以近日臺諫閴寂已甚，自寶廷、陳寶琛、張佩綸行事敗露，佩綸尤名節掃地，朝廷久厭薄言者。今年屠御史罷斥科道，益不能自振。其在職者大率猥鄙頑鈍，發蒙振落，茶然待盡。冀余一旦入臺，矯舉風棱，以言盡責，此其意亦甚厚。然吾衰甚矣，憂患餘生，尚能有幾？且此輩當軸，必不使之入臺，即幸點班聯，而柴立頹波，獨弦下里，積嫌叢怒，亦必不能有爲，徒負知己之期，何補國家之事？『陳力就列，不能者止』，先哲之達言也；『豈不欲往，畏我友朋』，古人之通義也。故堅屬弢夫爲告潄丈、仲弢，亟寢此議。書玉饋蓮藕食物，作書復謝。晡後浴。聶楫臣來。

邸鈔：上諭：慶裕奏假期屆滿，病仍未痊，懇准開缺一摺。盛京將軍慶裕著准其開缺。以太常寺卿錢應溥爲宗人府府丞。命禮部右侍郎寶昌正黃滿洲，甲戌。爲山東正考官，編修蔣艮河南商城，庚辰。爲副考官。謝雋杭山東福山，庚辰。爲山西正考官，徐琪浙江仁和，庚辰。爲副考官。徐致靖順天宛平，丙子。爲河南正考官，李葆實山東歷城，癸未。爲副考官。

初九日癸丑　晴，酷暑不堪。剃頭。自贊西洋照景一首，又題五律一首以寄家人。作復心雲書，致品芳書，并寄去照相兩紙。以茘支一盤、玫瑰宮餅一盤詒弢夫。夜熱甚，不能寐。

六十一歲小像自贊

是翁也，無團團之面，乏姁姁之容。形骸落落兮，謹畏匑匑。須眉怊悵兮，天懷暢通。故其貌谿刻兮，而心猶五尺之童。其言謇吶兮，而辯爲一世之雄。不知者以爲法官之裔，如削瓜而少和氣兮；其知者以爲柱下之冑，能守雌而以無欲爲宗。烏虖，儒林耶？文苑耶？聽後世之我同。獨行耶？隱逸耶？止足耶？是三者吾能信之於我躬。雨瀟風晦，霜落葉紅。悠然獨笑，形行景從。待觀河之將皺兮，撫桑海而曲終。故俗士疾之，要人阨之。而杖履所至，常有千載之清風。

自題小景寄里中親知

離家已廿載，面目是耶非？人道鬢眉古，吾嗟氣力微。親朋應共識，弟妹儻相依。何日還三徑，携兒采蕨薇。

邸鈔：詔：宗人府府丞錢應溥仍在軍機章京上行走。吏部郎中善承授河南開封府遺缺知府。

初十日甲寅　晴，酷暑。作書致潘伯循，饋以深溝湯羊肉二斤，得復。得弢夫書，詒海寧羅漢香一合，言捐奉事户部堂呈已具，漱丈意不可回，即復書再力言之，請罷其事。仲弢饋鮮荔支一合。是日因貓污架上書，取出曬之。偶閲《金石萃編·千福寺多寶佛塔感應碑》文有云：『許王瓘及居士趙崇信女普意善來稽首，咸捨珎財。』許王瓘者，高宗蕭淑妃子許王素節之子，兩《唐書》皆附見素節傳，亦見《新書·宗室世系表》。王氏跋乃云許王瓘諱字玉旁，當是玄宗諸子，而兩史諸王子傳無之。方外文字多夸張之詞，不能盡覈，大率類是。可謂不檢甚矣。《萃編》諸跋多錢同人等爲之，往往疏率，故金石家多致不滿也。六朝及唐經幢造像、寺刹碑陰凡婦女施財者多曰清信女，其止稱信女始見於此。

夜有雹。

邸鈔：以湖廣總督裕禄爲盛京將軍。以世襲二等恪靖侯左念謙爲太常寺少卿。

荀學齋日記後甲集之上

光緒十五年七月十一日至光緒十六年正月十四日（1889年8月7日—1890年2月3日）

光緒十有五年己丑七月十一日乙卯　酉初二刻三分立秋。晨及午晴，下午晴陰相間，晡後陰，傍晚雨，夜大雨，二更稍疏，終夕有聲。是日酷暑，寒暑表至九十餘分。閲惠氏《易漢學》。徐班侯來。書玉夫人又生一子，饋以蓐房食物。

邸鈔：詔：張景春現已服闋，仍補授江南蘇松鎮總兵。張景春本署任。以記名提督陳鳳樓爲江南徐州鎮總兵。本任徐州鎮總兵董鳳高病故。

十二日丙辰　晨晴陰相間，巳後多陰，午後晴，晡後陰，晚晴有霞。曬書。額玉如運使送來秋季束脩二百四十一兩，即復，犒其使二金，寄去是月望課題。

閲《開元占經》，湖南新刻巾箱本，訛錯至不可讀。去年曾見有官書鈔本，不購，可惜也。此書引緯書甚多，然大率附會謬悠之言。蓋緯與讖有别，後人多亂之。凡自漢哀、平以後所盛行者，圖讖也，而附之於緯，故《光武紀》、桓譚、尹興等傳及魏晉所言受命之符，皆在讖中。鄭君《三禮注》所引，則皆在緯，而不及讖。若何邵公《公羊解詁》，乃浸淫及讖矣。故鄭君云《公羊》善於讖也。隋文焚圖讖，并及緯書，佚文偶存，不能復别。《占經》所引占候灾祥，妖妄居多，實皆本於讖耳。如所引《孝經雌雄圖》之類，謬妄尤甚。其名曰圖，是本圖讖而非緯甚明。輯緯書者，當分别觀之也。

蕭山人陳綬藻來。繆恒庵之甥也，來告恒庵丁太夫人憂。

邸鈔：以兩廣總督張之洞調補湖廣總督。以漕運總督李瀚章爲兩廣總督，即赴新任。張之洞俟李瀚章到任後即赴調任，毋庸來京請訓。

十三日丁巳　竟日霒䨴多陰，午晴，酷暑如故。感凉嗽劇，復病。

《十國春秋》載南唐烈祖先世，頗得史家闕疑之義。然必從歐史，以爲家世微賤，此亦過也，當云家世經亂，莫詳所自出，則得矣。《江南野史》《江南録》等書以爲憲宗子建王恪生超，早卒；超生志，仕爲徐州判司，卒官，因家焉；（建）〔志〕生榮；榮生烈祖。陸氏《南唐書》等皆同。蓋當日南唐推尊四世，其名與爵位依此爲定，而實未足信。唐自開元以後，王子皆不出閣、不分房，故十六宅諸王之居迄於唐亡，未之有改。建王恪族屬甚近，其子必有嗣王，即超是衆子，而既能生子，亦當有官，超之子志何得出官徐州？即遭季世亂離，亦無授官於外之理。判司卑秩，亦不至以皇曾孫爲之。蓋烈祖之父榮自是唐苗裔，而族屬疏遠，經亂，譜牒散亡，不復可稽，榮又早卒，烈祖之伯父球携之濠州，以後亦不知卒於何時。烈祖得國，必有封贈。又晉陵郡公景邁、上饒郡公景遜、平陽郡公景逸皆烈祖從子，桂陽郡公景邈爲烈祖兄子，則烈祖尚有兄弟，而史皆不載其名。蓋國亡以後，其籍盡去久矣。吴氏此書，於昇元三年敘烈祖追崇祖考事，務依歐史，極言誣妄，不根之由，鑿鑿載之，一似當日親見者，而不知爲宋人及吴越錢氏詆毁之辭。疑事毋質，失之彌甚。至歐史之誤，余已於咸豐丙辰日記中詳言之。南唐祕書監陳致雍撰《曲臺奏議》十卷，中有《祖宗配郊位議》《四親及義祖神主合出太廟議》《太祖之廟及不遷之主議》。近人朱氏緒曾有其書，謂俱足考南唐之祀典。其文必備載烈祖以上四世名位，可以正歐史之妄，惜未見其書。《欽定全唐文》已采致雍書，余舊有之，未及詳閱，今插架亦無有矣。其議四親神主合出太廟，蓋祖東漢之制，以唐之太祖虎與高祖、太宗爲太祖兩世室，皆不祧之廟，如光武之祖高帝及文、武、宣，又擬其考元帝，而以僖、昭諸帝備三昭三穆之數，故去所追崇之四親，如光武之不以南頓君以上四世入昭穆，别立廟祀之也。後唐明宗亦以高祖、太宗爲不祧之廟，以懿、僖、昭三帝與獻祖國昌、太祖克用、莊宗存勖爲三昭三穆也。

花農來，言十八日行。子封、弢夫、吴佩葱等約十五日夜飲，辭之。得子獻書。夜初有月，旋有雲，二更後雨作，三更後大雨震霆，四更雨稍止。

邸鈔：杭州將軍恭鏜卒。恭鏜字振魁，博爾濟吉特氏，正黄旗滿洲人，故大學士琦善子。詔：恭鏜由部屬升補道員，迭經簡擢，歷任都統、將軍，宣力邊垂，供職勤慎。本年由黑龍江將軍調補杭州將軍，未及到任，遽聞溘逝，軫惜殊深。加恩照將軍例賜恤，准其入城治喪。伊子刑部主事瑞澂以本部員外郎補用。詔：本日補行引見之新進士吴桂丹改爲翰林院庶吉士。

十四日戊午　晴，微陰，埃𩂷，酷暑如故。咳嗽，身發熱。年來百病纏人，何日脱此軀殻，便爲登仙矣。得傅節子六月廿一日福州書，寄來黄忠端公《漳浦集》一部，陳樸齋《今文尚書考》一部，壽山凍石印一方，文曰『李悉伯』，壽山白石印一方，文曰『霞川花隱老人』，托陳秋丞縣令實附來。命僧喜詣崇效寺亡室殯宫，作中元之供。介唐來。夜初微陰，少凉，二更後有佳月。付崇效寺殯屋銀六兩，寺僧灑掃錢六千。

邸鈔：以直隸布政使松椿爲漕運總督，以奉天府府尹裕長爲直隸布政使。以□□□□都統、前西安將軍吉和爲杭州將軍。以甘肅蘭州道饒應祺調補新疆喀什噶爾道，升蘭州府知府恩霖爲蘭州道，刑部郎中周景曾授蘭州府遺缺知府。本任喀什噶爾道、署新疆布政使袁垚齡病故。次年四月，甘肅鞏昌府知府丁振鐸調蘭州府，景曾補鞏昌。

十五日己未　晨及上午埃𩂷，多陰，午晴，下午陰，仍苦溽暑，晡密雨，晡後雨益甚，傍晚少止，晚復雨。先君子忌日。以今日中元節，敬懸三代神位圖，以素饌祀曾祖考妣、祖考妣、本生祖考妣、先考妣十二豆，加果羹、南瓜餅，越中故事也。時果四盤，西瓜兩盤，新蓮子湯、茗飲各一巡，酒、飯各再巡，祔以三弟。晡後畢事，焚楮錁、楮鏹、楮泉。弢夫來。剃頭。得弢夫書，即復。庚辰同年孫兵部汝梅病故，送奠分六千。孫祖籍山陰，今爲大興人。家世爲吏，至孫君兄弟三人皆登甲科，其子亦中順天鄉榜矣。夜雨聲淒苦達旦，頗涼。是日望。

邸鈔：以奉天驛巡道興陞爲奉天府府尹。

十六日庚申　晨至午密雨，瀧瀧不絶，下午稍止，晡後復雨，傍晚霽。上午敬收神位圖，補行先君子忌日饋食禮，肴饌酒果如常式，晡畢事。書玉夫人生日，詒以番金兩圓，桃、麵各一盤，酒燭等四事。閲《大唐郊祀録》。此書金山錢氏已據汪謝城及張嘯山校本刻入《指海》第十八集，余未之見也。其卷九《宗廟樂章》有敬宗、文宗兩朝，注云：『元詞本闕，大閩國太常博士張連添上二首。』足見五季時各國雖據土稱帝，猶不忘唐，故《孟蜀石經》仍避唐諱，不足疑也。

邸鈔：上諭：翁同龢奏懇恩賞假回籍修墓一摺。翁同龢著賞假兩月，回籍修墓。該尚書日侍講帷，深資啓沃，一俟修墓事竣，加恩賞給馳驛回京。

奉天錦州府知府增林升奉天驛巡道。

十七日辛酉　晴，酷暑，鬱溽如故。爽秋來。作書致子培兄弟，以今日爲其太夫人生日，不能往拜，送去桃、麵、酒、燭四事。得子培復，還所饋物。作書致弢夫，再言罷捐俸事，得復。得金匱人鄧石瞿濂書，甚致見慕之意，言傾心者二十餘年，此次雖以應試來京，實欲一識予面，且賦兩絶句見志。又以秦澹如《虹橋老屋遺集》四册先之，蓋與澹如舊交，澹如詩集中譽之甚至也。其簡札辭致亦雅馴，而稱謂簡率，其殆江湖聲氣之士乎？刺字用八分，可見一端矣。以病不能見客，謝之。作書致楊莘伯，商錢常熟師事，得復，言今日蓋已行矣。弢夫來。作書致介堂，以此次捐俸事，介唐亦出五十金，余今日始聞之弢夫也，故力辭之，且極言不願捐奉之意。得復。子培來夜談。飲僧喜、冰玉各一方藥。祀故寓公。

邸鈔：命協辦大學士、吏部尚書徐桐兼署户部尚書。

十八日壬戌　晨晴，旋微陰，上午晴陰相間，溽暑如故，傍午後雨數作，下午多陰，傍晚霽，晚復雨。

閲《大唐六典》，間以新、舊《唐書》志、《唐律疏義》、《唐會要》等書校正之。比日疲劣，不能用心，吾衰甚矣。《六典》東洋本頗多誤字，尚不及掃葉山房本也。『禮部郎中』條下云：凡散官正二品、職事官從二品已上，爵郡王已上，於公文皆不稱姓。今所傳唐世誥敕公牒，往往官尊則不具姓；至侍中、中書令以上，則祗繫姓而不具名；至三公，則并姓名皆不具矣。又云：凡六品以上官人奏事，皆當自稱官號、臣姓名，然後陳事。通事舍人、侍御史、殿中侍御史則不稱官號。今直内廷者，如軍機大臣，南書房、上書房行走者，奏摺皆祗署臣某，不稱官號，亦是此意。惟未知唐時門下、中書侍郎及翰林學士等奏事之式何如也。

得張子虞書，催閲其門生蜀人廖平會試經策卷，即復。賓應劉户部嶽雲嫁女，來請酒，送賀錢六千。

邸鈔：左中允秦澍春升司經局洗馬。

十九日癸亥　晴，酷暑如故。閲《唐六典》。鄉人胡宗虞來。天津門生楊鳳藻來。

二十日甲子　晴，酷熱。雜校《唐六典》及《大唐郊祀録》。得子獻書，饋燕窩一匣，即復謝，還之。

周蕺君來辭行。陳梅坡來。弢夫來。余壽平來辭行。

二十一日乙丑　晴，酷熱不可堪。曝《通典》《通考》於庭，雜取『吉禮』及『郊社』『宗廟』諸門，校《大唐郊祀録》。周介夫及酈甥昌祁來。余久不見客矣，今日出至客次久談，留小食，至夜爲設小飲去。介夫仕宦，亦不得意，年已五十餘，而意興不少衰。今日與談里中故家，皆能具本末。近日新秦子弟，無知此者矣。介夫與余家世有姻連，今日言及余長姑草藐橋薛氏家，能歷言其房分盛衰。薛非越之世族，然擅富數世，今式微甚，子姓亦將盡矣。酈甥爲余長姑之外孫，至不能舉其外祖之名，可太息也。夜熱甚，至不能衣。是日剃頭。

二十二日丙寅　晴，酷熱更熾。作書致余壽平，則已行矣。

《宋史・文苑傳・朱昂傳》云其先京兆人，唐天復末徙家南陽。梁祖篡唐，父葆光與唐舊臣顔蕘、李濤數輩挈家南渡，寓潭州。每正旦、冬至，必序立南嶽祠前，北望號慟，殆二十年。後濤北歸，葆光樂衡山之勝，遂往家焉。是朱葆光在唐遺民中志節最著，即此一事，足以感動頑艶。全謝山《鮚埼亭集》欲補唐末節義之臣，載朱葆光等三人名，蓋本於此。《顧亭林詩集・楚僧元瑛談湖南事》絶句有云：『心傷衡嶽祠前道，如見唐臣望哭時。』自注引此事，而顔蕘誤作顔荛。顔蕘，兩《唐書》及《五代史》皆無傳，而在唐時位已通顯。見《舊唐紀》及《摭言》。李濤爲唐宗室後，歷仕梁、唐、晉、漢、周、宋，不足當節義之目。據吴任臣《十國春秋・吴越十二》所載，自全氏所舉孫郃外，郃，奉化人，宋《寶慶四明志》、元《延祐四明志》所載人物，皆作郃。《唐文粹》載其《卜世論》《春秋無賢臣論》，亦作郃。《十國春秋》作部，蓋誤。尚有吴仁璧，唐大順中登進士第，唐亡入浙，錢鏐辟之不就，又請爲其母撰墓銘，堅不肯。鏐大怒，并其女沉之江。是唐末節義之尤絶者。又有方昊、石延翰，皆唐亡不仕，全氏尚未采及之。

《宋史·李濤傳》云：唐敬宗子郇王瑋十世孫祖鎮，臨濮令，父元，將作監。此誤也。敬宗子無郇王瑋，敬宗至唐末不能至十世。唐玄宗後諸王不出閤，已見上。子孫亦不得出爲縣令。考《新唐書·宗室世系表》，太祖子郇王禕，禕生長平肅王叔良，叔良生郇國公孝協，孝協生婺州刺史、郇國公思忠，思忠生太子僕超成，超成生許州司馬澄真，澄真生遂州刺史文通，文通生監察御史穆，穆生臨濮令鎮，鎮生太府少卿元，元生濤，正得十世。是敬宗爲景帝之訛，瑋當作禕。惟元官當從《宋史》作『將作監』，蓋太府少卿其先官耳。據表，濤尚有一弟名仲寶，而傳謂濤從父兄郇仕梁，爲閤門使，則表中不見。

介唐來。夜酷熱更甚。

二十三日丁卯　晨至午晴，下午陰晴相間，傍晚溦雨，旋止。讀《通考》。得子獻書，即復。孫文卿庶常來。傍晚浴。

二十四日戊辰　晨陰，旋晴，下午微陰，仍酷熱。仲弟生日，爲之供饋，命僧喜拜之。弢夫來。得黃巖王子莊孝廉棻書，以所著《説文釋例補正》一卷見示。其書中言二十餘年不相見，特以近著相質，其意甚誠。子莊老矣，閒里居授徒，專心著述，亦吾黨之僅見者。此書補正王菉友之説，於轉注主錢可廬及近人曾文正、鄒叔績諸家，謂即形聲之母字有省筆者，如『老』本从毛、匕，而从老之部，『考』等九字皆省去『匕』字。曾氏因推之犛、爨、畫、眉、冓、筋、稽、橐、㝱、重、履、㱃、鹽、弦、西諸部，皆母字省筆者，謂之轉注。不知犛部之『氂』是會意字，『斄』是形聲字；爨部之『䰞』『釁』皆會意字；畫部之『晝』本應入日部，與『早』『昏』等爲類；冓部之『再』應入一部，『爯』應入爪部；眉部祇一古文『𡕥』，別無屬字，本應入目部；筋部祇『䈥』『⿱竹肑』二字是形聲，古今未有用此字者，疑本祇作『腱』『肑』；《玉篇》有『腱』無『䈥』，於『肑』下云亦作『⿱竹肑』。《廣韻》亦無『䈥』。而『⿱竹肑』『肑』並收，蓋宋人所增入。『䈥』『⿱竹肑』皆後出俗字，而『筋』

自應入肉部；㝱部『寣』爲會意字，餘皆形聲字。重部衹『量』一字，而『量』爲从鄉省聲，最不可解。疑『量』上本从冃，冃者，重覆也。量爲稱輕重之器名，故取覆冃之意，與『同』爲類。同者，陰律也，故中从口，以象其音之㱃處。『量』入冃部，則『重』字應并入𡈼部。『𡈼』从人从土，土者中和之性，人稟土性者多善，故𡈼訓善也。『重』从𡈼，即从土，物莫重於土，而厚重者必善，故亦从𡈼也。鹽部之『鹼』，明當屬鹵部，傳寫者誤入鹽部，段氏已言之。『鹽』是形聲字。稽、櫜、履、㱃四部，所統皆形聲字。『酉』本古『酒』字，『酉』下説解可證。『丣丣』之『丣』自作『丣』字，『酒』乃小篆加水耳。曾氏所舉，本屬偏駁，子莊更推之『高』『亭』『烏』『焉』等字，則支離益甚。『亭』从高省，从丁聲。『焉』與『馬』象形各別，安得甥屬之轉注乎？至謂假借之『令長』當作『令長』。『令』从反乁，乁，古文『及』字，乁者及前人也，反乁則令人矣。『長』从倒亡，亡者不長也，倒亡則長矣。尤爲穿鑿無理。許君於六書下所舉『上』『下』『日』『月』『江』『河』等字，皆舉常語以相譬曉，『令』『長』亦人人所知，故以此二字明假借之用，『令長』是何語乎？總之六書之恉，至今日已如日月經天，稍有知識者無不瞭然，不必復任私臆，求勝古人，徒出卮言，終歸覆瓿。即許書自段、顔、二錢、桂、王六家後，搜索亦殆無遺義。後人補苴百一，未爲不可；若欲別求蹊徑、自闢町畦，亦多見其不知量矣。

徐亞陶來。作書致子培。弢夫、子培來，留之夜飯。

子培携新出土之隋大業二年邯鄲縣令蔡君妻張夫人墓志拓本見示。正書二十六行，行二十六字。夫人諱貴男，范陽方城人，梁侍中、尚書左僕射綰之孫，陳給事黄門侍郎、廷尉卿尤之女，其同堂姑爲梁明帝后，明帝即蕭巋也。考《周書》《隋書》《北史》及《梁書》《南史》，備載昭明太子母爲丁貴嬪。謚曰穆，《梁書》《南史》皆云簡文追尊爲穆太后。妃爲金華蔡妃，生豫章安王歡，侯景立歡子棟爲帝，追尊妃爲敬皇后。宣帝立於江陵，追尊爲昭德皇后。保林龔氏生宣帝詧，詧尊爲皇太后。巋立，尊爲太皇太后，謚曰元太后。詧后王氏，巋立，尊爲皇太后，謚曰宣静皇后。貴嬪曹氏生巋，尊爲皇太妃，謚曰孝。獨不載巋后何姓。惟《隋書·煬帝蕭后傳》言后爲梁明帝蕭巋女，嘗育於張軻家。據此則巋后張氏，而貴男爲綰之孫女，巋后爲貴男同堂姑，蓋是綰兄弟纘、緬、絢之女。纘爲武帝從舅弘策之子，出繼武帝舅弘籍，又尚武帝第四女富陽公主，因與詧兄譽交惡，實構荆湘之亂，故爲詧所誅。綰爲纘弟，因臺城陷，奔江陵，元帝以爲侍中、尚書左僕射。《梁書》《南史》皆云魏克江陵，朝士皆俘入關，綰以疾免，卒於江陵。而《周書》《北史》詧傳皆云詧稱帝後，張綰以舊齒處顯位，是綰仍任用於詧世。又《梁書》《南史》皆祇載綰次子交尚簡文第十一女安陽公主，《南史》作定陽。元帝時官祕書丞，據此則綰有子亢在陳爲顯官，皆可以補史闕。惟《志》不載其夫之名，未知是否詧司空蔡大寶一家。貴男之父既爲陳官，則似兩家皆在江南。《志》有云：『蔡侯述職邯鄲，夫人從任全趙。大業元年九月終於官舍。』是爲縣令已在隋時。其述梁明帝后云：『爰自諸宮，旋駕淮海，夫人拜見，即蒙賞異。』據史載，巋薨後，子琮嗣位，二年，爲隋文帝所廢，舉家入長安，巋后不當有歸淮海之事。又云：『既而金湯失險，闕河飄寓。』則似敘陳亡之事，豈當隋將廢梁，巋弟巖及巋子瓛率居民奔陳時，奉巋后俱行耶？《南史》纘傳言纘自湘州携二女單舸奔江陵，豈巋后即纘二女之一耶？皆不可考矣。纘雖與譽、詧爲仇，而本是世姻，纘子希亦尚簡文帝第九女海鹽公主，元帝時官侍中。故綰仍被顯用。巋娶於張，不足怪也。

是日復患咯血，兼苦痔發。夜酷熱更甚。

二十五日己巳　晨陰，上午雨作，午後密雨，傍晚霽。咯血兼患痔甚劇，終日多困卧。是日稍凉，夜凉，需袷被。天津楊生鳳藻來。

邸鈔：命禮親王世鐸充崇文門正監督，右翼總兵文秀充副監督。

二十六日庚午　晴熱。仍咯血，痔疾益甚。雜校《梁書》《南史》，并曝之。命僧喜視雲門之子，屬其携具來館於我，不值而歸。張姬以余疾禱吕仙祠，又詣介唐夫人，還介唐爲余捐俸銀五十兩。周知府景曾來。得介唐書，爲余鈔筆記一册。夜凉甚，五更需綿衾。月皎於晝。

邸鈔：翰林院侍講學士長麟轉侍讀學士，前侍講學士會章補侍講學士。

二十七日辛未　辰正初刻六分處暑，七月中。晴，有風，凉爽，始有秋意。曝書。評改問津諸生課卷。天津孟生繼坡來，胡生溶來，黄生耀庚來。胡生字敬臣，送贄金二兩，還之。黄生字夢侯，饋餅餌兩匣，受之。介唐夫人來。得介唐書，反昨所還金。即作復，仍還之。付賃屋六金。

二十八日壬申　晴，稍熱。作書致子培，借以王南陔《説文段注補訂》及《蔡夫人墓志跋尾》，得復，以前所借《津逮祕書》一帙見還。書玉第三女許字周知府景曾之子，來請酒，饋以食物四合，張姬往。雲門之子仲民庶來見。天津門生張煦林大仕來，以海參一包爲饋。胡生敬臣饋頻果、蓮子、藕粉、采蝦，收其藕粉，餘作書還之。孫文卿柬夜飲，辭之。胡生敬臣自送所還果物來，不敢求見，其意甚誠，命僧喜款之，小飲真蘇館，受其頻婆果。津門諸生從余有年，頗相親也。季士周來。子虞來。鄧石癯來。

二十九日癸酉小盡　晴，少熱。閲津門諸生課卷。陳蓉曙來，留之久談。

傍晚坐庭下，閲《唐詩紀事》。此書條例秩然，於唐人文獻甚有功，而所采中晚唐人詩頗鮮别擇，故多存俗劣之作。其載張爲《主客圖》，某人升堂、某人入室，所收詩句往往可笑，惟其中姓名多有不經見者，亦幸藉此以存也。

送寧齋七月束脩六金。剃頭。得姪孝玟六月廿三日虞鄉書，言兼辦芮城刑名，月得束脩六十金，近寄百金歸里爲其父喪葬之費。諸子能自樹立，深慰老懷，所悲三弟已不及見，不然窮途暮景，亦可少寬也。

八月甲戌朔　晨日出甚麗，旋微陰，上午陰晴相間，午後薄晴多陰。王子獻來，言病新愈，今日始出門，陳梅坡來辭行，皆留之久坐。命僧喜同其師楊寧齋偕至真蘇館午飲。天津門生陳生文炳、陳生自珍來，以痔發不見。弢夫來。閱司馬温公《傳家集》。乾隆初陳文恭宏謀刻之，吴中浦起龍所校，嘗以刻本進呈，然頗有誤字。

邸鈔：福建候補道劉倬雲授汀漳龍兵備道。本任道聯興病故。

初二日乙亥　晴，稍熱，午後微有風，晚小雨，有雷電。閱《傳家集》。温公之文，醇實不待言，其氣勢每層纍而下，筆力亦不可及。所論事理和平曲當，字字饜心，所謂『似倩麻姑癢處搔』也。惟論古人，則往往失之迂滯，其《史剡》及評史諸條，多老生之常談。下午始出門答客，蓋閉户六十日矣。晤龐絅堂、劬庵兄弟，詣陳梅坡送行，詣子獻、孫文卿，俱不值。詣弢夫、介唐、書玉，俱晤談。謁仁錢館答拜陳楷孫綬藻，傍晚歸。作唁繆恒庵丁内艱書。致額裕如書，以聞裕如署直臬、胡雲楣署運使也。是日見閻朝邑所撰丁文誠寶楨墓志，文甚支離，多累句，其銘辭首二句云：『衆人如楊柳之於浮萍，君子如松柏之於茯苓。』尤不成語。檀編修璣爲其尊人斗山觀察崑開吊，送奠分六千。觀察，甲子舉人，需次天津。編修近出甘肅試差，未出都聞訃矣。

邸鈔：工部郎中中衡授山東兖沂曹濟道。本任道秦鍾簡病故。

初三日丙子　晴，復熱，晡後微陰。閱四川廖進士平今年會試五經文，其房師張子虞屬余爲之點定也。此君爲張香濤、王壬秋兩人所稱賞，遂自負甚，繼以兩人爲不足重，益務爲高遠迂誕之説，自命《公羊》大師，以《王制》爲孔子所作千古大法大經，《公羊》即本此爲説，所謂素王赤制盡在於是，以《周禮》《左傳》爲瀆亂不經之書，自信不疑，奮筆著述。張、王兩人，不學好奇，流毒至此。然其學實遠出兩人之上。今日觀其經義，首題『爻也者，效此者也；象也者，像此者也』，以音轉訓詁相生爲説，頗能推闡經例。次題『帝舜曰咨女二十有二人』，謂皆指外臣。言十人者，四嶽也，每嶽二伯，八州八伯，又統以方伯二人，共十伯，爲十人。經言四嶽，猶言諸侯也。十二人者，所謂肇十有二師也。八州各有外州，惟青、兖、徐、揚地已至海，無外州，十二州牧合十伯，爲二十有二人。三題『眉壽保魯居常與許』，謂『居常』猶居恒，『與許』猶舒遲，乃形容之辭，平居之容安舒，是眉壽之徵，皆穿鑿臆見，絶無根據。四題『齊高偃納北燕伯于陽』，獨駁《公羊》『伯于陽』爲公子陽生之説，謂弟子誤問而先師誤答。五題『命野虞毋伐桑柘，鳴鳩拂其羽，戴勝降于桑，具曲植籧筐』，謂『鳴鳩』二語是後儒附記，誤入經文。皆勇於自信之談。今以子虞言，略爲改易數語，還之。

下午詣殷萼庭，答周式如。詣萬家花園，與季士周久談，同至池亭，略一登眺。其園甚小，布置局促，惟門徑頗幽折耳。詣徐班侯、瞿子玖、潘伯循、袁爽秋、王旭莊、漱翁、仲弢，皆不值。過斜街，花市已將散矣。詣芾卿，久談。至韓城館問樊仲民入試消息，傍晚歸。褚百約來。

邸鈔：前廣東肇羅陽道孔憲穀以簡缺知府選用。前湖北鄖陽府知府承禄開復原官，照例用。孔憲穀以去冬吴大澂年終密考去官，近日張之洞密疏力保之。

初四日丁丑　晴熱，晨及晡微陰。閱《漳浦黄忠端公集》。得弢夫書，即復。夜更定問津諸生課卷。作書致張生煦林，饋以入闈果餌。以果兩合，炙鷄雙，糕餅一包，饋族姪沅及珣入闈。

邸鈔：廣西巡撫高崇基卒。崇基，直隸静海人，庚戌進士。以山西知縣爲張之洞所保，不十年至今官。其人粥粥無能，爲廣東布政使，用人及出納庫款，一任之洞所爲，尸位而已。詔：高崇基由知縣洊升府道，擢任封圻，克勤厥職。兹聞溘逝，軫惜殊深。加恩照巡撫例賜恤。國子監祭酒宗室盛昱奏假期已滿，病仍未痊，懇請開缺。許之。

初五日戊寅　晨晴，巳後陰，傍午晴，下午風。是日評閱四月望課問津、三取兩書院課卷訖。問津生百十一人，文題『不降其志至降志辱身矣』，詩題『開帳迎風易得風字』，取陶喆甡第一。童七十五人，文題謂『柳下惠』。三取生五十四人，文題『言中倫至隱居放言』，詩題『鈎簾看兩宜得宜字』，取孫慶錫第一。童三十八人，文題謂『虞仲』。即作書致胡雲楣寄去。作書致子培。費屺懷庶常念慈來，吴中績學士也，與之言經史，皆有軌轍，識趣亦甚正，近來少年所難得者。詢其名字之義，言初生即失恃，故以此寄聖善之思。介唐來。

閱《黄忠端公集》。忠端文，人謂其學樊宗師，然實從《後漢書》出，惟略染於明季纖巧之習耳。其《上弘光疏》《上潞王唐王書》《勸進疏》《請監國箋》，皆字字血誠。其爲唐王撫諭魯王、惠王、益王諸書及撫諭浙東諸臣詔，真摯正大，引諭精切。自爲《上魯王》一書，尤苦口危言，聲淚俱下，而當日未聞有感動者。此天之所壞，未可支也。其《潞王監國記》述朱大典與馬、阮、袁宏勛諸奸行迹比周，聲口如一，而金華之殉，忠烈勃發，至今凛凛有生氣。烏呼！人之所以貴晚，蓋與潞王之在臨安，危於燕幕，而忠端再疏請召劉忠介，以畏馬士英，終不見聽。及忠端面陳，又云馬輔言劉家來恐分門户。是馬奸之肉固不足食，潞佛子之愚亦可憐矣。當時徒以士英擁黔兵數千，屯營浄慈寺，無人敢忤。吾鄉王季重先生一橶，使魑魅却步，不敢渡江。江東固有人哉！

夜三更後復大雨徹旦。

初六日己卯　晨小雨旋止，已後微晴，午後晴。閱陳氏喬樅《（古）〔今〕文尚書經説考》。凡《敘録》一卷，《歐陽夏侯遺説考》一卷，《堯典》至《秦誓》《經説考》三十一卷，《序説考》二卷，而《堯典》又分上下卷，《禹貢》《洪範》皆分上中下卷，序亦分上下卷，采輯繁富，兩漢經師之説梗略具備，可謂鉅觀矣。錢子密副都送來湖南沈按察晉祥紹郡團拜公費五十金，犒使八千。沈君歸安人，前日見過，尚未答拜也。褚伯約來。

邸鈔：命協辦大學士、吏部尚書徐桐爲順天鄉試正考官，理藩院尚書嵩申、吏部左侍郎許應騤、户部左侍郎孫詒經爲副考官。侍讀壽耆、薩廉等十八人爲同考官，浙江惟禮部員外郎詹鴻謨一人。以廣西布政使馬丕瑶爲廣西巡撫，以廣西按察使張聯桂爲布政使。怡親王載敦奏假期已滿，病仍未痊，請開去差使。許之。

初七日庚辰　晴熱。漱蘭副都來。戚庶常揚來，孫庶常廷翰來，皆言明日行。點閱弢夫所作《秋燈課兒圖記》兩首，即作書致之。弢夫來。

閱《今文尚書經説考》。其論《堯典》『至于北嶽如西禮』下，謂當依何休《公羊傳》隱公八年解詁所引增『還至嵩如初禮』六字。據《釋文》，『如西禮』引馬融本作『如初禮』，則今本明有脱文。邵公所引是真《尚書》今文家本。案：此説非也。唐虞設四嶽之官，則止有四嶽，無嵩嶽甚明。《堯典》文極謹嚴，上於西嶽已云『如初』，此下必不復云『如初禮』。五嶽之制，自始於殷，《王制》所謂『五嶽視三公』，殷制也。至以嵩高爲嶽，則始於漢。《史記·封禪書》述舜巡四嶽之制，於『皆如岱宗之禮』下云『中嶽，嵩高也」，不言『至于中嶽』，是史公所見今文《尚書》及從孔安國問故皆無『還至嵩』等六字。其綴『中嶽嵩高也』一句，明是順文記漢五嶽之名，與《爾雅・釋山》後所記之五嶽同，意亦以申明舜所巡者無中嶽，唐虞時衹四嶽也。段氏玉裁《尚書撰異》謂《史記》《漢書》皆以備五嶽之訓，其説甚確。

《書序》：『周公在豐，將殁，欲葬成周。周公薨，成王葬於畢，告周公，作《亳姑》。』僞孔《傳》謂：『周公徙奄君於亳姑，因告柩以葬畢之義，斥及奄君。已定亳姑，言所遷之功成。』固是望文爲説，强引《將薄姑》之序以解此序。段氏玉裁謂上序本作『蒲姑』，或作『薄』不作『亳』者，是也。然此序『亳姑』二字終不可解。案：王厚齋《漢書藝文志考證》及《困學紀聞》卷二引《尚書大傳》序，有『歸禾揜誥』，『揜誥』二字亦不可解，疑當作『弇誥』。此序『亳姑』即『弇誥』之訛。弇者掩土即葬之義；誥、告字通，謂將葬周公而告之。或弇是呈字之誤，呈即畢程之程，畢程即畢郢也。《孟子》『文王卒於畢郢』，郢乃程之借字。《逸周書》有『程寤』『程典』，程、呈本音同相通。將葬周公於畢，故作《程誥》，呈誤作亳，又誤作弇，遂加手作揜，後又誤誥作姑。此可以意推者也。

邸鈔：以廣西鹽法兼桂平梧鬱道秦焕爲廣西按察使。

初八日辛巳　晴。閲《今文尚書經説考》。得品芳弟七月廿二日書。子獻來。作書致慧叔弟，爲其浙中呈明祖籍山陰事，品芳已爲辦訖，由山陰縣具詳，需費銀三十六兩。

近儒分别《舜典》，自『慎徽五典』以下稱王氏傳，『曰若稽古帝舜』至『乃命以位』稱姚氏傳，以梅氏上《古文尚書》時孔傳闕《舜典》一篇，取王肅注補之，而自『曰若稽古帝舜』至『乃命以位』則梅書所未有，齊時姚方興稱得之大航頭者也。又據《釋文》云，姚方興所上衹『曰若稽古帝舜曰重華協于帝』十二字，遂謂『濬哲文明』以下十六字乃劉光伯所增，更别其注曰劉氏傳。案：《正義》謂東晉初梅賾上孔氏傳，闕《舜典》，世多用王、范之注補之，而皆以『慎徽五典』以下爲《舜典》之初。至齊蕭鸞建武四年，吴興姚方興於大航頭得孔氏傳古文《舜典》，亦類太康中書，乃表上之。事未施行，方興以罪致戮。至隋開皇初，購求遺典，始得之。《隋·經籍志》亦謂梅賾奏安國之傳，闕《舜典》一篇，齊建武中姚方興於大桁市得其書奏上，比馬、鄭所注，多二十八字，於是始列國學。雖所述較略，且謂齊時此篇已列國學，亦近疏舛，然謂二十八字一時所出則同。即《釋文》謂『曰若』至『于帝』此十二字是姚方興所上，方興本或此下更有『濬哲』等四句，凡二十八字異，聊出之，於王注無施也。亦以四語同出方興。云凡二十八字者，連『曰若』二語數之。云於王注無施者，以《釋文·序録》明言《舜典》一篇仍用王肅本，故言此二十八字無所施於王注也，是謂『濬哲』等十六字爲劉光伯僞撰託名姚方興者，不可信。陳氏喬樅又謂是孔冲遠所增入，尤爲臆説矣。惟據《正義》所言，是《正義》即用開皇初所得姚方興本，《釋文·序録》則云姚方興采馬、王之注，造孔傳《舜典》一篇，今仍用王肅本。兩本雖同出一塗，必亦有參差互異之處，何以《正義》所載傳文與《釋文》悉合？使方興當日所造孔傳字字與王注同，則其僞立破，何以梁武所駁，並不及之？又《釋文·序録》謂晉元帝時購《舜典》一篇不能得，乃取王肅注《堯典》，從『眘徽五典』以下分爲《舜典》篇以續之，後范寧變爲《今文集注》，俗間或取《舜典》篇以續孔氏。是謂民間有取范氏《舜典今文集注》以續梅氏所上孔氏古文者，非朝廷行用，故曰俗間。蓋自東晉以後，國學博士所立《舜典》用王肅注，仍是古文，民間《舜典》則有用范氏注者，故《正義》謂世多用王、范之注補之也。至《堯典》止於『帝曰往欽哉』，自『慎徽五典』以下别爲《舜典》，則梅賾所上固如是，其所亡者孔傳耳。蓋作僞者故闕此傳，以示其遺落不全，非由妄造，不然當日朝論何所據而强割王肅注《堯典》『眘徽』以下爲《舜典》耶？正惟所上僞古文本有《舜典》，故取王注以補孔傳，蓋梅書惟經用古文，傳本今文，范寧復變經文爲今文耳。

剃頭。張姬詣盧溝橋神祠禱疾。弢夫來。買桂花四盆。

邸鈔：上諭：師曾奏據侯補五品京堂志勳呈稱伊兄固倫額駙志端承祧無人，情願將伊子麟光承繼爲嗣一摺。志勳之子麟光，著繼與榮壽固倫公主爲嗣，加恩給予固倫額駙品級。志端，景壽子。榮壽固倫公主，恭親王女，幼育之兩宫者。　貝勒載漪充閲兵大臣。貝勒那爾蘇爲鑲紅旗蒙古都統。豫親王本格爲鑲黄旗領侍衛内大臣。貝勒載瀅補内大臣。皆怡王載敦缺。　河南河北鎮總兵崔廷桂、南陽鎮總兵劉盛休互調。

初九日壬午　晨陰，旋微晴，上午晴，午後陰，晡小雨，旋止。閲《今文尚書考》。是日小極，喜卧。王旭莊來。書玉第五子彌月，饋以糕、餅、豚、鳧、桃、梨、柰、脯等八合。晡坐中庭，新買桂樹四盆試花，初馥。

閲子獻所拓《硯景》兩册，自宋迄近人，頗有佳者。其上册冠以康熙、乾隆兩朝御銘之硯，餘俱自漢至隋唐之磚及錢笵、造像。所琢漢磚有焦弱侯題識及國朝阮儀徵、朱大興、錢竹汀、洪北江諸公銘款。其大業六年庚午五月餘暨令趙沾造天尊像龕及摹刻大康五年楊紹買地莂一磚，尤精致可愛。下册肥水包氏硯，方正學題『孝肅清風』四字及『洪武四年陽月赤城後學方孝孺謹藏』一行，皆八分。『肥水包氏』篆文一行在硯側，『氏』字以下文皆泐。　司馬温公與兄子九承議手札下半段斷碑硯。葉東卿所琢。　又温公硯兩側有程明道銘云：『瑩瑩古端溪，石色秀而雅。有眼皆鸜鵒，潤逾銅雀瓦。置公此字空一格。著史席，濡瀋供揮灑。天産不世珎，必有深契者。』下題『君實閣學』。文潞公銘云：『玉德金聲，而寓於斯。中和所裹，不水而滋。正直所秉，不寒而澌。君此字空一格。實之研。彦博銘之。』下題『治平三年八月記』。東坡洞庭春色斷硯，文湛持篆書題識。米南宮大有洞天硯，背有南宮小像，高尺許，右題『中岳外史』四篆文，下有『長沙李東陽藏』六字。放翁老學庵著書第二研。篆文一行在側，下有『陸』一字印。又放翁陶澄君硯，三字八分横列。旁題云『老學莽曾收用』，左方危太樸銘云：『汾水墐泥，澄之陶之。渣滓既盡，金玉其姿。山海漁獵，經史酌炊。用訂同心之言，而曰以贈貽。』下題『太樸山人題贈南村居士。癸丑』。吴仲圭梅道人硯，甚大，有草書六行，言游雪上日子九先生所詒。謝疊山橋亭卜卦硯，有程文海草書銘。以上皆不能辨真僞。

其餘明代名人若沈民則度，沈石田、陳魯南沂，祝枝山、文休承、文衡山、徐天池、董華亭、葉福清、李君實、陳白陽、徐華亭、黄貞父、文文起、倪鴻寶、黄石齋諸公，國朝先哲若朱竹垞、萬九沙、毛西河、韓慕廬、施愚山、查初白、何義門、計甫草、杭大宗、黄莘田、袁隨園、田山薑、金壽門、紀河間、劉文正公舊研。程易疇、林吉人、劉石庵、桂未谷、錢籜石、王惕夫、黄秋盦、梁山舟、翁覃谿、方南堂貞觀、伊墨卿、郭頻伽、阮儀徵、童二樹、張叔未諸公，皆真迹可玩。停雲、衣雲、金風、冬心、莘田、儀徵皆有數硯。其可寶者，吾鄉朱金庭相國所藏宣和二年四篆文。硯，有文懿銘，前有序云：『賡於入閣之明年奉旨督建御苑，掘地爲池，得宣和古硯二。其一携歸祕府，一賜老臣賡，賡拜而受之。』銘辭四言三十六句，其左方已損，末具年月，已泐缺，其下具銜曰『柱國少保兼太子太保文華殿大學士臣賡謹銘』。銘文述上命，有曰『磐石之宗，辛輔之首，爲燮理才，爲調羹手』。陽明先生硯，背刻『所謂大臣者以道事君』制義一首，小楷十四行，行二十五字，不寫題目，末别一行云『弘治甲子餘姚王守仁主試山東作』，側有沈石田行書、朱竹垞八分題字各三行。文待詔一圓硯，八分書回環刻之，文曰：『黑水西河惟端州，厥田上上，厥賦中下。厥貢詞賦翰墨，璆琳琅玕。導明水至於積墨，導墨水至於管城，文教訖於四海。用錫玄璧，告厥成功。』

徵明著，(但)〔仿〕《禹貢》作銘。』雅宜山人王寵硯，有嘉靖庚寅自製銘，末有吾鄉余忠節公題字一行，云『崇禎丁丑蕤賓會稽余煌珍藏』。李長蘅梅花硯，兩面兩側周遭畫梅一樹，花幹紛披，下鑿一圓月形爲受墨處，背左下方有八分書銘四語。黄忠端公一硯，背畫古松一株，下作疊石磊磊形，倪文貞公草書銘云：『石耶，貞松耶？節誓此心合而一，訂石交，永貞吉。』下題『元璐奉贈石齋年翁』。倪文貞公一硯，行書銘云：『骨茂以强，體凝而正。使人如此，天下其定。』周子佩餅硯，文文肅行書銘云：『買三十，賣三十，餅師中有趙豳卿，君自相逢不相識。』下題『震孟爲周子茂蘭銘研』。念臺先生螘磨硯，銘用古篆文回環刻之，文云：『渾體合規，曜靈麗象。黄在卯中，螘行磨上。思哉乾乾，晾此旋盪。』款小楷，書『天啓辛酉蕺山銘』。梨洲先生井字硯銘云：『先公黨禍，顧義而胃：安得父子，農夫没世。每念斯言，求死無地。委身硯北，蓋非初志。硯上有井，井上有穽。井改穽喪，此恨何既。』竹垞小硯，背刻戴笠小像，上自銘云：『瀫溪之石，星溪之田，是穮是蓘，必有豐年。己未秋日竹垞。』又竹垞著書硯，五字篆文。亦刻小像，上刻八分書『丁亥三月十二日銘』，文見《曝書亭集》。旁有宋牧仲行書跋。金冬心小方硯，背有小像，露頂，長枏正坐，右方字三行，云『百二硯田富翁自寫六十二歲小像于硯背，請吾友丁鈍丁爲之刻。乾隆戊辰夏五農記』，左方有翁覃谿八分題識。徐藝芸樹穀大圓硯，背縮臨周散氏敦銘。黄小松一硯，背刻小象，梁山舟題銘，旁有竹汀先生篆書『蟲蝕』二字；又一硯，背刻錢竹初所畫《探碑圖》。王惕夫硯，背刻四十七歲小像。郭頻伽大圓硯，背刻靈芬館主三十七歲小像。阮太傅長方硯，背刻頤性老人八十小象，癸卯二月手自署『眉』。張叔未一硯，背刻厲曉樓縮摹四徵君小像，叔未爲之記，蕉竹數株間，執靈壽杖踏月者爲杭大宗，髪種種抱膝不語者爲丁敬身，手持帶束共談者爲厲太鴻，方面豐髯坐湖石上者爲金壽門。凡此皆足以裨史事、資佚聞，次亦足以陶寫性情、發皇文采，傳騷壇之韵事，見前輩之風流，子獻搜舂之功，洵爲不易矣。又有大硯，一面刻蘭亭池館，中坐逸少，據案作書，旁侍兩人，右刻逸少修禊詩，背縮刻禊帖，硯側四周刻竹林亭榭及王氏與會諸子弟并所作禊詩，琱琢精工。天池山人嘗有手治禊硯，子獻言見之甬上，與此相似，不知何人物也。

得書玉書，即復。傍晚答詣褚百約，晤談。晚詣子培、子封，燃燭久談，夜一更後歸，四更始睡。

邸鈔：以光禄寺卿壽昌爲太常寺卿。

初十日癸未　晨陰，巳後晴。得弢夫書，即復。

閲《黄漳浦集》。漳浦少工駢儷之文，今集中所刻表頌騷賦，沉博絶麗，裔奇瓌偉，明代無第二手也。其雜著中《興元紀略》一卷，述弘光南渡事，以僧大悲、王之明、童氏皆爲妖妄，所敘童氏始末獨詳。謂弘光在藩邸時，本有私寵童貴人，死於寇難。此婦爲汝州巨娼，從賊中權將軍狄姓者來。狄率二萬衆降於總兵黄鼎，以此婦示黄，談上起居與黄先后歲月日時誕産事甚備。黄以告廣昌伯劉良佐，良佐誤信之。高倬爲司寇，不敢鞫治，請慈禧宫問之，慈禧宫言舊内無此人。妖婦出，輒云慈禧宫非是。然則國初吴越遺老有謂弘光及太后皆僞者，蓋起於此矣。千古疑案，何時白哉？石齋謂弘光寬仁有大度，則平情之言也。

是日痔發，甚困，多卧。

邸鈔：上命四書文詩題。『有若對曰盡徹乎』，『言前定則不跲』四句，『人皆有所不爲達之於其所爲義也』，『賦得自彊不息得乾字』。

上諭：陳彝奏縷陳因利局章程，籲懇通行一摺，據稱醵錢立局，借資貧民，限日還本，不復取息等語。有無相通，隨時稱貸，本聽民間自便。若必官爲經理，流弊滋多。如所稱用司事以任收放稽核，借必有保，保必以鄰，每日還本若干，五日一還，還清再借各節，殊屬瑣屑，不成政體。民間得錢，易於耗散，逾限不還，勢必按户追呼，或並責償鄰保。不肖官吏，因緣爲奸，抑勒需索。宋時青苗法貽害天下；此案立意，與青苗稍異者，還本而不取息。然試思五日一還本之煩碎拖累，不較之穀熟取息爲更甚耶？本欲利民，適以擾民，萬萬無此辦法。所請著不准行。

十一日甲申　晴熱，晡後稍陰，傍晚雲合，有雷，小雨，即止，晚晴，月出甚佳，夜少凉。閲《漳浦集》中雜著，往往俶詭不可名狀。

夜閲徐氏《小腆紀年》。其述大悲、王之明、童氏三案，僅據《南略》及鄒漪《明季遺聞》等書，以童氏爲真，以僞太子爲疑信參半，而大恉亦以爲真。然東林、復社諸人深惡馬、阮，遂及弘光，多有惡而甚之之辭。大悲事，石齋所目擊，謂其語皆夢囈，且已有鬚，永、定二王年皆祇十四五，其僞固不待辨。且并非與牧齋等往來之浙僧大悲，乃其行童竊其師往來書札，風狂假託。然馬、阮欲陷牧齋，先以將郊，已派牧齋及石齋省牲，因此遂停郊祀，則妄甚矣。至王之明、童氏之獄，其事起於乙酉三月一日，石齋已於二月二十二日祭告禹陵出都，其後事亦多得之傳聞。如謂左良玉移檄時已死，其子夢庚與許定國合而興晉陽之甲，時黄澍已自拔，不在軍中，似皆未足信。故石齋亦自言：以僕所聞，樵漁之言，實陋且疏，不足以稽也。

邸鈔：上諭：黄彭年奏前任左副都御史薛福辰在籍病故，代遞遺摺。薛福辰前以通曉醫理，召令來京當差，洊擢京卿，克勤厥職。加恩賞銀五百兩治喪，由江蘇藩庫給發。

十二日乙酉　晨晴，有風，甚凉，上午晴陰相間，下午多陰，晚雲合，夜初雨，即止。閲《黄漳浦集》。夜爲子獻撰行卷首藝『子曰行夏之時』四句題文。余自壬子後不復閲時文，今四十年矣。比年考差，猶不免作此技，然未嘗以應人也。今以子獻之請甚誠，且因此留滯數月，勉復爲之，可發一笑。夜凉，須綿被。

十三日丙戌　晴，午稍熱，晚雲合，大風暴至，有雨，旋止。戌正初刻十分白露，八月節。各家節物往還，凡九家，至今日畢。周生學海等兄弟饋八合，收其蒲桃、梨、藕、餅餌兩匣，餘悉還之，不答饋。弢夫來。陸蓮史來。作書致繆恒庵，送藍尼輓障一軸，文曰『禮宗八坐』，洋布輓聯一副，自書之。作書致胡雲楣，并兩書院望課題一紙。爲子獻書龍尾歙硯銘曰：『歙與端，代爲帝。適用者，良不以。地維斯粹，温君子器。』作書致子獻，并行卷及硯。署中送來秋季奉銀八十金，賞吏人錢六千。是日聞浙江頭場題：『君子之道』至『區以別矣』，『日月星辰繫焉』，『由孔子而來至於今』一節，『與君約略説杭州得州字』。夜月出甚佳，三更後大風。

邸鈔：順天二場五經題。『《易》與天地凖故能彌綸天地之道』，『在璿璣玉衡以齊七政』，『其崇如墉其比如櫛』，『吴子使札來聘』（襄公二十有九年），『動則左史書之言則右史書之』。

十四日丁亥　晴，晨風，巳後止。弢夫來，介唐來，留兩君齋中午飯。命僧喜詣内城景秋坪師家、麟芝庵師賀節，各送節禮二金。

閲《孟子正義》。焦氏此書采輯甚勤，其精博自勝僞孫氏《正義》萬倍。然邠卿之注，實未宏通，在漢儒中，止可與高氏之《吕覽》《淮南》兩注匹敵。蓋孟氏本儕諸子，注家僅言大略，不比注經，邠卿注此時又在黨禍困阸中，無暇詳求典籍。而義理之學，漢儒自董、鄭數大儒外，亦本未精。即如《養氣章》之『不得於言，勿求於心；不得於心，勿求於氣』，自當就一己説，朱子注亦近支離。蓋『不得於言，勿求於心』者，即讀書不求甚解之意；『不得於心，勿求於氣』者，即徐而俟其自悟之意。故孟子以『不得於心，勿求於氣』爲可，若『不得於言，勿求於心』，則必鹵莽滅裂，將漸入於佛老之虛無清净。而六經注我、不立文字之弊，皆從此出矣。趙注概指觀人言，謂告子爲人勇而無慮，人有不善之言加於己，不復取其心，尤爲膚淺。

夜月甚佳。送楊寧齋節禮二金。署中養廉銀十兩五錢。

邸鈔：詔：截留山東本年新漕十萬石，備振章丘、齊河等處被水灾民。　編修倪恩齡授江西饒州府知府。

十五日戊子　晴。上午詣先賢祠行禮及靈汜分祠銅觀音堂拈香。答賀介唐、弢夫，午歸。陳蓉曙來。潘伯循來。盛伯希來。仲弢來。霞芬來叩節，予以四金，賞其僕十千。晡後復出門，答陸蓮史，又至槐市斜街答仲弢而歸。過市中，百物填闐，行人甚盛，夕陽在各店家檣櫎俗作『幌』。上，金碧甚麗，口占俳詩三絶句紀之。子獻來，介唐來，弢夫來，夜留齋中同楊寧齋飲酒八九行。是夕望，月佳甚，家人小作月筵。二更客散。是節付米銀十七兩，石炭銀十兩七錢，木廠銀二十兩，司廚銀二十一兩，紬布銀十兩，吉慶乾果銀七兩，廣厚乾果銀五兩五錢，松竹齋紙銀六兩，翰文齋書銀六兩二錢，修文堂書銀二兩，麵食銀二兩，香油銀四兩五錢，金鳳樓首飾銀七兩，賣花媼銀十兩，鼓擔貨銀二兩五錢。付僕媼長班吏役等賞錢一百一十千。曹升九千，王升、王福、升兒、廚人、騶人、更夫、庸媼等各八千。

十六日己丑　晴。何户部文瀾來，楊生鳳藻來辭行，俱不見。命僧喜答詣諸生徒。

俞蔭甫《中庸分章説》『哀公問政』章孔子之言至『夫政也者蒲廬也』句止；自『故爲政在人』以下，皆作《中庸》者申釋之詞；至『好學近乎知』三句，則更引孔子語，故又加『子曰』二字；自『知斯三者』以下，又是記者語。此説甚確。至謂『仲尼曰君子中庸』章，漢儒於『中庸其至矣乎』句上、『道之不行也』

句上、『道其不行矣乎』句上，誤加三『子曰』字；『子曰舜其大知也與』章，漢儒於『人皆曰予知』句上、『回之爲人也』句上、『天下國家可均也』句上，亦誤加三『子曰』，致語氣隔閡。此則非也。《中庸》本非孔子所作，記者皆引其微言而申釋之，無全章皆孔子之語。『君子中庸，小人反中庸』二句是孔子語，『君子之中庸也』以下是記者申説，後又更端引孔子『中庸其至矣乎』云云、『道之不行也』云云，至『道之不明也』至『鮮能知味也』，又是記者引申。蓋因子言道之不行，由於過不及；知道之不明，亦由於過不及。道即中庸之道也，其下又引子言『道其不行矣夫』以結之。『舜其大知也與』凡四節，似皆無記者語，則以四節語非出一時，記者集而綴之，以見中庸之難能。語有更端，故各加『子曰』以别之，此記者之慎。凡《禮記》中《坊記》《表記》《緇衣》等篇，引『子曰』『子言之』，皆如此例。即以《坊記》一二節明之：如首節，『子言之：君子之道，辟則坊與』，是孔子之言也，自『坊民之所不足者也』以下是記者語；『子云：小人貧斯約，富斯驕，約斯盜，驕斯亂』，是孔子之言也，自『禮者因人之情』以下是記者語；『子曰：貧而好樂，富而好禮』，是孔子之言也，二句即引《論語·學而篇》。自『衆而以寧者』以下是記者語。『子云：夫禮者，所以章疑别微』至『則民有所讓』，是孔子一時語，『子云：天無二日，土無二王，家無二主，尊無二上』，又是孔子一時語，更端引之，故上加『子云』二字。自『示民有君臣之别也』至『尚猶患之』，是記者語，故引《春秋》不稱楚越之王喪，明非孔子自引所作《春秋》也。『君不與同姓同車，與異姓同車不同服』二句，又是孔子一時語，故又更端加『子云』以别之，自『示民不嫌也』以下又是記者語。其餘可以類推。觀此記第十二章『子云：君子弛其親之過而敬其美。《論語》曰：三年無改於父之道，可謂孝矣』，明是『《論語》曰』以下是記者所稱，以申成上義，不然，豈夫子自引《論語》乎？推此法以讀古人書，自無窒礙。《坊記》之篇是七十子之徒本夫子『君子之道，辟則坊與』二語，因類取别嫌明微之恉，作爲此記，故首稱

『子言之』，不作『子云』，以見所記，皆本此兩言也。《正義》發明『子言之』，未得其解。

十七日庚寅　晴。先妣忌日，供饋素肴七豆，菜羹一，肉肴三豆，爲先君也。時果四盤，饅頭一盤，新栗湯一巡，酒三巡，飯及茗飲各再巡，晡後畢事，焚楮泉。湘撫邵筱村中丞來，王芾卿來，緒百約來，皆以家忌不見。胡生溶、黄生耀庚來，爲評點闈藝，命僧喜款之。讀《曾子問》。小戴此篇，尤見制禮之精意、聖門授受之微言。學者熟讀此篇及《大戴禮》所載《曾子》十篇，宗聖之學備矣。夜初更驟雨，有雷，逾頃止，二更後月出，仍皎甚。

十八日辛卯　晴。邵筱村中丞來。書玉來。鄧石癯來。午前出門，答拜邵中丞，不值。詣李玉舟禮部，唁其妻喪，詣爽秋，唁其從兄之喪，皆久談。詣殷蓴庭、周春圃，俱視其試場之勞。下午歸，餔食。是日聞趙桐孫同年卒於冀州署任，爲之驚歎。桐孫長余一歲，温温恭人，精神周至，忽至奄化，同年同志又失此人，吾道之衰，晨星將盡。人生六十以外，風燭可危，既痛逝者，行自念也。夜閲袁氏《後漢紀》，其中訛奪百出。靈帝建寧五年僅紀謁原陵一事，全載蔡中郎議論，與《續漢書・禮儀志》注所引同，而不及彼之詳盡。

十九日壬辰　晴，晡後陰。沈伯祥來。作書致弢夫，以黄漱翁明日生日，問有無醵飲，得復。作書致子培，問桐孫消息，得復。是日所買桂花一盆盛開，坐庭中讀書。市中炒栗新出，買半斤以左茗飲。此亦静中消受人生，不易得也。周生學銘、學熙兄弟來呈試藝。得介唐書。

二十日癸巳　晴。上午拜漱蘭通政生日，饋酒兩壜，燭一對。漱翁留小飲，出近日所上言開鐵路借洋債利弊疏，通計近年所借洋款本利之數、户部籌還之期限、各省釐金洋税之出入，其言至爲詳盡。有旨該衙門知道。該衙門者，蓋海軍衙門、總理衙門及户部也。鐵路之議，創於合肥。去年試行於天津至大沽，未數月即有火車觸裂，死傷人百餘者。醇邸亦疑之，而合肥固持，必欲先試之天津至通州，以次漸推之清江。醇邸意動，詔下各省督撫議。張之洞者，僉人也。在廣東貪縱驕恣甚，虧公帑至千萬，日以進奉求媚，而刻剥粤人。凡官吏之贓賄發露者，罰以多金，仍任事如故。專用小人爲耳目，奸商猾胥，肆意横行，日以獻計誅求漁利爲事，不足則借洋債，重息以餌之。土木繁興，廣事營建，於城外强買民地百餘畝爲廣雅書院，且欲拓城十餘里包以入，布政游智開固執不可，始止。其署中營造尤侈，内爲洞房曲室，琱飾奇麗。以兼署巡撫，爲飛橋以通兩署，上爲樓觀，亘數里餘，日携妓妾往來其間。今年有旨修萬壽山，首進銀三百萬。及奉此詔，獨疏言鐵路之利甚博且久，中國得此方能自强。須由湖北之漢口直開至天津，以達京師，兩粤可籌一千萬金，每年解百萬，以十年爲限。而兩湖總督裕禄、湖北巡撫奎斌皆上疏力言不可行。故朝廷移之湖廣，責以與合肥合力辦之。湖北先自襄漢開至河南之南陽，直隷先自天津開至真定，計費至五千萬。凡渡河十八道，皆用鐵橋，其路寬二十丈，一來一往，爲兩道。其鐵及機器皆購之英國，所費皆數百萬。路所經約四千里，凡民地悉以官價買之，過村落墳宅，即城郭衙署皆毁之。人心洶洶，訛言四起。翁尚書屢争之於醇邸，且言之上。上深恐激變，不欲行。大學士張之萬，之洞無服族兄也，亦甚不然之，斥言之洞必誤國。上每召見外吏，必詢此事民心若何，而無敢對者。悲哉！通政此疏，不言利害，惟以國儲久竭、負債已鉅爲必不可行，可謂善於措辭矣。下午歸。雲門嗣子仲民來。弢夫來。漱翁邀夜飲，晚偕弢夫赴之，二更歸。命僧喜送樊仲民行，饋以餅餌兩匣。

邸鈔：詔：撥四川捐輸銀五萬兩振濟涪州、雅州等處被水灾民。

二十一日甲午　晴，傍晚微陰。爲子獻改朝考、會試排律各一首。有金廷榮來謁見，不知何自也，辭之。仲弢來。得弢夫書。是日又患腹疾，不快。夜四更後有雷電，五更小雨。

邸鈔：吏部尚書錫珍奏請開缺。詔再賞假一月。

二十二日乙未　晨陰，上午後微晴，午後晴。弢夫來。子獻來。爽秋來。周生紳之來。比日蟹始佳，頗苦腹疾，不能斷此滋味，老饕可戒。夜初陰，有小雨，旋止，有雹，夜半復晴。

二十三日丙申　晴熱。命人表糊客次四壁，去冷布窗。作書致書玉，爲後明日郡祠公請邵筱村湘撫事。子培來。婁儷笙來，爲買石印書兩種來，圖繪頗工。《聊齋志異》有注，《紅樓夢》有音釋，又附以惡詩及評語，極可厭。酈甥昌祁來，留之午飯。夜四更大雷雨。

二十四日丁酉　晨密雨，上午稍止，傍午微有日景，午後雲合晝晦，旋有風，下午大雨，有震雷，晡後雨益甚，入夜如注，至二更始止。命僧喜同館客楊生邀婁儷笙及兩族姪、酈甥至慶樂園聽戲。夜更邀殷萼庭及周衍齡、謝祖蔭兩世講飲宜勝居，周生及兩姪不至。是日申刻，天壇火，祈年殿延及，皇乾殿、齋宫凡七十餘間，皆燬。聞震霆下擊，火即發，大雨如注，火益熾，自申至寅始滅。此古今未有之變，天心仁愛本朝，降灾示警，可謂至矣。近日鐵路之議，以合肥中變，兩致書醇邸，極言其事太甚，窮年莫究，費無所出，利未可冀，醇邸雖怒之，而無如何，事將中止。天高聽卑，復垂譴告，此國家之福，蒼生之幸也。作片致邵筱村，改約明日夜飲寓齋，得復。付賃屋銀六兩，崇效寺殯屋銀六兩。

邸鈔：前四川鹽茶道耆安補山東運河道。本任道陸仁愷故。

二十五日戊戌　秋社日。晨濕，上午漸霽，午後晴陰相間。早詣先賢祠，以年例祀神也。鍾六英太僕、王友松刑部鵬運、俞筱沅禮部培元已先至，三君皆寄籍大興者。王戊辰進士，郎中。俞甲戌進士，員外郎。午後到者十四人。先祀靈汜分祠諸神，次祀銅觀音蘭若，未刻散胙，晡歸。夜邀筱村中丞飲於齋中，介唐、子蕁、叔雅、伯循、介夫、蓮史皆至，二更後散。付祀神牲香燭等錢五十一千，肴饌銀八兩八錢，廚賞八千，茶房二千。

邸鈔：給事中張人駿選廣西桂平梧鬱兼鹽法道。沈伯祥選江西會昌知縣。雲南人段樹藩選浙江麗水知縣。段庚辰庶吉士，今年散館。右中允陳秉和轉補左中允，司業王祖光轉右中允。

二十六日己亥　晴，稍熱。上午詣邑館秋祭先賢，不飲胙歸。得胡雲楣津門書，并節敬十二金及關聘十六金。得族姪女彩書，并寄來豆醬一瓿。彩，適陳氏者也。得三妹七月二十九日書，并茶葉、筍乾等一簍。得平水寶嚴寺僧不緣書，爲傳戒請護法開壇。三千里外，何能及此？然若邪雲水，心嚮往之矣。子獻來，留之小飲，暢談至夜飯後去。得弢夫書。

邸鈔：上諭：本月二十四日雷雨交作，天壇祈年殿雷火延燒，經官兵等救護撲滅，本日據太常寺、步軍統領衙門各奏火起情形相同。太常寺奉祀劉世印，職司典守，疏於防範，實屬咎無可辭，著交部議處。太常寺堂官一併交部議處。壇户孫榮德等均交順天府嚴刑審訊。有無别項情弊，按例定擬具奏。五城水會紳董等救護出力，著該巡城御史傳旨嘉獎。火灾示警，朕心寅畏實深，惟有益加兢惕，宵旰孜孜，勵精圖治。爾内外大小臣工，其各靖共自矢，精白乃心，力戒因循，修明職業，用副君臣交儆之意。詔：直隸天津府知府汪守正、宣化府知府鄒振岳對調。

二十七日庚子　晴熱。巳刻詣先賢祠，先以特羊祀至聖先師，午刻以少牢祀先賢，皆用俎、豆、簠、簋、鉶、敦、尊、罍。與祭者章黼卿鴻少，鍾六英僕少，介唐侍讀，子蕁、伯循兩兵部，介夫舍人，婁秉衡、陸蓮史、莫堅卿三刑部，伯祥庶常，叔雅太守，朱少萊刑部，陳心齋吏部，馬介眉工部，王子獻庶常，共十六人。未刻飲胙，申刻散歸，膰於鍾、章、吴、傅、潘、周、婁、桑、陳、馬諸家。黄漱蘭通政來。曾君表之子璧華來。周荇丈之孫衍齡來。是日付猪羊銀十二兩，肴饌銀九兩，酒錢十千，香燭等錢十千，廚賞銀十二千，畿輔先哲祠送祭器錢四千，山會邑館送祭器錢八千，茶房二千。夜寒，須棉衾。買香樟衣箱一對，付銀七兩。

二十八日辛丑　晴，晨寒，可衣棉，午後復熱。得弢夫書，爲徐班侯催其太夫人六十壽文，即復。子培來。君表來。下午詣廣慧寺吊李玉舟夫人，送奠分十二千，晤絅堂、劬庵、莘伯、士周、黃慎之、翁弢夫，小坐而出。詣漱翁，久談，傍晚歸。夜讀焦氏《孟子正義》。

二十九日壬寅　卯初一刻二分秋分，八月中。晴熱，晡後陰。昨夕所畜貓名墨兒者死，豢之三年矣。身黑白成章，黳可鑑，睛黃睒睒有光，肥而健，甚喜鬥。姬人王養之甚勤，食必分肉飤之，夕必宿其榻旁。及死，撫之泣，爲匣以藏。今日余督童僕埋之圃東墻下，爲之設食，感温公《貓虪傳》之義，爲文以識之。班侯來。君表來。夜得子培書，以子承將詣天津，乞爲書致呂庭芷。

瘞墨貓文有序，别録。

絳杏之北，雪梨之東，有地半弓，汝墨之宫。汝生跳躑，緣樹升墉。今汝魂兮，往來其中。步屧汝知，吟詩汝從。上覆花草，霜雪不封，下隱黃壤，埴疏可容。明年春至，膏化土融，引竹滋花，助我春風。

三十日癸卯　晨陰，上午微晴，午後多陰，晡後小雨，晚雨漸密，入夜益緊。子獻來，久談，手拓余銅墨合銘三首去，并乞余西洋照相一紙，爲題兩絶句詒之。子獻於余文字，可謂心知篤好者矣。作書致子培，得復。子承來。夜爲子承作書致庭芷。

子獻太史將南歸索余今年竹圃照相一紙去爲題絶句二首

笻屐蕭然竹下身，多君携去認前塵。鏡湖行遍應無識，盡是黃壚隔世人。

池上閑吟白傅詩，龜郎挾策過庭時。圖中有僧喜侍。橋頭釣叟如相問，五十年前似此兒。子獻居郡城廣寧橋。

九月甲辰朔　晨陰，上午微晴，下午復陰。作書致婁儷笙，并前日買書銀三兩。弢夫來。儷笙來。丁觀察體常來，文誠公子也。爲徐班侯母金恭人撰六十壽序。余年老矣，尚作此等應酬文字，可歎也，明年誓絶之。夜雨，二更後益密。

初二日乙巳　晨陰，上午薄晴，旋陰，下午密雨，晚止。得弢夫書，即復，以徐母壽文屬轉交。江西知縣王祖彝來見，子廞之兄子也。張姬詣介唐、黼庭兩夫人家及族弟婦慧叔夫人家賀喜。

初三日丙午　晴，風西至，頗寒。是日評點五月望問津、三取兩書院課卷訖。問津生題『王子宫室車馬衣馬』四句，詩題『向水覺蘆香得香字』，凡百三人，取内課李鳳池、陶喆甡等二十名；童題『而王子若彼者』，凡七十四人，取内課王德純等十五名。三取生題『魯君之宋』五句，詩題『竹醉小池前得前字』，取内課李芬、林向滋等十人；童題『守者曰』。子獻來。子培來。夜雨。

初四日丁未　晴，有風，較寒。剃頭。閲《尚書古文疏證》。子獻邀飲畿輔先哲祠，上午赴之，僧喜隨行，坐有伯循、弢夫、子培、子封、仲弢，坐緑勝盦小憩。下午飲於北學堂。晚步過一花廠前，偕諸君看落霞，望西山，殊有佳致。夜歸。楊定旉來。新選麗水知縣段樹藩來，庚辰同年也，雲南人。夜閲雜書自遣。

初五日戊申　晴。上午詣嵩雲草堂，以今日與弢夫、子培、子封、旭莊醵宴漱丈，并邀伯希、芾卿也。下午飲於池北精舍，傍晚立岳忠武王祠前久談，至夜歸。

邸鈔：以翰林院侍讀薩廉爲國子監祭酒。詔：步軍統領衙門奏公務日繁，擬請添設員缺一摺，著該部議奏。詔：上年奉天水灾，記名提督左寶貴會辦振務，籌集鉅款，盡心撫恤，全活灾民甚衆，洵屬異常出力，著遇有提督缺出，儘先題奏。從署盛京將軍定安等請也。

初六日己酉　晴。緒百約來。

初七日庚戌　晴，午前後微陰。詣温州館拜班侯太夫人壽，即歸。讀《説文》木部。子獻來。

邸鈔：詔：廣東布政使游智開署理廣東巡撫，張之洞毋庸兼署。以候補三品京堂裴蔭森爲光禄寺卿。

初八日辛亥　晴，稍暖。得施均甫八月十九日齊河書。作書致伯希，致旭莊，以今日本與諸君約爲西山三日之游，明日戒壇登高，宿翠微山寺，後日歸也。病軀小極，憚於山行，不能踐言。未知此生尚能作幾重九耳。子獻偕汀州伊峻齋明經立勳來，墨卿太守之曾孫也。弢夫來夜談。

初九日壬子　晴暖。祀曾祖考妣、祖考妣、本生祖考妣、先考妣，以重九薦新也。別祀亡室於堂。作書致子培、子封，致子獻，俱約今日小游。子獻偕伊峻齋來，弢夫來，已日旰矣。即挈僧喜同寧齋諸君出南下窪，至陶然亭。人騎紛闐，庭院皆滿，亭外長廊，列几以坐，已無隙地，於北軒下偕諸君憑闌茗話。夕陽在樹，山翠映發，傍晚尤艷。復游龍樹寺、龍泉寺而歸。夜偕諸子齋中小飲，二更後散。温州林明經慶衍來。

秋日同人集槐市斜街緑勝庵散後至種花人家門外看西山晚霞

小集幽篁裏，尊前起晚霞。相携盍簪侶，來訪灌園家。孤塔銜烟直，遥山抱郭斜。還期掃蘿徑，重與醉黄花。

乙丑重九日偕諸子坐陶然亭北窗下看夕陽

聊應登高事，江亭倚檻望。天涯幾佳節，山外又斜陽。寺迥林開遠，城迤鳥過長。相憐秋眺美，羈客話家鄉。

初十日癸丑　晴，至晡陰，有風。得嘯巖弟書及四弟婦書，言穎唐弟於八月十一日以患利歿。弟年五十餘，一生勤儉自持，見人粥粥嫗嫗若不及，而先世所遺之産并其曾祖、祖父兩世祭田，斥賣皆盡，至盜賣族中教養公田百畝及諸房寡婦之田，其他虧負尚萬餘金，人莫知其耗費之由，可爲歎息。以公理論，此人恨其不早死，然念己巳、庚午兩歲同居之誼，亦爲之黯然。又族弟家駿之婦章歿於七月二十七日。章，道墟人，家甚富，歸余家時，年僅十六，風姿玉映，閨房之秀。未一年遭寇亂，族弟以擊賊死，章嬛嬛嫠居，族人皆侵侮之，所分田二百畝亦爲穎唐賣盡，今齎恨以没，尤可憫也。沈伯祥來。作書致書玉，并寫昨兩詩詒之，得復。晚風益勁，雲開月出，夜一更後風稍止。司厨之子娶婦，賞以銀二兩，酒一罈。

十一日甲寅　終日微晴，有風，多陰。作書致弢夫，并寫昨兩詩詒之，得復。作書致子獻，以青田白果石兩方託其轉求伊峻齋爲刻兩印。評閱周生學銘、學熙闈藝，并爲學熙改『丁字簾前是六朝，青林紅樹一川秋』律賦兩首，『瓜步江空微有樹，秣陵天遠不宜秋』五言八韵二首，即作書致之。子培來，談至夜飯後去。殷蕚亭來。夜半後腹痛，復寫。

邸鈔：吏部尚書錫珍卒。錫珍，額爾德特氏，字席卿，蒙古鑲黄旗人，故直隸總督恒福之兄子。同治丁卯舉人，戊辰進士，由編修至今官。年止四十三。家素貧，頗清謹有守。以羸疾卒。詔：錫珍持躬端謹，學問優長，由翰林洊陟卿貳，迭掌文衡，補授刑部尚書，調任吏部尚書，派充總理各國事務大臣，克勤厥職。前因患病，迭次賞假。

該尚書年力正强，方冀調理就痊，長資倚畀。兹聞溘逝，軫惜。加恩賞給陀羅經被。派奉恩輔國公載澤帶領侍衛十員即日往奠。照尚書例賜恤。賞銀五百兩，由廣儲司給發，經理喪事。伊子仲櫱著以員外郎用，以示篤念藎臣至意。

十二日乙卯　晴和。新授雲南按察使岑楚臣毓寶來，故雲貴總督襄勤公毓英之弟也，向在滇中從戎，積功至今官。午後詣琉璃廠看鄉試紅録，便至翰文齋小坐閲書，即歸。徐班侯來謝，送温州刻竹楹聯一副，甌紬兩端，鮝脯兩肩，龍井茗兩瓶，受聯及茗，犒使八千。竹聯本出處州，以竹絲編成『卍』字、『亞』字、百幅、方勝等花樣爲胎，再以竹片瑚摹名人所書楹聯或七言、或八言嵌其上，鏤琢工巧，海内無兩，今漸移其業於温州矣。此聯爲成哲親王書，外用紅木爲腔，上以玻黎罩之，尤爲精玩。是日評改六月望課卷訖。問津生題『子曰苗而不秀者』兩章，詩題『紅槿花疏蛛網補得紅字』，凡一百人，取張克家、孟繼坡、張大仕等内課二十名；童題『秀』，凡七十五人，取内課王德純等十名。三取生題『子曰後生可畏』一章，詩題『緑楊風静鳥聲忙得聲字』，取内課周其新等十名；童題『後生』，頗有佳卷，全出鈔襲，取内課陶裕恩等七名。作書致胡雲楣并是月三書院望課題兩紙。夜月皎甚。

十三日丙辰　晴微陰，有風。早起閲順天題名録。解元安文瀾，定州人。山、會中兩人：周宗彬、譚寶春。天津書院諸生中十餘人，惟楊生鳳藻時列内課耳。南皮張懋、張彬，廣東番禺人沈宗疇、沈宗疄，皆兄弟同隽。二張，之洞兄子；二沈，吏部郎中錫晉子，本山陰人：年皆未弱冠，實不能文。近數科來，粤人北闈舞弊，變詭百出，内外傳遞，視爲固然，至有一人而捐監生十餘名頂替入闈者。此風浙闈寧波人亦有之，有蔡某者乙卯科曾顧十人入闈。監臨知之，至填榜日，凡蔡姓者皆去之。昔年鄧鐵香欲指實姓名彈奏之，其迹稍斂，今復如故矣。此次房官十八人考差，取者惟御史劉綸襄、編修陸寶忠、檢討蒯光典、員外詹鴻謨四人，餘皆不取者。編修王貽清、盧俊章皆文未完卷。俊章扶病入闈，未幾病甚，放出即死。然閱南卷者，惟俊章稍通文理，餘皆多不能句讀。有檢討山西人康際清者尤荒謬，闈中二場《易經》文用乾乾者，皆以爲怪異，斥之。又山東人王貞燮者，此王廉生爲余言。一卷首題起講，末用『甚矣有子之言，似夫子也』句，誤讀『甚矣』爲句，以爲講之煞尾，以『有子之言』爲領題起語。主考孫侍郎以一卷對策中稱漢章帝爲肅宗，斥爲誤用唐肅宗，此又申文恪斥貞觀爲東漢年號者矣。詹黼庭送闈墨來，文尚平正，轉勝春間會墨。子獻來。爽秋來。夜月甚佳。

邸鈔：以刑部尚書麟書調補吏部尚書，以理藩院尚書嵩申調補刑部尚書，以左都御史松森爲理藩院尚書，都統熙敬補左都御史。奎潤調鑲白旗滿洲都統，貝勒載瀅補鑲黄旗漢軍都統。

十四日丁巳　午初初刻十四分寒露，九月節。晴。作書致子培，得復。下午入城，詣芝庵師道喜，詣賢良祠答拜岑臬司。詣伯希，遇庚辰同年陳某、丁某，小子無禮，不可與群，不坐而出。答詣金忠甫，不值，遂出城至霞芬家，見有惡客，亦不坐而歸。夕陽娟然，尚在柳梢，瀹佳茗，坐庭際，吃炒栗，大有佳致。人生有一椽之寄，雄長婢僕，何必詣人耶？弢夫來夜談，月皎於晝。料檢篋衍零星箋記，付僧喜整比，交松竹齋裝褾之。

十五日戊午　晴暖。約子獻、弢夫及寧齋、儷笙聽戲，弢夫不至。兩得子獻書。下午挈僧喜偕諸子至慶樂園聽同春部。夜至福隆堂爲伊峻齋餞行，更招子培、子封，子培不至。飲至二更後歸。是日望，月皎甚。付園坐錢十六千，酒保賞六千，客車飯六千。介唐來。詹黼廷來。伊峻齋爲刻印石兩方，一曰『會稽李氏越縵堂鑒藏金石書畫記』，一曰『道光庚戌秀才』等二十四字，皆朱文，精美甚，可愛玩。

邸鈔：命禮部右侍郎廖壽恒爲武會試正考官，工部左侍郎汪鳴鑾爲副考官。

十六日己未　薄晴間陰。以素紈合藏經紙團扇一柄贈伊峻齋，爲畫江亭石闌夫蓉梧桂小景，并寫壬子落解詩與之，慰其失意歸江東也。同邑陳鶴舫燕昌以江西需次縣令解餉入都，來見。

十七日庚申　晴陰相間。自昨夕忽患腹痛，今日疲⿰歹凡，蓋肝氣發動，兼以近日多食蟹及炒栗所致。得岑（寶）〔楚〕臣按察書，送來紹郡團拜費百金，作書復謝，犒使十二千。介唐夫人來，書玉夫人來，俱以明日亡室生日送燭楮。邑子周孝廉宗彬來拜，新中京兆試者。得弢夫書，送來電報局浙榜。解元高寶鑾，嘉興副貢。吾越中二十九人，山陰七人，會稽八人，皆不識姓名少年也。王舟瑶亦隽，台州祗此一人。夜以車送書玉夫人回去，詒以小兒茶果銀二兩及餅餌。

邸鈔：湖北巡撫奎斌奏參督糧道夏宗彝品行不端，難資造就，請開缺以同知降補。從之。夏宗彝，會稽東關人，不知其所始。昔年由江蘇吴縣知縣捐升道員，選湖北督糧道，入都引見。御史張廷燎疏劾其冒襲難蔭，然鄉里無識之者，亦不知其父何名。有謂其承族父某爲嗣，并襲其難蔭。本非應繼者，私許其叔母得官後歲奉若干。及知吴江縣，背前約，其叔母控之江蘇巡撫及蘇州府，吴江里居祭酒吴仁傑爲之關説，息其事。或謂其父實病死，冒其族人職員死難者之名得襲蔭，嘗許死者之妻分半奉養，後背之。不得而詳也。張疏上時，下吏部傳訊宗彝，亟潛出都，吏部請下江蘇督撫覈實。曾總督國荃等奏言夏宗彝之父夏金奇即夏學曾，在江蘇游幕病故，人所共知。光緒五年三月，夏宗彝選授金壇縣知縣，到省繳憑，禀内但稱由難蔭生入監讀書，期滿，吏部以知縣注册，並未開明承蔭故父名字。該員是否冒蔭，蘇省無案可稽，惟疑竇孔多，恐有不實不盡云云。旋吏部奏稱：前浙江巡撫楊昌濬奏稱，花翎升用知府、儘先選用知縣夏學曾在餘杭縣遇賊殉難請恤，經（臣）〔呈〕部照知府殉難例加贈太僕寺卿銜，蔭一子入監讀書，六月期滿，以知縣注册銓選。同治十三年七月，據夏學曾嫡長子夏宗彝取具同鄉京官、刑部主事章乃畬印結，赴部呈請承蔭，發給執照。章乃畬於光緒六年三月在江南道御史任内病故，現在無可根訊。請飭下原籍浙江巡撫確查具奏。今年七月，崧駿奏：據會稽縣知縣俞鳳岡申稱，遵傳親族到案，切實查訊，僉稱夏宗彝確系夏學曾嫡長子。學曾於同治三年正月在浙江餘杭縣遇賊殉難，取具宗圖，並無過繼攙越冒頂等情。茲奎斌奏言及宗彝於本年六月到省投遞履歷，内敘由難蔭捐納候補知縣。詢其難蔭究授何職，據稱僅議入監讀書，是以另捐知縣。迨到任後復呈履歷，則改敘由難蔭以知縣注册，報捐三班，選授江蘇知縣。詢其因何前後不符，堅稱難蔭，雖注知縣，補缺實由捐納。反復辨論，意若既經捐納，即不必推本難蔭。伏念難蔭授官，由於朝廷軫念死難之臣，加恩忠裔，故其班次比擬正途。該道乃不知感激，反視爲無足重輕，是其負恩忘親，居心實不可問。又查其母年僅六十歲，而捏稱八旬，爲從前告近之計；本無兄弟，而捏報胞弟一人，爲日後次丁奉養地步。種種作僞，視若故常，向臣面述，毫無顧忌。前聞該道經人奏參有冒襲情弊，事屬已往，原難深究，惟據現在情狀觀之，實屬品行不端。且查其素日聲名卑下，才具亦甚平庸。似此劣員，本應奏請立予罷黜，惟念究屬難裔，請旨以同知降補，俾其痛加洗滌，期得自新云云。蓋近年恤典廣開，冒濫百出，或病死而稱陣陷，或偷生而報軀捐。其請襲者，又皆甲寄丙身，牛頭馬脯，轇轕紛紜，不可究詰。宗彝既被彈冒蔭，而供狀大吏復支離其辭者，以明其仕由捐納之力，非藉假冒之蔭，所以杜知者之脅制、拒親戚之丐索，可謂作僞心勞，愈巧愈拙者矣。此事瑣屑，本不足記，以其人同鄉里，關系風俗，又足以驗世變、戒將來，故備録之。湖南巡撫王文韶奏記名布政使、前貴州按察使席寶田於六月十一日在東安本籍病故。歷敘平生戰蹟，請照布政使軍營立功後積勞病故例從優議恤，將戰績事實宣付史館立傳，本籍及江西、貴州立功省分建立專祠。許之。

十八日辛酉　晨陰，上午薄晴，午後晴，微陰。內子生日，拈香供果茗，命家人饋食。漱蘭通政來。弢夫來，午偕詣陶然亭赴徐班侯之飲，坐有子培、子封、旭莊、仲弢、吴佩蔥、沈伯祥。肴饌甚精，談諧致暢，流連至日落而歸。楊生鳳藻來。比日暖如暮春，不須簾幕，内外洞敞，頗宜讀書，而體中不佳，苦難端坐。後堂更置風門，今日始上之。得書玉書，問浙榜消息，即復。河南申鏡汀侍郎之子婦，餘姚徐主事文藻之女也，早寡無子，繼其族子爲嗣，居京師，今年六十矣，借先賢祠演戲爲壽，來請飲，今日饋以酒兩罏，燭一對。徐所繼子年長於徐，已卒。其孫顯曾，丁卯舉人，廣東候補知府。夜初小雨。

十九日壬戌　晨及上午薄晴，下午陰，溦雨。繆右臣户部自俄羅斯游歷歸，來訪，不值，以前所著《俄游彙編》四册見贈。凡十二卷，首爲俄羅斯源流考，卷二至卷四爲疆域表附圖，卷五鐵路表附圖，卷六通俄道里表，卷七山形志、水道記，卷八舟師實、陸軍制、户口略，卷九至卷十二日記，敘述雅馴，有用之書也。右臣與使俄大臣洪閣學鈞不協，折辱備至，幾欲殺之。後知其座主爲孫濟寧，始稍加禮貌。小人反覆，可畏哉！殷蕚庭來。介唐來。

二十日癸亥　晴。昨日爲伯循五十生日，今日補送食禮四事，并作書致之，得復。慧叔弟來，以致品芳書并呈明原籍費三十五金屬轉寄。弢夫來。夜以明日申宅先賢祠演戲事，作書致介唐，屬其轉告，毋令不識者闖席，得復。介唐來，談至二更後去。徐石甫廖光來訃其尊人公可郡丞之喪。公可，鐵孫觀察之子也，頗有文學，卒年六十六。

二十一日甲子　晴。以銀二兩購得《權文公集》五十卷本，嘉慶十一年大興朱文正公鳩資所刻，前有楊嗣復序。凡詩十卷，文四十卷。其詩第十卷皆寄内之作，古人所未有也。又購得嘉興馮雲伯登府《石經閣詩集》，共五卷，自嘉慶庚申至庚辰所作，卷首有朱文方印，云『庚申秀才戊寅舉人庚辰翰林』，蓋此本猶當日刻成詒人者。下午詣先賢祠，偕介唐、子獻共觀劇，僧喜隨往，夜弢夫亦來。至三更後始歸，五更始寢。

邸鈔：上諭：馬丕瑶奏整頓吏治，秉公舉劾一摺。廣西署桂林府知府黄仁濟、潯州府知府王賡榮等十五員，才猷政績，均堪備循良之選，著傳旨嘉獎，仍飭令益加奮勉，毋得始勤終怠。試用同知胡廷培不知檢束，有玷官箴；署懷集縣知縣、補用同知倪燊居心貪詐，狡猾鑽營；試用同知景清澄心地譎邪，語言荒誕；隆安縣知縣劉應楨任用門丁，聲名狼藉；補用知縣陳鐸巧滑營求，嗜好太重；前署灌陽縣試用知縣吴墀徇縱丁役，擾害閭閻：均著即行革職。梧州府知府陳善均嗜利營私，規模狹隘；補用知府林苑生惟利是圖，罔知大體：均著以通判降補。補用知縣伍世燾遇事顢頇，難膺民社；劉譚鎮才庸識陋，猥鄙性成；周世昌辦事不力，操守難信：均著以縣丞降補。補用知府朱錦洲老誖糊塗，藤縣知縣宋瑛年力就衰，補用知州李延生年老昏庸，均著勒令休致。荔浦縣知縣楊忠祜精神不振，人地未宜；平南縣知縣裘彬考試草率，聲名平常：均著開缺另補，以肅吏治。詔：廣西左江道恩立開缺送部引見。

是日醇親王五十壽辰，以惇親王功服未闋，不演樂，内中送壽物百六十舁。

二十二日乙丑　晴暖。閲《權文公集》。是日倦甚，多卧。金忠甫來，言錫尚書有旨毋庸予謚。近年易名之典甚嚴，滿洲尚書如志和、延煦、紹祺皆不能得也。作書致介唐，言齋戒陪祀處分皆罰奉一年，不准抵銷；身到而失遞職名者罰奉九月，公罪准抵銷。此咸豐間特旨。付賃屋六金，崇效寺殯屋六金。

邸鈔：廣東廣州府孫楫升廣西左江道。

二十三日丙寅　晴暖。沈伯祥來。王涵之祖彝來辭行。午詣江蘇會館赴伯祥之飲，坐有子蕁、介唐、秉衡、伯循、蓮史、莫堅卿、介夫，晡後散。至邑館答拜周宗彬，又至西河沿客店答拜陳燕昌、王祖彝兩縣令，傍晚歸。得吕庭芷津門書。邵小村送來二十金爲别。

二十四日丁卯　晴暖。

閲郭頻伽《靈芬館全集》。共十二册。初集詩四卷，二集詩十卷，三集詩四卷，四集詩十二卷，詞六卷，雜著古文二卷，續編四卷，《金石例補》二卷，《江行日記》一卷，《樗園消夏録》三卷，《詩話》十二卷，續六卷。前有靈芬館主三十七歲小像，其弟丹仲鳳所繪，而自爲贊。至四集之詩，終於嘉慶己卯，自云年五十三，馬小眉洵爲作序，題道光癸未，則時年五十七矣。頻伽名麐，字祥伯，號郭白眉，吴江諸生。平生刻意詩詞，亦爲古文。詩學晚唐，多風懷綺麗之作，而根柢淺薄。詞學秦、張，間有秀語，頗勝於詩，亦乏高致。古文師法桐城，極推惜抱，力求雅潔，而經術既疏，才力又絀，文章義法，亦多未諳。《詩話》《消夏録》等多采取近人及閨秀之詩，喜標舉雋艷，而多近纖俗，絶少考證，蓋江湖小才，馳騖聲氣，而盛自標置，言多夸誕。其爲《張茗柯文後序》，言爲之釐正去取，譏其太似昌黎，有鉤鋠此即俗『劈』字，頻伽不識，誤書作『鋠』。摘抉之迹，至敢詆及漢學，可謂妄矣。

取昔年所臨漢碑造像數段，爲之考證，付僧喜裝褾之。余前日飲陶然亭，親見僧院中金天會九年甘露陀羅尼經幢『年』字下『九月十四日』字甚明，而《金石萃編》以爲缺，何也？ 弢夫來。夜二更雷電密雨，有震霆。

二十五日戊辰　晨及上午霠陰，午後微見日，旋陰。得弢夫書，又有人乞書扇。聞翁常熟師昨日還都。得慧叔弟書，饋嵩山蒜頭、百合一盤，茄脯一盤。子獻來。同鄉内閣侍讀王鵬運（臨桂籍）嫁女，工部郎中蔡世傑（杭人）爲弟娶婦。夜雨，一更後轉密，檐滴聲凄，達旦無寐。賦詩五首，不覺其詞之悲也。又以懷人詩二章續之。得胡雲楣二十三日津門書。

暮秋寒夜聽雨絶句五首

寒雨瀟瀟逼暮秋，紙窗竹屋儘颼飀。明知此況天涯慣，別有傷心到白頭。

秋士由來世獨醒，素心尊酒久飄零。當年夜雨空階味，此日黄罏幾個聽。

一燈如豆伴閑房，天外蕭寥斷雁行。泉下儻知今日感，也應流淚話連床。

古寺城南黯夢雲，殯宫寒照佛燈昏。可知同是京華客，但隔人天兩不聞。

斷夢依稀到鏡湖，滿天寒色一帆孤。不知今夜山陰雨，滴到松楸第幾株。

夜雨不寐懷故人平景蓀觀察沈曉湖學博二首

早納西江節，歸營北郭田。風雲十年夢，文獻一身傳。同學人存幾，潛郎我獨憐。遥知今夜雨，萬卷擁華顛。

七十沈麟士，山城老廣文。兒貧逐升斗，妻病卧松雲。書到常經歲，愁來總夢君。遥知今夜雨，冷署獨聲聞。

邸鈔：翰林院侍講准良轉補侍讀，□□恩順升侍講。掌京畿道御史殷如璋升兵科給事中。詔：廣東高州鎮總兵黄廷彪開缺，另候簡用。以□□□□鄭紹忠爲高州鎮總兵。

二十六日己巳　晨霒陰，有風，傍午微晴，風益甚，下午時見日景，傍晚晴霞滿天。朔風横厲，木葉驟落。

閲《靈芬館詩話》。其中考據甚少，所取詩句亦多纖仄，惟有數條可取。如引《補續高僧傳》：道濟號湖隱，又號方員叟，臨海李都尉文和遠孫。案《東都事略》：李遵勖尚太宗女萬壽公主，卒謚和文。疑此即遵勖也。惟遵勖潞州上黨人，非臨海。受度於佛海禪師，居靈隱，後居净慈。狀貌風狂，人稱濟顛。《洞霄詩集》載其《游洞霄宫》一詩，沉鬱蒼秀，非學語禪和子可及。如：『入門氣象雄，金碧欺兩眸。彈棋古松下，啼鳥聲相酬。坡翁昔賦此，刻石紀舊游。谿山增偉觀，萬古傳不休。』又《偶題》云：『幾度西湖獨上船，篙師識我不論錢。一聲啼鳥破幽寂，正是山横落照邊。』是善知識語，亦是詩人語。今所傳濟顛事，俗語不實，流爲丹青矣。又引《梅磵詩話》：案：韋居安，吴興人，宋季進士，官衢州司法參軍。著此書。永嘉徐照《題子陵釣臺》云：『梅福神仙者，新知是婦翁。』子陵爲梅公婿，傳記不載，詩必有所本，然則首用此事者爲道暉，梅磵亦不詳其出。又引紀曉嵐《灤陽續録》記其座師介野園恩榮宴詩云：『鸚武新班宴御園，摧頽老鶴也乘軒。龍津橋上黄金榜，四見門生作狀元。』自注云：鸚武新班，不知出典。按元遺山有《探花詞》五首，其一云：『禁裏蒼龍啓九關，殿前鸚武唤新班。沉沉緑樹鞭聲遠，嫋嫋薰風扇影閑。』是此公所本，然去一『唤』字，於理未協。此三條差强人意。

其所采詩之佳者，如王惕甫《題楊少師韭花帖》云：『宰相門高世系留，六臣傳裏見風流。年年燒韭供肥羜，直過粱唐晉漢周。』楊龍友《自題山水小幀》云：『嘗在西湖烟水邊，愛呼小艇破湖天。今朝畫出西湖路，乞與長年當酒錢。』沈瘦客大成《南湖絶句》云：『水楊柳近碧闌干，溦雨人家作午寒。墻裏小桃花一樹，只分一半與人看。』《看燈詞》云：『華燈萬户影交枝，月上黄昏也不知。郎愛看燈儂愛月，到無燈處立多時。』鄭潤堂東里《春夢》云：『聲聲鵓鳩雨闌珊，一半春從病裏殘。剩有荼蘼花滿架，怕風人立隔簾看。』李笠翁《絶句》云：『膽瓶春色映櫺紗，一座清香數琖茶。散脚道人無坐性，閉門十日爲梅花。』蘭廷瑞《枕上口占》云：『枕上詩成喜不勝，起尋筆硯旋呼燈。膽瓶滴取梅花水，已被霜風凍作冰。』見楊升庵集中，滇人。陳老蓮《西湖絶句》云：『外六橋頭楊柳盡，裏六橋頭樹亦稀。真實湖山今始見，老遲行過更依依。』又《題扇頭一絶》云：『一春只有三十日，冶遊不滿十日餘。陂塘插柳須一去，今夜子時三月初。』梅孝嗣《黄梅即事》云：『濃陰如墨雨如酥，逐婦鳩聲不住呼。檢點床頭書一架，新黏法帖脱漿無。』廣陵女士蕭仲瓔《雨中游蔣家園》云：『春光草草送將歸，細雨如絲緑漸肥。却喜静無蜂蝶鬧，不妨微濕薄羅衣。』查梅史揆《即事》云：『玉匣冰奩鉛水流，垂楊影裏見梳頭。夕陽似與紅窗約，不近黄昏不上樓。』屠琴隖倬《題雩門花影樓》云：『碧紗虚掩一重重，照不分明蠟炬紅。却把湘簾都捲了，讓他明月坐當中。』此見《是程堂集》。殳積堂三慶《感舊》云：『微微凉月滿階墀，一種閑情若个知。爲底玉釵剛卸却，又從窗外立多時。』『春風一翦柳絲絲，花發紅梨第幾枝。剛好個人扶病起，畫屏相隔立多時。』『蹋青相約到湖湄，新樣妝成出户遲。却又回身進房去，菱花重對立多時。』彭甘亭《花燭詞》云：『金扃牢與護文窗，翠隙紅深軟語雙。八尺龍鬚好儀態，祇難瞞過小銀釭。』此見《小謨觴館集》，已太纖褻，近於詞。吴兼山嵰《老屋典人感懷寄内》云：『仰屋頻添異地愁，一官貧到不能休。家無長物勞相問，幾樹梅花入券不。』錢松壺杜《仿吴仲圭武夷山居圖》云：『江風颯颯打琴弦，傍午鳩啼欲雨天。一院蜻蜓人不見，蕉花紅到碧簾前。』《丹陽舟中題畫》云：『庚申十月初三日，柁尾南風晚飯遲。落日萬鴉盤樹起，吕蒙城下陗帆時。』孫補山相國士毅《軍謠》云：『當筵肯惜酒如澠，放眼還登最上層。士馬無聲霜氣肅，四圍玉帳萬紅燈。』『飛觴親爲勸金罍，小户難禁百罰杯。帳下材官三百騎，當筵齊看玉山頹。』《塞外柳枝詞》云：『東風料峭析春酲，上將初開細柳營。教唱夜烏啼一曲，邏娑城外又清明。』《七夕悼亡》云：『歷歷黄榆送晚寒，充庭兒女小團圝。一彎初月如殘月，隔著明河不忍看。』馮東園人鳳，平湖人。《絶句》云：『蘭閨曉起拓窗紗，手汲新泉煮嫩芽。涼露未收天欲曙，小紅初放蔦蘿花。』殷耐甫增，江陰人。《魏塘即事》云：『柳洲亭外緑含烟，桂圃瓶山几案邊。一夜桃花春水漲，漁舟直到縣門前。』其配沈綺《家居即事》云：『前傍青山後水涯，尚湖烟景屬儂家。一簾疏雨斜陽外，人在空庭數落花。』《寄女兄》云：『聞道君家茆屋好，開門日夜對平湖。能將一幅谿藤紙，澹寫湖光寄我無？』《送外》云：『湖上秋風吹柳枝，黄花開向送君時。送君判醉黄花酒，明日花開更對誰。』邊壽民維祺《自題所畫蘆雁》云：『鴨觜灘頭幾曲沙，栖鴻安穩似歸家。愁他風雪無遮護，多寫洲前蘆荻花。』張兼庵應錫，國初山陽人。《詠四皓》云：『逃入商山遠避秦，蒼松野鹿自天真。何爲却墮留侯術，一出商山便漢人。』案：兼庵登明季武科，入國朝不仕，有《六友堂詩集》。此詩別有寄託。原本『自』作『樂』，『留侯』作『張良』，爲改潤之。盧蓉湖涌，山陽人。《詠五代史》云：『百職紛紛勸進牋，中朝宰相最居前。當時祇有朱全昱，記得唐家三百年。』皆絶句之選也。又一條云：洞庭産茶，名碧蘿春，香味不減龍井，而鮮嫩過之。山中所産之地止一方，充貢外，雖地方大吏，亦不能多得。相傳不用火焙，采後以薄紙裹著女郎胸前，俟乾取出，故雖纖芽細粒，而無焦卷之患。梁山舟學士有《謝人惠碧蘿春》詩云：『此茶自昔知者稀，精氣不關火焙足。蛾眉十五采摘時，一襪酥胸蒸緑玉。纖袿不惜春雨乾，滿琖真成乳花馥。』蓋指此也。亦足以資故實。

其《樗園消夏録》三卷，所采亦有佳者。如祝雲橋椿詩云：『陌上游春女，行行路漸遥。去年曾到此，記得有紅橋。』『陌上游春女，前村想是家。入門呼小妹，袖出碧桃花。』謂讀之如見春郊女伴蹋青。景物詩有人人眼前之景，人人意中之語，思不必深而不能道者，此類是也。又吴江龐鶴霄兆綎《催妝》詩云：『妝閣將辭未肯辭，燈前掩映故遲遲。明知堂上笙歌促，偏要新郎立少時。』『少』本作『幾』，今改。又某閨秀詩云：『梁間雙燕正將雛，階下蘐花過雨濡。阿母書來羞竟讀，隔年頻問有身無。』二詩風調相似，亦已稍失雅音，而道人意中所欲言，頗覺可喜，所謂忍俊不禁矣。又錢唐陳叔毅曾蓺《悼朱姬》詩云：『水晶簾下玉蘢葱，十樣新蛾畫未工。留得青銅僅三尺，更無人影在當中。』『半枝樺燭故熒熒，記得歸遲掩曲屏。比玉能温花較活，最難忘處是臨醒。』二字用玉谿『衣薄臨醒玉艷寒』句。無名氏《題揚州風漪閣》詩云：『女伴閑携畫榼游，春風小閣坐扶頭。外人不識神仙到，只道杏花紅上樓。』黄退庵凱鈞《即事》云：『六扇窗櫺鎮日開，雨雲未晚故相催。三字本作『暗庭隈』，今改。山妻知買新書得，一點疏燈早上來。』朱布衣坤，吴江人。《村居》云：『篳門圭竇老農家，縛個茅亭傍水斜。爲本作『誠』，今改。恐世人圖樣去，遍栽修竹四圍遮。』皆風致獨絶。其《詩話》卷二、卷三最録宋、元人七絶各數十首，頗有佳作，然別擇未精，亦多遺漏。余嘗於阮亭《唐人萬首絶句選》眉間最録宋人絶句數十首，頗較漁洋及甌北所取爲精。

天津楊生鳳藻來見，言本是山陰人，乾隆間進士、刑部員外郎西廱先生夢符之曾孫，自其祖始來津門，卒葬於此。今惟其父子兩人在耳，越中房族久不通問矣，西廱先生《心止居詩文集》尚藏其家。余告以其先本居山陰之安城里，西廱即孝子大瓢先生之從曾孫。越紐故家，遠有代緒，今生獲舉京兆，深可喜也。是日驟寒，下午益甚，夜北風愈怒。作書致子培，頗言蕭寥之狀，得復。

二十七日庚午　晴寒。子培來，下午偕入城謁翁常熟師，不值，傍晚歸。天津王生恩澎來，亦今科得雋者。弢夫來夜談。

二十八日辛未　晴。買菊花兩儋，付錢十九千，絶無佳者。介唐來。子獻來。作書致仲弢，取浙江官板題名録閱之。今年加恩至一百三十七名，紹郡得三十二人，府學三人，山陰六人，會稽十人，蕭山七人，上虞二人，諸暨、餘姚、新昌、嵊縣各一人。最高者新昌廩生童學琦，年僅二十一，中第三；次則第八名沈寶琛，紹府附生；次則十一名馮景星，山陰廩生，年四十六歲；次則十六名韓拜旒，蕭山優貢；十八名胡道南，山陰廩生；廿三名，蔡元培，山陰附生；廿九名俞蔭森，會稽增生；最低者一百三十二名陳常夏，會稽廩貢。皆不知其人也。錢唐得十四人，爲最多。台州中三人，王舟瑶中第一百名。五策問皆簡絜。第一道問經學，多舉大義，最精雅合古法。同考官禤鑑光，青田縣知縣。廣東三水乙卯舉人；朶如正，即用知縣。雲南昆明丙子進士；宧懋和，刻本作此字，後問介唐，言甲戌同年皆稱以宧老爺，作豢音。及若農師入都，詢之，言闈中嘗問其是宧是宦，答作豢音。貴州遵義甲戌進士：皆可入希姓録。禤姓爲嶺南大族，多有登鄉榜入仕者，聞其音似欑，《字典》音宣。不知何義也。策題以簡要質實爲貴，問目宜少，可使對者曲暢旁通，覘其學識所至，不在襞績餖飣、刺舉隱僻、掇拾零星、務爲多端，使人迷悶，同於藏謎射覆也。近之尚博奧者，問目動至五六百字，以多爲貴，皆不必疑而問。對者皆以鈔襲爲事，鄉會搜檢，既成具文，士皆巨槖牛腰，傾筐捆載，至石印書出，自注疏、經解以及説部、類書，凡可資經策者無一不備。今年江南監臨，至入之章奏。而江浙諸省，第三場又皆不依坐號，十五爲朋，亂踞數屋，一人捉筆，衆手檢書。主司欲得真才，反收没字，此不特以死鼠爲璞玉、蘆菔爲人參矣。

二十九日壬申小盡　晴，未初三刻十一分霜降，九月中。是日得詩二首，即爲曾君表之子書紈扇。夏間君表來書，言其子頗能讀書，此次入都，所求惟此一事耳。李漁江伊沆來，庚午順天解元，本名璜綸。仲弢來。（樓）〔婁〕儷笙來，爲寫初集詩六卷，留之夜飯後去。得趙桐孫訃，以七月廿三日歿於冀州官廨，其夫人先一旬卒。桐孫本患腫疾，重以悲懷，遂病喘逆，年六十二。所著有《琴鶴山房文鈔》八卷，《詩鈔》五卷，《左傳質疑》三卷，《讀左餘論》一卷，《四書疑問》一卷，《古文辭類纂評注》七十卷，《十六國宮詞》一卷，《梅花洲筆記》四卷。

種菊

又買人間菊，隨宜不問花。門庭終古静，黄紫一時斜。徑窄還携杖，心閑更煮茶。西山遥可見，忘却在京華。

落葉

落葉蕭蕭裏，關門静數聲。未能人跡斷，時有午烟生。却憶空山晚，知誰著屐行。不須歎閑寂，鄰寺又鐘鳴。

冬十月癸酉朔　晴和。朝房吏送明年時憲書來，賞錢兩千。介唐來送柬，約初三日午飲。午答詣繆右臣、晤王廉生及同年張編修百熙，談次知宋人所繪杜祁公等《睢陽五老圖》册子，近日盛伯希以三百金得之，其中宋人題跋甚多。宋有王性之（銍）、范石湖、楊誠齋、洪槃洲容齋、王梅谿、錢端禮、西夏人斡玉倫圖，元有趙松雪、虞道園，明有僧道衍、吴匏庵、朱之蕃、董思白、錢牧齋等。國朝朱竹垞首題『睢陽五老』四字分書，又題兩絶句。昨仲弢言，明蔡少壑所繪王文成公小像長卷，貴筑黄國瑾編修新以百二十金得之，後有吾鄉王龍谿、朱越崢南雍諸先生題贊。兩圖皆鄉邦文獻所係，而俱爲遠方人士所得，不勝慨然。下午歸。子獻來。傍晚爲子獻撰會試次題『取人以身修身以道』文，上燈時訖，即作書致之；再爲改第三藝，後半悉易之。繆右臣送來其庭院所栽紅蓼子一包，作書復謝。是日作柬約黄漱丈喬梓、季士周、王旭莊、徐班侯、沈伯祥、子獻、弢夫、介唐、楊定旉、徐亞陶初四日午飲。夜得士周書，以事辭；旭莊以赴天津辭。

初二日甲戌　晴和如春中。先祖妣倪太恭人忌日，又初六日爲祖妣余太恭人忌日，是日合饋於堂。菜肴六豆，肉肴六豆，特凫一，菜羹一，饅頭一大盤，時果八盤，栗子湯一巡，酒四巡，飯再巡，晡畢事，焚楮泉兩挂。陸蓮史來。得徐班侯書，言吏部咨取各部院送考御史文字已到。余既捐免試俸，尚須奏請題銷。此功令之繁，所謂如牛毛者。朝廷上下百司，日日奔走簿書，刻不得暇，皆此類也。命僧喜詣邑館送婁儷笙南歸，饋以程儀四金。班侯來，留之夜飯後去。作書致翁叔平師，致同司胡鼎臣郎中，皆爲催辦題銷試俸也。六十之年，尚求自效，爲此瑣瑣，何不憚煩！

邸鈔：兵科給事中方汝紹轉兵科掌印給事中。舊掌科歸安鄭訓承告病。

初三日乙亥　晴和。剃頭。胡鼎臣來。同鄉章炳仁來。上午詣先賢祠赴介唐之飲，坐有漱翁、弢夫、伯祥、蓮史、子獻，晡後散。答詣胡鼎臣，晚歸。婁儷笙來，告明日行。僧喜、冰玉隨張姬詣崇效寺殯宮送寒衣。

邸鈔：編修吴樹梅升國子監司業。

初四日丙子　晨大霧如雨，加巳始散，傍午晴和。齋中治具請客。漱翁以入署不到，到者亞陶、弢夫、班侯、定旉、伯祥、介唐、子獻、仲弢。午後設飲，晡散。曾君表來。是日聞江浙大水，浙西嘉、湖兩郡尤甚，米價驟長，石至五千。吾越低田盡淹，高者亦多未穫。雨自中秋後至九月下旬尚未止，水幾及城墻，沿海及上虞、餘姚等縣兼苦風潮，棉花盡空，温、台諸郡發蛟，山水大作。今年各省，十九被水，灾饉洊至，民生奈何！　夜大風，三更後益甚，達旦震盪，驟寒。

初五日丁丑　晴陰相間，竟日朔風，落葉如雨，甚寒。評閱學海堂諸童經古卷，以所餘作書致弢夫乞代閱，自閱諸生卷。得弢夫復。子獻來。夜風不止，寒益甚。傅子尊夫人生日，饋以桃、燭、豚、麵。

邸鈔：上諭：朕本日殿試中式武舉弓、刀、石，内刀力不符之直隸陳國璧、山西陳天命、直隸尚清華、四川楊春林、雲南羅長華、四川王廷耀，石力不符之直隸冄奇雲，均罰停殿試一科，所有原闈較射監射之大臣交部議處，覆試之王大臣交部察議。　陳國璧，是科武會元。殿試本可得狀元，以試刀時用頭號三百斤刀，過求自異，試背花、面花後，更四面舞之，是日大霧地濕，失足小滑，遂致失儀。冄奇雲舉石時亦求見好，盤旋運弄，遂失手墜。然則右科之舉，固難儌幸，視文試遠矣。

初六日戊寅　晴，有風，仍寒。上午詣伯寅尚書，拜其六十壽，晤芾卿、弢夫、子培、子封、仲弢諸君，同敬觀慈禧皇太后御繪臨宋人劉仲之墨梅大幅，敬臨章皇帝著色蒲桃大幅、著色荷花、朱畫松樹、淡墨山水凡十餘幅，蒼秀雄深，天然葩艷，古今所未有也。旋晤漱翁、亞陶、瞿子玖、王廉生、徐花農、黄再同。午後觀賜壽御書扁曰『霄漢松喬』及楹聯福壽字、如意表、裹金銅玉佛、皇太后御畫蒼松大幅，下午歸。傍晚書楹聯爲壽，并酒兩罎，作書致伯寅，聯語曰：『早歲千縑，曾叨晉國；它年五老，仍伴祁公。』又爲蕚庭之兄心齋書六十壽聯。書賈以孫穀《古微書》初印本來售，索銀六兩。余於丙辰里居時購此，僅青蚨數百耳。近來書直約貴至十倍以外，無論宋、元槧矣。漱翁柬初九日飲。

邸鈔：雲南布政使曾紀鳳請開缺終養。許之。以貴州布政使史念祖調補雲南布政使，以前□□

布政使王德榜爲貴州布政使。

初七日己卯　晴，有風，仍寒。竟日評改學海堂諸生課卷。子獻來。是日爲楊生鳳藻改《唐凌烟閣畫功臣像賦》一首。

邸鈔：上諭：前據詹事府右庶子崇文片奏參劾大學士張之萬接納外官各節，當派福錕、潘祖蔭查奏。茲據查明覆奏，該大學士接見外官，或因面詢公務，或係素有交往，不得指爲結納營私。北沙灘廟宇，外官來京者往往寓居，非自今始，不得因與張之萬寓所相近，遂指爲夤緣奔競。該大學士住居湫隘，並無另設執客堂專談機密之事。至所參僧静洲最爲親密，傳訊該僧，據稱與張之萬同鄉認識，素有往來，並未干預别事各等語。朝廷用人行政，一秉大公，從不稍持偏見。張之萬老成穩練，朝廷素所深知，惟此次若不將參款確查虚實，轉無以得是非之真。現經福錕等逐一查明，均無實據，所參各節，毋庸置議。前因臣工挾私參劾，迭經明降諭旨，申誡再三，以杜攻訐之漸，該庶子豈無聞知？乃輒以無據之詞誣謗大臣，復敢附會灾祥，希圖聳聽，至另摺附片所陳天文時務各節，諸多謬妄，若不加以懲處，無以爲逞臆亂言者戒。崇文著交部議處，原摺片均擲還。張之萬宣力有年，受恩深重，不得因被人奏參，遇事引嫌却避，惟當小心謹慎，益加奮勉，力圖報稱，用副朝廷委任至意。崇文，滄州駐防旗人，或言本漢人季姓冒旗籍者。咸豐庚申進士。官户部主事，二十餘年不遷，嘗調伊犂將軍印房主事。頗習天文輿地之學，喜言經濟。素有風疾，多忤人，然頗伉直，能文字，滿人中不多見也。與張之萬爲中表兄弟，習知其家事，所參皆實。又言其狎昵票班子弟，日往來其家，屢携眷屬至城外打磨廠福壽堂演戲酣飲，以此爲半閑堂，以淫僧静洲爲狎客，尤萬目觀瞻，不能掩也。引漢制灾異策免三公事，請黜罷。其正摺言祈年殿灾變事。詔：禮部尚書奎潤、兵部左侍郎徐用儀、工部右侍郎清安均加恩在紫禁城内騎馬。

初八日庚辰　晴。竟日評改學海諸生卷。作書致子培，得復。閱錢氏《元史・藝文志》。夜再作書致子培，借定州新出北齊標異義鄉慈惠石柱頌拓本及盧氏《補三史藝文志》。沈伯祥來辭行。得徐班侯書。

初九日辛巳　晴和。上午出門送伯祥行，答詣班侯，均不值。午詣畿輔先哲祠赴漱丈招飲，同坐爲介唐、弢夫、子培、子封、旭莊，及仲弢之婦弟南皮張氏兩少年，皆新舉京兆試者。晡後散。詣張子虞，不值，遂歸。書玉來。爽秋來。陳蓉曙來。是日評閱五、六兩月學海堂諸生課卷訖。五月題經文兩首：『帝乙歸妹以祉元吉』，『伯拜稽〈首〉讓于夔龍』；策問兩道：『《禮記》馬盧注與鄭注同異』，『畿輔金石』；賦兩首：『唐凌烟閣畫功臣像賦以初名戢武後易凌烟爲韵』，『鬬百草賦以看花並蒂鬬草宜男爲韵』，『耶律楚材論』；試律兩首：『百囀已休鶯哺子得鶯字』，『三眠初起柳飛花得眠字』。取内課張大仕、陶喆甡、楊鳳藻、李鳳池等四名。六月題經文兩首：『被之僮僮命有司爲民祈祀山川百源大雩帝用盛樂』，『乃命百縣雩祀百辟卿士有益於民者以祈穀實』；策問兩道：『《公羊》《穀梁》疑義』，『直隸水利』；賦兩首：『蕭艾著冠稱道陵賦以題爲韵』，『蒲葵扇賦以風來不用蒲葵扇爲韵』；『重黎絶地天通論』；試律兩首：『移竹得移字』，『種蓮得蓮字』。取内課張大仕、陳文炳、姜揮善三名。張生兩卷，皆博茂醇實，對《禮記》一策尤佳，足爲北直之冠。

初十日壬午　晨陰，上午微見日景，下午陰。龐劬庵來。邑人范迪襄來。慈禧皇太后萬壽節。作書致弢夫，取回學海堂六月童課卷，自閱之。書玉第三女許嫁海寧周景曾之子，今日納幣，來請酒。兩姬、冰玉皆往，詒以緞袖、手帕、荷包、佩鏡、踦襱、菸袋，珠翠耳挖一枝，翠蝶一枝，珠鳳一枝，香囊一枚，綺襯一雙，花囊一枚。書玉來催飲，晡時往，坐有介唐、介夫、楊定甹、沈子敦等，夜歸。二更雨作，三更後轉密，四更後雪。

十一日癸未　竟日大雪，積六寸許。得弢夫書，送來所閲學海堂五月童課卷十七本。評改學海六月童課卷訖，凡十六本，取李秉元第一。更取五月卷定之，凡二十五本，取内課徐寶湘、沈耀奎、華承運等五名。徐寶湘卷，陳生文炳作也。復評定七月、八月問津、三取兩書院童課卷，以兩月諸生皆鄉試停課也。七月問津題『凡民也』三句，詩題『臨路槐花七月初得花字』，取王德純第一。三取題『聞者莫不興起也』三句，詩題『野人籬落豆花初得初字』，取余士偉第一。八月問津題『仲子所居之室』兩句，詩題『鵲飛山月曙得飛字』，凡六十七人，仍取王德純第一。三取『所食之粟』兩句，詩題『門掩候蟲秋得蟲字』，凡三十三人，取孫鎔第一。夜作書致胡雲楣，并課卷三箱，是月三書院望課題兩紙。是夕雪稍稀，仍不止。

十二日甲申　晨雪，已稍止，竟日寒陰。子獻來辭行，送來會試行卷十本。徐花農來，以十二金見詒，并所取山西闈墨一本。殷蕚庭姬人四十生日，詒以花繡、緞袖、手帊、褧單、踦襱、鏡韜、四喜袋及桃、燭、豚、麪，張姬往飲酒。庚午同年邵編修松年母夫人七十壽，送禮錢六千。

十三日乙酉　竟日霒陰，寒甚。得胡雲楣書，并前月學海堂課卷。爲子獻作硯影序。酈甥祝卿介言寶書孝廉來，晝日事忙，不能出見，命僧喜留之夜飯後去。爲子獻作書致雲楣。平生絶不干人，至以行卷爲梯媒，以新貴爲釣餌，同於乞道，有識所羞。滬上、嶺南，官商相戒，鄙薄揶揄，深以爲苦。而士習愈下，合污效尤，一得翰林，營求百出。聞丙戌鄉里中，有日坐一舟，沿村逐里，見有瓦屋整齊，即往投刺者，有求覓縣中户册，按籍計畝，强科賀錢者，詭異萬端，出人意外。科名至此，尚何言哉！

十四日丙戌　霒陰，晡微見日，旋陰。命僧喜送子獻行。弢夫來。下午爲子獻畫團扇，作故鄉亭山圖，用停雲兼石谷法，以青緑鉤皴。余前夕夢歸故里，坐舟出西郭門，即見亭山，蒼翠滿前，夕陽照之，山腰松圍如帶，宛然昔景，指謂舟中一客曰：『余廿年京國，日夜思歸，不圖今日，真見此山也。』未幾抵家，蘧然而醒，五中動盪，竟日如失。故爲子獻圖之，并記以詩。夜爲湖南人秦子質舍人炳直畫摺扇，此夏間陶秀充爲持來，後子獻屢爲言之，昨又屬僧喜轉告。爲寫『樹樹皆秋色，山山惟落暉』，用大癡淺絳法，補以茅蓋竹亭，一人紅衣獨立，續兩語云：『空亭誰獨立，日暮憺忘歸。』年老事忙，尚爲人役，此事亦聊以寫吾意耳。

冬日夢歸故里見亭山夕陽醒而紀之

霜風一夜送人還，出郭依然滿眼山。夕照有情開遠樹，好雲無恙見疏鬟。紅橋村落參差出，翠靄谿亭約略攀。正指衡門鷄犬笑，蘧然清夢落閑關。

邸鈔：詔：詹事府右庶子崇文照吏部議，即行革職。福錕、潘祖蔭等覆奏，頗言張之萬時與外官來往聽戲，其家中亦常演劇；僧静洲出入其門，亦屬不安本分，應即驅逐回籍。　劉秉璋奏候補知府、署保寧府知府何亮清聲名狼藉，試用知縣、署閬中縣知縣吕明鐘行險膽大，均請一併革職，永不敘用。從之。

十五日丁亥　未初二刻六分立冬，十月節。竟日霒陰，傍晚小雨。更爲子獻書扇，作書送去，則已行矣。得弢夫書，即復。弢夫來。介唐來。書玉夫人來，以金繡七品補服一對送張姬。夜小雨。

邸鈔：上諭：本年江蘇久雨爲災，自八月以來，連旬不止，蘇州、松江、常州、鎮江、太倉各府州屬俱遭水患，兼以浙西、皖南蛟水下注，江湖並漲，禾稼淹没，糧價斗長。該省猝被奇灾，朕心實深憫惻。著於該省藩庫撥銀五萬兩，以資急振。復奉〈慈〉禧端佑康頤昭豫莊誠壽恭欽獻皇太后懿旨，發去宮中節省内帑銀五萬兩，作爲蘇州等府賑款，即著剛毅分撥灾區，妥速散放。該撫務當敬體慈懷，督飭印委各員核實經理，一面確查各屬災情，迅將現辦振撫情形馳奏，以慰廑系。該處錢漕賦課，並著查明，分別奏請蠲緩。儻地方官有匿災不報情事，即行據實嚴參，以爲玩視民瘼者戒。上諭：本年秋間，浙江大雨連旬，水勢漲發，杭州、嘉興、湖州、寧波、紹興、台州、金華、嚴州、温州、處州俱被水災。前據崧駿奏報，諭令妥爲撫恤。兹據續報，杭、嘉、湖三府情形最重，復降旨令該撫酌撥銀米，速籌振撫，准其作正開銷。惟該省被水之區多至十府，且係秋後成灾，民情益形困苦。朝廷念切痌瘝，無時或釋。加恩著於浙江藩庫提銀五萬兩作爲振撫之需。並奉慈禧端佑康頤昭豫莊誠壽恭欽獻皇太后懿旨，浙省遭此奇灾，深堪憫惻。著於宫中節省内帑項下發銀五萬兩，交崧駿妥速振濟，以全民命。該撫當仰體聖慈，迅即確查灾區，妥爲分撥，並遴派公正官紳，認真散給。各該府屬錢糧賦課應如何分別蠲緩之處，即著查明具奏，候旨施恩。儻有不肖州縣希圖浮收、匿灾不報，即行從嚴參辦。一面將現在振撫情形先行馳奏，以慰廑系。昨據御史張嘉禄奏寧、紹兩府官紳前經辦有積穀，請飭支放等語，著崧駿飭令迅即開倉發振。此外各府州縣如有積存備荒錢穀，均著一體散放，不准劣紳把持舞弊，致滋浮冒。命禮部左侍郎徐郙爲順天武場鄉試正考官，翰林院侍讀學士徐會澧爲副考官。

十六日戊子　晨陰，巳漸晴，傍午晴，大風，至晡稍止。作書致介唐，爲十九日書玉嫁女至周氏，商量會親禮物，得復。剃頭。得王廉生書，以所輯山東先喆手蹟詩文尺牘名《海岱人文》者兩册屬題籤，即復。陳生澤霖來。其房師滇人倪恩齡也，翰林中無行尤著。余恐其沾染習氣，今日與言人生立品守身之要止足爲富、無求爲貴二語，當銘之坐右，且勉以官閑爲學、循分供職，自可上進，亦不必以我爲法。此老生之常談，然亦常談者見不常也。夜月甚皎。是日子正望。

邸鈔：上諭：倪文蔚奏衛榮光病仍未痊，懇請開缺，據情代奏一摺。山西巡撫衛榮光著准其開缺。

十七日己丑　晴寒，冰。曾祖考忌日，供饋肉肴七豆，菜肴三豆，菜羹一，時果四盤，饅頭一大盤，栗子湯一巡，酒三巡，飯、茗飲各再巡，晡畢事。爲廉生題籤，即作書致之。得子培書。介唐夫人來。作書致漱翁，送還疏稿。

邸鈔：以山西布政使豫山爲山西巡撫，以福建按察使奎俊爲山西布政使。上諭：裕禄、奎斌奏各屬被水成灾，懇請撥款振撫一摺。本年湖北夏秋雨汛，江湖並漲，八月以後，又復大雨兼旬，水勢日甚，武昌、漢陽、黄州、安陸、德安、荊州各府低窪田地多被淹浸，襄陽、鄖陽、宜昌、施南地處上游，亦因雨水過多，同時被灾，小民蕩析離居，實堪憫惻。加恩著於司庫撥銀十萬兩，以作振恤。如有不敷，仍著體察情形，隨時奏明請旨。上諭：張之洞奏建築瓊、廉海口礮臺礮堤，改訂擡礮、車礮以固防局一摺。各省築臺購礮等事，均應先期咨商海軍衙門，議定有案，方准興辦，前經該衙門奏准，通飭遵照。張之洞前於巡視海口摺内奏明興辦，惟統陳大概情形，並未將築臺若干、購礮若干，先咨海軍衙門籌定請旨。現在閱時已久，始將購礮築臺一一陳奏，均系動用自款，率行定議，殊屬不合。張之洞著傳旨申飭，所奏瓊、廉等處現辦各事宜，仍著該衙門議奏。上諭：各直省陳奏事件，聲敘地名等項均應全寫。前於光緒十三年閏四月間曾經詳細降旨訓飭，不准率行減省。乃近來奏疏，仍復任意減寫，如兩廣解餉則稱解東、解西，該兩省藩司輒書東藩司、西藩司，江南兩藩司輒稱寧藩司、蘇藩司之類，層見疊出，殊屬非是。嗣後務當恪遵前次諭旨，於陳奏地名一概不准減文，致乖體制。

十八日庚寅　晴，稍和。書玉第三女出嫁，送禮銀六兩，張姬及冰玉往賀。介唐夫人來。竟日閱北齊斛律石柱。其文甚繁，大半模糊，殊費目力。同鄉范孝廉迪襄再來見。送周式如景曾禮錢八千。

夜有風。軒翠舫東篠圮。

跋北齊標異鄉義慈惠石柱頌

右北齊標異石柱頌。以文中多述斛律使君事，故世稱斛律石柱。自來不見著録，近年始出於定興□□。土人謂有妨形勢，禁人椎打，故拓本絶少。其柱絶高大，四面皆有字，由南而西而北而東，每面十五行，皆八分書。其首云『標異鄉義慈惠石柱頌』，凡三行，行三字，字徑三寸許。下又四行，行三字，云『元造義王興國義主路和仁』，字徑二寸。下又十四行，字更小，首行云『元鄉葬十人等如左』，次列田市貴等十人名。第十二行云『元貢義四人如左』，次列田鸞確、鄭貴和、陳靈奴、賈魏珎名，作兩列，其左旁頂格書較『標異』『標』字高一字。云『標義門使范陽郡功曹盧宣儒、典西曹掾解寶憐、范陽縣使丞李承叔、典西曹掾龍仲裕』，右旁書與『元造義』『造』字並。云『大齊大寧二年四月十七日』，省符下標。此不知在何面上方。又一面大字兩行，云『明使君大行臺尚書令斛律荆山王』，『王』字空一格書。此亦不知在何面。其南面上方一層列施主李叔賢等十二人名，爲十二行。次一層十行，行十八字，文云：『明使君斛律空一格。令空一格。公長息安東將軍、使持節岐州諸軍事、岐州刺史、儀同三司、内備身正都督、臨邑縣開國子世達奉空一格。勑覲省，假滿還都，過義致敬空一格。王空一格。像，納供忻喜，因見標柱刊載大空一格。父名德，遂降意手書官爵，遺銘行由，冀紹徽緒。空一格。公第九息儀同三司、駙馬都尉世遷，貴乘空一格。天資，孝心淳至，（妳女）〔孃娶〕公主，過義禮拜，因見俳佪。並有大空一格。祖咸陽空一格。王空一格。像，令公爾朱郡君、二菩薩立侍像側，致敬无量。空一格。公與銘名爲俳佪主，方許財力，營構義福。』其西、北、東三面上方皆列老上坐、上坐、寺主、施主、居士等姓名，亦間有文句，敘僧俗等捨地立基之事。

其銘文自南下之第六行起，凡四十九行，頌十行，自東面第五行起轉至南面之第四行訖，文皆駢儷，頗華贍。凡二千八百餘字，頌凡五百七十字，無書撰人姓名。文首敘魏末之亂，王興國等七人斂拾骸骨，合作一墳，稱爲鄉葬，設供集僧，又與田士貴等於墓左設義食，以拯餓者。武定二年，涿人盧文翼爲都督，與居士馮叔平、路和仁等邀致沙門三藏法師曇遵，爲之立館供養，助義功德。武定四年，敕改道西移，又有嚴僧安等依隨官路，改卜義舍。齊天保三年，景烈皇帝駕指湯谷，過此義所，深蒙優囋，於是修造門堂，改創墻院，其文有曰：『寶塔連雲，共落照以爭暉；甍宇接漢，將危峰以鬱迾。雖曰義坊，無異茄藍。』病者給藥，死者塼埋。天保十年，獨孤使君以王興國等七十九人具狀奏聞，優旨依式標異。河清二年，范陽太守郭府君智遺功曹盧宣儒權立木柱，至斛律令公具狀申臺。天統三年十月八日，教下鄉縣代以石柱，長一丈九尺，車騎大將軍、范陽太守劉府君名仙，□□□，定州中山人，建忠將軍、范陽縣令劉明府名□，字康買，恒州高柳人，共成此舉云云。

其敘斛律令公云：『公名羨，字豐落，朔州部落人也。』考羨爲斛律金之第二子，史稱其字豐樂，此作『落』。《北史》它傳中亦有作『洛』字者。史書官爵，皆與此同。大寧二年歲在壬午，爲武成即位之明年，四月即改河清。至天統三年歲在丁亥，爲後主即位之三年，是年六月金薨。次年，羨始由行臺僕射遷行臺尚書令。武平元年秋，羨始進爵荊山郡王，時歲在庚寅。至三年壬辰七月，羨與其兄左丞相光闔門被誅矣。此柱文已稱尚書令、荊山王，則作於武平元年秋以後也。咸陽王者，金也，義所有王像，當亦羨官幽州後所立。爾朱郡君，蓋羨之夫人。羨有九男，其第九子世遷尚公主，皆史所未詳。盧文翼，《魏書》附見其曾祖玄，有傳，言永安中爲都督，守范，史略。《魏書》獨孤使君不載其名，考《北齊書》及《北史》有獨孤永業，曾受後主詔發定州兵取斛律豐洛，即羨也。《北史》此傳亦作『洛』。即代其任。此文在天保十年，歲月不合，當别一人。景烈即文宣，天統元年武成所改。其紀羨事有云：『編脱立戍，架谷爲城。』考羨傳，言天統元年，羨在幽州，以突厥屢犯邊塞，自庫堆戍東距於海二千餘里，其間凡有險要，或斬山築城，斷谷起障，并置立戍邏五十餘所，此其事也。脱者，甌脱也。文起四語云：『夫至宗幽微，非輕重可以挹其源；大道冲賾，何弇見所能究其始。』弇即『聞』古文，上本从釆，古審字，下本从耳，筆畫小變，釋者或誤爲香臭，可笑甚矣。文中『涿』皆作『潒』，當時俗變，此類甚多。石柱者，其時令式標異之制，如後世之綽楔，此因義冢，復立義堂，延僧住持，施食養病，遂名其地爲義。《集古録》有北齊天保九年常山義七級碑，亦此類也。惟此文既刻於武平元年以後，文中未嘗述及金事，而前段云世達因見標柱刊載大父名德，疑柱之上方别有紀金功德之語，搨本模糊，不能盡辨也。

高齊契俞腥穢，刈人甚於草菅，文宣、武成，尤梟鏡之桀，而沸羹喋血中，尚有義徒，孳孳爲善，朝廷亦知標異，所謂禽獸之心亦有幾希之存也。斛律世有大功，羨尤修謹，而舉家冤酷，幸存此柱，見其遺愛在人。政如高氏諸王中趙郡王叡最賢，亦以冤死，而祁林山碑述其德政，至今屹立。蓋大書深刻，貴有德以稱之，則神物亦爲之護持，而金石之有功於世，固不淺哉！

邸鈔：以江蘇淮揚海河道徐文達爲福建按察使。□□主事承德補詹事府右中允。前任户部郎中汪樹堂以直隸州知州發往江蘇補用。此由恩詔起廢。而樹堂自失官，依兩江總督幕，曾國荃遂疏薦之，故有此授。樹堂，孫毓汶妻弟也。

十九日辛卯　晴。爲沈子敦尊人菁士太守評閲所著詩兩册、雜文一册。文頗有雅馴之作，略爲删改，即作序一通，還子敦。欠此四五年矣，今日算還一債也。張姬、王姬詣書玉家，送其女上轎。弢夫來。作書致子培，還石柱拓本，得復。同年金壽松給事爲其嫂開吊，送奠分四千。是日加卯，同鄉京官詣西苑門謝發帑振饑恩。

二十日壬辰　晴。書玉來。昨周式如具柬請會親，本欲不往，以祇發四柬，其三則書玉、資泉兄弟及介唐也，介唐言余不往則亦辭，書玉又自過邀，不得已而往。至書玉家飯，詣周氏，日將夕矣。女賓亦四人，則書玉、資泉、介唐三夫人及張姬也。式如夫人及新郎、新人出拜，酒三行而罷，歸已夜矣。送新郎覿儀四金。夜大風。

邸鈔：詔引乾隆十二年、三十年、五十八年諭旨，令各省藩、臬兩司遇有督撫不法，據實參奏。詔：山東正考官禮部右侍郎寶昌回京已遲，本日覆命召見，又復不到，實屬任意玩誤，著交部議處。副考官編修蔣艮，河南人，其父於八月初一日故，至九月十一日揭曉始報丁憂。

二十一日癸巳　晴，有風。作書致龐劬庵，約試臺先夕同宿禁中，得復。審閲隋正解寺殘碑拓本。得書玉書。得敦夫是月六日滬上書，言將由滬返浙，并寄來闈墨一册。得亞陶書，告都中知好鳩資施貧民棉衣絝，以二金爲一分。即復書，告以出資兩分。得介唐書，言酒客廿四日南還，可託附銀物。

二十二日甲午　晴，稍和。坐客次南榮，縮臨正解寺碑。書玉來。下午詣介唐、花農，皆不值。詣君表、莘伯，晤君表，談至晚歸。夜詣介唐，託代取銀。旋詣福隆堂赴族弟慧叔之飲。惡客滿坐，拇戰正喧，有兩人踞床對吸雅片，烟臭塞鼻。余坐未定，怱怱辭歸。此又過一厄也。

邸鈔：上諭：前據張之洞奏廣東軍需善後報銷，請免造細册，當諭令該部議奏。兹據户部遵旨覆奏，向來核辦報銷，均須造具細册，方能按照例章詳細句稽，分别准駁。若僅開單具報，無從覈算。前經該部奏明，光緒九年以後軍需等款概令造册報銷，不准再行開單，各省均經遵照辦理。乃張之洞輒將九年以後軍需善後各款懇請開單奏報，不特與户部奏案各省辦法不符，且事止一省，時僅數年，按籍可稽，何難詳細造報？國家度支有常，絲豪皆關帑項，豈容祇圖簡便，不顧定章，任意陳請？至所稱册籍如山，徒使堂司各官不能閲算，祇供書吏刁難之具，尤不成話。該部書吏果有藉端需索情事，張之洞即應指出其人，以便嚴行究辦，何得藉口案牘繁多，冀免造册？殊屬非是。所有九年至十四年收支各案，仍著督飭局員迅速造具細册，報部核銷，毋得稍有含混。所請開單奏報之處，著不准行。

上諭：崧駿奏查明下游各屬被灾情形，提款備振一摺。浙江杭州、嘉興、湖州等府屬田禾被水淹没，灾情甚重。該撫請於藩庫提銀十二萬兩，運庫提銀三萬兩，作爲冬春辦振之需，即著照所請行。至所奏光緒八年因灾動用倉穀，提銀十萬兩買補，嗣經奏准，銀穀並存，款未用竣，目前就此款在於藩、運兩庫，陸續提存等語，究竟從前奏准銀穀各存若干，未用竣之款若干，刻下正在提用，何以又稱陸續提存，聲敘殊未明晰，著崧駿據實覆奏。

二十三日乙未　晴和，晡微陰。在客次縮臨正解寺碑。得弢夫書，即復。得僧慧九月十六日里中書，言自八月二十三日雨後至今未止，秋成無望矣。書玉夫人來。晚詣子培、子封談，初更時歸。弢夫來。

二十四日丙申　晴和。作書致慧叔弟，告以平生慎擇交游，坐無惡客，凡非氣類，不與接席也。作書致爽秋，約同宿禁中待臺試。書輓詞一聯輓桐孫云：『壯歲佐戎旃，追桑榆三綰銅符，琴鶴遽同仙儷去；高文本經術，數吳越卅年石友，典型今有幾人存。』又藍尼輓障一軸，文曰『斯人又逝』。爲人書楹帖三聯。以食物四合遺周氏，爲書玉之女房中所需。作書致子培，借吴子苾刻本《寶刻叢編》，得復。得徐亞陶書。夜閲《寶刻叢編》。得爽秋書。得書玉書，借車爲其女反馬，即復。

二十五日丁酉　晨陰，旋晴，下午微陰。作書致爽秋，致楊莘伯。弢夫來。沈子敦來。得爽秋復、莘伯復。作致品芳弟書，致王氏妹書，致四弟婦書，致嘯巖弟書，致仲凡書，復敦夫書，又爲嘯巖評改闈藝兩首。夜霧，地盡濕。

邸鈔：詔：禮部右侍郎寶昌照部議降三級調用。

二十六日戊戌　晴和。作書致族中弟姪，皆處分家事。寄大妹、二妹銀各十兩，三妹十二兩，僧慧十兩，四弟婦八兩，品芳、楚材各六兩，孝北四兩，鳳妹二兩，資福庵、隱修庵各三兩，穎唐奠銀四兩。又以繡緞袖、繡帊各兩分，一詒品芳之女翊姑，一詒族女采。瑣瑣料檢，紛紜竟日。適得四弟婦是月十四日書，言其曾祖舅及祖舅兩代祭田，穎唐盜賣已盡，僅剩墓田八畝，又私質於王姓，乞爲追究。余遠在三千里外，鞭長莫及，因復作書致穎唐，與族人商議之。復以僧喜立嗣事，各作一紙，致三妹、四弟婦、品芳及敦夫，以敦夫在都時屢與心雲勸余早定此事也。張姬又寄其弟銀四兩，俱作書致介唐，令僧喜持往，託故鄉酒客附去。得爽秋書，堅約余先日至通商署宿食待試，復作書辭之。仲弢來。莘伯來。夜又感寒，劇嗽。是日剃頭。

二十七日己亥　晴，下午微陰。感寒不快。亞陶邀觀劇飲，辭之。作書致楊定甹，以富新倉米票一紙屬關支秋奉。作書致僧慧，以今年秋潦甚，以先大父亭山殯屋爲憂，屬其謹視之。此子弱而多病，遭此荒歉，衣食不給。余家門户凋零，子姓中無功衰之親可相助者，不知後日何如也。夜得仲弢書，言伯羲祭酒約初二日飲其意園中，觀《睢陽五老圖》，夜宿於園，次晨入試，即復，辭之。

邸鈔：以前吏部右侍郎景善爲禮部右侍郎。

二十八日庚子　晨至午陰，午後微見日景，下午晴，晡後復陰。身熱鼽涕，不食。得繆右臣書。夜得仲弢書，得伯羲書，俱堅初二日飲宿之約，皆作復辭之。作書致弢夫，得復。

邸鈔：上諭：軍務平定以來，各直省設立防營，朝廷歲糜巨帑不知凡幾，各營勇額糧餉，必應事事核實。近聞營中惡習，往往虛冒額數，剋扣餉項，統領營官養尊處優，並不時時操練，一切廢弛情形，幾與從前緑營積弊相等，殊堪痛恨。著各將軍督撫將各省現有各營隨時嚴查，如有前項情弊，即行嚴參治罪。　前山西河東道丁體常授甘肅鞏秦階道。

二十九日辛丑　晨至午晴，下午屢陰。咳嗽更劇，發熱畏風。作書致莘伯，致弢夫，俱以明月三日入試事也。老病畏寒，深以凍死嚴廊爲恐。伯循饋醴菽乳一瓻，燖肉一器，作書復謝。作片致亞陶，送去棉衣銀四兩。

閲陳道人《寶刻叢編》。其卷十三紀吾越金石，於晉《黄庭經》下引《集古録目》云：凡三本，無書人名氏，前二本大約相類，題云永和十二年山陰縣寫，石在越州。按今所行《居士集》及《集古録》卷十，皆云：右《黄庭經》二篇，皆不著書人姓名，得之殿中丞裴造。造，博古君子也，自言家藏此本數世矣，並未言石在越州也。《録目》乃公子叔弼所爲，當别有據。又載石氏所刻《歷代名帖》，周穆王《吉日癸巳》、蔡邕《石經遺字》、鍾繇《力命表》、鍾繇《墓田丙舍帖》、王右軍《蘭亭記》《黄庭經遺字》《海字樂毅論》《東方先生畫像贊》、獻之《十三行洛神賦》、晉賢書《曹娥碑》、集王書《筆陣圖》、歐陽詢書《心經》《玉枕（一作王忱）尊勝咒》、褚遂良《小字陰符經》、褚遂良《陰符經》、褚遂良《度人經》、虞世南《破邪論序》、顔魯公《寒食帖》、顔魯公《論座位帖》、顔魯公《祭伯父文》、顔魯公《祭姪文》、顔魯公《馬伏波帖》、顔魯公《鹿脯帖》、柳公權《清浄經》、柳公權《消災經》、柳公權《泥甚帖》、白樂天《詩簡》。凡二十七帖，不言石氏何人，亦不注所本何書、何時所刻、今在何處，自此書外，它書亦罕載者，不知是否新昌石氏也。又載《祕閣續帖》十卷，《蘭亭續帖》六卷，云在州學，亦不知何人所刻也。

付崇效寺殯屋六金。作書復繆右臣。得弢夫復。

邸鈔：上諭：本月二十六日閲看御前行走、御前侍衛、乾清門行走及侍衛等馬射。載濂著賞戴三眼花翎，温都蘇、誠厚、符珍、德福、桂祥、載瀛、載津均賞穿黄馬褂，扎拉豐阿、載瀾均賞用紫韁，博迪蘇挑在御前行走，明安、佛佑、賡音布挑御前侍衛。那蘇圖平時差使懶惰，臨期又復告假，著罰俸六個月。希朗阿臨期告假，著交部議處。那彦圖、那爾蘇久經告假，患病屬實；恩全年逾六十，現患感冒：均著毋庸置議。

三十日壬寅　巳正二刻八分小雪，十月中。竟日霒陰。咳嗽更劇，兼患頸肩牽痛。老病如此，尚冀入臺自效，可哂也。子培來。校《乾隆紹興府志》中《金石志》及《嘉泰寶慶金石志》《越中金石志》。

十一月癸卯朔　竟日霒陰。頸筋拘急，不能轉動，呼鑷工提掇之。書玉第三女偕其婿周生邦翰來謁拜，不能見，命僧喜款之，設果脯、麵餅、茶湯三行。作書致弢夫，得復。作書致子培，還《寶刻叢編》。伯羲約初四夜飲其意園，即復。弢夫來，介唐來，夜留二君齋中小飲。有小雨，旋止。得雲楣書。

初二日甲辰　竟日霒陰。得王廉生書，約今夕宿其家，明日同入試。得仲弢書，以新調墨合見借，即復。得楊莘伯書，約今夕四更同入内，即復。弢夫來。仲弢來。子培來。夜留弢夫、仲弢小飲。初更不食，早卧。四更起飯，莘伯來，五更同入城。夜晴，風起，比至東華門下車，大風寒甚。小憩上駟院，復詣吏部朝房待漏。

初三日乙巳　大風，嚴寒，晨及上午晴，傍午後陰，傍晚晴。昧爽詣中左門，清晨接卷，入試保和殿，上命題『居敬行簡論』『同律度量衡策』。偕莘伯、劬庵、廉生同坐。朔風刺肌，塵沙眯目，硯冰筆涷，呵之不化，幾不能成一字，平生無此苦也。日加未繳卷，偕爽秋裴回殿上，逾時始出。弢夫、仲弢在中左門相接，遂同出東華門坐車歸。是日在東安門内三道橋見御河中波浪洶涌，怳然里居時江湖風景，都中未嘗見也。介唐來。傍晚風小息，晚復甚厲，夜半後稍止。今年今日爲最寒，始用火鑪。

邸鈔：詔：本日引見之吏部郎中金保泰著注銷記名御史，仍以應升之四品京堂在任候補。

初四日丙午　晴，小有風，嚴寒。再得雲楣書，送來冬季兩書院脩脯等銀二百八十三兩，即復。得翁叔平師書，即復。作書致弢夫，得復。是日上命吏部尚書麟書、户部尚書翁同龢、兵部尚書許庚身、禮部左侍郎徐郙閲卷。翰林、六部、内閣共六十四人，臣慈銘取第二名，王懿榮第一，楊榮伊第三，龐鴻書第四。不列名者一人，刑部員外郎陳墀蓀。得仲弢書，即復。沈子敦來。季士周來。子培來。繆右臣來。爽秋來。書玉來。介唐來。伯循來。子虞來。得子蒪書，即復。得子培書，即復。施均甫自濟南來，餽阿膠兩匣，湖縐帶圍兩束，笋衣兩簍，筆一匣，犒使八千。

初五日丁未　晴寒。汪柳門侍郎來。弢夫來。施均甫來。吴佩葱來。周介夫來。仲弢來。君表來。莘伯來。陸蓮史來。褚百約來。連聰叔來。作致品芳弟書。比日頸筋攣掣，痛及肩背。

初六日戊申　晴，下午微陰。肩臂痛甚，思作字以運動之，鈔補《四庫提要》史部目録兩葉，又題《唐書合訂》列傳人名於籤，凡五册，遂益酸楚。徐班侯來。傅子蒪來。殷蒪庭來。謝贊臣來。有旗人恒某者，言是庚午同年，以貧甚不能葬親乞助，賻以八千。

邸鈔：上諭：王文韶奏起程赴滇，酌帶湖南撫標親軍二百人隨行，以壯聲威而資差遣等語。現在雲南並無軍務，沿途地方静謐，該督赴任，何須帶勇隨行？且該省現存勇營，足敷調度，豈必隨帶親軍，方足以資差遣？卞寶第前帶弁勇赴閩，係因閩省督標親軍懸額待補，奏明調補原額，於餉銀並無加增，是以准其帶往。至滇省兵勇，近日甫據譚鈞培奏請減徹，汰弱留强，是該省正在裁兵節餉。該督輒帶衛隊多名，並請照湘軍給餉，轉增糜費，殊屬不合。所有親軍二百名，即著派弁管帶回湘歸伍。上諭：張之洞奏劣紳繳欠屯田變價，把持違抗，據實奏參一摺。廣東東莞縣萬頃沙圍田一百三十餘頃，該處紳士承領三十餘年，應繳屯價等銀兩甚鉅，迭經嚴催，迄未完繳。經張之洞准將所繳銀抵扣外，僅令收回未經繳價之八十餘頃，撥作廣雅書院常産。該紳等仍復抗不遵交，實屬漁利妄爲，自應從嚴懲處，以儆豪强。候選道直隸州知州黎家崧、户部郎中何慶修、大挑教諭郭庚吉、職員錢萬選均著一併革職，永不敘用。禮部主事鄧佐槐著暫行革職，俟查辦完繳後察看有無阻撓情事，再行奏明請旨。　以□□□□□□董履高爲廣西左江鎮總兵。

初七日己酉　晴，傍午陰，下午晴。漱蘭通政來。陳蓉曙來。王會澧來。介唐來。得品芳弟前月廿五日書，近買蘭渚山地，徐仲凡兄已於十六日擇吉開土，泥色甚佳。仲凡冒犯嚴寒，親自督工，爲結六壙，詳求築杵之法，務極堅固。吾生何幸，得此良友，深可感也。是日臂掖上連肩項，不能運動，更呼鑷工拍拊之。孟子謂之折枝，莊子所謂眥搣可以休老，皆此類耳。眥搣，《急就》作『揃搣』，《説文》作『𢾕搣』。夜不能閲書，無俚之甚，取架上金石諸書略加印記，提携下上，腕力益傷。

邸鈔：上諭：張之洞奏隨帶親兵前赴湖北等語。各省督標均有額定兵弁，足敷差委，本不必另立親兵名目。近來總督赴任，輒復添帶親兵，既多糜費，且與定制不符。該督所請添招親兵五十名，著不准行。其原有之二百名，即著管帶官吴良儒帶回廣東，不准隨往湖北。經此次訓諭之後，各督撫升調赴任，儻有再行續請者，定即予以懲處不貸。將此通諭知之。

初八日庚戌　晴。外祖母節孝孫太恭人忌日，供饋於堂，肉肴六豆，菜肴六豆，菜羹一，饅頭兩大盤，時果四盤，栗子湯一巡，酒三巡，飯及茗飲再巡，祔以三舅、四舅，晡畢事，焚楮泉四挂。濮紫泉來。馬叔良同年來。下午詣廣慧寺，以莘伯爲其仲父濱石太常開吊也，送奠儀十六千。太常名泗孫，咸豐壬子榜眼，以編修供奉南書房，由侍讀擢太常寺少卿，乞病歸，二十餘年始卒。晡後答詣子蓴、子虞，皆不值。詣爽秋，晤談。詣漱翁、仲弢喬梓，子培亦至，談至夜而歸。弢夫來。是日肩臂痛甚，恐成拘攣，車中稍振動之，小覺輕減。

初九日辛亥　晨陰，上午後晴。

閲《東觀餘論》。《津逮祕書》本，合《法帖刊誤》兩卷，共爲上下卷；今《四庫》本別出之，誠是。然此本長睿子礽所合，以中大半是碑帖古書之跋，間説古器，要是一類，當日編輯自爲不苟，無妨并合也。長睿考據極精，北宋之末，蓋無其偶。樓攻媿跋是書，舉正其誤仞《碧落碑》，『歅』乃唐字，而以爲『揚』；案：黄氏蓋仞爲『駇』字。選詩『璇題納行月』，璇題乃以玉飾椽首，《孟子》所謂榱題，而以爲『殿門題榜』之『題』；甘蔗，『蔗』字本从草，而以爲蔗似竹，故从竹。此類誠誤。然考覈古今，深窮奧窔，攻媿亦甚推服之也。其書皆因題跋考釋薈粹而成，惟《齋景公招虞人以旌説》《論玉輅建太常用黄色》二首，似乎別出。然《招旌説》因顧凱之畫蘇武所執旌及鹵簿中節而作，《太常用黄説》亦因鹵簿玉路用青色而作，則仍一類也。

長睿爲閩之邵武人，李忠定志其墓甚詳，諸跋尾亦多自稱武陽黄某，惟《跋輞川圖》《跋元和姓纂》《跋師春書》《跋宗室雀竹畫軸》《跋織錦回文圖》皆自稱會稽黄某。案：長睿祖履封會稽縣開國公，此書跋《漢舊儀》等書中亦稱先大門會稽公,《跋章草彌陀經》稱先大門大資政特進,稱大父爲大門,它所未見也。是長睿蓋因其祖封而稱之,亦以閩地在漢固屬會稽郡也。

其《論書八篇》中有云:『篆法之壞肇李監,草法之弊肇張長史,八分之俗肇韓擇木。諸人書非不工也,而闕古人之淵原,教俗士之升木,於書家爲患最深。夫篆之方穩、草之顛放、八分之纖麗,學便可至,而天勢失矣。』此千古之名言,學書者不可不知。

花農來。

邸鈔:詔:本日鑲黄旗滿洲帶領引見之候補五品京堂志勳,著以四五品京堂補用工部即補郎中。志崇仍以本部郎中即補。

初十日壬子　晴。剃頭。作書致劬庵,致莘伯,俱約明日夜分同入内。得劬庵復。弢夫來。楊定旉來。劉曾枚生子彌月,賀以二金及糕、桃、餅、麵。

邸鈔:御史燕起烈授甘肅甘州府知府。本任知府楊廷傳告終養。

十一日癸丑　晴,微陰,竟日有風,下午益甚,入晚愈横。得均甫書,以所著古文一册乞閲。子培來,以所著《齊大寧石柱跋》一通見示,文極辨覈,於高齊時地證據甚精。得介唐書,以余今夕入内,見假氅裘,即復,還之。夜初風雨甚厲,二更漸止。三更起盥漱,劬庵已至。余食粥畢,莘伯亦來,絅堂繼至,遂同入城。四更抵東華門,霜晶月濃,步行寒甚。入景運門朝房待漏。

十二日甲寅　晨日出,旋陰,上午後晴。五更排班候内傳,偕諸子站立乾清門外。黎明進乾清宫引見,蒙上記名。晨出景運門,朝霞滿天,舒緋散采,五雲樓閣,金碧相鮮,真壺嶠之丹煇,神都之麗矚也。出東華門,詣南池子答拜汪柳門侍郎而歸。胡鼎臣同年來。馬叔良來。陳蓉曙來。周式如來。

繆右臣來。慧叔弟來。介唐來。書玉夫人、資泉夫人來。

傅懋元自日本回，以所著《游歷日本圖經》三十卷、《游歷古巴圖經》二卷、所刻《纂喜廬叢書》四種見詒。懋元自丁亥奉派游歷日本、美利加、秘魯、巴西等國及英、日屬地加納大、古巴二島，於《日本圖經》考核極詳。古巴者，日斯丹巴尼亞屬地也。《叢書》爲《論語經文》十卷，唐顯慶《新修本草》殘本十一卷，米部上品卷三，玉部中品卷四，下品卷五，木部上品卷十二，中品卷十三，下品卷十四，嘼禽部卷十五，果部卷十七，菜部卷十八，米部卷十九，有名無用卷第二十。皆影寫日本舊藏唐卷子本。又景寫日本延喜刊本《文選》第五殘卷一葉，延喜十三年，朱温之乾化六年也；唐天祐二年九月餘杭龍興寺沙門光遠所刊陶淵明《歸去來辭》一篇，以此證刻版不始後唐長興。皆極精工可喜。

夜作致仲凡書，以代謦先壟，深致感謝。又作復品芳弟書。是日付朝房茶資六千，蘇拉伏侍冠纓錢九千，賞報事人十二千。

邸鈔：詔：翰林院編修鄭恩賀、龐鴻書、王濂、張仲炘、楊崇伊、鍾德祥、吴同甲、管廷獻、裴維侒、王懿榮、熙麟、黄桂鋆、王培佑，檢討蔣式芬、王恩湘、楊福臻，吏部員外郎郝同箎、王僜、俞鍾穎、葉慶增，户部郎中李慈銘、丁之栻，員外郎袁昶、王汝濟、曹榕，禮部郎中詹鴻謨，員外郎高蔚光，兵部員外郎胡蕙馨、曾樹椿，刑部郎中張賡颺、陳邦瑞，員外郎曹志清、易俊、楊宜治、陳芾棠、馮錫仁、王聯璧，内閣侍讀王鵬運，俱記名以御史用。上諭：户部奏駁給事中方汝紹奏海防新捐請變通推廣一摺。此次海防新捐一切條款章程，均經該部照鄭工例釐定，嗣經李鴻章奏請變通捐章選法，復經該部分别准駁，奏准通行。該給事中所陳道府優定選班及改獎移獎展限，皆於定章有礙；武職報捐業於同治年間奉旨永遠停止；至會試殿試捐免罰科，尤屬有乖體制：均著毋庸置議。方汝紹膚髦委瑣，至不足道，乃欲爲新捐設法，爲貲郎開路，至請道府照捐免保舉銀數補交十成，不論繁簡選用，是何肺腑。蓋大則納奘儈之貨賂，小則徇胥吏之屬託，爲出此疏耳。近又有御史周天霖請疏通縣丞府經選班，及許廩生捐免食餼年限，皆此類也。臺垣人物大率如此。新入者如徐家鼎、徐樹鈞，此次記名者如張賡颺、高蔚光，皆著名不肖之尤。上諭：左庶子恩景奏滿洲科道升階壅滯，請飭部疏通正途一摺，著吏部議奏。滿洲科道中，人材尤爲猥下，部曹稍有聲氣者皆不肯就，故皆窮老潦倒者爲之，大半不識字，而日丐索市人。此云疏通正途，不知如何疏通也。

十三日乙卯　晴。均甫來。蔡右年松甫來。傅懋元來。亞陶來。介夫來。子培來。陳生雨巖來。書描金蠟箋一聯，賀仲凡次子顯民娶婦，文曰：『千葉杏花艷傳宮體；五雲芝草寶嬗家書。』用徐摛、徐陵、徐嶠之、徐浩事也。又爲黃叔頌書楹帖。夜月甚皎。

邸鈔：王文韶疏奏今年三月六日恭上皇太后徽號恩詔，飭督撫查明已革官員有係冤枉被革、才力堪用者，詳開緣由，奏明請旨。謹舉四人：已革前廣東布政使姚覲元、降調前浙江按察使陳寶箴、已革前山西按察使陳湜、降調前湖南候補知府徐淦。硃批：姚覲元等均交吏部帶領引見。

十四日丙辰　晴。子虞來。弢夫來。楊生家騊來，并投今年舉京兆行卷。婁秉衡來。吴同年光奎來。韓編修培森來。胡翔林刑部來。謝祖蔭户部來。作復宗湘文觀察書，并封入家書中寄去。介唐夫人來。夜月甚皎，比部病甚，不能閲書。留弢夫齋中夜飯。

邸鈔：詔：嚴禁各直省州縣差徭累民，藉端科派。該督撫等隨時嚴密查察，認真禁革。儻並不實力整頓，一經發覺，定治各該上司以徇庇之罪。

十五日丁巳　卯初二刻六分大雪，十一月節。晴。謝同年啓華來。李玉舟來。朱少萊來。王孝廉餘慶來。馮同年鍾岱來。陳同年代俊來。介唐來。蓴庭來。章黼卿來。葛俊卿來。謝孝廉昌運來。下午答拜客六七家，晤均甫，談少時而歸。是日嗽益劇，蓋又感微寒矣。是夕望，月皎於書，不能出户一觀，惟掩帷閲知不足齋本《翰苑群書》。

邸鈔：上諭：國家綜覈度支，必先嚴除冗濫。從前各省辦理軍務，創立支應、採辦、轉運等局，本屬一時權宜，不能視爲常例。迨軍務敉定，又以善後爲名，凡事之應隸藩司者，分設各局，名目衆多。鹽務則督銷、分銷，局卡林立，大率以候補道員爲總辦，而會辦、隨辦各員，其數不可勝計。所有專管之藩、運兩司，轉以循例畫諾爲了事。又如清訟、保甲、捕盜等事，本係臬司專責，亦皆另設一局，授權委員，論公事則推委轉多，論庫款則虛縻甚鉅。至船政、機器各局，原爲當務之急，而局用開支，尤屬弊竇叢生，漫無稽考。近年以來，冗員愈多，浮費愈甚。著各省將軍督撫破除情面，將所有各局通行查核，或删或併。自接奉此旨後，勒限三個月，將議定現留各局開單奏報，並將各局經費每月若干咨報户部存案，該部於每年報銷册内逐一查對，毋任稍有含混。

十六日戊午　晴，有風。病甚。閲《碧血録》。敘述酸楚，神悽鬼泣，覺天地晦刺，畢在目前，雖無病者亦爲之呻吟矣。更閲《韵石齋筆談》、劉公勳《識小録》諸書，冀以小解鬱煩耳。季士周來。沈子敦來。吴子修來。張嘯庵侍御嘉禄來。天津門生華瑞巖編修來。詹黼廷夫人來。得介唐書，以余狐袍褂須付修整，假余狐裘一領，即復，還之。得王子獻初五日津門書。

十七日己未　晴。祖妣倪太君生日，供饋菜肴六豆，肉肴四豆，餘皆如舊儀。是日病甚，幾不能成禮。張姬答拜吴、詹諸夫人。王芾卿來。陸鳳石同年來。馮夢花編修來。趙工部亮熙來。李漁矼來。殷秋樵給事來。張編修篛璧臣來。貢幼山刑部來。姚子湘凱元來。比日病甚，客來皆不能見，而賀者沓至，此何事也！以卅年正五品階記名入從五品階，尚爲此紛紜耶？得弢夫書，即復。比日答人一紙，如舉千鈞，勞生其將盡乎？張姬詒吴家兩嬰蟬鬢帽各一。

閲周草窗《武林舊事》。其卷五『葛嶺路』下云：『永福寺，隆國黄夫人功德，咸淳九年建，在靈隱西石笋山下。』又云石笋普圓院有超然臺，金沙、白沙二泉，後隆國黄夫人以超然臺爲葬地，遂移此院於山之西。案：隆國黄夫人，度宗母也，福王與芮之妃。《宋史·度宗紀》既誤作齊國夫人，又不載其薨年，《續通鑑》諸書皆言同金后入北，劉一清《錢唐遺事》載丙子北狩，據當日嚴光大日記：三月二十四日，太后、嗣君、福王、隆國夫人及王昭儀等抵燕京，四月廿八日抵上都，五月初二日朝見。據此則夫人薨於咸淳九年，其墓當在今金沙港。德祐之降，免於北去，較謝道清爲幸多矣。然光大從行目睹，不應有誤，豈下地待葬，遂遭國變耶？此事深足以裨史闕。又云褒忠演福院元係智果觀音院，後充岳鄂王香火，岳雲所用鐵槍猶存。據此則今流俗傳言浙江按察使庫有岳雲所用鐵椎，各重八十斤者，妄也。古人臨敵兵器，惟用戈、矛、刀、戟，後世以槍代矛，若稍若槊，皆矛之别也。俗語不實，流爲丹青，於是秦叔寶之鐧、尉遲敬德之鞭，王圻《續通考》至形之圖畫矣。

邸鈔：上諭：本年浙江被水甚重，灾區之廣，幾遍全省。前經諭令該撫將振務辦法先行馳奏。現尚未據奏到。朕軫念灾黎，無時或釋。刻下正在辦理冬振，情形若何，著即迅速覆奏，以慰廑系。上諭：卞寶第奏提督歐陽利見因病懇請開缺。浙江提督歐陽利見著准其開缺。

十八日庚申　陰。病甚。

閲《皇宋書録》《錢唐先賢傳贊》諸書。《錢唐先賢傳贊》者，宋理宗寶慶中，知臨安府袁韶於南山之北新堤建祠，祀許由以下三十九人，爲之傳贊，其末附録韶《奏建先賢祠疏》云：『伏睹乾道中，忠定史越王以故相鎮越，於鏡湖立先賢祠。凡會稽先儒高士，揭名分享，遂爲一郡盛典。邇者復賜緡錢，葺而新之。』是南宋時吾越鏡湖有先賢祠也，而《嘉泰志》以來皆失載，其所祀幾人，不可考矣。

得爽秋書，其愛女以所製全蛇蜕羅帶一條詒王姬，而乞余畫稿，蓋外間誤傳姬有身也。其意甚可感，作書復謝。張姬答詒周式如夫人，饋以食物六合。黄松米同年來。周生學海等來。得曾君表書。付王升錢二十千爲製衣，付王福錢十六千爲買衣。

邸鈔：上諭：長順奏副都統因病籲請開缺。三姓副都統文格著准其開缺。

十九日辛酉　晴，微陰，竟日風，入晚益甚。病不能食，閲《高麗圖經》。黄慎之修撰同年來。王友松比部鵬運來。詹黼庭來。周孝廉宗彬來。是日周式如約夜飲，早欲辭之，以病不能作字，遂不還柬。夜來催飲，强出赴之。坐爲介唐、書玉、資〈泉〉及陳芰生、倪小舫署正壎。小舫故大理卿葉帆先生之遠族弟，故順天東路同知蘭舫先生烒子也，於余爲外家疏族舅氏行，久在京師，年亦六十餘矣。蘭舫先生本名步洲，嘉慶己卯舉人，歷官以廉稱。小舫頗喜蓄金石書畫，以善鑒別名於京師。余外氏寖替，衣冠漸盡，今日與略談鄉曲風景、房族故事，不禁嘅然。夜二更歸，月皎風嚴，病軀甚恐。

邸鈔：上諭：前據御史周天霖奏參察哈爾都統托倫布審理牧群控案，諸多謬妄；旋據托倫布奏訊明牛羊群控案，分别奏參。先後諭令李鴻章詳晰查明。兹據李鴻章覆奏，此案已革主事文鑑，該都統並無多方慰留，置買田産實據。案内應訊人證病故二人，查無刑訊情事。總管圖普新巴雅爾係案内被控之員，原告鄂額巴特瑪桑窄撤任各缺委署之員，均係該總管等姻戚子弟，該都統徇庇劣員，已可概見。其查訊控案摺内，前後詞意種種自相矛盾，信任佐領賡吉圖，挾私播弄，株連原告，坐誣者至六十餘人之多。該都統於滿、蒙、漢文不甚通曉，至被屬員欺矇，實屬有負委任。托倫布著開缺來京當差。佐領賡吉圖顛倒是非，舞文洩忿，實屬妄謬，著即行革職。牛羊群總管圖普新巴雅爾等四員雖無爲該都統結納倚仗確據，惟委署各缺，顯涉朋比，不知遠嫌，均著交部議處。鄂尼巴圖挺身健訟，達米林扎普、巴特瑪桑窄、色博克扎普隨同京控，既據訊明所控各節尚非全虛，業經革職，免其科罪。托倫布所請分别斥革之護軍校哈勒津等五十六員，名雖附和上控，而情有可原。原奏負氣株連，殊欠平允，均毋庸議。至張家口廳界私墾地畝，著李鴻章會同察哈爾都統認真清釐，其有礙游牧者，仍著永遠禁止，以杜紛擾。

二十日壬戌　晴，風，嚴寒。病甚。始用手鑪、足鑪。

邸鈔：以湖南提督馮南斌調補浙江提督，未到任以前，浙江巡撫崧駿暫行兼署。以廣東高州鎮總兵鄭紹忠爲湖南提督，未到任以前，湖南巡撫邵友濂暫行兼署。以記名提督左寶貴爲廣東高州鎮總兵。以□□□□克什克圖爲三姓副都統。

二十一日癸亥　晴，嚴寒。作書致胡雲楣并學海堂、問津、三取兩書院課題各一紙。比日病甚，至不能作字，可歎也。

閱王象之《輿地紀勝》。凡二百卷，闕三十一卷，道光二十九年甘泉岑氏取阮文達所鈔錢唐何夢華影宋鈔本付刊，前有寶慶丁亥眉山李埴序、嘉定辛巳象之自序、直寶章閣江西運判曾鳴鳳劄子及文達序。岑紹周建功自撰《補闕》十卷，前有自序，言其體例仿周夢棠《元和志逸文》，惟刺取它書所引原文，不同嚴觀《元和志補》、陳蘭森《寰宇記補》之濫載它説。又《校勘記》五十二卷。儀徵劉孟瞻文淇及子伯山毓菘撰，前有孟瞻序。

邸鈔：上諭：御史余聯沅奏近年鄉試槍冒甚多，請飭釐革弊端等語。考試爲掄才大典，必須整飭場規，方足以杜倖進。嗣後各直省鄉試應如何申明舊例、嚴定章程之處，著禮部妥議具奏。

二十二日甲子　晴。得弢夫書，再訂明日緑勝盦之飲。得繆恒庵前月廿九日杭州書。俞吏部鍾穎來。伯循來。仲弢來。朱小唐同年學士來。介唐來，留齋中夜飯。族人王節母今日病故，族伯父故熱河巡檢海觀之後妻也，其前婦子培之，見爲山東某縣尉，而不迎養，今以貧老，患心疾死，賻以銀六兩及燭楮。

閲《初學集》，錢遵王注本。於詩之本事甚詳，具載日本平秀吉封貢之事、四川奢崇明父子之變及崇禎戊辰枚卜之案，多有《明史》所未盡者。此本不知何人所刻，訛舛甚多，如《嫁女詞》小序、《送劉編修鴻訓使朝鮮》詩，於指斥之語不知刊削，其妄甚矣。

是日買貂冠一頂，又改製舊冠，共付銀六兩一錢。老病如斯，平生小冠，尚能幾易？可謂蹶者不忘起也。付是月賃屋銀六兩，崇效寺殯屋銀六兩。同年惲學士彥彬喪耦來赴，送奠分六千。

邸鈔：直隸提督李長樂卒。詔：李長樂前在軍營，轉戰江蘇、福建、河南、山東、直隸等省，所向克捷，卓著戰功，擢授湖北提督，調任湖南、直隸提督，整飭操防，訓練營伍，均能稱職。兹聞溘逝，悼惜殊深。著照提督軍營積勞病故例從優議恤，生平戰功事蹟宣付國史館立傳，加恩予謚，原籍及立功省分建立專祠，伊孫李承謙俟及歲時帶領引見。

二十三日乙丑　晴，寒威少減。午前力疾答客數家。詣畿輔先哲祠赴弢夫之飲，坐有均甫、伯羲、廉生、子培、仲弢。日旰始設，晚歸。均甫來。曾君表來。同年李編修士鉁來。書玉來。閲《初學集》。蒙叟詩用事警切，善於言情，使其死於甲申以前，後人當與東坡一例視之，此真所謂名德不昌，乃有期頤之壽者。至不得與王黄華、危太樸并論，可惜也。付邑人錢榮祖孝廉飯錢十九千二百。自九月二十五日起，命先賢祠長班每日食以麵一頓，計錢六百四十文。

邸鈔：上諭：前據張之洞奏潮州添募三營，歸知府彈壓調遣，當交兵部議奏。兹據該部奏稱，查明潮州鎮標及城守營額設制兵一千九百餘名、壯勇練兵一千五百名，爲數不爲不多，果能訓練認真，何至不敷調遣等語。各省裁勇節餉，屢經降旨飭遵，該督何得於現存勇丁外遽行添募？所請選募安潮營著不准行。

二十四日丙寅　晴。剃頭。得書玉書，約後日飲，即復。瞿子九學士同年來。潘伯循夫人來。酈甥來，留之午飯。

二十五日丁卯　晴。均甫來。周鏡芙吏部來。比日病甚，肩臂痛益劇，至不能見客及作字，閲説部諸書以自遣。服木瓜防己湯。

邸鈔：以直隸正定鎮總兵葉志超爲直隸提督。以湖北巡撫奎斌爲察哈爾都統。上諭：前據御史崇齡奏直隸天津縣舉人劉燾身家不清，冒考中式，難保無槍冒情弊，其父劉愷伯曾充門丁，請飭查辦一摺，當經諭令李鴻章查明具奏。兹據奏稱，劉愷伯曾充丁役，朦捐職銜，並爲其子捐納監生同知，冒考中式，雖訊無槍冒情弊，究屬均干例禁，請旨斥革等語。賤役朦捐冒考，大干例禁。劉愷伯即劉裕鈞著革去三品職銜，劉燾著革去舉人並所捐監生同知，一併斥革。嗣後各省考試，著該督撫、學政認真稽查，如有此等冒考情弊，立即嚴行懲辦，以清流品而重名器。

二十六日戊辰　晴，大風。

閲《輿地紀勝》。此書記載極詳，其於沿革多所折衷，而編輯過繁，同於類書，蓋意在鈔最，以備詞賦之用，故惟求富贍。大體取法《太平寰宇記》，其後祝氏《方輿勝覽》又取法於此。然宋人地志有此三書，所益匪鮮。所載詩句四六，别擇未精，而昔人文集已佚者藉此轉存梗略，故可貴也。

周式如來，以其曾祖慕薋員外嘉猷《雲卧山房詩集》兩卷爲贈，并以乾隆庚戌所進《高宗純皇帝八旬萬壽頌詩册》乞題。員外爲乾隆己亥恩科舉人，以四庫館謄録議敘，得兵部主事，旋以其本生父高州府知府人傑守甘肅慶陽時賑案事發革職，留舉人，不准應試。後入福建巡撫徐嗣曾幕，從平臺灣功，准應會試。《萬壽詩册》進御，挑取十本，刻入《萬壽聖典》，名列第七，賞七品京銜。後入福文襄王幕，以勞開復原官。嘉慶丙辰卒於湖南天星苗寨營中，年四十六。賞員外郎銜，給銀百兩。其《萬壽頌》集《洪範》字，二十四章，頗簡雅，爲其集中之最。

傍晚答客數家。詣均甫談。晚詣上虞館赴書玉之飲，坐有周式如、陳芝生、章黼卿、介唐、定旉，夜二更歸。付車夫皮衣銀一兩五錢。

二十七日己巳　晴，有風。左臂痛稍止，力疾能作字，竟日補寫日記。東鄰米賈之媪死，吊以燭楮。是夕飯始能盡一器。與翰文齋書賈韓姓諧書直，計《知不足齋叢書》三十集，直二十四金；《輿地紀勝》六函，直八金。今日先付以朱提二十兩。印結局送來是月公費銀十六兩。署吏送來秋季俸，找銀二兩九錢。夜閲《輿地紀勝》。

二十八日庚午　晴，頗和煦，如初春。午後答拜客數家。赴桑叔雅招飲，晤張振軒學士英麟，坐甫定即出。復答數家，晤沈子敦，晚歸。弢夫來夜談，一更後去。

夜閲嘉興朱完天祖文《北行日譜》。完天字叔經，以諸生從吴江周忠介，被逮入京，周旋獄事，始終一節，敘述甚爲詳盡。當日北有燕客黄煜，南有完天，皆從事焦原，風義激發，有東漢人遺韵，而完天因感忠介爲其母請旌一事，决然棄妻子，誓死相從，且極力營謀，纖悉備至，是孝子而兼任俠，廉士而兼經濟，尤足尚也。其敘次務求詳悉，不免繁瑣，然於極困苦憂危中無一豪自足之意，而於僮指幹力，雖效片善於忠介者，必表襮之，不没其實，尤爲盛德長者，非氣矜激烈之流所可同日語矣。閲之此心怦然，不覺反復。至夜分，乃更閲江陰陳鼎《滇黔土司昏禮記》，敘其在滇時娶於土司宣慰龍氏事，華艷滿目，稍足解釋懷抱。遂至五更始寢。

邸鈔：詔：廣西在籍編修掌教秀峰書院曹駉經明行修，不慕聲利，著賞給五品卿銜。山西候補知府楊立旭好學不倦，士民矜式，著賞給三品頂帶。從巡撫馬丕瑶請也。

二十九日辛未小盡　夜子初初刻十一分冬至，十一月中。晴和。敬懸三代神位圖，祀曾祖考妣、祖考妣、本生祖考妣、先考妣，祔以仲弟、叔弟、季弟，肉肴六豆，菜肴六豆，火鍋一，饅頭一大盤，春餅一盤，肉餛飩兩盤，糖餛飩一盤，時果四盤，栗子湯一巡，酒三巡，飯再巡，茗飲一巡，逮闔畢事，焚楮錠六千，楮錁一千，楮錢六帖。别以素饌、時果祀亡室於寢。祀竈。祀屋之故主。龐絅堂來。褚百約來。得張生大仕書，并爲余推禄命兩紙，言七十後當位至卿貳。焉用此期頤之壽，浮湛京輦，爲老物耶！又述津門近事一紙，言劉燾本沈氏子，劉裕鈞爲天津府縣門丁時養爲己子，今年試京兆，有中書某爲之覓槍替，得中式，今以陳驤等合五書院諸生訐告天津令，傳訊裕鈞，實對不諱，始褫斥之。近歲科場變幻百出，不可究詰也。得弢夫書。夜同家人小飲，肥冬瘦年，聊以點綴而已。付西洋檠燈銀一兩四錢。

己丑十一月三日大風偕翰林省閣諸君入試保和殿出過東華門三道橋作二首

御鑪炙硯萃金貂，萬葉風飛朵殿高。玉宇瑶階三百尺，期門環立看揮豪。

觚棱日影澹瓊樓，波浪連天涌御溝。恍倚故園高閣望，工官一葉舞漁舟。

晨自乾清宫退朝口號二首

玉座明光半仗催，暫隨珂繖早朝歸。五雲樓閣朝霞起，人自蓬山頂上來。

入閣朝儀引紫宸，御屏燈影九華春。自然散作瓊霄彩，覆遍龍墀一色銀。

十二月壬申朔　晨及上午陰，傍午晴和，晡復陰。是日神思稍復，而精力益困，兼苦痔發，竟日偃卧。閲《知不足齋叢書》中費補之《梁谿漫志》、曾達臣《獨醒雜志》，聊以遣日而已。得張公束十月晦日南昌書。介唐來。酈甥來，饋上海膏藥兩帖。

夜閲鄺湛若《赤雅》。久不覩此等書，閲之不啻隔世。其敍次古雅，尤能刻狀山水，取法道元，在明人中不可多得。惟如『無量壽物』『青蛇使者』諸條，好談怪異，兼載詩句，不稱名雅之義耳。其『粤西入安南三路』一條云：一繇憑祥州出鎮南關，一日至文淵州；一由思明州入丘温，過摩天嶺，一日至思陵州；一由龍州入，一日至平西隘。

邸鈔：以甘肅布政使譚繼洵爲湖北巡撫。詔：浙江杭州、嘉興、湖州三府屬應徵本届漕白糧米全行蠲免。其應徵地丁一次，浙東各屬被灾較輕，仍照例剔熟徵收。杭、嘉、湖三府屬被灾極重之區，應徵地丁並一律蠲免。其餘田畝，各按成熟分數，分别酌量徵收。從巡撫崧駿請也。

初二日癸酉　晴和。

閲《寓簡》。其説理多名雋，論事亦平允。余最愛其一條云：『養生家言：「凡人晨興索衣，而侍者誤反衣以進，慎勿出聲，便接取服之，必有大喜。」讀此者往往信之，而不知其旨也。清晨榮衛流行，法當省節語言，葆惜和氣。人多急性，方著衣欲起，而顛倒反覆，必將躁怒斥罵，則所傷多矣。』此人生所不可不知。能即此推之，受用不小。凡飯後睡後，尤當以怒駡爲戒。然余性卞急，又不能齊家，往往犯之。一生多病，晚年尤多氣疾，皆此類也。

晡出門答客數家，晤殷蕚庭、周式如、王幼霞、徐班侯。夜歸，飯尚未具，步詣弢夫，談至二更後歸，始飯。

邸鈔：以安徽按察使張岳年爲甘肅布政使，以山西按察使嵩崑調補安徽按察使，以前山東按察使潘駿文爲山西按察使。

初三日甲戌　晴和。下午出門，詣絅堂、劬庵兄弟，久談。詣黄慎之同年，賀其子娶婦。詣章黼卿，談至晚。詣慧叔弟，夜歸。剃頭。高安鄒秀才凌瀚來謁，前日張公東有書爲之先容也，以方飯，不能見。閲《公是弟子記》。頗簡絜，有名理，其間及《禮》學，則多意必之談。付黄氏賀錢八千。

邸鈔：詔：截留山東本年應運通倉漕米四萬石，資本省振濟。從巡撫張曜請也。以科布多參贊大臣沙克都林扎布爲吉林副都統。詔：雙壽仍賞副都統銜，爲科布多參贊大臣。

初四日乙亥　晨晴，上午陰，有風，下午微晴多陰。評閲學海堂諸生課卷。陸比部學源來。弢夫來。夜閲《侯鯖録》諸書。因寫《知不足齋叢書》籤題兩函，俱作蠅頭小字，以試目力。

初五日丙子　晴。可莊旋京，以粤東新刻《史記志疑》一部、龍須草席一領、鏤花錫香合一枚、髹漆花盆一對見詒，作書復謝，犒使八千。寫《知不足齋叢書》籤題八函。可莊來。子培來。富新倉送來奉米七石八斗，付車力錢十二千。賞户部書吏承辦題銷試俸紙筆銀一兩。爲周式如題其曾祖兵部君乾隆庚戌所進《萬壽頌册》七律一章。

初六日丁丑　晴陰相間，下午多陰。周式如生日，饋以酒一罎及桃、麪、燭。下午答客數家。詣安徽館赴沈子敦之飲，坐有書玉、式如、桃源燕知府啓烈。至夜二更始歸，甚覺寒苦。金忠甫來。爽秋來。

邸鈔：詔：湖北省司庫再撥銀五萬兩接濟該省振務。從裕禄請也。

初七日戊寅　晴，微和。得額裕如運使書，并明歲關聘銀十二兩，年禮銀十六兩，即作復書，犒使八千。得胡伯榮濟南書。弢夫來夜談。

閲張齊賢《洛陽搢紳舊聞記》，知不足齋本，有曼患處，爲補寫之。文定本雜術數，生長五季，見聞多陋，其述朱温見杜荀鶴諸事，全是盗賊亡賴所爲，酷暴無理，而以爲剛猛英斷，故成興王之業。張全義反覆詭譎，無耻小人，其安集洛京，亦爲賊温羽翼，雖有小小善政，何足稱道。王元之《五代史闕文》貶之甚正，而文定津津述之，備極褒詞。至張從恩之妻轉嫁四人，狼藉已甚，而以爲始否終泰，艶其富貴，識趣尤鄙。其餘所載，亦多猥瑣小事，且敘致迂冗，不足觀也。

初八日己卯　晴。楊定旉來。周式如來。介唐來。作臘八粥，供先人及先賢祠靈汜分祠觀音堂。晡答客數家。詣均甫談。詣漱丈、仲弢喬梓，晤漱丈。詣可莊、旭莊兄弟，晤可莊，談至月上而歸。得吕庭芷是月四日津門書，并惠銀十二兩。得弢夫書。夜月頗皎，三更後大風。

初九日庚辰　晴，午後有風。王幼霞來。書玉來。偶拈一山水小紙，書懷里居詩一律。殷荨庭生日，饋以桃、麵、豚、燭。周式如夫人來。張姬詣殷氏飲壽酒。夜書先莊簡公《示孫文》付僧喜。《示孫文》，即餘姚姜山所立家訓碑也，今據本集録之，後系以跋。又書《嘉泰會稽志》中《古第宅門小敘》一首，以中及莊簡無居第事也。先德清芬，當令後人知之。并系以詩一首。

夜夢至一處朱樓翼然下通方舟青山萬疊近列屏障吾鄉州山之文昌閣湖雙之中堰皆有此景里中會龍橋去山稍遠樓閣尤麗因賦長句紀之

立水朱扉傑閣開，屏山排闥送青來。林陰夾控孤村出，城勢斜連曲港迴。日落秋湖漁火上，州山臨秋湖。人歸中堰梵鐘催。鄉心祇在霞川側，游釣虹橋幾溯洄。會龍橋亦曰會龍堰，在霞川，與虹橋横直相銜。《宋史》：理宗生於西湖虹橋里第。其後丞相余天錫夢兩龍浴水，即在其地，故有會龍橋之名。余故居與橋相望。

同治乙丑丙寅間余賃廡新河本莊簡公所居里也欲題洞霄舊廡一額而未果莊簡乞罷政，奉祠洞霄宫所寫。**頃閱嘉泰會稽志古第宅門敘及先事慨然有懷并題長句**

日日當門只卧龍，莊簡公句。洞霄舊宅久迷蹤。幸無地癖慚先德，尚有山靈守故封。三宿新河曾賃廡，卅年冷署自哦松。諫垣它日初衣遂，擬借僧房學打鐘。明餘姚陳恭介公自冢宰告歸，無屋，借寓僧寺。此皆鄉賢佳話，與《嘉泰志》所紀宋世四宰輔、兩侍從皆無居宅事風流輝映，心鄉往之。

初十日辛巳　晴。以酒兩罎、燈燭八斤詒龐絅堂，賀其子娶婦。以紅緑縐紗一丈，賀子蓴第三郎生子。以阿膠、燕窩詒書玉。均甫來。君表來。是日又覺邪火炎上，頤齶腫痛，疲苶不快。得書玉書，惠齒痛方。作書致君表，爲改前所示近作七古一章，得復。比夜月頗皎，今夕微陰。

十一日壬午　晨及上午微陰，傍午晴。齶腫痛甚，身熱不快。王廉生來。鄒生凌瀚來。趙員外亮熙來。劉同年名譽自貴州典試回京來拜，送所取闈墨。夜卧病早睡，不食。

十二日癸未　晴。病小愈，點改學海堂卷及問津課卷。作復吕庭芷書。夜月甚皎。

邸鈔：湖南布政使高萬鵬卒於京。以四川按察使何樞爲湖南布政使，以浙江鹽運使德壽爲四川按察使。詔：本月十四日親詣大高殿祈雪。

十三日甲申　晴，和煦如春。上午詣絅堂賀娶婦，即歸。黄漱丈來。季士周來。瞿子玖來。蔡松甫來。傅懋元來。周式如來。介唐來。陳蓉曙來。書玉來。午後設飲，晡後散。姬人等飲介唐、書玉夫人及書玉第三、第四女於後堂，至夜去，月皎於晝。陳六舟府尹來。

邸鈔：前浙江鹽運使惠年補原官。前任貴州糧儲道松長以道員選用。

十四日乙酉　晴和。

閲《金樓子》輯本。梁元帝，世之梟鏡也，其《立言篇》第一則乃備引天子月祭日祀之制，遂其及父武帝之造至敬殿，日祭祖考，甘旨百品，母宣修容之造二親像，朝夕禮敬四十餘年。因言今『宗廟在都，匈奴未滅，拊心長叫，萬恨不追』，故立尊像於内道場，燈燭花幡，僧尼頂禮。又引潘岳《閑居賦》以自傷無復此樂。是當在侯景肆毒、簡文在位之時也，言之孝思肫然，若不能已。不旋踵而克復建業，六門之内自極兵威，何由出諸口哉？梁武捨身踐髮，事佛已至矣，區區僧尼燈燭，欲以救荷荷索蜜之苦，自釋其擁兵坐視之罪，能欺天乎？王僧辯上破建業露布，至云『長安酒價，於此頓高』。嗚呼！此際臺城，尸林血雨，尚有何人飲酒哉？蓋逆探七官安忍之心，以狀其閑暇富樂，若無事也。是君是臣，皆不令終，身爲俘戮，諸子駢首，宜矣。

得王廉生書，饋金橙十六枚，以蘭菊直幅乞題。即復。

夜閲張世南《游宦紀聞》、俞文豹《吹劍録外集》、盛如梓《庶齋老學叢談》諸書，皆小有考證而不精。其記宋、元間遺聞佚事，時有可采。《吹劍録》載放翁子子遹宰溧陽日，以縣之福賢鄉圍田六千餘畝〈獻〉於時相史衛王，至用兵誅殺鄉民，酷濫無人理，而《宋史》不著其事。讀《放翁家訓》有云：『吾家本農也，復能爲農，策之上也。杜門窮經，不應舉，不求仕，策之中也。安於小官，不慕榮達，策之下也。捨此三者，則無策矣。』又云：『既不能隱而仕，小則譴斥，大則死，自是其分。若苟逃譴斥，而奉承上官，則奉承之禍，不止失官。』夫豈知其子之不肖乃至是哉！《老學叢談》所紀多可觀，惟末卷載賈似道城揚州寶祐城及海州、通州、寶應諸城，極訟其功，是自累其書耳。其載金之末年河南朱漆瞼等發宋太祖陵，至秤其背起，以取玉帶，此它書所不載也。

月皎甚。

邸鈔：湖南巡撫邵友濂丁繼母憂。以陝西巡撫張煦調補湖南巡撫，前陝西巡撫鹿傳霖仍授陝西巡撫。

十五日丙戌　申正初刻九分小寒，十二月節。晴和。

閲范石湖《驂鸞録》《攬轡録》《桂海虞衡志》、樓攻媿《北行日録》諸書。攻媿爲其仲舅侍郎辟充使金書狀官，時爲宋孝宗乾道六年，試吏部尚書汪大猷爲賀金國正旦使，金世宗之大定十年也。石湖以是年閏五月被命爲大金國信使，乞免。金使至廷，宋帝起立接受國書等事，以申議爲名，金人改爲祈請使，而不允所請。是時世宗厲精爲治，正金國極盛之際，樓、范兩書，亦載其宮殿之麗、文物之富、朝班之肅，而攻媿紀賀正日上國主酒，皆宣徽使等互進，終席不見宦者，爲禮文不倫，豈進元正酒必用奄人乎？是乃蔡絛輩《鐵圍山叢談》等書所夸太清樓侍宴狎媟非禮，有此故事，未知於古何徵也。又云『樂人大率學本朝，惟杖鼓色，皆幞頭紅錦帕首，鵝黄衣紫裳，裝束甚異，樂聲焦急，歌曲幾如哀輓，應和者尤可怪笑』。石湖云『制度强效華風，往往不遺餘力，而終不近似』，皆有意抑之也。

徐班侯來。傍晚均甫來，繆仲英封翁來，繆右臣來，可莊、旭莊來，弢夫來，子培來，仲弢來，花農來。夜點燈設飲，至二更罷。月皎如晝。

十六日丁亥　晴。額玉如送來明年春季書院修脯等銀二百四十一兩，即作復書，犒使銀二兩三錢。評閱各書院課卷。夜閱葉紹翁《四朝聞見録》。是夕望，月出甚皎，二更後有暈。

邸鈔：上諭：前據黑龍江將軍依克唐阿奏，遵籌通墾荒地、開禁招墾，有利無弊，當交總理海軍事務衙門、户部議奏。嗣據御史楊晨奏，請將山東灾民資送東三省墾荒，復經諭令該衙門一併議奏。兹據會同妥議，分别覆陳，朕詳加披閱，所籌各節，均屬深中竅要。東三省山場荒地，係旗丁游牧圍獵之區，乾隆、道光、同治年間歷奉諭旨，嚴禁流民開墾，深恐有礙旗人生計，聖訓周詳，用意極爲閎遠。通墾爲向來封禁之地，近年以來，疊據中外臣工奏請招民認墾，均未允行，誠恐牧獵之場漸行侵占，旗丁生計日蹙，流弊不可勝言，豈容輕議更張，顯違聖訓？所有通墾荒地，著依克唐阿仍遵光緒十年、十三年兩次永遠封禁之旨，實力奉行，毋任奸民潛往私墾。其無礙游牧之處，著該將軍悉心籌度，繪圖帖説，俟奏准後分畀旗丁耕種，詳定收穫助餉章程，以足兵食。仍嚴禁流民混迹及私典盜賣等弊，務使土著旗丁日臻饒裕，方爲久遠之策。嗣後該省無論何處，斷不可招民墾荒，致滋後患。該將軍等儻不實力奉行，或别滋弊端，定即予以嚴懲，决不寬貸。

十七日戊子　晴。介唐夫人生日，饋以桃、燭、麵、豚，又黹繡四事，禺人戲一晝夜。介唐返黹秀兩事。閲曾宏父《石刻鋪敘》、尤玘《萬柳谿邊舊話》。下午詣介唐，晤談。答拜趙寅臣，不值。詣若農學士師，晤談。答詣王芾卿，談至晚歸。蔡松甫贈羅鄂州《新安志》一部，前年黟人李宗煟新刻本，共十卷，前有鄂州自序及趙不悔序。

邸鈔：前直隸大順廣道黄槐森授雲南迤東道。上諭：御史徐家鼎奏科舉太濫，弊竇叢生，請停止捐輸廣額，並順天鄉試廣東人數甲於中皿各省，槍冒頂充之弊最多，請飭將中皿編號量爲變通，以杜倖進各摺片，著禮部議奏。

十八日己丑　上午晴，下午陰。竟日評閲學海堂童卷訖，下午更閲定問津、三取生童卷皆畢。學海八月課卷生十六人，童十七人，『大夫士東房西室解』，『劉因許衡出處優劣論』，『書《唐摭言》後』，『藕花多處别開門賦以題爲韵』，『瓦橋關懷古詩不拘體韵』。生取内課張大仕、李鳳池、楊鳳藻三名，童取内課陳春泗等四名。問津、三取九月課，問津生九十三人，文題『裨諶草創之』三句，取内課張燦文、李鳳池、張大仕等二十名；童六十五人，取内課李秉元等十五名。三取生四十七人，文題『若臧武仲之知』三句，取内課林向滋等十名；童三十四人，取内課陳煜綍等七名。作書致額玉如，并課卷兩箱。介唐來。徐壽蘅侍郎來。劉建伯來。寧紹道吴福茨饋炭八金。

十九日庚寅　晴，下午微陰，稍和。本生祖考藴山府君生日，供饋肉肴六豆，菜肴三豆，特皀一，火鍋一，菜羹一，饅頭一盤，春餅一盤，時果四盤，栗子湯一巡，瀹麵一巡，酒三巡，飯、茗飲各再巡，晡畢事。同年朱學士琛嫁其弟之女，往賀，送禮錢十千。晚詣絅堂家，以絅堂、劭庵、君表招夜飲也，坐有爽秋、弢夫、莘伯、馮夢花。夜二更後歸，有風，微陰。

二十日辛卯　晨微陰，巳後晴，下午微陰，晡霒陰，有飛雪，旋止。評改學海堂諸生九月課卷。得爽秋書，以朱拓唐上元二年房山《無量壽佛經》爲壽。得周玉山書，饋炭十二金。連舍人文冲爲其父舒翹縣令稱七十壽觴，送禮錢十千。弢夫來夜談。

二十一日壬辰　晨晴，上午晴陰相間，午後陰，有風。得均甫書，以致劉仙洲夫人饋歲二十金屬轉送，即復。弢夫來，留之早飯。下午詣安徽館赴殷蕚庭之飲，坐有漱丈、介唐、班侯、定夷、沈子敦，傍晚歸。得徐仲凡電報，言墓事已竣，蓋木客山高祖塋兆中李姓盜葬者已遷去也，爲之稍釋憂懷。傅子蕁來。周生學海來。是日舍宇掃塵。

邸鈔：詔：二十二日再親詣大高殿祈雪。詔：編修高釗中授溥侗讀。

二十二日癸巳　晴，嚴寒沍凍。竟日評改學海堂生童課卷訖。生十七人，童十四人，『五子之歌或謂即武觀解』，『《史記》引《湯誥》與《吕刑》文同解』，『《曾子問》載老聃語與《老子》之恉不同論』，『公慚卿卿慚長論』，『學者謂東觀爲老子臧室道家蓬萊山賦以東觀校書漢京華選爲韵』，『修月賦以瓊樓玉宇高不勝寒爲韵』，『儗江文通與交友論隱書』，『居庸關懷古不拘體韵』。生取張大仕、趙慶頤、王德崇、陳文炳等内課七名，童取内課鄭德尚一名。夜閲問津諸生十月課卷。洗足。劉同年傳福自陝西典試回京來拜，送闈墨。廠肆購王素龍舟競渡直幅，付直八金。

二十三日甲午　晴。剃頭。是日評定問津、三取兩書院十月望課卷訖。問津生九十五人，文題『故士窮不失義』六句，詩題『千峰明一燈得明字』，取内課李鳳池、張大仕、陶喆甡等二十名；童五十九人，文題『達不離道』三句，取内課王德純等十五名。三取生四十七人，文題『古之人得志澤加於民』六句，詩題『山寺夜鐘深得深字』，取内課劉嘉瑞、李芬等十名；童三十八人，文題『不得志』至『獨善其身』，取内課張士彦等七名。夜祀竈，以竹馬、稭車、爆鞭送之。作書致顔玉如，并課卷兩箱。四更祀門、行、户、井、中霤之神，又從俗祀禄星，各以爆仗爲樂。祭畢小食，遍及僕媪。五更後就寢。

二十四日乙未　晴。上午答客數家。午詣畿輔先哲祠赴漱丈之飲，爲余豫作生日也。坐客兩席，有均甫、君表、莘伯、可莊、旭莊、梓泉、定甹、班侯、弢夫、子培、佩蔥、爽秋、蕚庭、芾卿諸君，日晚始散。答詣客數家，晤劉建伯、樾仲兄弟，曛暮始歸。均甫邀飲霞芬家，爲余作生日，肴饌甚精，坐有弢夫、子培、莘伯、君表、花農，余招梅雲、素雲。三更後歸，四更後就寢。四川學使朱詠裳饋炭十二金，樂陵令范聘席饋炭十六金。

二十五日丙申　晴。爲廉生題袁思韠蘭菊小幅三絶句。作書致弢夫，固辭生日醵飲之筵，得復。作書致廉生。夜書春聯，大門云：『又見春光動梅柳；尚期衮職補桑榆。』棖聯云：『來歲六十二；香山詩：『來歲年登六十二。』廣夏千萬間。』客次聯云：『張筆韓論與我習；習之語。太常奉禮此廳宜。李文靖公語。』弢夫以寫本《金剛經》、吳山尊八言楹帖、羅漢篆香兩合、蠟鳳宫燭一對爲余生日之壽，反經及楹帖，作書復謝。

二十六日丁酉　晴。得廉生書。午赴若農師招飲，坐爲均甫、廉生、花農、傅懋元、張叔憲諸子。觀慈禧皇太后御繪山水團扇，筆法精麗，極似馬遠。人臣得此，榮絶古今矣。右題『雲林畫境』四小楷，是司業吳樹梅所擬，不倫之甚。晡後散。答詣徐壽蘅侍郎，談至夜歸。得胡雲楣書，饋炭十二金。得弢夫書，再送山尊楹帖來，復還之。繆仲英丈、徐亞翁、均甫、介唐、書玉、爽秋、子虞、班侯、芾卿、可莊、旭莊、子培、子封、右臣、花農、仲弢、紫泉、弢夫十八君合饋牡丹兩盆、碧桃兩盆、越釀四罎、巨燭一雙、燕席雙筵，爲余生日之壽，犒使十千。夜家人爲余暖壽，庖人司馬士容治燕菜一席，聚飲微醉，二更而畢。比年生日，皆以同人過愛，設筵相款，固辭不獲。西崦餘映，福田不修，尚以口腹累人，多殺生命，深可愧也。君表惠紅梅兩盆。

邸鈔：命吏部尚書麟書充經筵講官。詔：托倫布加恩賞給頭等侍衛。工部郎中文明選安徽池州府知府。

二十七日戊戌　晴和如春。余生日。古人以周歲爲一歲，今日是周甲之辰也。早起盥漱，焚燭叩拜先人，放爆鞭。家人設伎樂，會歲友。沈子承饋紅梅兩盆，迎春兩盆。介唐及其夫人更詒貂領、四喜袋、荷包及桃、麵、豚、燭。　書玉及其夫人更詒糕、桃、燭、麵、豚、酒、蓮子湯。　均甫來，子培來，紫泉來，鄜甥祝卿來，蓉曙來，莘伯來，芾卿來，蓴庭來，爽秋來，介夫來，君表來，可莊來，介唐來，佩葱來，弢夫來，周式如及其郎邦翰來，子敦來，繆仲英丈來，右臣來，班侯來，伯循來，周生澄之來，劉生條甫來，謝贊臣來，徐亞翁來，黄漱丈來，子蓴來，花農來，子虞來，仲弢來，旭莊來，慧叔弟來。　寧齋饋酒十斤，燭二斤，桃五斤，麵六斤；介夫饋酒五斤，燭一斤；謝贊臣饋席一金，燭一斤；子敦、蓉曙、伯循、蓴庭、定甹、祝卿、慧叔、子蓴、詹黼庭、鄭雨人、劉條甫各饋酒、燭、桃、麵；式如饋酒、燭、桃、麵、燒凫、蓮子、白糖及荷包。　君表賦五律一首，均甫賦七古一章爲壽。　崇效寺僧送紅梅兩盆、迎春、玉梅各一盆，酬以四金。　介唐夫人、書玉夫人、資泉夫人、雨人夫人、伯循夫人、仙洲夫人、黼庭之長女、書玉第三女皆來拜壽，姬人等款之後堂。　夜與諸君合宴聽事中，花農力推余居首坐，固辭不得，牽挽甚苦。亞陶以居内城先去，繆丈上燈後行。　余別治筵，觴子蓴、伯循、蓴庭、寧齋、慧叔、祝卿於室，作書邀君表，不至。　一更後室中酒畢，更出聽事，與均甫、子虞、紫泉、旭莊、仲弢、子培、弢夫飲，招霞芬、梅雲、素雲侑觴，二更後散。付霞芬、梅雲、素雲銀各四兩，伎樂銀九兩，廚人賞四十二千。

二十八日己亥　竟日陰，下午霡陰。　明日爲徐花農四十生日，作書賀之，以迎春花兩盆、越酒兩罎及糕、桃、燭、麵爲壽。　沈子封來，楊定甹來，皆補拜生日。　以碧柰、花卵糕、豚肉、桃、麵共五合詒周介夫，以介夫亦昨日生日也。　鍾六英太僕來。　是日倦甚，不能出門謝客，略一料檢年債，付司廚銀五十兩，天全木廠銀五十九兩三錢，隆興厚紬布銀五十三兩，協泰米鋪銀四十五兩，同興石炭銀十六兩，吉慶乾果銀十五兩，廣厚乾果銀十兩六錢，翰文齋書坊銀十五兩，秀文堂書坊銀二兩，松竹齋紙鋪銀六兩，清妙齋裝褾字册銀九兩五錢，聚福齋糕餅錢八十九千，同盛香油銀六兩六錢六分，天慶首飾樓銀五兩，福隆堂酒食錢五十千，宜勝居酒食錢二十六千，京兆榮記南物錢二十四千，龍雲齋刻字銀一兩四錢，西鄰木廠樹立玻璃棚錢六十二千，賣花媪銀八兩。翁尚書師惠銀十六兩。得山東撫張朗齋尚書書，惠炭金五十兩，作書復謝，犒使十千。周生學銘、學熙兄弟來補拜生日。同鄉沈敬甫、俞伯常自粤來，饋丸藥四包。

二十九日庚子　晴寒，午前有風。出門謝諸君爲壽。廉生來。

三十日辛丑　巳初一刻九分大寒，十二月中。晴。祀竈。陳六舟府尹來。介唐來。弢夫來。蓉曙來。介夫來。得仲彝十一月十日高淳書，惠炭金三十兩。作書致翁叔平師。命僧喜詣景尚書師家送年敬四金，許少宰師處送年敬二金。作書致若農學士，饋以冬笋、黄橙各一合。命僧喜詣先賢祠行禮，供饅頭三百枚，蜜果十五盤。夜張燈，祀曾祖考妣、祖考妣、本生祖考妣、先考妣，肉肴六豆，菜肴六豆，軒膾雜味一品鍋一，火鍋一，時果四盤，素炸雜味八盤。栗子湯一巡。年糕一盤。年粽一盤。酒三巡。飯再巡。又以素饌祀亡室，祀屋之故主。命僧喜侍寧齋飲歲酒畢，合家人作屠蘇小宴，飲酒微醉。賦家人壓歲錢。

邸鈔：編修江澍畇授山東濟南府遺缺知府。本任濟南府梅啓熙病故。澍畇本京察記名以道府用，今年遇大婚典禮，保專以道員用，俟得道員後加二品頂帶及花翎。今授知府，乃即戴花翎二品冠，故事所未有也。近年如張瑞卿、姚協贊、施之博等皆以編修得道員加二品銜，以金頂换紅頂。今澍畇以知府得之，尤僭濫矣。

光緒十六年（一八九〇）

光緒十有六年歲在上章攝提格春正月在厲陬元日壬寅　晴，微風。余年六十有二歲。叩拜先像，供湯圓，拜竈神。介唐來拜先像。命僧喜詣先賢祠行禮。是日來賀者李學士師以下三十八人。傍晚再叩先像，供茗飲。

初二日癸卯　晴。叩先像，供炒年糕。午出門賀年。詣介唐家，拜其先像。入城詣徐協揆師、麟冢宰師，兩家各送年敬二金。詣翁大農師。答拜廩生金忠甫、張嘯庵、亞陶，順道出宣武門，詣徐壽蘅侍郎、李若農少詹，凡投刺四十餘家。晚歸。是日來賀者潘伯寅尚書以下三十四人。黄再同編修來。子培來。介夫邀文昌館觀燈劇，夜飯後往，三更歸。

初三日甲辰　晴。叩先像，供紗帽餡子。近世謂之燒麥，語不可通。南宋謂之鬼蓬頭，蓋象其形，今以南唐紅綾餡子例稱之。剃頭。得再同書，約人日午飲，觀去歲新得王文成公小像橫卷，即復。閲《輿地紀勝》，略校荆湖南路數卷。此書舛誤甚多，後附劉孟瞻校勘記，亦頗疏略。是日來賀者許筠庵少宰師、徐壽蘅少司空以下二十九人。李少詹師復枉存。得陶心雲去年臘月朔日廣州書。秋蓤來。

初四日乙巳　晴，午後微陰。叩先像，供發糕及茗飲。閲《輿地紀勝》，并爲揭櫫題籤。下午出賀客二十餘家，晚歸。沈子封來。是日來賀者翁尚書師以下二十四人。同鄉沈叔美副都來，并送所取江西闈墨。是日聞有旨於是(日)〔月〕二十六日太和殿豫開萬壽筵宴。上今年二十歲，壽辰在六月二十八日，不知何以先半歲舉行。且有應行典禮各衙門敬謹豫備之旨，吏部已有知會矣。霞芬來，予以二金，賞其僕十千。

初五日丙午　晴，下午微陰。午後出門答賀六十餘家，晚歸。弢夫來。書玉來。酈甥祝卿來拜先像。詣慧叔弟家，拜高叔祖燕峰公以下像，族子婦朱出拜。是日來賀者徐小雲少司寇、汪柳門少司空以下二十二人。夜祀先。

初六日丁未　薄晴多陰，比日暄和，今日下午稍寒。閲《輿地紀勝》廣南東道，於『瓊州昌化軍』下采先莊簡詩數十聯，可以校補公集。下午答賀客二十餘家，晚歸。是日來賀者章黼卿鴻臚、陸鳳石侍讀等十七人。介唐夫人來。夜陰，有雹東見。

初七日戊申　晴陰相間，下午多陰。午赴再同之飲。其寓在宣武門内拴馬莊，有海棠兩樹，大數圍，高出屋外，百餘年物也。老杏一株，亦數十年物。坐客爲伯羲、子玖、廉生、仲弢。同觀南康蔡少蛪世新所繪《陽明先生小像》横卷，峨冠深衣，坐一木椅，左有童子鞠躬奉書，作趨庭狀，旁爲樹石，皆淡墨爲之，極蕭澹之致，先生貌清癯而髯。蔡少蛪名字見《畫史會要》，言王文成鎮虔日爲寫貌，能得其真，延之幕府，名以是起。茅鹿門《白華樓稿》有《贈畫像者蔡少蛪序》，亦極稱其善寫先生像。是卷尾有上虞葛雲岳曉跋，言蔡世新傳先生像極多，故隨手輒肖也。卷本爲張陽和先生所藏，見趙麟陽先生跋，後藏茅少山豫家，去年秀水金某携入都。下午設飲，晡後散。先像前供饅頭、笋肉餡子，共四盤。是日來賀者可莊修撰等十三人。仙洲夫人來。

初八日己酉　晴，風，間陰，甚寒。弢夫來。書玉來。得品芳弟去臘十九日里中書，言高祖塋域中李幅儔盜葬尚未遷，去冬仲凡電報所云墓事已竣者，指去年新買蘭渚橋殷家塢地所造塋也。幅儔詭稱去年歲向不吉，定以今歲二月廿九日遷。此輩么髍，變幻多端，深可憤歎。作片致慧叔，送去品芳寄來浙撫咨文三道，爲慧叔呈明祖籍事咨吏部吏科及兵部也。張姬詣仙洲夫人各家賀年。是日來賀者季士周運使等十人。同邑譚署正廷彪出殯，賻以十千。署正，故刑部尚書廷襄之弟，以去年十一月卒，年八十歲。其人長者，遠勝其兄。

初九日庚戌　晴寒。叩先像，供炸元宵子。書玉夫人及其第三女來，介唐夫人來，資泉夫人來，姬人等款之，留夜飯後去。下午答賀客四十餘家，晚歸。是日來賀者翁檢討斌孫等六七人。

初十日辛亥　晴，寒甚。竟日閲《知不足齋叢書》，爲之題籤。張姬詣子培太夫人家賀年，饋蜜棗、荔支各一合，又詣徐班侯太夫人家賀年。是日來賀者錢宗丞應溥等八人。晚風益寒，夜月殊皎。

十一日壬子　晴，稍和。先妣生日，供饋菜肴七豆，肉肴三豆，菜羹一，紗帽餡子兩盤，時果四盤，饅頭一盤，瀹麵一巡，酒三巡，飯再巡，茗飲兩巡，百合湯一巡。叩先像，供肉餃、菜餃各兩盤。子培來。是日來賀者徐光禄承煜等五人。

閲王逢《梧谿集》。逢字原吉，江陰人，自稱席帽山人。其詩簡鍊沉至，不染元人纖靡之習，尤留意宋、元之際忠孝節義之事。詩之前後，往往附紀本末，古今可稱詩史者，少陵以後，金之遺山、元之梧谿、明之梅村爲最，而梧谿終身隱處，其節概非元、吴所及。所紀至正十一年大小死節之臣：山東副都元帥禿堅里贈遼陽左丞，謚襄愍；徐州兵馬指揮使禿魯贈河南參政，謚忠勇；廣德翼萬户闊住贈浙東宣慰使，謚遂愍；汴梁路同知黄頭贈兵部尚書，謚忠介；尚乘卿那海贈河南右丞，謚壯勇；安東萬户朵哥贈淮東宣慰使，謚壯愍；千户高安童贈淮東宣慰司同知，謚介愍；汝寧知府完哲贈淮東宣慰使，謚忠果；府判福禄護圖贈兵部尚書，謚忠遂；西城司副使塔海贈遼陽參政，謚忠勇；宣徽院使帖木兒贈河南平章，謚桓愍；河南萬户察罕贈山東宣慰使，謚恪愍；廣州推官王宗顯贈廣州總管，謚良愍；西臺御史張桓贈禮部尚書，謚忠潔；蘄州總管李孝先贈河南參政，謚義愍。皆《元史》所未詳，《元史類編》采之亦未備也。

十二日癸丑　晴和如中春，下午微陰。上午詣書玉，賀其生日，饋以桃、麵、鷄、豚、酒、燭。午後詣才盛館赴可莊兄弟之飲，觀演劇數曲，殊不佳，晡後歸。介唐來。馮侍講文蔚來。族弟子貞來。夜月皎甚。

十三日甲寅　晴陰相間。鍾六英太僕來。子培來。子封來。書先賢祠春聯云：『先哲流風傳典録；後生餘事奮科名。』書中廳春聯云：『几席從容知學問；庭階花草見精神。』作書致弢夫、子培，約同游廠市。下午坐車出沙土園，至廠甸下車，詣火神廟，未到，遇弢夫，遂折回。小憩修文堂閲書，以銀六兩購得趙松谷《王右丞集箋注》、張助甫《攝生衆妙方》。詣翰文齋，遇子培，復同坐閲書，以銀二兩餘購得《徐文長集》。傍晚歸。張姬詣黼庭夫人，唁其媵喪，送香燭、紙錠及楮繦一萬。僧喜答拜鄉人一二家，至晉隆買花爆兩儋，以識歲華。夜叩先像，供紅棗扁豆湯。付花爆錢五十六千六百。鐵樹花一座，燈山一座，八角花四盆，泥花六筒，四季花六枝，果花四枚。

十四日乙卯　晴。上午出門答客六七家。入城答詣汪柳門侍郎。至順天府答拜陳六舟京兆。六舟尚寄治治中，署中陝隘殊甚，久談，歠楊村糕湯。歸過工部看燈，已將燃燭矣。出前門，車騎擁闕，争門疾馳，經大柵闌一路觀燈而回。作書致弢夫、子培。夜叩先像。

邸鈔：自元旦至十四日。詔：朕於閏二月十五日恭奉慈禧端佑康頤昭豫莊誠壽恭欽獻皇太后祇謁東陵，禮成後於二十三日還宫。初二日。豫親王本格奏假期屆滿，病仍未痊，懇開差使，並請停俸。詔准其開去一切差使，加恩賞食半俸。以貝勒載漪充管理行營事務大臣，貝勒奕綑補閲兵大臣。初六日。上諭：張之洞奏總兵丁憂開缺，請旨簡放一摺。湖北宜昌鎮總兵羅搢紳莅任多年，熟悉地方情形，統帶勇船，素稱得力，著改爲署任，以重職守。初七日。以宗人府右宗正慶郡王奕劻爲左宗正，貝勒奕綑補右宗正。伯彦訥謨祜調補鑲黄旗領侍衛内大臣，奕劻調補正黄旗領侍衛内大臣，貝勒載瀅補正白旗領侍衛内大臣，怡親王載敦補内大臣及鑲白旗蒙古都統。皆本格遺缺。初八日。上諭：邵友濂代奏劉錦棠瀝陳祖母病狀，懇恩開缺終養一摺。覽奏情詞悱惻，出於至誠，朝廷良深憫念。惟新疆事務重要，該撫久膺邊寄，威望素孚一時，實難遽易生手。劉錦棠著再賞假四月，並賞給伊祖母人參八兩，以資頤養。該撫其善求醫藥，盡心調治，一俟親疾就痊，即行馳回本任，用副朕眷念西陲、優加倚任至意。

初九日。

荀學齋日記後甲集之下

光緒十六年正月十五日至六月三十日（1890年2月4日—1890年8月15日）

光緒十有六年庚寅春正月十五日丙辰　寅初二刻十分立春，正月節，晴和。弢夫來。子培來。劉仙洲夫人生日，饋以桃、麵、酒、燭，張姬往拜之。

是日天氣暄融，盎然春意，家人皆出游廠廟，掩帷獨坐，閱《王右丞集》，趙松谷箋注本。用意甚勤，較明人顧起經注自爲詳備。然其中多取諸類書，不能詳其所始，《四庫提要》已言之，而所紀時事及並時人士，亦未能證以兩《唐書》及唐人説部、文集、碑刻，有所發明。其人習知者，又多連篇累牘，備載本傳，詳所不必詳。即於釋典，自言多資於同時錢唐王琢崖琦，然如『西方變』等，不能知『變』字之義，惟備注『西方』二字至千餘言，亦爲贅設。

傍晚詣先賢祠拈香行禮，供元宵子二百五十枚；又至靈氾分祠銅觀音堂行禮，各供元宵子。夜祀先，肉肴、菜肴各四豆，菜羹一器，湯圓子一巡，酒再巡，飯再巡，然燈放花爆。弢夫挈其郎來觀，詒以金繡紅段荷包一對。是夕月明如晝，都中佳節也。是日來賀者金給諫壽松、傅兵部雲龍、蔡助教右年。命王福詣崇效寺亡室殯屋供湯茗香燭。

十六日丁巳　晴。作書致可莊、旭莊，以初九日爲其母夫人生日，補送酒兩罎及燭爲壽。午入城答客。詣六英太僕，久談、傍晚出城，復答客數家而歸。介唐來。同年陸編修繼煇來，并送江西闈墨。

夜叩先像，供茗飲。是日望，月仍皎，小點燈燭，二更微陰。得可莊復。

十七日戊午　晴和。周式如來辭行。上午以廠市尚有半日之集，欲一出閱書畫，聞攤儋已盡收，遂罷。午後詣弢夫，不值。詣介唐，久坐。又詣子培、子封，談至晚歸。徐花農來。書玉來。命僧慧答客四十餘家。夜作書致均甫約飲期，得復，以口中疳患未平，辭。寫單約同人二十二日夜飲。以與介唐醵筵，作片與商選客，得復。夜叩先像，供黄糕白糰。

十八日己未　晴，下午微陰，傍晚陰，有風，甚寒。作書致仲弢。午後詣湖南會館赴徐壽蘅侍郎招飲，坐有鍾六英太僕、錢子密宗丞及介唐、爽秋諸君。館在藍麵胡同，去年所新作也，中有歌樓，甚閎麗。近年都中争營邸館，所增以數十計，外城舊宅稍寬敞者多爲所占，然皆不居，鄉會試士子及京官選人，惟以爲酒食徵逐之地。而士夫居南城者，寓屋日促，僦直日高，再過數年，將無賃廡之所。此亦有司所當禁者。傍晚酒畢，偕六英、介唐至邑館，與壽翁相視隙地。以壽翁新買宅地在吾邑館北鄰，館之嘉蔭堂北墉外有隙地三尺許，壽翁欲以益其宅，而以其馬廄餘地在館之西者易之。婁秉衡欲多得數尺，相與畫地商度，不及成議而罷。晚歸。夜祀先，肉肴六豆，菜羹一，龍眼湯一巡，酒三巡，飯再巡，茗飲一巡，焚楮鋌七挂及楮錢、楮幣。是夜風，二更後横甚。

邸鈔：陝西延綏鎮總兵慶連丁生母苗佳氏憂。湖北鄖陽鎮總兵龔繼昌病故。以□□□□蔣雲龍爲陝西延綏鎮總兵，□□□□綦高會爲湖北鄖陽鎮總兵。

十九日庚申　晴寒，晨風，上午後稍止。紫泉母夫人生日，饋以桃、麵、酒、燭。午後詣可莊、旭莊，不值。詣紫泉家拜壽，下午歸。殷蓴庭來。仲弢來。得弢夫書。作片致介唐，得復。

夜閲鄉先生《徐文長集》。憶自歲二十時讀之，甚喜其奇雋；二十三以後壹意於古，文非馬、班、韓，詩非陶、謝、杜弗尚也；及二十五以後更喜治經爲漢學，於是視此等家數皆等之稗官小說、村書彈詞矣。今相距四十餘年，閱之已如隔世。此本前有虞長孺淳熙、黄貞父汝亨兩序，尚是明時舊刻，其中評點，皆出袁中郎筆也。先生以陽狂自晦，蓋古之畸士，不得志於時，而不克以禮法自處，往往有如此者，不必深論。其文亦學子長，苦無學詣，而僅貌其支詭詰峭，遂反落小說技倆。明代江湖一派，大略相同。然先生猶時有逸氣，終勝餘人。詩則不愧雋才，學六朝、昌谷語，時有至到之詣，可玩味也。

嘉靖辛輔餘姚呂文安之姓，《明史》紀、傳皆作李，《府志》及《萬曆野獲編》諸書謂其以大學士丁憂回籍後久之始復呂姓。是集卷二十四《呂氏始祖祠記》，言呂氏自新昌遷餘姚，明高帝時有貴義者世籍户口書誤以呂爲李，及覺而籍已上，時用法嚴，不敢請更。貴義臨卒，謂其子德玉曰：『吾死，其令呂氏子孫世世著姓，生則從李，而没仍呂。』又數傳而至今師相，即文安也，始爲祠堂以祀呂氏之先。其敘述甚詳，有裨鄉邦文獻。

題王遜之素《龍舟競渡圖》兩絶句，懸之齋壁。

二十日辛酉　晴，下午陰。僧喜生日，爲之具麵食，集家人小飲；又以明日歷家宜入學，當令就塾讀書，命庖人治饌，以今夜請先生。作書邀弢夫、子培及鄺祝卿同飲。傅子蓴明日六齡初度，詒以朱提四金，描金大紅蠟箋，楹帖一聯，越釀兩罌，燭一對，爲書聯語壽之云：『龐眉久潛終奮郎署；華蔮三儷遂疏國封。』以子蓴嘗三娶也。『華蔮』字出《續漢書·輿服志》，本擬用『博鬢』，亦出司馬《志》，皆夫人首服盛飾。夜觴寧齋於客次，弢夫、子培、祝卿先後至，二更後散。得子蓴復謝書，言其弟蓮舟今署光州牧。是夕陰。

二十一日壬戌　晴，下午間陰。上午詣畿輔先哲祠，以是日偕弢夫及金忠甫、黄松泉、戴編修兆春諸同年合觴李少詹也。晡後酒畢，詣子蓴賀其生日。傍晚答詣周式如并送行。晚赴書玉招飲，坐有式如、介唐、弢夫、子敦，夜三更歸。比日甚寒。紫泉來。楊莘伯來。

二十二日癸亥　晴。

閲《秦邊紀略》，鈔本，凡三卷，蠡吾李培益谿所輯，本《灰畫集》之卷十九、二十、二十一也。培爲顔習齋門人，即恕谷塨之弟。前有雍正戊辰立秋日自序，言與恕谷皆少耽輿地之學。恕谷所著有《聚米集》，取馬文淵聚米爲山之義。益谿鈔輯萬季野《經濟説》、王崑繩《輿圖指掌論》、校本朝《爵秩全函》諸書，並閲陝西、山東、江西、遼東諸志，先爲《邊腹總論》三卷，以明天下之大勢；次以《京省利弊》《九邊要説》，共爲十五卷；又益以所繪各省及江防九邊地理圖，總七册，得十八卷；後得江右黄君所集《秦邊紀略》三卷，並鈔之，成八册，共二十一卷，題曰《灰畫集》，取宋余玠至播州與冉璡、冉璞兄弟以至畫地爲山川城池之形，遂徙合州城於釣魚山事也。此本每卷首題曰『江右黄君親睹閲歷』，著言黄君，忘其名字，久居秦督佛公幕府，親歷諸邊，彙成是紀。首曰全秦邊衛，序以後，自河州起，凡諸衛、諸堡、諸邊、近疆、外疆，皆分篇述其沿革、建置、形勝、利弊，極爲詳盡，而終之以近疆西彝傳、河套部落，附蒙古四十八部落考略、嘎爾旦列傳。此書《四庫存目》著録四卷，末有西域土地人物略，而無嘎爾旦傳，且云不著撰人名氏。近同治中吴坤修刻本六卷，云得之吴稷堂少司馬，亦不知撰人，末有西域土地人物略，然祗記土地，並無人物，亦無嘎爾旦傳。嘎爾旦即噶爾丹，其敘世系云：嘎爾旦，稱卜失可兔汗於西域者也。原注：卜失可兔亦作搏碩克圖，即大可汗之稱。其王大父曰脱穎台司，大父曰哈剌忽剌，父曰把都兒，世襲黄台吉。原注：華言王也。彝咸推爲故元苗裔，世立部落，土著金山，彝名阿爾泰，譯者曰金嶺也。原注：金山在沙陀，馬東行六十日至肅州。把都兒生六子，曰積欠，原注：亦作七慶。曰卓魯火燒氣，曰把都兒司，曰宛冲，曰僧格，其幼則嘎爾旦。嘎爾旦生而神異，原注：歲在己丑。父母深愛之，欲立爲黄台吉。嘎爾旦曰阿哥在，乃自髡其髮，獨身往烏斯藏師事達賴剌麻，西域甚重之。初，哈賴忽喇即哈剌忽剌。娶後妻，生子曰七清，原注：亦作乞慶。有寵，欲立爲黄台吉，然把都兒長久握兵，乃分所部屬七清，使居沙陀西偏。哈賴忽喇死，把都兒襲；把都兒死，長子集欠即積欠。襲，未幾死，無子，以次傳僧格，皆居金山，稱黄台吉。七清部落日盛，自稱爲黄台吉，遂殺僧格，并其衆，收其妻妾，自稱汗。僧格妻阿奴，慧而美，使人懷衵服間至烏斯藏告嘎爾旦。嘎爾旦遂辭喇麻，集合餘燼，至金山破滅七清汗，乃招徠歸附，西據俄羅斯，徙國居之，因以俄羅斯名其國。原注：俄羅斯周城皆水，城有門四十，人皆回回。東南行十日至金山。按《唐書》：多羅斯南至西州千五百里。《泰西職方外紀》有峨羅斯，峨即俄，多亦俄也。案：所述噶爾丹世次甚詳，而與《聖武記》諸書皆不同。至噶爾丹即準噶爾部，所據即厄魯特地，今新疆之伊犁、科布多、塔爾巴哈臺皆是也，與俄羅斯邈不相涉。而云西據俄羅斯國，所云『周城皆水，有門四十，人皆回回』，又似控噶爾國。控噶爾，亦作洪豁爾，又作烘克爾，其地與俄羅斯接，音又相近。蓋噶爾丹當并有其地，曾以爲都，傳聞以爲即俄羅斯。然其誤甚矣。

子蓴來謝。同年柯劭忞編（喪）〔修〕丁外艱，送奠分四千。傍晚介唐來，同治筵廳事，邀周式如、傅子蓴、潘伯循、周介夫、陳書玉、資泉兄弟、弢夫、子培夜飲，二更後散。

邸鈔：上諭：本年朕二旬萬壽，慶典宏開，莊順皇貴妃母家三代允宜特示推崇，以光盛典。原任巴里坤總兵凝德、原任通判百禄、原任筆帖式靈壽均加恩追贈一品封典。靈壽之繼子筆帖式廷惠加恩賞給騎都尉，世襲罔替，用昭隆禮。詔：□□□□延秀賞給委散秩大臣。詔：河東河道總督吴大澂賞假一月，回籍省視母病。倪文蔚暫兼署河道總督。

二十三日甲子　晴暖，春光甚麗。客次梅花，香滿一室，坐南窗下啜茗，讀放翁晚年詩，覺小乘聲聞，時有得處。如《得子虡書言明春可歸》云：『白首相依飽蕨薇，吾家父子古來稀。春秧出水柔桑緑，正是農時望汝歸。』《晨起》云：『殘夢悠颺不復成，鎗然已有百禽鳴。山童來報溪流長，幽事從今日日生。』《雪晴欲出而路濘未通戲作》云：『欲覓溪頭路，春泥不可行。歸來小窗下，袖手看新晴。』皆年老人隨時受用，不能盡也。剃頭。是日卸裘衣棉，便覺舉體清快，如少年矣。以詩寫之。可莊來。張給事中人駿之祖母喪來訃，送奠分四千。

庚寅首春初暄坐南窗下聞梅花香有作

去冬久以晴，今春暖先至。灑掃一室間，時有饋花使。凌冰牡丹華，催雪玉李蕊。叶去聲。迎春與碧桃，黄白亦相次。綽約雙紅梅，諸花實職志。几格雖無奇，深淺堪位置。余老頗曠官，未能絶人事。暫賞尚未遑，何論負暄睡。今日心稍閑，幽居略以治。倚窗負南榮，静若群仙侍。漸覺香暗生，引氣來我鼻。盎然春滿懷，無言動詩思。呼兒拂席塵，遣童理茶器。安得長此閑，證我初禪地。

春暖卸敝裘欣然成詠

我生苦貧悴，廿年一羊裘。破碎重補綴，百衲不自羞。近來老且病，筋骸弛不收。天寒輒瑟縮，欲著復暫休。舉之重百斤，蒙氈而俠偹。若陊挈領墜，附身同贅疣。運腕甚束縛，行步相牽抽。帶索挹榮期，擁鎌侶梧丘。曳裾與提襟，舉動皆莫由。今朝睡初覺，布衾不蒙頭。啓睫見窗日，晴明滿簾幬。欣欣語家人，暖可脱此不。一笑易絮襖，腰脚輕無儔。如馬去鞍轡，如鷹脱紲韝。如囚出校械，如士免兜鍪。便覺還少年，可縱逍遥游。矯矯雲中鵠，泛泛水上鷗。珍重謝春風，此樂何所求。

二十四日乙丑　晴陰相間，下午多陰。午後入宣武門，至安福胡衕答拜同年馮編修光遹，其巷甚長，幾二里許。出兵部窪，赴徐亞陶招飲，坐有孫子授侍郎、金元直給事及子培、花農諸君，晡後歸。是日署中知會余派會典館協修官。以此區區餌七十老翁，是解事僕射所爲矣。坐間向子授侍郎極口力辭之。以糕餅兩匣、乾果兩匣饋周式如行。

二十五日丙寅　晴，春光復美。閱放翁《家世舊聞》《齋居紀事》，雖寥寥數葉，而筆意簡絜，可以爲法。《舊聞》紀林靈素詐僞事，可補《宋史》之遺。課僕芟竹。作書致弢夫、介唐、子培，俱約明晨赴太和殿觀宴舞，得介唐、子培復。弢夫來，留共齋中夜飯。

邸鈔：上諭：李鴻章奏福建布政使張夢元病難速痊，呈請開缺，據情代奏一摺。張夢元著准其開缺。以浙江按察使廖壽豐爲福建布政使。上諭：吏部奏知府例應回避，開單請旨簡員對調一摺。直隸大名府知府著陳啓泰調補，國鈞著調補山西大同府知府，湖南永順府知府著吴澍霖調補，張曾揚著調補廣東肇慶府知府。國鈞以與布政使裕長兒女姻親，張曾揚爲湖廣總督張之洞族孫，故皆回避。

二十六日丁卯　晴。均甫生日，上午往祝，不值。下午赴弢夫之飲，坐有介唐、書玉、資泉、梓泉、仲弢、許鶴樵刑部玉瑑、程工部志和、錢庶常駿祥，晚歸。

邸鈔：慈禧端佑康頤昭豫莊誠壽恭欽獻皇太后懿旨：醇親王奕譞，賢親首著，懋建勳猷，歷年以來，凡遇軍國重務，規畫精詳，運籌宏遠。而王德望愈隆，謙光愈著，矢誠矢敬，盛美不居。深宫嘉悦之餘，倍殷垂眷。本年皇帝二旬萬壽，宏開慶典，允宜特沛殊榮，著加恩於照例甲數外，賞添護軍十五分，藍甲二十分，白甲三十分。伊子頭品頂戴載濤賞給二等鎮國將軍，以示優異。

上諭：本年朕二旬慶辰，特錫恩綸，延釐中外。因念推恩之序，首重懿親。恭親王著於照例甲數外，賞添護軍十五分，藍甲二十分，紅甲三十分；慶郡王奕劻之子載榑賞給頭品頂戴；貝勒奕綗免其值班；貝勒載濂賞銀一千兩；貝勒載漪之子溥僎，載瀅之子溥偉，均賞給頭品頂帶；貝勒載澍賞銀一千兩，載潤賞銀五百兩；貝子奕謨賞穿帶膆貂褂，溥倫賞銀五百兩，毓橚挑在乾清門行走；輔國公載澤、不入八分輔國公載瀾、鎮國將軍載瀛、載津各賞銀一千兩，鎮國將軍溥侗、載濟各賞銀五百兩：用示朕篤念宗枝、敷仁錫類至意。

上諭：内廷王大臣等夙夜在公，忠勤懋著，自應渥沛恩榮，用彰慶典。博多勒噶台親王伯彦訥謨祜著賞穿四正龍褂；親王銜克勤郡王晉祺賞穿帶膆貂褂；禮親王世鐸交宗人府從優議敘；大學士額勒和布、張之萬，兵部尚書許庚身，刑部尚書孫毓汶，均交部從優議敘；科爾沁圖什業圖親王巴寶多爾濟、科爾沁卓哩克圖親王濟克登旺、庫爾喀拉沁親王銜都楞郡王旺都特那木濟均賞穿帶膆貂褂。

上諭：各省文武大臣有卓著勳勞、久膺重寄者，允宜優加獎敘。大學士、直隸總督李鴻章，兩江總督曾國荃，山東巡撫張曜，著該部查明各該大臣子弟，具奏候旨施恩；福建臺灣巡撫劉銘傳賞加兵部尚書銜；甘肅新疆巡撫劉錦棠賞加太子太保銜；督辦東三省練兵事宜、正白旗漢軍都統定安，雲南提督馮子材，均交部從優議敘；四川提督宋慶、長江水師提督李成謀、陝西提督雷正綰、廣西提督蘇元春均賞加太子少保銜。劉錦棠以巡撫而加一品官銜，且方乞假在籍，尤異數也。宋慶等四武臣同膺宫保之命，亦爲難得。

詔：本年朕二旬萬壽，毋庸舉行告祭禮，所有升殿禮儀著停止，各省督撫及將軍提鎮等俱不准奏請來京祝嘏。詔：本年秋審、朝審情實各犯，停止句決。

上諭：游智開奏甄别屬吏一摺。廣東候補知府王秉恩把持各局，藉勢營私；試用通判、署南海縣知縣王存善鑽營罔利，行同市儈；候補通判魏恒背義牟利，巧於飾非；候補通判鄧肇南行止卑污，同僚不齒：均即行革職。秉恩、存善，皆張之洞所最信任者，竭澤肥己，粵人痛恨之。智開此疏，足快人意。其言秉恩大類權奸，存善心貪口依，人以爲實録。

以江蘇蘇松太道龔照瑗爲浙江按察使。

二十七日戊辰　竟日霠陰。下午稍寒，晡後雨雪，傍晚密雪，積寸許，入夜漸止。閲《秦邊紀略》，其所述多咎明代之棄套地，致蒙古、諸番之禍日烈。在今日已時地不同，然蒙古漸衰，而番日熾，籌邊者不可不知也。得弢夫書，述可莊言，以所題《秋燈課讀圖詩》相商。夜大風。補寫日記。腹中不快。

邸鈔：江蘇候補道聶緝槼授江蘇蘇松太兵備道。緝槼，湖南人，曾文正之壻，以監生捐至道員，去年始引見到省，曾國荃疏薦之。

二十八日己巳　竟日霠陰，寒甚。補寫日記。作書致弢夫。作書致均甫，得復。夜得弢夫書，還日記一帙，即復。是日冽風䬒寒，復著裘擁爐。

邸鈔：御前行走内大臣、科爾沁多羅貝勒那爾蘇卒。那爾蘇，伯彦訥謨祜子也。詔旨褒惜，賞陀羅經被，派貝勒載漪帶領侍衛十員往奠，賞銀一千兩經理喪事，伊子阿木拉凌圭俟百日孝滿後承襲貝勒。命貝勒載濂補内大臣。

二十九日庚午小盡　夜子初二刻十二分雨水，正月中。晴寒，有風，午後稍止。

閲《困學紀聞》翁注，爲校正誤字數處。爲可莊題錢籜石畫梅詩卷。此卷首題云：『載蒙恩予原品休致，歸田野，四年來僻居窮巷，詩詞畫理以養餘年。去年冬，永安湖守先墓於山中，除夕得句。』下系以騰字韵七律一首。又云『見山中元日得句』，下系以爐字韵七律一首。又云『新年出游尋野梅』，下系以梅字韵七律一首。又云『見野梅』，下系以春字韵七律一首。其後畫老梅一枝，狂花大幹，極夭矯之勢，上題云『書畢寫此一枝』。其後又云『寫梅之次仙掌峰得句』，詠吴家梅七律叢字韵一首。又詹家梅七律隅字韵一首，下云『詠畢復寫一枝』，又畫老梅自上倒垂，古勁彌秀，後題云：『丙午除夕至丁未人日，在山中，得詩六首於仙掌峰先御史公書堂，并寫梅二枝，遂成一卷，後有空白，得句補之。』下系以舒字韵七律一首。末題『百福巷八十老人錢載草』。今日爲和騰、廬、梅、春詩四章，亦它日翰墨緣也。

邸鈔：上諭：伯彦訥謨祜之子貝勒那爾蘇病故，念伯彦訥謨祜之母年逾七旬，驟遭此事，未免傷懷。伯彦訥謨祜加恩賞假二十日，俾得朝夕侍側。該親王其善爲解釋，以慰親心，用副朕眷注至意。以□□□□德銘爲鑲紅旗蒙古都統。

二月辛未朔　晴寒，有風。坐客次閲圖卷。得家中電報，言季弟女琳姑以昨日巳刻亡，不知何病也，即回電問之。琳年二十有三矣，季弟祇有此女。其生也以戊辰十二月二十八日，甫晬即喜就余，見必索抱。余辛未正月入都時，方兩周耳，季弟書來言，日繞余室覓余而啼曰：『大老爺何往也？』不料不及見其長成，而今長已矣，哀哉！季弟出爲人後，以服屬論已五世矣，出繼子之子女於本生之服，禮無明文，律則以族屬本服論，若無服則竟絶矣，然於心安乎？六朝禮服家亦未有言及者。作書致介唐，託寄回電，得復。夜詣子培、子封兄弟，談禮服。

邸鈔：托倫布補正藍旗蒙古副都統，奕功補奉宸苑卿。

初二日壬申　晴。爲琳姑設饋奠，易素服。是日本生祖妣顧太君生日，供茗、酒、餅、糕、饅頭、瀹麵。介唐來。弢夫來。作片致邑館同人，爲錢藩卿風病日甚，商量安置事。付電報銀二兩四錢，計十四字。

是日邸鈔：命吏部右侍郎宗室敬信、左副都御史徐致祥知會試貢舉。敬信筆帖式出身，以知貢舉，亦曠典也。

初三日癸酉　晨陰，上午薄晴，傍午晴。陸蓮史來。得介唐書，亦爲風子事也。余自去年九月日給以錢六百四十，今議定日以錢八百，介唐、秉衡皆六百，益以餘子，共合錢三千，日給之。陳生澤霖來。仲弢來。復介唐書。江太守澍畇爲子娶婦，送賀錢八千。是日坐客次閲梅淵公墨繪憺園圖卷，欲題詩未成，先録昨題鐔石墨梅卷詩於後。

同年王可莊修撰以錢鐔石侍郎八十歲元旦永安湖山中畫梅詩卷屬題取卷中丙午除夕至丁未人日詩依韵和之四首

龍栖鳳閣曙光騰，聯轡朝正玉佩鏗。可莊令弟旭莊舍人新加侍讀銜。黄捧御封蚪壽斝，紅携宫燭試春燈。蓬壺侍直仍鼇頂，槐市移居擬馬塍。可莊居槐市下斜街。一卷瑶華新入手，和羹家法憶王曾。

附元作《山中除夕詩》：

杖鄉杖國欠飛騰，八十明朝椰栗鏗。山擁東西錢氏舍，湖收南北郁家塍。僕酣與勸椒花琖，僮戲看燒蠟鳳燈。離郡扁舟何太久，祀先都付子孫曾。

廿載城南小結廬，人生七袠已開初。可莊以戊子臘月之杪爲余作六十生日，因出此屬題，寓頌祝大年之意。朱顔歎老羞看鏡，白髮先春欲滿梳。讀畫每從閑裏得，題詩偏覺病中疏。延年美意多君甚，回向花光懺六如。

附元作《山中元日詩》：

梅花農舍即吾廬，人事鷄鳴各有初。天上朝正心總繫，海濱開歲髪還梳。先塋山勢雲連合，神道松林雪密疏。逢著新衣笑相賀，定無名帖答能如。

不寫官梅寫野梅，侍郎投老入山來。夢尋舊隴千株雪，詩序言在仙掌峰先御史公書堂作，又有詠吴家梅、詹家梅兩詩，皆禾中故家墓林。春在行蹤一徑苔。畫理詩情俱跌宕，溪光嵐翠共裴回。合添行障樵童侍，爲與先生暖酒杯。

附元作《新年出游尋野梅》：

籬落微茫幾樹梅，不扶童子獨尋來。一筇老矣松坡雪，雙屐翛然石徑苔。相對早春惟淡泊，無言盡日與徘徊。山空到此知茶味，香遠從之謝酒杯。

負却湖山浩蕩春，蘿扃猨鶴更誰親。澹烟蘭渚風前艇，微雪柯橋畫裏人。久次省臺營薄禄，幾時簑笠返閑身。承平老輩林居福，艷想花邊墊角巾。

附元作《人日見野梅》：

扶杖侵寒獨向春，淡雲疏日忽相親。穿籬枝折多經雪，傍磵花開不爲人。下有江蘭亦香草，夜來明月是前身。盤陀石上莓苔坐，未許襄陽畫幅巾。

初四日甲戌　晴陰相間，甚寒，有風。得爽秋書，以舊册數葉屬書行草，即復。陳蓉曙具柬約飲，作復辭之。得朱亮生觀察瓊州書，言去年四月以病卸雷瓊道篆，至省乞歸未得。至冬有法夷兵輪駛入崖州，將占爲步頭，攝道事顧某病危求卸，上游檄催還任，遂即渡海派營至彼，拔其標記，徹其屋材，夷始退去。諸夷自南洋至華，以崖州爲中頓之要地，法及英、德諸夷窺伺已久，後事可慮。又言光緒初元，法輪十五號竟入榆林港，欲規爲步，以瘴厲正盛，死者大半而去。至今輪舶屢到，登岸裴回，皆瓊州之大患也。亮生伉概之士，能行其志，亦云偉矣。并寄來饋炭十六金。犒使六千。爲仲弢題梅氏所畫憺園圖，即作片還之。作書致可莊，還籜石畫梅卷。得可莊復。得仲弢復。夜作哭女琳詩三首。是日買一繩床，付銀五兩五錢。

徐健庵尚書憺園圖康熙乙卯新落成時宛陵梅瞿硎清所繪同年黄仲弢編修屬題次卷中潘稼堂詩韵四首

當年緑野傍巖椒，勝蹟尋圖未覺遥。石帶雲姿常裹裹，竹含風影自蕭蕭。水聲到處能通徑，山意隨人欲過橋。可似荆公專一壑，淮南叢桂不須招。

玉山佳氣似平泉，八百孤寒啓閣延。衹爲子由先執政，不容謝傅竟高眠。笙歌踏柳峰頭席，書畫穿花郭外船。留得洞庭閑局好，光華長傍五雲邊。卷中有尚書之兄履忱侍郎寄題詩四章，有『養親暫喜賦歸歟』及『題詩苦憶黄扉弟』之句。是時立齋相國已入閣，尚書以養親里居也。稼堂詩跋有『鋒車北發』語，是憺園落成後，不久復出矣。及後歸，領洞庭書局，聖祖御書『光焰萬丈』扁賜之。

瞿硎山叟住烟蘿，詩法都官入畫多。酒滿林陰留月酌，樓銜塔影看雲過。園中有看雲樓，見梅耦長（庚）題詩，中又有『波平塔影生』之句，指玉山上塔也。山塔城堞皆入圖畫中。丹鉛顧萬傳經術，文史潘吴足嘯歌。盛事承平誰繼者，衹容猨鶴守巖阿。梅淵公詩注言時計甫草、吴天章、陳其年皆寓園中。稼堂詩跋言園甫落成，即招下榻，自春徂秋，嘯詠極意。

長安昔歲並看花，老我深慚玉倚葭。群紀論交真耐久，香瓊射策各名家。東甌文獻由來盛，千頃圖書未覺賒。好事不須寒具設，問奇還向借三車。

附稼堂原作：四詩未爲合作。『苔裹』句『苔』字不可通，若作『竹裹』便佳。『波底』句亦無理，對語尤拙。『設鍛』二字與下五字不相應。惟『極天』四句言外有諷意。『身閑』二句意近重複。以稼堂詩傳者不多，姑録之。

君家近住玉山椒，幾載金門客夢遥。塹卧故林松落落，别除荒草竹簫簫。雲根斵石分幽壑，苔裏行泉入小橋。隨處會心佳趣遠，吟猨舞鶴不須招。

亭臺結構總天然，簾幌虛明翠色延。波底塔鈴風自語，花閑石丈露無眠。玉峰塔影恰入池中，又庭際石絶奇，傳是秦益公物。流觴客據松根席，設鍛人移柳外船。最是北樓詩思好，晚山如洗夕陽邊。

輞川金谷勝如何，未抵天倫樂事多。竹簟好移長枕入，松門不礙板輿過。極天關塞傳刁斗，此地滄浪足櫂歌。一濟蒼生歸作達，白雲長爲鎖巖阿。

一榻吾來雪作花，淹留清露濕蒹葭。身閑住日多於主，客久來時直當家。魚鳥關情知別苦，雲林入夢覺愁賒。買山卜宅他年約，更覓奇書實五車。

哭琳女三首有序

季弟女也，以同治戊辰十二月二十八日生，今二十三年矣。未晬即昵就余，見必索抱。辛未正月余入都後，日繞余室覓而啼。不謂竟不復見也。哭以詩。

四十余初度，明朝見汝生。兩家添喜氣，一日殿嘉平。索抱先迎笑，牽衣亦慰情。可憐離別遽，繞室覓耶聲。

汝父書頻至，三齡識字千。漸欣懷抱物，已及長成年。箭總俄嬰慘，齋蔬喜學禪。繫纓猶未屬，遽報玉成烟。

我老無兒女，嬛嬛汝母嫠。相望隔鄉國，它日作門楣。不謂曇花現，翻添白髮悲。撫棺虛一哭，夢裏見啼眉。

示僧喜

憐汝來從我，辭娘別姊兄。猶傳出門日，相送斷腸聲。昔歲同形影，今茲隔死生。申申須記取，抱聽六經情。

初五日乙亥　晴。曾祖妣忌日，供饋肉肴六豆，菜肴四豆，餘如舊儀，晡後畢事。翁叔平師來。徐班侯來。作片致介唐，約其鄉鄰張詩卿小飲，以近來寄家書南物及修製衣裘，皆託其料檢也。又作片約鄉人自粵來者沈敬甫、俞伯常飲，并作柬約蓴庭、班侯諸君，作片致子承、子封，俱訂飲期。

邸鈔：上諭：前因錫綸咨行户部文内有職員馬瑞麟揭告統帶馬亮等侵吞軍餉呈詞一件，當交色楞額等查明具奏。嗣據户部奏參錫綸擅動軍餉各情，復諭令一併查奏。兹據色楞額、魏光燾查明覆奏：此案記名副都統馬亮尚無捏造欠款、侵吞軍餉情事，且原告之馬瑞麟查無其人，顯係借名捏控。即著與無故牽涉之前署察哈爾領隊大臣德克津布等均無庸置議。惟已故署伊犁將軍錫綸，因挪用正餉，經部議駁，輒即捏借商款，報部款目種種不符，實屬有心蒙蔽，大負委任。其所報借款曾否撥給，著户部確切查明，據實覆奏。

初六日丙子　晨陰，有風，甚寒，上午後晴。作片致子培，借吳刻《秦邊紀略》，其誤字亦甚多，當取鈔本兩校之。鄺甥祝卿來。子培來。蓴庭來。夜校莊簡公集《詩龕》本，悉依《四庫》行款，其訛舛甚多，末兩卷幾不可讀。去年借浙中丁、陸兩家藏本未到，今就其形義因行草致誤者推測之，十改得六七，其文義顯然。而聲形無可據者，不敢輒（敢）〔改〕也。

初七日丁丑　晨陰，上午微晴，下午陰，竟日有風。校莊簡公集。周式如之子邦翰二十歲生日，詒以糕、桃、餅、麵、鷄、豚六合，其母來請酒，張姬往。

閲《巢氏諸病源候總論》，隋太醫博士巢元方等撰，共五十卷，嘉慶末吳中刻本。前有宋綬序，於『皇上明詔』等字皆空格，蓋尚仿宋刻本也。然甚有誤字。《四庫提要》稱其時去古未遠，漢以來經方脉論存者尚多，又哀集衆長，共相討論，故其言深密精邃，非後人之所能及。今按其所載諸證，往往古今不同，而七情六感之原，總不外此。其敘次簡質，要而不煩，自宋以來推爲醫學津梁，良有以也。

初八日戊寅　晨晴陰相間，上午晴，下午陰，甚寒。

閲《巢氏諸病源候總論》。其論婦女臨産，或難下、或横生、或倒生、或子趨後孔，皆以産時未到，視産者思遽迫促，及抱持坐卧不如法，或違犯禁忌所致。其子下而胞衣不下者，由産婦虚弱、用力不足，胞爲冷氣所激，遂不能下，或致胞上掩心而斃。其子死腹中者，由産時未到，而先用力，致惡露下盡，子胎乾燥而然。其子未下而母死者，亦由未至産時母先用力，又捉抱人失法，血上衝心所致。凡臨産之月，睡卧須順四時方位，産時尤不可急遽，皆名言也。

下午入城詣翁叔平師，還昔年所借先莊簡公集，又詣堂子胡同理藩院主事崇某家，答拜同邑王孝廉餘慶，均不值。崇某所居巷，有官署華好，而門墻迫隘，望之屋宇深廣，頗有花樹。其儀門有扁曰『中外禔福』，外設行馬，不知爲何署，騶僕亦皆不識。署左有一小兒放風筝，問之，曰：『總理衙門也。』不覺啞然。三十年京官，至不知有通商衙署，先生真吏隱矣！　晚歸。

初九日己卯　晴。下午詣均甫視其疾，左頤潰爛已甚，狀甚可憂，屬其安心將息而出。詣濮紫泉，不值，遂歸。湯蟄仙孝廉來。周生邦翰來。是日翰文齋送鈔本《秦邊紀略》來，更裝飾加帙，付銀五兩爲直，以篆題籤及卷首。作書致季士周，爲均甫託其轉請董劍秋診。董醖卿尚書之子，都中市里所稱董公子者也，其術精於外科，所儲藥甚珍秘之。其婦翁爲萬文敏冢宰，士周之婭也。得復。作書問弢夫疾，得復。

邸鈔：禮部尚書宗室奎潤卒。奎潤字星齋，同治癸亥進士，卒年六十二。上諭：禮部尚書奎潤練達勤慎，學問優長。由翰林洊陟卿貳，疊掌文衡。補授尚書，宣力有年，克稱厥職。兹聞溘逝，軫惜殊深。加恩賞給陀羅經被，派貝勒載澍帶領侍衛十員即日往奠。照尚書例賜恤。並賞銀五百兩，由廣儲司給發，經理喪事。伊子筆帖式寶銘俟服闋後以員外郎補用，以示篤念藎臣至意。以江寧布政使許振禕爲河東河道總督。河督吴大澂丁母憂。

初十日庚辰　晴，比日仍寒。命僧喜往送鄉人沈、俞兩生行，問弢夫疾。得弢夫書，言病已愈。濮紫泉來。得士周書，送來董劍秋饋均甫含藥一苞，即復，犒使一千。作書致均甫，送藥去，得復。湯孝廉饋脯羞。傍晚答拜湯蟄仙，詣子培、介唐，俱不值。晚詣福隆堂，介唐、蕚庭、班侯、子承、子封、慧叔等先後至。夜初設飲，二更後歸。月皎如晝。付客車僕飯錢十千，酒保賞六千，霞芬等車飯六千。

邸鈔：以工部尚書崑岡調補禮部尚書，以都察院左都御史史熙敬爲工部尚書。以江西按察使瑞璋爲江寧布政使，以兩淮鹽運使福裕爲江西按察使。

十一日辛巳　晴。詹黼庭明日嫁女，賀以黹繡六事，禮錢六千。張姬赴其夫人請酒，詒以糕餅一合。午詣粤東新館赴子培、子封招飲，坐有潄翁、廉生、可莊、爽秋、芾卿，傍晚散。詣黼庭賀喜而歸。夜月甚佳。閲《朱子文集》。

邸鈔：以鑲黄旗蒙古都統德福調鑲白旗滿洲都統，鑲黄旗滿洲副都統額駙符珍補鑲黄旗蒙古都統。兵部尚書許庚身充會典館副總裁。皆奎潤缺。

十二日壬午　晴，大風，晡稍止。閲《朱子文集》。張姬詣黼庭夫人家，送其女出閣；又拜鄭雨亭夫人生日，詒以酒、燭、桃、麵及糕餅一苞。爽秋來。朱同年毓廣來。晚步月詣弢夫問疾，坐其室中談，逾頃歸，僧喜隨行。夜風。

邸鈔：以刑部右侍郎貴恒爲都察院左都御史。湖北漢黄德道江人鏡升兩淮鹽運使。上諭：吉林將軍長順奏欽奉恩詔，查明已革職官，開單呈覽，請旨定奪一摺。上年特降恩詔，革職官員内有事係冤枉、才力堪用者，准由在京各衙門及各省督撫等查明請旨，係屬曠典殊恩，非尋常查辦廢員可比。降詔以來，節經中外大臣遵查具奏，經朕詳核案由，其情有可原者分别起用及交部帶領引見，原犯情節較重者奏到時均經批駁，於愛惜人才之中仍寓慎重名器之意。各該大臣自應體朕此意，核實詳查，豈容稍有冒濫。乃該將軍此次單開竟至二十二員之多，詳閲所犯情節，被參均非冤抑，甚至有任意妄爲、廢弛旗務、營務各重情。長順輒據各城開報及本員呈請，即爲具奏，請一併賞還原職，已屬不合。至防尉慶禄等均係革職留任之員，並未離任，更何所謂起用？是該將軍於恩詔本意，全未體會，實屬冒昧。至另片請將前任齊齊哈爾副都統春壽賞還原銜休致、吉林鑲黄旗公中佐領春福以原品留營效力等語，查閲原案，春壽係勦辦捻匪，諱敗爲勝，特參革職之員，案情甚重，年力亦衰；春福係因騎射生疏，於光緒元年勒令休致，並無别項勞績。該將軍竟爲奏乞恩施，似此任意冒濫，若各省紛紛效尤，尚復成何事體。所請著不准行，長順著傳旨申飭。

十三日癸未　晴，有風，甚寒。得頟玉如書。作書致均甫問疾，得復。閲《朱子文集》。季士周來。夜校《秦邊紀略》數葉。今日屬寧齋補鈔《西域土地略》，并寫《四庫提要》於首，遂成完書，更裝釘之，識以印章。

《宋史》自寧宗朝以後，列傳繁釀益甚，敘次無法，幾不成句，理、度兩朝人物詳略尤失當，所載章疏論議率陳腐支離，不堪注目。大抵《宋史》太祖至英宗五朝最佳，蓋本之當時國史、實録，韓琦、曾公亮、吕公著等所修，其時衆正盈朝，人文極盛，楊、劉、二宋、三劉、三曾、歐、王、二蘇諸君子皆嘗秉筆，故最可觀；徽、欽、高、孝、光五朝次之，以大率本之李燾、李心傳也；神宗朝以朱墨兩本三次改修；哲宗朝出主入奴，國是不定，故往往失於檢照，自相矛盾，然時尚有能文之士，敘述尚不失史法；理宗以後，道學日盛，人務囂争，以空疏爲至言，以冗長爲特筆，鄙俚蕪蔓，史法蕩然，然等之自鄶無譏矣。元之修史若歐陽原功等，皆一孔之儒，學究之文，才庸識庳，何能裁擇乎？

十四日甲申　晴。閲《宋史》列傳。剃頭。楊定甹來。得仲凡正月十六日里中書，備言蘭渚應家塢墓地結壙之事。杵築精密，磚砌堅厚，高丈有三尺，廣二丈八尺有奇，共爲壙六，於去年十二月四日畢工。朋友相須，至於如此，可感甚矣。仲凡家富事繁，而謀忠力勤，周至如此，尤難能也。又言籌辦吾越水災堤防振恤之策。

黄再同來，以陽明先生畫像及所模本並屬題跋。再同以黔中學派開自陽明，貴州龍岡書院、陽明祠隆慶中餘姚趙端肅公錦撫黔時所創建，今光緒己卯冬，黔中重修扶風山陽明祠，再同將以模本并《龍谿贊》、端肅及朱文懿賡、朱子肅南雍、高望梅鶴、葛雲岳曉諸先生跋語勒之祠壁，且借余所藏《三不朽圖》中龍谿、金庭、即朱文懿。麟陽、越峥、即朱子肅。陽和諸公像悉摹勒卷尾，其於陽明之學，可謂盡心焉矣。

爲郭忠恕《三體陰符經》拓本作跋尾，付僧喜。夜二更時胡生毓麒來謁見，言自江西解京餉銀入都，今日晡後始到。詢其家况，言田業將盡，所恃先世祭田耳。爲之慨然。是日王姬生日，夜治麵小飲，召鼓吏説書。夜月皎甚。弢夫饋八寳肉、青苔餅。

邸鈔：以工部右侍郎清安調補刑部右侍郎，以内閣學士豐烈爲工部右侍郎。

十五日乙酉　晴。亥正初刻六分驚蟄，二月節。下午陰。署中送來春俸銀八十兩，實得七十六兩。閲《朱子文集》。始課僕澆花竹。作書致額玉如，并是月望課題。作書致弢夫，謝昨日饋肉及餅，得復。家人再召鼓史説隋唐書，夜復小飲。得介唐書，還日記，并送所鈔出筆記兩册來，甚可感。

邸鈔：上諭：張曜奏估計山東河工銀兩，繪圖繕單呈覽各摺片。覽奏均悉。山東黄河應辦各工關系緊要，兹據奏稱，勘估增培堤埝、添建石壩水門、挑溝購船並護城大堤各工，共需銀二百八十八萬五千餘兩，除上年已撥之款尚有二十三萬三千餘兩，請飭撥銀二百六十四萬七千餘兩，現已定期興工等語。即著户部查照所請數目，迅速籌撥，並先於部庫解銀若干萬兩解赴山東，以濟急需。其餘銀兩，該部籌定的款，分次陸續解往應用。朝廷不惜巨帑，爲民捍患，該撫身膺重寄，務將應辦各工督飭在工人員實心實力，認真經理。

十六日丙戌　晴。是日稍和，復卸裘。閲《朱子文集》。作書復介唐。下午出門詣楊定旉，賀其移居，不值。詣均甫視其疾，已漸愈，徐花農亦來，談至傍晚，答詣陸蓮史而歸。得介唐復。夜月佳甚，裴回庭院，至一更後，下簾讀《莊子》，四更始寢。得四弟婦書，言女琳自正月十一日患風温，旋發診誤，服凉藥致亡。

十七日丁亥　晴。閲《朱子文集》。弢夫來。陶生喆甡來。徐班侯來。是夕望，月皎於晝。掃舍易卧床。付天全木廠足銀五兩。

邸鈔：浙江巡撫崧駿奏新授福建藩司廖壽豐聲明祖籍，應否回避。詔：廖壽豐調補河南布政使，劉瑞祺調補福建布政使。

十八日戊子　晴。爲均甫評閲所作古文六册。均甫用力於昌黎、半山甚深，近年所爲，筆更斬截，無枝辭游語，議論亦平實。其湖州被寇禍諸人小傳及奚布衣疑諸傳，俱歷落可喜。與人諸書，筆意奥折，有神似古人處，並時爲此事者鮮能及也。惟經史之學頗疏，故根柢未深，醖釀不足，用筆亦往往好盡，喜發人之過。今日爲下數十籤，於辭義乖違，多所規正。余之好盡，亦正如均甫也。弢夫來。胡少卿毓麒來。子培來，暢談至晚去。是日召圬人砌東圃地，自後庭東角門至馬廄旁皆平治之。是日春气甚暖，始去爐。朱昂生饋毚脯、茶葉。

十九日己丑　晴，午後微陰，晡後陰。是日佛家以爲觀世音生日，命僧喜詣銅觀音祠拈香。作書致均甫，還所作古文。午後詣下斜街，拜黃漱翁夫人生日，晤仲弢。詣可莊，晤談。詣爽秋、士周，俱不值。答詣胡少卿。詣書玉談，至晚歸。夜漱翁柬邀飲，復出詣之，晤蕚庭、定甹、弢夫、子培、旭莊，二更後歸。張嘯庵侍御來。子蓴來。得均甫復。

邸鈔：署雲貴總督、雲南巡撫譚鈞培奏變通防營兵勇章程。向以戰兵二百人上下爲一小營，營分五哨，中哨六隊，前後左右四哨各四隊，每營設管帶、幫帶官各一員，文案一員，收支兼軍裝一員，正哨官五員，副哨兼差官五員，哨書二名。現計調防戰兵七十七營，留防粵勇十三營，猓黑防勇六營，西南防土勇二十五營，營伍既屬畸零，員弁益形繁冗。今擬均以三營併爲一營，計戰兵編成二十六營，粵勇編成五營，猓勇編成二營，土勇編成十三營，計員弁開支每年可省銀十六萬數千兩。詔兵部議奏。

二十日庚寅　陰，天氣甚和。先祖考忌日，供饋於聽事，肉肴五，菜肴五，羹一，時果四盤，饅頭一盤，春餅一盤，栗子湯一巡，酒三巡，飯及茗飲再巡。又節孝張太太忌日，別供饋於堂，菜肴十，餘如前，晡後畢事。介唐來，胡少卿來，同留夜飯。明日介唐之子周晬，詒以狀元糕、花曼頭、雙鷄、豚肉、香橙、甘露。子蓴明日補作壽樂，詒以紅尼金字幛一軸，得復。夜風。

二十一日辛卯　竟日風陰，甚寒，午後微見日景，晡後寒益甚。家人悉詣先賢祠赴子蓴家壽樂之宴，余獨留守舍。蕚庭來。可莊來。作致張朗齋尚書書。得均甫書，即復書，以風止其行。晚再作書致均甫，以寄張尚書函屬附致，復勸其遲數日行，得復。庚午同年汪主事朝模丁憂，送奠分四千。是日修治圃旁道畢，付圬人酒賞錢五千。

二十二日壬辰　晴，又風，寒甚。仲弢來。弢夫來言均甫今早已行，何其亟也。閱《東坡集》中羅漢、觀音諸佛菩薩贊，皆口頭常語，無甚妙諦。是日刑部奏决盗六人，市中已設棚，行刑人役皆集矣，至午不出，聞有旨中止。蓋爲首者宗室玉山，且爲窩主，六人皆從者，共明火上盗拒傷人。玉生狡不承，而六人皆供證鑿鑿，且悉承順，玉山以宗室不得刑訊也。前日刑部上請，謂案無遁飾，而爲首者久不承，致六人俱久稽顯戮，可否先决六犯再定讞，意欲開脱玉山，以爲從既决則無質證也。當具奏時，侍郎桂全，宗室也，獨不可。諸堂司各官再三言之，始强畫諾奏上。詔依議。昨日三法司會讞，提六犯至，訊有冤乎？曰無冤。明日斬若等當乎？曰當。於是法司皆畫諾。而六人呼曰：『玉山明日同赴市乎？』曰未也。則呼曰：『爲首爲窩者不死，則我等死者冤矣。』副都御史沈源深退，以語其同官徐致祥，今旦徐具疏言之，有旨玉生嚴刑審訊，六犯暫緩决待質。刑部堂司各官不被詰責，可謂幸矣。桂侍郎年老而負氣，喜與人争，部中皆以不曉事輕之，然此事獨能舉其識，又不以同爲宗室而回護之，尤可稱也。比日復用鑪，今日更衣裘。聞五更後有雪，曉尚皓然。

二十三日癸巳　晴，寒更甚，有風。馬氏姑生日，供饋於中堂。閱《朱子文集》。其卷九十有《榮國管夫人墓志銘》，即先莊簡公之繼室也。志末言先人吏部爲公所知，是韋齋曾出莊簡公門，此當表出之。惟此志及《石子重志》《傅□□志》皆稱莊簡爲安簡，考朱子自高祖以下無諱莊者，不知何故改也。作書致可莊，得復。

二十四日甲午　晨及上午晴，午後陰，下午有飛雪，晡後復晴。剃頭。作書致伯羲，約二十九日午飲，并作簡約子培、莘伯、再同、爽秋、可莊、君表、芾卿、仲弢同飲，以是日爲伯羲、子培、莘伯生日也。三君同年月日生，而伯羲、莘伯庚午同舉，莘伯、子培庚辰同成進士，亦異事矣。可莊以是日爲其祖父文勤公忌日，辭飲。是日買福州橘十枚，食之甚甘。聞仁和人工部郎中蔡世傑病故，前數日錢唐梁員外有常卒，杭人官工部者有蔡、許、江、梁之目，今驟喪其二，皆所謂高門懸薄、中於内熱者與。蔡字漢三，丁卯舉人，故上書房翰林、道光辛丑會元念慈之子。梁字經伯，癸酉舉人，故順天府府丞、道光丙申翰林敬事之子。

邸鈔：詔：齊齊哈爾副都統文全與黑龍江副都統禄彭互調。工部郎中畢棠授浙江金華府知府。

二十五日乙未　晴，下午陰。以銀十五兩購《朱子大全集》《陸渭南集》，先付六金。是日庚午同年於才盛館團拜，不往。介唐來。敦夫來，以前日至都，今日覆命，得召見。夜赴楊定叟之飲，坐有書玉、可莊、莘伯、子封、張給事元普、粵人何御史榮階，二更後歸。付司廚銀四兩七錢。

二十六日丙申　晴和，曉尚寒。敦夫來。午詣弢夫拜其尊人生日，饋以酒十斤、燭一對及桃、麵、鷄、豚，晤漱丈、定叟、班侯諸君，晡後歸。是日柳眼漸青，桃杏含苞，丁香吐萼。洗足。夜赴弢夫家壽筵，晤旭莊、子培諸君，二更後歸。家人聽鼓子詞，聒擾至五更，始熟睡。

二十七日丁酉　晨及午晴，下午微陰。是日驟暖。弢夫來。酈甥祝卿來，留之午飯。張伯音秀才來見，故人牧莊之子也，名玉綸，隨其舅敦夫入都。爽秋來，久談。朱益甫孝廉來。閲《會稽掇英集》。

邸鈔：以烏里雅蘇臺參贊大臣祥麟爲内閣學士，兼禮部侍郎銜。

二十八日戊戌　春社日。陰，午後微見日景，晡後東北風甚寒。得爽秋書，言新從故山東巡撫覺羅崇恩侍郎之子廷雍買得黄石齋先生所琢東坡墨妙亭斷碑硯，價五十金，題詩見示。然以余所知，潘伯寅、傅節子皆有此硯，不能辨其真僞也。即復，以節子所寄拓本示之。

書賈携來《一統志案説》十六卷，鈔本。首北直，次遼東、山東、山西、河南、陝西、四川、湖廣、江南、浙江、江西、福建、廣東、廣西、雲南、貴州。首題『崑山顧亭林先生原本，崑山徐乾學健庵纂，吴江吴兆宜顯令鈔』。前有道光丁亥順德張青選序，稱爲亭林原本，姚春木所持贈。然按之《郡國利病書》《肇域志》及《大清一統志》，皆不相合。其中誤字極多，所敘次詳略失宜，引用不類，亦絶非亭林手筆。即如第一卷『京都』，開首云『召公都燕，享祚八百餘年，遼會同元年建爲南京，金貞元二年始有中都之稱』，則其書概可知矣。又以明萬曆間劉效祖等所纂《四鎮三關志》索售。

得爽秋書，以去臘余生日詩補録見詒，其用意甚新雋。作書致伯羲。

夜閲朱茮堂所繪蔬果卷，自荔支、頻果、林檎以至瓜、茄、白菜，凡數十種，設色生動，迥殊凡艷。每種各有題識，或稱名，或寓意，或記典實，隨所畫隙處寫之。櫻桃云：『鶯銜之，故曰櫻桃。』柹云：『南柹長，北柹扁，此南物也。』藕兼一花一葉云：『一花一葉一世界。』菱角云：『棱角峭厲，大可不必。』梨云：『知足齋前物，食之可已熱病。』香櫞云：『此物又香又圓，可以入世矣。』皆不愧雅人吐屬。末題『嘉慶乙亥新秋十二日坐雨，與光甫、章之論畫，因寫此卷』。又云：『年老矣，以後亦不能多作畫，此作稍得意。』是茮堂晚年老筆，故簡雋不群。而近有某學士者，家世能畫，見而深詆之，以爲廠肆中劣手僞作。甚矣識者之難，而雅俗之殊嗜好固不同也。可莊兄弟以八金購之，余昨從借觀，可莊因屬題數字，以爲重云。

邸鈔：詔：崇歡賞給副都統銜，爲烏里雅蘇臺參贊大臣。

二十九日己亥　晴，下午微陰。黄再同來，爽秋來，芾卿來，君表來，莘伯來，仲弢來，子培來，伯羲來。下午設飲，伯羲携《睢陽五老圖册》來觀。傍晚始散，約諸君分韵賦詩紀之。張姬赴介唐夫人招飲。印結局送來是月公費三十金。付廚人賞十六千，客車飯廿千。

三十日庚子　晴，午前有風。得敦夫書，詒李文貞《榕村全集》兩匣，龍須草席一領，神麯二十包，銀六十兩，又以文具一匣、印泥、圖章、萬安橋碑拓本、檳榔葉扇一柄詒僧喜，犒使十八千。下午出門答客數家。詣敦夫、花農，皆不值。詣子培，談至晚歸。閲宋人周昭禮煇《清波雜志》十二卷，《别志》三卷。昭禮文筆頗拙，而紀載南、北宋間逸事，多有可觀。惟於秦會之有推崇之詞，蓋以曾與其父相識也。夜子初一刻七分春分，二月中。

閏月辛丑朔　晴，風。作書致敦夫，還其所饋六十金。楊定旉來。得爽秋書，以前日分韵得素字五古一章見示，極雅鍊有真意。即復。

閲《清波雜志》。云嘗於建康鄰人狄似處見其五世祖武襄公收儂智高時所帶銅面具及所佩牌，上刻真武像。世言武襄乃真武神也。案：銅面具載《宋史》本傳，人皆知之；真武牌則僅見此書。今優人演劇，武襄帶銅面具，即有真武神杖劍而出，是里劇亦有所本也。

許仙坪河帥來。定旉傍晚復來，乞撰其尊人七十雙壽序。介唐之男今日寄名僧寺，衣沙彌服，祝其易長，饋以棗、栗、長生諸果，張姬往賀。作書致之，得復。張伯音饋羆脯、茶葉、笋尖，受茶葉兩瓶，犒使六千。

初二日壬寅　晨及上午晴，午後微陰，下午陰，傍晚小雨，入夜止。子培來。弢夫來。胡少卿來。

褚百約來。介唐夫人來。

閲《本草述鉤玄》，共三十二卷。明季潛江劉若金約弘景《别録》至李東璧《綱目》之書，删繁補簡，爲《本草述》。國朝道光中，武進楊時泰更删訂爲此書。自卷一水部至三十二卷人部，備列藥名、藥性、修治采取之法，間附藥案，眉目極清，議論亦多所折衷，醫家不可少之書也。惟既以《綱目》載人血、人骨、人膽、人勢等，謂以仁人者害人，概删取之，然詳載紅鉛之術，並取顧可學采取歌訣，不免自穢其書。又喜言太極陰陽，牽及《易》理，亦近無謂。若金，字雲密，天啓乙丑進士，官至南京刑部尚書，告歸，至康熙四年卒，年八十。時泰，字貞頤，號穆如，嘉慶己卯舉人，官山東知縣。

剃頭。夜半後風。三更入前門，進東安門，由景山路至西苑門，憩户部公所待漏。以江南道御史缺出，擬陪引見也。

初三日癸卯　日出陰曀，旋晴，竟日大風。辨色入苑門，引至勤政殿外廊，逾頃引出，立太液池旁，以宫監初傳先引見後召見，大臣既有旨仍先召見，故佇立以俟也。西北風寒甚，幾不可當。兩時許始引見，巳初歸。弢夫來。子培來。書玉來。作書致介唐，得復。得爽秋書，以所作黄忠端公斷碑硯長歌見示，即復。得君表書，以前日分韵得多字詩七古見示。津門寄閏月脩脯廿二金。

初四日甲辰　晴。得弢夫書。湖州新舉人陸樹藩來投行卷，以其尊人存齋觀察所著《元祐黨人傳》爲贄。同邑新舉人黄壽袞來，胡道南來。得僧壽姪書。同郡新舉人王恩溥來。曹登瀛來謁，庚辰同年名作舟者之子也。王之傑來，孝廉恩溥之父。下午答拜許河帥，不值。唁邵筱村湘撫，久談。又答客至邑館，聞庚午同年馬叔良前日殁於天津。詣褚百約，晤談，至晚歸。是日圃中補栽李花一株，櫻桃一株，朱砂鸞枝一株，移植棗樹於馬廄旁，付花直二十五千。

初五日乙巳　晴暖，下午微陰。榹桃華，柳稊。繆恒庵來。爽秋來。鄉人馮世勳來謁，云是安徽候補巡檢。

閲《明史稿》。《徽王見沛傳》云：載埨嗣位，以奉道自媚於帝。南陽人梁高輔，自言少師尹蓬頭，能導引服食。載埨用其術，取梅子配以含真餅。梅子煉女癸爲之；含真餅者，嬰兒未啼時口中血也。命高輔因陶仲文以藥進帝。帝封高輔通妙散人，封載埨清微翊教輔化忠孝真人。又《佞幸·顧可學傳》云可學『睭世宗好長生，而同年生嚴嵩方柄國，乃厚賄嵩，自言能煉男女溲爲秋石，服之延年。嵩爲言於帝』，遂命爲右通政，寓嵩家，專煉秋石。獨世宗之服紅鉛不見於史。沈德符《野獲編》載之，《奸臣·趙文華傳》所云文華欲自結於帝，進百花仙酒，亦是此類，非真百花也。又《佞幸·陶仲文傳》云仲文同縣人胡大順言吕祖授三元大丹，用黑鉛取白，名先天水銀，鍛之則成青霞玉粉丹，却疾不老。黑鉛亦見《野獲編》，與紅鉛同用。凡此皆穢物，而託爲元精真炁，以金石佐之。李可灼之紅丸，蓋亦此類。大抵强壯喜導引者服之，亦間有功，然須清心寡慾，謹於游房，方能奏效。其縱欲者試之亦暫驗，而後禍甚烈。故唐之諸帝，多以金石藥致禍。而嗣之者，即位之初，無不嚴懲方士，未幾復尤而效之，仍蹈其害而終不悟者，蓋皆以資其房中燕私，用反其性也。方書本草，金玉、石藥皆爲上品，而以資山林清静則可長生，以餌富貴晏安則爲酖毒，壽夭自致，疑信皆非。

夜邀敦夫及沈子敦、朱昂生、湯蟄庵、胡少卿、張伯音、周邦翰、寧齋飲齋中，春氣甚暖，二更後散。付司廚銀五兩三錢，賞錢十四千，客車飯十千。得桑叔雅書，爲新授金華太守畢芾卿借鄉祠戲臺演壽樂，即復。得王氏妹書，言其婿杜秀才先塋被占事。

邸鈔：詔：三月十二日辛巳祭先蠶壇，皇后親詣行禮。

初六日丙午　晴。弢夫來。得叔雅書，并畢太守家請酒柬。敦夫以福橘兩簍、酸棗糕一匣饋僧喜，作書復謝。下午書先賢祠享堂楹聯云：『先賢後賢其揆一；在上在旁如見之。』扁額云：『禹之遺烈。』銅觀音堂龕額云：『現金剛身。』楹聯云：『好相無邊燕地長開金色界；真經同出唐家新譯玉華宫。』又爲敦夫從兄定夫書六十雙壽聯贈之，又自篆『軒翠舫』額。慧叔弟邀今晚粤東新館觀劇，不往。徐花農來。張姬詣周式如夫人飲。書布聯輓邵筱村中丞母李太夫人云：『珩佩後先聲鄉型媲美孫忠儷；花釵雙九樹母德高逾李穆姜。』李太夫人爲文清公第四繼室，筱村幼育於夫人，故用孫忠烈公繼室楊夫人及《後漢書》李穆姜事，亦繼母也。

初七日丁未　晴。朱孝廉振鏞來。蓴庭來。畢芾卿太守來。以小兒環珥、帽瓔、韈履、餅餌等詒周式如姬人生男。得弢夫書，即復。是日買得武英殿聚珍本李攸《宋朝事實》、汪應辰《文定集》、王質《雪山集》、程俱《麟臺故事》、張淏《雲谷雜記》、韓淲《澗泉日記》，價銀二十金，可謂貴極矣，三十年前購之吾越，不過番銀二三餅耳。然初印紙寬大，近日極不易得也。又以三金買閩中翻刻殿本王珪《華陽集》。晡後詣先賢祠賀畢太守，留觀劇，以是日僅有夜演也，酒一行而歸。家人皆往觀，余坐守舍，竟夕不寐。

初八日戊申　晴，有風。繆恒庵來。郡人沈孝廉寶琛來見，言本居東浦，近遷於嵊，陳蓉溆之弟子也，送贄敬二金，却之。書玉夫人來，以繡絨白綾帳額見詒，留至夜飯後去，送糕餅銀二金。夜送繆恒庵行，久談。詣書玉小坐，二更初歸。作書致敦夫，饋以食物兩合，并定夫壽聯託寄，得復。

邸鈔：山西巡撫豫山卒。詔：豫山由部屬歷任府道，洊擢封圻，克勤厥職。兹聞溘逝，軫惜殊深。加恩照巡撫例賜恤。詔：四川提督宋慶加恩在紫禁城騎馬。

初九日己酉　晴。楊定旉來，以其尊人行略求爲七十雙壽序。張伯音來，以其舊藏文衡山行草詩卷及亡名氏戲嬰圖卷乞售。陶生喆甡來，乞命詩文雜著題目。馮楚卿世勳饋龍眼、茶葉、㷀脯、笋尖，受㷀脯一肩及茶、笋。胡孝廉道南饋贈㷀脯兩肩及茶葉，受之。

閲汪聖錫《玉山集》。是集本五十卷，《四庫》從《永樂大典》中輯出，僅得二十四卷，已不能睹其全。然議論侃侃，嚴正而不激盡，尚有北宋盛時典刑，其中題跋志銘多足考正南渡初年事。如《書朱丞相勝非渡江遭變録》，力爲張魏公辨，蓋朱、吕二相皆與張不咸，故所紀多曲筆也。

邸鈔：以新授福建布政使劉瑞祺爲山西巡撫，以江蘇按察使劉樹堂爲福建布政使。詔：太僕寺卿張蔭桓在總理各國事務衙門行走。

初十日庚戌　晴。定旉來。弢夫來。

閲《宋朝事實》。是書本六十卷，今從《永樂大典》搜輯得二十卷，奇零斷爛，頗乏端緒。然如太祖十兄弟，史無明文，是書『勳臣』一門載太祖義社兄弟九人，爲保静軍節度使楊光義，天平軍節度使、同平章事石守信，昭義軍節度使兼侍中李繼勳，忠武軍節度使、同平章事、中書令、秦王王審琦，忠遠軍節度使觀察留後劉慶義，左驍衛上將軍劉守忠，右驍衛上將軍劉廷讓，彰義軍節度使韓重斌，解州刺史王政忠。光義、慶義、守忠、政忠四人，《東都事略》《宋史》皆無傳。義社兄弟，史無其名，此可以補史闕也。

晡詣邵筱村家陪吊，送青尼輓障一軸并輓聯。傍晚詣許仙屏，不值。詣邑館答客，晤子蕙、介夫談，至晚歸。

邸鈔：以福建督糧道張國正爲江蘇按察使。

十一日辛亥　陰有小雨，晡後漸霽，有風。同邑新舉人堵焕辰來，童學琦來。山陰北鄉有堵姓，自來無登科者，海内此姓亦甚稀，明季武進堵忠肅外無顯人也。剃頭。

閲《汪文定集》。其《與吕逢吉第四書》言温公《紀聞》之書，嘗屬其子孫勿以傳，後西京一守陵閹官傳之，其所由來可疑。如論吕許公事：『世之稍識利害者亦不肯爲，况許公乎？』『記富鄭公惑一尼之言，至願爲蛆蟲食其不潔。』『温公平日最推重富公，其他如文、韓，皆不能無議，不應如此。』『又記趙中令雖報復私怨而不害其爲功業，豈不啓奸臣恃功而無忌憚之心？』其第一書論子由所作東坡墓志有：『云因經筵言時事，大臣不悦，風言者攻公。當時大臣蓋吕微仲、劉莘老也，而以爲與臺諫交通，豈非誣罔？惇、卞輩正以此罪微仲諸公，天下後不之信，而子由乃當時執政，遂助實其事，何以使小人無詞？觀其作《潁濱遺老傳》，邪正分明，略無回隱，蓋傳將付之子孫，而志銘刻之石，意者恃曲筆以避群小之鋒，然孰若不作之爲愈？歐陽公作《濮議》，謂范堯夫、傅欽之、吕獻可、趙大觀皆誣謗英宗以取直名。其後章惇以此書納之禁中，使歐陽公有知，當悔怍於地下。以此知文字不可不慎。』其第二書謂『君子小人之勢决無兩立』，范忠宣公專欲消合黨類、兼收並用，而不知勢未易爲。『元祐晚年，吕微仲逐去劉莘老門下之士，而引李清臣、鄧温伯、蒲宗孟於從班』，忠宣之説略施行矣。『然出而首倡紹述之説者，李、鄧也。』『曾子開謂使范公之言行於元祐之時，必無紹聖大臣報復之禍；然使蔡確不殛死，他日復出爲惡，當不下惇、卞，但不當以詩罪之耳。』『惇、卞在元祐間，或偃息大郡，或優游奉祠，所以貸之者厚矣，略無懷惠悔過之意，則知專以優柔待小人者，恐非其理也，惟謂忠宣有他意，則决不可。』又謂林旦事，當時攻之者太過，元祐諸公忠直有餘，而識見不足。其《跋李先之文》，謂李公當朝廷議復元祐皇后位號時，謂諫官陳瑩中曰：『此雖美事，然復之既易，異時變更不難，宜使百官集議，考正當時所以廢黜之因，庶幾可久。』瑩中明日將論之，而麻已降矣，遂不果。後果有他議。君子服公之先識。其《讀龍川別志》，謂無垢居士嘗言：讀書考古人行事，既已信其大節，若小疵當闕而勿論，蓋其間往往有曲折，人不能盡知者。如歐陽文忠公誌王文正公墓，言寇準從公求使相事。寇公正直聞天下，豈問人求官者？此類慎言之。世嘗罪宋子京爲晏臨淄門下士，而草晏公罷相制，有『廣營産以殖貨』『多役兵而規利』等語，爲太甚。《讀龍川志》所書，悚然自失。輕議前輩而不知其曲折，類此者宜不少矣。諸條所言，不特深有裨於史事，其意識深遠，尤足以爲著書立説者之準。余嘗謂北宋諸公，自熙寧後，持論日刻，待人日苛，意見偶歧，雖名德深交，輒盡辭醜詆，惟恐不至，蓋醇樸之氣，至此一變，二蔡二惇，因之而起，可歎息也。

圬人修屋竟，賞酒錢五千。夜大風。

邸鈔：倪文蔚奏在籍前山西巡撫衛榮光卒。詔：衛榮光才長守潔，以翰林從戎，轉戰安徽等省，歷著勞勩，嗣由監司，洊擢封圻，克勤厥職。茲聞溘逝，軫惜殊深。著照巡撫例賜恤，並將生平事實宣付國史館，以彰政績。上諭：怡親王載敦奏病難就痊，仍懇開去差使，並請停俸一摺。載敦著准其開去差使，加恩賞食半俸。上諭：前因朕本年萬壽慶典，諭令吏部將李鴻章等子弟查明具奏。茲據該部開單覆奏，大學士、直隸總督李鴻章之子李經邁，兩江總督曾國荃之孫曾廣漢，山東巡撫張曜之子張端理，均著加恩以主事用。上諭：潘霨奏請飭催臬司赴任等語。貴州按察使田國俊於上年三月簡放後，諭令來京陛見。嗣據曾國荃等奏，准給假兩月省親。該臬司於七月間在江蘇交卸回籍，迄今尚未到京。著山西巡撫查明該臬司現在何處，飭令迅速起程來京陛見，毋再遷延干咎。以宋得勝爲福建汀州鎮總兵。陳鳴志補授福建督糧道。

十二日壬子　晴。

閲王景文《雪山集》。是集本四十卷，《四庫》從《永樂大典》輯得十六卷。其奏議如《論和戰守疏》《上皇帝書》，皆孝宗初年所上，危言悚切，絶無回隱。其《題九歌圖》謂《九歌》世未有能暢其旨者，蓋訴神之辭。蔡京當國，致一異己者於理，其人顧所謂天王，號曰：『有冤不雪，尚爲天王乎？』神爲之目張。京聞而舍之。此亦異聞也。所謂天王者，蓋北方毗沙門天王，自唐以來，威靈最著，李義山詩所云『陰風慘澹天王旗』也。至明以後，真武之祀日盛，而毗沙門之靈漸替矣。景文所著承玄居士、平舒侯、麴生、玉女四傳，謂藤席、竹簟、酒、益母膏也，皆滑稽爾雅，有昌黎遺意。《和歸去來辭》文亦修潔。其詩詞雖不免宋調，亦頗生新。

堵孝廉饋羗脯兩肩，新茗四瓶，黄菊花兩筥，還其羗脯。爲庚午同年范聘席母朱太宜人七十壽辰書聯贈之，文曰：『母教傳家孟博之簡；部民祝嘏曼倩有桃。』聘席宰山東之樂陵，樂陵與惠民縣連界，爲漢平原郡之厭次縣地。東方朔，平原厭次人也。子培來。同邑李孝廉鳳威來。孝廉爲亞白明經向榮之子，戊子舉於鄉，年亦四十五矣。子虞來。朱孝廉興沂來，桂卿之子，亦戊子鄉舉。得王子獻二月二十日里中書，并詒桂耳、葛米、佛手柑、蝦子及浙人爲余寫小像兩紙。得桂卿澂浦書。作書致聘席。是日召天全廠梓人選材製扁聯，諧價七金。付天全廠銀十一兩。

邸鈔：福錕補内大臣。

十三日癸丑　晨陰，上午雪，下午陰寒。是日以昨夕連發舊疾，憊甚，久不能起。午後强出答客數家。下午赴可莊之飲，坐爲李少詹、惲學士彦彬、曾君表、楊莘伯、爽秋、仲弢。晚歸，微月在林。張姬詣書玉夫人家飲，夜歸。同邑新舉人蔡元培、俞蔭森、徐維則來。俞爲子獻之内弟，徐爲仲凡之猶子。蔡年少知學，古雋才也。夜閲《朱子年譜》，後附蔡仲默所撰《夢奠記》，前有朱子六十一歲自繪小像及自題贊。桑叔雅來。夜有風。付崇效寺殯宫租銀六兩。圃中紅闌前設緑簾二，付錢三十千。

邸鈔：貴恒補鑲白旗蒙古都統。

十四日甲寅　晨霓陰，旋雪大作，上午雨，午後稍止，微見日景，旋復陰。比日櫻桃盛開，迎春初華，柳絲垂緑，紫丁香吐萼，春事漸濃，忽得稷雪封條，亦僅見也。得楊定旉書，言派覆試監試。閲《朱子語類》。家人詣崇效寺内子殯宫，上素饌作寒食。介唐來。爽秋來。是日購得宋高斯《得耻堂集》、元李治《敬齋古今黈》，皆武英殿聚珍初印本，紙亦寬大，直二金。是日宫門鈔有召見權朝王大臣之文，指謂留京辦事王大臣也，其名向所未見。晡時裴回庭院，春陰黯然，北墻山桃一株，花落已半，朱霏玉映，明於積雪。吟賞未闌，人事又至。夜月朦朧，大風旋起，明日當落盡矣。

邸鈔：皇上明日奉皇太后謁東陵，以卯初起鑾。是日命吏部左侍郎許應騤、禮部右侍郎廖壽恒、通政司通政使黄體芳爲各直舉人覆試閲卷大臣。

十五日乙卯　晴和清朗，下午微陰，有風。是日寒食，庭西緋桃，作花正穠，圃中及後庭紅杏半坼。天氣甚佳，頗欲出游，而竟日檢點新購書籍，題籤識印，紛不暇給。適書賈譚姓以《景定建康志》來售，嘉慶辛酉江寧刻本初印，卷首有『孫氏淵如』四字朱文及『繡衣執法大夫章』七字白文兩印。此書頗難得，而索價三十金，益覺摩挲不置也。祀屋之故寓公。付書賈楊姓《汪文定集》《宋朝事實》《雪山集》等直十五金。

夜從《朱子語類》『本朝中興』至『今日人物』卷中録出先莊簡公事兩條：『李泰發參政在上前與秦相争論甚力，每語侵，秦相皆不應。及李公奏事畢，秦徐曰：「李光無人臣之禮。」上始怒。』《朱子語類》卷百三十一，德明記。『李性剛……秦所判文，李取塗改之。後爲秦所中，過海。』同上，揚記。又可學記云：秦既死，高宗『下詔云：「和戎出於朕意，故相秦檜只是贊成。今檜既死，聞中外頗多異論，不可不戒約。」此詔甚沮人心。當初有一二件事皆不是，如檜家既保全，而專治其黨，士大夫遭檜貶竄者敘復甚緩』。

是夕月佳甚，今春第一夜也，圃中憑闌眺賞久之。

十六日丙辰　寅初三刻二分清明，三月節。晴，傍午後大風，晡後少止。敬懸三代神位圖，祀曾祖考妣、祖考妣、本生祖考妣、先考妣，祔以亡弟三人，肉肴、菜肴各六豆，特鯗一，菜羹一，時果四盤，饅頭一大盤，杏酪一巡，酒三巡，飯及茗飲再巡，晡畢事，焚楮繦六挂、楮鋌千枚及楮泉刀布。又以時果饅頭祀亡室。弢夫來。王孝廉餘慶來。同郡孫孝廉模山邑乙酉科。來，蔣孝廉鴻藻來。晡後詣弢夫小坐。詣先賢祠答客。傍晚詣子培兄弟談，晚歸。得王氏妹二月廿二日里中書，寄來枇杷露一瓶，魚乾兩瓿，鯗脯兩肩，姪女采娘子寄來醬油一瓮，俱徐詒孫附至。得孫沂生孝廉模書，饋魚乾一管，龍眼一簍。夜詣廣和居赴子培、子封招飲，坐有弢夫、朱益甫，談甚暢，至二更歸。是夕望，月皎於晝，偕家人小坐花圃賞杏花。闌干一抹，綺影如畫。作書致爽秋，言許河帥辭飲事，得復，以熟地膏一合見詒。

十七日丁巳　晴。閱高斯得《恥堂存稿》。斯得字不妄，邛州人，宋末官至簽書樞密院事兼參政知事。其集久佚，《四庫》采之《永樂大典》，得文五卷，詩三卷。文辭勁直，如其爲人。其述賈似道之奸，情狀刻露，多《宋史》所未及。同邑新孝廉張煦、王榮祖、許福楨來。同郡新孝廉徐智光、徐紹謙來。俞孝廉蔭森來。余壽平庶常來。徐壽蘅侍郎來。安徽庚午同年胡舍人鳳起歿於旅店，賻錢十千。作書致爽秋，爲同宴徐侍郎事，得復。王、許兩孝廉合饋鯗脯一肩。

十八日戊午　晴暖。杏花、迎春俱盛開，紫丁香、櫻桃俱試花，山桃落盡，柳含緑蕊，梨花漸坼。

閲《景定建康志》。武寧周應合官江南東路安撫司幹辦公事時所撰，共五十卷，前有觀文殿學士、知建康府、江南東路安撫使馬光祖序及進書表、獻皇太子牋并答旨。卷一至卷四爲留都録。卷五爲建康圖，并丹陽、揚州、金陵、建鄴、越臺、馬鞍山等辨六首。卷六至卷十四爲表，起周元王四年戊子至漢獻帝建安己亥，曰世表；起吴大帝元年辛丑至陳後主禎明己酉，曰年表；起隋開皇己酉至周顯德己未，曰世表；宋建隆至建炎曰年表。卷十五至卷四十六爲疆域、山川、城闕、官守、儒學、文籍、武衛、田賦、風土、祠祀十志。卷四十七至卷四十九爲古今人表及傳。卷五十爲拾遺。條理精詳，考證敘次簡潔有要，與《咸淳臨安志》可云雙美，考宋事者所必需也。

下午答客數十家，晤仲弢，傍晚歸。黄叔容來。余壽平來。胡鍾生道南來。庚辰年家子曹生來。何問源孝廉洤來。陳孝廉常夏來，會稽人，簡亭尚書曾孫，己卯孝廉元章之子，官義烏訓導。得族弟竹樓書，并寄到筆十枝，花牋四匣。作書致爽秋，定二十一日合請客事，得復。

十九日己未　晴暖。陳星白常夏來，執贄請受業，餽羗脯一肩，魚乾一尾，棗兩筥，銀二兩，固却之不得。余壽平來，餽銀三十兩。秦芝孫德埏來，餽羗脯一肩，茗兩合。沈孝廉元豫來，餽仙居朮一匣，帽纓一匣。李梅孫鳳威餽羗脯一肩。字耀采。傍午出答客數家，即赴弢夫之飲，坐有絅堂、劬庵、君表、莘伯、敦夫、叔容及朱興沂，字志侯。傍晚歸。杭人張孝廉大昌來。是日微風扇和，圃花盛開，新栽鸞枝、李花亦皆吐萼，傍晚坐花下啜茗賞之。可莊來。花農來。

閲《景定建康志》。其年表稱吴大帝爲太祖，《三國志·吴·三嗣主傳》孫亮太平元年春下注引《吴曆》曰：是年爲權立廟，號太祖廟。會稽王爲廢帝；世表稱唐昭宣帝爲景宗：後唐明宗時有此議，而未及行。皆它書所未見。即此足見其不苟。其紀南唐事，多有馬、陸兩書及《十國春秋》所未載者。

是日買京珀朝珠一串，付直銀十兩五錢；紅霞玜帶鉤二，付直銀四兩六錢。

二十日庚申　晴。

閱吴平齋雲《二百蘭亭齋收藏金石記》。共四册，起於商册册父乙鼎，終於唐廣明元年道德經幢殘本，鉤勒精工，足與近時劉燕庭《金石苑》可稱雙絶。平齋以浙人久官江左，收儲甚富，自言所藏皆在揚州寓舍，咸豐癸丑之亂蕩爲灰燼。此記皆亂後掇拾所得，其彝器多是阮文達故物，得之揚州荒市者。前有咸豐丙辰葉志詵序，許槤題籤。然平齋本貲吏，其學識更出劉燕庭下，先得齊侯罍亦積古齋物，因自號抱罍子。此記備載釋文及文達諸詩跋，并模刻何子貞所致書獨爲一帙。其後又得一罍，遂扁所居爲兩罍軒，此記尚未及載也。又言平生所收《蘭亭》最富，至二百餘本，有隋開皇十三年、十八年兩刻本，最爲《禊帖》祖石，此記第四册中皆雙鉤摹刻之。然十三年本識年月下有『高熲監刻』四字，可笑已甚。竹垞集中跋爛谿潘氏所藏開皇十三年蘭亭本，雖引桑氏《蘭亭博議》載有智永臨本以附會之，然自存疑辭，董玄宰乃謂唐文皇見刻本始求真蹟，大似夢語。平齋謂華亭此語是《禊帖》元燈，豈非夢中説夢乎？是書彝器皆歙人汪嵐坡所繪。

陳星白來。余壽平來，以其舅氏倪豹岑中丞所繪山水立幅見詒。畫甚清遠，而皴法深厚，是兼麓臺、石谷兩家爲之者。豹岑開府汳中，公事劇繁，而能不忘夙諾，亦可尚也。楊生鳳藻來謁。其行卷履歷載其祖紹文官兵馬司副指揮。考張皋文《受經堂彙稿》爲道光三年楊子掞紹文所刻，而以己所著《雲在文稿》一卷殿之，前有子掞序及鮑覺生侍郎序，鮑序言雲在時尹鹺於津門，年五十矣。今日楊生言其祖殁後，反葬常州，其父留居津門，貧悴早卒，今惟生一人存耳。同邑新孝廉全國泰來，陶家垚來。全，東浦人，宋理宗母家，至今聚族而居，然久無登科者。陶，陶堰人，其曾祖士蓮嘗官安徽泗州知州，余族伯母之父也。家本甚富，泗州之兄士遴爲揚州巨商，其子松君福恒由道光癸未翰林官河南開歸陳許道，後家於江西泗州，之後亦惟孝廉一人矣。弢夫來。是日有風，杏花大半已落，櫻桃盛開，梨花半放，偕諸君倚闌看夕陽，以風不得久住。留弢夫夜飯小飲，一更後去。陶孝廉饋毚脯、茶葉。

二十一日辛酉　晨及上午陰，傍午晴，下午微陰，甚暖。王星垣來。是日偕爽秋宴客齋中。午後仲弢來，叔容來，定甹來，朱志侯來，子虞來，徐壽蘅侍郎來，亞陶來。日昳設飲，酒初行，花農來。暢談至日落，偕諸君小游花圃後散去。邵筱村中丞來。傍晚倚闌賞櫻桃花，細瓣密英，玉含丹采，清艷欲絶。夜閱《二百蘭亭齋金石記》。是夕大風。付客車飯錢二十四千，廚人賞十四千。

二十二日壬戌　晴。剃頭。楊生鳳藻來。張孝廉煦饋龍眼、采卵，星垣饋香菌，朱志侯饋毚脯、茶葉。作書致額玉如，并是月兩書院齋課題、學海堂課題。是日下午圃花競放，風日佳甚，作書招介唐、子培共賞，皆不至。以毚脯、蠟鳧、松花卵、龍眼饋周式如夫人。周式如夫人來辭行。介唐夫人來。得弢夫書，言其愛女患瘵，即復。得介唐書，言近日小病。傍晚洗足。是日上還至燕郊。始易棉袍褂。付賃屋六金。

二十三日癸亥　晴，有風。梨花、紫丁香、鸞枝俱盛開。上還宫。姜生秉善來見，饋醩鰣魚一甀及蝦脯、蟹黄等四苞，受鰣魚及蝦脯。得楚材弟書，言其次女於二月出嫁，且寄仙居朮一匣。周介夫來。命僧喜入城答客。是日以十七金買《景定建康志》，先付銀十一兩二錢。同年陸編修繼煇嫁女，送賀錢六千。杭人蔡郎中世傑開吊，送奠分六千。

二十四日甲子　晴，晨及上午風，日甚佳，午後大風，晡稍定。閲《朱子語類》。得弢夫書，即復。楊蘭坡鳳藻來。吴澂夫來。張姬詣周式如夫人家送行，以澮青練布兩端、布一匹及綺飾、食物等詒其子婦，即書玉之第三女也。作書致丧夫，假以二十金，得復。比日圃中梨花一樹，中庭朱砂鸞枝兩樹，玉白霞紅，光艷照人。既苦多風，又兼人事，種花辛苦，數日相償。重以暮年，日爲歸計，每裴回花下，輒有流連不足之歎，未知此生尚能幾賞耳。夜得介唐書，即復。廣西人雷祖迪吏部妻喪，送奠分六千。同鄉馮侍讀文蔚母喪，送四千。

二十五日乙丑　晴。李花、白丁香俱盛開，新栽朱砂鸞枝一株錦襭齊展，小圃一弓，如縟繡矣。午後詣丧夫，不值。詣介唐問疾。詣先賢祠答拜吴澂夫。詣書玉小坐。詣台州館答拜王星垣，傍晚歸。澂夫饋鯗脯兩肩，龜膠一匣，龍眼一合，龍井茗兩瓶，受鯗脯一肩及龍眼、茶葉。楊蘭坡來。子培來。同郡楊孝廉廷燮來。傍晚偕家人小飲花下，至夜以燈照之，花光尤艷，紀之以詩。

閏二月二十五日小庭作花甚盛偕家人小飲鸞枝花下作

清明已過十日晴，春風併力庭花榮。一年種花得幾日，況我老病能無情。山桃早開紅杏坼，櫻桃丁香次第白。風乾日熇不暫停，轉瞬落花積盈尺。梨花一樹瓊瑶鮮，鸞枝兩株紅玉妍。霞霏粉滴有今日，而我不樂誰爲憐。曳杖裴回日不足，夕陽畹畹碧闌曲。呼童謝客早掩關，圍住花光幾間屋。官貧能蓄春醅香，束修亦有門生羊。曲几横斜布花下，蒼顔白髮居中央。左右孺人後稚子，季女坐隅進杯匕。酒行未半明燈然，妝點春光一庭綺。肴核兩三清且腴，橙黄笋緑間野蔬。舉杯酹花共花笑，不使肥炙熏名姝。微醉陶然不可説，徹俎庭空更清絶。明朝日出人事生，頭上此花落如雪。

邸鈔：户部右侍郎、世襲一等毅勇侯曾紀澤卒。紀澤字劼剛，大學士文正公子。好學能文，而深信西夷，衣冠飲食皆效之，卒服其藥以死，年五十二。上諭：曾紀澤才猷練達，任事勤能。由蔭生部屬承襲一等侯，同治年間奉特旨以四品京堂用。朕御極後，迭加遷擢，洊陟卿貳，簡任出使大臣，聯絡邦交，熟習一切情形，辦理悉臻安協。嗣在總理各國事務衙門行走，並幫辦海軍事務，洵能盡心職守。日前偶感微疴，賞假調理，方謂即可就痊，長資倚畀，忽聞溘逝，軫惜殊深。加恩賞給太子少保銜，照侍郎例賜恤。伊子蔭生廣鑾俟服闋後由該部帶領引見，兵部主事廣銓以員外郎補用，用示篤念藎臣至意。詔：戒諭京官條陳本省事件，不得逞臆妄言，以無據之詞率行嘵瀆。嗣後如有條陳失實者，應如何嚴定處分，著吏部妥議具奏。

二十六日丙寅　晴暖，微陰，晡後曀。弢夫來。上午詣周式如家送其眷屬行，即歸，偕弢夫、寧齋共飯。家人詣極樂寺看海棠。書玉來。澂夫來。陶孝廉家垚來。同邑新孝廉俞鈞、章觀光、章倬漢來。馮世勳來，乞執贄門下，固却之。夜得季士周書，約後日至所寓咫園看花。

邸鈔：以兵部左侍郎徐用儀調補户部右侍郎，兼管錢法堂事務，仍兼署刑部右侍郎。以内閣學士洪鈞爲兵部左侍郎，未到任時，以禮部右侍郎廖壽恒兼署。

二十七日丁卯　晨大風，晴，上午風稍止，午後微陰，晡晴朗，晡後風復勁，微陰，頗寒。閲《朱子語類》。馮楚卿來，固求執贄，力辭之，强納二十金而去，明日當追還之。王星垣來。天津門生胡孝廉濬來，以春橘、凫茈各一苞爲饋。同郡陳孝廉鳳鏘、錢孝廉繼曾、周孝廉光藻來。傍晚坐花下，閲《景定建康志》，識以印章。夜補寫日記。杭人梁經伯員外開吊，送奠分六千。剃頭。

二十八日戊辰　晴，下午微陰，晡後陰，有風，頗寒。得均甫是月十二日濟南書。得弢夫書。作書致介唐問疾，饋以時果，得復。午詣咫園赴士周之飲。咫園者，其婦翁萬文敏所構也，即在所居校場頭巷宅之南，花樹數十株，有井有池，有亭曰百穫亭，有堂曰完璞堂，有軒曰穀熟菜熟之軒。其門曰偲徑，中爲圓洞門，題曰『花長好月長圓』。又有小門曰寒香塢，後門曰偲村。又有門曰五畝之半，有畦以種穀蔬。井旁爲小祠屋，以祀井神、花神、土穀神，有聯曰：『上春五戊，上秋五戊；種穀一區，種菜一區。』亭聯曰：『下農挾三，中農挾四，上農挾五；樹穀一年，樹木十年，樹人百年。』裁對皆工。其園雖無丘壑曲折之勝，而頗有野趣。是日梨花半落，海棠尚盛，坐客有陳六舟京尹、許鶴巢郎中及夢花、君表、子虞。晡時歸。資泉來。書玉夫人來，夜飯後去。同邑朱孝廉賡亮、朱孝廉戴清、徐孝廉澍咸來，朱戴清饋仙居朮、茶葉。許仙坪饋三十金爲别。夜小雨，旋止。詒書玉黄花魚一盤。

二十九日己巳小盡　晴，有風，下午微陰。梨花、鸞枝、紫丁香已落，白丁香盛開，紫荆始花，李花將過。書賈携書數種來售，元大德本《三國志》，有明嘉靖中南雍補葉，索價五十金；明刻小字本《山堂考索》，索價四十五金；元板《大事記》，亦索四十五金。《三國志》有汪喜孫藏書印，《大事記》有王烟客時敏兩朱文印記。朱賡亮饋茶葉、仙居朮。陳資泉夫人偕書玉第四女來，夜飯後去。潘伯循來。庚辰同年鄭刑部杲來，求爲其母夫人八十壽詩。命僧喜至邑館答客，并還馮世勳所饋二十金。寫簡約及門及邑子計偕者二十餘人，以重三日修禊南花㳪，廚人以多風野曠不欲行，乃改設陶然亭中。書玉饋杭州白絲菸一小合。以仙居朮一匣及糕餅一苞詒資泉夫人。以蚨票八千詒書玉第四女買果餌。

三月庚午朔　竟日輕陰，下午微見日景，有風。弢夫來。黄研芳維瀚來。許仙坪來辭行。翁叔平師來。敦夫來。同邑柳孝廉元俊來，何孝廉紹聞來，新孝廉車書來。朱孝廉賡亮來。是日微感凉不快，齶上浮腫不能食。閱《朱子語類》。送楊寧齋三月脩金六兩，會試元卷二金。

邸鈔：詔：初四日親詣大高殿祈雨，命貝勒載濂等分禱時應諸宮廟。

初二日辛未　午初一刻九分穀雨，三月中。晴，下午陰，大風。齶上腫甚，微發寒熱。得爽秋書。殷萼庭來。同邑馮孝廉慶芬來，附到僧壽姪書，并饋仙居朮、茶葉。上元宗孝廉舜年來，得其尊人湘文觀察二月三十日常熟書，并所著《濮議書後》一卷，其議論甚平允。陳梅坡舍人來，以鮝脯、笋片、藕粉、茶葉爲饋，受笋片、茶葉。鄭鹿門同年來。沈步騶孝廉來。李生天閑來，饋甘蔗十竿，橘一苞。以桃、麪、豚、燭饋介唐生日。夜大風。

邸鈔：皇太后懿旨：福建臺灣巡撫劉銘傳著幫辦海軍事務。上諭：光禄寺卿裴蔭森著來京供職，所有船政事務著派閩浙總督卞寶第兼管。

初三日壬申　晴，上午大風，午後風霾益甚，傍晚稍清朗。胡生濬來。上午詣弢夫家答拜鄭鹿門，不值。晤弢夫，小坐，即詣介唐拜生日。午至陶然亭宴客，到者余壽平、王星垣、李鳳威、胡濬、陳星白、吴澂夫、孫模、秦德埏、堵焕辰、俞蔭森、胡道南、朱戴清、沈元豫、陶家垚、沈寶琛，心雲以昨日至京，亦邀之，寧齋同往，僧喜亦與，共十九人。風狂塵涌，不得見西山。客散日斜，坌翳稍斂，出亭外小立闌檻間，觀葦塍新緑，潭水數泓，碧波粼粼，稍富清矚。晡後歸。新昌梁進士葆仁來。同年陳孝廉模來。陸一謌孝廉來。沈蒲洲饋鮝脯、於朮，陸一謌饋於朮、龍井茗。夜赴介唐之飲，坐有書玉、敦夫，二鼓歸。是日得詩二首。

庚寅三日挈僧喜至陶然亭宴客大風不得見西山書示坐客

客中閑日少，難得衆賢俱。上巳酬佳節，芳郊接舞雩。亭南即先農壇。風狂連地動，山遠入天無。恰似蘭亭集，城南更挈符。是日客至者十七人，其十四人皆山、會兩邑同鄉。

客散後風小止至亭外野眺

褉辰阻嚴颸，飛堁蔽遐矚。酒罷戀餘映，裴回野亭曲。稍喜天宇澄，漸見田事緑。村樹翳復明，炊烟出茅屋。蘆漪似漁罧，水光相接續。亦有坐釣人，垂竿狎游鶩。晻曖數郊壇，微茫辨川陸。鄉思固以盈，塵賞暫焉足。

是日付寺坐錢十六千，茶錢六千，廚賞錢十五千，客車飯錢二十六千，車錢六千。

初四日癸酉　午前晴陰相間，午後陰，晡後風。介唐來。弢夫來。霞芬前日來告其母喪，今日予以十二金。同邑薛孝廉沅、章孝廉廷黻、何孝廉元泰、俞孝廉慶恒、陶孝廉聯琇、單孝廉春洼來。屠子疇來，以鯗脯、魚乾、茶葉爲饋。江敬所來。下午詣子蕁賀其孫娶婦，送禮朱提四金，越釀兩罎，即歸。張姬往賀子蕁夫人，送繡黹六事，收四事。心雲附來家書，内有品芳閏二月初十日書并寄筆十枝，又彦僑弟婦書、鳳妹書、孝北姪書。弟婦寄來鯗脯兩方，笋尖四包，杭州白絲菸四包，桂花茶葉兩合，乾菜一筥，桂花梅乾一瓶，花合子一對；鳳妹寄來香酥餠一簍，香菌一苞。

初五日甲戌　陰，午後微見日，晡又風，傍晚霒陰。得心雲書，饋黑葉荔枝兩匣，化州橘紅一瓶，萬應如意油一合，白鳳丸十枚，凝坤丸十枚，蒲席一領，鯗脯兩肩，茶葉兩瓶，白菊花兩瓶，毛笋乾一簍，作書復謝，反蒲席、鯗脯，犒使九千。得弢夫書，饋紫菜一苞，金錢香菌一苞，乾魚一尾，金橘乾一匣，作書復謝，反魚、菌。屠子疇來。弢夫再送乾魚、香菌來，報以甘蔗、春橘。陶秀充饋茶葉、於朮。俞孝廉慶恒饋鯗脯、茶葉，單杏洲春洼饋鯗脯、蝦子。得班侯書，饋甌柑一桶，海魚皮全尾，作書復謝，報以桂花茶葉一瓶，南棗一筥。鄭鹿門詒竹扇一柄，香菌一苞，受扇反菌，作書復謝。其扇輕揚如葉，雅絜絶倫，面刻蘇武牧羊圖，瑒鏤精絶，尤爲可愛。聞此扇惟黄巖一人能製，一人能刻，尚無傳其技者也。夜雨，旋止。剃頭。刑部勞啓捷郎中爲子娶婦，送賀錢六千。付圃中新栽桃花一樹錢六千。

初六日乙亥　晴，傍午微有風。紫藤花開，圃中新栽紅碧桃一樹，亦盛作花，竹葉萌緑。是日會試主考、同考官命下，家人色沮，以余兩次考差第一，竟不獲與一分校之役，士友相愛者亦皆知非出上意，爲之邑邑。然忌嫉者畢气盡力扼之，不過如此，其技亦可謂拙矣。問心無愧，何足較鷄蟲得失哉！以朱崖太尉之賢，而當時牛僧孺、杜悰輩鬼魅聚謀，欲以主文餌之，而竟不果，亦知文饒才气，千古無前，豈區區棘闈一鏁可以牢籠鸞鳳乎！小人以此測君子，多見其不知量而已。下午風日甚佳。圃中卷簾對花讀種樹書，此樂雖南面百城無與易也。弢夫來。詹禮部夫人生日，張姬往賀，饋以糕、桃、燭、麪。

邸鈔：命刑部尚書孫毓汶爲會試正考官，左都御史貴恒、吏部左侍郎許應騤、左副都御史沈源深爲副考官。侍讀學士朱琛、右庶子鍾靈、司業吴樹梅等十八人爲同考官。凡科道四人，部曹六人，高蔚光、趙亮熙、馬錫仁皆與焉。知識中惟龐絅堂、王芾卿二人，浙江惟褚百約。

初七日丙子　晴，傍午後大風，下午風霾。柳花始飛。下午入城詣麟芝庵冢宰，賀其子娶婦，送禮銀二兩。詣翁叔平大農，久談，傍晚歸。得曾君表書，言回避不得入試，將南歸矣，以石刻楊濠叟篆書《夏小正》等四種爲贈。有何宗琦者來謁兩次，以酒一罎、彘脯一肩爲贈，不知所從來也。張伯音來。

初八日丁丑　竟日微陰，午後微見日，下午仍陰，傍晚有風。

閱王禹玉《華陽集》。其詩文皆雍容有度，與唐之權文公相似。蓋一生富貴，從容臺閣，爲承平侍從之才，所作又多奉敕應制之文，揄揚盛事，金華殿中人語，固非山林枯槁者比也。然權載之爲正人，又嘗經奉天之亂，感觸變故，與禹玉所值不同，故尚有清切之詞。其所爲功臣碑志，敘述艱屯，亦有概忼奮發之觀。禹玉仕宦不出京師，本滿朝歡和鼓之流，委蛇徇人，導揚三旨，故所作按之，均無真意。其爲宋元憲庠、高武烈瓊、高穆武繼勳、夏文莊竦、賈文元昌朝、邵安簡亢、梁莊肅適、趙康靖槩諸碑志，雖人品不齊，亦無卓犖功行可以動人之事；狄武襄、唐質肅介兩志，所敘亦平實，不能稱其爲人。然内外制諸篇，皆訓辭深厚，它文亦秩然條理，具有雅音，固可傳也。

作復曾君表書。君表又以回避楊莘伯不得入試，前日邸鈔同考官單誤作楊榮儀，故不知是莘伯也。去年滬上《申報》傳刻御史名單，余名誤作德裕，則奇甚矣。傍晚坐圃軒，倚闌閲書。夜有大風。

邸鈔：編修唐景崇升翰林院侍講。

初九日戊寅　晴，晨大風，上午稍止。閲《華陽集》。子培來談，逾兩時去。張伯音來。同年紀刑部夔爲子娶婦，送賀錢四千。

邸鈔：詔：十二日再親詣大高殿及宣仁廟祈雨，仍分命貝勒等禱時應諸宫廟。

初十日己卯　晨密雨，上午稍稀，下午漸止，微見日景。是日甚凉。閲《華陽集》。

書賈携書十餘種來售，内有鈔本俞理初《癸巳存稿》，中《陳王廟徵文》一册，道光二十年兩廣總督祁墳奏廣西□州陳王廟神顯應，請加封號，理初以爲即隋末之陳果仁，亦作杲仁，亦作仁果，亦作仁杲，諸書雜出。案：此與同時之薛仁杲，或作仁果，均無一定。南唐嘗封武烈帝者也。今刻《癸巳存稿》祇有武烈帝一條，考證甚詳，不及兩廣請封事。卷首有朱字數行，云兩廣所請封者乃陳伯紹，俞理初以爲陳果仁，非也。《太平寰宇志》卷一百六十九『太平軍』下載有陳王祠。案：陳果仁之祠盛於常州，漸及江淮、浙西間，浙東已無聞，自不能至廣西。惟《寰宇志》所載陳王祠以爲妖神，其神黑面白眼，形貌醜陋，人多惡之。陳霸先事之甚謹，呼爲叔父，所至與俱，每卜事神前，言王珓不吉輒不行，及受梁禪，册爲帝。其事甚怪，未嘗云名伯紹。此數行不知何人所記，亦不知伯紹之名出何書也。

得張朗齋尚書濟南書，并所條陳河事摺稿兩件。作書致心雲，饋以黄花魚、炙茶葉、煮鷄卵及餅餌，又作片致屠子疇、楊寧齋，皆分致之。書《三國志》吴諸臣傳册面，作篆百餘字。

夜閲臧拜經所輯蔡氏《月令章句》二卷。後附《明堂月令論》《月令問答》二首，不及蔡鐵耕本之詳盡，蓋臧氏意主簡嚴，不暇旁涉，鐵耕則務申中郎之説，多所推證，頗近氾衍。然鐵耕一生精力所注，采獲至多，惟未見《開元占經》，又所引《五行大義》《北堂書鈔》兩書，頗多未備，臧氏皆引之，故亦互有詳略也。

邸鈔：上命會試四書文題及詩題：『子貢曰夫子之文章』兩章，『知所以治人則知所以治天下國家矣凡爲天下國家有九經』，『霸者之民驩虞如也王者之民皞皞如也』，『賦得城闕參差曉樹中得門字』。

十一日庚辰　晨及上午陰，午後晴陰相間，頗寒。閲蔡氏《月令章句》。曾君表來，言法源寺牡丹已開。何宗琦復來求見，命僧喜出應之。言是鄉人，居西郭門外，不知其來何意也。

十二日辛巳　晨陰，上午微晴，傍午後陰霿。歸安人陸學源郎中來，告均甫以初五日殁於濟南，聞之驚怛。前得其閏月十二日書，言所患已日減。前日得朗齋中丞書，言醫治尚無大效。方爲之私憂，欲作書問訊，不謂其遽至是也。庚午同榜中，京官無得意者，外吏惟桐孫與均甫晚景稍順，而相繼徂謝。同志相愛，遂更無人，吾道之窮，至此極矣。均甫年五十六，有兩子兩女。今日見朗齋致陸君電信，言其長男頗不肖；其長女已許字沈子敦郎中之子，朗齋言將送之都中完昏禮，蓋其家將津遣南歸矣。寒士一瞑目間，身後蕭條，遂至於此，哀哉！作書復陸篤齋。傍午出門，詣蓴庭、書玉、介唐、定甹，俱久談，至晡歸。介唐來，以杭州菸絲兩苞爲贈。額運使送夏季脩脯等銀來，即復，犒使二金，飯錢六千。是日小極不快，夜始食。

十三日壬午　晴，下午稍暖。

書賈送來鈔本大德重校《政和聖濟總録》十六函，共二百卷。前有大德四年二月集賢學士、嘉議大夫、典瑞少監焦養直奉敕所撰序，言其書始成於政和，重刊於大定，今上迺詔江浙行省刊布，其或繆戾，隨加釐正。又有小序一首，後列醫愈郎、諸路醫學副提舉臣申甫至榮禄大夫、平章政事、大都護、提點太醫院事臣脱因納等十二人銜名；次爲宋徽宗序；次爲總目，自運氣至神仙服餌門，共七十類；次爲細目。其首運氣一門，自甲子至癸亥，按年一圖一論，凡六十圖六十論，共爲二卷，各分上中下。卷三爲敘例，分補遺至符禁十八例，補遺一類中又列煎厥至陰疝六十二類。卷四爲治法，分治神、治宜、平治等二十一類。據徽宗序稱，萬機之餘，著書四十二章，發明《内經》之妙，曰《聖濟經》；又詔天下以方術來上，并御府所藏，頒之爲補遺一卷，治法一卷。卷凡二百，方幾二萬，以病分門，門各有論，而敘統附焉，首之以風疾之變動，終之以神仙之服餌，名之曰《政和聖濟總録》。然則運氣二卷，蓋即《聖濟經》，雖卷數、章數俱不合，然所論皆陰陽大義、時氣節宣，正合所謂發明《内經》之恉也。卷五以後爲諸風等六十六門，而補遺所載煎厥、薄厥等六十二證爲六十六門中所未及，則此類實當綴之於後，而反在前者，蓋爲御府所頒。至諸風門以後，則諸名醫所集焉。此書實集醫學之大成，蓋病之證、治之方無不備具，而南宋以後人間罕有見者，故晁、陳兩家書目皆不載，《四庫》亦衹有《聖濟總録纂要》二十六卷，爲國朝休寧程林所删輯，其小兒方五卷因不得原書，倩其友項睿補之，今此本仍闕五卷。鈔手精工，紙墨俱佳，首葉有『怡府世寶』『怡王覽書畫記』『明善堂珍藏書畫印記』『安樂堂藏書記』朱文四印，索價二百六十金。《四庫提要》誤書『焦養直』爲『焦惠』，又據晁氏《郡齋讀書志》、陳氏《直齋書録解題》俱載徽宗《聖濟經》，以《聖濟經》與此爲兩書，不知徽宗序引漢張仲景作《傷寒論》而雜之以方，唐孫思邈作《千金方》而繼之以翼，是明言合■。又宋人劉温舒著《運氣論奥》三卷，以《素問》運氣最爲治病之要，因爲三十論二十七圖上於朝。徽宗此經，正同此旨，故列於《總録》之前。

得弢夫書，言出城視其女疾。即復，遺以化州橘紅一餅，益母膏一瓶。晡詣子培，則感時氣驟病，晤子封，談至傍晚歸。得君表書，屬書雪北香南齋額。夜月出，甚清綺，坐東閣久之。敦夫來夜談，至一更後去。是日藤花極盛將過，命家人采花一斗作糕，和脂餳，食之甚美。殷萼庭來。

夜閲江寧嚴子進觀所輯《江寧金石記》。共八卷，自秦嶧山刻石起，至元後至元元年辟邪鐘題字，爲七卷，又附宋人詩詞石刻爲一卷，以所刻多不題年月故也。然嶧山刻石爲元至元中模刻，明萬曆中又重刻之，實不足據，子進跋尾亦謂此碑疑舊刻亡佚，以意爲之，是不如以漢校官碑冠首，爲溧水所出，足爲輿地重耳。諸刻皆載全文，後綴跋尾，亦皆謹嚴。書成於乾隆四十二年，錢竹汀氏序之，吾鄉章實齋爲後序，刻於嘉慶九年甲子，陽城張古餘敦仁時署江寧知府，鳩資成之。前模刻甲子五月竹汀致古餘手書一通，竹汀即於是年十月二十日捐館，不及見矣。古餘有跋。

夜半大風。

邸鈔：以山東按察使福潤爲布政使，以河南河北道曹秉哲爲山東按察使。詔：甘肅鎮迪道恩綸開缺，送部引見。

十四日癸未　晨及午晴，下午微陰，間有零雨。是日换戴凉帽。賞諸僕凉帽錢，王升、胡升各十二千，車夫銀一兩，升兒五千。剃頭。定甹來。班侯來。潘伯循送來陳孝蘭陔閏月廿六日廣州書，即作書復伯循。

書賈送來鈔本《漱玉堂傳奇》三種。康熙初大名孫雪崖郁所撰，爲《繡帷燈》二十齣，《雙魚佩》二十四齣，《天寶曲史》二十八齣，皆頗有才藻。《天寶曲史》譜明皇、楊妃事，而以梅妃始，又雜以王渙之、王昌齡、高適旗亭畫壁等事，尤覺繁盛富麗，足以娱目。其時蓋在洪昉思《長生殿》未出之前，故各不相謀。稗畦自序稱康熙己未，雪崖自作凡例及諸人序皆稱康熙辛亥，是先洪八年。前有東明袁杜少佑、海寧沈昭子珩兩序。沈序係康熙癸丑，是在未舉鴻博之前，而自稱年弟，蓋昭子甲辰進士同年也。雪崖所作，雖不及稗畦之工，其節奏老成，情事曲折，亦多未逮，然人物之衆，如梅妃、宋王、申王、岐王、薛王、太子、廣平王、李白、李泌、崔圓、封常清等，洪曲皆不見。排場之盛，可稱樂府大觀，詞亦足以相稱也。《雙魚佩》亦有袁杜少序，文皆不工，所譜乃兒女科名之事，文亦雅潔。《繡帷燈》形容妒婦及治妒之法，頗極游戲詼諧之致。

夜月甚佳，偕家人憑闌久坐。命僧喜答拜何宗琦并還餽脯，不遇。

邸鈔：前雲南迤東道明保授河南河北兵備道。穆圖善子。

十五日甲申　晴暖，有風，晡後止。子蓴來謝還所饋酒，復作書致之。作書致子封，問子培疾，得復，言已悆。閱《愛日精廬藏書志》。夜月出，微陰，坐東闌待之，俄頃澄朗，一更後皎甚。

十六日乙酉　晴。閱《竹汀日記》。作片詢弢夫闈事。晡後坐軒翠舫前批閱文字，至晚倚闌，待月上而歸。夜飯後仍坐圃中，月皎於晝。授僧喜試律詩數首。

十七日丙戌　亥正初刻四分立夏，四月節。晴暖，始試袷衣。是日以僧家結夏法稱之，得八十斤，較去夏重五斤。天津門生數人來呈闈藝。楊寧齋試畢來塾。陸篤齋來。是〈日〉以銀八兩購《江寧金石記》《漱玉軒傳奇三种》《小爾雅訓纂》《蔡氏月令》輯本，皆書賈譚姓携來，并前所購，付十金。

傍晚仍坐圃闌待月。是日望，月色皎甚，夜聞藤花香清絶。

邸鈔：詔：二十一日再親詣大高殿禱雨，并親祈時應宫，仍命貝勒等分禱宣仁諸廟。

十八日丁亥　上午晴，下午風，微陰，晡風稍止，傍晚晴。䟴夫來。胡生濬來。君表來。有鄉人陳繼本來，言是澄江村人，與余家有連。命僧喜出見之。奉新游生三立來見。晡後詣䟴夫談。詣先賢祠答拜陳梅坡、吴瀓夫，又順道答客數家。詣邑館答客十七人，晤心雲、陸一諤、沈蒲洲、俞星樵、單荇洲，夜歸。邵筱村中丞來。夜月仍佳。寫柬約郡邑公車二十二人飲先賢祠。

十九日戊子　晴。陳梅坡、吴瀓夫來。午邀楊寧齋及天津姜、李兩生、奉新游生、鄉人何宗琦飲廣和居，命僧喜應接之。聶楫臣同年來。游生來，饋茶葉兩苞，水菸兩帖。詹黼庭生孫彌月，遺以糕、桃、帽、瓔、鞋、韈等事，張姬往賀。都中此等酬應，無謂甚矣。得君表書，以新購重刻本《譙敏碑》屬閲。此碑翁覃谿、黄小松皆著録，以爲重刻舊本已難得，今此本甚舊，疑是木刻作僞也。邵筱村來，久談。孫仲容孝廉詒讓來，聞所著《周禮正義》八十六卷已成書，張之洞爲付粤東書局刻之。少年好學，又得暇日、富財力以聚書，深可羡也。鄉人宋孝廉壽崑來。得心雲書，即復。

二十日己丑　晨陰，上午密雨，午後少止，旋雨，下午微見日景，晡後密雨，至晚止。陳星白來。楊曉峰廷夔來。馮卜臣慶芬來。黄侗子壽衮來。戚聖懷庶常來，以燕窩、冰糖、羗脯、魚乾爲饋，受冰糖、羗脯。

閲《錢唐遺事》十卷。元初臨安人劉一清撰，嘉慶間南沙席氏掃葉山房刻本也，頗多誤字。其中記賈似道亂政敗國之事，多它書所未及；記宋末諸相丁大全、吴潛、皮龍榮、王爚等進退傾軋，亦多得是非之平。其言理宗晚年寵嬖竊權，賜用無節，以及身幸免亡國爲幸，又言四川制置使余玠、余晦及安丙、王惟忠等之功罪，吕文德、文焕、夏貴、劉整等之敗降，李芾、李庭芝、姜才等之死戰，皆足裨助史文。卷九全録德祐丙子嚴光大所著《祈請使行程記》。光大，紹興人，以閤門宣贊舍人充日記官，所記自二月初九日出北關門，至五月初二日在元上都隨金太后、嗣君朝拜草地行宫止，皆史所未具。卷十記南宋科目條格六事，亦多志所未詳。《四庫》收入史部雜史類，謂其雜采群書而成，故頗有不去葛龔之病，則誠然也。付書賈楊姓銀六兩。

二十一日庚寅　晴暖。作書致弢夫，得復。上午出西便門，至小屯村馮氏怡園，赴可莊、旭莊兄弟餞牡丹之飲，黄漱丈、孫仲容、徐班侯、仲弢、叔容俱已至。牡丹十餘本，爛漫已過，香色尚盛，芍藥則尚含苞也。園西新闢地十餘畝，作土山，高數丈，築亭其上，盡攬西山之勝，下爲方池半畝，跨橋通之，增精舍三楹爲宴集地。晡後回車，過白雲觀已日落矣，餘霞滿天，緑野彌綺。傍晚仍入西便門，晚歸。得心雲書，以舊刻《華陽國志》，知不足齋本《晁具茨集注》，仿宋刻《陶淵明集》，李北海《端州石室記》拓本，端州七星巖宋寶慶丁亥端守鄭起、高要令趙□等題名，及廣東新鑄泉一百，自書節臨趙郡王高叡碑横幀一幅爲贈。寶慶題名楷書十行，行九字，去年心雲偕朱蓉生往游所搜獲者也。潘鳳洲來。介唐來。同郡趙孝廉琴來見，官秀水教諭。諸暨孫文卿庶常來。作書致弢夫，詢其女病，以市中新買枇杷及心雲所詒荔支饋之，得復。付車錢十二千，今日僧喜隨侍至馮園也，又賞贏錢八千，僕胡升騎以從也。得邵筱村書，以餘姚館碑記屬改。

二十二日辛卯　晴，暖甚。是日卯初，上御太和殿，頒恩詔十二條，内外文武官俱加一級，京官年六十以上者紀録二次。余年已六十二，而官年止五十六，不得沾此曠典也。早起剃頭盥洗，具春祭祝版。作書致心雲，謝昨所詒佳槧精拓諸文字稿，犒使六千。得邵筱村書。上午詣先賢祠合同郡京官春祭，具少牢、羹饌、粢盛、果醴，到者敦夫、介唐、叔雅、書玉、子蓴、介夫、秉衡、伯循、韓子喬、陸蓮史等共十八人，余别邀郡邑公車相識者二十人，觴之於嘉會堂。晡後散歸，與祭者胙。答詣邵筱村、潘鳳洲，俱不值，晡後歸。諸暨樓藕盦孝廉藜然來，以曉脯一肩，龍眼、笋乾各一小簍爲饋。得邑子朱岳卿福泰福州書，節子之甥也，言以微官需次差委，不得仍歸，應鄉試亦被斥，求爲薦一司筆札處。邵筱村來，久談，至夜一更後去。付羊豕等銀八兩六錢六分四釐又錢九千一百四十文，付廚人肴饌銀十兩又賞錢二十千，茶房四千，山會館長班賞六千，畿輔祠長班賞四千。庚辰同年范户部德鎔丁外艱，送奠分四千。

邸鈔：詔：此次會試浙江取中二十四名。

二十三日壬辰　晴，暖甚。陳繼本來，乞謀山東河工差遣。辭之。徐孝廉珂來，花農之從弟也，執摯請受業，固辭之不得。屠子疇來。庚午同年許德裕來。蔡孝廉元培來。李梅孫來。弢夫來。楊孝廉家騋、家驥兄弟來，理庵之子也，以慈谿新刻《姜西溟先生詩文全集》一部及海艷、紫菜各一合，雲片糕兩苞爲饋，犒使四千。晡後答客數家。傍晚至邑館，晤心雲、子疇、湯蟄仙，適子虞亦至，談至夜歸。

二十四日癸巳　晴，暖甚。王孝廉恩溥、徐孝廉智光、徐孝廉紹謙來。陳榮伯彬華來。宗孝廉舜年來。邑子傅久昭來，節子之姪也。得節子閏月五日書，并惠燕窩一匣，巖茶一合，犒使六千。晡答客數家，即詣湖南館赴花農之飲。是日浙榜新孝廉合樂團拜，花農設席款客，徐壽蘅侍郎及子封、佩蔥俱在坐。酒肴已闌，壽翁邀觀其右湘軍忠義祠，堂宇華整，花樹楚楚，惟扁額多朝貴所書，無可觀者。晚觀演劇，人衆而雜，爨演復惡，强坐至夜一更而歸。是日花農夫人亦觴諸宅眷於樓上，兩姬等俱往。其樓廣脩，四面皆波黎窗，都中第一也。

邸鈔：詔：原任户部右侍郎曾紀澤勤勞卓著，將生平事跡宣付國史館立傳，並加恩予謚。從大學士李鴻章請也。旋予謚敏惠。

二十五日甲午　晴，暖甚。同鄉沈解元壽慈來。子培來。得弢夫書，以天台萬年藤杖一枝及蜜漬楊梅一器見詒，藤有附枝，夭矯相糾，高出眉際。作書復謝，還其楊梅。得爽秋書，并示所作輓均甫七律四章，即復。作書致心雲，問其疾，勸其意行消散之，不必閉置。蓋春夏間時氣鬱蒸，室中多潮濕，久處非宜，凡小疾非發熱頭痛者，皆以疏導爲佳。還朱穰珍賡亮所詒燕窩。

閲《姜西溟全集》，去年己丑慈谿馮氏新刻本。合《湛園未定稿》十卷，《西溟文鈔》四卷，《真意堂佚稿》一卷，《湛園藏稿》四卷，《湛園札記》四卷，《湛園題跋》一卷，《葦間詩集》五卷，《湛園詩稿》三卷，又《詩詞拾遺》一卷，共三十三卷，冠以提要、像贊、本傳、序目爲首卷，稱《慈谿姜先生全集》，馮保燮偕其邑人王定祥所編。其搜輯之功，可謂勤矣。

得吴澂夫書，言沈稼村、駱筠孫兩孝廉來都，以先賢祠餘屋計偕者已占盡，暫借典録堂居之。即復，告以檢飭從人，無致毁傷。

二十六日乙未　晨及上午微陰，下午薄晴，晡風，陰，熇熱，傍晚風稍止，仍陰。書鄉試房師陳訏堂先生七十晉一雙壽楹聯，撰句云：『弦歌在民豈惟弟子；林泉得耦均至期頤。』書庚午同年江敬所七十晉五雙壽楹聯，撰句云：『申伏耆儒衣冠漢代；王姜上第黼黻國朝。』書庚辰同年鄭東甫刑部杲母李太恭人八十壽聯，撰句云：『廉吏相夫祥刑教子；一船錢去萬石禄來。』又爲曾君表書『雪北香南』扁額，爲屠子疇書七言楹帖贈之，又爲人書七言楹帖一，四言楹帖一。朱穰珍來，仍以燕窩見詒。撰均甫輓聯，以番布書之。『萬里歸來甫履亨衢忽中蹶；廿年相識幸當垂死定君文。』

二十七日丙申　晴熱。爲朱穰珍書楹聯。作書致江敬所，贈以楹聯及黄菊、笋乾。以楹聯及燭致鄭東甫。邑人倪小舫署正壎爲子娶婦，賀以錢六千。徐亞陶來。俞星樵來。胡鍾生來。潘鳳洲來。作書致弢夫，得復。

二十八日丁酉　晴。比日熱甚，暑表至八十五分，已入小暑限。心雲來。朱益夫來。宗孝廉舜年來。朱志侯來。魏龍常來。酈祝卿來。同邑馮瑞卿景星、張慶雲煦、俞竹亭蔭森、王秋生榮祖四孝廉來。瑞卿年五十餘，居近柯橋，誠篤長者，今日言僧喜所聘婦家九巖高氏與有世誼，自雲生秀才故後祇有一女，其母年已六十餘，孤嫠多病，兩嗣子皆不肖，雲生遺命以所業鹽地兩頃爲女嫁資，今房族窺覦，垂次思攫，故其母亟欲早嫁其女，日望僧喜之歸。言之慘然，令人邑邑。爲沈步騶書楹聯及直幀。王星垣來。剃頭。庚辰同年喬保安户部病没京邸，賻以二千。以青綾一丈二尺書均甫輓額并聯，託弢夫轉寄。

二十九日戊戌　晴，熱甚。上午詣邑館春祭先賢，余爲亞獻。午飲胙，偕介唐、子蕁、介夫、伯循坐仰蕺堂，談至日晡，詣筱村、弢夫、星垣而歸。熱甚，似中暍者。游生三立來呈試藝，甚有江西五家法。得君表書，以將歸，索書扇。

邸鈔：奉天東邊道奎訓調補奉天驛巡道。

三十日己亥　晨及上午晴，午後微陰，有風歊熱。張姬偕詹氏宅眷詣妙峰山聖母祠拈香。沈步騶來。伯循來。朱志侯來。君表來。弢夫來。邵筱村來久談。陳資泉來。比日熱甚，多坐客次閲書作字，欲移坐軒翠舫，而書籍擁塞，几無隙處，令木人量室作一大架以置書，喧擾數日，今日始了。夜陰。上虞徐户部樹觀病故，送奠分四千。

四月庚子朔　晨及上午微陰，傍午陰，微雷有雨，下午雨數作。書玉來。張姬自妙峰山歸。夜密雨，至一更後稍止。

初二日辛丑　晴陰相間，凉可衣綿。江陰朱孝廉銘盤來。孫文卿庶常饋彘脯兩肩，洋糖兩瓶，茶葉四瓶，藕粉兩筥，犒使六千，反其脯。使者不肯，乃留脯。作書致君表，詢其行期。作書致花農，以聞前月廿四日請客，是其夫人四十生日也，約以俟荷花生日於南花泮爲之補祝。得復。作書致吴瀓夫。得君表書，言初四日行，晡後亟爲書扇還之。是日右頣腫痛，身發寒熱。

邸鈔：上諭：張煦代奏劉錦棠瀝陳祖母病篤，懇恩暫行開缺侍養，並請收回加銜成命各摺片。覽奏情詞迫切，具見悃忱。惟新疆爲西陲要地，劉錦棠辦理一切，深合機宜，朝廷正資倚任。著再賞假四個月，俟伊祖母病體稍愈，即行回任，以重職守。前以行慶宣綸賞加該撫太子太保銜，酬庸懋賞，出自特恩，毋庸固辭。

初三日壬寅　午初一刻十二分，小滿，四月中。晴熱。吴瀓夫來。屠子疇來。陳孝蘭自粤東寄來燕窩一匣，衛生丸一包，託孫文卿附交。即作片復文卿。晡答詣客六七家。送君表行，久談。至蓮花寺晤弢夫，傍晚歸。是日右頣益腫，而精神稍可，强出答客，遂覺觸熱，痛楚益作，夜復發熱。戚聖懷柬訂明日安徽館欒宴，辭之。夜移坐軒翠舫。是日客次易屏幀。爽秋來。

邸鈔：太子少保、前兵部尚書彭玉麐卒。三月六日卒於衡陽縣本籍。詔：彭玉麐忠清亮直，卓著勳勤。以諸生從戎，轉戰東南各省，所向有功。會同原任大學士曾國藩創立長江水師，籌畫精詳，規模悉備，歷受先朝知遇，由知府洊擢封圻，内陟卿貳。朕御極後，擢任兵部尚書，嗣因病迭次陳請開缺，降旨允准，仍派巡閲長江水師，十餘年來，力疾從公，不辭勞怨。復因病勢增劇，准其回籍養病，頒賞人參，方冀調理就痊，長資倚畀。兹聞溘逝，悼惜殊深。著追贈太子太保銜，照尚書例賜恤，加恩予謚，並於立功省分建立專祠，其生平戰功事蹟宣付國史館立傳。伊孫候選員外郎彭見紳以郎中選用，彭見綷、見綬均由吏部帶領引見，用示篤念藎臣至意。旋予謚剛直。

初四日癸卯　晴，下午有風。書玉夫人來。黼庭兩女及其姬人來，邀兩姬、冰玉同至法源寺觀僧尼受戒，僧喜亦同往。陳星白來。弢夫來。是日口患增劇，寒熱大作，下午尤委頓。

初五日甲辰　晴。病小愈。作書致爽秋，致可莊，致弢夫，俱告以病也。傅久昭來見，艾臣之次子，頗輕率不知禮法。得爽秋復。剃頭。

初六日乙巳　晴。季弟忌日，爲之供饋。冰玉爲其母長齋四年，以今日滿，爲之具疏，且設素饌供其母。敦夫來，以鼻菸一瓶，巖茶四小注，紫菜、蝦子各一苞爲贈。得爽秋書，即復。得敦夫書。得可莊書。弢夫來。朱昂生來。敦夫來。傍晚作片邀張伯音同在齋中小飲，夜一更後散去。得邵筱村書。閲仇仁父《金淵集》。其《過岳公霆震故居》詩有云：『可憐偷桃兒，竟以寒餓死。』不知何指也。

邸鈔：以詹事府少詹事李文田爲内閣學士，兼禮部侍郎銜。詔：貴州按察使田國俊准其開缺終養。以雲南迤東道黄槐森爲貴州按察使，前貴州貴西道李肇錫補雲南迤東道。

初七日丙午　晴。得黄再同書，以余病齒，惠所製桑葚固齒膏一帖，并以其尊人子壽布政新刻《弟子職集解》爲贈，作書復謝。得心雲書。子疇來。作書致潘伯寅尚書，爲子疇乞書楹帖。可莊來。書玉來。得同鄉沈稼村孝廉書，贈漳州八寶印泥一合，壽山印石三方，墨兩匣，閩箋八匣。黄松泉來收初五日浙江庚午團拜酒食費，付以銀一兩五錢，又錢五千。作書約旭莊飲。

邸鈔：廣東布政使、署巡撫游智開奏請因病開缺。詔：游智開准其開缺，李瀚章兼署廣東巡撫。以福建臺灣布政使蒯德標調補廣東布政使，以前雲南布政使于蔭霖爲福建臺灣布政使。

初八日丁未　晴，有風，午後風甚，微陰。是日佛生日，命僧喜詣銅觀音堂拈香，并詣靈氾分祠行禮。午邀楊繩孫家騋、德孫家驥、宗子戴舜年、樓藩盦、孫文卿、戚聖懷、徐仲玉珂、陳蓉曙、旭莊飲寓齋，以浴佛日不殺生，用蔬脯疏果而已。單荇洲來。晡後爲筱村題康節先生小像，且系以跋尾，即作書致之。小像爲嘉慶壬申陳希濂所繪，高冠半身，上有梁山舟所書康節自作贊。希濂自稱裔孫，下有小印云『本姓邵』。得管惠農□□書，并惠銀十六兩。庚辰同年鄭吏部貞本開吊，送奠分四千。

邵康節先生小像筱村中丞友濂**將奉歸餘姚家祠屬題二首**

玉箸嘗羹後，伊川育大賢。康節之父稱伊川丈人。獨探羲易象，高聽洛陽鵑。經世三千會，行窩十二傳。至今瞻道皃，嵩少帶雲烟。

卌七生男後，儒林代有人。三家敘宗牒，《聞見録》具載河南丹陽、成都之邵次第，云以示三家子孫。百世秩成均。文獻姚江舊，衣冠宋製真。司馬温公嘗製深衣，勸康節服之。康節答以今人當服今時之衣。高門承盛德，展卷想依神。

邸鈔：詔：本月十二日親詣大高殿祈雨，分命貝勒公等禱時應諸宫廟。

初九日戊申　晴。得邵筱村書，以書玉前日屬余爲資泉託營滬上一差幹，且欲附之同行也。即作片致書玉。午詣蒲城館赴同年瞿子九學士之飲，坐有繆右臣、葉庶常昌熾、吴子修編修、心雲諸君。晡詣龍泉寺送筱村行，不值，歸。王子獻來，昨新至都者，以邑人潘椒石所繪花鳥器物直幀四幅爲贈，頗艷逸，有老遲家法。陳資泉來。伯寅尚書送楹帖來。得筱村書，即復。

初十日己酉　晴。上午邀朱曼君銘盤、黄研芳維翰、朱昂生、鄭鹿門、朱益甫、心雲、弢夫、星垣、寧齋飲廣和居。午後偕心雲歸寓談，至夜飯後去。資泉來辭行。是日會試填榜，而琉璃廠無紅録，外間報事者知山陰中兩人：蔡元培、俞官圻；嵊縣一人：沈寶琛，本東浦人也；又蕭山一人。紹府共四人耳。海寧蔣生廷黻、奉新游生三立俱得雋。會元夏曾佑，錢唐人。子獻詒堯脯、笋乾、茶葉、香露等物，反其脯。

十一日庚戌　晨陰，有小雨，竟日陰，多風。游生三立來。爽秋來。周衍齡來。新選陝西扶風令唐驊路來，新選福建光澤令陳彬來。作書致書玉，以翠花首飾四事爲其大女郎添奩。以摩菌、杏人各一合詒資泉，并檢還王汾原先生煦《文選七箋》稿本一册，《文選李注拾遺》正副寫本各一册。汾原，資泉婦翁之祖父也。得書玉復。夜陰，二更有小雨，三更後大風徹旦，微凉。

十二日辛亥　晨及上午微陰，頗凉，午後晴，復熱。許竹篔來，以服闋新抵都。爲朱志侯書團扇。陶家堯來。爲徐仲玉改文字二首，即還之。其一爲杭人張大昌所作仲玉亡室誄，駢儷粗成句耳。夜月甚佳。

十三日壬子　晴，風，歊熱，下午微陰。單荇洲來。周生澄之來。宗子戴舜年來辭行。蔡進士元培來，沈進士寶琛來，兩生皆年少未習楷書，故不待覆試歸。湯蟄庵來。徐詒孫維則來，年少喜刻鄉先輩書，可嘉也。胡鍾生道南來，皆言明後日行。爲宗子戴書團扇。得徐仲玉書。是日感凉身熱，咽中作痛。張姬詣書玉夫人，晚歸。

邸鈔：上諭：長順奏吉林省城火灾自請議處各摺片。據稱本年三月二十五日，吉林省城牛馬行不戒於火，延燒官民房屋五千二百餘間。省城猝被火灾，長順疏於防範，實難辭咎，著交部議處。被災各户業經該將軍飭屬妥爲撫恤，即著認真經理，毋任失所。另片奏將軍住宅擬另行擇地重修等語，著該部議奏。

十四日癸丑　晴，熱甚。感冒不食。陳星白來。邑人陸小巖通判葆霖來，以蘭山造像拓本一部、山左新刻《戚武毅集》見詒。弢夫來。兩日來以病謝客，得評改學海堂諸生課卷。夜月佳甚，移榻窗下觀之。

邸鈔：詔：已故福建按察使徐文達，前隨曾國藩、李鴻章軍營，卓著勳能。嗣在江南，迭任監司，並護理漕運總督，均能盡心職事。其在淮陽海道任内，講求水利，尤著成效。著將生平事蹟宣付國史館立傳，以彰勞勩。從曾國荃請也。徐文達，安徽南陵人，布衣，由軍功至今官，未抵任，三月二十八日卒於揚州。以直隸通永道許鈐身爲福建按察使。

十五日甲寅　晴熱。病不愈。竟日評改去年十月學海堂課卷訖，再閱十一月課卷。得心雲書問疾，即復。得江敬所書，約日晚過談，以病辭之。得書玉饋上海醃鰣魚一器，甚肥美，即復謝。

十六日乙卯　晴熱，下午陰，澂雨。評改學海堂卷。江敬所來，聶楫臣來。樓墨齋守愚來，藺盦之姪也。王子獻來。陸一謂、沈蒲洲來辭行，兩君皆慶元學官也。傍晚小雨，後旋霽。是夕望。

邸鈔：上諭：前據長順奏將軍住宅被火延燒，請另行擇地重修，當以摺内聲敘所住官房向動公款修理，降旨令該部議奏。惟念此次吉林省城猝遭火災，官民房屋延燒至二千數百間之多，據奏被火貧民沿街露處。長順身任地方，睹此情形，宜如何責己省愆，勤修職業，乃輒稱住宅近市，湫隘囂塵，以致火延及，是僅以住宅爲念，已屬不知公私緩急；復稱形家言此地不利，擬另相善地，或於宅後及左右兩旁多購餘地，方免連累，尤不成話。該處猝被奇祲，長（厚）〔順〕不知因災貶居，反欲藉此改拓增建，實屬荒謬。且據奏稱衙署、銀庫、監獄均各無恙，更何得以所居官宅亟懇興修？所請均毋庸議。該將軍受國厚恩，身膺重寄，嗣後務當實心辦事，刻刻以地方民生爲重。儻不知悛改，仍前玩泄，定當嚴懲不貸。懍之。詔：十九日再親詣大高殿及時應宮祈雨，仍分命貝勒公等禱昭顯、宣仁諸廟。詔：湖北提督程文炳已准來京陛見，張之洞兼署湖北提督。

十七日丙辰　晴，熱甚。屠子疇來，酈祝卿來，留之午飯後去。弢夫來。陳星白來辭行。書楹帖一聯贈星白，又一聯寄竹樓，皆七言。又爲單荇洲之尊人勉齋書聯，上虞何孝廉紹聞之尊人菊禪書聯，爲鄭鹿門書聯。比日感凉發熱，咳嗽大作，兼以評改課卷，疲苶殊甚，爲此應酬，牽率思遽，苦乏堅力也。夜月仍佳。

十八日丁巳　晴，熱甚。是日卧室去頂棚，易以葦席花格，塵坋擾攘，紛紜竟日。澂夫來，心雲來，夜邀兩君小飲齋中，談至一更後去。評閱學海堂生童課卷訖。去年十月題：『《中庸》華嶽解』，『《説文》無志字銘字説』，『《史記》五諸侯兵考』，『人子不可不知醫論』，『孟浩然夜歸鹿門山賦以鹿門月照烟中樹爲韵』，『李幼幾微雪出郭訪林和靖賦以輕騎出郊清談至暮爲韵』，『擬王右丞《輞川絶句》二十首』。舉貢生監十八人，取内課張大仕、高增奎、楊鳳藻等六名；童十四人，取内課□□□等二名。十一月題：『孟子梁襄王或謂是哀王及齊宣王當作湣王解』，『荀彧劉穆之優劣論』，『唐人新樂府變古説』，『玉梅花下交三九賦以題爲韵』，『十國春秋詠史詩不拘體韵』，『消寒連珠十首』。銅爐、瓦爐、熏籠、金鴨、貂褕、綿帽、暖耳、鶴氅、蠟梅、水仙。　舉貢生監十八人，取内課高增奎、李家駒、楊鳳藻、張大仕等六名；童十三人，取内課顧錫麟等三名。是日己丑庶吉士散館，上命題：『白虎觀議五經同異賦以天下學者得其成業爲韵』，『盤雲雙鶴下五言八韵詩得盤字』。

十九日戊午　丑正三刻十三分芒種，五月節。晴，熱甚。室中表糊及換泠布窗訖，更去西房頂棚，易以葦席花格。作書致陳星白，贈以楹帖及《顧亭林年譜》《越三子集祠目》，又以楹聯及松竹齋芭蕉箋八匣託轉致竹樓，得復。作書致子獻，問昨試散館名第，得復，言在一等四十一名。周春圃衍齡就江蘇縣令，來辭行。徐花農夫人來。

邸鈔：上諭：松椿奏臬司在籍患病，籲懇開缺一摺。廣西按察使秦煥准其開缺。煥字文伯，江蘇山陽人，庚申進士。以雲南鹽法道湯聘珍爲廣西按察使。

二十日己未　晴，微陰。是日評閲閏二月問津、三取兩書院生童望課卷訖。問津生一百十一人，文題『子謂衛公子荆』至『富之』，取内課張大仕、張克家等二十名。三取生五十六人，文題『冉子退朝』至『不幾乎一言而興邦乎』，取内課李雲瀚、于文彬、陳文炳等十名。童卷皆託寧齋代閲。作書致額玉如，并課卷三篋及是月齋課題。鄉人吴溶來。敦夫來，子獻來，張伯音來，留之小飲，夜飯後談，至二更後去。

邸鈔：喀什噶爾提督譚上連卒。以阿克蘇鎮總兵董福祥爲喀什噶爾提督，以補用提督黄萬鵬爲阿克蘇鎮總兵。□□□□普津授雲南鹽法道。

二十一日庚申　晴，熱甚，晡後陰，有溦雨，即止。得江敬所書，言明日行。余壽平來，言散館在一等第八名，居安徽第一。作致鄉試房師安仁陳訏堂先生書，并前所書壽聯及大字本《陶淵明集》，俱託敬所附去。酈祝卿來辭行。弢夫來。得上巳日陳晝卿濟南書，頗言均甫臨殁痛苦之狀及身後蕭替之兆，爲之慘黯。傍晚過對門聶楫臣家送敬所行，夜作片，詒以東坡肉、黄門鷄。是日復患咯血。

邸鈔：命協辦大學士、尚書徐桐、福錕，尚書麟書、翁同龢、嵩申，侍郎徐郙、廖壽恒、汪鳴鑾爲殿試讀卷大臣。

二十二日辛酉　晴熱，風歊甚。咯血失音。王星垣來辭行。鄭鹿門來辭行。

二十三日壬戌　晨陰，上午復晴，熱甚，下午陰悶，傍晚風雨，旋止。沈稼村來。屠子疇來。作書致弢夫，以星垣將入閩依卞總督幕也，得復。沈曾樾來，子培之季弟也。李梅孫鳳威來，周春圃衍齡來，皆辭行。爲褚伯約尊人撰七十雙壽七律兩首。弢夫來，星垣來。游生三立來辭行。傍晚出門答客兩三家，遇暴雨歸。命僧喜陪稼村、子疇、心雲、弢夫、星垣、寧齋、祝卿夜飲廣和居。

二十四日癸亥　晴，酷熱。朱苗生來。陸篤齋來。

閲宋人張養正敦頤《六朝事迹編類》，近日上元李氏新刻仿宋紹興三十年建康府學刻十四卷本也。中載能仁寺爲南唐保大中司徒、鍾山公李建勳嘗捨莊田入寺，至宋咸平初，建勳女潤州本起寺住持臨壇精律大德尼進暉乞以故父李相公舊所施莊田入興慈寺，至今猶供常住。李建勳有女爲尼，馬、陸兩《書》所不載。又載南唐李順公墓云：公名金全，字德鏐，有神道碑在城西金陵鄉七里鋪。案：李金全，薛、歐《五代史》、馬、陸兩《書》皆有傳，而不載其德鏐之字。又載南唐張懿公墓云：公名君詠，字德之，有神道碑題云『大唐順天翊運功臣特進守太子太傅上柱國清河郡開國公張懿公』，神道去府城十里，在石頭城後。君詠，馬、陸《書》皆無傳。俱足以裨史闕。其書於楊吴稱僞吴，於李氏皆稱南唐，於古蹟下多載楊修之絶句詩。修之名備，《景定建康志》載楊虞部備詩，即修之也。詩亦不工。

是日殿試小傳臚，狀元吴魯，福建晉江人；榜眼文廷式，江西萍鄉人；探花吴蔭培，江蘇吴縣人。吴魯年五十餘，癸酉拔貢，孫毓汶尚書督閩學時所取士也，向館其家，今以刑部主事充軍機章京。文廷式去年試内閣中書第一，翁尚書深賞之。其人小有記誦，而狂倨無行。吴蔭培庚午舉人，年亦將五十矣，其字與合肥李經畬相似，讀卷者以爲李而拔之。今日進呈時，内監先私傳三人姓名吴、文、李也，既拆彌封，乃是吴，而李在二甲二十名外。李乃粤督瀚章子也。文廷式卷誤書閭閻作閭闔，又刮改爲閭面，翁尚書極力庇之，欲置第一，徐、福兩協揆不可而止。浙人惟黄叔容紹第在第二甲第二名。

二十五日甲子　晨及上午陰，傍午後晴，復酷熱。吴碩卿景萱來，以粤東知府入都引見者。褚百約來。上午出門答客。詣楊定尃，晤談。詣先賢祠，晤沈稼村及澂夫。詣鄭鹿門送行。詣周春圃送行。日昳歸家，始啜食小飲。作致傅節子福州書，致孫子宜永春州書，俱稼村附去，并寄節子武梁祠畫象一匣，蘭山造象拓本一部。心雲來夜談。是夕陰，有澂雨。

二十六日乙丑　晴陰相間。鄉人施培曾來，新補南河揚州河務同知入都引見者。

閲《兩浙名賢祠墓防護録》，嘉慶七年阮文達撫浙時所編輯。前列當日奏咨文移，以下分府編排，每人具載事略及祠墓所在，用意極爲周至，然不無漏濫。即以吾越言之，漢之謝夷吾墓，《嘉泰會稽志》云在種山南華鎮，《會稽覽古詩》云在今府宅儀門下，今雖無遺址，然漢之太守馬臻，范書并不著其名，舊志言墓在府城南二里鑑湖鋪西，今亦無迹可尋，何以載馬而遺謝？府治儀門高壯，地甚宏廠，向言其下有古墓，是較馬公傳稱被誅於洛陽者轉有可稽也。晉之孔愉墓，唐之徐浩墓，《嘉泰志》皆明著方里，亦不宜竟削之。至宋之陸農師左丞、先莊簡公、曾文清公、傅給事崧卿、顧内翰臨、王定肅公希吕、王修竹英孫，皆名臣魁碩，墓域無恙；元之莊節韓先生，明之章侍郎敞、司馬侍郎恂、錢伯均先生宰、錢緒山先生、陶莊敏公諧、陶恭惠公承學、陶文僖公大臨、錢文貞公象坤、徐天池先生，皆一代偉人，冢墓咸在；乃概不之載。而董文簡之見貶鄉評，乃於山陰載其祠，於上虞載其墓；朱文懿之見譏清議，亦祠墓並載；馮太僕應鳳録録無稱，王尚書業浩則閹黨也，何取而載之？至載其謚忠貞，不知本於何書。陶文簡墓在下竈山，乃止載其祠，不載其墓；巡按御史龐尚鵬一祠分載山、會兩邑；新昌石子重先生名𡼖，乃誤作嶅；餘姚載陳中丞克宅，而不載其子恭介公有年；新昌之楊恭惠公信民、吕尚書光洵，功烈在人，賜墓禁著，皆致遺落；嵊之王禹佐官止保定府通判，而云謚忠襄，不知何據。至如朱子祠遍載浙東，而忽於台州太平縣朱子祠下云『名熹，字元晦』，并備載籍貫、科目、官位。此等舛謬，蓋不可指數也。

得弢夫書，言子培病，傍晚走視之，并晤子封，談至夜歸。作致王蕺子廷訓江寧書，交周春圃附去。朱苗生詒端研一匣，笋乾兩小簍，彘脯一肩。

邸鈔：上諭：卞寶第奏船廠文案捏開保獎，請旨懲辦等語。知縣王崧辰在福建船廠總辦文案，本年閏二月間保獎出洋學生，該員竟敢乘裴蔭森患病之際，自開保獎，並未呈由卞寶第等會核，徑行擅摺發遞，實屬膽大妄爲。且據稱該員代辦船廠提調，聲名最劣，自應嚴行懲辦。所請徹銷保案並交部議處，不足蔽辜。王崧辰著即行革職，永不敘用。裴蔭森失於覺察，並著交部議處。至前保出洋學生案内如尚有似此冒濫之員，即著卞寶第確查，一併奏明徹銷。詔：二十八日再親詣大高殿、時應宮祈雨，仍命貝勒等分禱昭顯等廟。

二十七日丙寅　晴，午後大風，酷熱。許竹篔來。龐絅堂來。午入城拜翁尚書師生日，順道答客數家。出城詣江蘇館拜褚百約尊人七十雙壽，送禮錢十千。晡歸。游生三立來辭行。作書問子培疾，得復。

閱《讀書脞録》。其『李瀚』一條言著《蒙求》者李瀚，爲李濤之弟，《五代史》附見《桑維翰傳》，作李瀚，《通鑑》作李澣，《五代史·四夷》附録亦作李澣。案：瀚在石晉爲翰林學士，最有名，蘇易簡《續翰林志》、釋文瑩《玉壺清話》俱作李澣。《册府元龜》載李澣在幽州通表於周事，及《宋史・李濤傳》、《遼史・文學傳》、《新唐書・宗室世系表》、陶岳《五代史補》俱作李澣。《宋史・藝文志》載李澣《丁年集》《李濤傳》及《五代史補》俱載澣《丁年集》，疑作瀚者誤也。據《宋》《遼史》載，其字曰日新，則是名澣無疑。至作《蒙求》者，《宋史・藝文志》作李翰，又載葉才老《和李翰蒙求》三卷，俱見子部類事類。又洪邁《次李翰蒙求》二卷，見經部小學類。皆作李翰，《直齋書録解題》亦作李翰，皆不从水旁，惟《郡齋讀書志》及《困學紀聞》作李瀚，蓋亦筆誤。是作《蒙求》者名翰，别是一人，與唐之作《張巡傳》者同名，非李濤之弟也。《四庫提要》亦作李瀚，云不詳始末。又引《資暇集》，稱宋人瀚作《蒙求》，則亦李勉之族。（案：《資暇集》實作翰。濟翁唐昭宗時官宗正少卿，其書已稱及翰，則翰爲唐末人。濤爲郇王禕十世孫，出於太祖。《通鑑》言濤爲武宗宰相回族曾孫，回乃郇王七世孫也。勉爲鄭惠王元懿曾孫，出於高祖。《世系表》言匡乂爲憲宗相夷簡子，乃鄭王五世孫也。至濟翁之名，自當作匡乂，乂有濟義。文乃字誤，義乃音誤。）

邸鈔：崧駿奏甄别庸劣不職各員。浙江海寧州知州張溥東江蘇，監生。辦事含糊，著開缺留省察看。海鹽縣知縣顧德恒江蘇，監生。年力就衰，著勒令休致。德清縣知縣童叶庚江蘇，監生。才本平庸，巧於趨避，著以府經歷縣丞降補。嵊縣知縣竇光儀陝西，進士。性情拘執，不諳政體，惟文理尚優，著以教職歸部銓選。

二十八日丁卯　晴，酷熱。亡室馬淑人兩周年忌日，家人皆詣崇效寺殯室，延僧九人誦經作齋供，書玉夫人、介唐夫人俱送燭楮。吴碩卿來。朱益甫來辭行。弢夫來。游生九雲來。是日始聞蟬聲，都中以此爲暑至之候，然聽之自有山林間意。

邸鈔：詔：禮部尚書李鴻藻、刑部尚書嵩申教習庚寅科庶吉士。詔：此次散館之修撰張建勳，編修鄒福保、李盛鐸、劉世安業經授職，二甲庶吉士張孝謙、費念慈等五十人俱授爲編修，三甲庶吉士勞肇光、温中和等十一人俱授爲檢討，歐陽熙等十六人俱以部屬用，陳志喆等九人俱以知縣即用。余誠格、程棫林、葉呂熾、曾廣鈞、許葉芬、魏時鉅、江標俱授編修。同鄉王子獻得編修，孫文卿得檢討，戚聖懷改部屬。

二十九日戊辰小盡　晴，晡微陰。比日酷熱，寒暑表皆至百分。濮紫泉來。介唐來。

五月己巳朔　晴，酷熱。先本生祖考蘊山府君忌日本在四月三十日，以前月小盡，今日補供饋。沈子蔭曾樾饋鏤雲文錫香爐一具，鑲錫椰杯一篋，杭州汪氏新刻汲本《宋六十名家詞》一部，潮州扇兩柄，反其椰杯，作書復謝，犒使八千。俞進士官圻來。弢夫來。出門答客七八家，晤碩卿、敦夫、爽秋，午歸。是日日食。

初二日庚午　晴，酷暑，寒暑表至百十分。昨夕感熱强飲，至晨積鬱惡歐，竟日眩瞀不食。黄叔容來。前日吏部知會明日引見山西道御史一缺。夜三更起，入城，至東華門下車，步入景運門朝房待漏。

初三日辛未　晴，酷暑不能堪。昧爽詣乾清門待引，辰刻始引見乾清宫。出，答客二三家，遂歸。楊定旉來。周生學熙來。仲弢來。楊進士家驥來，前日朝考一等第五，爲浙士冠。理庵四子皆有科名，今一子繼入翰林，可謂盛矣。書玉、介唐諸君家皆以明日張姬生日送禮，以酷暑作片致書玉辭之，且遣人徧辭蓴庭、黼庭諸家。介唐夫人、鄭雨亭夫人皆先日來拜張姬生日。司廚饋肴饌餅餌，盛暑對之，胸中作惡，揮之不去，又不敢以饋人，買冰置食器中，四面環之，一宿盡敗，此不知注食籍者作何折算也。賞以銀八兩，儋負者錢四千。

邸鈔：伊犁將軍色楞額卒。詔：色楞額老成勤慎，前在軍營帶兵剿賊，著有戰功，歷任副都統、駐藏大臣，洊升將軍，宣力有年，克稱厥職。玆聞溘逝，軫惜殊深。加恩照將軍例賜恤。靈柩回旗時，沿途地方官妥爲照料。該將軍子孫幾人，著魏光燾具奏，候旨施恩。詔：御史莊子楨補授湖南寶慶府知府。刑部郎中張賡颺補授山西道監察御史。前廣西左江道恩立以簡缺知府選用。

初四日壬申　晴，酷暑，寒暑表至百十餘分，近年所未有也。張姬生日，各家饋桃、麪。弢夫來，饋麪、桃、酒、燭及肴饌券一席，作書反燭及肴饌。介唐來。王子獻來。吴澂夫來。心雲來。爽秋來。黄漱丈來。余壽平來，并饋銀八兩，門茶十千。陳生澤霖來。華生學瀾來。費屺懷編修念慈來。今日病甚，復苦暑，客來多不能見。楊定旉以乞撰其尊人七十雙壽序，送禮物十二事，受甌紬被裁一幅，瓊葛一端，餘悉反之。陸蓮史來。定旉再送葛紗袍裁、麻地沙褂裁各一端，水晶印章三方，白木耳一匣，受印章及木耳。得弢夫書，再送肴饌券來，暫受之，作書復謝。得子獻書，詒細書女扇一柄爲生日禮，復書還之。黼庭夫人來。作小簡約敦夫、子獻、澂夫、心雲明日小飲，俱以事辭。晡後有風，鬱暑稍解。周生學海等饋食物六合，受其四。夜初復患歐血，甚多且腥。百病攻人，其能久乎！付司廚銀四十二兩。送劉仙洲夫人銀四兩。

初五日癸酉　晴，酷熱如故，下午少有凉陰。戌初三刻十二分夏至，五月中。翁叔平師來。敦夫來。吴碩卿來。殷蕚庭來。陳梅坡來。樓藹盦來。花農來。張翰卿來，名賡颺，新補御史者。作書致弢夫，還其肴饌券。作書致子培，詒以百合、白木耳，得復。心雲來，留之齋中小飲。作書致介唐。付僕媪等叩節錢一百千。

邸鈔：湖廣總督張之洞等請將湖北施南府同知向駐利川縣之建南鎮者移駐縣西六十里之汪家

營，換給施南府分防汪家營同知關防。詔吏部議奏。

初六日甲戌　竟日微晴多陰，下午小雨。弢夫來。子封來。是日還各鋪節帳銀：天全木廠銀三十兩，協泰米鋪銀三十五兩，隆興厚紬布鋪銀三十兩，同興公石炭鋪銀十六兩，書賈楊姓銀十三兩，譚姓銀十兩四錢，修文堂書賈銀八兩二錢，吉慶長乾果銀十一兩五錢，廣慎厚乾果銀十兩，松竹齋紙銀八兩，廣和居酒食銀九兩，福隆堂酒食銀三兩九錢，聚福齋麵餅銀四兩，同泰香油鋪銀五兩五錢，賣花媪顧姓銀六兩二錢，李媪銀五兩四錢，京兆榮記南物銀一兩五錢。王福工食銀五兩，楊媪工食銀三兩。

邸鈔：上諭：前據御史德蔭奏參吉林伯都訥廳紳董于（岱）〔鍾〕霖等侵吞公款各節，當經諭令長順確查。茲據查明覆奏：此案同知衣佩璋奉委辦理平糶，輒敢私受供給開支款項。貢生蕭德馨等經手貨捐，並不遵照奏定章程辦理，改由文會局徵收，並有任意攤捐、侵吞公款情事。增生楊光黼等於書院私立于凌雲祠堂，雖查無以學田作爲祭費確據，惟於入祠之日擅動釐捐錢文。該生等經手學田，並有欺隱情弊。貢生蕭德馨、舉人王文珊、中書銜谷蘭芳、增生楊光黼、附生于芳懷、陳文峻、貢生張朝翰、附貢生楊振聲、候選同知衣佩璋均著即行斥革。編修于鍾霖身列清班，乃不知自愛，與民爭利，倚勢作威，以上各案均係該員暗中主持，尤屬貪鄙，著一併革職，以示懲儆。所立文會祠堂飭令即行徹去，嗣後不准立此會名，以端士習。該處劣紳往往藉地方公事把持舞弊，亟應嚴加整頓，此外有無似此劣迹昭著紳衿，著長順再行確查參辦。另片奏于鍾霖家開設鋪號甚多，漏税漁利，該鋪所出憑帖，商民持帖取錢，多方刁難，恃勢虐民，請勒限將帖取回等語。著照所請，勒限半年，將帖概行收回。儻逾限不收，即行從重懲辦。于鍾霖，于蔭霖之弟也，丁丑進士。原奏備列其劣迹，至謂身列清華，品殊污賤，鬼蜮情形，千夫集指，伯都訥五常廳數百里間聞其姓名，輒爲唾罵。此次查辦，以危言遍處播揚，更舉前將軍銘安離任之故，意在詗喝，悖謬異常。

初七日乙亥　晴，微陰，霎霴。困劣殊甚，不能閲書，時時料檢架上書，移置整比，間亦題籤識印以自遣。

邸鈔：詔：以節逾夏至，尚未得雨，遴選光明殿道衆在大高殿祈禱，遴選僧衆在覺生寺諷經，均於本月十一日開壇。是日親詣大高殿拈香，派崇光在彼住宿，並派睿親王魁斌等四人分爲兩班，住宿上香。覺生寺派肅親王隆懃拈香，文璧住宿，並派貝勒弈綑等四人分爲兩班住宿上香。貝勒載濂等分禱時應諸宫廟。貝勒載澍詣黑龍潭拈香。

初八日丙子　晴陰埃靄，下午多陰欲雨。余壽平來。書玉、資泉夫人、介唐夫人、子蓴夫人、鄭雨亭夫人俱以冰玉二十歲詒嵩繡巾佩，皆辭還之；陳、吴兩家并饋桃、麵，受之。張姬詣詹、吴、傅、鄭、徐五家謝爲壽。

閲《天禄琳琅書目》前、後編，長沙王氏翻刻本，極精。錢蒙叟晚節披猖，罪案久定，乾隆之季，屢詔禁其遺書，毁其文字，然所藏《漢書》宋槧本，其題跋繪像，仍存簡端。此書前編成於乾隆三十年，後編成於嘉慶二年，凡舊籍經所藏者，摹繪其印章，録登其題識，未嘗因其人而棄之，此聖人之所以爲大也。然則凡坊肆及藏書家，遇其姓名，務剜削塗去之，亦奉行之過矣。

邸鈔：以駐藏幫辦大臣升泰爲駐藏辦事大臣。以前山西布政使紹諴賞給副都統銜，爲駐藏幫辦大臣。

以駐藏辦事大臣長庚爲伊犁將軍，照例馳驛前往。

初九日丁丑　晨陰，上午密雨，午復雨，下午小雨數作。冰玉二十歲生日，召女彈詞。祀曾祖考妣、祖考妣、本生祖考妣、先考妣，懸三代神位圖，祔以仲弟等。因夏至補饋也。肉肴、菜肴、果醴皆如舊例。又以素肴供亡室。是日購得《樂府詩集》，諧價銀七兩五錢，汲古印本，已不甚佳，第三册有模糊者十數葉，然近日已爲難得矣。憶咸豐丁巳秋里居時，於倉橋味經堂書肆以番銀一餅購得初印一部，紙寬字黑，精整絶倫，當時已謂其直太昂。比年屢覓之都門，間有見者，率已曼患，而索價皆十餘金。設有如囊購者，蓋非三十餘金不辦。然則以今準昔，書價幾貴至五六十倍，此亦世變之大，五行之妖也。新探花吴編修蔭培來，庚午同年也。子獻來。夜集家人設筵小飲，付冰玉生日禮銀四兩，家人賞錢二十千，盲詞錢二十四千。

邸鈔：詔：已故福建陸路提督、一等男爵蕭孚泗，迭克名城，勳蹟卓著。同治三年克復江寧省城，首先奪門而入，搜獲李秀成等巨逆，厥功尤偉。著照提督軍營立功後病故例議恤，於江南立功地方建立專祠，生平戰績宣付史館立傳，加恩予謚。從曾國荃請也。以翰林院侍讀學士梁仲衡爲詹事府少詹事。户部員外郎鍾英授湖南岳州府知府。福州駐防，丁丑進士。

初十日戊寅　竟日薄陰，有雨意。吴碩卿詒葛紗兩端，錫鑪一具，椰盂一枚，荔支兩合，化橘兩匣，《張曲江集》一部，韶州石刻一帖，潮州畫扇兩柄，作書復謝，反其葛紗、荔支、石刻，犒使八千。下午爲心雲書楹帖，爲傅子越書横幅。

邸鈔：詔：此次新進士朝考引見，一甲三名吴魯等業經授職外，黄紹第、李立元、程秉釗、朱益藩、李經畬等九十人俱改爲翰林院庶吉士，蕭大猷等八十四人俱分部學習，段大貞等十五人俱以内閣中書用，趙以焕等一百九人俱交吏部籤掣分發各省以知縣用，户部候補郎中陳寶瑨以郎中即用，刑部候補主事蔡寶仁等六人俱以原官用，餘著歸部銓選。浙人得庶吉士者，王修植、楊家驥、夏曾佑等七人。紹興王履咸用部屬，俞官圻、梁葆仁用知縣。二甲一名蕭大猷，湖南益陽人，年五十矣，朝考以詩中添注一聯，列三甲末，故不得館選。閩縣陳寶瑨，閣學寶琛弟也，與弟寶璐、子懋鼎同成進士。寶璐得庶常，懋鼎得中書。

十一日己卯　微陰，小雨，頗凉。是日忽病齒，凉水嗽之則痛，飲熱則否，小出聲則痛，食噉則否，痛輒徹心，與往日齒痛異，又惟右三牙作痛，亦不浮腫，而腹易餒思食，此奇病也。作書致心雲問行期，并致楹帖，得復。作書致弢夫，屬其以所苦詢諸知醫者。王芾卿來。晚齒小愈。得弢夫書，即復。夜凉。是日剃頭。

十二日庚辰　晴陰靉靆。弢夫來。楊定勇來。合肥張楚寶士(瑜)〔珩〕，李傅相之甥也，以道員居江蘇，喜刻醫方書，以藥施人。比託孫仲容以《冶城竹居圖》寄都乞題，持所刻李氏《本草綱目》四帙爲贈，可謂好事矣。介唐來。得浙江學使潘嶧琴庶子衍桐三月二十八日書，并所刻《擬輯續輶軒録條例》，又附致俞曲園同日湖樓書，俱以搜采浙東文獻相屬也。曲園今年七十矣，并以所作《湖樓雜詩》四律見寄。

十三日辛巳　晨及上午晴，復鬱熱甚，下午多陰曀。張子虞來。陶吉生家垚來。陸篤齋來。得玉如運使津門書。

閲《本草綱目》，據順治間江西巡撫張朝璘重刻本。李氏原書五十二卷，卷一、卷二爲序例，卷三、卷四爲百病主治藥，而卷三又分上、下，卷四分上、中、下，卷五至卷五十二分水部至人部，共十六部、六十二類，爲藥一千八百九十二種，附方四千九十六，博采諸家，辨析精確，醫學至此，可云集大成矣。後爲圖三卷，《奇經八脉考》一卷，《瀕湖脉學》一卷，附刻山陰蔡烈先《藥品總目》一卷，《萬方針綫》八卷，錢唐趙學敏《拾遺》十卷。

敦夫來。心雲來。子獻來。爽秋來。夜留敦夫、心雲齋中小飲，談至二更歸。

十四日壬午　晨及上午微晴多陰，傍午晴，下午晴陰相間，傍晚陰。黄叔容庶常來。新授岳州府鍾□□鍾英來。吴澂夫來。陳梅坡來。始食西瓜，小而頗甜。得爽秋書。得心雲書。

《本草綱目》一書，不特匯藥物之淵，亦深有裨格致之學。其名『綱目』者，凡例謂標藥之正名爲綱，而附列其目，如標龍爲綱，而齒、角、骨、腦、胎、涎皆列爲目，標粱爲綱，而赤黄粱米皆列爲目之類。蓋明人最尊朱子，凡所著述，無不奉爲聖書。東璧以每藥之下分列釋名、集解、辨疑、正誤、修制、主治、發明、附方八目，皆近於《通鑑綱目》質實、發明等例，故取以名書。自其子建元於萬曆二十四年上進疏中有『總標正名爲綱，餘各附釋爲目』之語，王弇州作序亦云『每藥標正名爲綱，附釋名爲目』，非東璧本意也。每藥下不必皆有異名，偶一釋之，不得便稱爲目。近儒孫氏星衍遂謂『觀其書名，已爲大愚』，詆之亦太過矣。

夜月，微陰。

十五日癸未　晴。爲心雲書横幅二，又爲品芳書横幅一。陳按察寶箴來，以有旨起用入都者。作致季弟婦書，致品芳書，致嘯巖書，致楚材書。寄季弟婦銀八兩，爲姪女琳經𢛁資；寄楚材銀八兩，以四兩爲其子僧寶從師資，以四兩爲其次女出嫁助奩。作書致心雲，以家書等託附回，得復，以杭菸一包爲贈。夜凉月清綺。心雲欲來話别，作書止之，又以銀二兩二錢託至滬上買西洋參。爲心雲新購仿蘇體大字本《陶淵明集》作序。

十六日甲申　晨微陰，已後晴陰相間，午後陰，下午雨數作。得心雲臨行書，并西洋參一小匣。弢夫來。俞慤士庶常明震來，言本山陰之斗門人，自其尊人入籍宛平，由辛亥鄉舉爲湖南縣令，今爲宛平人。天津陳生庚來。花農來。子培來。是夕望，微雲澹月，頗有凉意。是日祀故寓公。

十七日乙酉　晴，暑復熾，下午陰，有雷，小雨，晡後晴，旋陰，傍晚澂雨，晚止。徐仲玉來辭行。

俞子欣官圻來。得吳澂夫書。爲徐仲玉書扇，夜爲作野渡横舟小景送之。

邸鈔：熱河都統宗室謙禧卒。詔：謙禧由侍衛襲封輔國將軍，同治年間在直隸、山東等省剿匪出力，嗣赴陝甘軍營帶兵剿賊，克復寧夏等處，卓著戰功，洊擢察哈爾都統、熱河都統，宣力有年，克勤厥職。兹聞溘逝，悼惜殊深。加恩照都統例賜恤。賞銀一千兩，由熱河道庫給發。靈柩回旗時，沿途地方官妥爲照料，准其入城治喪。伊孫文瀛賞給員外郎，文灝賞給主事。詔：十九日再親詣大高殿及時應宫祈雨，仍派肅親王隆懃禱覺生寺，貝勒載漪等禱昭顯諸廟，載澍禱黑龍潭。

十八日丙戌　晨雨，至午密甚，午後漸止，晡日出，夜初復密雨，一更後止。復病齒，用固本膏敷之。

邸鈔：以鑲白旗滿洲都統德福爲熱河都統。

十九日丁亥　晨晴，上午陰晴不定，傍午密雨，午後微晴，晡後又密雨。是日右頷連齦踵痛，如四月初所患狀，用廣州萬應膏敷之，不效。傅生久昭來辭行，沈子林曾樾來，俱不能見。作書致吳澂夫，得復。柬約許竹篔、吳碩卿、朱苗生、戚聖懷、傅子越、沈子林、余壽平、王子獻廿二日午飲齋中，并作書致苗生。澂夫來。弢夫饋西瓜四枚。是日剃頭。評閲學海堂諸生卷。比日潮濕，兼有疾苦，力疾批改，殊不可耐。

邸鈔：詔：以得雨，於二十一日親詣大高殿報謝，並命諸王、貝勒分謝時應諸宫廟及覺生寺、黑龍潭，其諷經祈禱僧道即日徹壇。

二十日戊子　晨雨，上午晴陰不定，雨亦時作，傍晚有密雨。是日唇頰間腫痛益甚。評閲四月間學海堂諸生課卷訖。凡二十六人，試『三老五叟三恪二王後當以何説爲正解』，『拜陵上冢禮始説』，

『朱子謂漢高祖宋太祖皆有聖人之才論』，『元魏辨亡論』，『書濮議後』，『金華殿賞花釣魚賦以仲春之閏賜宴金華爲韵』，『寒食清明都過了賦以題爲韵』，『李寶鼎劉士元劉光伯三賢贊』，『閏花朝詩』，取内課張大仕、費登泰、趙士琛、孟繼坡四名。更閲諸童課卷。夜雨，甚凉。譚寶琫中書殁，送奠儀四千。竹崖尚書少子也。

邸鈔：以鑲黄旗蒙古都統、額駙符珍調補鑲白旗滿洲都統，以左翼總兵容貴補鑲黄旗蒙古都統。

二十一日己丑　未初二刻四分小暑，六月節。晨至午雨數作，下午密雨，入夜不絶。評改學海諸童卷。是日頤頷間腫痛益甚，張姬禱之吕仙祠，求井泥傅之。作書致弢夫。夜雨聲瀧瀧徹旦，兼東北風甚烈。

邸鈔：詔吏部右侍郎宗室敬信補左翼總兵。

二十二日庚寅　竟日大雨，積水滿庭，路斷行人，墻傾屋漏。今日本宴客，不能往來，作柬遍致，改期廿六。得子獻書、竹篔書、吴碩卿書，皆以雨甚辭飲，復書告以改期。是日評改學海堂諸童課卷訖。凡二十一人，取内課陳春泗等三名，多加删潤。春泗《三賢贊》不知何人所作，頗有古意，而語多疏謬，爲改正數百字。傍晚風西北，雨少疏，夜仍霡霂達旦。再得子獻書，得弢夫書。

二十三日辛卯　晨雨滴不止，巳後漸霽。竟日霒䨴蒸溽，几席不乾。作致額玉如書，并課卷一箱及閏四月、五月學海堂課題，是月問津、三取書院望課題。得張生大仕書。自昨日後，所患稍平，齦腫尚在。弢夫爲延慈谿葉曼君孝廉來診，言是手腸明經疾，略有風火，内沴未動，有善針者，一針便除，惜今人無能知此法耳。葉名意深，去年舉人，向在劉銘傳幕，保舉江蘇知縣。俞子欣進士柬午飲聚寶堂，辭之。閲《宋詩鈔》。

二十四日壬辰　晨晴，旋陰，午晴，復熱，蒸溽益甚。客次墻半圮，召圬人修築之。閲《宋詩鈔》并題籤。復聞蟬聲。下午食西瓜，甚甜，又食葱油餅，亦甚香美，此一日口福也。我輩老病之軀，無功於人，歲叨國家奉銀二百兩，禄米十六石，不治一事，尚縱口腹之欲，宜其百疾交作耳。有蒲城人編修周爰諏來，議賃校場三巷宅。言其鄉先達王文恪公曾孫之鉽去年中鄉舉，秦人無不欣喜，此可見人心之公也。

二十五日癸巳　晨陰，午後晴，烈景復熾，晡後陰。延葉緩卿來診，用柏子仁、釵石斛、天門冬、茯苓、芡實、粉丹皮、淮山藥、白蒺藜等方。得心雲二十日津門書。得族弟慧叔書，言其子珣科試一等，可補廩生，即復。前日雨中内外泥垽，濕及床席，甚以爲苦，因念貧家繩樞甕牖，攲斜一二間，其苦更何如？吾儕不能安命，而喜言隱退，動慕水邊林下、竹籬茅舍，若值此霖潦，又將何如耶？乃知顔子陋巷之樂，豈人所易及。東坡詩云：『躬耕豈不能，自不安畎畝。』紀文達謂此老天真，方肯作此語，誠然也。夜有微雨，即止。

二十六日甲午　竟日陰，傍晚霽。竹篔、碩卿、苗生、子獻、壽平、聖懷、沈子林、傅子越來，未刻設飲，晡後散。葉編修昌熾來。繆筱珊來。弢夫來。

閲《玉壺清話》。多傳聞無稽之言，惟載郊祀回鑾過闕門、殿門時，有勘箭、勘契之儀，甚爲詳備。案：《宋史・禮志一》云：『熙寧四年，參知政事王珪言：「南郊乘輿所過，必勘箭然後出入，此師行之法，不可施於郊祀。」禮院亦言。於是凡車駕出入門皆罷之。六年，以詳定所請，又罷太廟及宣德、朱雀、南薰諸門勘契。』沈存中《夢溪筆談》云：『大駕鹵簿中有勘箭，如古之勘契也，其牡謂之雄牡箭，牝謂之闕仗箭，本胡法也，熙寧中罷之。』觀文瑩所載，則箭鏃掌之駕前司，箭笴掌之殿門司，取勘相合，然後啓門，似止一箭，非有牝牡也。其載駕至門時，門者問來者何人，及勘畢，又問是不是，齊聲答云是，如此者三，則存中謂本出胡法者，信矣。然非得此書，則存中及《宋志》所云俱不能了了也。

邸鈔：命協辦大學士、吏部尚書徐桐、户部尚書翁同龢、禮部右侍郎景善爲考試國子監學正學録閲卷大臣。詔：左都御史貴恒、工部左侍郎汪鳴鑾馳驛前往吉林查辦事件，隨帶司員一併馳驛。此以新授臺灣布政使于蔭霖爲其弟鍾霖呈訴冤抑也。

二十七日乙未　晴。得弢夫書，并黄漱翁所題《秋燈課讀圖》詩，即復。廖季平進士平來見，四川資州人，去年會試中式，今年殿試以知縣用改教。閲厲樊榭《湖船録》。雖小小掇拾，而敘次簡雅，令人想見南湖花隱吐屬風流，近日杭人丁午續之，成蛇足矣。買秋卉一儋，種之圃中，付錢六千。

二十八日丙申　晴，烈景復熾。剃頭。評改問津諸生課卷。比日地气潮濕不減，南中時時焚香辟之。

邸鈔：詔：改命吏部尚書麟書同汪鳴鑾馳驛往吉林查辦事件，貴恒毋庸前往。以前日貴恒面奏于蔭霖爲其鄉試房師也。

二十九日丁酉　晨密雨，至午益甚，下午稍止，復雨，傍晚止。是日評閲問津諸生閏二月望課卷訖。凡百二人，文題『春秋脩其祖廟至所以序昭穆也』，詩題『杏花春雨在江南得春字』，取内課張大仕等二十名。更閲三取諸生卷。夜雨數作，五更大雨徹曉。

三十日戊戌　晨雨，上午時止時作，午晴，午後晴雨不定，傍晚有雷，晚密雨入夜。吴碩卿來辭行。是日評改三取諸生閏二月望課卷訖。凡五十二人，文題『尊其位重其禄至所以勸士也』，詩題『桃花仍見釣人歸得歸字』，取内課劉嘉瑞等十名。兩書院童卷皆託寧齋代閲。

閲杭堇浦畫册十二幅，皆嶺南作也。一三水縣前浮沉石，二陳村龍眼，三木棉，四海珠寺，五光孝寺菩提樹，六羚羊峽，七芭蕉，八六榕寺，九西施乳，十九曜石，十一萬壽果，十二龍祠石菖蒲。每幅皆有題詩，俱見《嶺南集》中，惟六榕寺、西施乳、萬壽果三首，本皆七律，截作絶句。海珠寺畫作波濤中涌起一山，上有城堞樓閣，題『萬里濤瀾控制長，江空晴涌一珠黄』七律一首，末題『壬申冬月客廣州即景賦此』，而集中此詩祇題『海珠』二字。龍祠畫一巖洞，中設一几，几上有石菖蒲兩盆，題一絶句云：『陽厓花木展山圖，陰壑風雷閟玉符。上藥太清誰第一，月臺祇種石菖蒲。』集中此爲《龍祠避暑》三首之一，皆非見此畫，不知詩之何指也。九曜石畫一石，旁結一小亭，上題云『粤東學署拜石亭』，九曜石上有熙寧諸公題名，此一幅獨無詩。堇浦未嘗以畫名，其畫見者絶少，而此册蒼老簡秀，皆似不經意，而用筆細密，每於古拙中見秀潤，非畫手所知者也。其款多題『秦亭老民』，所用印記皆朱色如新。有一圓印，朱文，曰『杭州阿駿』。

夜初更震雷，大雨，二更雨益猛，滂沱徹旦，水溢上階，都中所罕覯也。

六月己亥朔　竟日密雨罕間，晨及上午尤甚，墻傾屋漏，寒如秋中。爲吴碩卿、沈子林畫團扇。吴扇寫參寥詩『隔林隱隱聞機杼，知有人家住翠微』二語，沈扇寫唐人詩『緑蒲低雨釣船歸』句。雨窗寒晦，時愁屋倒，借此自遣而已。夜雨聲徹旦。

初二日庚子　初伏。雨貫晝夜不止，晨及午後密雨數作，寓中處處穿漏矣。得弢夫書。得子獻書，即復。爲葉緩卿團扇畫赤壁停舟，爲張伯音團扇畫參寥詩『數聲柔艣蒼茫外，知有江村人夜歸』。此事固以導煩祛寂，亦由一時興到，借山水之趣以發之，不問予此畫者爲何如人也。畫訖又取四扇，一一書之。夜密雨大作，初更後滂沱如注，竟夕凄聲達旦，寒可重衾。

初三日辛丑　竟日大雨如注，傍晚風自北轉西，雨始漸止，晚晴，見夕陽，再雨一時。屋圮盡矣。聞廣寧右安門外水深數丈，城門已三日不開，城外死者亡數，前日有載牛車過者，人、牛及車俱漂没無蹤，此亦奇灾也。生民何辜，造物之不仁甚矣。評改問津諸生三月望課卷。寓中卧室、書室上漏旁穿，無異露處，書籍畫卷，污壞狼藉。夜卧讀書小榻中，一夕酣眠，達旦始醒，蓋日間憂恐，倦極而瞑也。

初四日壬寅　晨晴，旋陰，巳後晴陰相間，午晴，漸熱，晡後復陰，晚晴。作書致碩卿，致子培，皆送扇去。得碩卿復、子培復。作書致弢夫，得復。

得葉緩卿書，以余爲之畫扇，以鹿港海東香二十束爲報，云近日溽雨，焚之可以辟濕，且以所作《臺灣雜詩》絶句六首、《吊延平王》七律一首就正。其《雜詩》皆詠殘明故事，有云：『千年龍塔餘荒草，猶勝崖山汨颶風。』注云：『八通關迤北，地名安東郡。相傳故明魯王來依鄭氏，爲安東郡王，此其開藩之所。薨即葬此，起墳高大，號爲龍塔，扈從諸臣，皆陪葬焉。』此事足廣異聞，惟言魯王爲安東郡王，則傳聞之誤。魯自荒王檀以太祖子開國，傳十世矣，誰得降之？延平始以已通表粤西受桂王官爵，故不復迎奉監國。及聞滇中已破，桂王遁入緬甸，方議復奉魯王監國，會王亦薨，謝而止。觀其於寧靜王朱術桂等尚尊禮甚至，豈有降故魯爲郡王之理？至永曆間關黔粤，其時諸藩死亡轉徙，十一僅存，惟有晉郡王爲國，王以優禮宗支，亦斷無無故黜國爲郡者。其後克塽之降，諸藩在海外者皆僉名降表，監國之子桓尚稱魯世子，則所云開藩東安郡者，必無之事矣。

得介唐書，即復。復緩卿書。夜半後復密雨達旦。

邸鈔：上諭：京師自上月二十九日以後大雨滂沱，連宵徹旦，河流驟漲，誠恐近畿一帶禾稼受傷，朕心實深焦慮。著直隸總督、順天府府尹查明各屬地方有無被灾之處，迅即馳奏。近日京城内外倒塌房屋甚多，有無傷斃人口，並著步軍統領衙門、順天府確切查明，以慰廑系。

初五日癸卯　密雨竟日，穿漏益甚，客次及右塾墻壁圮盡，已不可居。遠近時時聞壞屋聲，人人怖恐。對門徐御史樹鈞寓室傾陊，亟徙去矣。連日評改問津、三取兩書院三月望課卷訖。問津生百人，文題『德行顔淵至人不間於其父母昆弟之言』，詩題『黄昏微雨畫簾垂得垂字』，取内課孟繼坡等二十名；童七十一人，文題『人不間於其父母昆弟之言至以其兄之子妻之』。三取生五十人，文題『閔子侍側至言必有中』，詩題『小樓吹徹玉笙寒得笙字』，取内課王廷琪等十名；童三十七人，文題『子曰由之瑟』。童卷皆託寧齋代閲。兩得敦夫書，爲其同年四川王炳章説賃教場三巷公屋。夜小雨不絶。閲羅端良《新安志》，體裁峻整，考據精密，文筆亦脩潔有法，洵佳志也。

邸鈔：上諭：京師自上月下旬以來，大雨不止，民居禾稼受傷。昨日雖經開霽，今復陰雲密布，雨勢滂沱。朕心廑民瘼，寢饋難安，允宜虔申祈禱，冀迓時暘。謹擇於本月初七日親詣大高殿拈香。時應宫派貝勒載濂，昭顯廟派貝勒載漪，宣仁廟派貝子奕謨，凝和廟派輔國公載澤，同於是日分詣拈香。

初六日甲辰　晨日出旋陰，上午晴陰相間，午後晴，復熱。作致額玉如書，并寄課卷兩箱，付寄鄆人錢十四千。得敦夫書。作書致吴澂夫，得復。馬錫祺工部來，爲鄉人徐某乞借先賢祠開壽宴演劇。雲南候補知府石鴻韶來拜。閲李瀕湖《奇經八脉考》及《瀕湖脉學》。共兩卷，其中名論甚多，有功於醫學甚鉅。《脉訣考證》本附《脉學》之後，取朱子以下論脉訣之僞，以證其成説。今刊本別而二之，非也。

邸鈔：上諭：禮部奏前任總兵及耆民等呈請隨班祝嘏，援案請旨一摺。本年朕二旬萬壽，所有前任山西太原鎮總兵何鳴高等及耆民情殷叩祝者，倶准其附於百官之末，另班行禮。

初七日乙巳　辰初初刻大暑，六月中。晨雨，旋晴，上午晴陰相間，下午陰，時有溦雨，晚頗躁熱。《新安志・姓氏》云：查氏顯於文徽，爲南唐樞密使，至國朝祕監陶、待制道皆其孫也。本音如乘槎之槎。鋤加切。真宗嘗與道語及姓氏，因謂之曰：『卿豈不聞京師以仵作行人爲槎家乎？宜求音之近而雅者稱之。』又問姓所起，引《春秋》『會吴于柤』在加切。以對，自是改稱音若柤。云查氏有孫藻在荆南，自言其上世事如此。案：今查姓皆呼作渣，猶沿宋時所稱，則亦古矣。其實古祇作『樝』字，查、柤皆樝之省别也。《廣韵》：『樝，似梨而酸，或作柤，側加切。』『楂，水中浮木。又姓，出何氏《姓苑》。鉏加切。』『查』『槎』二字同，是猶讀查姓爲槎，蓋本《唐韵》之舊。《集韵》始分别之，云：『樝、柤，莊加切，《説文》「果似梨而酢」。』『查，查下，地名，亦姓。』又『茬、槎、今刻本誤作『搓』。查，鋤加切。』以查姓系莊加切之下，莊加即在加也，此已用真宗所改音矣。

王叔和《脉經》云：『芤脉浮大而軟，按之中央空、兩邊實。一曰手下無、兩旁有。』李月池名言聞，時珍父。云：『中空外實，狀如慈葱。』東璧注云：『芤，慈葱也。《素問》無芤名。劉三點云：芤脉何似，絶類慈葱，指下成窟，有邊無中。』案：《廣韵》尚無『芤』字，蓋《唐韵》無之。《玉篇》云：『芤，苦侯切。』徐氏《脉訣》云：『按之即無，舉之來至，兩旁實、中央空者，名曰芤。』《集韵》十九侯：『芤，墟侯切，病脉。』亦引徐氏説，與《玉篇》同。《類篇》悉同《集韵》。慈葱之説，不知何本。案《儀禮・喪服記》：『凡衰外削幅，裳内削幅，幅三袧。』鄭君注：『袧者，謂辟兩側、空中央也。』辟者，襞積也。是（絇）〔袧〕與芤音義皆同。徐氏蓋南齊徐文伯，嘗著《脉訣》。《玉篇》《類篇》倶不引晉人《脉經》而引南齊人《脉訣》者，蓋《玉篇》此字是宋人所益，非顧氏本有，而《脉經》自五代高陽生僞撰《脉訣》，託名叔和，其書盛行後，《脉經》久已隱晦，故陳彭年、丁度等皆所未見。至熙寧間林億等始校上，億序言其中多所竄亂，可知其傳本甚希，至紹聖中始刊行耳。

剃頭。

初八日丙午　晨微見日，旋陰，上午陰溽，時有澂雨，午後雲合，旋霽，下午晴，晡後復陰鬱蒸悶，有雷，風雨大作，傍晚少止，晚雨入夜。子培來。弢夫來。聞右安門外豐臺一帶村落皆盡，居民盡避入都城。神武門外鐘鼓樓，流民栖止已滿，十剎海俱泛溢，壞民居亡算。西苑宫殿亦多穿漏，勤政殿至不能居。初三日大雨中，南城外京朝官多有持繖坐屋下者，刑部、都察院解宇中水積數尺，官吏盡避它處。京外諸縣如固安、武清城署皆空，涿州水亦滿城。通州文報不通已將十日，而雨勢未已，天心尚未澹灾乎？夜一更後雨稍止，有晴色矣，二更後復雨，三更後凄聲達旦。

初九日丁未　晨雨，上午稍止，午後略見日景，下午陰濕，鬱溽尤甚，傍晚又雨。悶雨無憀，室中傾漏，幾無容膝處。去年爽秋曾爲其愛女索畫稿，無以應之，今日爲取團扇，畫元相『萬樹桃花映小樓』詩意，頗費營構，亦聊以遣悶而已。夜雷電，大雨達旦。卧室盡漏，西箱壁倒，徹夜不瞑。

邸鈔：上諭：麟書奏病勢增劇，再懇賞假，吉林查辦事件應否另行派員請旨一摺。麟書著再賞假二十日。吉林查辦事件著改派敬信同汪鳴鑾馳驛前往。

初十日戊申　晨大雨，至巳後稍止，午日出，下午陰晴不定，鬱溽異常，晡後又雨，傍晚大雨雷電，入夜不止。爲陳梅坡團扇作《賞雨茅屋圖》。比日服葉緩卿方藥，室中蒸溽，無計避濕，忽忽若病，閱紀文達《閲微草堂筆記》以自遣。夜狂霖潦沛，至二更後始稍止。

邸鈔：詔：京師自前日至今，連宵徹旦，雨勢未已，朕心焦灼實深，允宜再申虔禱。朕於十一日親詣大高殿並宣仁廟拈香，仍派貝勒載濂等分禱時應諸宮廟。

十一日己酉　晨霃陰，上午微晴，午後烈景時出，鬱溽特甚，晡後雷雨作，旋止，傍晚漸霽。得子蓴書，言其長孫於今日未明時殤，年十九矣，頗聰慧，娶婦甫三月也。即復書慰之。當同治壬戌子蓴初挈眷入都時，其長郎年甫十二三，方授經，余時與賈琴巖、平景蓀諸君過其家，循循侍側，左右給使，聞余輩議論，或至諧謔，亦能粲然，即此子之父也。忽忽三十年，光景歷歷如昨日，而已兩世見其夭折矣。浮生可悲，况在子蓴耶！庚辰同年宋户部淑信母喪，送奠分六千。夜有星月，時見電光，有雷聲隱隱，雲合東際，蓋畿東有大雨也。是夕熱甚。門房圮，室中人人有戒心。

邸鈔：詔：前浙江按察使陳寶箴開復降調處分，前河南府知府承恩准其開復原官照例用。前户部候補主事周頌以主事用，山西道御史張賡颺補授廣東韶州府知府。

十二日庚戌　中伏。晴，酷暑蒸溽。吴碩卿來辭行。吴澂夫來，蔣笠山孝廉鳳藻來。黄仲弢來。是日熱甚，恐有雨至，老屋數椽將無存者。檢室中多有友人所乞書畫紈扇，紙篋堆積重疊，因取一二，隨時了之。遂畫兩團扇，皆寫蔣竹山『紅了櫻桃緑了芭蕉』詞意。爲陳梅坡書扇訖，即作書致弢夫屬轉致，得復。作書致介唐，以介唐兩遣人問余所居消息，故今日轉問之。得復。張姬詣子蓴夫人家吊唁，詒以糕餅一包。得心雲是月朔日滬上書，并寄西洋參一匣，朱砂印泥一合，陳油一小注。

閲蔡絛《鐵圍山叢談》。其中侈言政和禮樂之盛、父子恩遇之隆，固爲可哂，然謂其父力沮北伐之議，則似可信。南宋初人如王明清《揮麈録》、周煇《清波別志》等書皆記高揀之言，曲折甚備。蓋京雖奸險，而富貴已足，且年老畏事，閲歷已深，自不願興兵要功；又知天下事已將潰敗，惟恐失其富貴，伐燕之事，成敗難知，利害分明，無所覬幸，此其阻止，非爲國謀，正爲身謀也。後人惡京，遂疑其事難信。《宋史·奸臣傳》亦載京寄子攸北伐詩，謂故以示異，亦惡而甚之之辭。條又言其父晚年欲召用陳瓘、劉器之，會二人已卒。《四庫提要》謂條文過之言，然《宋史》謂京父子至宣和中知事將敗，稍持正論，遂引吴敏、李綱、李先莊簡諱、楊時等用之，以挽物情。《朱子語類》論李忠定事，謂當日政歸蔡氏，以朝旨用人，諸公不得不出，京晚年亦稍用清流，以自掩蓋，一時才傑多出其推薦。此固公論也，然則謂欲召用了翁、元城，亦未必無其事。後人詆訾葉石林等爲蔡京門客，所著《避暑録話》等書多右蔡氏者，亦可謂不成人之美者矣。《直齋書録解題》至謂先莊簡始進由蔡氏，則幾同狂吠。

夜熱甚，有月頗佳。

十三日辛亥　晴陰相間，酷暑滋甚。數日來内外潮濕，壁間地上皆生白毛，甚於南中矣。作書致澂夫，問其行期，得復。剃頭。爲澂夫書扇。閱胡文甫《四書拾義》五卷。其説多精鑿可傳，不止朱氏開有益齋所舉數條也。夜熱甚，裸卧汗尚不得乾，達旦不瞑。

邸鈔：上諭：潘祖蔭等奏稱近畿一帶東西南三隅被灾最鉅，現據宛平、固安、良鄉、房山、通州、順義等州縣及南路廳同知查報，所屬地方或田廬漂没，或全村被淹，傷斃人口甚多，業經分派委員，廣延紳士，設法振濟，並擬添設粥廠，請撥銀米等語。小民猝遭水患，蕩析離居，覽奏殊深憫惻。著照所請，先在六門外酌添粥廠，並於孫河、定福莊、采育鎮、黄村、龐各莊、蘆溝橋六處一律添設，賞給京倉米一萬五千石，即行分領煮散，以資急振。著派志顔、李瑞遇、胡聘之、胡隆洵、景澧、徐承煜分往孫河等六處稽查彈壓，妥爲監放。其各鎮開廠所需經費銀二千兩，著户部照數撥給。朕欽奉慈禧端佑康頤昭豫莊誠壽恭欽獻皇太后懿旨，發去宫中節省内帑銀五萬兩，作爲振撫之需。該府尹等務當仰體聖懷，認真辦理。其密雲、懷柔及未經呈報之各州縣，並著迅即查勘覆奏。另片奏東安、武清等處已派員携銀米前往辦振，右安、永定門外借用通惠河運米船隻並紮筏濟渡等語。即著督飭各員切實經理，勿令灾民失所。

十四日壬子　晴，酷暑，晡後有微風，稍覺凉爽。作書致碩卿，問其行期。取前日所畫『萬樹桃花映小樓』團扇一面，寫辛酉四月六日憶里中青田湖競渡絶句十一首。本十六首。作書致爽秋，得復。得碩卿書，言明日準行。敦夫來，介唐來。邑人孫宜卿模來辭行。杭人夏庶常之森來。夜月甚佳，卧中少凉適。

邸鈔：上諭：李鴻章奏永定河堤工漫口，分别參辦，並自請議處一摺。本年五月下旬以來，大雨連綿，永定河水勢盛漲，險工迭出。六月初五日，北上汛二號被水漫溢，刷寬口門七八十丈。該管各員疏於防範，實屬咎無可辭。永定河道萬培因、石景山同知竇延馨均革職留任，李鴻章交部議處。該督務當督飭在工員弁迅籌堵築，不得再有疏虞。其下游南三九號並北上汛二五號先經漫水各工，並著一體詳細勘辦。所有被淹村莊迅速查明，安籌撫恤，毋令失所。　刑部尚書嵩申奏假滿病仍未痊，續懇賞假，並請派署差使。詔賞假一月。吏部左侍郎松溎署理刑部尚書。

十五日癸丑　晴，酷暑。弢夫來。得爽秋書，并寫示近詩八首，及《雨中見懷》詩一首云：『淋雨十日不相聞，漠漠八荒同一雲。裹糧愧未謁莊叟，入臺行將冠惠文。北山腥風老蛟出，南苑盛漲飢鴻瘒。不恤甑魚茆屋破，會上灾異天扉云。』楊德孫庶常家驥來。是日家人勃谿，老婢阿張悍不可制，怒甚，爲之竟日不食。陳書玉夫人來，夜飯後去。夜卧書室，皓月滿床，五更景斜，舉室如晝。

邸鈔：上諭：王文韶奏土司稔惡，剿辦就殄一摺。雲南永北廳屬北勝州土司章天錫兩世私襲，横行罔忌，擾害地方，種種不法，節經該督撫派兵擒拏，輒敢聚黨抗拒，實屬逆蹟昭彰。本年正月間經王文韶等派兵攻剿，擒獲匪黨多名，並將章天錫拏獲正法，地方一律肅清，剿辦尚爲得手。在事出力各員，准其擇尤酌保。至所請將北勝州之州同屬境改土歸流一節，著該督撫妥議章程，奏明辦理。

十六日甲寅　晴，酷暑。節孝張太恭人生日，供饋素饌。作書致爽秋。爽秋來。傍晚家變忽作，阿張悖戾，幾釀人命。深痛治家無狀，縱此賤婢，目無主人，尚不能以家法治之，真祖宗之罪人矣。介唐及介唐夫人、書玉夫人皆來視，徹夜擾攘，内外倉黄。四更有驟雨，旋月出。是日望。

邸鈔：上諭：潘祖蔭等奏胡隆洵因病出缺，所有監放粥廠差事改派李鴻逵前往。

十七日乙卯　晴，酷暑。敦夫來，子獻來，留之午飯。介唐夫人携阿張暫居其家。殷蕚庭來。弢夫來。作書致弢夫，託其請葉緩卿爲王姬診。夜熱甚。傅子蓴之孫今日出殯，作書慰之，賻以十二金，得復。

邸鈔：上諭：張曜奏黄水盛漲，高家套埝刷塌，請將在事各員分别參辦，並自請議處一摺。山東齊河縣高家套埝工正在興修，未及竣事，猝於五月二十一、二十二等日晝夜大雨，風狂浪急，致埝身刷塌三十餘丈，在事員弁未能立時搶護，實屬咎無可辭。都司張鳳儀，候補知縣劉師向、傅善寶均著即行革職，道員張上達交部議處，張曜一併交部議處。

十八日丙辰　晨及上午晴，烈景甚熾，午後陰，晡雨，入晚稍止。上午出門答拜葉菊裳編修，送沈子林行，均不值。晤子培。詣花農，坐紫薇花下久談。答詣陳右銘按察，不值，遂歸。作書致介唐，告以阿張歷年忤逆之罪，擬出之居尼庵，得復。粤東李庶常晉熙來。張子虞來。介唐來夜談。夜雨，徹旦有聲。

十九日丁巳　晨陰，巳密雨，至下午稍止，傍晚復小雨。比以盛怒，數日不能食，今日稍盡飯一器。徐花農來。子獻來借杭大宗嶺南詩畫册、朱茮堂花果卷爲臨模，即作書與之。

邸鈔：上諭：前因天津等處被水成灾，業准李鴻章所請，撥銀六萬兩，先就被水極重之區辦理急撫。惟念此次雨水過多，灾區過廣，尚恐不敷散放，著將奉天運京粟米一萬二千七百餘石，並於本年江北河運漕米内截留三萬六千石撥給備振。上諭：御史周天霖奏京城積水難消，請開溝渠以資宣洩一摺，著步軍統領衙門、管理溝渠河道大臣會同工部妥議具奏。

二十日戊午　晴，晨微陰。潘伯循來。弢夫來約明日飲陶然亭，以余比日鬱怒無憀，爲之消遣也，并還二月間所假二十金。陳蓉曙來。俞子欣官圻來。楊定旉來。新分工部主事王履咸來，蕭山人，今年進士，聞其人頗工書，而不得翰林。是日廄中祀馬神，付牲果等錢十二千。賞楊媪之子小猪二金。

邸鈔：上諭：朕二旬慶辰，覃敷闓澤。文武大臣有年逾七旬，精神强固，供職克勤者，洵爲熙朝人瑞，允宜特沛恩施，以昭優眷。大學士恩承、張之萬均加恩賞給御書扁額一方，西安將軍尚宗瑞、綏遠城將軍克蒙額均交部從優議敘。福建臺灣布政使于蔭霖奏病難速痊，懇請開缺。許之。以開復前貴州布政使沈應奎爲福建臺灣布政使。昨日引見考取國子監學正、學録八十四名，詔用李春澤等三十四人。

二十一日己未　晴，午後雲合，有雷，溦雨，即霽，酷暑如故。上午詣定旉談。傍午詣江亭赴弢夫之飲。南窪積水，車行甚艱。坐有敦夫、介唐、子獻、子培、子封、寧齋及僧喜。夕陽時散，過一空亭下，有覆轍之懼，舍車而徒，至南横街口三聖庵始上車歸。殷萼庭來。晚得户部知會，明日御史一缺引見，作書致定旉，致介唐，俱借紗蟒袍。得定旉復。得介唐復，并假花衣，且言夜中相送入内，即作書止之。夜加子後坐車入正陽門，至東華門下車，步出西華門，至吏部朝房，偕丁户部之栻、何御史福堃及定專同待漏。

邸鈔：□□□□保順授浙江衢州府知府。

二十二日庚申　末伏。夜子初一刻六分立秋，七月節。晴，酷暑。晨入西苑門，日加巳引見於勤政殿。退，出苑門，至朝房小憩，仍由西華門步出東華門，坐車歸。作書致介唐，還花衣。作書致弢夫。張漢卿賡颺來賀，不見。余今日所補，即彼缺也。聶楫臣來。介唐來。介唐夫人來。是日以昨夕不卧，又往反步行四五里，午後憊甚，假寐軒翠舫南窗下，忽聞壁間土簌簌落將圮，亟起，呼匠人拆去，用大木榰柱之。使少寐未醒，必覆壓矣。作書致季士周，告以寓室傾圮將盡，須亟商修築，請其來視。

付朝房道喜錢十一千，報子錢十五千。

邸鈔：詔：山西道監察御史員缺著李慈銘補授，内閣侍讀員缺著端木埰補授。江蘇蘇州府知府魁元著回任，准其卓異加一級，仍註册候升。河南巡撫倪文蔚卒。詔：倪文蔚由部屬歷任道府，洊擢封圻，宣力有年，克勤厥職。兹聞溘逝，軫惜殊深。加恩照巡撫例賜恤。

二十三日辛酉　竟日陰雨。弢夫來。蓴庭來。陳梅坡來。陸壽臣蓮史來。徐班侯來。季士周來。得額玉如書并五月望課卷，兼寄來洪氏新刻《開元禮》一部，余託購之天津書局者也。都察院吏送來山西道稽查兵部、翰林院等衙門事宜單，并請到任日期，擇七月四日辰刻。夜仍有小雨。

邸鈔：以前廣東巡撫裕寬爲河南巡撫。以翰林院侍講學士惲彦彬轉補侍讀學士，以左春坊左庶子潘衍桐爲侍講學士。

二十四日壬戌　晴。圬人修軒翠舫墻屋。爽秋來。吴佩葱來。仲弢來。戚聖懷來。書玉來。

朱苗生來。俞子欣來。馮夢花來。比日賀客頗多，不能盡記。得介唐書，已屬張詩卿代製豸服紗蟒來，即復。夜半後有雷，大雨驟作，不一時止。

邸鈔：上諭：朕二旬慶辰，在京大員老親有年逾八十者，承恩禄養，愛日舒長，洵屬昇平人瑞，允宜特沛恩施。禮部尚書崑崗之母棟鄂氏賞給御書扁額一面，福壽字各一方，紫檀三鑲玉如意一柄，大卷江紬袍褂料二匹，大卷八絲緞袍褂料二匹；内閣學士兼禮部侍郎銜祥麟之父春陞、鳳鳴之父瑞成，前江寧副都統連慶之祖母佟佳氏均賞給御書扁額一面，紫檀三鑲玉如意一柄，小卷江紬袍褂料二件，小卷八絲緞袍褂料二件：用示朕錫類推恩至意。

二十五日癸亥　晴陰相間，溽暑復熾。桑叔雅來。伯循來。子培來。劉樾仲來。陳生雨人來。子獻來。周介夫來。莫堅卿來。張伯音來。慧叔弟來。得額玉如書，送來秋季束脩等銀一百四十八兩，即復，犒使銀二兩，錢六千。京畿道吏送欽定臺規及滿漢御史題名録來，先賞以二金。作書致定甥，得復。夜有電，熱甚。

二十六日甲子　晴，熱甚。上二十萬壽，御太和殿受賀。黄漱蘭丈來。子蓴來。傅懋元來。楊莘伯來。單孝廉春沚來辭行。下午詣祁子和左都，徐季和、沈叔美兩副都。通謁故事，初入臺拜臺長，用年家眷晚生紅束三，而拜京畿道長用光晚生紅束三，不可解也。今臺長亦皆用光晚生矣。京畿惟掌道稱道長，協道則不然。至第二次拜道長即用侍生束，以後皆以名片矣。晤季和，久談。順道拜同衙門及答客二十餘家，晤爽秋，晚歸。是日買馬一匹，付銀二十四兩，又鞍燈轡勒等銀八兩。行年六十有二，始以正五品左轉從五品，强號遷官，始具輿服，衰頽冠獬，潦倒乘驄，草創威儀，屏當匡篋，未曾上事，已欲傾家，亦可笑矣。書玉夫人來。

二十七日乙丑　晴，酷熱，下午微陰。作書致介唐，得復。許竹篔來。陳蓉曙來。敦夫來。季士周來。徐亞陶來。陳右銘廉使來。張冶秋編修來。張嘯庵侍御來。子虞來。介唐夫人、書玉夫人來送阿張歸。是日匠人修理軒翠舫竟，南牖上各加横木二、侏儒柱四，中爲大方槅，嵌以波黎，防再雨滲漏。墻不能固也，圬人改築墉十之七。印結局送來是月公費銀十兩，自此此項人事絶矣。

二十八日丙寅　晴，酷熱。上午入前門，拜同官及答客三十餘家。至安定門大街，渴甚，入一茶館，墻宇頗修整，税車秣馬，解帶小憩，如入清涼世界矣，略飲湯麵而出。詣秦老胡衕通謁貴午橋左都貴恒，久談，其所居頗有樹石，故尚書皂蔭舫皂保宅也。日落出城，復拜客十餘家，晤許筠庵師而歸。是日有來賀者十餘人，不能悉記。

二十九日丁卯　晴，酷熱。上午答客十餘家。傍午詣下斜街全浙館赴蓴庭之飲。館本爲趙吉士之寄園，有藤甚古，今久不葺，屋舍多圮，藤亦枯朽，今年杭人濮紫泉等取所存公費二千餘金營造之，爲堂宇三，補種花木，以備游宴，頗華潔宏整。最後之堂爲紫藤精舍，最寛敞，藤兩株對峙院中，亦近年補栽者也。是日坐有班侯、介唐、仲弢諸君及不識姓名者兩人。晡後歸。徐季和副都來。徐乃秋侍御來，名兆豐，江都人，甲戌庶常，由刑部郎轉山西道，不一年轉掌京畿道，此去年十一月間事，近所未有也，以協道得之，尤爲僅見。沈叔美副都來。西城吴聚垣侍御來，名光奎，四川人，庚午同年。可莊來。花農來。以上賀客皆請見者，記之。近日募圬人、梓人修造廳屋門塾，土石坌壅，徑路皆塞，客來皆謝之。是日買夏朝冠一頂，銀五兩；金纁紗朝裳及披肩、套袖一副，銀十七兩。介唐夫人携王姬暫居其家。以魋魌之争，爲尹邢之避，可歎也。

三十日戊辰　晴，酷熱。上午入宣武門拜西城諸同官。至西直門小街盤兒胡同通謁奕鶴樓副都奕年，久談。其人年垂七十，語言真率，長者也。所居荒僻似林野，其客次書室頗蕭潔，無俗氣，略有樹石。自言出聖祖第十四子恂勤郡王允禵之後，今尚有藍甲二分。有兩兄，一爲道光丙戌翰林，由學士大考三等，降主事，卒，無後；一爲吉林副都統，被議罷官，有子載存，今年入翰林。身惟一子，年十八矣。其語絮絮似老嫗，言官户部司員十餘年，從不求一美差，一生寡交游，惟節儉疏食以自給。時余欲詣大翔鳳胡同拜奕副都奕杕，因爲余僕言其詰曲路徑，某處有水，某處有淖，臨送上車，復再三爲御者言之，惟恐其迷路者。過十刹海，頗飢渴，詣一酒家，别有樓三間，臨水開窗，華好無塵，樓下荷葉接天，尚有花百餘，妍紅未謝，映緑彌韵。解衣小飲，近挹瓊島，遠攬西山，神觀清閑，足抵一天襬襶矣。樓曰海興樓。其東相去七八家，别爲鑪竈，沽飲喧雜，亦有樓，即昔年之天㪷樓，余嘗與同人數過飲者也。餔後仍坐車拜客，斜景尤烈。傍晚歸。潘伯寅尚書來。許筠庵少宰師來。唐暉庭侍御椿森來，廣西人，丙子翰林，山西掌道也。得介唐書，即復。

苦雨中聞蟬喜賦

打頭十日雨，床床積泥墋。墻壞鼠失居，階浸魚欲淰。時防茅屋傾，一夕幾移寢。偶聞檐溜斷，屢盼朝旭顯。䨝霫仍相續，憂思不能飪。累警榱椽動，愁看童僕襟。今辰日在晡，天宇稍可審。忽聞嘒嘒蟬，聲出庭柳荏。日來何所依，亦學反舌噤。將晴豈先知，翩來爲我諗。枝重定汝栖，葉潤飽汝飲。便覺清風生，北窗安我枕。

自五月二十九日至六月十一日晝夜霪霖都中官廨民房十傾八九自城外至天津汪洋成海作歌紀異

渾河倒注城欲摇，雷轟電掣驅奔濤。人家十萬失昏曉，鬼神慘黯魚龍驕。朝見滂沱走江海，夜聞漆沛衝虹霄。墻傾屋倒不知數，老壯奔走兒童號。坊市一旦成澤國，車馬斷絶空早朝。側聞聖人御西内，建章四注瓴水高。千門萬户鎖深霧，長楊五柞撐驚飈。蓬萊宫殿出浩淼，白塔卓立如停篙。玉河鳳河合一片，直下津沽凌怒潮。畿輔百縣入巨浸，魚頭人戴誰能逃。吁嗟燕人亦何罪，頻年浩劫懷襄遭。昔歲軍都水暴發，桑乾起立千尺標。鬼燈千萬卷濁浪，黑雲夜壓蘆溝橋。西山柱折一陘絶，萬家忽葬山之椒。大房幾致陸沉變，流胔積骼如艾蒿。奈何月建未浹甲，以上皆指己丑八月間事。值此霪潦重氛祅。廬舍百物一如洗，逿冀郊野留青苗。天子疇咨補救術，輟懸減膳勤旰宵。司農仰屋籌積穀，監倉挽粟傳飛艘。賢哉司空領京兆，一心日夜哀鴻嗷。請帑募金啓百廠，上下呼籲脣爲焦。朝官往往裹糧出，以泭載食壺繫腰。掀天洚水不時至，汪洋萬頃難容刀。眼前村落忽深谷，猶聞婦女相呼謈。存者骨立氣僅屬，露栖林杪無橧巢。嗟我老病坐觀變，竊食大官無寸勞。長安誰有一間屋，何論風捲三重茅。作詩紀變聊諗世，綢繆牖户毋重漂。須知天怒不輕發，又聞驟雨無崇朝。我思此事必有故，得非口腹恣貪饕。殘酷習慣成惡業，以償物命同牛毛。人思自警務節嗇，庶幾灾沴能長消。吾君仁聖格蒼昊，督輔和氣資鈞陶。明歲村村大打稻，連耞到處聞簫韶。

荀學齋日記後乙集之上

光緒十六年七月初一日至十二月二十七日(1890年8月16日—1891年2月5日)

光緒十有六年庚寅秋七月己巳朔　晴，酷熱，微陰。是日素食，以水灾甚重，無力拯人，惟戒殺生，庶免造孽。本擬月齋十日，而老病遄臻，津液已枯，不能過薄滋味，月以六日而已。今日欲詣先賢祠拈香，已命人持香燭往，而累日奔走，憊不能興，展轉小床，惟有歎悵。華生瑞安編修學瀾來，不能見。得鄙甥昌祁里中書。

初二日庚午　雨，至午尤密，竟日淋漓。上午詣全浙館赴漱蘭侍郎之飲，坐有弢夫、爽秋、子培、定夷、蓴庭、子虞。漱翁以余言不設鷄彘，多具薨脯，亦甚可食也。館中新栽花樹，得雨青葱，然聞檐溜瀧瀧聲，又不免相顧愁歎耳。傍晚冒雨歸。定夷來。是日西苑春藕齋萬壽演劇，賜廷臣宴始畢。自六月二十四日至二十七日，又今月一日、二日，共六日樂讌，推班不視事，較往年多兩日，六部侍郎得與者惟昨今兩日耳。外間班伎多傳入演，亦有甚庸下者。聞內中宴樂尚有數日也。付僕人兩帽鞍罩等銀一兩。

初三日辛未　晴，仍酷暑。介唐夫人送王姬歸。下午答客及拜同官，皆宣南近巷一二里間，凡二十餘家，晤介唐、莘伯、敦夫、子獻，晚歸。陳六舟來。

邸鈔：吏部尚書麟書奏請續假一月並派署差使。詔：吏部尚書及管户部三庫事務著福錕署理。

初四日壬申　晴，酷熱如故。辰刻入署，詣山西道上事，具朝服拜印，又詣關帝廟及土地祠行禮。午詣陝西道與湖廣道，共一聽事，頗宏敞，十三道公所也。堂壁三面，刻漢御史題名碑，左一扁李琳枝森光書『鐵面冰心』，右一扁陸清獻書『邦之司直』。故事，御史初到署者，與同官團拜於此，先新任者左，前輩右，繼前輩左、新到任者右，皆三叩首。拜畢設宴，推先此次到署者爲主人。凡三席，新任者居中坐，酒數行而已，爲費十二金，京畿道吏於飯食銀中扣算之。是日河南道高燮曾侍御爲主人，其補官先余十日也，到者京畿道徐君乃秋、胡君岱青，陝西道戴恩溥及同年褚百約而已。高字理臣，甲戌翰林，嘗任山西學政；胡名泰福，戊辰進士，嘗官刑部員外郎、軍機章京，典山西試：皆湖北人。下午歸。付賞本道書吏等錢五十千，陝西道司茶吏錢四千。奕鶴樓副都來。德侍御德本來。徐叔鴻侍御樹鈞來。繆筱珊來。四君皆昨日來請見者，補記之。陳六舟府尹來，昨見過不值，今日復來，蓋以灾振事相商也。愧無寸策，可裨民生，睹此哀鴻，彌慚冠豸。劉幼丹侍御心源來。

初五日癸酉　晴，酷熱。五更起盥漱小食，昧爽坐車入前門，至長安左門下車，詣午門前都察院朝房憩坐一時許，押諸京官坐班。是日余派查西班，坐日圭亭之上；其東班則高御史燮曾及滿御史某，坐嘉量亭之上。西班滿御史德蔭不到。巳刻散，步出東華門上車。至康家胡同答拜張嘯庵侍御，不值。詣金忠甫同年，久談，小食。出前門答拜數客，至書玉家小坐而歸。黄叔容來。陳芰生來。胡岱瞻來。褚百約來。祁子和左都以其配李夫人之喪來赴，送奠儀十千。寧齋六月脩金六兩。崇效寺六月房金六兩。

邸鈔：奉天補用道奭良授奉天東邊分巡道。禮部郎中恒壽授江西吉南贛寧分巡道。

初六日甲戌　晴，微陰，酷熱如故。竟日憊甚，多卧。作書致介唐、敦夫、子獻、弢夫，俱約明日晚飲。徐蔭軒協揆師來。高侍御燮曾來。陸庶常承宗來。龐劬庵來。萬薇生本敦來。閱《論語旁證》。大指引諸家説以發明朱注，而亦補其未備，絶不攻擊，亦不回護，頗多切理饜心之談。惟所取宋、元人如鄭汝諧、陳天祥諸家，則多支離臆决，不足深信。

邸鈔：上諭：御史劉綸襄奏殿廷考試請嚴除積弊一摺。廷試爲掄才大典，閱卷大臣宜如何秉公校閱，若如所奏，近來殿廷考試流弊漸多，頗滋物議，亟應嚴行整頓。嗣後派出之閱卷大臣等務當悉力詳閱，遇有詩賦失音出韵及引用舛錯、點畫遺落者，一律籤出，不准擬取前列；其分閱未入己手之卷，並不准檢尋移置，致滋弊端。如有校閱草率、應籤不籤者，經朕看出，定當予以懲處。至呈遞詩片，與科場暗通關節者無異，儻有此等情弊，一經發覺，定行分别嚴懲。讀卷閱卷大臣均係朝廷特簡，諒不敢有心欺罔。該御史所請欽派王公監試之處，著毋庸議。其所稱本科殿試一甲二名進士文廷式策内『閭面』二字，讀卷大臣並未籤出，著派崑岡調取原卷查明，據實覆奏。另片奏，近來崇尚《説文》，試卷中往往攙寫篆畫，易啓揣摩迎合之習等語。考試文字不准書寫卦畫篆字，例有明條。嗣後鄉會試卷，如有違式書寫各項變體難字者，著照科場條例認真辦理。其殿廷考試儻似此違式者，亦著一律懲辦，以肅功令。上諭：御史劉綸襄奏吏部與内閣遇有補選缺出，往往移前那後，句結營私，此次侍讀缺出，遲至一百四十餘日，始行帶領引見，懸缺待人，情弊顯然，請飭將遲閣之司官嚴參等語。著吏部堂官確切查明，據實覆奏。

初七日乙亥　晴。先君子生日，供饋特皛一，魚一，魚翅羹一，菜肴五，肉肴三，時果五盤，饅頭一盤，炒麵一盤，蓮子湯一巡，酒三巡，飯再巡，茗飲兩巡，晡畢事。敦夫、子獻、介唐、弢夫來，晚治具於軒翠舫，書玉後至，邀寧齋同爲七夕之飲。命阿張等觴介唐夫人、書玉夫人於内，夜二更始散。玉皇廟僧送上供菜八色，酬以二金。付僕人呢氈雨衣銀五兩三錢。付廚人賞錢十五千。

邸鈔：四川成都府知府朱其煊升湖北分守安襄鄖荆道。本任道陳維周故。以翰林院侍讀學士徐會澧爲詹事府少詹事。

初八日丙子　未初三刻九分處暑，七月中。晴，酷熱，晡忽陰晦，大風雨震霆，傍晚霽。上午入署，晤掌道鳳彦臣鳳英、唐暉庭椿森，協道麟伯仁麟趾。核對兵部注銷册，有提塘官來畫卯。午散，答客數家。出宣武門，又答客數家，晤可莊、旭莊兄弟，午後歸。聞醇邸病甚，雷震時已昏絶不知人，上聞信，亟趨視，不及整駕辟道，至夜中始還内。

初九日丁丑　晴。章黼卿來。爽秋來。殷蕚庭來。書玉第五子周晬，詒以紅緑縐紗衣裁、鞋、韈、糕、桃、豚、麵。

初十日戊寅　晴，微陰。弢夫來。王芾卿來。比日病甚，多卧，閲紀文達五種筆記以自遣。夜感凉發熱。

邸鈔：上諭：崑岡奏遵查文廷式試卷，據實覆奏一摺。據稱『誾面』二字係屬筆誤，讀卷大臣未經籤出。所有此次讀卷大臣福錕、徐桐、麟書、翁同龢、嵩申、徐郙、廖壽恒、汪鳴鑾，均交該衙門照例議處。

十一日己卯　晴，下午微陰。病甚，竟日咳嗽憊卧。劉仙洲夫人來。得孫生子宜六月十九日永春州書，并銀二十兩爲饋。得子培書，借鈔本《秦邊紀略》。夜雨徹旦。

十二日庚辰　陰，微晴。仲弢來。作書致張璧臣編修筠，以筱村中丞欲購孫忠烈公墓旁地葬其親，屬余致書子宜，昨子宜復書言必欲得地者，須以其貲爲義田，以贍其族之貧者。余以所索既過鉅，而鄉賢魂魄所安，即松楸無傷，亦失桑梓敬恭之義，非必不得已者，勿犯可也。璧臣爲筱村妹婿，故屬其轉告，且以子宜書寄閱。得璧臣復。夜不寐，以肝氣上逆也。五更起，召集家人，申明家法。

十三日辛巳　晴。王廉生來。陸篤齋來，以其從兄存齋觀察所著《儀顧堂題跋》十六卷爲贈，中多秘笈罕購之本，其考證亦邃密，於宋人姓名，多能掇拾輿地之書，詳其世系官閥，足補《四庫提要》及厲樊榭《宋詩紀事》等書之闕。作書致心雲。移圃北墉竹於南墻下。

十四日壬午　晴，比日復熱甚。以明日中元節祀先，懸三代神位圖，供素饌。命僧喜詣崇效寺，祀亡室殯宫。黄漱丈來。陶吉生家堯來。許仲韜按察饋十二金爲别。

邸鈔：上諭：前據張之洞奏游智開奏參革職之知府王秉恩等並無劣迹，請旨飭查，當經諭令繼格、李瀚章查奏。兹據奏稱，王秉恩、王存善、魏恒等三員平日辦事認真，致遭怨謗，皆係可用之才，陳實昉循分從公，亦堪造就，該員等均無貪劣款迹，請開復原官等語。廣東候補知府王秉恩，候補通判王存善，魏恒，候補鹽經歷陳實昉，均准其開復原官，仍留廣東，按班補用。

十五日癸未　晴熱。先君子忌日，供饋素饌七豆，加肉肴三。以中元節，祀故寓公。得子獻書，饋肴饌一筵，即復，辭之。比日病甚，至不能看書作字，今日又苦腹中肝氣作痛。是夕望，比夜月甚佳，今夕尤皎。

十六日甲申　晴熱。弢夫來。晡出門答客數家，晤王芾卿，久談，至晚歸。是日腹痛益劇，夜半後肝氣火上，厥逆衝心，幾不能支。

十七日乙酉　晴。病甚，延汪吏部文樞來診。介唐、弢夫俱來視疾。班侯來。服藥。付庚辰同年馮縣令（錫）家歲助銀一兩。付汪吏部車錢十二千。

十八日丙戌　晴。腹痛小止，仍逆上，再服汪幹廷方藥。介唐來，爲延登州孔姓來按摩。弢夫來。李蘭孫尚書來。鳳皇直隸廳同知張錫鑾來見，吾浙錢唐人。

十九日丁亥　晨密雨，旋止，終日多陰，晡雨數作。子培來。是日病小愈，勥起坐軒翠舫閱《宋史》。作書致額玉如，并是月三書院課題。午後日景甚烈，晡有雷。

二十日戊子　晴，微陰，埃餲。得弢夫書，即復。作書致子培。作書致子獻，問其行期，得復。再延汪幹廷吏部診脉，服藥。祁子和左都來。孔醫再來按摩，留之夜飯。弢夫來。

邸鈔：上諭：已故湖北鄖陽鎮總兵龔繼昌賦性勇敢，戰功卓著。照軍營立功後積勞病故例從優議恤，生平戰蹟宣付國史館立傳，並祔祀江西、貴州等處席寶田專祠，其城步縣本籍准由該家屬自行建祠，以彰勞勩。從王文韶請也。

二十一日己丑　上午晴，熱甚，下午微陰。服藥。介唐來。子獻來。新選貴州安平縣知縣趙文偉來見。傍晚大風狂甚，揚堁蔽天。

邸鈔：以光禄寺少卿徐承煜爲通政司參議。

二十二日庚寅　晴，熱甚。

閱鈔本盧抱經所輯《補宋遼金元四史藝文志》。據倪闇公燦所擬修《明史·藝文志》底本，爲之補訂，仍載闇公所擬志序於首。以康熙初修《明史》時，史官議以遼、金、元皆無《藝文志》，《宋志》自咸淳以後亦多缺略，欲仿《隋書》兼《五代史志》之例，爲之補輯，後其議不行，故闇公志稿廢而不用。抱經此書，即《群書拾補》中之一種也。

是日斫去垂柳東北大枝一，以受風中蠹，恐傾倒也。玉皇廟僧以寺垣圮乞檀施，助以二金。買吏部官本《秋季搢紳録》一部，後有内務府官一册，此向來所未有也，直票錢十六千，每季進呈即此本，其中所注出身亦有誤者。

二十三日辛卯　晴，午後熱甚。剃頭。得天津李生家駒、姜生秉善書，賀入臺。以春季奉米七石八斗發交同善局，以振畿輔飢民。上午答客數家，詣子培、子封談。午詣下斜街全浙館赴子獻之飲，同坐爲敦夫、介唐、弢夫、子虞、伯循、寧齋及僧喜。晡歸，熱甚，不快。子蓴來。

閲元和蔡鐵耕所著《癖談》，共六卷。其考古今泉制甚詳，議論亦多通闢。惟謂班孟堅未深悉新莽貨布之制，《食貨志》所敍多誤，是據近日僞造新出之泉，以疑古人耳目相接之語，問天之高遠於旁行跂動者，而不信修人也。

傍晚赤霞西北，亘天如火。

二十四日壬辰　丑初三刻十三分白露，八月節。晴，酷熱。仲弟六十生日，爲之饋食十二豆，加四果、四乾果、兩點心及饅頭、緶麵、栗子湯、茗飲兩，楮箱實以錫薄楮鋌一尊。相壽竟隔幽明，千里來歆，庶知骨肉，悲哉！得介唐書，爲謀亡室歸柩事，可感也，即復。得子蓴書，即復。傍晚大風雲合，夜有微雨，旋止。付庚午同年程藜閣經武賻銀一兩。卒於京師，不知何許人。

邸鈔：上諭：御史劉綸襄奏補選章程不必輕議更張等語。京外選補章程，偶有立法未善，原可因時變通。近來條陳改章者，均經吏部核議，分别准駁。惟章程愈多，徒滋紛擾，吏胥且得因緣爲奸。嗣後各項選補班次，儻非實在窒礙難行者，不得率行條奏，輕議更張，以歸畫一而杜流弊。前日給事中殷季堯疏請蔭生分部，得補題缺，爲其婿武官某子李紹勳地也。御史何福堃疏争之。吏部竟如殷議上。故有此奏。

二十五日癸巳　晴，上午頗涼，下午復熱。弢夫來。

閲《儀顧堂題跋》，其中可取者甚多。如辨作《圖畫見聞志》之太原郭若虚，據《宋史》諸書，真宗章穆皇后郭氏爲太原郭守文之女，其曾孫有名若水者，則若虚爲守文之後無疑，而《直齋書録解題》謂國初郭氏無顯人，《四庫提要》謂若虚不知何許人，皆失之不考。其辨近人勞季言《勞氏雜識》引《續通鑑長編》及蔡襄《忠惠集》、陳襄《古靈集》所載權御史之孫奕，以證作《履齋示兒編》之孫奕，補《四庫提要》之缺。而不知宋有兩孫奕：權御史者北宋人，字景山；作《示兒編》者南宋人，字季昭。則錢氏《養新録》宋人同姓名條已言之，其一北宋人，即元豐中陳襄薦士三十三人之一也。其辨莆陽二鄭先生《六經雅言圖辨》即《四庫》所收之鄭樵《六經奥論》，據明《文淵閣書目》有《六經圖辨》、無《六經奥論》，《弘治興化府志》言鄭厚與弟樵同撰。厚字景韋，樵之從兄也，紹興五年進士，調泉州觀察推官，少時嘗著《藝圃折衷》，論多過激，紹興十三年駕部員外郎王恭摘書中詆孟子語言於朝，詔令建州毁板，已傳播者焚之。謂此書即《藝圃折衷》之焚餘，後人又有所附益，《折衷》今不可見云云。案《朱子大全文集》卷七十三雜著引鄭公《藝圃折衷》十條，皆痛詆孟子之言，朱子備載而條辨之，於書名下旁注『叔友』二字，叔友蓋厚之字，據李公常語下注太伯例之。景韋蓋其别字也。

其《書癸巳類稿易安事輯後》，謂張汝舟毗陵人，崇寧五年進士，見《咸淳毗陵志》。又引《建炎以來繫年要録》紹興二年九月張汝舟爲監諸軍審計司，以妻李氏訟其妄增舉數入官，詔除名柳州編管，則汝舟既確有其人，以李氏訟編管亦確有其事。汝舟即飛卿之名，『妻』字上當脱『趙明誠』三字。高宗性好古玩，汝舟必以進奉得官，因進奉而徵及玉壺，因玉壺失而有獻璧北朝之誣，因獻璧之誣而易安有妄增舉數之報。蓋獻璧之誣，人人代抱不平，故李氏一控，而汝舟即奪職編管，汝舟無可洩憤，改其謝啓，誣爲改嫁，認爲伊妻，其啓即汝舟所改，非别有怨家也，則殊臆决不近理。

案：《嘉泰會稽志》載，宣和五年，張汝舟以降授宣教郎、直祕閣，知越州。越爲望郡，是汝舟在徽宗時已通顯。《乾道四明圖經》載建炎四年張汝舟以直顯謨閣知明州，兼管内安撫使，數月即罷。《圖經》載是年汝舟之前已有劉洪道、向子忞二人，汝舟之後爲吴懋，以建炎四年八月到任，是汝舟在州不過一二月。《繫年要録》載，紹興二年九月汝舟除名時，官止右承奉郎，則仕宦頗極沉滯，安見其以進奉得官？高宗頗好書畫，未聞其好器玩。易安《金石録後序》言張飛卿玉壺事發在建炎三年九、十月間，時明誠甫於八月卒，高宗方爲金人所迫，流離奔竄，即甚荒闇之主，尚安得留心玩好，令人以進奉博官？汝舟之名，與飛卿之字，亦不相配合。且《序》言飛卿所示玉壺，實珉也，旋復携去，則壺並不在德甫所，安得妄告朝廷、徽之趙氏？且《要録》言時建康置防秋安撫使，擾攘之際，或疑其饋璧北朝，言者列以上聞，或言趙、張皆當置獄，是明謂言官所發，飛卿方有對獄之懼，豈有自發而自誣之理？易安《後序》亦謂『何人傳道』『妄言(頌)〔頒〕金』，是並無怨飛卿之事，安得謂人人代抱不平？易安故訟其妄增舉數，以爲報復，至謂其啓即汝舟所改，尤非情理。汝舟以進士歷官已顯，豈肯自謂『駔儈下才』及『視聽才分，實難共處』，且人即無良，豈有冒認嫠婦以爲己妻？趙、李皆名人貴家，易安婦人之傑，海内衆著，又將誰欺？雖喪心下愚，亦不至此。《要録》大書右承奉郎、監諸軍審計司張汝舟屬吏以汝舟妻李氏訟其妄增舉數入官也，其文甚明，安得謂『妻』上脱『趙明誠』三字？陸氏謂妄增舉數，何與妻事，朝廷亦豈爲准理？則閨房之内，事有難言，增舉入官，欺罔朝廷，安得置之不理？此等事惟家人得知之，故發即得實。若它人之婦，何從知之？惟易安必無再嫁之事，理初排比歲月，證之甚明，今即《要録》所載此一節，覈其年月，更可瞭然。易安《金石録後序》自題『紹興二年玄黓歲壯月甲寅朔易安室題』，《要録》系訟增舉事於紹興二年九月戊午朔，相去一月，豈有三十日内忽在趙氏爲嫠婦，忽在張氏訟其夫？

此不待辨者也。又易安於紹興三年五月上使金工部尚書胡松年詩有『嫠家祖父生齊魯』之句，則易安以老寡婦終已無疑義。《要録》又載紹興二年八月丙辰，是二十九日。是月戊子朔，《後序》題甲寅朔，蓋筆誤。甲寅是二十七日，或是『朔』『甲寅』誤倒，蓋本作戊子朔甲寅。古人紀月日有此例，以既曰某日朔，則自知甲寅是二十七日，不必更云越幾日也，傳寫者脱去戊子二字耳。直祕閣、主管江州太平觀趙思誠守起居郎，思誠，明誠兄也，則是時趙氏尚盛，尤不容有此事。《要録》又載建炎三年閏八月，和安大夫、開州團練使致仕王繼先嘗以黄金三百兩從故祕閣修撰趙明誠家市古器。兵部尚書謝克家言恐疏遠聞之，有累盛德，欲望寢罷。上批令三省取問繼先。則所云徵及玉壺，傳聞置獄，當在此時。王繼先本奸黠小人，時方得幸，必有恫猲趙氏之事，而綦崇禮爲左右之，得白，故易安作啓以謝。至張汝舟妻李氏，或本易安一家，與夫不咸，訟許離異，當時忌易安之才如學士秦楚材者，秦檜之兄，名梓。及被易安誚刺如張九成等者，因將此事移之易安。張九成爲紹興二年進士第一人，其對策有『桂子飄香』之語，易安因有『桂子飄香張九成』之誚，亦足證其嫠居無事。若方與後夫爭訟仳離，豈尚有此暇力弄狡儈乎？或汝舟之妻亦嫻文字，作文自述被夫欺凌毆擊之事，其訟妄增舉數時亦必牽及閨門乖忤，自求離絶，及置獄，根勘得實，并遂其請。後人因其適皆李姓，遂牽合之，李微之亦不察而誤采之。俗語不實，流爲丹青，遂以漱玉之清才，古今罕儷，且爲文叔之女、德甫之妻，横被惡名，致爲千載宵人口實，余故申而辨之，補俞氏之闕，正陸氏之誤，可爲不易之定論矣。

是日付天全木廠銀二十兩。比日修理廳事，將以客次爲内室，以藤花别院爲客次。其屋皆棟折宇傾，榱椽不具，柱半朽蠹，墉悉崩頽，自募匠召工築墻造屋，泥水淩雜，瓦木堆堵，已將匝月，所費不訾。以老病之身，作羈旅之客，浮漚過景，旦暮難知，賃廡寄栖，傳舍相等，爲之不已，不亦癡乎？姑附於叔孫昭子一日必葺墻屋之意，亦以畿輔大灾，民無所食，往往溷迹填埴，厠名塗附，縣官有以工代振之法，藉以餔啜餓者，暫救翳桑，毀瓦畫墁，所不計也。

邸鈔：命克勤郡王晉祺充崇文門正監督，刑部尚書嵩申充副監督。以右春坊右庶子丁立幹轉補左春坊左庶子，翰林院侍讀黃卓元升右庶子。翰林院侍讀學士張英麟署國子監祭酒。王文錦請假兩月。

二十六日甲午　晴熱。上午答拜客數家，入署核對題本用印。鳳彦臣言今年亦六十二歲，唐暉庭言其兄是庚午優貢，兩君皆叙同甲同年之誼，亦佳事也。出城復答客數家而歸。洪右臣給諫來。定甹來。書吏送來福建所解飯食銀七兩有奇，本十四兩四錢二分，書吏扣去零星雜費，又欽定臺規紙槧銀二兩，本道紙硃涼窗銀二兩五錢，便紙得此數。今日又付到任捐銀二兩，僅存五金矣。聞今年各省飯銀解到者惟此次耳。

二十七日乙未　晴。閲《建炎以來繫年要録》。得弢夫書。子獻來，告明日暫返里門。夜作致品芳弟書，處置家事，又作致大妹、三妹書，皆千餘言。作書託子獻附去，并寄品芳吏部進呈《秋季搢紳録》一部。比日困劣殊常，夜半後胸腹張悶不快。

邸鈔：命候補翰林院侍讀許景澄爲出使俄、德、奥、和等國大臣。代洪鈞。候選道李經芳爲出使日本國大臣。代黎庶昌。經芳，大學士李鴻章嗣子也。

二十八日丙申　晴，熱甚。得子獻書，言改明日行。剃頭。再作致品芳弟書，寄族姪維嘉銀四兩二錢，合南錢七千之數，爲高祖祀事直年上墓之用。作書致弢夫。僧喜服闋，詣崇效寺亡室殯宮脱衰，告即吉。作書致子獻，饋以摩菌一匣，杏仁一匣，糕餅兩匣，再以致品芳書託附，并勸其後明日行。得子獻復。楊寧齋赴會典館考謄録。比日繪圖處出題，試舉貢生監，分天文、輿地、測算、界畫四事，赴考者甚多，日數十人，五日方畢。陶吉生家堯來，言聞母訃，窘甚不能歸，乞薄助之。付崇效寺殯銀六兩。

二十九日丁酉小盡　晴。

閲《建炎以來朝野雜記》。因昨考《要録》，檢一事未得，今日更檢此也。武英殿本訛脱甚多，余舊有鮑以文手校瓶花齋鈔本，紙墨精工，勝殿本遠甚，惜少一册，遭亂盡失之矣。陸存齋言亦有舊鈔本，嘗以校殿本，脱落甚多。乙集卷十二『愛王之叛』條末脱小注八十字，它日當向存齋借校之。

《要録》乙集卷十二『昔人著書多或差誤』一條有云：朱文公《通鑑綱目》，自唐武德八年以後至於天祐之季，甲子並差，考求其故，蓋《通鑑》以歲名書之，而文公門人，大抵多忽史學，不熟歲名，故有此誤。慈銘案：古人以甲子紀日，不以紀年，然亦未見有用歲名歲陽者，惟漢碑間見之。温公作《通鑑》及《目録》，獨用歲陽歲名以紀年，蓋本《漢書・律曆志》云『閼逢攝提格之歲』及賈誼《鵩賦》云『單閼之歲』、許氏《説文敘》云『困頓之年』爲例。温公好古，遵而用之，然實不便於記誦，余數十年來日記亦用其例，實可不必也。

宋寧宗之育宗子與愿於宫中在慶元四年，時寧宗甫三十一歲。其前二年生子埈，兩月殤；至六年正月生子坦，八月薨。十一月，與愿更名曮，拜觀察使。時恭淑韓后未崩，是月又生子增，逾月殤。嘉泰二年閏十二月，曮拜節度使，封衛國公，是月恭聖楊后生子坰。《繫年要録》作坦。開禧元年五月，立曮爲皇子，封榮王。至三年正月，寧宗生子墌及圻。墌尋不育。圻生逾月，奏告天地、宗廟、社稷、高禖諸陵，百官表賀，旬日而薨。是年十一月，遂立曮爲皇太子，更名幬。嘉定元年，寧宗又生子垍，未幾殤。《繫年要録》稱垍爲第八子，《宋史・寧宗本紀》垍以上惟見五子，有圻無墌，其名無可考。《要録》稱華冲穆王坦（《宋史》作坰）爲第五子，是其一，當在埈之前，而《史》失之。是寧宗雖屢生不育，而實多男。曮更名時，帝年方壯，又將生子，而曮之名獨取日旁，已隱以神器屬之。其封國公、拜大鎮，正在楊后生子之際，而越一歲即立曮爲皇子，是寧宗公天下之心，更出仁宗、高宗之上，而楊后之英明能制寧宗者亦無間言，其識大義而無私心，千古所未有也。史臣不爲闡揚，後人亦無言及者。而曮再改名詢，立十四年而薨，謚曰景獻。次年復立宗室子竑。又二年，寧宗復生子坻，逾月殤。次年寧宗遂崩，竑復爲史彌遠所廢殺，而立理宗。蓋寧宗生九子，育兩宗子，而皆不得嗣，可謂重不幸矣。《要録》乙集成時，景獻未薨，坻亦未生，其載寧宗諸子自第五子始，而以前皆失紀，又誤垌爲坦，是其疏也。《宋史・宗室傳》不紀寧宗諸子，惟爲詢、竑立傳，而詢傳云開禧元年曮立爲皇太子，拜開府儀同三司，封榮王，更名幬，謬舛至不可讀。蓋『皇』下誤衍『太』字，而『更』字上脱去『三年十一月立爲皇太子』十字。《要録》今上皇太子條開府儀同三司，『開』字上脱『開禧元年五月拜』七字，則皆傳刻之譌耳。

陳梅坡來。子獻來辭行。傍晚答客一二人。詣陶吉生，賻以六金。詣蓮花寺送子獻行，并晤敦夫，晚歸。夜作致徐仲凡書，復沈曉湖書，皆五六百言。仲凡屬以先塋事。曉湖三十年前老友惟此一人，今司訓窮山，年垂七十，尤可念也。又爲其婿山南陸秀才詩文集略加評語，系以跋一通，作片致子獻，託其附去。

邸鈔：上諭：已故江蘇候補道錢德承於道光年間服官江蘇，嗣署常州等府知府，所至有聲，署松江府任内均漕減賦，尤爲循良卓著，遺愛在民。著將生平政績宣付國史館立傳。從曾國荃等請也。詔：江蘇徐州道段喆開缺，送部引見。

八月戊戌朔　晴，熱甚，下午陰。廚人司馬士容今早歿。同治以來都中治庖最精者，稱王廚、劉廚及司廚三人，皆能治南菜，有承平士大夫舊法。司廚獨善事余，余家祭先、請客皆屬之。余待之有恩。司廚亦感激盡力，余家典禮皆熟稔，不待指使，童僕有在外滋事者，必以告。今年六十有七矣，無子，兄弟四人皆前死，今以患利歿，可傷也。司馬本稀姓，今惟其弟有一子存，來告，予以棺斂銀十兩，還其舊治肴饌銀十兩，并楮鋌二萬，素燭二斤，遣人吊之。周介夫來。張詩亭饋醴鰣魚一瓻，茶葉兩瓶，犒使二千。

初二日己亥　晴，熱甚。剃頭。弢夫來，留共午飯。午後詣刑部山西司會審强盜郭煥章等六人。其三人强劫寧河縣蘆臺鎮孫姓一家，所得不過一二千錢之物，其三人强劫采育鎮曹家墳院一家，所得不過三四千錢之物，然皆結夥五人以上，手皆持械，已按律當斬。愚民迫於飢寒，深可閔也。劫曹家墳院之盜張彝，南皮人，年四十餘，獨翻供言未嘗持械，不肯畫招，向余求哀，言家有老母七十餘歲待以養。刑部司官以其先已供認，又由提督衙門捕獲送部，在彼已先有供，今日會審復翻異，呼同犯者兩盜證之，皆言不枉。張彝固不承，乃呼杖。余見其已病甚，止之，且諭以汝先已供認，又衆證確鑿，不承，徒自苦耳。彝遂伏罪畫供。然此心殊怦怦也。刑部司官張雲巖主事閏錦，湖南人，甲戌進士；(王)〔劉〕濬泉，直隸人，丙子進士。日昳散，答拜客數家而歸。是日至西單牌樓蹕止行人，上御小黄轎詣醇邸視疾，聞今日王病復篤也。介唐來。伯循來。弢夫來。晡陰，晚雲合，有微雨，旋止，夜半又小雨。余起盥漱，入城赴文昌廟監東班百官行禮，未四更抵祠所，僚衆未有至者。頃許，周芑堂侍御天霖來，共坐帳棚下久談。俄而朝士漸集，晤沈叔美副憲，其餘挨肩接膝，多滿洲同寅也。時將逾寅，遣祭者莊親王載勛始至行禮。天色如墨，禮畢雨作，天漸明矣。坐車歸。

初三日庚子　晨小雨，旋止，竟日陰。得王蕺子七月十八日金陵書。蕺子名廷訓，其字下一字犯先祖諱，故書其别號。子培來，談三時許去。得介唐書，饋醴鰣魚一瓻及茶葉，作書復謝，受茗反魚。

初四日辛丑　晴涼，有風。

《後漢書・鄭君傳》載誡子益恩書有云：『吾家舊貧，爲父母群弟所容，去廝役之吏，游學周秦之都。』汲本、監本、官本范書『爲』字上皆誤衍『不』字，阮文達據唐史承節所撰《鄭公碑》、陳仲魚據元大德重刊宋淳化本范書，皆無『不』字，是矣。余按：《隋書・儒林・劉炫傳》載炫自爲贊曰：『通人司馬相如、楊子雲、馬季長、鄭康成等，皆自敘風徽，傳芳來葉。』其下有云：『家業貧窶，爲父兄所饒，厠搢紳之末。』其文實仿鄭君，是光伯所見本無『不』字，尤爲確證。且惟爲父母所容，故得去廝役而游學，若不容，安得去乎？語氣亦甚不通矣。鄭君少以不樂爲吏，爲父所數怒，而所言如是，不特立言之體宜爾；亦以父雖怒而不能禁，遂造太學，是終爲父母所容也。丁儉卿據《御覽》引鄭君《別傳》作『爲父母郡所容』，『郡』乃『群』字之誤，又奪去『(不)〔弟〕』字，丁氏孱解爲父母之邦，非也。

作書致介唐，還昔年所屬代閱南學課卷兩束。稽滯三年，諸生多得官散去，或已入翰林，而余尚僅閱其半，可愧甚矣。夜涼甚。

邸鈔：齊齊哈爾副都統祿彭卒。上諭：祿彭由文生從戎，轉戰河南、安徽、山東、四川、陝西、湖北、甘肅等省，迭著戰功。兹聞溘逝，軫惜殊深。照副都統例賜恤，賞銀一千兩。詔：察哈爾都統奎斌加恩在紫禁城内騎馬。

初五日壬寅　晴，風，下午甚涼。殷蕚庭來。俞子欣官圻來。楊德孫庶常家驤來。作書致季士周，告以寓屋修理將畢，邀其履視，且與其商兩家分給銀錢之數，而士周託言已往龐閣莊放賑不至。戴公山上，絶望郗郎；青谿橋邊，誰容劉子？乃至自出賣文之絹，助營就岸之船，而猶受侮富人，逼爲債帥，勢將處臺卿於複壁，逐運期於廡舂，亦可歎矣。夜風不止，寒需重衾矣。聞人言五更有微霜，次日見秋卉半萎，時序忽凋，覊人增感。

初六日癸卯　晴，上午有風，寒，始衣綿，下午稍熱。介唐來。繆筱珊來。比日校勘《建炎以來朝野雜記》。書吏送來兩廣所解飯銀七兩六錢。庚午同年孔禮部傳勳嫁女，送賀錢四千。

初七日甲辰　晴。閲《太平廣記》卷三百十九鬼四蘇韶、夏侯愷兩條，皆引王隱《晉書》、章氏宗源《隋經籍志考證》。據《史通・書事》篇言，王隱、何法盛之徒爲鬼神傳録。此爲隱《鬼神傳》中之詞。《廣記》卷三百九十四神四載王猛貨畚見嵩山神事，云出《中興書》，乃法盛《鬼神録》之詞，法盛改傳爲録。章氏失引。是卷又載吴興徐長與鮑靚交一條，云出《世説》，今本《世説》無此事，疑是術解門之逸文，當在郗愔服符下。

初八日乙巳　晴。上午入署，有提塘官來畫卯。出答客數家而歸。有新分吏部張主事檢來見，張之洞之兄子也。買金繡豸補一對，付銀四兩。仕宦三十餘年，祇易補服兩次，皆戚眷所繡，未嘗取之市中，費一文錢。今以白鷳既飛，神羊暫出，姑取盡飾之義，聊示章身之榮，亦可醜矣。傍晚步詣弢夫談，夜歸，寧齋挈僧喜以從。自昨日腹中不快，今日欲散步以舒動之。未得導引之宜，徒有㝵曳之苦，歸後轉覺疲矾耳。得僧慧七月十九日里中書，言窮居柯山，衣食僅給，深爲可念。

初九日丙午　晴。評改問津諸生課卷。比來紛冗，兼以疾病，久不暇理此事，又積至五簏矣。（此處塗抹）周生澄之來辭行。得族弟少梅七月二十日廣州書，言在粵娶妾，已生四子矣。又得族姪恩圭書，言已以典史分發廣東。得楊生鳳藻津門書，并寄其八世從祖耕夫先生賓《柳邊紀略》鈔本一册，其曾祖六士先生夢符《心止居詩文集》兩册。《紀略》雖有刻本，此本之首有成都費密序，鈐有『赤泉楊氏圖書』朱文印一，又卷一鈐有『楊賓之印』四字白文、『耕夫』二字朱文印二，其中間有改竄字，蓋尚是孝子手稿也。《心止居詩文》刻本，世亦罕見之。楊生家貧早孤，能寶守不失，亦可貴矣。得孟生慶倫福州書，以微官需次，差委無期，亦可念也。得胡鍾生孝廉道南里中書，筆札簡雅，後來之秀。晡出門答客，晤徐壽蘅侍郎，久談。至晚詣介唐，并晤敦夫，小坐歸。新授浙江按察使龔仰蘧送銀二十四兩爲別，犒使八千。

邸鈔：光禄寺卿裴蔭森奏假期屆滿，病勢日增，懇請開缺。許之。詔：已故甘肅新疆喀什噶爾提督譚上連於咸豐年間投效湘軍，轉戰湖北、安徽、江南等省，驍勇善戰，迭克名城，嗣復隨同劉松山及劉錦棠各軍剿辦陝捻甘回，並蕩平新疆各城回逆，掃穴擒渠，厥功尤偉。著照軍營立功後積勞病故例從優議恤，生平戰蹟宣付國史館立傳，並准祔祀陝西、甘肅、新疆左宗棠專祠。從署甘肅新疆巡撫、布政使魏光燾請也。上諭：張曜奏堵合高家套民埝工竣，請將出力員弁獎勵一摺。本年五月間，山東齊河縣境高家套民埝被水冲刷成口，經張曜督率在工員弁竭力搶築，於七月二十四日將漫口堵合，辦理尚爲妥速。張曜前得降三級留任處分，著即行察銷。其在事出力之副將鍾仕杰等升擢有差。

初十日丁未　午初二刻六分秋分，八月中。晴。評改問津諸生課卷。夜半介唐來，偕入城，至東長安門下車，以明日上親祀社稷壇，介唐侍班，余糾儀也。步至午門外都察院朝房，偕同官待漏。至寅正一刻出右闕門，詣壇所，偕褚百約立西班。晤瞿子九學士、章黼卿鴻臚。

十一日戊申　晴。昧爽上至行禮，日出畢事。偕百約升壇周覽，土敷五色，俎備四牢，樂奏甫終，鑪香猶裊。辰刻出城，答拜一二客而歸。上午小睡。弢夫來。濮紫泉來。陶吉生來辭行，留之夜飯後去。是日付天全木廠銀三十兩。

十二日己酉　晴，下午陰。評改三取諸生課卷。得沈稼村孝廉壽孟，本名百墉。七月廿八日福州書及孫生子宜六月十二日永春州書，筆札皆工。作書致張璧臣編修，再以子宜書言塋地事屬其録寄筱村，得復。雲門自鄂來，税駕邸中。别已七年，天涯聚首，喜可知也。爽秋來。院吏送來秋奉銀八十兩。津門送來節敬十六兩。弢夫來，留之偕雲門小飲齋中。夜半介唐來，共小食，即入城進東安門，出地安門，詣關帝廟。以今日命鄭親王凱泰祀關帝，介唐派陪祀，余派收百官職名也。共收得文臣侍郎恩棠等、武臣鎮國將軍以下共八十九人職名。五更回車出城。

邸鈔：上諭：劉錦棠於上年回籍省視祖母，屢次陳請開缺，均經加恩展假，並諭令伊弟河南候補道劉鼒回籍侍養，該撫得以安心回任，朝廷加意體恤，不爲不周。兹復據奏，祖母病益增劇，未能遠離，仍懇開缺。在劉錦棠孝思肫摯，原屬出於至誠，惟念新疆地方緊要，該撫威望素孚，實未便准其開缺。著再賞假四月。

十三日庚戌　晨晴，巳後陰。昧爽過大栅闌，漸有攤肆，尚籠燈燭。余車燈已盡，買燭不得，至李鐵拐斜街，少辨色矣，到家窗燈尚耿耿也。掩扉就寢，傍午始起。周生學銘來。偕雲門談竟日。作書致敦夫、爽秋，均得復。

邸鈔：詔：湖北布政使鄧華熙調補江蘇布政使，江蘇布政使黄彭年調補湖北布政使，均即赴新任，毋庸來京請訓。以鴻臚寺少卿章耀廷爲光禄寺少卿。詔：甘肅候補道周崇傅授新疆喀什噶爾道。□□□□何維楷授甘肅鹽法分巡平慶涇固化道。甘肅西寧道方鼎録病故，平慶涇固化道程鼎芬調西寧道。

十四日辛亥　晴陰相間。弢夫來。蓴庭來。介唐來。伯循來。敦夫來。戚聖懷來。鄉人張錫福鹺尹來。比日諸親友往來送節物畢。得弢夫書，饋節物，作復并回送節物，又得弢夫復書。得心雲初七日閔港書，言將由滬赴粤，且言兩月以來爲潘繹庈學使輯《續輶軒録》，訪得越中先輩專集二百餘家，零篇斷稿三百餘家，其心力可謂勤矣。是日評閲問津、三取五月望課卷訖。問津生一百四人，文題『魯繆公之時』四句，詩題『松風傳梵磬得風字』，取内課李鳳池、魏震、陳奎齡、張大仕、蔡彬等二十名；童七十人，題『魯之削也滋甚』，取内課華鳳岡等十五名。三取生五十五人，文題『晉人以垂棘之璧』四句，詩題『竹露滴漁燈得燈字』，取内課林向滋、吴承翰、李耀曾、陳文炳等七名；童三十五人，文題『宫之奇諫』三句。童卷皆寧齋代閲。偕雲門夜談至三更。是夕有月，微陰。是日所畜一黄貓死，已十餘年矣，埋之圃中南墉下。宗室御史載存喪子來訃，送奠錢四千。

十五日壬子　晨陰，有溦雨，竟日霒陰，甚凉，有風。花農來。華生瑞庵編修來。上午答拜介唐、弢夫，晤定尃，即歸。偕家人午間小飲。定尃來。得弢夫書。爲雲門作書致楊壽孫工部家騊，爲雲門欲賃屋慈谿館也。作書致額玉如，寄去課卷一箱，并是月望課題。是節付天全木廠銀三十兩，協泰米鋪銀三十一兩，同盛石炭鋪銀二十兩，吉慶長乾果鋪銀十兩，廣慎厚乾果鋪銀九兩二錢，翰文齋書坊銀十三兩五錢又錢六千，楊書賈銀七兩五錢，松竹齋紙銀三兩七錢，聚福齋餅食銀二兩二錢，京兆榮記酒棧銀二兩二錢，隆興厚紬布銀十六兩，司廚銀二兩又送肴饌一品鍋賞銀三兩，僕媪等節賞錢一百千，本院吏役賞錢二十餘千。是夕望，無月，小雨時作。夜偕雲門、弢夫、寧齋飲齋中，談至三鼓後始散。四更就寢，時聞小雨。

十六日癸丑　晨雨止，有風，凄颯作寒，木落葉飛，蕭寥萬狀，上午陰，午微晴，旋陰。雲門移具至慈谿館，留書見别。爽秋來，久談。午後詣下斜街全浙館赴爽秋、定尃、蓴庭、班侯四君之飲，晤漱翁、子虞、子培，飲至夜始散。作書致雲門，得復。

邸鈔：詔：左都御史貴恒、左副都御史沈源深馳驛往福建查辦事件，隨帶司員一併馳驛。

十七日甲寅　晴。先妣忌日，供饋肉肴三，菜肴七，餘如舊儀。剃頭。雲門來。敦夫來。許竹篔來。以祭餘四肴饋雲門。傍晚天气甚清，霞采彌艷，裴回庭圃，得少佳趣。

十八日乙卯　晨大風，巳後稍止，上午微陰，下午晴。作書致漱翁，約明日夜飲寓齋。弢夫來。雲門來。午後答客二三家，詣敦夫小談。至長椿寺赴可莊、旭莊、子培、子封、紫泉、佩葱、弢夫諸君之招，晤漱翁、仲弢、叔頌喬梓。飲於西偏之毗盧丈室，中供明莊烈帝母孝純劉太后繪像，室前紅蓼數株，臨風絶艷，後牖小拓，頗有野趣。地爲全浙館之菜圃，夕陽照之，寒緑如拭。傍晚歸。夜月頗清綺，讀書畢後，小立圃中，闃影一弓，交加竹樹，便覺迷離無盡。聞是日醇邸病復劇，上未明即速駕往視，至夜始還。

邸鈔：翰林院侍講學士朱琛轉侍讀學士，左春坊左庶子丁立幹升侍講學士。詔：御前大臣伯彦訥謨祜現丁母憂，加恩賞銀一千兩經理喪事，由廣儲司給發。

十九日丙辰　晴，微陰。料檢聽事并新營緑香精舍。門窗粗具，上架葦席花格，旁糊各色紙牋。工匠紛紜，至晚始畢。買桂花兩盆，錢二十千，置之室中，香滿院落。作致仲彝高淳書。自前年冬至去年冬三得其書，并致書籍，分清俸米，曾作復，心常歉然。今以牧莊之子伯音將自金陵詣之，乞余書爲介，乃草一長牘，語尚未盡也。伯音來辭行，以書付之，贐以二金。杭人汪韶年主事來見。夜治具爲漱蘭通政作壽筵，并餞許竹筼出使俄、美、奥諸國，爲繆筱珊及雲門接風，邀爽秋、蕚庭、班侯、弢夫、定夷作陪。傍晚客悉集，張燈飲於緑香精舍，二更後始散。竹筼、雲門留談，至三更後去。月影在圃，清寒彌綺。

邸鈔：上諭：巡視中城御史崇齡等奏坊官防範疏虞，請交部議處一摺。中城副指揮鄺炳奎於已獲案犯未能認真看守，竟被凶徒糾衆劫逃。經該城勒緝，迄未拏獲，實屬玩泄。鄺炳奎著交部議處，並著步軍統領衙門、順天府、五城御史，將搶犯凶徒一體嚴拏，務獲究辦，毋任漏網。此案聞之臺中。同官言有直隸人、丙戌會元、候選郎中劉培之弟某，稱劉二財主者，謀娶小李紗帽胡同倡妓李氏，已許以三千金，其鴇母春桂堂老妓也，固靳之。有棍徒魏七者，號小霸王，包攬妓館四五，瓜分其金，尤與春桂堂昵，欲居奇。劉與御史慶祥中表兄弟，素相逐爲狹斜游。從之問計，慶祥言：『但與我以金之半，事立辦。』劉諾之。乃僞令一無賴子□姓者，坐車過其巷，詐呼有賊竊其裝中金，逐至春桂堂而隱，遂鳴之坊官，指妓家窩賊。官率捕役至。鴇母逃，盡録其妓李及張氏、王氏以去。慶祥遽具疏請飭巡城御史嚴究，蓋以李必官鬻，可數十金得也。巡城者察其奸，暫羈三妓於官媒媪家，將捕魏七質之。一夕，忽有人劫李氏、張氏以去。劉培者，永平人，富數百萬，不甚通文字，丙戌會試聞以萬金賄房官高蔚光，得關節，高與副主考孫毓汶素狎，竟中會元。慶祥者，永平駐防，舉人，與端良、英樸、托佛歡皆臺中之著名貪穢者。兩妓既被劫，巡城御史疏上之，次夕，忽得之於副指揮署外。究所由，言自汪姓送還者。御史飭副指揮帶勇往捕汪姓，至則其家皆婦女，因捕汪徐氏及其子婦汪某氏、女大姑，至城上詢之。汪徐氏者，侍郎徐郙之姊，副都致祥之姑，乾隆庚子狀元秀水汪如洋之曾孫婦也。前一日，副都之子某以車載李氏至其家，詭言友人之妾，爲其嫡所虐，來暫避，不知爲所劫妓也。

二十日丁巳　晴。上午詣全浙館拜漱翁生日，即赴伯循之飲，晤敦夫、介唐、雲門。晡後散，答客一二家而歸。夜仲弢再來速飲，作書辭之。偶閱戴菔塘《藤陰雜記》。菔塘留心掌故，然其言凡御史同考取者皆認同年，歲有宴集，今已無其事。又《臺規》載科道記名，即拜前輩，今則俟到官始拜矣。

二十一日戊午　晴。比日稍暖。黄叔容庶常紹第來辭行。書玉來。

繆筱珊來，以儀徵劉伯山毓崧《通義堂集》、《王船山年譜》、筱珊所自輯《三水小牘》、歐陽叔弼《集古録目》、山謙之《吴興記》、《元和郡縣志逸文》及李少温篆書『聽松』二字拓本爲贈。《通義堂集》本十六卷，今僅刻至五卷。《船山年譜》亦伯山所輯。《三水小牘》，筱珊據抱經堂本更取《太平廣記》《續談助》《説郛》《説海》諸書校之，又從《廣記》輯得逸文九則，《續談助》輯得一則，并附於後。此書余於咸豐庚申五月京邸卧病中曾補《廣記》五則，爲文跋盧本之後，今從筱珊更搜得四則，蓋無復遺矣。

午詣弢夫之飲，晤雲門、叔容、仲弢、伯循、紫泉，談至傍晚歸。龐絅堂來。董醞卿尚書以其冢婦旌表貞孝趙淑人之喪來訃。余與尚書素無往來，然聞趙是未昏守節者，與人爲善，不可以不禮也。送奠儀十千。

夜閲《通義堂集》。其中如《丁儉卿易林釋文跋》，申丁氏謂《易林》是西漢文字，必出焦延壽，駁瞿雲升、牟默（深）〔人〕謂出崔篆之説。其解昭君爲昭明之君，猶其它繇辭言文君或泛言文德之君，或指周文王，其辭甚辯。然推尋漢諱，它多不避，惟不見『弗』字，决爲昭帝時所作，則附會太甚。昭帝諱弗陵，何以《易林》如『新作初陵』等不諱『陵』字乎？至若『大蛇當路，使季畏懼』，則指高帝事無疑，而以爲泛論常人，與高帝無涉，亦屬强解。其《大夫以上先廟見後成昏説》三篇，據《左傳》陳鍼子譏鄭世子忽先配而後祖、齊高固反馬、季孫行父如宋致女及《列女・貞順傳》宋恭伯姬、齊孝孟姬之事，證其與《士禮》即夕成昏不同，又證以《禮》言嫁女先教於公宫三月，知嫁後亦教以三月而成婦，爲大夫以上之禮，及《詩》言《采蘩》『夫人可以奉祭祀，則不失職』，《草蟲》言『大夫妻能以禮自防』，皆先祭於祖、後爲配合之義，疏析名通，足爲堅據。其《兼祧之禮合乎古義説》及《禁遷葬者與嫁殤者考》兩篇，亦深有裨於名教。遷葬，申鄭注謂『生時非夫婦、死既葬遷之』之義，謂指生時被出之婦及出而改嫁之婦，其後前夫之子或繼夫之子迎母柩合葬於父者，引《通典》所載魏晉問事爲證，尤足爲鄭注功臣。

至《漢昭烈帝廟號顯祖考》上、下兩篇，據《蜀志・郤正傳》載所撰《釋譏》文有『丕顯祖之宏規』語，及《晉書・劉元海載記》言元海即漢王位，作漢高祖以下三祖五宗神主而祭之，《通鑑》胡注云淵以漢高祖、世祖、昭烈爲三祖，遂謂昭烈廟號顯祖，陳志偶遺之，繁稱曲引，以成其説。此猶吾鄉先哲章實齋氏據《先主傳》諸葛武侯上後主言有『乃顧遺詔，事惟太宗』之文，謂昭烈蓋廟號太宗，皆强欲爲蜀漢争體面，不知承祚於蜀册太子、皇后、諸王之文無不備載，豈有上廟號之大典禮反失紀者？且《後主傳》建興五年『丞相亮出屯漢中』，注引《諸葛集》載《後主命出師詔》，其文歷敘漢祚興衰，甚爲鄭重，有云『昭烈皇帝體明叡之德，光演文武』云云，設有廟號，不容不冠昭烈之上，以示嚴重。《晉書・劉元海載記》載元海下令歷敘漢高祖、太宗、世宗、中宗、世祖、顯宗、肅宗，而下云『孝愍委棄萬國，昭烈播越岷蜀』，則其無廟號益明。且元海不肯稱曹氏所加獻帝之謚而稱孝愍，又追謚後主爲孝懷皇帝，其尊崇無所不至，使昭烈有廟號，何反不舉？且廟號亦二字，以對『孝愍』，亦無礙於偶儷。蓋當日祇上帝謚，無廟號者，以僻在西隅，未得中原，欲待還軫舊京、光復社稷，方備典禮，是此舉正足見武侯及諸名賢志在匡復，不肯自安狹小，遽以庸蜀一隅比蹤光武，最爲得禮。若魏明帝之生前豫自定烈祖之號，吴之尊堅爲始祖、尊權爲太祖，皆志意已滿，比於夜郎自大，適以詒笑。而伯山轉援魏、吴以爲比例，亦顛甚矣。尋郃正此文，所謂『丕顯祖之宏規，縻好爵於士人』者，自謂昭烈能大前世之業，顯祖指高、光二祖而言，若以顯祖爲昭烈廟號，則文氣亦不順。至章氏所據『事惟太宗，動容損益，百寮發哀，滿三日除服』者，本謂遵文帝短喪之制，而乃以太宗爲昭烈廟號，則更不可通矣。蜀漢當時兵方大衄於吴，又新失荆州，連喪大將，國勢岌岌。昭烈之殂，事出倉卒，幾不可以爲國。故於受終之際，一切權宜，務從簡略，臣下三日除服，逾月即改元，自無暇議崇廟號，增飾禮文。不然，豈以武侯之賢，有此失禮之舉？短喪更號，冀鎮人心，然卒能支持兩大之間，内外乂安，綱紀皆立，非武侯之才，不能致此。此讀書者所貴知人論世也。

二十二日己未　晴。上午入署，晤鳳、唐兩同官。唐君方巡視中城，爲言慶祥、劉二一案始末甚詳。臺中乃有此人，爲之髮指。午偕諸同寮接見臺長祁左都及奕、徐、奕三副都，晤定勇及張嘯庵。日昳出宣武門，送黄叔頌南還，即歸。漱翁來。汪韶年户部再來求見，不知何事也。閲《集古録目》。

雲門移寓北半截胡同，來談，至夜半去。其宰宜川、長安、富平，皆有惠政，今夕談所讞獄一二事，皆可喜。陳生雨人工部丁祖母承重憂，送奠儀十二千。

二十三日庚申　晴陰相間。上午詣伯循，拜其太夫人生日，送桃、麵等四事，即歸。仲弢來。王孝廉餘慶來。是日頗暖，午後覺胸腹不快，卧閲《通義堂集》。作書致額玉如，并是月學海堂經古題。

邸鈔：詔：已故河南巡撫倪文蔚，前以主事從戎，旋由知府洊擢封疆，歷任廣西、廣東等省，除患安民，政聲卓著。其在河南巡撫任内鄭州一役，督辦工振事宜，尤能實力實心，不辭勞瘁。著將生平事實宣付國史館立傳，以彰藎績。從河東總督許振禕請也。

二十四日辛酉　晴和。上午詣鄉祠，集八邑京官二十人，年例祀神，下午歸。定甹來。伯循來。評改問津生童課卷。閲《汗簡》汪立名刻本。其中誤字甚多，近時鄭子尹爲作箋正，惜尚無刻本也。付福慶堂備辦肴席等錢一百三十千。付館僕備辦牲果酒茗香燭爆鞭等錢六十八千七百六十。

二十五日壬戌　酉初初刻二分寒露，九月節。晴。午刻詣天安門外兵部朝房，偕左侍郎廖仲山壽恒掣兵部月選官籤。是月共選直隸泰寧鎮白石口都司田培林等五缺。午後歸。得雲門書，以厚朴花兩匣，桂耳兩匣，化州橘樹朝珠一串，竹根如意一柄，湖縐衣裁一領，銅水菸管一具，銀二十兩見詒，作書復謝，以桂耳、橘珠、縐裁及銀還之。得竹篔書，乞寫楹聯齋額。江南瑞布政瑞璋送來紹郡團拜費銀四十兩，錢子密宗丞轉交，犒使六千。雲門來，仍以銀見餉，留談至夜二鼓去。二更後有風。上虞莫刑部峻喪耦，送奠分六千。

邸鈔：刑部郎中田我霖升鴻臚寺少卿。

二十六日癸亥　晴，比日頗暖，午後大風。剃頭。午前有館客以事與童僕忿争，擾攘紛紜，漸至惡聲，侵及主人。以理諭之，始息。近日人心之險，吾鄉士習之壞，深爲太息。爲定㝢撰其尊人壽昌訓導鶯谷先生七十雙壽序，夜初脱稿，即作書致之。弢夫來。

閲《宋史》隱逸、卓行傳。其中如劉愚、魏掞之等，宜入儒林，不宜入隱逸。二人皆以道學自任，皆應舉歷官，非遯世者。胡憲賜進士出身，官爲館職，宜附其從父安國傳。郭雍傳其父易，亦宜附忠孝傳。宇文之邵傳中所敘皆宦績，尤不宜以隱逸目之。潁昌杜生、南安翁兩傳，皆采自宋人説部，事近瑣屑，敘次不雅。其敘杜生，曰不出門者三十餘年，黎陽尉孫軫往訪之，問所以不出門之因，笑曰：『以告者過也。』指門外一桑曰：『憶十五年前，亦曾納凉其下，何謂不出？』此事果誰證之？其人之作僞市名，可笑已甚。其敘南安翁，謂其大兒於關外鬻果失税，爲關吏所拘捕送郡，翁與小兒偕詣庭下，請以身代長子受杖。其小兒告郡守，謂父元係帶職正郎，累典州郡。守遣吏隨兒取所埋甕，得其誥敕，乃免。夫以禽犢之愛，至以垂老之身，請代受杖，且以方州顯秩，甘試官刑，不特虧體辱親，其忘君恩而羞朝序，亦已甚矣。乃猶侈爲美談，列之隱逸，《宋史》之陋，往往如是，甚矣！脱脱、歐陽原功等之無識也。

邸鈔：許景澄補翰林院侍讀。

二十七日甲子　晴。上午答客一二家。詣雲門，視其新居，即詣邑館，與敦夫、介唐、介夫諸君小坐。午祭先賢，畢即歸。得江敬所寄懷七律一章。晡後復出門，答客三四家而歸。

閲上虞朱碧山《十三經札記》。碧山本名芹，後更名亦棟，乾隆乙酉科副榜，戊子科舉人。此書分《易》三卷，《書》二卷，《詩》二卷，《左傳》二卷，《公》《穀》一卷，《周禮》二卷，《儀禮》一卷，《禮記》二卷，《孝經》一卷，《論語》三卷，《孟子》二卷，《爾雅》一卷，共二十二卷。前有自序，題嘉慶二十二年，時年七十有九。其書雜剌漢、唐、宋諸儒之説，折衷是非，頗取平易簡明，實事求是，而心得殊鮮。自序謂少時習舉子業，間學詩賦古文，初不知《十三經注疏》爲何書。己丑計偕北上，時錢辛楣師寓官菜園上街，余寓横街，晨夕過從。同年楊木齋假館師處，言師於諸門人中惟邵二雲至輒作竟日談，曰此學人也，余始至琉璃廠買《注疏》一部云云。此非今人所肯言，具見先輩篤實，絶不自諱，足爲後生師法。考辛楣先生以乾隆乙酉爲浙江副考官，二雲先生是科中第四名；楊木齋名交泰，更名寶欒，會稽人。是科正考官爲曹文恪公秀先，時官祭酒。首題『其事上也敬』二句，次題『吾學《周禮》』。戊子科正考官爲庶子博卿額；副考官爲陸耳山副都，時官中書。先曾伯祖、前四川銅梁縣知縣諱筠，亡室馬恭人之曾祖、前陝西留壩廳同知諱廷銈，皆是科中式，汪龍莊先生亦舉於是科。

子培來，久談。付天全木廠銀二十兩。

二十八日乙丑　晨及午晴，午後陰，下午雨，入晚益密。上午詣先賢祠，巳刻先以特羊釋菜於至聖先師，午以少牢祀先賢。到者章黼卿光少及敦夫、介唐、書玉、子蓴、介夫、伯循、秉衡、桑叔雅、陳蓉曙、陳梅坡、韓子喬、孫文卿、戚聖懷、陳心齋應禧、陸蓮史、馬介臣，共十八人。下午飲胙。晡後偕敦夫、介唐至書玉家談，至傍晚歸。定夷來。得弢夫書。晚詣定夷拜其尊人壽，即歸。夜雨，至三更後稍止。付絨冠連纓頂共銀二兩五錢五分。付司廚足銀十兩，豕一具九十斤銀五兩三錢一分，羊二具銀三兩八錢。付香燭等錢八千。付廚人賞錢十六千。付繖輔先哲祠長班賞錢四千，邑館長班賞錢四千，載祭器車錢四千。

邸鈔：前任陝甘總督楊岳斌卒於家。上諭：楊岳斌忠勇性成，勳勞卓著。咸豐初年隨同前大學士曾國藩剿辦髮逆，創立師船，由湖南、湖北、安徽、江西直達江寧，肅清江面數千里，厥功甚偉。同治三年克復江寧省城，穆宗毅皇帝眷念勳勤，賞給一等輕車都尉世職，並加太子少保銜。旋由福建提督簡授陝甘總督，嗣因親老，准其回籍終養。朕御極後，復命巡閲長江水師，整頓營規，均臻妥洽。上年服闋後，奏准在籍養病。方冀調理就痊，長資倚畀，兹聞溘逝，軫惜殊深。著追贈太子太保銜，照總督例賜恤，加恩予謚，並於立功省分建立專祠，其生平戰功事蹟宣付國史館立傳。伊子附生楊滑儀賞給舉人，准其一體會試。伊孫候選縣丞楊鎮榮以知縣用，楊道讓俟及歲時由吏部帶領引見，用示篤念藎臣至意。賜謚勇慤。工部營繕司郎中松壽授陝西督糧道。本任道恩霖病故。

二十九日丙寅　晨日出，旋陰，巳刻晴陰相間，傍午陰，午後雨，晡有風，漸霽，頗寒。晨詣天安門外朝房，閲看各省秋審招册。車甫至西安門，已見騶從有退歸者，既紛紛盡出。晤同官，言唐暉庭已爲代畫押，遂携招册歸。是日大學士、九卿、科道皆集，有一人不畫押，則此案須再發審，事本綦重。此次招册内，刑部獄囚絞婦張氏等共三十起，中有宛平縣民王連才因阻梗其堂妹王秋兒婣事，逼迫其期親，叔母倪氏及子三人并女秋兒皆服毒身死。一家五命，一爲期親尊長，四皆大功親屬，實爲罪大惡極，而刑部謂非所致死，僅擬絞候，不足蔽辜。使余今日早到，此案不畫押也。得子獻十七日滬上書。得弢夫書，言善遺館客事，即復。敦夫簡約後日偕介唐邀飲江蘇館，即復。雲門來，談至夜二更後去。

邸鈔：詔：貴恒、沈源深現在出差，以吏部左侍郎松溎署理都察院左都御史，以宗人府府丞錢應溥署理左副都御史。

三十日丁卯　晴。晨偕定甹入城，過梅市街，幾覆車。巳初刻至天安門外朝房閲驗刑部朝審人犯過堂，自刑部至天安門，夾道觀者如堵墻，幾不能行。午初散歸。吴子修編修來，言其大父仲雲制府著有《養吉齋叢鈔》二十四卷，皆載國朝掌故，已寫有清本，昔年梅小峴中丞欲付浙江書局刻之，未果。余力從臾子修集資濟其事。我朝談故之書絶少，舊聞新城陳碩士侍郎有《納被録》，閩縣王文勤公慶雲有□□□□，亦皆言故事。陳書未知存否，王書亦未刊行，余屢屬其孫可莊修撰亟寫定本，亦尚未果也。閱雲門近年詩，曰《關中後集》，曰《東歸集》，曰《轉蓬集》，其《東歸集》中詩最佳。

九月戊辰朔　晴，晨寒，午後稍暖。午詣江蘇館赴敦夫、介唐兩君招飲，坐有雲門、書玉、弢夫、伯循，暢談至晚，復偕諸君詣雲門家小坐而歸。於雲門許閱滬上所得畫幅，有絶佳者：錢松壺仙壑螺舟直幅，全法文唐，簡秀深細，樹石樓閣俱在雲气間，最堪愛玩。聞以番銀八餅得之，使在京師，非數十金不辦矣。張侍郎若靄墨繪佛手一樹，下襯淡赭秋花，生動而穠厚，亦難得也。又有句曲女史駱綺蘭折枝梅花山茶、近人馮子揚（箕）仕女兩幅，皆佳。夜送館客楊生九月脩脯銀六兩，婉辭之去。

初二日己巳　晴。上午赴若農閣學招飲。其客次以玻瓈架懸團扇二柄，皆皇太后所賜御繪。一淺色山水，用馬遠法，層嶂之外，右帶平橋，烟水鮮澄，屋樹深遠；一墨筆蘭石，磊砢之旁，芳芽數箭，奇崛秀挺，花葉玲瓏：上俱鈐『慈禧皇太后御繪』七字朱文小方印一，真希世之筆也。惜爲司業吳樹梅奉敕題字，山水右方題『雲林畫境』四字，既不切合，蘭石左方題七絶一首，尤惡劣可笑。晡後歸。館客楊生移具去。得仲彝八月十日高淳書。作書致弢夫，以僧喜病，乞粤東菩提丸一片，得復。庚午同年劉編修傳福嫁女，送禮錢四千。

邸鈔：上諭：興廉奏接閱御史恩霖信函，請飭查究，並將原信呈覽一摺。據稱本月初一日，有邢姓持送恩霖信函，内稱本年漕糧興廉之子句串碓房，得受賄銀，攙水舞弊，並向該侍郎借用銀兩等語。覽奏殊堪詫異，該御史所指興廉之子係何名字，所稱行賄過付究係何人，著恩霖明白回奏。送信之邢姓，著交刑部嚴訊確供，先行覆奏。　以候補三品京堂薛福成爲光禄寺卿。

初三日庚午　晨雨，至午稍止，竟日雰陰，甚寒，下午有風。　評閲學海堂諸生課卷。

初四日辛未　晴，有風。　弢夫來。　剃頭。　作書致瞿子玖學士，辭九日天寧寺之飲。　作書致季士周。　作書致雲門。　作書致弢夫。　雲門來。　下午奉武會試監試之命，治裝三車，入城至德勝門净業湖邊，館於净業寺丈室。　傍晚散步湖邊，古柳高槐，蕭森夾道，湖波百頃，霜鏡碧清，落日在林，輕飈動浪。　長堤一帶，時見歸人，瓦屋數家，斜掩疏葦。　是日監射、較射諸大臣及諸同官皆館於隔岸高廟，余獨寓此寺，刹竿相對，烟波不窮，聞寺鐘動而還。　久處塵坱中，得此心神爲曠。　赤縣官吏，供給草率，童僕紛紜，不暇問也。　大興縣謝令裕楷、宛平縣姚令（際虞）〔虞卿〕來謁見，謝之。　大興令送肴饌一席。　作書致雲門。

邸鈔：詔：武會試：辰字圍都統容貴監射，兵部尚書烏勒喜崇阿較射；宿字圍刑部尚書嵩申監射，兵部尚書許庚身較射；列字圍貝子奕謨監射，署兵部左侍郎、禮部右侍郎廖壽恒較射；張字圍工部尚書熙敬監射，兵部右侍郎白桓較射。　御史臣李慈銘爲張字圍監試官。　上諭：前據興廉奏御史恩霖私致信函，請飭查究。　兹據刑部奏嚴訊送信之邢鎮勳，據供恩霖函内各節均不知情。　恩霖奏風聞興廉之子内閣侍讀靈椿有在外招摇情事，以並無確據，未敢冒昧糾參，因知興廉爲人素尚謹慎，靈椿亦無爲非劣迹，勸其自行訪查；至借用銀兩一節，因素有往來，有無可以相通，實無他意等語。　恩霖職司風憲，奏參何得私致信函？　輒稱該侍郎之子受賄舞弊，難免彈章，並借銀三千兩，顯係意存恫喝，藉端訛索。　此次回奏各節，又與原信種種不符，希圖掩飾，實屬貪鄙無耻，有玷臺班。　恩霖著即革職，永不敘用，以示懲儆。　其送信之邢鎮勳，既據訊明，並不知情，著即行釋放。

初五日壬申　晴。五更起盥漱小食，黎明出德勝門，至張字圍，在黑寺。已日出矣，它圍有已開試者。熙尚書、白建侯侍郎桓皆至。余先驗弓、刀、石，覆試廣東、貴州舉人八名，然後樹靶閲馬箭。張字圍分得福建、廣東、貴州、江西四省共六百七十餘人，晡後閲畢。復於馬道旁樹一地球，余驗釘訖，開試時已日落，舉子多有散者，福建連呼三人不到，皆馬上已中六矢者。熙尚書尚令按籍呼其後者，余争之，乃閲一牌而止，十人爲一牌。各上車歸。圍棚皆以席爲之，前爲射堂，右一間爲提調等官燕息之所，後二間爲監射、較射、監試退食之所，又後爲庖廚，其餘執事官各有帳房。射堂中列監射、較射、監試三公坐，其執事者武官三品以下皆侍立，雖提調亦旁立，惟兵部記箭官主事設一小案於旁。圍外平野千頃，西山障之，霜樹青蒼，間有黄者，村落遠近，散綴如畫，竟日危坐，相對兩不厭也。向例大興縣主供給辰字、張字兩圍，宛平縣主供給宿字、列字兩圍。昨夕四更，列字圍失火，棚席盡焚，或傳是武舉祭賽馬道，放雙聲爆遺火所致。今日偕諸大臣合疏參署宛平知縣姚(際虞)〔虞卿〕疏防失慎，請交部議處，并諸營官分别處分。傍晚入城，到寺已過暮鐘矣。大興令送燒猪、燒凫，提調饋肴菜六器。

初六日癸酉　晴。四更起小食，五更出城至圍，白侍郎已到矣。俟熙尚書至，核對昨日馬箭册畢，昧爽開試地球。朝旭將上，紫氣滿山，和門對開，旌旆秀發。日加巳地球射畢，偕同官早餐，各據一筵，雖錯珍方丈，罕可下箸。午初督樹射臬畢，開試步箭，合馬、步、地球計之，以中五矢者爲合式，射畢者各印合式字於右臂。是日福建步射未完，日已落，不能辨準的，同官尚欲按視，余止之。入城抵寺，已昏暮矣。得季士周書。得弢夫書。再作書致雲門，小飲而寢。

初七日甲戌　晴。五更初抵圍，熙、白兩公尚未到也。俟其至，核對箭册畢，開試廣東步箭。晡後試貴州步箭畢，更閲江西一牌而歸，抵寺已晚矣。

初八日乙亥　晴寒。五更抵闈，核對箭册畢，開試江西步箭，晡後畢。入城尚有夕陽，到寺槐柳森然，湖光映射，又得流連頃許。蓋四五日來，出入皆以燈，未嘗見波光樹色也。寺僧饋素饌一筵。夜作書致僧喜，屬以素饌并比日縣令所供燒豚、燒鳧祀先作重九。又作致弢夫書、致雲門書。萬薇生之母夫人七十生日，送以紅尼壽障一軸。

初九日丙子　晴，有風，頗不寒。五更抵闈，核對箭册畢，余驗啓所封弓、刀、石，開試技勇。數日來闈中午餐，監試與監射、較射相更迭而食，自試技勇，例須三人密定等第，午則三人同食矣。硬弓以十二力爲頭號，十力爲二號，八力爲三號。刀以百二十斤爲頭號，百斤爲二號，八十斤爲三號。石以三百斤爲頭號，二百五十斤爲二號，二百斤爲三號。弓至十三力者爲出號，其上又有十四力、十五力兩號。刀末有鐵蒺藜，以面、背各舞三花爲足數。石樹椿高一尺，以過椿見底爲合式。弓、刀、石皆編定某圍字號，藏之武備院，届時兵部咨取之，初七日由監試調至闈，命吏以權衡親驗視畢，畫押封之，至此啓用。舉子多有求試十五力弓者；其舞刀往往至十餘花，且各出技巧，於項背間旋轉如丸；掇石有旋行，或左右行數步，且以膝抵之，或倒卧而植之踝，務自標異，以求得隽。閲者册中暗記一二三字數，慮舉子知之，或有争辨，乃以東蕭講爲暗號相告語。其實舉子試畢，報名即退，不能聞，而檐下兩旁侍衛之送考者，皆竊視三人下筆之數，暗記以去。余以語熙尚書，始恍然，乃相約凡下一筆者，故描數筆以亂之。故事：監射、較射大臣會同監試御史，公心衡校，密定去取。然向例殿試箭數、弓力、刀石不符，止監射有處分，又多以命王、貝勒，乾隆、嘉慶朝且命阿哥爲之，睿皇帝、成皇帝爲皇子時，皆嘗被命，故去取皆專主，雖較射者不敢問，無論監試矣。咸豐十年，始定較射一例處分，由是漸得與，然遇親郡王之驕貴者，自若也。近來諸王近支漸少，間派貝勒、貝子及世襲諸王，多務和衷，事體漸異。此次熙尚書熟於世故，虛心酬應，白侍郎勤於吏事，性頗拘執，高下之等，取定者多，間亦詢余，應以一二而已。晡時閱福建畢，更閱廣東數牌，日已落矣。晚歸寺。得雲門書。夜陰，有小雨。

初十日丁丑　戌初三刻霜降，九月中。晨有微雨，上午小雨，旋止，午後晴。五更抵圍，閱廣東技勇。午飯後閱貴州技勇。晡後閱江西技勇兩牌而歸。閩、廣刀石，甚有佳者，惟硬弓差遜，然觀者如堵，至貴州、江西，則散者半矣。到寺未夕，稍閱雜書。

十一日戊寅　晴。昧爽抵圍，核對箭册畢，試江西技勇，尚留一牌而散。夕陽在樹，薄靄依山，迤邐入城，寺門如晝。是日宛平姚令以議處事求上疏開復，余言無此例，熙尚書、白侍郎亦皆難之。抵寺夜飯後，幫辦提調王同年邦鼎來，言謨貝子等議定外場覆命時夾片爲請，屬余等會銜。

邸鈔：上諭：前據御史端良奏禄米倉虧短甚鉅，當派户部堂官認真盤查。兹據奏稱盤查完竣，開單呈覽。興廉等奏倉米虧短，將監督參處，並自請議處各摺片。禄米倉米石，光緒十三年經倉場衙門查明，虧短粳米九千餘石。現經户部盤查，竟虧至十五萬五千餘石之多。總由花户倉書，因緣爲奸，監督各員，漫不加察，以致積成巨虧，深堪痛恨。所有拏獲之花户郭啓泰等，著刑部嚴行審訊。在逃之花户張增禄等，著步軍統領衙門、順天府、五城御史按名嚴拏。該倉監督户部主事容恩、都察院都事孟守箴，職司典守，於倉儲虧缺豪無知覺，形同聾聵，且恐有徇隱侵蝕等弊，均著先行交部議處，徹去監督之任，聽候傳質。倉場侍郎興廉、游百川，未能先事覺察，亦有應得之咎，並著交部議處。補初八日。旋部議容恩、孟守箴均革職，興廉、游百川均降一級留任，不准抵銷。　户部左侍郎續昌、右侍郎崇禮赴朝鮮賜奠其大院君之喪。道員用前任直隸承德府知府廷杰授湖南分巡岳常澧道。本任道崔穆之告病。

十二日己卯　晴。昧爽抵圍，核對箭册畢，閱江西十人技勇。朝旭滿山，微霜過樹，人家疏峙，炊烟間生，默坐對之，頗悟畫理，流連光景，彌覺有情矣。上午偕熙、白兩君定外場榜，福建取四十三名，内雙好五名；廣東取三十七名，内雙好六名；貴州取八名，無雙好；江西取三十名，内雙好四名。向例武場以弓、刀、石爲重，三項中有兩項頭號者爲雙好，餘皆單好，各刻木戳，印之於册，至内場則監試復親印之卷面，主考先中雙好畢，始中單好。道光中，白小山尚書、鎔，即建侯侍郎之大父。胡雲閣詹事達源，前湖北巡撫文忠公林翼之父。以捨雙好而中單好，被監試糾參，奉嚴旨皆降三級調用，故取雙好者皆密記之不洩也。此次江西終場者二百四十人，例應挑取五十餘名，而技勇合格者少，白侍郎甚難之，余據舊例無有取至七盡者，兩項二等、一項三等爲七盡，即有一項頭號而兩項三等，亦所不取。持以示之，熙尚書亦以爲然，乃止取三十人。然廣東、福建，素稱武勇，多有挽出號弓希鼎甲者，而此次所取雙好皆四畫，殿試便不能得花翎侍衛矣。午餐後，吏書榜畢，余標朱訖，遂歸。聞向來寫榜時舉子喧聚，至有闌輿争辯者，今日乃寂無一人。午後抵寺，晴日滿窗，城外已以車來迎。命童僕結束行李，付寺僧香資銀六兩，賞其廚、水等行者錢二十四千。余獨出寺門，流覽湖光樹影，坐磐石上久之。晡時還家，居室已移於外，殊覺惝怳，失其故處矣。作書致介唐。作書致弢夫。得介唐復。得八月八日家書，并嘯巖弟書。夜患痔發。得弢夫復。

十三日庚辰　晴和。定夷來。蔡松甫來。雲門來。痔發甚劇，竟日多卧。

十四日辛巳　晴。金忠甫來。敦夫來。剃頭。午更結束行李，入闈監外簾試。故事：監試外圍畢，即帶箭册卷箱入闈搜檢。近以兩縣令須十四日方具供帳，順天府所派供給官亦是日方至，始供晚食，故監試及提調皆以今日入闈也。余到時，惟同事三御史已至，室宇床几，皆草草粗具。坐同年馮壽山鏡仁房久之，偕僕輩灑掃畢，偕滿御史秀林居至公堂旁西院。提調郭少蘭兵部發源來。大興令謝端甫裕楷來。供給官查治中光泰來，闈中執事官皆來謁，不見。

十五日壬午　晴。是晨有旨，命吏部左侍郎許應騤爲内場正考官，翰林院侍讀學士惲彦彬爲副考官，署兵部左侍郎廖壽恒，知武舉御史宗室增濟、牟蔭喬爲内簾監試官。上午過郭少蘭及英、馮兩侍御房小坐。廖侍郎來拜。兩作書遣役至家，取朝珠、香合、坐墊。評改學海堂課卷。夜偕同官坐至公堂親印卷面坐號。是日望，月甚佳。

邸鈔：上諭：御史吴兆泰奏請節省頤和園工程一摺。頤和園殿座即從前大報恩延壽寺，爲高宗純皇帝侍奉孝聖憲皇后三次祝嘏之所，殿宇一切均係舊有工程。朕仰維慈禧端佑康頤昭豫莊誠壽恭欽獻皇太后垂簾聽政二十餘年，宵旰憂勤，不遑暇逸，朕親裁大政，自應倍隆頤養，以冀稍盡孝思。是以將原有工程量加修葺，恭備慈輿臨幸，藉資養性怡神，並擬於大慶之年敬踵乾隆年間成憲，躬率群臣，同申祝悃。此朕區區尊養微忱，庶幾仰報萬一，並非創興土木，自侈游觀。光緒十四年二月所降諭旨甚明，天下臣民當已共喻。該御史備員臺諫，豈獨未知？乃輒以工作未停、有累聖德，並以畿輔被灾、决河未塞等詞，摭拾瀆陳，是於朕孝養之心全未體會，實屬冒昧已極。吴兆泰著交部嚴加議處。旋吏部議照違制律革職，奉旨依議。聞吏部司官本引不應重律降三級調，繼引奏事不實例降五級調，皆以公罪應否准其抵銷上請。徐冢宰以爲輕比，改引違制律，未知所違者何制也。吴兆泰，字星階，湖北人，丙子翰林，年少頗佻達，不謹小節。此疏乃其同鄉應山左主事紹佐所草，聞其詞頗簡直，兆泰故疏放，得而上之，既奉嚴旨，乃遍告人，謂爲左所誤，非其本心，識者多笑之。左字笏卿，以庚辰庶吉士改刑部者。上諭：李鴻章奏永定河漫口大工合龍一摺。直隸按察使周馥著賞給頭品頂帶。道員吴廷斌著交軍機處存記，遇有道員缺出，請旨簡放。永定河道萬培因、石景山同知竇延馨均開復革職留任處分。餘升賞有差。

十六日癸未　晴，有風，頗寒。晨起啓門，點名畢，坐至公堂俟交卷。午再點名，覆驗張字圍諸武舉弓力。此次福建、廣東兩省皆無出號弓，人頗議其嚴刻，然今日按册中所定二號、三號弓力呼名覆驗，皆長跪報名，俯首帖服，可知武夫性直，勝於文士嚚競也。夜彌封所送呈張字圍試卷，每卷面附黏一籤，用紫泥印馬步、箭、地球、弓、刀、石六項，監試按册爲之親填數目。舊皆兵部吏所寫，乾隆中兵部侍郎蔣棨疏言吏多洩漏舞弊，請飭監試御史親書，遂著爲令，然仍有倩吏代書及任之童僕者。去年順天鄉試，滿監試成斌以填寫錯誤，爲磨勘試卷尚書麟書、侍郎敬信、孫詒經等奏劾，被旨嚴議，竟坐革職，滿人不能書者皆以此爲畏涂矣。

十七日甲申　晨晴寒，有風，上午微陰，下午陰，晡雨，入晚漸密。晨填卷畢，至内龍門親交内簾監試。是日患痔甚劇。評改學海堂課卷。闈中執事官及書吏多乞書楹貼挂幀，勉一二應之。傍晚冒雨督視啓閉諸門，甚覺勞苦，然以視後之執蓋者，彼亦人也，我之所處，爲幸多矣！是日知武舉進各省雙單好數目，請定中額。夜大風。甚寒。

十八日乙酉　晴。晨批摺中額下，督視啓門，迎摺以入。福建中十名，廣東中十五名，貴州八名，江西九名，浙江九名。竟日評改問津諸生課卷。晡後再爲諸官吏書聯幅。施均甫之女嫁沈子敦之子，詒以針黹八事。

十九日丙戌　晴。下午詣聚奎堂監視寫榜。庭中有海棠兩樹，百餘年物也，柯幹如鐵，葉尚蔽芾。晚偕同官宴於堂上。夜然燭填五魁。會元張憲周，山東鄆城人；第二李承恩，四川人；第三譚鰲，湖南人；第四陳邦榮，直隸人。自二十名以前弓皆十三力，惟譚鰲十四力，以馬步缺一箭，故在第三耳。一更後出闈，至前門，呼門者啓鑰而出，月已上矣，市中燈火甚繁。二更抵家，庭柯間月色晶晶，枝葉如畫。爽秋來。沈子敦爲子娶婦，賀以錢十千。

二十日丁亥　晴。慧叔弟十一日生日，補送桃、麵、雙鷄及燭，得復。謝惺齋夫人十六日生日，補送鷄、桃、燭、麵。作書致弢夫、雲門。料檢書籍。夜定旉來告明日請急南還，并以台州徐貞定先生、温節先生父子祠墓圖記一册送閱。即走詣之，問其行意，則初以尊人鶯谷先生病，繼聞其令嗣夭折之耗。定旉無兄弟，止一子，已娶婦，有孫矣，故挈眷歸覲也。慰之而出，倦甚，坐車歸。仲弢來。

二十一日戊子　晴。弢夫來。雲門來。敦夫來。金忠甫來。謝贊臣來，謝惺齋之子也。孫文卿檢討來。雲門以新得嘉興吴布衣履所畫曾賓谷賞雨茅屋圖卷見示，長一丈許，畫作秋景，水田村落行人牛馬，間以紅樹，有王夢樓、梁山舟諸公題詩，索價百金。傍晚偕雲門視介唐疾。出詣弢夫，不值，遂歸。頗覺腹中不快。得竹筼書，言十九日已行。

二十二日己丑　晴。午入署晤同官。下午接見諸臺長。出至西單牌樓答拜新署總憲淞少宰淞桂，傍晚歸。廖仲山侍郎來。子培來。季士周來。額玉如送來冬季脩金等二百七十一兩，即復，犒使者二金。夜覺不快，不飯早卧。一更後腹痛，二更後肝疝交發，病甚。

二十三日庚寅　晴。肝厥氣逆，寒熱大作。請汪幹廷吏部來診，又延福山人孔玉山來按摩。漱蘭通政來。花農來。陳蓉曙來。弢夫來。均甫次子彦振來。可莊來。夜病甚，服藥，轉側須人。

邸鈔：上諭：朕本年二旬慶辰，覃敷闓澤。尚書銜甘肅新疆巡撫劉錦棠之祖母陳氏，著賞給御書扁額一面，紫檀三鑲玉如意一柄，大卷江紬袍褂料二匹，大卷八絲段袍褂料二匹；西寧辦事大臣薩凌阿之母王氏、山東布政使福潤之母烏蘇氏、廣東水師提督方耀之母林氏、直隸馬蘭鎮總兵英廉之母郭氏、河南歸德鎮總兵牛師韓之父牛斐然，均年逾八秩，各賞給御書扁額一面，紫檀三鑲玉如意一柄，小卷江紬袍褂料二件，小卷八絲緞袍褂料二件：用示錫類推恩至意。

二十四日辛卯　晴。病小愈，肝氣少平，腹痛可忍，思小食。仍延孔玉山來按摩。口占令僧喜作書致雲門。下午强倚床危坐，閲《三朝北盟會編》。雲門來。夜病復劇，腹痛甚。

二十五日壬辰　戌初一刻十分立冬，十月節。晴。病甚身熱，仍强坐，閲《北盟會編》。（此處塗抹）弢夫來。汪幹廷再來診，孔玉山再來按摩。

邸鈔：上諭：户部奏豫省河工歲修額款較前加增，請飭核實辦理一摺。豫省河工款項名目繁多，前據許振禕奏請改定章程，每年以六十萬兩定爲歲修額款，尋常搶險不再添撥，各種名目概行不用，當經降旨允准。兹據户部奏稱，向來河工歲修經費，至多不過六十萬兩，該督所定額款，一切布置當已裕如，其公費銀七萬五千兩，即由六十萬兩内支給等語，著依議行。河工關系重要，許振禕到任後，於一切修守事宜，尚能破除積習，認真經理，故於前奏請撥鉅款，當即允行。該督務當仰體朝廷委任之意，振刷精神，切實整頓，悉除向來一切浮糜折扣陋習，使工程益臻鞏固，用副朕軫念河防、慎重帑項至意。

二十六日癸巳　晴寒。病甚，兼發熱畏寒，竟日昏眩。張姬詣吕仙祠禱。午後强倚床坐，閲查初白補注蘇詩，少覺心神清醒。蓋病中不可閲史事，多憤懣，轉益疾也。雲門來。服普濟丸，以酒下之。

二十七日甲午　晨陰雨，上午後雪大作入夜。病轉委茶，身熱如火，腹硬如石塊，不能起坐。再請汪幹庭來診。口占授僧喜作書致子培，欲請凌初平、左笏卿、黄松泉三君診脉，得復。得弢夫書，言今日移居台州館。竟日氣逆中懣，不能食，削白梨數片含之，覺少清爽，更飲橘汁，以解吻渴，蓋肝火上攻，成肺熱也。署中知會十月初一日上時享太廟，派監百官東班。夜半後晴，風甚寒。

二十八日乙未　微晴，有風，甚寒。病甚，益内熱委頓，遣人至署請假十日。口占授僧喜作書致弢夫，致沈子培，皆爲請醫也。子培來。夜初强起坐，燃燭閲蘇詩。慈谿人劉比部一桂封翁七十，送禮錢四千。

邸鈔：右春坊右庶子黄卓元轉補左春坊左庶子，以翰林院侍讀吴講爲右春坊右庶子。二十六日。

上諭：劉銘傳奏假期届滿，病勢增劇，請開缺調理，復稱如不得請，懇賞假内渡就醫各摺片。率意瀆陳，殊屬非是。劉銘傳著傳旨申飭，仍著賞假三月，在任調理，毋庸開缺。

二十九日丙申小盡　晴寒，微有風。勥起小坐，病如故。凌初平來診脉。初平以濰縣令署肥鄉，今月六日奉電旨令馳入京視醇邸疾，蓋皇太后及上召之也。初平言丁亥之秋在廣東，亦以是日奉電檄入醫醇邸，時余亦以病肝厥請診，今復如是，事之適然，可發一笑。久談，至晚而去。初平名紱曾，歸安諸生，均甫弟子也。弢夫來。雲門來。

邸鈔：上諭：昨據秀吉奏弘義閣迤南東庫門錢糧脱落，當經諭令内務府大臣確查具奏。兹據奏稱，本月二十七日，衣庫司員呈報庫門封條鐵鎖有拆動扭落情形，差點物件，丢失貂鑲舍利孫答護三件等語。禁城重地，竟有賊匪偷竊情事，殊屬不成事體。著護軍統領認真緝訪，並著步軍統領衙門、五城御史一體嚴拏務獲。

庚寅九月奉命監試武圍宿净業寺作

净業湖光路，循堤按轡行。菰蒲翻日影，槐柳共秋聲。吏説迎天使，故事：監試住所皆京縣令供張，稱欽使行臺。僧忘住帝城。可憐烟水賞，猶是借王程。

被命偕熙尚書白侍郎校張字圍馬射感賦

威儀相送出重城，馬首材官負弩迎。赤棒傳呼三獨坐，青油參預一書生。虚慚獬豸司遺闕，欲借熊羆報聖明。最喜和門山色好，平原千騎赴紅旌。

連夕五鼓出城赴闈口號

那有湖波管送迎，寺門古佛照人行。柳陰如夢紅燈過，宿鳥未醒人出城。

校場連日看西山朝氣重九日山色尤佳作歌紀之

整理者按：此詩原稿僅存標題。

九月十二日闈事畢别西山作

依舊烟林對案開，挽强超距畢呈材。青山似惜人將别，作意層層入畫來。

校藝竣事歸净業寺小坐門外别寺僧作

試罷入城去，斜陽滿寺門。湖光連騎影，林蔭幾家村。緩步尋磐石，移時坐樹根。烟波無限好，爲補衲衣痕。

冬十月丁酉朔　晴，少和。力疾起坐，於團扇上作山水。服淩初平方藥。王幼遐鵬運來，不見。

初二日戊戌　晴。祖妣倪太君忌日，供饋菜肴七豆，肉肴三豆，餘如常儀。内疾，至聽事舊卧室外之堂。上香，不能祭。作書致雲門，以所畫扇詒之，得復。弢夫來。伯循來。均甫第二子彦曾來辭行，不能見。繆筱珊邀夜飲，辭之。書玉夫人來。是日兼感寒涕嗽，夜復病痔。

邸鈔：上諭：敬信、汪鳴鑾奏查辦事件，遵旨覆奏一摺。前據都察院奏福建臺灣布政使于蔭霖以辦糶起釁，奸商朋謀，構陷大吏，覆奏不實等詞，赴該衙門陳訴，當經諭令敬信、汪鳴鑾馳驛前往吉林查辦。兹據查明覆奏：此案伯都訥廳於光緒十四年秋收歉薄，該廳鄉民呈報，已在十月。將軍長順借撥公款，俾作振需，且吉林因灾蠲緩振濟各節，曾經先後陳奏六次，伯都訥廳既在其内，並非諱灾不奏。該廳貸捐一項，向係奏定儘徵儘解，自光緒九年以後由紳士代收代解，帳目出入，弊竇甚多。于蔭霖所呈本屬包攬，以餘款津帖書院各費，並無其事。其學田一項歸入于蔭霖家所設天德裕號經管，顯有侵占欺隱情弊，于蔭霖所呈天德裕與書院另有交涉等語，均係虚飾之詞。抹兑憑帖一項，平民受累甚多，于蔭霖家各鋪所出憑帖，積弊尤甚。上年四月該將軍諭禁後，並不遵辦。于鍾霖復有素服出入衙署，條陳錢法，假公濟私情事。其運貨車輛輒用官銜旗號，雖無漏税確據，殊屬不知遠嫌。已革編修于鍾霖既查有干預公事、與民争利情事，業經革職，均毋庸議。已革貢生蕭德馨、中書銜谷蘭芳、貢生張朝翰、舉人王文珊、增生楊光黼、附生于方懷、陳文俊、附貢生楊振聲、候選同知衣佩璋，查與長順原參相符，業經斥革，亦毋庸議。蕭德馨等挪用公款，衣佩璋私借款項，均著勒限完繳，照例辦理。前福建臺灣布政使于蔭霖於兄弟親族干預公事，罔利營私，平日不能戒阻，蠱捐學田抹兑等事，情弊顯然。輒於奉旨懲辦之後，捏辭申辨，希圖蒙混，實屬咎無可辭，著交部議處。吉林將軍長順於飭查事件雖尚認真辦理，惟於于蔭霖倡辦平糶、結怨商民，未能據實查奏，意在聯絡官紳，公事每多牽就，亦有應得之咎，著交部議處。前署伯都訥廳同知孫逢源雖無匿灾情事，惟於屬境歉收，並不覆查詳報，亦屬不合，並著交部議處。

初三日己亥　晨日出後微陰，巳後晴。净業寺僧饋戒壇饅頭漿飯，酬以一金。遣人送均甫之子彦曾南歸，詒以磨菌、杏仁各一匣。請汪幹庭診脉。

閲《三朝北盟會編》。所載馬擴《茅齋自敘》、鄭望之《北使録》，其言多不可信。然姚平仲劫寨之舉，李忠定《靖康傳信録》言本期二月六日，平仲奉密旨以初一日夜出，雖种師道在城中亦不豫知。忠定方在病假，是夜二更忽奉詔出援，忠定以師非夙戒，力持不可。詔使屢促，不得已而出，次晨力解諸將之圍，拒却金人。平仲雖無功，亦不大衄，以違節制，恐爲師道所誅，故逃去。據望之及諸書所紀，則忠定實豫謀，其兵亦皆大創，平仲遂戰死。以忠定爲人觀之，必不致諱敗飾非，歸過君上。而徐氏大書劫寨事，亦似以忠定爲與聞。其後援太原事，亦以忠定駐懷州，去太原七百里，調遣應援，多失機會，且不用師道言，俱以望之之説爲然，不可解也。

初四日庚子　晴。弢夫來。仲弢來。介夫來。庚午同年孔以魯編修憲曾卒，送奠分五千。朱益齋編修延熙續娶，送賀分四千。夜得雲門書。閲查初白《蘇詩補注》。

初五日辛丑　晴，下午微陰。病終不愈，强坐看雜書。雲門來，子培來，俱久談。得介唐書。是日力疾閲學海堂諸生課卷訖。凡四十四人，試『反坫解』、『三伏説』、『汲黯論』、『水晶簾動微風起賦以題爲韵』、『擬唐人塞下曲不拘體韵』，取内課張大仕、李家駒等七人。許仙坪河帥寄來奏定防河章程一册，内夾附近作七律十餘首，其一哀逝詩，言今年彭雪琴、曾劼剛、倪豹岑、李子和鶴年、倉少坪景愉一時皆逝。李，益州人，乙巳翰林，前任河南總督；倉，中牟人，庚子翰林，前任雲南按察使。今日又聞曾沅圃以初二日卒於兩江總督任中，福建許仲韜按察鈐身卒於上海。此輩亦不堅牢，可謂智愚同盡矣。

邸鈔：刑部郎中孔慶輔授湖北分巡漢黄德道。安徽廬州府知府黄雲授甘肅分巡蘭州道。是日武殿試傳臚，狀元張憲周，榜眼李承恩，探花陳邦榮。譚鰲二甲一名。

初六日壬寅　上午陰，午後晴。祖妣余太夫人忌日，供饋肉肴、菜肴各五豆，加魚鼈，餘如常儀。徐班侯來。新授福建建寧鎮總兵羅大春來拜。羅，貴州□□人，前任福建陸路提督，以事罷官，今入籍處州，爲浙人矣。王廉生次男娶婦，詒以紅尼金字喜障一軸。廣東人兵部主事張菁爲子户部主事標雲續娶，來請酒，賀以錢六千。祭酒薩廉以嫁從妹來柬，賀以錢四千。得胡伯榮蓬萊書，并詒燕窩一匣，仙居朮兩匣，魚翅二十張，海狗臍四小注，言其缺甚清苦，頗憂虧累，又知府江韵濤矜愎難事，乞爲道地，量移善處。此非余所能爲力，然不能不念之。作書致雲門，饋以炰鼈、香櫞，則全家游西山矣，清興可羡。書玉之長女在江西出嫁，今日來請酒，詒以餅餌兩合，時果兩合。是日閱學海諸童課卷，略定内課七名，以其餘作書致弢夫屬代閲。夜爲弢夫繪《秋燈課詩圖》。其母盧夫人嘗有詩云『矮屋數椽燈一點，吾家喜有讀書兒』也，弢夫乞其師趙之謙爲之圖，所寫荒凉，不合景狀，故爲圖以正之，又爲之作説。

初七日癸卯　晴和。撰《秋燈課詩圖説》訖，爲駢體，七百餘言，即以所草作書致弢夫。黄松泉編修移居對門，偕其從子來拜，賀以糕、桃兩合。院吏送來秋季奉米票，劄儲濟倉給發。自去年夏有饋兩生鳧者，畜之。前日犬齧其一，死，其一哀鳴不食，今日亦死。兩鳧皆雄也，感其友義，爲瘞而銘之。

瘞鴨銘有序見前。

爾鳧何産，雙雙而來。蓄之庭宇，出入裴回。馴之擾之，自知朝夕。聞我足聲，呼名乞食。忽以灾至，隕一於尨。爾尋爾覓，哀鳴繞窗。見食低頭，予水不嗌。向曝形孤，顧栖影隻。病羽離褷，殉以三昔。嗟爾相偶，匪雌則雄。匪烏能孝，匪雁克恭。禽之特兮，謚之曰義。胡忍食爾，榮之以瘞。豈曰奪人，以予螻螘。凌次仲《瘞鴨銘》曰：奪人之食，以予螻螘，何恩何讎。匪讎匪匹，以愧友生。靦然人面，視此弟兄。

初八日甲辰　晨及上午陰，下午微晴。得弢夫書。得子培問疾書，即復。得繆恒庵是月初四日津門書。得揚州府同知施翰臣培曾書。敦夫來。沈子封來。

初九日乙巳　晴和。張子虞來。弢夫來。廖仲山侍郎來。介唐夫人來。署中續假十五日。再延汪幹庭診脉，談次言將改縣令出都。幹庭，戊辰進士，官吏部二十餘年，補缺尚無期，京官沉滯極矣。俞子欣官圻來辭行。

邸鈔：詔：禮部尚書崑岡、刑部尚書嵩申、刑部左侍郎薛允升，均加恩在紫禁城内騎馬。

初十日丙午　晨及上午陰，午後微晴，晡晴。皇太后萬壽節。署中知會兼署山東道御史。作書致介唐問疾，得復。得額玉如書，并明年關聘十二金，即復。蔣子相自山左來通謁。評閲問津、三取諸生卷。夜大霧。

十一日丁未　申正一刻十三分小雪，十月中。晨晴陰相間，上午多陰，午晴，下午陰。蔣子相饋阿膠四匣、㷛脯、白棗及石經峪集字聯，受阿膠兩匣及棗、脯，犒使三千。得弢夫書，即復。是日評改問津六月望課諸生卷訖。凡九十八人，文題『君子不以紺緅飾』三節，詩題『浮萍斷處見山影得萍字』，取内課張大仕、蔡彬、李鳳池等二十名。作書致族弟慧叔問疾，得復。

邸鈔：詔：劉坤一補授兩江總督，未到任以前，著安徽巡撫沈秉成署理。

十二日戊申　竟日霒陰，有溦雨。王廉生來。楊莘伯來。劉仙洲夫人之孫彌月，詒以塗金八仙帽飾及糕、桃。殷尊庭姬人生日，饋以糕、桃、酒、燭。是日閲問津六月童課卷訖。凡五十二人，文題『緅』。取羅應湝第一。

十三日己酉　晴。庚午同年孫佩蘭葆田自山左寄來所補輯書三種：一《孫明復小集》，一《孟志編略》，一《明文正氣集》。《明復集》即《四庫》本，僅文十九首，詩三首，從泰安趙相國國麟家録出者，後有相國子起魯跋，言相國撫安徽時所得。相國本吾邑瀝海所人，嘗求其志狀缺如，今知其子名，亦可補入郡志也。《孟志編略》本道光末亞聖裔五經博士孟廣均所重纂《三遷志稿》，爲之增輯訂正，自年表至雜志，分爲六卷，考訂詳慎，然《魏默深集》中有《孟子年表》，頗有可采，明人陳士元《孟子雜記》中亦頗有新説，孫君似皆未見也。《明文正氣集》分前、後編兩册，皆殉國者所作《四書》題文，不過爲家塾讀本耳。得弢夫書，即復。楊莘伯來。梳頭。評閲三取諸生六月望課卷。文題「當署袗絺綌」，詩題「藕花無數滿汀洲」。取李雲瀚第一。

十四日庚戌　竟日霡陰，上午有濈雨。爽秋來。弢夫來。今日病小愈，精神稍佳，始授僧喜《左傳》。館客楊生教讀一年有半，僅讀襄公之半册，素餐怠課，深堪痛恨，然亦學子性懶，余督課不嚴，所當分任其咎耳。閲青浦湯虞樽運泰《金源紀事詩》，皆用新樂府體，直率近俚，取材亦窄，較之尤西堂《明史樂府》，尚不及其生峭。然述完顔一代事，本末粲然，且表彰忠義爲多，此其可傳者耳。

邸鈔：太子太保、一等威毅伯、兩江總督曾國荃卒。上諭：曾國荃秉性沉毅，莅事公忠，韜略宏深，經猷遠大。咸豐年間由優貢生從戎，在江西、湖北等省迭殲巨寇，克復安慶之役，出奇制勝，懋建殊勳。蒙文宗顯皇帝特達之知，不次超擢。同治初年，簡任浙江巡撫，仍帶兵剿賊，激厲將士，掃蕩無前，直達江寧雨花臺，苦戰兩年之久，卒能攻拔堅城，擒渠掃穴，粤匪之平，厥功最偉。朕御極後，優加倚任，迭畀封圻，均能盡職。其在山西巡撫任内，救灾恤民，政績尤著。簡授兩江總督後，整頓地方營伍，撫綏鎮攝，卓著聲威。雖傷病時發，猶復力疾辦公，並未請假，忠誠篤棐，實爲國家柱石之臣。方冀克享遐齡，長承恩眷，遽聞溘逝，震悼良深。著追贈太傅，照總督例賜恤。賞銀三千兩治喪，由江寧藩庫給發。賜祭一壇，派護理江寧將軍、副都統承綬致祭。加恩予謚忠襄，入祀京師昭忠祠、賢良祠，並於湖南原籍、江寧省城建立專祠，此外立功省分准其一併建祠。其生平政績事實宣付史館。靈柩回籍時，沿途地方官妥爲照料。伊孫特用主事曾廣漢即著承襲一等伯爵，毋庸帶領引見；附生曾廣江賞給舉人，一體會試；監生曾廣河賞給員外郎，分部學習行走；曾孫曾兆龍、曾兆祥、曾蔭椿均俟及歲時由吏部帶領引見，候旨施恩，用示朕眷念勳臣至意。詔：兩江總督劉坤一兼充辦理通商事務大臣，未到任以前，著沈秉成署理。　江南道御史馮鏡仁授雲南臨安府知府。

十五日辛亥　晴和。雲門自西山歸來視，言山中氣候甚佳，木葉丹黄，大半未落，又談戒壇之勝，爲之神往。子培來。介唐來。殷蕚庭來。是夕望，月皎如晝，亥初二刻有食之。

邸鈔：詔：前福建臺灣布政使于蔭霖照部議即行革職。吉林將軍長順、前署伯都訥廳同知孫達源均降一級留任，不准抵銷。

十六日壬子　晴，午後微陰，晨風，上午稍止。新補御史松林來拜。婁秉衡之長郎續娶，賀以酒兩罈，燭六斤。得楊莘伯書，饋糯米粉及肉鬆各一盤，作書復謝。作書致弢夫，取課卷。是日買青段羊穗毛褂一領，銀九兩二錢；又青江紬羔皮褂一領，銀八兩，爲僕人前馬之衣；又灰鼠本作鼲。一領，銀八兩五錢，以製車障、車簾。夜初更雨，旋集霰，二更後雪。

邸鈔：詔：廣東布政使蒯德標准其告病開缺。以湖北按察使成允爲廣東布政使。

十七日癸丑　晴。曾祖考構亭府君忌日，供饋肉肴七豆，菜肴五豆，加火鍋，餘如常儀。晨起，見晴雪在樹，甚有山林之思。得弢夫書，送所閲課卷來，即復。作書致額玉如，并課卷兩箱及是月三書院題三紙。羅提戎大春送來紹郡團拜費三十兩，别敬十二兩。作書致濮紫泉，屬其轉致羅提戎以病中不能答拜之意。同年何員外晉德病故，送奠分四千。付天津寄卷箱錢十千。犒羅使六千。閲七月望三取諸生卷。

邸鈔：理藩院左侍郎恩棠卒。崧駿奏前江蘇按察使應實時卒，請優恤。從之。以前浙江按察使陳寶箴爲湖北按察使。

十八日甲寅　晴。午前見晴旭滿窗，髮長寸許矣，負暄剃之，寒不可忍。得爽秋書，以新寫定去年詩一卷送閱，即復。姚子湘署丞凱元以生母卒來訃，賻以四金。余與署正素無往來，昔年乞余爲謀津門一席地，以其兄彦侍布政所刻《咫晉齋叢書》及其儷左安人所繪仕女四幅爲贈，久無以報，故今日薄致生芻，并作書唁之。慧叔弟來視疾，談至晚去。是日以廣東新刻《三朝北盟會編》、屈刻《九章算術》附《海島算經》、朱碧山《十三經札記》與書估楊客，諧價銀十兩五錢。夜復小極，點閱蘇詩以自遣。

十九日乙卯　晴，下午微陰。是日覺精神小佳，仍點閱蘇詩。作書致雲門，致弢夫，俱約過談。下午讀《漢書》。得弢夫書，送七月望課卷三束來，即復。雲門來，久談，留共夜飯後去。付鼲鼠銀八兩五錢。同年張編修百熙喪耦來赴，送奠儀六千。

邸鈔：以内閣學士鳳鳴爲理藩院左侍郎。編修謝希銓授山東道監察御史。桂霖准其補授雲南迤南道。分發直隸補用道傅雲龍、山東補用道李宗岱俱照例發往。前選直隸唐山縣知縣樊增祥、前選直隸新河縣知縣彭飛熊，俱不必坐補原缺。前四川川東道丁士彬以知府用。

二十日丙辰　竟日霠陰，甚寒。謝御史希銓來。敦夫來。漱蘭通政來，久談。弢夫來。夜半夢厭，幾不醒。人生固可危哉。

二十一日丁巳　竟日重陰。評改問津七月望課諸生卷。繆筱珊來，告其尊人仲英觀察於昨日捐館。觀察，道光甲辰舉人，久游四川幕府，後以貴州候補道佐提督田興恕、巡撫韓超治民教仇殺，獄誅夷人十餘，田革職遣戍，韓罷官，觀察亦獲重譴。今就養京邸，年七十九矣，健飯，喜賓客，和易近人，偶過酒家，召歌童佐飲，興復不淺。極折節於余，見必稱先生。今年余以事冗且病，未獲相見，不謂其遽作古人也，悲哉！觀察名焕章，江陰人。

二十二日戊午　晴，稍和。午飯後入署，晤諸同官，言十八日引見街道，御史徐樹鈞擬正，劉綸襄擬陪。上點用劉，滿街道亦用其副，此可爲疾行者之戒。晡後接見諸臺長。傍晚出城，吊繆仲翁，唁小珊，晤右臣而歸。是日派稽查中城飯廠，代吴星階侍御兆泰也。同年户部曹菊農員外榕丁父憂，送奠分六千。中城副指揮李有益呈報飯廠人數。是日邸鈔，李瀚章片奏力保已革四川道員丁士彬，有現在時事多艱，人才廢棄可惜之語，可謂好惡拂人之性者矣。士彬之不肖，天下共知，非李瀚章不敢爲此言也。

二十三日己未　晴。下午出答客二十餘家。晤楊莘伯，久談。傍晚詣濮紫泉，同詣雲門夜飯，快談。雲門出觀舊所購錢松壺輞川圖卷屬題。此松壺爲藍田張芥航畫，款題『道光壬辰六月背臨唐子畏本』，設色高澹，位置精絶，自孟城坳至斤竹嶺，皆蠅頭細書記之。其文杏館，畫紅杏數十株。或以爲譏，不知以文杏爲梁，既非山居所宜有，且何足以爲勝境？右丞詩所云『文杏結爲梁，香茅結爲宇』，不過以杏可爲梁，信手掇拾，乃託興之詞，非事實也。故裴迪和詩祇云『迢迢文杏館』而已。右丞它詩如《鹿柴》《木蘭柴》兩題，皆絶不及鹿與木蘭。《茱萸沜》云『山中儻留客，置此茱萸杯』，豈特以茱萸沜爲藏茱萸杯之地乎？《辛夷塢》云『木末芙蓉花，山中發紅萼』，辛夷與芙蓉絶不相涉，豈將以辛夷爲芙蓉乎？蓋古人之詩，興寄所及，不可概論，況以之論畫乎？又觀倪鴻寶墨竹長卷、杭堇浦榕城紀游詩畫册十二幅、吴竹初爲曾賓谷畫西谿小景十二幅。二更時歸。傅懋元雲龍來辭行。弢夫來。雲門來。得爽秋書，即復。夜又患腹痛。

二十四日庚申　晴。午入臺，詣陝西道漢公所，與新入臺謝石衫希銓團拜，治筵款之，到者徐乃秋、胡岱青兩京畿道及湖廣道吴聚堂而已。下午席散，答拜廖仲山侍郎。出城詣弢夫，不值，傍晚歸。中丞副指揮李有益來，請到廠日期。烏程周鏡芙吏部蓉第開吊，送奠分八千。付陝西道茶早錢八千。

邸鈔：以江蘇按察使張國正調補福建按察使，許鈐身行至上海卒。以前山西按察使陳湜爲江蘇按察使。以浙江定海鎮總兵楊岐珍調補浙江海門鎮總兵，以□□□陳永春爲定海鎮總兵。

二十五日辛酉　晴，午前甚寒。本生祖妣顧太君忌日，供饋肉肴五豆，菜肴三豆，加火鍋，餘如常儀。作書致弢夫。晡後詣介唐、子培、子封，談至夜歸。

二十六日壬戌　午初一刻十一分大雪，十一月節。晴，午後大風，甚寒。上午詣給孤寺飯廠放飯，男婦九百九十人，每人三合而已，然婦孺歡然，裹持以去，世間下箸萬錢者，獨何人哉！午後歸。王可莊來。郭同年賡平來。作書致雲門，得復。

閲《四庫全書考證》。此書共一百卷，全出王芥子太岳之手，於四部諸書，不過略校誤文奪字數條，是正寥寥，罕闢要指。蓋殿本經文考證體例如是。經自《左傳》《禮記》，史自《史記》《漢書》，出齊次風手外，（齊侍郎經學亦非當家，其《禮記正義考證》多駁鄭注，有絶荒謬者。）皆每卷不過一二條，有絶可笑者。新、舊《唐書》多取沈東甫《唐書合訂》，稍爲詳盡。惟卷一先莊簡公《讀易詳説考證》十四條，乃多辨文義得失，與它書獨異。命僧喜録出之。

昨日邸鈔，李鳴梧選浙江台州府知府，張端本選安徽廬州府知府。鳴梧，江西人，以廩生援例爲河間府同知，前年報效工程銀四千兩，竟得知府以去。斜封一出，倖竇遂開，諧價之輕，無逾此矣。端本，朗齋中丞之子也，以援例工部主事特賞郎中補缺，後復以鄭工捐例歸知府，即選得之。

二十七日癸亥　晴。同年瞿子玖學士來。弢夫來。雲門來，共齋中夜飯，久談，至二更後去。得爽秋書，并見懷絶句三首。

二十八日甲子　晴寒，見冰，上午晴日滿窗，稍覺和煦。閲《四庫全書考證》。宋人集部中詩有不全者，往往據《永樂大典》所載補入，頗有佳什，惜不多耳。陳右銘廉使寶箴來辭行，久談。比日評改學海諸生課卷。夜以肉飼貓，被犬嚙左小指幾斷，血流殷袍袖，真無妄之灾也。翁叔平師嗣孫某夭逝，同年公送祭禮，付錢四千。

二十九日乙丑　竟日霠陰，寒甚，濃霜覆瓦，至夕不消。牟采山侍御蔭喬來。張子虞來。劉仙洲夫人來。得雲門書，即復。是日評閲七月學海堂課卷訖。『衛詩分邶鄘衛晉詩分魏唐解』，『三家詩魯最爲近之説』，『夏少康優於漢高祖論』，此出《三國志・魏・三少帝紀》高貴鄉公語，諸生皆不能知。『纔了蠶桑又插田賦以題爲韵』，此題四月所出，津門官吏壓至七月始課。『擬唐人早朝七律』。生三十四人，取内課費登泰、張大仕、金其昌、李鳳池、楊鳳藻、李家駒六名；童三十三人，取内課胡家祺等三名。又六月中『反坫解』一課，有諸生費登泰、華世鑾兩卷誤入此課内。費生經解及『三伏説』『汲黯論』，皆推闡盡致，足冠通場，以賦詩不稱，補取入前期外課。又評閲七月問津、三取兩書院課卷訖。問津生題曰『今之諸侯取之於民也猶禦也』至『充類至義之盡也』，童題『今之諸侯取之於民也猶禦也』，詩題『二十四考中書令得陽字』。三取生題『萬章曰君饋之』至『不敢也』，童題『周之則受』，詩題『萬八千户冠軍侯得侯字』。問津生九十七人，取内課李鳳池、張大仕、金恭壽等二十名；童六十二人，取内課沈耀奎等十五名。三取生四十一人，取内課劉嘉瑞、蘇兆瀾等十名；童三十七人，取内課韓錫等七名。此次三書院童卷皆豉夫代閲，問津、三取諸生卷亦代閲其半。夜作書致額玉如，并寄去課卷兩箱。

三十日丙寅　晴。竟日寂坐無事，雲門以所作《關中集》《紫泥酬唱集》詩兩册送閲，其中佳句絡繹，頗觸吟興。因作寄雲門七律兩章，答爽秋七絕三章，即寫致之。得雲門復書。夜以雲門明日生日，復作兩律調之。一更後聞潘伯寅尚書以酉刻卒，爲之驚怛，走使問之，則凶儀已設矣。余與尚書交契三十餘年，都門舊雨，無先之者，推襟送抱，冷熱相關。比雖蹤迹闊疏，至數年不相見，然彼此休戚，時通寤寐。尚書每見子培、弢夫，輒殷殷詢余近狀。乃里閈相望，邈若山河，至於病死，不相聞問。幽明遽隔，一見無期，不謂斯人，風流頓盡。追尋曩契，萬緒紛然，孤燈熒熒，泫然欲絶。尚書生於道光庚寅十月，少余一歲，悲哉！

病起過爽秋不值答其見贈之作并題其近日詩卷三首

三旬病起支笻出，偶訪城西卧雪家。吏謁未歸鈴下睡，一庭凍雀杲寒花。

卅年寂寞朝參吏，短髪羞簪柱後冠。正是輕陰天欲暮，且同松柏守山寒。

玉壺冰合嗛山雪，一卷蘭臺絶妙詩。綿帽温鑪斷朝謁，焚香吟過歲寒時。

雲門以長安令服闋入都有詩見贈奉答二首

賃廡經營十笏寬，蕭蕭白髪卧長安。聖明豈拒涓埃納，老病真成去住難。閤裏自尋孫寶傳，鏡中羞見惠文冠。此心欲與盟鷗説，猶得君來共歲寒。

玉堂一去蒞花封，攬轡秦川氣象雄。文字宗師驚海内，聲名蕭育滿關中。楚山雪映麻衣白，京輦霞隨繡幰紅。君携夫人歸寧。相别七年今再見，不辭樽酒日相同。

雲門生日治具奉邀以家宴不至用前韵調之

王程猶是簡書寬，茶竈琴床暫自安。居近婿鄉仙眷聚，室偕萊婦古人難。襟翻茗碗因論畫，鏡倚花枝笑整冠。正是團欒開錦宴，玉釵銀燭不知寒。

花誥鸞泥錦褾封，專城夫婿最英雄。閑情翠幔輕寒外，綺語香階淺醉中。鴛瓦雪添官燭艷，蕙罏烟裊早梅紅。劉樊自有瑯璈樂，未許人間擫笛同。

十一月丁卯朔　晴，午後微陰，有風，甚寒。剃頭。弢夫來，言伯寅尚書已斂矣。余方擬梳頭畢往視之，聞之爽然。得徐孝廉珂杭州書并近著駢文六首。花農來。陳蓉曙來。夜作輓伯寅詩。

哭潘伯寅尚書四首

早據蓬萊第一洲，韋平家世擅通侯。誰知階止三孤貴，遽見車行十里休。憂國頗聞常涕淚，愛才從此斷風流。褚公高壽知多少，偏使斯人靳白頭。

百萬哀鴻集近郊，司空行水歷旰宵。遽聞朱户藏舟壑，忍使蒼生泣鼓妖。公歿前二日昧爽，空中有聲如雷。飢民聞公訃，皆號泣，以爲此天樂來迎公也。喉舌徒瞻天北斗，涕洟深軫漢東朝。蕭然身後書千卷，贏得清名冠百僚。

尺五天低侍玉墀，一生唯結聖人知。魏其婞直朝多嫉，汲黯危言主獨思。百日樞機同傳舍，六官揚歷阻台司。白楊遍種無花草，想見胸懷骯髒時。公不喜植花樹，惟於萬柳堂種柳二百株，數年盡死；又於邸中栽垂楊一樹，今已合抱矣。

卅年冷宦卧長安，白首周旋自古難。輟食每分仁祖饌，典衣猶念后山寒。指庚申、壬戌間事。窺深東閣公無意，此指近年事。腹痛西州我永歎。兩世交情今日盡，那禁老淚日闌干。

邸鈔：上諭：各國訂約以來，璽書通問，歲時不絶，和好之誼，歷久彌敦，駐京各國使臣均能講信修睦，聯絡邦交，深堪嘉悦。兹朕親裁大政，已閲二年，在京各國使臣，誼應覲見，允宜仿照同治十二年成案，並增定歲見之期，以昭優禮。所有各國駐京實任、署任各使臣，著於明年正月由總理各國事務衙門奏請，定期覲見，即於次日在該衙門設宴款待，嗣後每歲正月均照此舉行，續到使臣按年覲見。至國有大慶，中外臚歡，並著該衙門届時奏請筵宴，用示朝廷修好睦鄰、有加無已至意。

初二日戊辰　晴，有風，甚寒。子培來。作書致花農，旋得復。傍晚走吊伯寅尚書，哭之甚慟。晤漱蘭丈、仲弢、弢夫、子培、子封、馮夢花、李若農師、可莊諸君。夜初更偕諸君送其焚紙馬而歸，都中喪禮所謂接三送三也。是日可莊、夢花言，自今秋米市胡衕之南海館中造一亭，巷中死喪相繼，通政司參議胡隆洵、大理寺卿馮爾昌、禮部郎中周芳樸，及尚書而四，皆比屋而居，百日之中，門皆白堊。此蓋坊巷衰替，凶气偶鍾，若歸咎區區一亭，不足信也。

邸鈔：上諭：工部尚書潘祖蔭學問淵通，才猷練達，於咸豐年間由翰林入直南書房，垂四十年，勤勞最著，歷受先朝知遇，迭掌文衡，洊升卿貳。朕御極後，優加倚畀，擢任正卿，在軍機大臣上行走。丁憂服闋，補授工部尚書，兼管順天府府尹。本年近畿水灾，盡心籌畫，勞瘁不辭。前以偶感微痾，賞假調理。遽聞溘逝，軫惜殊深。著賞給陀羅經被，派貝勒載瀅帶領侍衛十員即日前往奠醊，賞銀二千兩治喪，晉贈太子太傅，照尚書例賜恤。伊弟潘祖年賞給郎中，分部學習行走。伊子樹孳賞給舉人，一體會試。其靈柩回籍時，著沿途地方官妥爲照料，用示朕篤念藎臣至意。旋予謚文勤。

初三日己巳　晴。有鄉人桑苞來，得僧壽姪書，言明春欲入都依予。下午詣長春寺吊翁叔平師嗣孫壽孫之喪，晤弢夫檢討，久談。出詣謝公祠送陳右銘按察，則已於今早行矣。傍晚歸。得敦夫書，告陸蓮史以昨日病歿於邑館。蓮史名壽臣，邑之下方橋山南人，平日頗不理於鄉人之口。然自丙戌館選後執贄於余，頗致敬盡禮。去年將散館，固請命題作賦，殷殷相質，出於誠心。嗣以改官刑部，復注選知縣，鬱鬱京邸，一病遽歿，年五十四。子僅四歲，家貧如洗，甚可哀也。夜脱貂裘，仍著綿衣。

飯後覺寒甚，易羊裘褂。

邸鈔：以都察院左都御史祁世長爲工部尚書，以吏部右侍郎孫家鼐爲都察院左都御史。户部郎中丁之栻補江南道御史。

初四日庚午　晴，下午陰。早起覺腰腹牽痛，蓋中寒矣。張子虞來。是日邀漱蘭丈、可莊、雲門、敦夫、介唐、子培、仲弢及蔣子相其章晚飲，姬人等亦觴雲門夫人、花農夫人、仙洲夫人、介唐夫人、書玉夫人、資泉夫人、詹黼廷夫人及其長女韓小娘子於軒翠舫，夜二更後始散。腰腹痛甚，客去後不能行步矣。

邸鈔：詔：祁世長兼管順天府府尹事務。李鴻藻充會典館副總裁。右春坊右中允王祖光授浙江分巡杭嘉湖道。本任道豐紳泰丁憂。

初五日辛未　晴，稍和。腰腹痛甚，買觀音救苦膏藥帖之，延汪幹廷吏部來診，服疏導藥，竟日不食。

邸鈔：以禮部左侍郎徐郙調補吏部右侍郎，禮部右侍郎廖壽恒轉左侍郎，以宗人府府丞錢應溥爲禮部右侍郎。應溥，嘉興人，警石學博之子，己酉拔貢，以吏部主事直軍機，咸豐庚申中乞終養歸，甲申始補官，至今僅六年得侍郎，漢人之最速化者。翰林院侍講唐景崇轉侍讀，司經局洗馬秦澍春升侍講。

初六日壬申　晴。要痛不止，以藥熨之。雲門來。明日陸蓮史出殯，先以素燭二斤、楮鏹二千詒之。作書致敦夫，得復。

初七日癸酉　晴。弢夫來。周生學銘來。得雲門書，以其夫人手製魚炙及餡子曼頭見詒，即復謝。腰痛不止，仍服幹廷方藥，舜歠粥一器。夜身熱大作，腰痛忽止，蓋邪火内陷，淡熱上攻矣。

邸鈔：户部左侍郎孫詒經卒。詒經，字子授，錢唐人，咸豐乙卯舉人，庚申進士，由檢討至今官，入直南書房十餘年，後侍講毓慶宮，以事罷講筵并出南齋。卒年六十四。其人粥粥長者，杭州士大夫之賢者，余舊交也。詔：孫詒經迭掌文衡，克勤厥職，照侍郎例賜恤。詔：錢應溥現已補授禮部右侍郎，其所署都察院左副都御史著黄體芳署理。

初八日甲戌　晴。外祖母孫太恭人忌日，是月四日爲外祖仁甫倪公忌日，今日并供饋肉肴、菜肴各六豆，祔以三舅、四舅，焚楮繦四千，餘如常儀。陸漁笙編修自鄞入都，來訪。得爽秋書，以新刻舊詩八卷見詒。身熱益甚，已成傷寒熱證，蓋近日都中疫病大作，余以肝疾感寒，兼染時气也。延幹廷來診，用防風、紫蘇、桂枝、細辛等温散發汗之藥。署中注假五日。

初九日乙亥　晴。子虞來。郭同年賡平來。服幹廷藥，病益甚，夜肝气上衝，徹旦不瞑，喘息有聲，惡寒發熱。

邸鈔：以太常寺卿榮惠爲内閣學士，兼禮部侍郎銜。

初十日丙子　晴。氣喘不止，勺飲不進，身熱作痛，咳不絕聲，胃腎兩竅，肺气上逆，蓋將不治矣。遣人走告弢夫、雲門、敦夫、子培。延幹廷來診，用淡豆豉、生甘草、瓜蔞皮、胡桃肉、象貝母、黑梔皮、油當歸、葱白等清解之藥。敦夫來。雲門來。子培來。弢夫來。孫燮臣左都來拜。夜氣喘甚，兼肝氣作痛，徹旦不瞑。

十一日丁丑　卯初初刻冬至，十一月中。竟日霒陰。病甚，竟日喘咳，喉舌枯竭，惟時以龍井茗潤之，而胸鬲咳逆，不能受水，殆不濟矣。子培來。雲門來。弢夫來。仲弢來。延幹廷來診，言脉候細甚，痰濁上逆，喘息有聲，急宜益氣納腎，而素有邪火，與真武證有間。仿金水六君煎出入，用東人參、雲苓、甘杞、紫石英、蛤蚧尾。蛤蚧出嶺南，其尾爲治氣喘要藥，始見宋《開寶本草》，其形似蜥易，須雌雄一對用之，言與人參、羊肉同功。是日本以至日祀先，家人以侍疾擾擾，不能治饌，命僧喜先祀屋之故主。夜服藥後略能睡，而痰喘如故，身仍發熱。

十二日戊寅　晴。病甚，嗽喘如故，惟身熱稍退。漱翁來。弢夫來。子培來。仲弢來。雲門來。濮紫泉來。可莊來。敦夫來。介唐來。爽秋來。子培爲延金汝儀舍人鴻翊來診，安徽人，故刑部尚書光悌之孫也，前年出可莊門，鄉會聯捷。其方用阿膠、沉香、朱苓等藥。弢夫爲延山東孔姓來診，其方用大黃、芒硝、僵蠶、蟬蜕、麻黃，可謂荒謬甚矣。仍服幹廷昨方。

邸鈔：以禮部左侍郎廖壽恒調補户部左侍郎，兼管三庫事務。禮部右侍郎錢應溥轉左侍郎。以内閣學士李文田爲禮部右侍郎。

十三日己卯　晴。祀先高祖考蕪園府君、高祖妣周太君、曾祖生妣傅太孺人、曾祖考妣、祖考妣、先祖側室張太恭人、本生祖考妣、先考妣，肉肴、菜肴各七豆，火鍋一，餺飩四盤，餘如常儀。仲弢昨夜爲作書致滇南李編修肇南乞診，今日命車至城内大佛寺胡同迎之，日旰不至，仍服幹廷方。幹廷亦以病，兩日不來矣。漱翁來。子培來。弢夫來。仲弢來。雲門來。子虞來。朱苗生來。孫文卿檢討廷翰來。是日氣喘略平，能孱倚床小坐對客，而嗽如故，且痰逆不思食，肺胃之氣上攻，口中苦惡，時時以茗漱之。弢夫、子培、雲門、仲弢皆留至夜初更始去。張姬亦病甚。

邸鈔：怡親王載敦薨。詔：載敦於同治年間由奉恩鎮國公承襲親王，賞戴三眼花翎，歷任内大臣、都統、閲兵大臣、領侍衛内大臣，均能勤慎持躬，恪恭盡職。前因患病，准其開去差使，賞食半俸。兹聞溘逝，悼惜殊深。著賞給陀羅經被，派輔國公載澤即日帶領侍衛十員前往奠醊，加恩於例賞外賞銀一千兩經理喪事。

十四日庚辰　上午晴，下午多陰。雲門來。子培、子封來。介唐來。周介夫來。幹廷來診，言左脉極微細，右關脉細滑，痰有穢氣而淡紅，此化源被浮火熏灼，宜滋金水。用東人參、清阿膠、蜜紫菀、乾地黄、蜜桑皮、川貝母及蛤蚧尾兩對。蔣子相來。

邸鈔：翰林院修撰王仁堪授江蘇鎮江府知府。

十五日辛巳　竟日霒陰。翁叔平師來。敦夫來。介唐來。弢夫來。子培來。仲弢來。書玉來。陸漁笙來。兩日來徹晝夜咳嗽，吐淡至數升，气弱而促，口中枯臭，尚憂不濟。偶擁衾閱《本草》，言蛤蚧、桑寄生等皆鲜真者，意不如以血肉之物稍養胃陰。令廚人烹鴨湯，及以羊肉作包子，稍稍飲而下之，以防氣脱坐化。作書致介唐，屬其託張詩卿購參。是日望。

邸鈔：麗皇貴太妃薨，文宗之妃也。以少詹事徐會澧署光禄寺卿。裴蔭森缺。安徽巡撫沈秉成奏前湖南巡撫左輔於嘉慶中歷任安徽州縣，升潁州府知府，政績卓著，遺愛在民，請將事蹟宣付國史館，並入祀賢良祠。左輔字□□，陽湖人，乾隆癸丑進士，以知縣用，嘉慶二十五年擢湖南巡撫，道光初詔來京候用。詔該部議奏。四川總督劉秉璋奏夔州府知府汪鑑以三峽奇險，上下行船，絶無縴路，每歲覆溺數百十人，捐廉開修。自夔峽開工，白帝城起，下至大谿對面之狀元堆止，曲折三十里，於峭壁之腰，以火藥燃引綫而炸之，旋炸旋鑿，成五六尺寬平坦路，縴、轎可以並行其中；分造溝澗平橋十九道，自狀元堆至巫山縣城九十里，中造平橋二道，拱橋四道，並創開土石，山麓亦成坦路，於去夏工竣；巫峽於十五年十月開工，自巫山對岸起，下至川楚交界之偏魚谿、青蓮谿止，計七十五里，造大拱橋四道，迤徑開鑿，變險巇爲康莊，今以一律告成。本擬接修楚境巴峽，夔峽起奉節，洎鹽山爲三峽之首，即古瞿塘峽，當峽口者曰灔澦堆。巫峽在巫山縣東，沿峽一百六十里峰巒峭削，所謂巫山十二峰也。在湖北宜昌歸州境者曰巴峽，即古之西陵峽。經商湖北督撫，言由楚籌修，是以修竟川界而止。是役該府捐銀一萬兩，臣籌撥捐款銀二萬八千餘兩，渝、夔兩屬官商樂捐銀二萬二千餘兩又錢二萬餘串。該府之功，實非淺鮮。請降旨嘉獎，以爲好善勤民者勸。詔：汪鑑好善勤民，著劉秉璋傳旨嘉獎。

十六日壬午　上午陰，間晴，午後晴。徐亞翁來，并爲診脉撰方。弢夫來。仲弢來。子培、子封來。李若農侍郎師來診，言左邊關尺沉細異常，宜抉左邊肝腎之陰，然後可以理肺气。用吉林參、安南玉桂、南杏仁泥、炒黑枸杞子、炒當歸、核桃肉、蛤蚧尾。雲門來。介唐來。蓴庭來。徐花農來。王旭莊來。伯循來。陳梅坡來。吴佩蔥來。孫文卿來。費屺懷編修念慈來。姚子湘凱元來。服若師藥。

邸鈔：詔：本月十五日麗皇貴太妃薨逝。十八日朕親詣奠酒行禮。大内以下、宗室以上並王公文武官員，著於是日素服一日。

十七日癸未　晴。祖妣倪太恭人生日，供饋素肴七豆，肉肴三豆，餘如常儀。自十月以來，凡遇饋食皆不能行禮。繆筱珊尊人仲英翁今日開吊，送錢二十千爲奠。本擬製聯輓之，且送輓障一軸，以病甚不能料理，明日出殯亦不得往送。書玉夫人來視。季士周來。李若農師來診。仲弢來。子培來。弢夫來。雲門來。介唐來。蓴庭來。班侯來。漱翁來。服若師方藥，用玉竹、梨脯、麻仁、鮮橘皮、貝母、麥冬、枸杞子、南杏泥、柿霜、沙參、鷄子黄，以余右關脉益數，且大便已十餘日不下，亟宜養陰也。且以梨湯代茗飲，口中乾苦，得此差解。然氣弱促如故，今日對客稍多，夜彌覺不安，痰嗽益甚。

十八日甲申　竟日霒陰，下午大風。徐亞翁來。子培來。弢夫來。蓴庭來。幹廷來診，言左脉已見細滑，右復見濡弱，喘稍定，而淡嗽不止，此胃津腎液偏化爲淡，宜養胃滋腎。用肥玉竹、霍石斛、火麻仁、紅甘杞、炒棗仁、白沙參、大杏仁、川貝母、化橘紅、蛤蚧尾。仲弢饋西洋牛乳一瓶，以余苦乾渴而不能進茗飲，若師、幹廷皆言可以乳代之，然不敢遽飲也。是日喘雖少止，而咳急如故，吐淡輒升許，胸中煩熱，氣㦝如絲，不更衣者已十餘天，昨又竟夕不寐，慮終不濟，夜賦詩三首，將俟易簀時占授僧喜寫之，以當遺令，後之覽者可以知其志矣。服幹廷方。

病甚三首

嗒若枯株卧，居然杜德機。君親成兩負，生死總皆非。寒熱中交戰，呼謈步高切。力漸微。殷勤慚執友，病榻日依依。謂弢夫、子培、雲門、仲弢、介唐、葶庭諸君。

尚有平生習，床頭數疊書。不知何日起，仍與此君俱。未午猶開卷，先師早儆予。法華無用殉，一册孝經儲。

死後商量事，青山葬此身。北南難自定，遲速稱家貧。巖壑三生舊，烟霞一榻新。春楊與秋月，終古伴閑人。

十九日乙酉

二十五日辛卯　亥正初刻小寒，十二月節。晴。郭同年賡平來。周生學銘來。作書致雲門，致子培，各盡兩紙。是日始能負暄坐南窗下，甥握管也，一時許，以痔痛復卧。汪幹廷來診，仍用參。服藥。得子培復書。夜大溲復下。前四川永寧道沈守廉選河南河陝汝道。本任道鐵珊病故。

二十六日壬辰　晴，上午嚴寒。作書致弢夫，屬以鹿茸易麋茸。得雲門書，以新購管仲姬畫蘇若蘭小像及所寫《璇璣圖》詩卷，後有董文敏、錢蒙叟兩跋，又仇十洲補畫《織錦》《寄圖》《讀圖》《歸聚》四圖，鋪敘華縟，人物宫室極爲富麗。然管畫既贗，仇圖亦似臨本。其圖分裝兩卷，錦帙檀匣，飾爲華貴。雲門以百金得之，屬爲題跋，即復。子培來。雲門來。服幹廷方藥。遣人持刺謝李侍郎，犒其騶徒二十四千。夜撰伯寅尚書、孫子授侍郎、倪豹岑中丞三君輓聯。輓潘文勤公：『事業佐中興，溯當年抗疏千言，四海獨推名相略；公於咸豐中三疏力薦左文襄，時文襄尚在公車。志銘商後死，想此日凌雲一笑，九原應見故人心。公於十年前寫平生志事十餘紙見詒，屬身後爲作銘誌。』輓孫子授少司農：『清切倚蓬瀛，喜朱衣久引鳴珂，共識漢公君子器；形骸隔曹省，冀白首重尋戴笠，遽聞碧落侍郎歸。』輓倪豹岑中丞：『一幅寄雲林，十載無忘宿諾；公今春以所作山水直幅見寄，尚是庚辰歲索畫者。八騶歸若水，兩河遽喪勞臣。公以閲兵得疾，歸汴，遽卒。』

二十七日癸巳　晨晴，巳後陰，午後晴，有風，入晚益甚。作病起詩五律三首，柬諸同志。弢夫來。介唐來。汪幹廷來診，仍用參及阿膠，且勸服麋茸、人乳。弢夫復來。漱蘭丈來。瞿子玖來。陳蓉曙來。得黄再同書，贈所養牛乳一瓶，即復謝。寫詩分詒子培、雲門、弢夫。湖州張兵部度爲子娶婦，送賀儀六千。同臺恩御史明爲從子娶婦，送賀儀四千。夜補舊詩六首，又作讀雲門游翠微山詩七律一首。是日編修高釗中補放雲南學政。本任學政王丕釐丁憂。

病起柬漱蘭丈敦夫介唐弢夫子培雲門仲弢諸君子三首

强自扶笻起，南榮一晌歡。朝陽能我待，殘雪儘人看。裘敝偏知重，簾垂不隔寒。有身應有觸，翻羨捨支蘭。

無恙庭柯在，相看倍有情。支離同我瘦，偃蹇待春晴。宛爾山林意，欣然鳥雀聲。巡檐應有日，莫厭守柴荊。

寂寞同岑友，時時裹飯來。一朝隱機坐，相喜素書開。摩詰燈無盡，尸陀肉未灰。歲寒窗下竹，還約共尊罍。

附雲門和作：

夫子金門隱，清羸强著書。腰圍憐沈約，肺病擬相如。飛騎商方藥，傾都問起居。歲寒扶杖起，松竹影森疏。

南窗就初日，閑事入支頤。落暗巡檐地，香明讀畫時。閉關守元牝，静坐嚥華池。若訪延年藥，秦中有紫芝。

羸馬函關去，深憐伏枕違。青山養衰疾，白首惜分飛。隴雁春前起，江梅雪後稀。從公求上藥，應是寄當歸。

讀雲門冬初游翠微山諸詩有懷丙戌初夏靈光寺卧病之作

昔年三宿靈光寺，永晝松濤一枕知。身繞旛風孤塔影，手分澗水萬花枝。時寺中芍藥甚盛，皆引澗水環灌之。樓臺勢俯層城迴，鐘鼓聲傳別院遲。絶羡翠微紅葉好，詩中畫到九秋時。

邸鈔：上諭：朕欽奉皇太后懿旨：本日御前大臣、軍機大臣翁同龢、孫家鼐會同禮部奏酌擬醇賢親王初祭、大祭、奉移各典禮，請旨遵行一摺。所有十二月初十日行初祭典禮、十六日行大祭禮、二十日奉移園寓，皇帝均親詣行禮，御青長袍褂，冠摘纓。奉移前期一日，皇帝親詣行禮，照大祭禮讀文致祭。奉移日，皇帝詣邸第恭送至適園，候過還宫。二十一日，行詣園寓奠酒行禮。餘均照所請行。

二十八日甲午　晴。作病起酬醫詩一首。補舊詩三首。以昨懷靈光寺詩作書寫致雲門。梳頭。得雲門書，以和余病起詩見詒。補寫日記。雲門來。余壽平來。

病起酬李侍郎師**汪吏部**文樞**診脉惠方藥**

岱嶽收魂又賜環，居然古井見波瀾。甕齏尚合饒貧士，樹稼由來止達官。今年九月、十月間連日霧淞，林木皆滿。卧雪備嘗諸獄苦，負暄消受一窗寬。柴胡桔梗彌山澤，自有回春至寶丹。近日疫疾流行，都中十室九病，投以寒散，無不甦者，師與吏部皆以人參治余疾而愈。

二十九日乙未小盡　晴。作詩一首致雲門。蔣子相來辭行。弢夫來，雲門來，談至傍晚去。周介夫來。署吏送來河東飯銀十四兩四錢，付前月謝石衫入臺公宴銀十二兩。夜作致張朗齋尚書書。殷蕚庭來。

雲門和余病起詩有促歸之語賦此答之

君問歸期未可料，故鄉何日返漁樵。尚餘楓葉鳴紅舄，到處梅花倚畫橈。兩岸朱樓清水閘，四圍翠嶂跨湖橋。湖桑堰及州山皆有清水閘，而州山尤勝。跨湖有東、西兩橋，西跨湖橋在湖塘，較偏門外之東跨湖橋尤爲秀絶。相從笻笠談何易，欲共西山共笋軺。

附雲門和作：

擬向稽山作野樵，鑑湖一曲夢中遥。春塍吏放花間閘，水榭人吹月下簫。四月新荷迎畫舫，終年垂柳拂朱橋。此中待構東西屋，同赴蓑衣社裏招。

十二月丙申朔　晴，晡後微陰。作書致仲弢，謝其代寫潘、孫二公輓聯，得復。作贈可莊七律一首，謝再同惠牛乳七古一首，即寫致之。得雲門和詩，即復。得再同復。作書致弢夫，以致張朗帥書屬轉交蔣子相附去。得湖北張薌濤制府武昌書，并饋歲銀百兩。戚聖懷來。邑人沈優貢祖憲來。

王可莊同年殿撰出守潤州賦贈

暫辭講幄出專城，帝識調羹内翰名。天半樓臺横北固，夢中鈴索戀西清。旌旗海外夷人艦，鼓角山頭幕府兵。且喜金焦歸掌握，凝香依舊領蓬瀛。

黄再同編修國瑾日餉所畜黑牛乳一器賦此奉謝

漢人養牛配上尊，丞相賜告恩禮存。後來貴冑日奢侈，至以人乳飴幺豚。王武子瑠璃匕内人乳蒸豚，謂豚初生即以人乳飼之，故晉武不平，非謂以人乳蒸豚食也。我老病瘠口無齒，醫言張蒼法可使。苦無清俸蓄肥犢，八字觸墻代詩婢。日向市中沽一瓶，沫花浮面清而腥。飲羊作僞古所有，猶以元水添酥醽。翰林黄君有同嗜，黑丑一頭别以牸。不學劉家看牡丹，暫借千秋輟車轡。窗前挏乳督小奚，朝朝分我瑠璃匙。醍醐灌頂不足擬，玉酥浮動青哥瓷。晦堂佛説樹下法，大官馬湩蒲桃勺。沃醪不藉花瓣煎，著蜜真呼茗奴惡。它年此樂無可酬，君家黔西我越州。相約稻田租千頃，耦耕同飯桑陰牛。

初二日丁酉　晨陰，巳後雪作，午後曀見，澂雪仍不止。得可莊書，并爲代書潘尚書輓詩四幅，即復謝。作書致馮夢花編修，爲伯寅尚書家事，得復。得品芳弟十月晦日家書。以輓詩四幀、白綾聯一丈致伯寅尚書，以白綾聯一副致孫子授侍郎。寫詩致雲門、子培，俱約過談。得雲門書，并七絶二首。昳夫來，子培來，談至夜去。子培以所和病起詩三首見示。夜得雲門和余今日雪中相招詩，即復。汪幹廷來診，言肺脉肝脉較大，不宜用參。是日得詩六首。庚辰同年錢錫晉之弟續娶，送賀錢四千。

雪中柬雲門

日送詩筒去，似忘君欲行。天寒愁遠别，歲晚喜更生。樹欲風聲歇，山知雪意晴。一杯猶可飲，來共晚窗明。

附雲門和作：

幽人掩書坐，凍雀啄檐行。花絮通簾細，茶烟傍竹生。膠瓶才識冷，晃鏡已知晴。此夕宜深醉，紅爐暖到明。

雪中柬子培

瘦沈珠巢住，城南地獨閑。樹聲常在寺，所居鄰觀音院。雪意欲無山。俯仰一庭樂，圖書終日環。放衙應尚早，風帽款柴關。

病起酬黄漱蘭年丈銀臺時兼攝中丞

侍郎一疏獨鋤奸，三載金貂守左官。通進舊曾兼鼓院，中司兩見攝臺端。老謀曲突先籌亟，雅意同舟共濟難。病櫪自慚嘶仗馬，屢勞垂問枉雕鞍。

病中聞伯羲同年祭酒亦病甚近日皆起賦此奉柬

又聞微疾示維摩，履道坊居足養痾。千載濮園金策定，一時朝士鐵簁多。近日都下疫疾流行，如怡親王載敦、潘伯寅尚書、孫子授侍郎、恩侍郎棠、寶侍郎廷、馮大理爾昌及翰林、臺諫、郎署諸君逝者數十人。山亭晴雪迎珠履，璧水春風轉玉珂。花竹圖書君獨擅，衹分衰病到漁蓑。

吴介唐庶子今秋遘危疾甫愈余病大作起後賦贈兼簡敦夫編修

先後傳聞下玉棺，一時天上樹鷄竿。春華向日榮貂脚，唐人呼散騎常侍爲貂脚，以侍中省珥貂至常侍三品而止。明代稱庶子爲貂脚，以翰詹春坊堂上官至庶子止也。小草迴風愧豸冠。輦下萱蘇連月貴，越中竹箭近來殘。鮑防亦是詞林宿，相勖金門保歲寒。

題徐筱雲侍郎用儀**竹隱廬圖**侍郎言嘗夢有人贈一小印曰竹隱廬，因繪此圖。

畸人有結習，所至必種竹。達官喜言歸，寓意託林谷。終與軒冕緣，那計猨鳥速。侍郎獨真尚，家在鴛湖曲。祖德五畝宅，園圃相接續。地儗樊南幽，産比渭川足。琅玕三百個，先芬不忍觸。侍郎作圖記，言祖居有圃，種竹甚盛。繫籍在金閨，故里付沈陸。鳴珂每退朝，抱書念就塾。結契徵夢因，小印瑑蒼玉。構廬十笏寬，寄隱一窗緑。願君盟此心，毋爲官事局。蕭森常在聽，篸縒不離目。三分環池水，半籬雜花木。烟月杖可攜，風雨眠亦熟。林下課子孫，保此老來福。

附子培和余病起詩三首：

驚顔才一定，詩板遺相知。示疾從容後，微言上遂時。茗香清晏坐，竹閣響寒枝。爲憶旬朝事，屏營尚不持。

小品方疑似，奇胲脉審存。世方資直道，天爲駐精魂。重有高山奏，長依長者論。宣南留一老，徼倖藥師恩。

風義欽樊澤，謂雲門。來游有陸璣。暇便朋比集，坐憶笑言違。令節嘉秦臘，先春謁楚耆。雪堂生日近，霞思一遄飛。

邸鈔：詔：本月初四日親詣大高殿祈雪，分命慶郡王奕劻等禱時應諸宮廟。

初三日戊戌　晨及上午微陰，有霏雪，午後晴陰相間。弢夫來，留之午飯後去。雲門來。敦夫來。朱生虎臣文炳來。生自閩來，通謁兩次，尚不能見之。作書并詩致漱翁，作書并寫病起三詩及昨柬伯羲詩致仲弢。寫昨詩致介唐。得漱翁復。是日奕鶴樓副都奕年夫人之喪，送奠分十千。恩御史恩明之從伯母鈕祜禄太夫人喪，蘭州道恩霖、吉林道瑞霖之母，年八十三。送奠分四千。惲次遠學士嫁女，吴郎中景祺爲子娶婦，各送賀錢六千。仲弢來夜談。夜得詩一首。是日還夏間所借敦夫銀十二兩。服幹廷方藥。三更後風起。

和雲門雪後望西山寄靈光寺僧之作

昔年僧拒白雲期，紅葉清秋付夢思。丙戌四月宿靈光時，曾與寺僧約九月中來看紅葉，僧以恭邸居此爲辭。細澗正當冰合後，空山已是雪來時。天連孤塔銜烟直，日隱寒林度磬遲。瓶鉢隨緣三夕話，早梅猶寄己公詩。

初四日己亥　晨及上午晴，午後多陰，竟日大風，嚴寒。祁子和尚書來。作致品芳弟書，凡千餘言，又作致三妹書，致四弟婦書，致徐仲凡書，致王子獻書，寄二妹、三妹、僧慧銀各十兩，楚材弟四兩，葭姪二兩，張姬之弟阿龍四兩，共四十兩，合洋錢五十六圓，作片致敦夫，託其轉寄，得復。得雲門書，并和余謝再同牛乳七古一首。得介唐復書。作書致雲門。夜大風不止。

邸鈔：以光禄寺卿志顔爲太常寺卿。

初五日庚子　竟日澹晴微陰，有風，嚴寒。再作一紙致品芳。爲弢夫題金冬心畫梅册，并題絶句二首。唐暉庭侍御來。弢夫來。徐班侯來。蓴庭來。恩御史明來謝。傅子蓴夫人之喪，送藍尼輓障一軸。伯寅尚書明日出殯龍泉寺，送奠銀四兩。作題爽秋、雲門兩君詩集長歌一首，即寫致雲門、爽秋。夜得雲門書，告黄子壽布政之喪。再同之尊人也，名彭年，丁未翰林，以學行著，方自江蘇移湖北，遽殁於任，年六十九，近日監司之良也。老成凋謝，時事可知矣。即復。夜風不止。服幹廷藥。雲門以和余柬伯羲詩寫致，甚佳甚可誦。

爽秋雲門各以詩集見示欲余定其優劣爰賦長歌詒兩君

袁子清言琢冰玉，樊子秀語奪山緑。乾嘉以後將百年，二妙一時壓尊宿。桐廬梅花三萬株，夷陵清峭天下無。盛年隨計旋通籍，各搜奇杰研京都。嚴灘夾嶂蔽林篠，巴峽啼猨楚天曉。故應仙骨常人殊，胎息巖花狎谿鳥。漸西詩版傳玉京，爽秋《漸西村人詩鈔》已刊行都中。茗樓十集東南行。雲門《樊山詩集》亦曰《茗花樓集》，已分十餘集寫定。華嚴合有長者論，去聲。卮言聊取鍾嶸評。譬之山耶，袁如峻崖裂冰瀑，樊如白雲生澗曲；譬之水耶，袁如清湍激盤渦，樊如明湖翻碧波；譬之木耶，袁如奇松偃地覆，樊如黛柏參天秀；譬之花耶，袁如苞紫含丁香，樊如猩艷開海棠；譬之果耶，袁如脆梨寒沁齒，樊如蒲桃爽無滓；譬之茗耶，袁如岕茶清而妍，樊如越芽翠且鮮。罕譬既窮喻之食，雋永兼論味與色：一則江珧兼蝤蛑，一則玉鱠金齏溲。世間奇味不常有，安得日日供膳羞。南能北秀並肩出，獅吼龍吟善知識。謬推蘇學稱秦黃，爽秋請余評其集，謂視雲門何如。雲門詒以詩，有云：『小扇銀鉤絶妙詞，秦郎刻意織秋絲。逼人咄咄黃雙井，更著功裘七字詩。』爽秋和之，有云：『縵堂老作黃梅宿，謦咳風雷出病頤。誰是南能誰北秀，稱量試喚沈傅師。』自注：『沈指子培。』真一時佳話也。敢比韓門論湜籍。嗚珂粉署行珥蟬，花封鳧舄飛秦川。輦下琴尊暫相聚，鬥詩寫貴青鸞箋。愧我跛牂附不朽，品騭雲龍笑開口，彩樓更問沈佺期，謂子培。嚼雪吟香賭千首。

初六日辛丑　晨陰，巳後晴，午後晴陰相間。得爽秋復書，甚名雋。王可莊同年來。弢夫來。仲弢來。子培來，久談。雲門來，談至晚去。中城副指揮李有益來領米，余以秋季俸米七石八斗發給孤寺振饑飯廠，限臘八日匀給飢民也。汪幹廷來診，言心脉較數，蓋近日作詩稍多也。夜服藥。閲《本草綱目》，其中多載軼聞故事，足資博覽，不特辨析藥性、有功生人也。同年朱學士琛喪耦，送奠分六千。

附爽秋書：

縵堂先生侍右：服食輕安以後，尚未獲親侍結韈撰杖，牽於人事，主臣萬分。凍窗寒日，偶得一晌枯坐，忽治書小史至，示以大句鴻篇，如武夷君幔亭張樂，隊仗森列，真靈奔凑，各有執役；如迦葉靈山一會，菩薩弟子蔟擁，古佛拈花而笑，知净名餐香積，飯後談笑，可却千熊羆，現甚深力，登師子座，小根乘人，一齊俯首矣。惟篇中刻畫鹽嫫，多有假借之辭，六喻六法，視坡老《百步洪》詩尤爲廣長舌，特階下受具足者無以副德音耳。惟蛸蛑發風動起之喻，切於社末學人利病，足以爲定評也。然則杜陵老子，法網極密，假借之中，有不假借之義存焉。一鞭一針，砭肌沁骨，於法壇中不可妄得者也。先生以爲然乎？否乎？酷寒惟加意頤衛。袒叩頭叩頭。

邸鈔：李鴻章奏辦理漠河邊礦三品銜吉林補用道李金鏞於九月初四日在差次病故，臚陳勞績，請照軍營立功後積勞病故例從優議恤，並將事蹟宣付史館，仍准在無錫縣原籍自行建祠。許之。

初七日壬寅　晴。作書唁再同，并致燭楮。謝悍齋夫人病殁於全浙館中，致以燭楮。江南道松御史松林喪偶，送奠分四千。得盛伯羲書，并和余詩一章。其詩頗有气魄，能加以工力，斯爲美也。是日得詩二首。中城副指揮酈炳奎來謁。

病起呈翁叔平尚書師

多蒙蓬藋枉珂騶，藥性深知長者諳。病中師來，取藥方視之。差幸伯牛猶見孔，不聞秦失竟呼聃。寒蟬未死真何益，病鶴無容祇自慚。會待尚湖風雪裏，從公歸卧結茅庵。

病起柬瞿子玖學士同年并謝病中枉過

未許黄花與整冠，今秋九月君邀飲天寧寺，以監試武闈未與。經冬卧雪祇冰餐。里閭騶騎傳遥唱，朝會金貂護早寒。幾見秋蘭招楚些，又驚落葉滿長安。一時耆舊凋零盡，留得衰翁拄杖看。

初八日癸卯　晴，寒威少減。煮臘八粥供先人。萼庭生日，詒桃、麵、糕、豚，作書致之。以詩壽弢夫生日，并致桃、麵、糕、豚，得復。作詩柬雲門。得雲門書，并和余評袁、樊兩家詩七古一章，甚新警，且以其夫人手製臘八粥一器見詒。更寫前日題袁、樊兩集詩致雲門，以中有改竄，雲門乞別寫與之也，并作書報以臘八粥一小甌。王芾卿來問疾。敦夫來，介唐來，陸漁笙來，同暢談至晚去。得瞿子玖和詩一章，詩學杜、黄，峭整有風力。得翁叔平師復書。是日引見給事中缺，余以注假不與。服幹廷藥。今午以貓污案上書，怒甚，引動肝氣，夜半稍覺腹痛。

弢夫生日詒詩壽之

赤城今日記懸弧，仙眷相携住帝都。長喜掩帷偕道韞，尚思炙硯佐清娱。此句有本事。紅凝晝燭梅邊幀，緑灔官醅竹裏廚。明歲黄封添賜茗，阿荼嬌稚倚貂褕。

臘八日柬雲門

隱几南窗透紙明，護經簾裏静琴聲。金人盤露終無分，玉女床敷尚有情。炁粥香能寒晝暖，煮茶烟傍早霞生。紅鑪商略過三九，留取梅花十日晴。

邸鈔：詔：前江蘇督糧道成桂、前河南歸德府知府文悌、前四川保寧府知府桂鍈等俱内用。

初九日甲辰　晨及上午晴，午後風起，陰曀。上午梳頭，始靧面。是日得詩五首，可謂無益費精神矣，故作詒雲門詩，欲斷之。兩得陸漁笙和詩，共三首。同年金元直給事星桂，更名壽松，丙子翰林。之喪，送奠分八千。夜風稍止，有月。閲《山谷内集》任注。其引證甚詳密，而無甚秘籍，惟間引當時國史及實録，當有可取證《宋史》者。

聞伯寅尚書出殯日夾道飢民爭進麥餅果茗感賦一律

聞説靈輀出道周，鶉衣擎跽進［來］鼇粢。長公勉盡壺觴奏，李實何來瓦礫投。［慘慘素旍垂雨泣］百輩願當京兆死，［依依碧落駐雲游］九原猶爲澤鴻憂。慚余亦有斯飢責，清俸惟銷粥一甌。余時稽查中城飯廠，以春俸米七石八斗振右安門外飢民，以秋俸米千斤於臘八日振給孤寺男婦一千四百人，人得米十一兩耳。

病中喜陸漁笙太史廷黻**還京屢承見過晤後賦贈**

病中忽報故人來，剛是梅花逐驛開。隴首秋雲留宦橐，君曾督學隴涼。剡源明月在行杯。詞林老宿今存幾，國事艱難正乏才。自愧龍鍾冠柱後，相期衮職補涓埃。

病起簡張子虞編修預**有懷廿年前靈鷲之游**

舊日西泠友，今惟吾子存。後凋支老境，内熱謝高門。君分校京兆試，有要人子出君門，而還往甚稀。國病身遑恤，官閑道自尊。何時泠泉上，相對坐忘言。

告雲門相戒斷詩

百苦三秋瘧癘餘，熱寒方罷戰床敷。路旁自欲觀馳馬，腹内何須罄賣驢。育可敢言分骨髓，指前日題袁、樊兩家集詩。縠臧那用別書蒱。天寒正好深藏手，各勉刀圭奉大蘇。

漁笙見和余詩兩章且訂生日携尊見過賦此辭謝

枉荅明珠百琲新，還期藥玉祓床塵。楚辭頌橘傳生日，漢里歌蒿剩幸民。敢謝羔香娱歲晚，差欣鶏唱接坊鄰。君時寓慈谿館，與余舍後祗隔一巷。明年過酒墻頭約，分與垂楊一面春。

邸鈔：掌山西道御史唐椿森升刑科給事中。

初十日乙巳　晴，稍和。陸漁笙饋鰲脯十尾并以七絶兩首，即復謝。得張子虞復書。傅子蓴之繼配雷淑人開吊，送奠銀二兩，命僧喜、冰玉往吊。得雲門書，并和余臘八日詩一首，又詠臘八粥一首，皆絶清綺。作書致子培，以子培近考取總理各國事務衙門章京，前日引見也。汪幹廷來診。翁弢夫檢討斌孫來問疾。雲門來，談至晚去。夜得雲門書，和余戒詩詩一首，又別作一首。是夕得詩三首。

謝漁笙饋鰲脯

半養何曾有瘦羊，君來詩云：『字從半養人恒想。』『養』『美』『善』字皆從羊。此字雖後出，蓋與同意。强扶骨立欲登場。牛因入廟加文組，馬爲銜泥惜錦障。未得形骸同外物，且調食息是良方。鄮中夙擅鮐鮮美，十尾珍詒試粥香。時臺中方以引見夕拜一缺催銷假籍，故第二聯云云。

冬暖

南檐喜冬暖，開簾聽煮藥。貍奴戲朝陽，仰樹看寒鵲。

雲門再答余斷詩詩復戲酬一首

靈龜七十已鑽窮，著屐猩猩復喪躬。駿馬千盤芳草地，流鶯百囀緑楊風。桓伊勉作笛三弄，徐邈時於酒一中。此事由來難忍俊，况禁簾外好花紅。

十一日丙午　申初初刻十三分大寒，十二月中。晴，稍和，晡後陰。命僧喜往送子蓴夫人出殯。寫詩致雲門，得復。弢夫來。作致頟玉如運使書。金忠甫來。是日得五古三首，七古一首。夜得子培書，言此次譯署記名三十人，其名在第六，且賦七律一首見詒，其詩名雋無淺語。服幹廷方。夜卧頗不安，又以作詩稍勞也。是夕月頗皎。

歲暮病起寓松竹梅懷三老友有序

懷石門徐亞陶比部寶謙、黄岡鄧獻之農部琛、山陰沈曉湖學博寶森。三叟也。三叟年皆七十餘，沉潛冷官，黯然自守，屢遘人厄，終以天全。雖所趣不同，而秉性無異。又皆嗜吟詠，聚圖史。冬貞之質，春華爛然，霜雪之中，和風自至。余年少於三叟，而早衰多病，支頤負曝，穆然有懷，爰賦三詩，以當晤語。嗚呼！人生疾病，則思親戚；既老矣，親戚漸盡，乃思其友。而三叟之老，又過於余，尤宜其思之深也。詩不能盡，以物喻之。得余詩者，當曝然而笑矣。

蒼松幾閲世，偃蹇心愈貞。生自膚寸質，養至合抱形。鱗皴若枯澀，中自含菁英。春來敷厥華，空山揚芳馨。徐叟抱冲粹，郎潛卅餘齡。朝夕勉王事，榮辱皆不驚。餘事及詩畫，兼通靈素經。塵市亦雲壑，貌古神逾清。談笑溢春氣，謖謖長風生。梁棟世或捨，千歲長茯苓。

晉賢喜放曠，所愛乃在竹。以其君子心，能醫世人俗。枝柯因節生，挺立自修束。四時引清風，塵垢不能辱。鄧公頎然姿，虚懷若深谷。廿年宰縣社，常畏名利黷。一朝膺上考，翩然捨喧濁。暫繫郎署纓，歸卧滄江曲。黄岡多名勝，絃誦啓林麓。想見三徑中，方瞳映書緑。何時曳杖來，雲深叩茅屋。

江梅愛村野，不落攀折手。嫣然冰雪中，豈屑伍桃柳。清谿照疏花，明月與人偶。抱潔自無言，耐寒益能久。沈子清絶才，與我卅年友。道心全天真，盅襟謝世垢。一氈就冷官，君以鹽大使改校官。萬山在户牖。窮荒無足音，寂寞澹相守。發爲詩與文，骨秀力逾厚。素蘤貞此心，青實乃可口。楚越難合并，離奇得三叟。所期窮益堅，葆此仁者壽。晚節八尺筇，良辰一尊酒。繪作歲寒圖，庶幾三不朽。

薄薄酒戲反東坡詩

有酒薄薄，不如飲茶。有婦醜醜，不如無家。蹇産兮劣乘，下澤兮薄笨，不如健力代馬，安步當車。魚鯹兮肉膌，殘羹兮斷腊，不如鄭相瓠鴨，李令韭鮭。鳳皇尾脱不如鴉，麒麟角折不如猳，神龍鱗敗不如蛇，梨酸而小不如食樝，桃李不實不如無花，琴疏瑟希不如聽琵琶，濕鼓不如棒檛，敗錦不如布遮。讀書乏弦誦，不如兒啞啞；作官無鼓吹，不如奏鳴蛙；封侯失酎金，不如種好瓜；四句反山谷語。殺賊無淩烟，不如卧黄沙。嗚呼！跛驢盡令僕，不如廢臺閣；集賢盡鴞音，不如無翰林；翹材盡腫曲，不如罷科目。金章緑綬垂華紳，前後鼓吹擁朱輪，鳶肩鵖目滿路塵，不如簑笠隴上民，騎牛芳草柔如茵，渴飲谿泉采葵蓴；黄腸題凑秘器陳，冢象祁連稱幸臣，不如青山衣以薪，清風安卧松下人。生則百錢長隨身，死則一鍤還其真。人生無累皆天親，嬰兒牧犢能千春。

薄薄酒，莫入脣；醜醜婦，莫效顰。

邸鈔：户部郎中清瑞授廣東分巡高廉欽道。本任道王景賢告假。

十二日丁未　晴和，晡有風，晡後陰，風漸勁。雲門來，留共午飯。作書弢夫，約過談。余壽平來。是日以天气稍和，携筇出户庭，至僧喜書室，往反三次，遂苦氣喘，晡後擁衾而卧，不能起矣。弢夫來。得直隸周玉山按察書，饋歲十二金，犒使三千。洪右臣給事喪耦來訃，送奠分八千。夜大風不絶，一更後月甚皎。

邸鈔：詔：十四日仍親詣大高殿祈雪，命貝勒載漪等分禱時應諸宫廟。以太僕寺卿張蔭桓爲大理寺卿。左贊善王貽清升右春坊右中允。文保補授山西歸綏兵備道。前福建臺灣府知府周懋琦以道員用，京察坐糧廳監督。吏部郎中常裕交軍機處記名，以道府用。

十三日戊申　晴，風，嚴寒。得天津胡生溶書，并饋銀魚、紫蟹、米緶、麵菽、乳乾，犒使四千。爲王可莊題杭堇浦嶺南詩畫册四絶句，即寫致之，并作書屬其書近日所編《病榻小草》。潘伯循來。得可莊復。作書致雲門，饋以銀魚、紫蟹一盤。夜得雲門書，言其妹婿蔡進士文田，本姓李，湖北人。病甚危。林御史啓爲其弟喪來訃，送奠分四千。夜風不絶，月皎如晝。

十四日己酉　晴，風，嚴寒，下午尤凛冽。作書致介唐，以足銀一百兩託其轉交張詩卿，先還貂裘直之大半，并詒以香乾一盤。作書致仲弢，問漱丈疾，以昨見邸鈔，請假五日也。得漱翁復，言前夜偶感寒，今已愈，并和前日奉酬詩韻一首。徐季和副都來。仲弢來。幹廷來診，言脉弦滑，有微寒動其金水之氣，故濕疾復多，宜用清化之劑。額玉如送來年禮十六金，犒使四千。是日買熏貂冠一頂，連緯纓頂戴，共銀七兩三錢。帽曰抽頂局緞，纓曰南紅加重龍抱柱，頂盤曰雙鍍金堆松，皆新式也。以引見仍用，熏貂冠不得不備。然以一冠之直計南錢至萬三千，亦奢侈甚矣。花市貰紅梅兩盆，付銀一兩二錢，以小横几庋之，置書案前，稍助春气。夜大風寒冽，月皎甚。得介唐復書。兩日補寫病中日記。

十五日庚戌　晴。作復漱翁書。作書致雲門，問蔡進士病。答子培前日寄懷詩一首，即作書致之。得漱翁書，再和余詩一首，詞旨沉鬱，寄喟獨深。子培來，久談。謝惺齋夫人於廣慧寺開吊，命僧喜往，送足銀四兩爲奠。命僕持刺詣祁尚書、徐副都，告病小悆，且謝存問，以兩公屢向漱翁訊病狀，且屬致意也。又命僧喜詣漱翁、仲弢謝。敦夫生日，饋以燖鳧一器，糖饅頭一盤，作書致之，得復。夜月皎於晝。得爽秋書。再疊前韻一首酬漱翁，即作書致之。撰黄子壽布政輓聯云：『養望卧西江，早已公才推叔度；象賢嗣東觀，料應生孝勉文彊。』又撰輓障曰『鍾厥純懿』。用蔡中郎、胡廣、黄瓊頌語。作書致介唐，託代書聯，得復。是日付滕衣賈銀二十兩，以買紅狐膝袍裁一領也，檢所儲棗紅緞爲表，今日製成。庚午同年刑部吴笏山員外傳綎，本名傳縉。病故，送奠分四千。此君以倉監督得京察記名道府數年矣。向來倉監督皆七八品雜流京官爲之，滿員間有部曹，大率潦倒冗散，漢員皆不屑也。近漸有捐班部郎，絶無科甲，自庚午同年董户部汝觀與吴君始皆以舉人爲之。至去年吏部郎中王琛，河南人，壬戌庶常也，以記名御史被劾徹銷，遂就倉監督，此亦可以觀世變矣。作片致仲弢，以花農爲其從兄開吊，不便送錢爲禮，擬與仲弢及子培兄弟合送輓障一軸。

十六日辛亥　晴，寒威少霽。得仲弢書，言已辦矣，即復。得介唐書，送所書聯來，即復，犒其使一千。弢夫來。閱畢恬谿《九水山房文集》。作書致雲門，得復，言其妹婿蔡大荔今日已病歿矣。雲門此次留京五月，吊死問疾，蓋不暇給，亦其年灾偶值也。夜月出甚佳，二更後陰。

十七日壬子　晴和。介唐夫人生日，詒以桃、麵、雙鷄、燈燭。新授臨安知府馮壽山同年來。得弢夫書。净業寺僧饋饅頭素食四合，受其兩盤，酬以一金，犒使二千。子蕁來。漱翁來。弢夫來。幹廷來診。張姬、僧喜俱往介唐夫人家夜飲。再同爲其尊人開吊，送藍呢障一軸，青綾聯一副。庚辰同年馮員外錫仁爲其母夫人開吊，送奠分六千。得品芳弟十一月二十日書，言宗湘文觀察延辦山邑測繪地圖，月給薪水十番金。觀察總辦浙省輿圖，以余前有書爲道地故也，其意可感。

邸鈔：上諭：朕欽奉慈禧端佑康頤昭豫莊誠壽恭欽獻皇太后懿旨：醇賢親王福晉賞食親王全俸，醇親王載灃加恩賞食親王全俸，入八分輔國公載洵晉封爲入八分鎮國公，鎮國將軍載濤晉封爲不入八分輔國公。　吉林將軍長順奏前任盛京副都統、調補正藍旗蒙古副都統富陞在籍病故。詔：富陞於咸豐年間出征江南、安徽、山東、直隸等省，打仗奮勇，曾著勞績。前因患病，准其開缺。兹聞溘逝，軫惜殊深。加恩照副都統例賜恤。　長順奏伊犁錫伯營領隊大臣果權呈請開缺。許之。

十八日癸丑　上午澹晴，晡後陰，雪作，旋止。作書致介唐，力辭生日醵筵之飲。得仲彝高淳書，并惠炭銀三十兩。雲門來，談至傍晚去。作書致子培、子封，問其太夫人疾，得復。得爽秋書，以所輯《桐谿耆隱集》一卷見詒，即復。得介唐書，言如余意，即復。夜又雪，不久止。

邸鈔：以順天府府尹陳彝爲宗人府府丞。以通政司副使良培爲光禄寺卿。司經局洗馬臧濟臣補原官。以廣東按察使王之春爲湖北布政使。户部左侍郎續昌請開缺。詔賞假兩月，以吏部左侍郎敬信兼署户部左侍郎。前任京口副都統鍾澐病故。詔：鍾澐由鑾儀衛冠軍使隨征山東、河南、安徽等省，迭著勞績，著照副都統例賜恤。詔：□□□□忠良賞給副都統銜，爲伊犁錫伯營領隊大臣。

十九日甲寅　晨及上午雪，午後霒陰，甚寒，傍晚微雪，復止。本生祖考藴山府君生日，供饋肉肴七豆，菜肴三豆，肉餡曼頭一盤，肉餡籠餅一盤，春餅一盤，糖餡籠糕一盤，餘如常儀，以瀹麵一巡代湯。作簡邀漁笙、敦夫、介唐、弢夫、子培、雲門入晚小集。以今日東坡生日，余病新起，用坡公丙辰立春日病中邀趙成伯、喬禹功等，謂『僕雖不能飲……當杖策倚几於其間，觀諸公醉笑，以撥滯悶』語，寫之簡上，博諸君一笑。僕輩合獻唐花，娱余病起，其意不俗，凡牡丹兩盆，南燭子兩盆，榆葉梅兩盆，酬以八金。日晚弢夫、雲門、漁笙、子培來，敦夫、介唐以事不至。夜設飲杏花香雪齋，本卧室也，以有紅杏、丁香題此名。清談甚暢，病後第一次也。二更客散後答和雲門炊字韵感懷見詒詩一首，即寫致之。汪柳門侍郎來。

邸鈔：以長蘆鹽運使額勒精額爲廣東按察使。

二十日乙卯　晨陰，上午薄晴，午陰，下午霒陰，有風，甚寒。得雲門書，以昨日之集，用東坡密州立春日病中邀客詩韵二首見詒，甚警麗，第二首以東坡與余用賓主寫法，命意尤奇。得漁笙書，亦用東坡立春日病中邀客詩韵二首見詒，以余昨簡中本有此約也，又重和余所詒來字韵詩一首，詩皆老到，深合情事。諸君近日作詩可謂勇矣。即復。作書再唁再同，得復。飯後和東坡病中邀客漫前韵詩二首，即作書寫致雲門，又寫致漁笙。得雲門復，再和前韵二首，餘勇尚可賈也。得介唐書。得弢夫書。唐暉庭給諫來。新選刑部浙江司錢主事溯耆來，常州人，故河南巡撫敏肅公鼎銘之子也。景秋坪尚書師夫人卒，付公祭銀八錢。高御史燮曾嫁女，送賀錢六千。僧喜赴雲門廣和居夜飲。是夕復得五古一首。

二十一日丙辰　上午晴，下午多陰。久不至軒翠舫矣，午後偶過之，亂書堆床，凝塵滿席，躬督童僕，料檢一周，頗覺勞勩。爲弢夫改定近詩數字，即作書致之。雲門來，談至夜去。是日頗不快，服龍眼、西洋參湯。夜得詩一首。周介夫來。

二十二日丁巳　晴，稍和。得弢夫書，爲購王姬功裘一領，直銀七兩。得雲門書，借車。崇效寺僧送來唐花四盆，一海棠、一紅梅、一碧桃、一緗梅。復弢夫書并銀三十兩，還麇茸及裘直。作復俞蔭甫編修書，并賦七律二章，壽其七十生日。是月三日。作復潘繹庈學士書，并贈以七律一章。二君皆於夏間枉書問輯《續輶軒録》事，久無以報，今届卒歲，始作答書，故各附詩酬之。作書致徐花農，以俞、潘兩書屬轉寄。得伯羲書，饋哈什馬羹一合，杏酪一合，橘酪一合，燒葱一合，作書復謝，犒使六千。作書致雲門，得復。爲可莊商改所作詩，并和其病中見憶詩一首。夜作書致弢夫，得復。覺羅給事鈺昌病故，送奠分四千。近日掌吏科文給事文敬甫卒，今兵科鈺給事繼之，年皆六十餘矣。比夕體中風痒本作『蛘』。大作，徹夜爬搔不得休，往往至流血，又忽生虱，多至百餘。有生之苦，至此極矣。蓋余之星命，歲幹畏丙丁，歲枝畏寅，凡過此歲，必有死喪疾病，今年都下又直厄運，六十外人死者相踵，余獲更生，猶爲大幸耳。夜半後有風。

邸鈔：以太僕寺少卿胡聘之天門，乙丑。爲順天府府尹。以前長蘆鹽運使季邦楨補原官。

二十三日戊午　晴。始剃頭，蓋六十餘日矣，用燒酒按摑之。兩作書致弢夫，爲弢夫欲以麋茸爲饋，不肯受直也。得復。得徐亞陶書，爲其鄉人嚴芝生乞題修志四圖，以所刻醫方一册爲贈。即復，詒以羨脯四尾。津門送來明年春季脩脯銀二百四十八兩，即作書致額玉如，犒其使二金，飯銀三錢。下午復苦痔發，擁衾而卧。楊莘伯來。徐花農來。夜祀竈。平生此日不能躬與者，惟今年耳。

邸鈔：刑部左侍郎宗室桂全卒。詔：桂全由筆帖式洊升卿貳，宣力有年，克稱厥職。兹聞溘逝，軫惜殊深。著照侍郎例賜恤。　工部左侍郎、福建學政烏拉布卒。烏拉布字少雲，兵部尚書烏拉喜崇阿之弟，甲戌進士。詔：烏拉布由翰林洊躋卿貳，曾派赴湖北等省查辦事件，辦事認真，克盡厥職。兹聞溘逝，軫惜殊深。著照侍郎例賜恤。　前任江寧副都統連慶卒。連慶字□□，故寧夏將軍、襲一等侯維慶之弟。詔：連慶由侍衛出征陝西、甘肅等處，打仗奮勇，曾著勞績，洊升副都統，亦能稱職。兹聞溘逝，軫惜殊深。著照副都統例賜恤。　前黑龍江城副都統成慶卒。詔交部照例議恤。以刑部右侍郎清安轉補左侍郎；以盛京兵部侍郎鳳秀爲刑部右侍郎；以工部右侍郎豐烈爲盛京兵部侍郎；以承恩公桂祥爲工部右侍郎，兼管錢法堂事務。詔：沈源深授福建學政，俟查辦事件完竣即赴新任，毋庸來京請訓。

二十四日己未　晴，午前後微陰。得楊莘伯書，言欲治具爲余作生日，請擇一良辰。即作復書，力辭之。作書致花農。作書致弢夫，借以《佩文齋書畫譜》。作書致周介夫，以王鵬運侍讀欲取余日記中辨李易安事刻入《漱玉集》中，屢屬同人及介夫來索，昨命僧喜録出，今日屬介夫轉致之。得雲門書。作復張香濤尚書書。敦夫來。幹廷來診，用雲苓、於朮、白芍、潞黨、淮山藥、紅甘杞等藥以道胃气，以白蔻仁、清半夏、霍石斛左之。作書致雲門，以致香濤書託轉寄，得復。是日聞章黼卿昨日病殁，爲之悲歎。黼卿貧老，年長於余數歲，自轉光少，常恐衰病不任事，蓋上親祀壇廟，進福進胙，須光禄四卿躬奉盤爵膝行而前也，上登壇親獻時，四卿跽奉爵勺朝衣冠，趨蹌上下，陛階數重，年老者多難之。黼卿屢欲移疾，以貧不果。今將轉通參，遽以病終。其長子甚不肖。弱妾幼子，何以存活！又聞陳晝卿以十月間殁於濟南。晝卿年七十餘矣，去歲今年屢詒余書，言即爲歸計，逡循不果，遽聞凶耗。其長郎茀堂，賢而早没，聞其諸孫，亦頗不肖，可歎也。是日得詩三首。命僧喜入城視徐亞翁疾，且代答客數家。

庚寅祀竈日病尚未愈聞爆竹聲感賦

千門祭竈請比鄰，日暮峥嶸愧此身。爆竹衹聞兒輩鬧，燈花似報歲前春。糖瓜粉果江南物，藥裹詩篇病後人。莫道衰翁非健者，幾家能過隔年貧。近日疫疾未已，六科中逝者三人，滿洲達官徂謝尤衆。

輓章黼卿光禄耀廷，歸安人。

新領祠官侍尞柴，郊壇玉佩奉清齋。趨蹌九陛常摩足，灌獻三終欲乞骸。壇廟遇上親祀，須光禄四卿分奉爵俎，禮成進福胙於上，皆朝衣冠膝行而前。君年老多病，常恐隕越。久次省臺同歎老，忽捐嫋稚竟長埋。傷心吕望青雲戲，衹待泉宫樹棘槐。今秋一日，鄉人宴集，君方由鴻少轉光少，余新入臺，相歎淹滯。君戲曰：『我兩人年至八十，亦皆至侍郎矣。』言猶在耳，回首黯然。

輓陳晝卿觀察

宣廟當年老秀才，惟君與我久推排。一官垂死無真補，七豒思歸竟不諧。削杖諸孫承著代，令嗣茀堂茂材早殁。銘旌二品寫虛階。已加布政使銜。疏麻未嗣成長訣，重展瑶緘淚滿懷。君頻年累寄余書，復者一二，今春以長牘見詒，至今未答。

二十五日庚申　晨陰，巳微晴，午前後晴，下午多陰。得弢夫書，言今日奉派赴海淀查倉。作書致亞陶，且令僧喜寫前日懷三老友詩詒之。得張朗齋尚書書，饋炭銀五十兩，犒使十千。周生學銘饋食物六合，收其三。崇效寺僧饋食物，還之，酬其唐花四金。得敦夫書，并補作東坡生日用密州立春日病中邀客詩韵二首見贈。得亞翁復。作書致敦夫，酬以七律一首，并以問津、三取課卷一箱乞閱，得復。得雲門書，并歲暮和漁笙詩一首，即復。夜三更後於新營客次祀門、行、户、井、中霤之神及歲主禄利之神，命僧喜代行禮，放爆鞭以祛病魔。四更後祀先。

敦夫補作東坡生日用密州立春日病中邀客詩韵二首見贈率賦一律奉酬

我後東坡八日生，來詩有此語。君先四日降長庚。君是月十五日生。科名已定分遲速，曹署因茲判濁清。共夾柳漳通畫舫，家居與君隔河相對。獨居蓬島擁華旌。新詩澄脆如冰雪，壓倒當年玉糝羹。

邸鈔：上諭：卞寶第奏福建臺灣臺北府知府雷其達與藩司姻親，例回避，請旨簡員對調一摺。雷其達著與福建漳州府知府吉昌對調。詔：二十七日仍親詣大高殿祈雪，命貝勒載濂等分禱時應諸宮廟。　蔡千禾右年選四川綏定府通判，汪幹廷文樞選甘肅靈臺縣知縣，歐陽銜選四川鹽源縣知縣。汪君與歐陽皆江西人，戊辰進士，授吏部主事，需次二十餘年，仍改縣令以去。京官沉滯，至今日極矣。

二十六日辛酉　巳初一刻十四分立春，辛卯正月節。晨及午晴，下午陰。早起賦詩三首，書之紅箋，以當春勝。書玉、介唐、伯循、蓉曙皆以余明日生日，饋酒、燭、食物。余以今年屢致大病，益戒殺生，且體弱足羸，不能應客行酬酢拜跪之禮，故先告同人，堅約是日不送酒肴、不通賓客。而諸君過愛，尚有致遺，不能固却，量厚薄之情，爲辭受之節而已。弢夫來。得亞陶書，見和歲寒三友詩五古一首，并詒所書八分楹帖一聯，即復。雲門來。夜家人拜壽，具杯勺於杏花香雪齋，爲暖壽之筵，小飲微醉。介唐夫人、資泉夫人及書玉第四女來拜生日，各詒以小兒糕餅一苞，以一兩二錢銀小元寶詒四小姐。是夕霒陰欲雪。

辛卯立春

六十三年始，今朝已立春。别無它語祝，歸作故鄉人。山葉籃輿健，湖花篋舫新。携書兼載酒，日醉不憂貧。

立春日柬雲門疊前韵

殘曆猶餘四，明年已立春。靚妝眉際案，嬌語膝前人。香篆通簾暖，花枝入鏡新。

立春日示僧喜

汝明年十七，未畢一經書。學問已無及，科名尚有餘。春隨啼鳥起，秋待續燈徐。我老猶勤讀，勉旃成長初。

邸鈔：以禮部尚書李鴻藻充經筵講官，内閣學士陳學棻充文淵閣直閣事。以内閣學士裕德爲工部左侍郎，未到任以前，以總管内務府大臣、正白旗滿洲副都統巴克坦布署理。

二十七日壬戌　微晴。余生日。得張朗齋尚書書，以朱提三百兩見借。書有親筆千餘言，極言山東河事之難。豫省河督所轄僅二百三十里，每年防汛經費六十萬金。山東河道九百里，防汛亦定六十萬金，連年請加二十萬，俱格於部議。去年實用九十餘萬，祇奏八十八萬；今年實用百零七萬，祇奏九十七萬。除議准之六十萬外，餘皆從培堤項下移用。但得額款百廿萬金，必有把握，然不敢請也。道光以來，南河七百里，歲費銀三四百萬，太半爲河督河廳私蝕云云。聞潘芸閣錫恩督南河時，有寵姬十餘人，治河者十三廳，每廳任一姬之院，凡服飾器用飲饌，皆窮極工巧，争新鬥異。春時爲百花屋，梁柱榱椽、壁帶門棖皆鏤空，以牡丹、芍藥、碧桃、紅杏盛盆瓶中，暗藏其內，蔟而垂之；夏則皆飾以水晶，中養金魚、碧藻；冬爲梅花幄帳，以大梅樹蟠屈成之，貂簾錦氈，庭院皆如其大小，一片織成。每院皆有歌臺，排日演劇，耗蠹公私，至不可問。遂有銅瓦廂之決，僅革職以去，尚擁貲千餘萬，而殁後諸子夤緣漕督張之萬爲之請謚，竟得易名文慎。此輩之肉，其足食乎！

荀學齋日記後乙集之下

光緒十六年十二月二十七日至光緒十七年六月十二日（1891年2月5日—1891年7月17日）

光緒十有六年庚寅十二月壬戌　余生日。得弢夫書，言與漁笙、敦夫、介唐、子培、仲弢、子封今日合作一筵爲壽，并饋酒兩罌，燭一對。復書力辭之，受其酒。雲門饋肴饌四器，蒸餅兩盤。介唐來，敦夫來，蓴庭來，爽秋來，子蕁來，弢夫來，漁笙來，書玉來，子封來，吴佩蔥來，陳梅坡來，楊壽孫來。漱翁來，可莊來，旭莊來，伯循來，子培來，仲弢來，劉生曾枚來，族姪珣來。雲門來，午後以所詒饔具，邀漁笙、敦夫、介唐、子培、子封、仲弢、弢夫小飲。夜復治具，設於杏花香雪齋飲，八君并余，爲九老之會，談宴甚暢，賦長歌紀之。二更入内小憩，命僧喜侍客終宴，三更散去。

庚寅十二月二十七日余生日觴漁笙敦夫介唐弢夫雲門子培子封仲弢於杏花香雪齋張燭至夜分始散作詩紀之

古人生日不言壽，老人惡老慕少幼。我年過耆已有三，視蔭常憂促鐘漏。況復磨蝎臨歲除，人事迫促隙過駒。豈惟歎老撥商陸，亦且後飲慚屠蘇。閉門却掃絶還往，孝經獨誦無生徒。伊川齋肅有故事，敢資口腹殘禽魚。友朋互進强開釋，富貴幾人見鬢白。今年灾沴纏尾箕，大疫迭相阨。公本善病天所刑，十旬九假門常扃。精神久已辭訣去，鬼伯日日窺門庭。自秋徂冬戰寒熱，伏枕喘吁續殘息。醫巫束手臧獲逃，豈料今年有今日。木介不能禍公官，鵂鳴不能折公樊。木介已見前酬李侍郎詩。今年自九月以後鴡舊屢鳴，時集余庭樹。巫陽不敢致公節，北酆不敢收公魂。耆民耆婦車載去，今年以疾逝者，五十以上至七十爲多。惟公柴立今猶存。雖見黄楊厄閏歲，何嘗白紙糊家門。春陽已轉花蓓蕾，陋室桃符耀晴采。束脩有羊書有瓻，公今不飲尚何待。家人繼進告乃公，客言至理將無同。祭犢終當福盲叟，失馬安必禍塞翁。主人聞言笑相許，且遣青蝯啓蓬户。點燈會客學老坡，竹徑茆堂滿今雨。鳳苞藻耀五翰林，文昌二妙武庫森。樊君久辭蓬島去，黄河黑水調鳴琴。漁笙、敦夫、介唐、仲弢、子封皆官詞館，弢夫、子培官郎署，雲門由庶常宰秦中。八公於我皆夙好，此意瓊瑶愧難報。新詩美酒聊相温，紅燭花摧玉山倒。安得此樂年年俱，白鬚紅頰照坐隅。昇平佳事出京輦，又續香山九老圖。

邸鈔：上諭：朕欽奉慈禧端佑康頤昭豫莊誠壽恭欽獻皇太后懿旨：御前大臣、軍機大臣翁同龢、孫家鼐會同禮部奏遵議醇賢親王廟制及葬祭各事宜，請旨遵行一摺。醇賢親王廟著於新賜邸第建立，其現居邸第著另建醇賢親王祠。所擬廟制著依議行。所有廟中殿宇及正門瓦色，中用黄色琉璃，殿脊四圍及正門四圍均用緑色琉璃。其祀典應照天子之禮，所有禮節、樂舞、祭器、祭品由各該衙門詳晰具奏。請旨立廟後，每歲時饗著於四仲月朔舉行，由承襲王承祭，皇帝是否親行，先期由太常寺請旨。遇醇賢親王誕辰、忌辰，皇帝俱親詣行禮。葬禮照親王例辦理，皇帝親製碑文，其碑亭瓦色用黄色琉璃。皇帝期年除服，親詣行禮，照大祭禮讀文致祭。至奉安前期，皇帝親詣園寓行禮，照大祭禮讀文致祭；奉安日，親詣恭送看視；奉安次日，仍詣園寢行禮。歲時致祭園寢，由該承襲王行禮。所請班諱一節，嗣後凡遇『譞』字一律避寫。以内閣學士裕德爲工部左侍郎，未到任時，以兵部左侍郎巴克坦布兼署。上諭：祁世長奏道員報捐賑款銀一萬兩，請逾格優奬一摺。在任候選道、廣東南海縣知縣李徵庸，著在任以道員即選。户部郎中胡廷幹授福建福州府遺缺知府。

二十八日癸亥　晴。高御史燮曾來。周生學銘來。花農來。下午出門答客數家，晤介唐，以銀五十兩託其還張詩卿貂褂之直。詣雲門，并約敦夫、漁笙共談，留夜飯，至二更歸。自病後六旬不出矣，今日力疾登車，甚覺氣促。得翁叔平師書，饋歲銀十六兩，作書復謝，犒使十千。得許仙坪河帥書，饋銀三十兩。得楊莘伯書，饋肉鬆一盤，細餡籠餅一盤。作書致敦夫，饋以醴鷄、燒彘、凍肉等食物四種及年粽。

二十九日甲子　晴，有風，甚寒。弢夫來。雲門來。子虞來，久談。莘伯來。仲弢來。費屺懷來。余壽平來，饋歲銀八兩。戚聖懷來。是日午後頗畏寒，不快，倚衾假寐。傍晚得雲門書，以銀十六兩爲壽，作復還之。徐班侯來。庚臣同年李編修佩銘來。以肴饌一品鍋詒李侍郎。

邸鈔：上諭：刑部右侍郎鳳秀未到任以前，著户部右侍郎崇禮兼署。上諭：翰林院編修高賡恩授溥侗讀。

三十日乙丑　晴，微陰，甚寒。命僧喜敬懸三代神位圖，於杏花香雪齋設案几，先賢祠供饅頭及香燭。命僕輩詣崇效寺亡室殯宫供素饌、蜜果，給汎掃人錢四千。介唐來。徐亞陶來。濮紫泉來。弢夫來。季士周來，始議定今秋脩屋之費，共用五百餘金，士周認還三百五十金，以明年三月爲期。夜祀竈，放爆鞭。雲門來辭歲。祀先。是日書春聯五副，福字五方，大門聯云：『松筠閲世已知老；桃李無言亦自春。』中堂云：『插架漸侵三徑竹；巡檐長看四時花。』後堂云：『楊柳濃陰鄰巷共；杏花晴雪一家春。』是日付天全木廠銀一百二十兩，隆興厚紬布鋪銀八十七兩，協泰米鋪銀六十三兩，同興公石炭鋪三十兩，司廚肴饌銀三十兩，楊姓書賈銀三十兩，廣慎厚乾果鋪十二兩五錢，吉慶昌乾果銀十一兩，翰文齋書鋪銀八兩，松竹齋箋紙銀五兩，衣賈滕姓銀三十三兩，衣賈俞姓銀三十一兩，聚福齋糕餅銀六兩，臘祭歲物雜辦等銀一百兩，車夫芻秣銀十四兩，家人壓歲銀二十四兩，僕媪等叩歲銀一百十八千，僕九人，僕媪三人，每人十千，惟王升十二千，守廄人六千。大生紬布鋪銀十兩，水夫銀四兩，賣花媪銀二兩。以上共用銀六百二十八兩有奇，又加貂褂銀一百五十兩，其餘油鹽等零星雜費及吏稅長班等年賞尚有百餘千，所入甚微，能久支乎？家人小作屠蘇筵，聚飲微醉，再疊春字韵紀之。

庚寅除夕偕家人小飲微醉再疊春字韵示僧喜

歲夕吾猶健，檀欒喜迓春。影堂餘福酒，病榻幸全人。官忝金貂貴，年從畫蠟新。天涯完骨肉，不異在家貧。

光緒十七年（一八九一）

光緒十有七年歲在重光單閼春正月元日丙寅　竟日陰寒，傍晚微晴。余年六十有三歲，僧喜十七歲。早起叩歲神。拜竈神。叩先像。命僧喜詣先賢祠拈香行禮。弢夫挈其子伯澐來。介唐來拜先像。是日來賀者三十二人。得雲門守歲絶句八首，元日仿唐人宫詞二首，皆新麗。

初二日丁卯　晴，有風，甚寒。叩先像，供紗帽餡子及茗飲。兩日來頗覺畏寒小極，不敢出門，亦不作字，惟用朱筆校勘《宋景文集》。子培來。紫泉來，雲門來。是日來賀者三十八人。

初三日戊辰　晴和。叩先像，供炒麵及酒。下午出門，答客三十餘家。詣介唐家拜像，見其夫人及兒女，詒以糕餅錢八千，賞其僕媪十千。詣漱翁，并晤仲弢及雲門、弢夫、子培、子封、爽秋、班侯、旭莊、朱苗生、吴佩蔥，以漱翁今日設客也。談至晚歸。是日來賀者三十六人。夜點閲《宋景文集》。子京之文，字字不苟，即尋常簡牘，句法迥不猶人。碑志大篇，峭厲入古，北宋一人而已。其詩亦華重，皆經籍之光。可莊以疊余春字韵五律兩首見詒。

邸鈔：詔：貝子溥倫加恩挑在御前行走。

初四日己巳　晴，有風，頗和煦。叩先像，供年糕、蒸餅及茗飲。上午答客二十餘家，歸家午飯。漱翁來。朱虎臣來。傍晚客去後，復出答客，不過十餘家，匆匆乘暮色歸。是日來賀者三十七人。夜點閱《景文集》，間取《宋史》校之。二更偕家人戲擲骰采兩周。

初五日庚午　晴，晨風，上午稍止。早詣給孤寺稽查飯廠，上午歸，賞兵役等人錢八千。族姪珣來叩歲，言其二親皆病甚，始知慧叔去冬亦再病也。弢夫來，以所購錢松壺山水小幅十、董香光行書箋啓四通見示。董書逼真；松壺書雖佳，題款字僞。又爲余購黄尊古山水册十幅，其中鍾山一幅，巖岫秀聳，城郭清深，最可觀；棧閣一幅亦雄厚；末一幅老樹最佳，蟹爪枝柯，得篆隸之勢；餘皆作平遠谿山村落，無甚精采。索價不多，題款字亦近僞。雲門來。下午出門，答客二十餘家。詣許筠庵師，送年禮二金。詣李蘭孫師、若農師。詣敦夫，不值。復答詣祁子和尚書、徐季和副都、何受蘐、林瑞山、余晉珊、褚百約四同官而歸。夜祀先，供牲饌一品鍋，素饌六豆，紅棗扁豆湯一巡，酒再巡。弢夫來，共夜飯小飲，二更歸。作書致子培，爲慧叔問工部韓郎中文彬居址。韓，夏津人，以貲爲郎，年七十餘，善針法，爲都中第一。慧叔臂患風搐，須用針也。得子培復，并以采選圖一紙見還。是日來賀者四十三人。

邸鈔：上諭：上年朕二旬萬壽，業將京外文武大員老親年逾八十者優加賞賚。兹復據兵部及各督撫續查，有海澄公黄懋澄之祖母王氏，福建水師提督彭楚漢之母黄氏，福建臺灣澎湖鎮總兵吴宏洛之母孔氏，山東曹州鎮總兵王連三之母錢氏，甘肅寧夏鎮總兵衛汝貴之母王氏，甘肅新疆阿克蘇鎮總兵黄萬鵬之母楊氏，前安徽壽春鎮總兵寶昌之母曹氏，湖北漢陽協副將樊國泰之母何氏，河南荆關協副將李家昌之父李承德、母蔣氏，廣東肇慶協副將刁經明之母劉氏，陝西靖遠協副將李廣珠之母聞氏，甘肅提標中軍副將鄧全忠之母楊氏，貴州上江協副將王建喜之母劉氏，均年逾八秩，著各賞給御書扁額一面，紫檀三鑲玉如意一柄，小卷江紬袍褂料二件，小卷八絲緞袍褂料二件，用示錫類推恩至意。

初六日辛未　晴。得弢夫書，再以銀五十兩見假，即復。雲門來，以近日所得國初天目山僧智旭所繪旻昭和尚像見示。和尚，故明御史陳涉也，畫作秃頭跣足，癯而多須，披紅加沙，神采如活。又以和可莊元旦用余春字韵詩見示。留共午飯後去。比日力疾出門賀客，稍覺疲乏。昨詣飯廠，適值風起，坐空院小席棚中，殊苦塵污，夜間舊疾復動，今日頗形小極，不能看書。夕燈熒然，無以自遣，因取春字韵疊之，得詩四首。

辛卯元日三疊立春日韵

漢燭消殘臘，唐花醒早春。朝正馳馬路，注假過年人。鐘鼓宫懸静，是日太和殿朝賀，奉懿旨，樂設而不作。湖山幄殿新。所期停五祚，聖德軫時貧。

可莊同年次余立春日詩韵見贈四疊韵答之

久領壺天勝，瓊瑶入手春。從容金殿語，爽朗玉山人。名冠南州舊，兵籌北府新。尚書清德在，家法不憂貧。君祖文勤公爲先從父同年翰林，以清節著。

可莊疊前韻賦辛卯元旦詩見示五疊前韻酬之

五馬將南渡，宫鶯又報春。紫宸辭半仗，畫轂夾千人。燭試金蓮剩，盤堆粉荔新。梅花滿床笏，不信蔡齊貧。

雲門再用前韻和可莊元旦詩六疊韻詒兩君即以志别

齊年良守令，同駐帝城春。詩句稱才子，茶湯過内人。别筵楊柳始，宫體杏花新。各樹優賢績，脂膏不潤貧。

初七日壬申　晴，微風，頗寒。剃頭。漁笙移廚傳來爲余補作生日，邀敦夫、介唐、弢夫、雲門、子培、子封、仲弢同飲緑香館，子培最後至，席已散矣。雲門以所作《和子培祭金危危日用鹽字韻》見示，其詩雋絶。暢談至晚而散。犒漁笙僕從錢十二千，廚人十二千。是日來賀者禮部李侍郎、錢侍郎應溥等十人。明日又直金危危日，戲約雲門、子培今夕三更後祭之，余以羊頭及魚，子培以鷄，雲門以凫，皆各從其俗也。復相約賦詩紀之。是日得詩四首。夜半作書并寫詩致雲門，得復，言煮鴨未熟，方坐待也，時余已擁衾卧命家人設祭矣，可發一笑。

漁笙太史人日携尊枉過七疊前韻爲謝

忽過墻頭酒，來添陋室春。同朝無熱客，入座盡詩人。花爲金尊艶，燈先錦里新。草堂今日聚，不信陸裝貧。

漁笙有和詩，未録。

雲門再疊前韻見詒八疊韻酬之

暫息鳴琴手，商量過早春。畫中山作障，花裏鏡窺人。翠墨眉奩活，青緗粉指新。歲朝清供滿，不使玉臺貧。

敦夫欲聘小星漁笙雲門各以詩促之且爲代製贈姬人及姬人答詩九疊前韵申兩君之意

久絶鶼鶼夢，傳來綺語春。鬢星思染術，背垢想搔人。酒有紅顔借，琴知緑意新。東方能割肉，不礙一囊貧。

俗以日直危宿又直建除之危其德在金謂之金危危日祭之獲福去年九月中直此日子培可莊皆祭之各賦詩相嘲今年穀日又直之雲門和兩君韵亦戲效其祭余亦繼作

利市黄羊别有占，敝衣薦俎飾無鹽。祭用羊頭，婦女垢面私室祀之。星傳天柱貪狼影，九宫之神，七曰天柱。《素問・刺法論》曰：『木欲升而天柱窒抑之。』注云：『天柱，金正之宫。』靈比祠山合牝籤。相傳神廟籤詩始於南宋，初祠山張王廟。張王，不知其名，其祠宋時甚盛，蓋爲求富之所，今江浙皆有張相公廟，吾越商賈奉之尤嚴。託名北宋景德中治兩浙江堤使者、工部郎中張公夏，然張主水，宋世已封侯，國朝封静安公，與求利無涉，蓋即祠山張王也。寶母忽從披髮乞，錢神全恃横鑪添。越魑諧到波斯語，唐人小説中多言回回識寶致大富，俗以危危同音，又取金配之。祝爾家成萬石嚴。

初八日癸酉　晴，微陰。作書致漁笙，并詩一首，十一疊春字韵。家人復祀財神，放爆鞭。洗足。是日來賀者吏部許侍郎應騤、户部徐侍郎用儀、奕鶴樓副都奕年、張樵野大理蔭桓等十二人。費屺懷編修來。先像前供炒年糕及酒，夜飲福，微醉。

初九日甲戌　晴。可莊太夫人生日，往拜，晤旭莊，饋酒兩罎，又答客數家而歸。弢夫來，以明人顧慶恩所繪山水册送閲。爽秋來。是日來賀者十一人。夜得弢夫書，即復，以顧畫可疑，款題孤山十景，而所畫皆海邊山島，尤不可解。

初十日乙亥　晴。得雲門書，并疊春字韵詩九首，内二首答余前夕所贈詩，又二首見贈，皆清新可喜。其《演爲長句簡可莊》一首尤雋麗，頸聯云：『扇上蝶圖煩帝子，館中簫賦授宫人。』又五言云：『玉爪酬琴客，金龜乞酒人。威儀三館舊，鬟黛六朝新。』皆佳句也。作書致弢夫，以顧册還之，得復。書玉夫人來。晡後出門，答客三四家而歸。是日來賀者左豐生通侯念謙等十五人。雲門來，談至夜去，月下送之出門，甚寒。徐班侯夫人來。劉仙洲夫人來。夜疊春字韵五首，兹録其四。送書玉夫人銀二兩。

雲門再疊春字韵二首見詒十二十三疊韵酬之兩首

生及開天盛，周迴甲子春。枝官濫朝列，木客憶山人。髮毘冠卷平重，腰移帶孔新。貂裘尤未貰，酒户本來貧。

暫作朝正吏，句留有脚春。獄蓮青引馬，灞柳緑催人。銜袖文書久，沾襟酒暈新。黄金何待作，自濟子陽貧。

雲門談初八日游白雲觀之勝十四疊前韵

先旬燕九節，珂馬逐嬉春。蓬島通仙路，犁軒集幻人。貨郎千擔聚，教祖一花新。丘真人傳王全真之教，爲道家北宗，同師者七人，稱一花七葉。濟世金丹在，壺中自不貧。真人嘗勸元太祖止殺，有功生民，故至今香火獨盛。

正月十日雲門過談月下寒甚歸後十五疊前韵柬之

燕寢香凝夕，銀屏曲借春。瓶花能解語，桯燭亦留人。月尚圓容欠，衣添半臂新。市中燈漸盛，誰道帝京貧。

附雲門見贈詩二首：

身依光範闕，老閱會昌春。酒是流連物，花如澹遠人。門題通德久，齋署小眠新。不少胎仙俸，都頒雁户貧。

夢游西郭寺，醒憶鑑湖春。魚鳥親聱叟，烟波號宕人。谿花堂下發，諫草日邊新。欲去憂君國，非緣素業貧。

十一日丙子　卯初二刻一分雨水，正月中。晴。先妣生日，供饋素肴八豆，肉肴一品鍋，菜羹一鉶，饅頭兩盤，紗帽餡子兩盤，瀹麵一巡，時果四色，蓮子湯一巡，酒三巡，飯一巡，茗飲再巡，傍晚畢事，焚楮泉。作書并詩致雲門，得復。得敦夫書，并和春字韵一首。是日來賀者工部汪侍郎鳴鑾等三人。先像前供紗帽餡子及餃子，設茗飲。日晚敦夫、雲門來，燃燭同作采選圖之戲，夜留小飲，飯後復擲采選兩周而散。

十二日丁丑　晴，下午陰。書玉生日，詒以食物六合。命僧喜答客六十餘家。余壽平來。胡岱青侍御來。傍晚詣書玉拜生日，留同漁笙、敦夫、介唐、介夫夜飲，至二更歸。是夕在上虞館門首下車時失足墜地傷膝，幸不損頭面，亦危甚矣。夜陰。得詩一首。

再和子培祭金危危生日詩疊前韵

星布翻從日者占，蘭房香配水晶鹽。子培言從其夫人吳門所傳祀法。貙爲白面西方宿，羊是紅頭内府籤。放翁《南唐書》言有廚人傳中朝内製食譜，中有紅頭簽。簽即籤之俗，韵書無此字。聖衆無央隨地降，吉金如願一時添。建除家與天文合，紞紞神來鼓不嚴。俗傳祭須三四更後街鼓静時。

附子培和作：

叢神不廢雜家占，强爲閨人祝米鹽。掠剩儻分權相福，利行不藉尚書籤。歲時荆楚傳聞舊，宜忌曹家小歷添。大好清宵涼月影，泠然風或降諸嚴。

十三日戊寅　晴和，微陰。小極無俚，閱《宋詩紀事》。介唐夫人來。子培來。雲門來。夜叩先像，供紅棗扁豆湯。偕子培、雲門及僧喜戲擲采選圖，留兩君夜飯，暢談至二更後去。

邸鈔：上諭：前據都察院奏，已革福建建寧府知府蔣斯岱以被參冤抑、案懸莫結，並劣員營謀署缺、賄囑舞弊等詞，赴該衙門呈訴，當派貴恒、沈源深馳往查辦。兹據查明覆奏：此案舉人王濟光因梁玉瑜以署缺到班，經秦燾轉託關照，即函致沈茂勝，聲稱係伊從中爲力，囑向梁玉瑜索得銀兩，係誆騙已成。王濟光即王仲霖，著革去舉人，其應得罪名，業經病故，著無庸議。已革知府梁玉瑜，以署缺到班，託沈茂勝栽培，並求王濟光關照，迨至委署建寧府缺，輒信王濟光從中爲力之言，付銀酬謝，雖訊係事前空言囑託，並非以財營求，究屬央浼營幹。梁玉瑜著發往新疆效力贖罪。已革提督沈茂勝因王濟光囑令向梁玉瑜代索銀兩，隨即轉達，並派員送交。該員以武職大員，不知自愛，輒代人過付贓私，事後猶敢捏詞掩飾。沈茂勝著發往軍臺效力贖罪。江蘇候補道劉麒祥以梁玉瑜署缺電告沈茂勝，已屬不知遠嫌，迨查出電報，扶同捏飾，意存徇隱。劉麒祥著交部議處。已革知府蔣斯岱始則請緩委署、挾私具稟，繼則抗不交印，其迭次呈稟訐告各情，多有失實過當之詞，惟梁玉瑜等實有營謀情事，尚非無因，業經革職，免其置議。調任陝甘總督、前閩浙總督楊昌濬，於梁玉瑜署缺並無受人請託情事，惟幕友誆索得贓，失於覺察，著交部議處。閩浙總督卞寶第審辦此案，迭經嚴飭兩司訊辦，並非瞻徇情面。楊昌濬、卞寶第因案內供詞各執，並提集人證日久，未能審結。該督及兩司等承審遲延各職名，著該部查明，分別察議。

子培以再疊三疊祭金危危日詩見示雋愔環生再疊前韵

鷄卵獞猺一例占，千斤千合計鮐鹽。露臺香火施重席，雲笈科儀補七籤。陳寶幾曾光景動，揭羅應擬呪神添。《酉陽雜俎》載擲骰子呪云：『伊諦彌諦彌揭羅諦。』田家惟祝篝車滿，不願銅山鑄蜀嚴。

十四日己卯　陰寒。得子培書，并寫示祭金危危疊鹽字韵二首，又紀昨日之集疊鹽字韵詩一首，即復。上午入宣武門，答客十餘家。至西直門答拜奕鶴樓副都。往反十餘里，至宣武街，過一茶檣，停車小飲。詣亞陶小坐。傍晚出前門而歸，過大柵欄，燈事甚稀。晚歸。得花農書，詒春燈二對，銀魚一盤，作書復謝。得雲門書，以六疊祭金危危日詩韵見示。夜叩先像，供炒年糕及酒，僧喜小點春燈，以娛影堂。

十五日庚辰　晴，晡後風，傍晚陰，甚寒。劉仙洲夫人生日，上午往拜之，詒以銀二兩及桃、麪。即入城答客，詣徐蔭軒師，送年禮二金。詣東單牌樓頭條胡同答拜孫燮臣左都。詣二條胡衕謁翁叔平師，不值。詣三條胡衕麟芝盦師，送年禮二金，久談而出。至五老胡衕答拜費屺懷編修，晤談。復至東華門外答客五六家。日旰風起，回車過工部門，欲入觀燈不果。出城擬一游廠市，至廠東門，車馬擁闌不得行，前却數四，逾頃始回車。出櫻桃斜街，經虎坊橋至先賢祠行禮，供粉圓子三百餘枚，小設燈燭。又詣靈汜分祠行禮，詣銅觀音堂拈香而歸。夜祀先，供浮圓子、肴饌及酒，春燈兩行，小放花爆。偕家人小飲微醉，十六疊春字韵紀之。二更月出。

辛卯元夜家宴十六疊春字韵

自有壺中樂，浮圓滿坐春。酒知鄉國水，燈戀老年人。璧月隨車出，銀花入樹新。笙歌今漸減，何以濟時貧。

十六日辛巳　晨微陰，巳後晴，下午陰。張姬、僧喜詣廠市買花爆，詣郎房胡衕買燈。以先賢祠燈節粉團分詒書玉、介唐。作書致弢夫，詒以粉團子四十枚，得復。雲門來，留共夜飯，談至二更去。夜叩先像，供饅頭及茗飲，仍點春燈。是日望，月出頗佳。客去後放花爆十餘盆，聊以妝點歲華，又於中庭放『炮打襄陽城』一坐，以辟鬼魅。付花爆錢三十二千，春燈錢二十二千。

十七日壬午　昧爽雪，至上午積寸許，下午稍止，甚寒。得再同書。竟日閱《宋詩紀事》。夜叩先像，供炒麵及酒，仍點春燈。夜小飲微醉，偕家人戲擲采選圖，不覺徹旦。是夕月寒，有青暈。得詩一首。

雲門六疊鹽字韵祭金危危日詩愈出愈奇三疊前韵答之

黄白何須六甲占，燒銀不待采金鹽。五加皮一名金鹽，可以燒水銀及煮石。昔人詩有云：『相競採金鹽。』見《謝氏詩源》。盈盈婦降覘妝靨，《酉陽雜俎》危宿姓單羅尼，形同參宿，作婦人靨色。奕奕神來報砌籤。河畔雙星誰復候，甕中七豖豈容添。可知迎富先貧送，早遣奴星爲辦嚴。奴星，人名，不妨複見。

邸鈔：以雲南糧儲道松林爲山東按察使。本任按察使曹秉哲病故。濟東泰武臨道王作孚升山東鹽運使。本任鹽運使豐仲泰丁〈憂〉。工部郎中英奎授雲南糧儲道。

十八日癸未　晴。睡至傍午始起。下午詣全浙館赴子虞、子培、子封三君招飲，坐有雲門、漁笙、敦夫、介堂，暢談入夜始歸。孫燮臣左都來。方芰塘給諫來。是日祀先，肉肴、菜肴各六豆，糖發饅頭一大盤，時果四盤，栗子湯一巡，焚楮繦七挂。夜點春燈，供茗飲。得可莊書，見詒疊春字韵一首，并以留別春明諸友五古一百韵見商。

十九日甲申　晴，微陰。比日潮濕驟暖，時見雲靄。剃頭。作書致雲門，約同入城祀再同，得復。下午詣紫泉拜其母夫人生日，小坐即出。過雲門，觀所購錫山華冠小幅畫。樹石疏聳，一老翁席草而坐，甚簡秀可觀。冠，新羅山人子也。傍晚偕詣弢夫，觀漸江和尚弘仁墨繪山水長卷，晚歸。得八弟書，饋河南百合及蘇州蜜果一瓶。以先賢祠燈供蜜塔分詒書玉、介唐、伯循、介夫及錢藩卿。

二十日乙酉　晴暖。僧喜生日，命庖人治具小飲。詹黼庭夫人來。書玉夫人來。敦夫來。介唐來。

二十一日丙戌　晴。上午甚暖，下午微風，稍寒。子尊生日，命僧喜往拜。得再同書，言二十六日行。紫泉柬約廿四日飲全浙館，作書告以是日敦夫、介唐邀飲江蘇館，屬改期。爲再同跋王文成公小像圖卷正副兩本，并題五律四章。得徐仲凡人日里中書。紫泉來。

黄再同以南康蔡少壑世新所繪陽明先生深衣燕居小像圖卷屬題言將勒之貴州龍岡書院祠壁爲系長跋并題詩四首即送其奉諱還黔

化帛端門後，儒分德與功。先生真傑出，三代此同風。國事狂瀾挽，人心白日中。道高來衆毀，一例泣麟窮。

秀眉明目意，穆若坐巖阿。老樹春風舊，空山道氣多。畫作老樹奇石，淡墨烘染。繪圖知少壑，傳本出陽和。先正題詞在，奇光發象獻。卷有王龍谿、朱金庭相國、朱越峥太僕（南雍）、高望梅給諫（鶴）題贊，趙麟陽、葛雲岳題跋。趙跋言像爲張陽和（元忭）所藏，葛跋言畫出蔡世新手。

萬里龍場驛，當年謫宦來。居夷淹歲月，悟道警風雷。漢學源重溯，謂牂柯尹珍始從許慎應奉學。天荒氣盡開。祠堂留絶域，人比武鄉才。

江夏無雙士，文章擅孝譽。南洲辭殖産，再同尊人子壽布政移家常德，故用李衡於武陵泛洲上種橘事。東觀守藏書。道有天泉契，圖將禮殿儲。須知新建學，精進在居廬。

二十二日丁亥　晴暖。午後入署，晤松、孫兩總憲及漱翁。晡後西城答客數家。詣黄再同，以陽明先生像卷還之，晚歸。

閲《津逮祕書》中所刻袁郊《甘澤謡》、康駢《劇談録》，皆非足本，至刻及林坤《誠齋雜記》、伊世珍《琅嬛記》，無謂甚矣。兩書雜采群書，凌亂無緒，所引書名，大半僞撰，轉不如《雲仙散録》所載書名，出於一手景撰，詞藻斐然。蓋王性之北宋人，本有學問，託名馮贄，工於作僞。此兩書皆明代村學小夫所爲，專取小説無稽及習見之事，增改點竄，以足成之。《誠齋雜記》前有永嘉周達觀序，言據《狐穴餘編》，書爲會稽林太史坤字載卿所撰。《琅嬛記》題伊世珍字席夫輯。皆託名元人，實皆子虚烏有，《狐穴餘編》亦怪妄僞名也。《四庫總目》兩書皆附子部雜家類雜纂之屬存目中，據明人錢希言《戲瑕》以《琅嬛記》爲桑懌所僞託，然恐民悦尚不至是耳。

邸鈔：皇太后懿旨：醇賢親王廟工程派福錕、李鴻藻查估承修，醇賢親王祠工程派熙敬、許應騤查估承修。詔：葆初，前吏部尚書崇綺子，户部員外郎，襲二等承恩公。興恩□□□□加恩賞給委散秩大臣。詔：浙江布政使許應騤開缺來京，另候簡用。

二十三日戊子　晴。弢夫來，言其愛女已於二十日瘵亡。得吴碩卿去年十一月廿二日廣州書。得子培書，并和東坡生日飲齋中詩兩首，金危危日疊韵詩五首，漁笙人日招飲詩一首，名雋迭出，金危危日詩尤奇。其和東坡妍字韵云：『不勞丹樂姚生侍，爲想衣花趙姐妍。』亦佳句也。午後答客一二家。赴雲門之招，漱翁、子虞、弢夫已至矣，子封、仲弢繼至，子培後來，紫泉到最後。肴饌精潔，談諧暢洽。食單有龍井茗、瀹鷄絲，清雋有風味。傍晚席散後，復縱閱所得書畫。石濤和尚道濟與納滄合繪花竹果卉册葉八幅，奇溢生動，題爲文水道兄畫，蓋文文肅也。吴□□履爲曾賓谷畫《西谿漁隱》山水十二幅，此在江西南昌，非杭州之西谿。今是女史李因墨繪花鳥折枝長卷，皆佳。余秋室《天女散花圖》直幅，亦飛舞得驚鴻之妙。談至夜一更後歸。比夕與家人戲擲采選圖，皆至四更始罷。

邸鈔：以河南按察使賈致恩爲浙江布政使，以江西鹽法道長禄爲河南按察使。

二十四日己丑　晴暖。得雷瓊朱亮生觀察書，并惠炭銀二十兩。午詣江蘇館赴敦夫、介唐之招，雲門、漁笙、書玉已至，子培後來，子虞席散始至。傍晚偕書玉、介唐、漁笙、子虞復過雲門寓齋品茶讀畫，談至二更而歸。

邸鈔：上諭：三載考績，爲國家激揚大典，中外滿漢諸臣有能恪恭職守、勞勩最著者，允宜特加甄敍，以示優眷。禮親王世鐸，大學士額勒和布、張之萬，兵部尚書許庚身，刑部尚書孫毓汶，翊贊樞廷，公忠共矢，襄理庶務，深合機宜，均交該衙門從優議敍。大學士、直隸總督李鴻章久任畿疆，勳勞懋著，交部從優議敍。湖廣總督張之洞、山東巡撫張曜實心任事，勞勩不辭，均交部議敍。餘著照舊供職。

二十五日庚寅　晴，微寒，有風。上午詣東北園吊章黼卿光少，送奠銀二兩。詣全浙館赴紫泉之飲，坐有漱翁、仲弢喬梓，可莊、旭莊昆季，雲門、子虞、子培、子封，肴饌豐美。觀壁門所懸鄉先正書畫。金冬心松樹直幅，爲盧雅雨畫者，氣力雄厚；梁文定公行書絶句直幅，筆勢超秀。餘真贋相半，亦有佳者，皆紫泉經營得之，可謂勤矣。飲至夜，小設燈燭，回廊皆懸花卉，畫燈映帶朱闌，亦成佳觀。談至二更始歸。子培以用鹽字韵賦雲門饌設中鷄茗湯詩見示，可莊以用鹽字韵賦填倉詩見示。都中舊俗，以今日恣啖魚肉爲填倉，云得一歲無病也。季士周饋十六金爲别。蔡松甫來。

雲門出示所得廣陵蕭靈曦晨爲真定梁予培畫《揖石齋圖》，寥寥小幅，茅屋三間，槐蕉對峙，帶以竹闌，中畫一几一石，一人對之而已。予培爲蕉林相國清標從子，齋即蕉林所名，有蕉林題《驀山溪》一詞。王文貞崇簡、王漁洋、李湘北、方邵村亨咸、沈文恪荃、汪蛟門、沈雲門胤范、史子修鶴齡、顔修來光敏、趙武晉隨、楊簡人仙枝、張文端英、鄭瑚山載揚、施愚山、李子盤仙根、歸孝儀允肅、高江村十七人所題詩詞，中惟趙、楊、鄭三人名字罕見。趙，嘉興人；楊，山西人；鄭，縉雲人，與蛟門、桐城、修來皆康熙丁未進士。沈雲門，山陰人，亦丁未進士，由内閣中書爲壬子江南副主考，官至刑部郎中，著有《采山堂詩集》，余幼時嘗見之，今無傳者，惟府、縣志皆載其字康臣。此卷自題雲門，蓋以家山自號也。史子修爲溧陽相國之祖父，亦丁未進士，官編修，此卷自題瀨水，亦以地爲號。蕉林嘗主丁未會試，故汪、沈、史、顔、趙、楊、張、鄭皆稱予培爲年老世翁。李子盤，四川遂寧人，順治辛丑榜眼，官至户部侍郎，其字子盤，此卷自題子静，蓋有二字。漁洋題五古四韵，愚山題七絶一首，皆草草不工，其集中俱不收。惟李文定《醉太平》一詞、沈康臣用汪蛟門韵七絶三首皆佳，今録於此。文定之字，以湘北及容齋傳，皆别號也，此册自題朝霞，與其名天馥相配，蓋其表德矣。李詞云：『蘼蕪近村，梧桐静軒。一峰愛禮嶙峋，是南宫後身。支機自雲，沉犀未鱗。小齋相敬如賓，充先生下陳。』沈詩云：『茅棟書床倚緑蕉，名賢圖繪倩樊蕭。白下樊圻先繪此圖。長看白石峰當面，何似拖青綬在腰。』『平泉花石幾經新，高士留傳别有神。一片巫山能作雨，祇隨廡下五噫人。』『尺幅林亭拂几開，恍疑谷口訪君回。那能同把盧敖杖，更掇天門玉女來。』

是日午刻，上御紫光閣，召見各國使臣巴蘭德、德人。田貝、法人。華爾身英人。等十人，賞果餅有差。

二十六日辛卯　寅初三刻十分驚蟄，二月節。晴暖。上午詣粵東新館赴子培、子封之招，是日丙戌科及順天壬午科同年團拜演劇，子封爲團司也。子虞、紫泉及吴子修亦設席宴，漱翁及陳六舟宗丞於西樓遂并邀余合飲。下午雲門偕僧喜亦至。爨演頗佳。夜半紫雲演新出《女兒國》一齣，燈彩絢爛，宫室仗衛皆精雅可觀。三更後歸。王芾卿來。閲《咸淳臨安志》初印本，甚佳。近年補刻本頓失舊觀，然索價至十六七金矣。

邸鈔：上諭：此次京察引見三品以下京堂各官，大理寺少卿廷禧年力就衰，步履維艱，著以原品休致。餘照舊供職。上諭：順天府府丞何桂芳年力久衰，此次京察引見，又復先期請假，著以原品休致。何桂芳，雲南人，壬子進士。上諭：吏部奏遵議處分一摺。前閩浙總督、調任陝甘總督楊昌濬應得降一級調用處分，著准其抵銷。餘依議。江蘇候補道劉麒祥降五級調用。

二十七日壬辰　晴。

二十八日癸巳　晴，下午微陰，雨，日稍寒，晚有風。得施敏先啓宗興化書。午赴莘伯之飲，坐惟漱翁、子培及其館客盧明經。肴饌頗精，燒肉及魚翅尤佳。傍晚歸。爽秋來。徐班侯來。得雲門書，以近作疊籤字韵三首見詒。夜作書致弢夫，問其近狀，得復。夜陰，二更後風益甚。

邸鈔：岐元、劉秉璋奏上年十月間剿辦雷波小溝魚姑二支夷匪之捷。詔：總兵馬朝選等升賞有差。以詹事府詹事龍湛霖爲内閣學士，兼禮部侍郎銜。

二十九日甲午　晴，大風，至午後稍差，下午寒甚。是日小盡。族弟阿珠言今日赴熱河視其父海觀巡檢殡柩，予以二金。雲門來。弢夫來。朱虎臣來。昨今兩日得詩五首。夜二更後復有風。

正月二十三日飲雲門寓齋讀畫至晚而歸紀以長句十七疊春字韵

小營精舍照華茵，滿貯河陽一縣春。午日到窗能暖酒，甲煎隔幔更宜人。唾痕璽紙凝花碧，眉様鮭單門茗新。是日食單皆新雋，有龍井茗瀹鷄絲湯，風味尤絶。紅燭已燒重展畫，縑囊玉軸不知貧。

後二日紫泉招飲槐市斜街浙江舊館十八疊春字韵館久頹敝，紫泉新集貲葺之。

風流冉趙跡俱陳，館在明代爲冉駙馬月張園，入國朝爲趙給諫寄園。花樹重開輦下春。觴詠代爲名勝地，衣冠想見太平人。銀鉤翠墨鄉型舊，館中堂廡遍懸先正書畫。緑酒紅燈歲事新。鏡水聖湖都入畫，自來烟月本無貧。

翼日紫泉子虞子培子封吴子修慶坻**邀飲粤東新館觀演燈劇十九疊春字韵**

簪組招邀萃勝辰，管絃猶見曲江春。珠襦甲帳徵歌地，錦帕蠻靴絶代人。三部伎追天寶盛，百華燈效内家新。相憐一曲纏頭費，誰念寒窗織杼貧。

又次日雲門偕其夫人過棗花寺閲青松紅杏卷賦詩見詒二十疊春字韵

緩尋芳草鳳城闉，金地初迎繡屧春。南陌塵香蠻榼酒，西山眉門犢車人。杏紅詞意才名夕，松首經函綺語新。惆悵一燈依佛影，蕭蕭仍是繐帷貧。亡室馬恭人殯寺中。

慰弢夫新喪第六女二十一疊春字韵

卮娘重數第三身，年過金鑾乍十春。今年十七。織錦窗前常伴母，吹簫簾底不窺人。玉魚止嗽津猶熱，綵燕迎韶勝尚新。一現曇花持向佛，蓮臺何似水曹貧。柩殯妙光閣中，浙人香火寺也。

二月乙未朔　晴，巳後有風，甚寒，下午風止，復暖。寫詩分致雲門、紫泉、弢夫。得雲門復，并新作疊春字韵七律兩首。作書致族弟慧叔，以嬰婗繡帽及鞋韤等詒其新生女孫。爲雲門題金壽門紅白梅花長卷，得五古二十韵，不存稿，又爲跋揖石圖卷一通，夜作書致之，得復，并疊春字韵七律四首，其才可謂富矣。夜調印泥，於新得書籍中遍識印章，以今日爲中和迎富日，取紫泥利市也。是日始補寫正月日記訖。

初二日丙申　晴，下午微陰，復寒。剃頭。得弢夫書。許恂叔尚書來。雲門來。漁笙來。作片致介唐，得復。杭人張給事元普喪偶，送奠分四千。僕王申乞賞假寧家，賞以二金。夜三更入前門，循皇城墻出安定門大街，詣國子監，進戟門，偕同官坐帳棚，以明日上丁祭先師，祭官爲大學士恩公，余派西班糾儀也。東西班滿漢臺官四人，惟余一人到耳。達曙始畢，露立寒甚。

初三日丁酉　晴寒，午後稍和，晡後復寒。昧爽回車，至東華門外答拜張大理蔭桓、王廉生、汪侍郎鳴鑾，門皆未啓也。出城時日已滿檐，抵家日景至階矣。竟日倦甚，多卧。

閲《咸淳臨安志》。此書不特考證精密，其體例詳贍，最爲有法，所載行在、宫殿、百司及禮制沿革，多足補《宋史》之闕。南宋志地之書，以此與《嘉泰會稽志》《景定建康志》爲最佳。建康、會稽，南宋之初皆嘗建都，故較它志尤有關系。惟潛氏作志，正賈似道柄國之時，故多致推崇，且屢載所著詩文，詒人口實，爲可惜耳。

得漁笙書。

邸鈔：上諭：托倫布奏假滿病仍未痊，懇請開缺一摺。正藍旗蒙古副都統托倫布准其開缺，回旗調理。該副都統在乾清門侍衛、御前侍衛當差有年，曾經出師打仗，殺賊立功，加恩賞食全俸，以示體恤。

初四日戊戌　晴寒。分寫柬單，約同人初九日飲寓齋，十二日飲槐街浙館。紫泉來。作書復漁笙。作書致可莊，并爲略改《留别京華同志詩》五古一百韵，還之。得紫泉書，即復。閲《咸淳臨安志》。弢夫來，以黄孝子向堅滇南山水長卷及丁雲鵬墨筆點藍應真卷、尤求白描應真卷見示。尤畫最佳，惟後有都穆、張鳳翼兩家題跋，似出一手。黄畫山水奇麗，而題款字可疑。雲門邀僧喜觀西劇，飲聚寶堂，至夜一更後歸。是日聞圈出京察一等引見人員，書玉、子虞、仲弢皆被落。浙人户部陳芰生、刑部王友松（名鵬運，大興籍會稽人）、沈子敦皆不圈，内閣王幼霞（亦名鵬運）亦不用。

邸鈔：以内閣侍讀學士李鴻逵爲順天府府丞。

初五日己亥　晨至午晴，下午微陰，晡後陰。曾祖妣倪太君忌日，供饋如常儀。作書致雲門，約初九、十二兩日之飲，得復。書玉來。再作書致雲門。敦夫、雲門來夜談，至一更後去。夜飯後爲雲門跋管夫人所繪蘇若蘭小像及仇實父補繪《織錦》《寄詩》《展圖》《迎歸》四圖長卷。仲姬畫以蘭、竹擅名，山水人物鮮有傳者。此卷於團扇繪若蘭像，娟静工細，甚有唐、宋人院體仕女法，其左小設樹石，亦妍秀。而款題『若蘭小像』四篆字，又行楷三行，言仿淑真本，不知淑真何人。朱淑真未聞能畫。文氣支離，字亦拙俗。後寫《璇機圖》詩，文既不全，楷法亦不工，必非出仲姬手也。仇圖鋪寫富麗，所繪門庭園囿、花樹陳設，皆極精緻，而所貌婦女，俱不甚工。十洲以美人擅長，此亦可疑。明人許初跋言太僕其善寶之，太僕不知何人。董元宰跋言太原相國所藏，蓋指太倉王文肅，舉其郡望耳。元宰同時無太原人，入閣者惟王文端家屏爲大同山陰人，文端不以收藏名，且亦非太原人也。蒙叟跋祇兩行十餘字，字畫潦草，語亦甚率。乾、嘉間歸曾賓谷，有『賓谷』及『王芑孫審定』等印記。近年歸滿洲故河南巡撫瑛蘭坡瑛棨，今已轉賣兩家矣。

初六日庚子　竟日霒陰，晡後溦雨，入晚漸密。得雲門書，爲再於仇圖後系一跋，即作書還之。閲雲門爲弢夫所作《秋燈課詩圖記》駢文，惟取余圖及徐亞陶、趙之謙等三圖，分詮畫理，而圖之情事曲折都到，以此題陳陳相因，文字難工，故避熟就新，正切所謂圖記，聰明人語也。朱生文炳來。若農侍郎柬約初九日飲粤東館，辭之。夜得雲門書，以舊宣紙三幅索書。夜雨，至三更後風起，寒甚，四更雪。

初七日辛丑　竟日霒陰，大風，寒甚。得雲門書，以錢松壺仙壑螺舟直幅爲贈，作書復謝。是日得詩三首。作書并詩致雲門。作書并寫兩詩致子培。寫一詩致漁笙。夜晴，有月，寒甚，風止。得子培復。閲《咸淳臨安志》。

辛卯仲春三日文廟監百官行禮畢歸途看曉霞作廿二疊春字韵

辟雍牲玉散嚴禋，雅奏琴簫繞樹春。輦路燈迎珂馬隊，戟門霞映繡裳人。曈曨日帶高城曉，金碧樓銜禁籞新。卅載京曹三釋菜，余官户部郎時兩與上丁陪祀。翻輸博士瘦羊貧。故事，惟承祭官及國子監官有胙肉分獻，翰林、糾儀御史及陪祀百官皆不預。

仲春七日雪後寒甚擁鑪柬雲門子培漁笙諸君廿三疊春字韵

峭寒急雪集蕭晨，起見交柯玉樹春。杏白桃紅歸里夢，温爐綿帽避風人。定知主客吟詩好，大有園亭入畫新。忍俊待看山色去，茶甌蠟屐未全貧。

贈雲門小女阿頻二十四疊春字韵生於富平縣署，故小字頻。

頻陽小字掌珠身，隨看京華下九春。獅子糖分天上食，鳳頭燈戲月中人。百篇詩愛隨耶誦，雙髻妝能學母新。他日玉奩須檢點，蘭亭十匣未爲貧。

初八日壬寅　晴，午前甚寒，午後稍暖。得漁笙和詩一章。得雲門和詩兩章。午後入署，晤孫燮臣、奕鶴樓兩臺長。晡出宣武門，至全浙館赴爽秋之飲，肴饌已闌，談至月上而歸。

閲《咸淳臨安志》。卷十四《行在》所録『欑宫門』載：成穆郭皇后、成恭夏皇后、皆孝宗后。慈懿李皇后、光宗后。恭淑韓皇后寧宗后。欑，並在錢湖門外三里南山之修吉寺，各殿爲上下宫，上欑宫，下神御。每歲春秋太常卿朝獻，秋監察御史按視，内人内侍各以時詣宫所，及官吏職掌、兵士守衛，皆如會稽欑陵之儀，四后宅許春秋朝謁。卷七十八《寺觀》『南山寺院門』載：修吉寺，天成二年吴越王建，舊額瑞龍，大中祥符元年改賜額，安穆、成恭、慈懿、恭淑四后欑宫皆在其地。寺内有西湖奇觀。考《宋史·后妃傳》不載四后葬所，《禮志》二十六《凶禮門》惟載孝宗莊文太子愭薨後，詔皇太子欑所就安穆成穆皇后初謚。欑宫側近擇地，繼而都大主管所言選到寳林院法堂，堪充皇太子欑所，從之，亦不言安穆欑所。后之葬地，國之大事，而史略之，《宋史》繁簡失當，大率如是。成穆爲孝宗元配、光宗之母，祔配孝宗而不祔葬阜陵；慈懿爲光宗元后、寧宗之母，《史》不言祔光宗廟，亦是疏略。而不祔葬崇陵，皆不可解。此志足補《宋史》之闕。惟一寺之地，能有幾何？而四后並欑，寺仍不廢，不知其制若何，所謂『各殿爲上下宫』者，亦不可考矣。李氏心傳《建炎以來朝野雜記》甲集卷二載成恭、成穆、慈懿、恭淑四欑宫云：孝宗在藩邸，成穆已欑於臨安府南山之修吉寺。乾道初，成恭殁，因葬其東。慈懿欑宫又在成穆之東，神穴深九尺，紅圍裏，方二十有五步，用成恭例也。恭淑皇后欑宫在慈懿之東廣教寺。其言四后欑所又較《臨安志》爲詳，而不載上欑宫、下神御之殿制。又云：莊文太子園在臨安府寳林院法堂内，初議以南山净慈寺爲之，王日嚴曮時爲給事中，言其高明顯敞，與安穆、安恭事體爲不稱，遂改用寳林焉。又與《禮志》所言小異。《禮志》載開禧三年，孝宗成肅皇后謝氏崩，吏部尚書陸峻言成穆皇后孝宗登極即行追册，改欑所爲欑宮，典禮已備，所以更不遷祔，是成穆不祔阜陵，以欑宮久安之故。光宗止一李后，其崩又後於光宗六年，何以不祔崇陵乎？

初九日癸卯　晴和。雲門來，敦夫來，介唐來，余壽平來，郭子鈞來，花農來，敦夫來，朱虎臣來，汪幹庭來，子培來。晡後設飲於杏花香雪齋，至夜一更後始散。子培至酒闌始至，雲門、幹庭、子鈞皆酒半赴它人飲去。付客車飯等錢二十五千。付庚午同年、直隸邢臺令傅念堂（培基）奠分四千。夜閱《咸淳臨安志》。

邸鈔：尚宗瑞奏假期届滿，病仍未痊，懇准開缺。詔：西安將軍尚宗瑞准其開缺。

初十日甲辰　竟日霒陰，下午微見日景。竟日困倦，多卧。晡後雲門來，傍晚偕詣漁笙小坐，遂同過弢夫，以今夕弢夫偕爽秋、子培、子封同餞雲門及可莊也。夜飲至一更散，暢談至二更後歸。閱佟毓秀墨繪山水册十二葉，生動有格法。佟蓋康熙中畫院供奉也。

十一日乙巳　晴和，晡陰。柳稊漸吐，迎春、丁香皆緑萼微坼。晡後手芟丁香枯枝，年老眼花，頗傷嫩條，爲之惋惜。夜爲雲門題錢松壺輞川圖卷七律兩章，即作書致之，得復。得徐亞陶書，以病辭明日之飲。閱宋漫堂刻本《施注蘇詩》。其於所缺之卷間取王注，屬邵長蘅、顧俠君等補之，不爲無功，而於本有者爲之删補，改逡體例，致施氏真本面目無由得見，則妄甚矣。《補遺》兩卷爲馮山公所注，亦復平平。漁笙、書玉、敦夫、介唐在斜街浙館爲雲門餞行，僧喜往赴飲。

題錢松壺仿唐六如本輞川圖卷是雲門令長安時其配祝宜人購以壽雲門生日者雲門屬題二首

藍田奇秀甲秦中，輞口莊爲衆壑宗。一自神皋闢精舍，長教粉本駐靈蹤。澮如竹里詩間畫，艷借桃花塢外峰。不謂江南山水法，却於關陝寫芙蓉。

樊山才調勝春華，山北山南遍種花。一卷玉奩添曉翠，雙卮金屋伴流霞。巖泉入鏡朝描黛，谿月當簾夜門茶。長爲錦𧹞傳韵事，萬年仙令莫愁家。《東飛伯勞歌》言，盧家少婦莫愁，洛陽人。至石城之莫愁，或言是男子。石城，今湖北。

邸鈔：上諭：御史高爕曾奏請舉行日講一摺。朕自親裁大政以來，每日召見内外臣工，於人才之賢否、政治之得失，莫不虚衷考察，實事求是。幾餘披覽經史，復與毓慶宫諸臣講習討論，不敢稍自暇逸。該御史所請輪直進講一事，看似延訪儒臣、勤求治理，實則有名無實，流弊甚多，自乾隆十四年停罷之後，迄未舉行，列聖訓飭周詳，有不能不明白宣示者。以下恭引乾隆十一年、十四年，嘉慶十四年、二十四年諭旨。兩朝聖訓煌煌，於日講一事之徒博虚名、無裨實政，或敷衍摭拾，視爲具文，或揣摩迎合，行其詐僞，種種流弊，洞燭無遺。該御史於列聖歷次訓諭，似未恭閲，摺内措詞，亦多隔膜。所奏著毋庸議。以杭州副都統恭壽爲西安將軍。以通政司副使林維源爲太僕寺卿。

十二日丙午　卯初初刻十一分春分，二月中。晴，竟日大風，上午狂甚，晡後稍息，甚寒。得可莊書。得王芾卿書。上午詣下斜街浙館，於紫藤精舍設席待客。東席陳六舟宗丞、黄漱翁通政、馮夢花、王芾卿、楊莘伯、吴子修、爽秋、子培、子封，西席可莊、旭莊、雲門、漁笙、子虞、班侯、弢夫、紫泉、仲弢，余主東席，命僧喜主西席，主賓共二十人。是日本以春序正中，百花生日，故遍邀同志，共寫嘉辰；就槐市之花街，聚月園之精舍；既多吴、越知名之彦，兼作樊、王餞别之筵。而風亘朝晡，塵滿几席；佳節虚過，樂事難兼。幸人盡素心，無妨劇飲，清談溢坐，狂笑觸屏，不復知門外驚飈卷蓬揚堁耳。坐間仲弢出所和金危危日鹽字韵詩九首，雋思典語，層出不窮。晚歸，月下有風，頗寒，得詩四首。付客車僕等飯錢四十八千，館人坐錢十千，廚人賞錢十六千。

辛卯春分適直花朝置酒槐市斜街浙館紫藤精舍邀陳六舟中丞黄漱蘭侍郎陸漁笙馮夢花張子虞楊莘伯吴子修沈子封黄仲弢七翰林袁爽秋王芾卿徐班侯三户部濮梓泉兵部沈子培刑部王旭莊舍人集飲并餞王可莊修撰出守鎮江樊雲門庶常補官陝右是日大風疊春字韵四首

小集琴尊撰令辰，百花生日恰中春。天留浙水題襟地，客占瀛洲曳履人。是日坐客適十八人。吴楚不愁鄉語隔，是日惟六翁、芾卿、夢花、莘伯籍江蘇，雲門籍湖北，可莊、旭莊籍閩，閩亦本越地也。東西分據射堂新。莫嫌酒薄盤飧盡，家法鮭單尚未貧。

九衢誰與障紅塵，佳節難酬爛漫春。豈有疾風能竟日，自緣平世少醒人。莫愁坱圠遮天易，終放鶯花入眼新。衹是中年陶寫少，隔簾翻羡夏侯貧。

老忝蘭臺侍從臣，白頭舊雨共嬉春。三垣出入方州節，六舟歷内外臺垣，至皖撫，入爲京兆尹。九列回翔獨坐人。官職下行吾道易，六翁、漱翁皆左官，可莊以侍從出守，雲門以詞館改令，余以郎中正五品改御史從五品，於古人亦爲下遷也。才華中禁並時新。名家喬梓兼棠棣，衹愧龜郎葛帔貧。喬梓謂漱丈、仲弢，麟鳳謂可莊、旭莊，子培、子封兄弟。是日僧喜亦預末座。

離筵尊俎暫均茵，琴鶴分頒一道春。江上朱旗迎浙吏，潤州，唐浙西節度觀察使治所。馬前青蓋擁秦人。雲門爲令三政，不易七品階。狀頭豈屑通名舊，用宋吕溱事。强項重看布政新。祖帳行觴無翠黛，吾曹相贈是清貧。

邸鈔：劉瑞祺奏駐藏幫辦大臣紹諴歿於山西途次。上諭：紹諴由部屬歷任司道，前在鄭州襄辦大工，尚能實心任事。上年簡放駐藏幫辦大臣，力疾遄行，歿於途中，殊堪憫惻。加恩照副都統例賜恤。詔：太僕寺少卿奎煥賞給副都統銜，爲駐藏幫辦大臣，照例馳驛前往。　以□□□□常恩爲杭州副都統。

十三日丁未　晴暖。可莊來。額玉如按察來，久談，小食而去。此君議論錚錚，絶不依違時局，在今日可稱鐵漢矣。漱翁再來催飲才盛館并觀劇，下午赴之，坐有子培、子封、夢花、子修、弢夫、子虞、芾卿、紫泉諸君。是日閩中京官團拜，演劇頗佳。夜飲至三更始歸，月皎如晝。是日復咯血。

邸鈔：科布多參贊大臣雙壽卒。詔：雙壽由旗員效力戎行，出師安徽、陝西、甘肅、直隸、山東等省，迭著戰功。嗣在吉林統帶練軍，於操防事宜亦能認真整頓。前因回旗守制，請假葬親。兹聞溘逝，軫惜殊深。加恩照副都統軍營病故例議恤。　以科布多幫辦大臣魁福爲科布多參贊大臣。以□□□□阿興阿賞給副都統銜，爲科布多幫辦大臣。

十四日戊申　社日。晴和。剃頭。昨婁秉衡兩次見訪，不值，今日書來，言有鄉人書吏孫某爲其叔母五十稱壽，借先賢祠演劇，乃昔年有旨交步軍、順天府、五城嚴拏已革户部書吏孫春圃之妻也。此人盤踞銀庫，侵盜脅取，得資鉅萬，閲數十年，爲科道所發，飭部嚴究，而户部自滿洲尚書以下皆與往還，其應役之名爲孫□□，而在外招摇結納，則以字行，故臺官不知其名，衹以其字入彈章，堂官遂以部吏並無此人覆奏，徇蠹庇奸，公爲欺妄，本堪髮指。此人旋使其弟姪充吏，而自擁厚貲歸，杭人前户部朱侍郎智里居，與之共設鋪肆，經營厚利，自滬至杭，邸店相望，無有不知孫春圃即孫某者。而朝廷方亟懸購，官司莫肯舉發，營私罔上，法紀蕩然，至此極矣。今其人已死，仍家京師，妻子晏然，奢僭玉食，年及五十，公然稱觴，至欲張樂先哲之堂，趣召鄉國之士，跽拜上壽，熏灼餘腥，廉耻道喪，衣冠掃地。余乃復書峻拒之，且致告同鄉京官有云：『以嚴旨名捕之巨奸、不知所出之村嫗，竟敢穴鼠公行，潛魑晝見，污先賢之俎豆，走八邑之衣冠，可謂國法不行，天良盡喪。明知此輩，出其婪積之百一，報效萬金，可以立致監司。我曹讀書一生，通籍卅載，名居風憲，望一郡如登天。然名義所存，不敢假借，洪流一簣，自盡此心而已。』閱《宋詩紀事》。夜月佳甚，爲雲門書楹帖行楷長聯一，篆書五言聯一，草書直幅一；爲嘯巖、品芳兩弟各書七言楹聯一；爲僧喜書五言楹聯一，又篆書七言一聯。作書致雲門，送所書聯幅去，得復。

邸鈔：前任庫倫辦事大臣喜昌卒。詔：喜昌於咸豐初年由筆帖式從戎，轉戰直隸等省，打仗奮勇，卓著戰功，洊升副都統，歷任辦事參贊大臣。嗣因病懇請開缺，准其回旗調理。兹聞溘逝，軫惜殊深。加恩照副都統例賜恤。以奉宸苑卿海緒調補上駟院卿。以□□□□立山爲奉宸院卿。

十五日己酉　晴和。上午天氣甚佳，下午微雲，略有寒色。作書致漁笙，得復。又作書致敦夫、子培，皆以雲門將行，今日春序方半，風日暄麗，夜必有佳月，商一佳敘也。雲門來。弢夫來。漁笙來。子封來。晡忽不快，思卧。夜偕漁笙、雲門、子封、敦夫飲廣和居，忽疾作，漁笙遂爲主人，并邀紫泉。是夕弢夫亦邀介唐諸君及僧喜飲於別室。二更余疾甚而歸。月色清綺，不及昨夕。

十六日庚戌　晴，微陰，有風。病，不食多卧。門人華瑞庵編修來。子培來視疾。汪幹廷來診脉，服清肺降熱方。雲門以秦中公牘一册乞閲，中多代大吏奏疏，言秦民疾苦之文，如減差徭、裁里局，緩辦徵、信册議，禁鹵灘利，皆通達。利病訟牒判三道，亦皆精當事理，而文尤雅。夜有佳月，是日望。

邸鈔：詔：此次京察一等覆帶引見各員，除涂慶瀾、編修，甲戌。黄思永、修撰，庚辰。慶恕、户部員外郎。英琦、户部員外郎。湯以瑄刑部郎中。毋庸記名外，宗室明啓、宗人府理事官。宗室溥善工部郎中。俱以四五品京堂補用；宗室松安戶部銀庫郎中。仍以四品京堂補用；宗室溥頲、戶部員外郎。宗室載皆戶部顏料庫員外郎。俱以五品京堂補用；内閣侍讀貴秀、文煥、王蕊修，翰林院侍讀陸潤庠，甲戌。左贊善貴鐸，編修李岷琛、辛未。李肇南，辛未。修撰曹鴻勛，丙子。李培元、戊辰。王錫蕃，丙子。徐致靖，丙子。張仁黼，丙子。華金壽，甲戌。高賡恩，丙子。劉傳福，甲戌。龐鴻文，丙子。嚴家讓，丁丑。吳祖椿，丁丑。朱百遂，甲戌。湯子坤，丙子。崔永安，庚辰。劉名譽，庚辰。邵松年，癸未。檢討翁斌孫，丁丑。翻書房兵部員外郎繼恩，吏部郎中英璞、劉子銓、壬戌。沈錫晉，甲戌。戶部郎中惠昌、覺羅廷雍、如松、葛寶華，癸未。顧璜，丙子。員外郎重燠、耆年、啓約，禮部郎中崇俊、詹鴻謨，甲戌。員外郎魁麟、高蔚光，戊辰。兵部郎中榮銓、聯魁，員外郎端謹、松塄、曾樹椿、癸未。沈維誠，丁丑。刑部郎中湍多布、長春、文康、光昭、張成勳，丁丑。馮鍾岱，甲戌。王聯璧，丁丑。員外郎崇祥，工部郎中惠裕、清樸、彥秀、松壎、趙亮熙、庚申。陳傳奎，丙辰。員外郎寶梁、慶秀，理藩院郎中福敏、恭額，員外郎奎華，御史文杰、恩壽、徐兆豐、甲戌。胡泰福，戊辰。劉綸襄、丙子。何福堃、丁丑。周天霖，癸亥。太僕寺員外郎常清，步軍統領衙門員外郎成安，戶部坐糧廳、吏部郎中常裕，富新倉監督、理藩院員外郎茹泰，均交軍機處記名以道府用。英年記名以關差道府用。以記名提督、□□□李承先爲河南歸德鎮總兵。牛師韓丁憂。右春坊右中允王貽清授湖北襄陽府知府。

十七日辛亥　晴，有風，頗寒。迎春、榹桃俱華，柳葉漸舒。病小愈，補作春分宴客詩四首，又十五日夜飲得疾詩一首，即寫致漱翁、雲門、漁笙，又命僧喜分寫致六舟、可莊。族子珣來，言慧叔病轉劇，爲作書致同年左笏卿比部請診。

二月十五夜漁笙邀飲酒家歸而感疾次日戲簡漁笙二十九疊前韵

老去相憐客裏身，杖頭作達遣芳春。歌無車子難消夕，酒比茶嬌易病人。故國月猶今夜共，帝鄉花爲暮年新。秋中風景應無價，珊網星槎豈患貧。

十八日壬子　晴，晨及上午風日甚佳，午後忽大風揚堁，傍晚稍止，頗寒，餘霞甚麗。作書致漱翁，以明日爲其夫人四十生日，饋酒兩罈及桃、麵、壽燭。圃中補栽海棠一株，紅碧桃一株，以去年海棠又枯也，付直銀四兩五錢。又付先賢祠後垣樹荊籬銀五兩五錢。每丈錢六千二百，計三十丈，高一丈，需錢一百八十六千，竹架土工等錢百卅千。雲門來，出示和余昨日詩四章，有云『飲我百花生日酒，推公一代謫仙人』，『侵階碧草纔通馬，映户朱藤久閲人』，『雙井茶茸同客淡，兩京薺菜入詩新』，『謫後夷陵深吏事，坐中景倩盡仙人』，『杜陵男子褰裳易，田水吾師入夢新』，皆佳句也。張樵野廷尉蔭桓介雲門約二十日飲粤東新館，以是日家忌，作書屬雲門轉辭。得漱翁書。傍晚復疲劣不支，就床假寐。得張樵野書，復堅訂飲期，作書辭之。付種花人酒錢四千。

十九日癸丑　晴。午前後暖甚，不可御裘，晡後有風，復寒。以今日觀音生日，命僧喜詣銅觀音堂拈香。午詣東城至崇真觀，晤馮壽山同年鏡仁，久談。壽山年五十九，其母夫人七十九矣。壽山言其尊甫見背時，母夫人年僅二十餘，更無兄弟，今遠宦滇南，不能迎養，亦進退兩難也。晡詣下斜街全浙館，仲弢爲其母夫人稱觴於此也。館有堂三，仲弢盡出所藏吾浙名宿書畫，且遍借士夫家珍秘，懸之坐間。其最佳者有趙子昂山水、管仲姬墨竹、王叔明《夏日山居》、吴仲圭《蘆汀漁舫》、柯敬仲竹石、徐天池牡丹，皆直幅墨筆；次則倪文貞山水、王遂東山水、項孔彰雀蟹，亦佳品也。其餘乾嘉名士若厲樊榭草書五言楹聯、杭堇浦墨梅直幅、金冬心真書宋高宗《女史箴》、黄小松臨《郙閣頌》、奚鐵生山水，皆直幅，亦疏雋可觀。是日同人畢集，夜飲至一更餘先散，便道過雲門話別，二更後歸。額玉如饋二十金爲別。胡升乞假數日，賞以錢十千。

二十日甲寅　晴，下午微陰，有風，晡後微霾。杝桃盛華，紫丁香、紅杏俱半開。先祖考忌日，又節孝張太太忌日，合饋於堂，肉肴五豆，菜肴七豆，菜羹一，時果八盤，饅頭兩大盤，蓮子湯一巡，餘如常儀，晡後畢事。雲門昨約今夕來話别，作書約漁笙、敦夫、弢夫、子培夜過齋中便飯。弢夫來，漁笙來，俱言已有它約，子培復書不克赴，敦夫書來，言出從友人飲，遂罷。以燒鳧及片兒餑餑饋雲門。作書致仲弢，借觀松雪、黄鶴山樵、梅道人、丹丘生四家，得復，以今日方宴客，先送《鷗波圖》來。夜飯後敦夫來，雲門來，漁笙來，同坐杏花香雪齋。漁笙書紈扇贈行，余爲繪茅亭對語，外有老梅一樹，高柳一株，取寄梅折柳之意，題小詩一絶媵之。談至四更，小飲而散，復疊春字韵紀今夕之敘。兩日頻患咯血。爲雲門跋公牘一通。

二月二十夜漁笙敦夫同過杏花香雪齋邀雲門話别至四更始散三十疊春字韵紀之

無多同調倍情親，老病傷離更惜春。暫喜燈光團别影，故留鷄唱緩行人。天澄圓月從今少，庭際初花爲客新。薄酒一尊蕭索甚，公廚莫忘此間貧。

二十一日乙卯　晴暖，下午微陰。得季士周書，并饋聘銀十二兩。弢夫來。仲弢來，以吴仲圭山水、柯丹丘竹石兩幅送閲。午前送雲門行。詣敦夫小坐，僧喜隨往，敦夫留之邑館共漁笙飯，余歸。紫泉來，言具酒一瓶，果一榼，詣天寧寺要雲門小留一敘。余偕漁笙、敦夫挈僧喜出城，同集塔射山房，山桃盛開，囿杏如雪，寒竹數叢，尚餘烟翠。晡後雲門别去，遂入城，得詩二首。是日庚午同年在安徽館合樂團拜，命僧喜往，送團分六千。夜頗寒。

次日紫泉携酒榼邀余偕漁笙敦夫挈僧喜至城外天寧寺留雲門小餞集於塔射山房日旰而别賦詩二首

駐馬都亭驛，相留頃刻中。千峰催落照，一笛餞春風。坐半游秦客，紫泉生長秦中，又嘗奉使入秦。漁笙視學隴涼，往來皆道秦地。天留閲世翁。關河從此隔，欲語更誰同。

金碧隋前寺，頻年此地來。遠山常問訊，孤塔與徘徊。樹老如人黯，花寒爲客開。七年重刻契，林際共銜杯。雲門前度出都，七年復來此别，仍約如期再至。

二十二日丙辰　晴，微寒。早起坐杏花香雪齋，懸鷗波、仲圭、丹丘畫三幅，對之静坐，畫理層出。趙畫林野深遠，平山複川，右結一亭，有叟坐望；湖中一舟，有人持釣；車人皆紅衣，餘惟墨繪。圖左題『至大三年六月望日吴興趙孟頫爲吴彦良畫』，上方右題云『岸静樹陰合，江清雲氣流。可憐無限景，詩思落扁舟』，下署『子昂再題』，兩處皆鈐『趙氏子昂』四字朱文方印。上方之中有王梧谿行書七古一章云：『吴興名邦山水曲，上箬下箬蘭苕緑。翰林學士偶歸來，小立鷗亭送吟目。亭前倒開天十頃，玻瓈風動珊瑚影。鹿頭舫子漁家郎，想有蠻歌度深静。故人徵畫復徵詩，真行妙墨臨羲之。鄭虔三絶世無有，嗚呼何幸載見至大三年時！』下署『至正壬寅八月白露日王逢題』，鈐以『王原吉氏』白文一印，『席帽山人』朱文一印。此詩今本《梧谿集》不載，松雪自題不言是鷗波亭，梧谿詩乃有『鷗亭送目』之語，後人遂以此爲《鷗波亭圖》矣。圖邊有『墨林山人』印，本項氏物，今歸涿州李氏。

吴仲圭畫作蘆葦數重，烟波渺瀰，洲渚層出，奇石間露一舟，方首圓篷，上堆簑笠，一人踞艄翹望，沙際雙雁並飛，上爲平山，略襯樹薺。上方草書一詞云：『點點青山照水光，飛飛寒雁背人忙。衝小浦，轉横塘，蘆花兩岸一朝霜。』下不署名字，惟鈐兩印，一云『梅華盦』，一云『嘉興吴鎮仲圭書畫印』，皆朱文。本爲怡賢親王明善堂所藏，今歸滿洲故廣西按察使長賡之子、吏部郎中延熙。

柯丹丘畫，直竹兩竿，大葉粗節，秀勁如生，旁倚石一卷，奇皴洞透。右題云：『至元後戊寅十二月十三日留清閟閣，因作此卷，丹丘生題。』至元後戊寅者，順帝即位之六年，以別於世祖之至元十五年戊寅也。下鈐『柯氏敬仲』朱文一印，旁鈐『敬仲書畫』白文一印。上有高宗純皇帝御題云：『抹月披烟迥出塵，欁槮倚石矗新筠。爲思愛竹洋川老，一寫精神便逼真。』下鈐『乾』字圓印一，『隆』字方印一，皆朱文。右旁有『項元汴』印，朱文。本亦天籟閣物，今藏京師前河南陳州府知府李子皆在銛家。

午入署，晤貴午橋、孫燮臣兩總憲，漱翁及徐季和兩副都。日昳歸家飯。仲弢來。夜飯後仲弢更以黄鶴山樵畫一軸送閲，即復。是日剃頭。夜有風。河南張給事廷燎母夫人七十壽，送禮錢六千。

邸鈔：前任陝甘總督譚鍾麟奉召至京。詔：譚鍾麟加恩在紫禁城騎馬。出使日本黎庶昌差滿入京。詔：記名道黎庶昌加恩開復降調處分。記名道劉舍芳授甘肅安肅道。内閣侍讀文焕授湖南衡州府知府。

二十三日丁巳　晴，頗寒。鸞枝、櫻桃、梨花、李花俱綻萼待放。早起巡行樹下，見梨鄂及新葉中俱有小青蟲，自以水灑之，不能去也。《本草綱目》言桃樹生蟲，煮猪頭汁灌之便止，謂是物性之微妙，不知此法可施之它樹否。昔年粤人劉雲生通參爲余言，四月花開後以稻草灰汁淋之，諸蟲悉去，當以此兩方試之。

懸王叔明山水坐右觀之。巖嶂複重，林樾深窈，上爲峻嶺，下峙喬松，幽徑微茫，洞穴窅邃，烟雲無盡，繚繞筆端，真名作也。左邊山麓林隙，結屋數椽，虛堂短籬，掩映霏靄。右方題『夏日山居』四字，又低一格兩行云：『戊申二月黄鶴山人王叔明爲同玄高士畫于青村陶氏之嘉樹軒。』上方有明禮部尚書林文安題七古一章，末署『三山林瀚爲少司成費先生題』。林詩之下有高宗御製詩云：『蒼山雅解朱明障，灌木還饒翠蔭籠。結宇名符灤水上，不須今昔辨殊同。』下小字注云：『灤陽別墅亦有嘉蔭軒，與山樵寫圖處名同，故云。』後署『乾隆戊寅御題』，下鈐『乾隆宸翰』『幾暇臨池』兩印，皆朱文。此幅左右共鈐御印十五方，有一印曰『太上皇帝』，亦朱文。按：戊寅爲乾隆二十三年，至禪授後尚鈐印識之，蓋宸衷深賞，久供幾餘之覽，故稱之曰『山樵』而不名。林亨大詩、字皆不甚佳，而御製乃書其下，亦不忍去，皆足見聖情欣契。得此畫者，自宜繳進，今亦在吏部郎中延熙家。作書致仲弢，以畫四幅悉還之。暫得縱觀，亦老來眼福矣。雖烟雲倏過，而繚繞胸中，可得數年耳。

圃中補栽鸞枝一樹，付直十三千。閲《宋詩紀事》。其於西崑體、江西派，皆別爲編次，而於宋季江湖派不分別出之，蓋以人數太多也。命僧喜詣慧叔家問疾。慧叔自言恐不濟，其婦病尤劇，呻吟相對，深可念也。夜大風。是日外姑馬氏姑生日，供饋如常儀。

邸鈔：以陝西布政使陶模爲甘肅新疆巡撫。劉錦棠丁祖母憂。上諭：王文韶等奏土匪闌入縣城，即日派兵剿除一摺。雲南富民縣城於本年正月十二日，該縣知縣端木鴻鈞前赴禄勸縣會審命案，突被四川會理州匪徒黄二布客即黄子榮等僞稱主帥，糾約川、滇土匪，闌入縣城，戕官劫庫。經王文韶等派令副將張紹模、總兵楊發貴及雲南府知府陳燦等先後帶兵馳往，會同該縣紳團，即於是夜將富民縣收復，擒斬多名。該逆首黄子榮等又與李三布客即李曾先期密約圍襲武定州城，經該州兵民擊敗。李曾率領悍賊竟於十四日突入禄勸縣城，張紹模等聞信馳援，擊斬逆匪百餘名，生擒逆首僞大帥李曾，收復禄勸縣城。逆首僞玉帥主黄子華及黄子榮之子小黄三先後經武定州羅次縣兵勇搜斬，並生擒逆首僞大帥主黄子富。此次變起倉猝，在事文武於三日之間收復兩城，首逆悉就殄擒，地方未經蹂躪，辦理尚爲迅速。副將張紹模交軍機處記名，遇有總兵缺出，請旨簡放。總兵楊發桂交軍機處記名，遇有提督缺出，請旨簡放。餘升賞有差。被戕之禄勸縣知縣李世琛、署富民縣典吏馬乾等均交部從優議恤。

二十四日戊午　晴，微陰，頗寒。補作前日詩。得俞蔭甫先生書。得花農書，即復。作復季士周書，并是月齋課題。作書致介唐，得復。邑子孫紹棠、孫壽祺來見，辭之。

邸鈔：以甘肅布政使張岳年調補陝西布政使，以湖南按察使沈晉祥爲甘肅布政使，以廣西左江道孫楫爲湖南按察使。以翰林院侍讀許景澄爲太僕寺少卿。

二十五日己未　晨晴，上午後微陰，午後陰，有風，晡後雨雪雜作，傍晚稍霽。是日甚寒。晨入城，詣午門，監百官坐班。小憩都察院朝房，見有馮源濟《江山無盡》長卷，頗佳。上午出城歸家。午飯畢復入城，進西長安門，詣天安門，偕兵部白建侯侍郎監武官月選掣籤。晡出城，答詣王侍讀鵬運，訪爽秋，送可莊行，俱不值，遂歸。弢夫來。傍晚雨止，落花如雪，餘霞澹映，小窗轉明，頗覺清興盎然。補作題畫詩五首，以紀烟霞之賞。夜雨漸密。

題黄鶴山樵夏日山居圖四絶句直幅，旁題『戊甲二月黄鶴山人王叔明爲同玄高士畫于青村陶氏之嘉樹軒』。本内府所藏，有高宗御題詩，今在吏部郎中滿洲延熙家。

盡從焦墨化雲烟，近視蒼茫遠更妍。村落杳深山曲曲，愔愔都現老松邊。

礬頭巖岫染層層，一徑秋豪細可登。正是泉飛雲斷處，峰腰爲接倒垂藤。

洞口清流一道泉，有人臨水結茅椽。門開烟靄常來往，祇見山光不見天。

青村嘉樹入題詞，異代重邀聖主知。却把建章千萬户，較量茅屋畫中詩。高廟御製詩云：『結字名符灤水上，不須今昔辨殊同。』注云：『灤陽别墅亦有嘉蔭軒，與山樵寫圖處名同，故云。』

題趙松雪鷗波亭圖二首直幅，旁題云：『至大三年六月望日吴興趙孟頫爲吴彦良畫。』其上又題云：『岸静樹陰合，江清雲氣流。可憐無限景，詩思落扁舟。』本項氏天籟閣物，今在涿州李氏。

樹裏湖光遠接天，湖中山影落漁船。王孫苦戀蓬瀛路，寫到烟波便渺然。

苕霅憑闌付夢思，梧谿翻恨不同時。上幅有席帽山人題七古一章，其末云：『鄭虔三絶世無有，嗚呼何幸載見至大三年時！』當年畫取空亭影，盡乞鷗波與釣師。

邸鈔：以少詹事徐會灃爲詹事府詹事。以通政司參議堃岫爲通政使司副使。編修李岷琛授廣西左江道。是日引見右贊善一缺。李紱藻轉左贊善，李岷琛以編修資俸居首，應得之，即因外擢道員引見單，遂去其名，於是右贊善之缺復懸。今日引見爲虚設，此亦故事所無者也。坊缺一轉一升，往往有同日者，是日開坊外轉，亦何不可？御史曾培祺選河南衛輝府知府。本任知府陳希謙去年爲張給事廷燎所劾，有旨交河南巡撫裕寬查辦，以無實據覆奏，而風使善去，遂請開缺回籍修墓。以十一月到部裁缺核計，應今年正月開選。余從弟慧叔已到班，而吏部遲至是月開缺，御史劉綸襄應得之。曾培祺以御史丁憂起復，是月十九日補江南道，其裁取知府在劉綸襄前，竟得選以去。或謂正月吏部之滯閣是劉御史爲之。慧叔弟以病不能争，不謂更有捷足先之者，其事不可究詰也。前河南河北道裕昆選江西鹽法道。裕昆前以被劾開缺送部，今以報效銀兩得之。

二十六日庚申　晨陰，甚寒，巳後風，晴，稍暖。家人俱詣崇效寺亡室殯宫供素饌，燒紙錢。下午視慧叔夫婦疾，深憂之，爲作片請左笏卿診。詣台州館拜弢夫尊人生日，送桃、麵、糕、豚及燭。晡後詣書玉談。至晚赴弢夫夜飲，坐有漱翁、子培諸君。談至二更歸，有風，頗寒。是日聞再同以二十四日病殁武昌。盛年玉折，可哀也。

二十七日辛酉　巳初二刻六分清明，三月節。晴，上午又風，下午稍止，晡後風日甚佳。櫻桃試花，丁香半坼。敬懸三代神位圖，祀曾祖考妣、祖考妣、張節孝、本生祖考妣、先考妣，祔以亡弟三人，肉肴、菜肴各六豆，餘如常儀，晡畢事，焚楮鋌六挂，楮錁一箱。王子清廷訓自江寧來。

夜閲《宋詩紀事》。宋自蘇黄派盛，才气益出，格調一新，後進規模，山人放浪，於是北宋名家純實之气、醞藉之度，變滅殆盡。至南渡光、寧以後，自朱子、放翁、平園數家外，雖鉅公名德，其所作亦皆尖新刻露，往往村野气多，絶無臺閣雍容之象。風會愈降，人才愈薄，所傳軼事，大率局促拘狹，承平風度，不可復見。樊榭雖刻意搜羅，而取材漸窘，瑣聞一二，淺俗支離，亦或小説無稽，取盈卷軸，故自第五十卷以後，鮮可觀矣。

二十八日壬戌　晨至午晴，下午陰。弢夫來。作書致可莊，以《庚寅病榻小草》下卷屬寫，得復。姚子湘凱元來，以所著《噫箕齋文》一册送閲。爽秋來。孫世講寶琦以其尊人子授侍郎行述來求見，僕輩辭去之。追念侍郎二十年前往還之歡，今聞其柩即日南歸，爲之悵黯。遣僕媪問慧叔夫婦病，詒以橙及梨。作書致莘伯，致子培，俱詒以桃、麵、橙、橘、花糕，以二君明日皆生日也。以果餅煎魚問書玉夫人。夜得可莊書，得子培書。

邸鈔：上諭：給事中洪良品奏倉臣侵欺廢弛，請飭查辦，並條陳整頓倉務事宜各摺片。著派貴恒、許應騤會同户部確查覆奏。詔：堃岫現已補授通政使司副使，著仍在軍機章京上行走。吏部郎中金保泰升補内閣侍讀學士。鴻臚寺少卿田我霖升光禄寺少卿。户部郎中覺羅廷雍授直隸熱河兵備道。

二十九日癸亥　晨及午晴，下午風陰，晚霽。上午詣子培、莘伯，賀其生日，俱不值。詣邑館，晤敦夫及王子清，俱久談。詣花農，不值，遂歸飯。下午閲《宋詩紀事》，忽已睡去，至傍晚始醒。起巡花樹一周，迎春盛開，金色明粲，鸞枝兩樹，紅萼錦鮮，真佳觀也。晚詣宜勝居，弢夫已至，莘伯、仲弢相繼來，可莊以入城，子培、子封以侍其太夫人疾，皆不至。四人暢談，僧喜侍坐，頗深得飲中趣。夜二更後始歸。付先賢祠墻後樹棘籬銀十兩五錢。付客車飯錢九千，酒保賞五千。

三十日甲子　晨至午晴，下午微陰。山桃花落，荆桃、紅杏盛開，玉梨、紫丁香俱試花。閲吳兔床騫《桃溪客語》。其居宜興時所作，共五卷，皆紀荆谿風土、山水、古蹟、人物，小有考證，亦頗多異聞。午後歊暖如夏初。弢夫、班侯邀河東館觀劇，辭之。得慧叔書，借藤椅子，乞付之。子培來。傍晚倚東闌賞荆桃花，膩粉輕脂，新艷殆絶。此樹栽時極小，本都人所爲榆葉梅也，細瓣重英，作澹紅色，昔年秋爲廄馬所齧，益瘦茶。去春不過作十餘花耳，今年紅萼滿樹，而形纖鋭如山桃，及放花，乃成荆桃，淺緋烟暈，薄綺霞烘，可儗之姑射靚妝、飛瓊玉笑。所惜東風太暖，未能得幾日賞耳。夜得子培書，言昨日其太夫人忽得危疾，今日稍愈。即復。是日得詩一首，詞兩闋。

春晝睡起行花下作

春風五日吹暖晴，小園次第花事成。山桃漸落紅杏謝，迎春一樹墻頭明。老來腰脚慵坐起，常行公事百不理。朝賀屢失尚書期，散帙殘香亂堆几。午窗一覺聞鳥鳴，花枝簾外相交横。小詩一卷尚在手，已見花外朱霞生。莫言此日去可惜，如此百年了亦得。笑扶僮起曳杖行，花下一周吾事畢。

小重山令 峭寒雨止，落花如雪，餘霞澹映，小窗轉明，念明日寒食矣，賦此寄感。

微雪疏疏下鳳城。今年寒較甚，近清明。小桃花落撲簾旌。東風峭，偏倚柳青青。　雨過澹霞生。攤書貪一晌，小窗晴。鳥啼頻勸曳筇行。花如舊，頭白去年人。

高陽臺辛卯清明後三日，微陰綺晝，小園花事初濃，傍晚倚闌，淺吟薄醉，爲賦此解，棖觸彌深矣。

蜀錦桃緋，湘羅柳碧，紫丁香動參差。消幾番寒，東風展盡芳菲。尋春衹盼清明到，到清明、能再多時。算勾留，自劈蠻箋，自熨新詞。　天涯總少流鶯信，但鴉啼鵲噪，略解相思。况是雕梁，難容燕子栖遲。東闌倚盡斜陽影，有誰憐、鬢已成絲。對芳尊，萬种温存，衹有花知。

三月乙丑朔　晴，下午陰，暖甚，不可衣綿。梨花、紫丁香盛開，鸞枝半放，杏花漸落。弢夫來。子獻自里中來，以新刻余《白華絳跗閣詩集》樣本見示。凡十卷，每葉二十二行，行二十一字，字畫甚精，款式皆雅。共十萬言。子獻獨任其力，上虞連擷香爲選杭州佳手刻之，甚可感也。晡後坐軒翠舫之花影廊，賞新栽鸞枝花，紅萼半開，嫣紅欲滴，荆桃倚之，便覺華艷漸衰，如翾風房老退讓雙鬟奼女矣。晚詣子培，問其太夫人疾，旋歸。

初二日丙寅　晴，午前暖甚，下午微風，晡後風，稍有爽意。鸞枝盛開，櫻桃漸落，白丁香試花。下午送可莊行，至邑館答子獻，并晤敦夫。晡歸，坐花影廊賞鸞枝花，光艷殆絶。家人詣槐市街胡氏家觀劇。介唐明日生日，饋以桃、麵、橘子、豚肉、花糕、燈燭，作書致之，得復。楊莘伯來。朱虎臣來。是日剃頭，夜洗足。晚凉，有風。

初三日丁卯　晴少多陰，午後微風，晡後時有勁風，復寒。是日越中先賢祠春祭，辰刻先詣介唐拜生日，巳刻詣先賢祠，集者書玉、敦夫、介唐、子蕁、子獻、婁秉恒、陳梅坡、陳蓉溆、韓子喬、陳心齋、王子清、朱懋政、馬錫麒、戚聖懷、周介夫、伯循及僧喜，共十八人。午刻釋菜，未刻飲胙，晡散。張樵野廷尉來。唐暉庭給諫來，新移居本街，爲對門之西鄰。陳縣丞學良來，書玉之從弟也，新自羊辛楣廣西鎮安守署中來。朱虎臣來。得花農書，約初六日飲其寓園看花，即復。是日鸞枝三株，鬥艷益妍，爛漫正甚，紫丁香、梨花尚盛，荆桃亦未落盡，李花半開。天气輕陰，千金一刻，而爲人事所牽擾，不得安坐。晡後汛掃花影廊，啜茗賞之。東風勁甚，側側寒生，不能久與周旋。年年此際，誦東坡『人生看得幾清明』一絶及稼軒《摸魚兒》詞，彌歎老來流光急駛，增怊悵也。晚赴介唐夜飲，與書玉、敦夫、伯循諸君同，至夜一更後散。書玉乞寫去冬所作反東坡薄薄酒詩，夜歸後檢其昔年所詒日本玉楮三葉寫與之。夜時聞風響，歷歷作寒。付猪羊銀九兩二錢，肴饌銀十兩，賞十六千，酒十五千，香燭茶水十一千，邑館長班賞六千。

初四日戊辰　上午輕陰間晴，下午陰。倪觀察文英來，豹岑中丞之弟也。蔡松甫來，久談。松甫以國子學録去冬選得四川綏定府城口分防通判，昨日始引見，以所作述懷留别七律四首相質。介唐來。殷蕚庭來。譚文卿尚書鍾麟來。得子獻書，以螺杯一具，端研一方，粤中女兒木香兩匣，五味姜泥兩包，外洋角鏡兩枚，蝦子一合見詒，又以蓬州畫扇一柄、鳥石佩印一枚贈僧喜，作書復謝，犒使六千，還其端硯。是日輕陰，庭花尤艷。傍晚小具尊俎，偕家人飲梨花下，夜張燈繼之，至一更散。

邸鈔：編修李肇南升右春坊右贊善。

初五日己巳　竟日春陰多寒，晡後重陰，有風，寒甚。作書致子培，致子獻，俱約看花。始食黄花魚。得子獻復。閲焦氏《孟子正義》。子培來，已薄暮，偕坐花下少頃，凉甚而去。徐壽蘅侍郎爲其叔父芸渠京卿乞八十壽詩。夜有雨。

初六日庚午　晨小雨，巳後止，竟日霒陰，間有微雨。上午詣杭州館答拜譚文卿制府，不值。順道答客三四家。赴花農午飲，設於小接葉亭。海棠兩株，紅交綺錯，作花正半，最好時也，其餘蒼古，蓋百餘年物矣。坐有汪柳門侍郎、徐亞翁、子培、周介夫、龐絅堂、劬庵兄弟。晡後席散，偕坐花前清談，薄暮而歸。有邑子徐撫辰投書，自言世居黨山村，前年來京應試不中，留居旅邸，將游奉天，乞少佽助，而自夸詡所學，不可一世，且謬加推崇，以爲其文惟余能識之。又引錢唐夏穗卿之言曰：『生不願作執金吾，惟願讀盡李公書。』夏穗卿亦不知何人也。惟其文筆頗奥折可喜，蓋亦鄉里少年之雋。慧叔送來族人允升書，并寄乾菜一簍，紫豪四管，墨四笏，言將遣其次子入京謀衣食地，此人族中之莠也。夜作書致慧叔，屬亟作書止之。詹夫人生日，送桃、麵四事，張姬往拜之。夜閲吴槎客《陽羡名陶録》。是日寒甚，可重裘。

初七日辛未　晴，竟日大風，鸞枝、丁香，亂落如雨。漁笙來。弢夫來。子獻來。下午風小止，偕弢夫、子獻小坐花下清談小食，因出昨徐生書觀之，爲兩君言：此等干人自炫，古人不免。然動以文字，急於呈身，則昌黎光範門實爲作俑，晚唐江湖惡派日以恣肆其言，而行尤鄙穢，所至取人厭惡，甚或殺身，則不善用其才之過，亦由躁競，不安貧賤，無學問以自養也。余生無它長，惟安貧二字，一生得力，故所遇窮甚，亦無它慮。

初八日壬申　晨雨，旋止，上午小雨，午漸密，復止，略見日景，下午又溦雨。竟日霃陰，有風，甚寒。仲弢來。評改學海堂課卷。楊生鳳藻、張生大仕作《遼宫詞》，皆四十首，甚典贍，有思致，楊生作尤佳。爲改數首示之。夜有風。閲吴槎客《國山碑考》。

初九日癸酉　晴，大風，至下午稍止。圃中紅杏生蟲，移植之儀門外。朱生文炳來。徐生撫辰來。比日病齶，唇浮腫，汪幹庭謂是髓溢，今日以白朮、川椒、白蒺藜、露蜂房、薄荷冰煎湯嗽之。付净業寺僧爲其師圓林三周忌日誦經香錢八千。

邸鈔：以詹事府少詹事溥良爲内閣學士，兼禮部侍郎銜。詹事志鋭與溥良皆庚辰進士，聞志鋭近奏請京師仿上海開外洋鴿子票，故不用。以鴻臚寺卿李端遇爲通政司副使。編修邵松年授河南學政。吴樹棻丁父刑部郎中毓春憂。

初十日甲戌　大風，陰，晡晴，傍晚復陰。評改學海堂課卷。仲弢來，屬爲其尊人漱翁撰六十壽序。夜月甚佳。

十一日乙亥　晴。白丁香盛開，海棠始見紅萼，鸞枝漸落矣。移床側書一架於案旁，料檢紛紜，半日始訖。下午痔發，久卧。傍晚風日甚佳，坐庭下至夜，月出清綺殊絶，時時聞丁香花香，圃中東闌，花影尤艷，婆娑久之。閲湯伯紀漢《陶靖節詩集注》，雖甚寥寥，而頗簡覈。付先賢祠編樹棘籬銀十四兩。

十二日丙子　酉初初刻十二分穀雨，三月中。晴，暖甚。剃頭。爲朱虎臣所作詞作小序，還之。以朱提二兩賻徐生撫辰，并詒以先賢祠目一册。虎臣來。是日内外兩院白丁香播芬競馥，傍晚尤盛，裴回庭宇。夜坐東闌看月影。家人召瞽僮彈詞。是日評改去年八月學海堂課卷訖。舉貢生員等三十八人，『南容南宫适南宫敬叔是一人是二人考』，『父爲長子三年解』，『宗測畫阮籍遇孫登於行障上賦以敬微妙畫坐卧對之爲韵』，『宋取熙河論』，『儗鄭俠上流民圖疏』，『遼宫詞絶句岸花藏水碓得花字』，『谿竹映風爐得爐字』五言八韵二首，取内課張大仕、楊鳳藻、路坤、李鳳池、李家駒、李士棻等十名。路坤之論最佳，《遼宫詞》絶句至一百首，亦多可取，不知何人捉刀也。有兩生《遼宫詞》三十首雷同，其詩甚清麗，有風調，不知鈔自何處。童二十八人，取内課六名，雲門代閲。

邸鈔：上諭：御史劉綸襄奏吏部升選錯誤，請旨飭查一摺。據稱河南衛輝府一缺到部已久，選缺之御史曾培祺於二月十九日始行引見，見缺在前，補缺在後，承辦官有心回護等語。著吏部查明覆奏。　編修陳懋侯補江南道御史。

十三日丁丑　晴，暖甚。評改去年問津諸生課卷。始食榆錢糕。以燒黃花魚饋書玉夫人。黼庭夫人來，言介唐家昨夕被竊。晡時小坐東闌聽丁香花。王蕺子詒天青段褂裁一領，燕窩兩匣，龍井茗四瓶，彘脯兩肩，反其燕窩，犒使六千。傍晚詣王茀卿，賀其長郎娶婦，又答客一二家。夜至宜勝居，邀蕺子、子獻、敦夫、書玉、蓴庭、周介夫、張詩卿飲，至二更歸。是日室外寒暑表至八十分，已入小暑限矣。夜一更後風起，甚猛，逾刻止，月甚佳。庚午同年陸編修繼煇之子娶惲學士彦彬之女，各送賀錢四千。付客車飯等錢十八千，酒保賞錢五千。

十四日戊寅　晨及上午薄晴，有風，下午風益甚，晡後陰，傍晚密雨，入夜止。弢夫來。陳梅坡舍人來辭行。作片致敦夫，致子獻，各饋燒黃花魚十尾，得復。是日閲定去年八月問津諸生課卷。凡九十七人，文題『孔子懼作《春秋》至罪我者其惟《春秋》乎』，詩題『楊柳帶蟬留夕照得蟬字』，取内課李鳳池、張大仕、張克家、劉葆善等二十五名。童六十人，文題『吾爲此懼閑先聖之道距楊墨』。三取諸生三十二人，文題『楊朱墨翟之言盈天下』至『是禽獸也』，詩題『芰荷穿鷺覓殘紅得紅字』，取内課生張葆樞等十名。童三十二人，文題『我亦欲正人心息邪説』。問津童卷及三取生童卷皆敦夫代閲。是日大風，鸞枝落盡，紅英滿院。驟雨繼之，丁香亦漸落矣。夜一更後雨止月出，清寒如秋。童僕灑掃東箱。

十五日己卯　晨微陰，已後晴，有風，頗寒。朱虎臣來。子培來。爽秋來。命僧喜往視慧叔疾。暴衾枕。評改去年九月問津諸生課卷訖。生一百三人，文題『夫苟不好善至讒諂面諛之人至矣』，詩題『夕陽多在水邊村得村字』，取内課張大仕、李鳳池、孟繼坡、蔡彬等二十名。童六十四人，文題『訑訑之聲音顔色距人於千里之外』，取内課李秉元等十五名。三取諸生四十五人，文題『禮貌未衰言弗行也則去之』，詩題『一岸人家住夕陽得陽字』，取内課李芬、陳文炳等十名。童三十二人，文題『迎之致敬以有禮則就之』。此次問津童卷及三取生童卷皆倩夫代閲，更爲略加改定，間補評語。

邸鈔：上諭：前據御史劉綸襄奏吏部升選河南衛輝府一缺辦理錯誤，當經降旨令吏部查明覆奏。兹據奏稱本年二月分出有衛輝府知府一缺，曾培祺應選在先，劉綸襄名在其次。曾培祺於上年十二月初二日起復到部，江南道御史係十二月十五日見缺，均在本年正月二十八日衛輝府奉旨開缺日期之前。曾培祺補御史缺，早應引見，因十二月十五日以後及京察覆帶以前不能帶領，是以於二月十九日引見，其補缺係在二月二十日截缺以前。月選之缺，不論出缺先後，歷經辦有成案，曾培祺無應扣之例，是以將該員擬選並無錯誤，亦非回護等語。此次該部升選衛輝府知府一缺，既無舛錯情弊，即著毋庸置議。河南道御史雖有稽查吏部之責，惟劉綸襄以其次應選之員，不諳例章，率行瀆陳，殊屬非是。劉綸襄著交部議處。綸襄先兩次由河南道移文吏部，忿争不答，始疏劾，遂爲吏部口實。

十六日庚辰　晨及上午晴，午有風，微陰，下午霒陰，晡後密雨，入夜有聲。周生學銘來。王芾卿來。書玉之從弟學良來辭行。作書致季士周，寄去課卷三箱，并是月課題兩紙。得王蕺子書，再送燕窩來，并以紫豪四管見詒，作書復謝，犒使四千，反其筆。書室中添置一小案，付直二十三千。圬人涂塈東箱畢。碧桃、朱藤俱華。夜二更雨止，三更微有月色。卧室被貓污，暫移宿東房。是日望。

十七日辛巳　薄晴，多微陰。圃中補栽薔薇一株，令種樹人除花虱。得四弟婦二月廿九日家書。子培來借馬至通州。余之前馬，甚瘠而驕，爲别貰一騎借之。王姬病，請汪幹庭來診。對門黄松泉編修今日以瘵卒來告，余適患痔發，不能過視。松泉名福楙，仁和人，庚午同年也，鄉舉時甫弱冠，恂恂有文，亦嗜學，精醫理。今殁無子，有一兄早卒，上有老母，可哀也。付貰馬錢十二千，幹庭馬錢十二千。

十八日壬午　晴陰相間。爲徐芸渠京卿撰書八十壽詩七律一章。爲朱虎臣書七言楹帖云『露瀉荷花添硯水；風敲松子動琴絃』；王廉生之子七言楹帖云『李家詩集名花萼；董子書篇有竹林』；崇效寺僧兩聯，一云『静參松下無生諦；長結蒲團熟睡緣』，一書舊句。又自書寓室扁額三，西院云『綠香巢』，内齋云『杏花香雪齋』，東闌云『花影廊』。得季士周書，并二月望課卷一箱。傍晚至對門視黄松泉小斂，晤濮紫泉、吴子修、褚百約諸君。是日换戴凉帽。夜有月頗清。是日買月季花六本，付錢十一千。

十九日癸未　晨陰，巳後晴，復暖。弢夫來。午後詣湖南會館拜徐叔鴻尊人壽，送禮錢十千，壽桃五斤，壽麵十斤，晤壽蘅侍郎。公卿畢集，偕同官六人小坐觀劇一齣而出。詣漱翁，久談。詣爽秋，不值。視慧叔疾，已殗殜，殆不能起矣。慘然相對，强慰撫之，晚歸。作書致仲弢，託轉邀潘按察駿章之子少彭往診，得復。夜月頗佳，露下尚聞丁香花香。是日聞吏部議上御史劉綸襄處分，照不應例降一級調用，私罪不准抵銷，奉旨依議。劉固不足惜，然與吏部争訐，而即交吏部議處，亦非體也。此時宜交都察院議處，吏部宜請回避，而都察院據律議之，劉仍降調，方合事體耳。吏部掩飾枝梧，幸而獲勝，乃奮筆議罪，不知引嫌，可謂悍然無忌。劉以自求美缺，秘謀詭計，屬託吏胥，事既無成，慚憤妄發，遂至一敗塗地，不特自詒伊戚，亦辱臺之甚矣。劉，山東人，丙子翰林，嘗三爲鄉會試同考官，己丑科吾鄉戚聖懷、周葳君、朱文川、許在衡皆出其門，近以掌河南道巡視街道京察一等記名，皆據要津，而忿不思難，所謂金注者婚與。

邸鈔：詔：福建建寧府知府景春開缺，送部引見。

二十日甲申　晴。藤花盛開，柳花始飛。王姬病甚，作書致書玉請診。張姬往吕仙祠乞藥。書玉來。漁笙來。敦夫來。子獻來。朱虎臣來。前日以紫泉、子培諸君屢屬撰槐市街浙館楹聯，久未應之，乘書聯之次，擬一聯云：『舊記續名園，略參東浙西湖，別有洞天開日下；先賢傳勝事，相勖文章道德，長留典録照寰中。』今日以黄紙書之。晚倦甚，卧閲《深寧先生文鈔》。道光己丑鄞人葉小山太守熊合明鄭千之所輯《四明文獻集》五卷及搜采郡縣志諸書所載爲《摭餘編》三卷，彙而刻之。雖僅二十之一，然先生之文章風節，亦足見其大凡矣。慧叔之子珣持潘少彭藥方來請裁定，其方尚平穩，恐力薄不能濟耳。又言昨出建寧府一缺，次在應選，可否告病，或關説吏部以其第二人抽替，可以少有所得。余屬以告病爲宜，否則先請假一月可也。付夾竹桃錢十六千。

邸鈔：以内閣侍讀學士溥顧爲大理寺少卿。

二十一日乙酉　晴，下午有風，晚益甚。剃頭。閲秦氏仿宋刻《法言》。作書致紫泉，送楹帖去。得子蕁書并其弟蓮舟書，饋銀三十兩，言已卸光州任矣。即復謝子蕁，犒使十千。趙生士琛來。得紫泉復。雲門電報，到陝平安。

夜閲《審音鑑古録》。摘取《琵琶記》《荆釵記》《紅梨記》《牡丹亭》《兒孫福》《長生殿》《鐵冠圖》《西廂記》等雜劇，旁注宫譜，間系評語，專講爨演之法，蓋崑曲當家，而文拙言繁，近於老伶曲師，不通文理，不知何人所爲也。每齣有圖，亦不甚工。其中《西廂記》即王本改演，科白關目皆甚惡俗，詞亦近俚。余見越中優人曲本皆用王詞，科演雖稍改，亦不至是也。同年貴給事賢之弟娶婦，英兵部文之弟前浙江金衢嚴道英□病故，兵科文紀廷給事綱病故，各送禮錢四千。

二十二日丙戌　晴，暖甚，晡後陰曀，大風。

閲史能之《咸淳毗陵志》，共三十卷，缺第二十一卷，嘉慶庚辰武進趙億孫所刻，前有史原序及元延祐四年李敏之重刻序。此志久不傳，億孫搜得殘本并借鈔長洲吴翌鳳藏本，僅得完書。首爲郡治等七圖，卷一地理至卷三十紀遺附辨疑共十九門，内地理三卷，官寺二卷，秩官、人物、詞翰各四卷，詳覈有法。地理先爲郡縣表，起唐虞，迄宋紹興三十一年，眉目朗然，考證亦密。

姪珣來告其父病稍愈，命僧喜往視之。午飯後入署，晤諸臺長及同官，久談，晡歸。閲汲古閣本《唐四名家集》，爲《五竇聯珠集》、《李長吉歌詩編》四卷附集外詩一卷，杜荀鶴《唐風集》三卷，吴子華《唐英歌詩》三卷，槧刻精工，而不免誤字。朱虎臣來言明日行。徐亞翁來。班侯來。

邸鈔：吏部文選司郎中劉子銓授陝西漢中府知府。本任知府奇臣以曾充禄米倉監督，去年虧耗事發革職，此案京官革職者十餘人。

二十三日丁亥　薄晴多陰，午後有風。得爽秋書。王蕺子來。作書致爽秋，致子培，俱約乘暇至法源、崇效諸寺看牡丹。晡後詣漁笙小坐。詣邑館，晤敦夫、蕺子、子獻、介夫，談至夜歸。得子培復。族弟子貞名家瑞，老二房春帆族伯之子，向居京師。之長子楊續娶婦來告，詒以燈燭四斤，爆鞭一千。付崇效寺殯屋租銀六兩。

邸鈔：左贊善李紱藻升右春坊右中允。

二十四日戊子　薄晴多陰，傍晚小雨。晨吏來告被旨偕御史宗室載存稽查夏季甲米。是日輕陰，藤花香甚，柳絮作團，欲出游諸寺，一賞牡丹，人事相牽，苦不得遂，設几花下，小坐聞香。命僧喜詣子貞家賀喜。晡詣安徽館赴介夫之招，是日内閣團拜演劇也。晤子蓴、旭莊，同席爲蕺子、花農。晚歸。

閲吴之鯨《武林梵志》。之鯨字伯裔，錢唐人，萬曆己酉舉人，官知縣。此書以浙江左布政桐城吴用先之意，博考杭州至晉以來梵刹興廢，分城内、城外、南山、北山及諸屬縣，俱詳其名蹟勝概，附載詩文，而繼以天朝寵錫、宰官護持、古德機緣、歷朝勛績，共十二卷，前有吳用先序。

二十五日己丑　竟日陰曀，微寒，傍晚黄霾，天赤如血，晚大風。閲《武林梵志》。蔡松甫來，久談。下午設几坐花下。潄翁來。殷蕚庭姬人來。是日藤花正盛，入晚狂飆卷地，至夜尤甚，狼藉不可問矣。是日慧叔選福建建寧府知府，父子六千石，亦是吾家佳話。慧叔自祖以上墳墓皆在故鄉，其祖母尚淺殯未入塋域，今出守閩中，得以歸家上冢，敕此大事，尤爲可喜，惟其病可憂耳。夜烈風徹旦，墻屋俱動。同年李編修佩銘爲子娶婦，送賀錢四千。

邸鈔：刑部郎中王聯璧補浙江道御史。施之博授雲南曲靖府知府。

二十六日庚寅　竟日大風，薄晴。

小病多卧，閲《武林梵志》。其敘次城内外寺觀庵院，以道里分山脉，大率本《咸淳臨安志》。卷三褒親崇壽教寺，云俗稱劉娘子寺，宋紹興十八年劉貴妃建。貴妃，《宋史》見《后妃傳》，此云貴妃專掌御前文字，工書畫，畫上用奉華堂印，則史傳所無也。卷四集慶講寺，宋理宗淳祐十二年貴妃閻氏建。妃，鄞縣人，明艷絶倫，后宫爲之奪寵。寺之經始，内司分市材木，郡縣追逮，鷄犬不寧。一日忽於法堂鼓上得大字一聯云：『净慈靈隱三天竺，不及閻妃好面皮。』案：厲大鴻《宋詩紀事》引《古杭雜記》作『兩片皮』。於是行天下緝捕其人，終不得。閻妃及惠順賈妃，《宋史》僅一見於謝后傳中。

比日紫藤兩株，交柯接架，丹采照映。其傅桃、槐而上者，珠絡臨風，翠葉擎之，尤爲艷絶。自昨夕狂飆卷地，今日繼之，枝折莖枯，落英如雨。裴回花下，悵惜彌襟。因改西院『緑香巢』額爲『朱霞精舍』，下午書付梓人，聊存光景。書聯壽平景蓀六十撰句云：『入傳出藩，辭榮止足；前黄後杜，徵獻期頤。』黄謂南雷，北謂尺莊。

邸鈔：湖州舉人朱毓廣選會稽縣教諭。

二十七日辛卯　晴，下午又風。得季士周書，送來夏季脩脯等銀二百九十六兩，即復，犒使二金。作片致敦夫，得復。作書致若農侍郎，約四月朔午飲，得復。弢夫來。付衣賈滕姓銀十兩。命僧喜作柬約客飲。

邸鈔：上諭：劉銘傳奏病仍未痊，懇請開缺一摺。福建臺灣巡撫劉銘傳著准其開缺，並開去幫辦海軍事務差使。

二十八日壬辰　寅初三刻七分立夏，四月節。晴，暖甚，晡後陰，傍晚黄霾。剃頭。是日以僧家結夏法稱之，余得七十九斤，僧喜八十五斤。王御史聯璧來。王幼遐侍讀來。錢榮祖之子病殁鄉祠中，余賻之六金，作書致介唐，作片致敦夫、婁秉衡，俱爲之率賻，并屬介唐託鍾榮齋爲之料理。得介唐復，與敦夫、子獻皆助四金，王蕺子助六金。此子昏愚，大有父風，竟以客死，亦可閔矣。命僧喜視慧叔疾。得瞿子玖書，辭後日之飲。夜作書并柬約朱桂卿飲，得復。夜又大風。是日朱霞精舍中易方磚四十枚砌地。付司廚銀十九兩七錢。

二十九日癸巳小盡　晴，微陰，時有風。得亞陶書，催題嚴芝生畫册。以其圖甚無謂，所徵詩亦甚劣，作復還之。張縣令茂貴詒竹箸十根及阿膠、手巾、茶葉，還其阿膠，犒使二千。此故尚書張温和公之子，昔年對門居者也，今以山左縣令起復入都。介唐來，言錢氏子已於今日出殯擴誼園，賻單上書玉、子蕁、介夫各書二金，秉衡、蓉曙及王主事煥各書四金，共得四十二金，除買棺二十四金，其餘衣衾殯殮殣埋之費大略可具矣。爲蔡松甫撰《佰園勘書圖序》，凡八百餘言，散整兼行，文成紙盡，其中頗有關學術風會。命僧喜録稿，存之集中。夜半起盥洗，嚴飾朝服訖，偕比鄰唐給事入城，進東長安門下車，至午門外朝房待同官畢集，詣太廟監百官班，上親行孟夏時享禮。次日加卯，車駕始出。

夏四月甲午朔　晴，暖甚，晡後微陰。早祀事畢，出東長安門拜客一二家，出城歸家小卧。得子獻書。作書致若農師催飲。午後子獻來，王莪子來，子培來，爽秋來，若農師來，張樵野廷尉來，朱桂卿來，蔡松甫來。小坐朱霞精舍，設飲杏花香雪齋。晡後酒畢，松甫、子培、爽秋談至晚去。子蓴來。是日付書賈楊姓銀二十兩，譚姓銀十兩。付李侍郎騶從飯錢八千，餘客車飯錢十五千，司廚賞十四千，庚辰同年吴樹棻編修之父雨亭郎中奠儀四千。雨亭名毓春，歷城人，壬子舉人，壬戌進士，今年六十三歲。其生早余十日，爲己丑、丁丑、丁丑、甲辰，與余差一字耳，而早登科第，兩子貴達，何也？（余丁亥日，亥爲官貴，丑則比劫耳。）

初二日乙未　晴。同寅麟伯仁御史麟趾來。御史，正黄旗人，以四月當放此旗甲米，屬爲留意，因極言入城時書吏探米、勒索狼藉之弊。書玉來，言今早引見，補國子監司業。得品芳弟三月十七日桐鄉書。弢夫來。閲司馬温公集注本《太玄經》。道光甲辰江寧書肆五柳居陶氏所刻，誤字頗多。温公此注，遠勝范望，其於詁訓，辨析尤精，惜不得佳槧刻之。晚微風，頗清。

邸鈔：以前湖南巡撫邵友濂爲福建臺灣巡撫，未到任時，以布政使沈應奎護理。邵君丁本生繼母憂一年已闋，而欲終心喪三年之制，見居蕭山，蓋將辭疾不至也。

初三日丙申　晴，頗清和。得子蓴書，言已被兵部諸長官報送知府，欲集資指省，屬與周生學銘兄弟言之。自去年部臣定議，凡已截取知府之郎中、截取直隸州之主事，每年各送一二人分發各省，以本班補用，各部不得以無人保送爲辭，到省後序補見缺，各督撫不得以人地不宜爲辭。本以疏通京官也，然部曹之用事及已記名御史與兼軍機處、總理各國事務衙門者例皆不送，而到省後名曰酌補，雖有缺亦多不能得，故皆不願往。子蓴截取已九年，再俟二三年可得選缺，而兵部有郎中李廷瑞者，醫官子也，年少以議敘至正員郎，群議保送應屬此人，尚書烏勒喜崇阿力庇之，尚書錢唐許君爲其從甥張紹蘭補缺地，遂剹送子蓴。子蓴以年老家貧眷屬多陳牒固辭，不能得。刑部送二人，其一亞陶也，以老疾自請出外。工部送杭人江槐庭，貲郎，以尖錐名，所兼要差甚多，尚書熙敬欲道地之，亦令陳牒請，祁子長尚書必不可，此則差强人意耳。户部送桑寶，叔雅之子也。得書玉書，以《授司業紀遇》五律二首見示，即復。姪珣來，以藥方呈閲。下午詣徐季和副都，賀其次郎娶婦。詣祁尚書，不值。詣伯循，亦不值。傍晚詣子蓴，久談，歸爲作書致周紳之。蓴庭來。上虞人工部田其年郎中丁内艱，送奠儀六千。

邸鈔：翰林院侍講秦澍春轉侍讀，司經局洗馬臧濟臣轉翰林院侍講。此初一日旨。兵科給事中殷如璋轉鴻臚寺少卿。編修陳夢麟升國子監司業。吴樹梅丁其父毓春憂。此初二日旨。

初四日丁酉　晴熱。閲宋人《太平惠民和劑局方》，勃海高氏《續知不足齋叢書》本。其方有缺佚，當取《學津討源》本校之。得周紳之書，即作片致子蓴。作片致慧叔。下午詣書玉談，順道答客一二家而歸。伯循來。是日忽忽若病，晚坐庭中久之。桂卿詒段裁、彘脯、新茗、盤香，還段裁，犒使六千。

邸鈔：上諭：李鴻章奏總兵積勞病故，懇恩優恤一摺。前山西大同鎮總兵張樹屏，於咸豐、同治年間隨剿粤、捻各逆，戰功卓著。在山西二十餘年，整頓操防，不辭勞瘁，辦理平糶，全活甚多。前因開缺回籍。兹聞溘逝，軫惜殊深。加恩照軍營立功後積勞病故例從優議恤，生平事迹宣付國史館立傳，於山西省建立專祠，並祔祀各省淮軍昭忠祠。

初五日戊戌　晴，熱甚，寒暑表至九十分。剃頭。

閱吴子華侍郎《唐英歌詩》。其卷上第二行結銜云『翰林學士承旨、銀青光禄大夫、行在尚書户部侍郎、知制誥、上柱國、漢陽縣開國男食邑三百户吴融』，蓋猶當日集本舊題，侍郎全銜僅見於此。其曰『行在』者，昭宗時駐蹕華州也，可知唐時如玄宗、僖宗在蜀，德宗在梁、洋，昭宗在鳳翔、華州，皆建『行在』之號。『翰林學士承旨』，在階官之上者，自唐迄明翰林諸官結銜皆如此，以翰林爲内職也。國朝翰林與諸司同，故結銜不然。明代編、檢結銜亦在階官下，即此意矣。吾越詩人，六朝最多，然二謝雖久居始寧，今上虞。終非土著。孔、賀諸家集皆不傳，唐代如賀季真、朱慶餘、嚴維皆無專集，其遺集勵存者，自此集始。侍郎當日與韓致堯齊名，詩格風華，亦復相似，而高朗過之。《四庫提要》謂在天祐諸詩人中，閑遠不及司空圖，沉摯不及羅隱，奇闢不及周朴，其餘作者，罕與雁行。然一鳴、江東，多入獷俗，朴尤粗劣，侍郎獨有雅音。蓋山木之歌，淵原騷雅，固非傖楚之气所能及矣。

是日午後頗不快，手校新刻詩二卷。金忠甫來。

邸鈔：廣西平樂府知府志彭升奉天驛巡兵備道。

初六日己亥　晴，酷熱，寒暑表至九十四分。天津胡生孝廉濬書來，告其母梅太宜人訃，當書聯輓之。午詣下斜街全浙館赴子培、子封兄弟之飲，坐有松甫、弢夫、爽秋、仲弢、吴子修、吴佩蔥。設於紫藤精舍，坐客七人，分貫杭、湖、紹、台、金、嚴、温七郡，主人則嘉興也。是日熱甚，不能御酒肴。晡後席散，偕爽秋詣潄丈談，傍晚歸。周生紳之來。是日兩姬偕東鄰詹郎中宅眷詣妙峰山拈香，僧喜隨往。

初七日庚子　上午晴，酷熱，寒暑表至九十六分，下午微陰，有風，晡後風漸大，稍涼，小雨晚作，入夜止。得子蓴書。

是日小極多卧，閲杜荀鶴《唐風集》。其詩俗劣，又人品卑下，惟以一第得失爲性命所系，大率求知乞恩之作，鄙情猥語，觸目可憎，而自命『唐風』，可謂謬妄。顧雲一序，推許甚至，亦近逐臭。然竊譽當時，流傳後世，蓋頗能述淺近之趣，道庸俗之情，又能委曲隨人，取悦里目。如《詠無雲雨詩》『若教陰翳都隨例，争表梁王造化功』，爲朱温所賞，皆此類也。唐代專重進士，凌夷至於晚季，應此科者，鬽罔百出，蒙面喪心，十人而九。雖至國如累卵，君如弈棋，血濺宫闈，灰飛廟社，而曲江之宴、雁塔之題，簪杏看花，揚揚得意，士風至此，掃地盡矣。荀鶴久困名場，所至干謁，兵戈轉側，百折不辭，雖以賊温之虎狼，亦投獻惡詩，儌幸一擲，其愚已甚。而王定保等尚津津述之，是可歎也。《四庫提要》謂曹鄴爲太常博士，議高璩贈謚事，其論甚偉，而其詩乃怨老嗟卑，蓋一生坎壈，晚乃成名，登第諸詩，尤爲淺陋。王棨號其集爲『麟角』，以及第比登仙，當時風尚，大氐如此。其終不第者，如方元英、羅昭諫，所作怨悱窮愁，亦多一致。昭諫雖大節足取，而《秦婦吟》諸篇皆作局外快心之詞，以視少陵當天寶時亦久不得第，而敘述離亂，忠憤勃發，此杜陵所以不可及也。吴子華亦晚始成名，其詩乃和婉，少怨楚之吟，固尚高人一等歟。

初八日辛丑　薄晴微陰，上午風起，下午狂甚。張姬等自妙峰山歸。午後入署，晤同放甲米湖廣道宗室載義門侍御載存，以明日放鑲藍旗甲米也，監視用印過朱。晡答客一二家而歸。大風，凉甚。

閲李濟翁《資暇集》。《四庫提要》歷據《讀書志》諸書，辨其名爲李匡乂，又據其書中稱從叔翁汧公，知爲李勉從孫。又稱宗人翰作《蒙求》，翰在晉天福中爲學士，見《五代史·桑維翰傳》。《新唐書・藝文志》載李匡文『文』即『乂』字之誤。《兩漢至唐年紀》一卷，注曰『昭宗時宗正少卿』，知其人當在唐末，然則爲唐宗室矣。今按其卷下『李環錫』一條有曰『開成初，余從叔聽之鎮河中』，考聽爲西平王晟之子，西平非唐宗室，而稱聽爲從叔，且作《蒙求》者李翰字不作瀚，實非晉天福中之翰林學士。《桑維翰傳》中之李瀚，以《宋史・李濤傳》考之，蓋即濤弟澣，《五代史》中誤作瀚耳。

濟翁留心掌故，辨析名義，在唐季可稱博洽，然不甚精小學。如辨『角』有禄音，故東方之音角作録，角里亦爲禄里，無單點作角之字，最爲確覈，固非宋人崔偓佺輩所及。而謂『行李』之『李』當作『岑』，『萬幾』之『幾』不當作『機』，『揚州』之『揚』不當作『楊』，皆不知古字通借之義。謂急急如律令，『令』讀作平聲，律令是雷邊捷鬼，亦惑於俗説。謂卑幼致書尊屬曰座前，不當作坐前，不知古本無『座』字。謂畢羅者，蕃中畢氏、羅氏好食此味，其字不當從食；謂不托者，舊未有刀機二字疑誤。之時，皆掌托烹之，刀機既有，乃云不托，今俗字有餺飥，乖甚。不知《方言》云餅謂之飥，是其字西漢時已有，餺飥、畢羅皆『餅飥』二字之轉聲，其加食旁者，六朝以後俗字耳。此類皆未爲精覈。

至謂端午者周處《風土記》作『端五』，余家元和中端五詔書並無作端午者，近見醴泉縣尉廳壁有故光福王相題《鄭泉記》，亦云『端五日』，今人多書『午』字，非也。謂阿茶者，宫禁呼公郡縣主爲宅家子，蓋以至尊以天下爲宅、四海爲家，不敢斥呼，故曰宅家，公主以下加子字，猶帝子也。又爲阿宅家子，阿，助詞也，急語乃以『宅家子』爲『茶子』，既而亦云『阿茶子』，或削其『子』字，遂曰『阿茶』。其辨席帽之制，謂永貞之前組藤爲蓋曰席帽，取其輕也，後或以太薄，冬則不禦霜寒，（下）〔夏〕則不障暑气，乃以細色罽代藤，曰氈帽，貴其厚也，非崇貴莫戴，而人亦未尚。元和十年六月，裴晉公戴氈帽入朝，爲張晏等傳刃，刃不即及，而帽折其檐。既脱禍，朝貴乃尚之。近者布素之士亦皆戴焉。太和末，又染繒而代羃，曰疊綃帽，雖示其妙，與氈帽之庇懸矣。會昌以來，吳人衒巧，有結絲帽若網，其巧之淫者織花鳥相厠，近又染藤爲紫，復以輕相尚。又『上馬』一條云：『自便服乘馬以來，既無帷蓋，乃漸至大裁帽席，帽之障蔽。』此等皆爲詳晰。

其謂拆封刀子起於郭汾陽之書史，書啓題籤起於丞相李趙公，案：謂吉甫。門狀起於朱崖李相。案：謂德裕。謂汾陽有晉陶侃之性，動無廢物，每收其書皮之所剺下者，以爲逐日文帖，餘悉卷貯，每歲終則散主守吏，俾作一年之簿。舊但用小刀子，所剺之處，多不端正。一日刀忽折，餘寸許，吏乃銛以應急，覺愈於全時，漸出新意，削木如半環勢，加於折刀之上，使纔露鋒，榼其書而剺之。汾陽嘉之，曰：『真郭子儀部吏也。』後因溥之，益妙其製。謂元和中，李趙公權傾天下，四方緘翰日滿。潞帥郗士美時有珍獻，趙公喜，而回章盈幅，曲敘殷勤，誤卷入振武封内以遣之，而振武別紙則附於潞。時阿跌光進帥麟，覽盈幅手字，知誤，即時飛還趙公。趙公因命書吏，凡有尺牘皆令籤記以送，於今成風。謂文宗朝以前無門狀，朱崖李相貴盛於武宗朝，且近代稀有生一品，百官無以希取其意，以爲舊刺輕，刺則今之名紙。相扇留具銜候起居狀，今又益競以善價紙矣。此類詳述故事，尤足考唐人制度及一時風尚。惟於衛公父子皆致貶詞，且兩稱衛公皆曰朱崖李相，其人蓋牛、李宗閔之黨或黨人子孫，必不能及見石晉時之翰林學士矣。眉批：卷下『稠桑硯』一條，言『元和初愚之叔翁宰虢之末陽邑』，季父大中壬申歲授陝令，則爲懿、僖間人無疑。書中所述，不及咸通後事，亦無一字及亂離，又言嘗爲鄭州，是其書尚作於唐承平時，而已見李翰所作《蒙求》，則翰爲唐人無疑。《四庫目録》題曰五代，非也。

是日付天全木廠製扁額等銀十兩。付姬人等妙峰山車篙等銀二十兩。車三輛，每輛銀二兩三錢。上山竹篙五异，每异銀一兩二錢。飲食什物零用等銀七八兩。

初九日壬寅　晴熱。弢夫來。午入前門，出東直門，坐城廂官廳。破屋三間，庳陋之甚。偕載義門閑話。義門自言爲理密親王之五世孫，其父奕□，道光癸未進士，由御史改侍講，道光丁未大考三等降官，今協揆福錕公其從子也。協揆本溥字行，道光中協揆之祖父鎮國公奕灝因其父諱溥，面請於宣宗，宣宗諭以『汝一支孫行溥字可改福字，至曾孫仍從毓字行』，故協揆兄弟獨以福爲行也。灝公任工部尚書時因事革職，命其長子載寬襲公爵，協揆之伯父。後載寬自縊死，宣宗仍以公爵還灝公。及灝公任吉林將軍，復因事革，義門之從兄載岱襲。載岱卒，今溥□襲。又言『溥毓恒啓』四字後爲『壽闓□祺』四字。是日至酉刻米車不至，向例限巳午間到城，若延至未刻，將領米佐領章京等奏參。因行文太平倉監督嚴催之，以後限巳正到門。即偕義門入城，由東西四牌樓行過法夷等國公使署，綠樹蔚然，墻宇如畫。傍晚歸。得心雲正月廿六日廣州書，并集《清頌碑》字七言楹帖一聯。

邸鈔：上諭：前據給事中洪良品奏倉臣侵欺廢弛，當派貴恒、許應騤會同户部查奏。玆據查明覆奏此案原參欺飾包庇縱弛各節，或業經奏結，或查無實據，即著毋庸置議。惟該侍郎等總司倉政，歷年已久，於花户虧空攙和等弊未能覺察，修廒工程既不堅實，奏報亦涉含混，各倉呈報續塌廒座，並未查明具奏，設法收儲，是該侍郎等於一切倉務均未能實力整頓，咎無可辭。興廉、游百川均交部嚴加議處。至摺單内所擬整頓倉務各事宜，均依議行。

初十日癸卯　晴熱。午入前門，出東直門，驗放鑲黄旗甲米一千八百五十五石，傳集各佐領、章京，諭以親自領米，毋得假人。傍晚歸。子虞來。敦夫來，子獻來。鄉人沈敬甫贊賢自廣州來，以燒脯一肩，蘇合、抱龍等丸四包，梳篦四事，並附來族弟少梅、族姪恩圭書。

閲龔養正頤正《芥隱筆記》一卷。考證古人語之出處，多精覈不苟，南宋人説部中最可觀者，在《學林》《野客叢書》《學齋佔畢》諸書之上。其中多有注語。《四庫總目》舉其『班固《賓戲》』等三條，謂與正文皆有異同，似非頤正自注。然《賓戲》是退之《寄崔立之》詩注，正文引《漢書敘傳》，即《賓戲》中語注，乃更引《文選》，明出淺學者所爲。惟『唐朝酒價』一條注引曹子建樂府『美酒斗十千』，謂十千言酒美而價貴，未必是酒價，乃顯駁正文引太白、樂天詩言十千之説，《總目》却失舉。

邸鈔：詔：本月十二日親詣大高殿祈雨，並親禱宣仁廟。以翰林院侍讀學士張英麟爲詹事府少詹事。

十一日甲辰　晴，熱甚。命僧喜至東直門大街定寺觀可寓者，爲夏中驗放甲米移居地，兼答拜鄉人沈、張諸君，還張詩卿西洋參直三兩，傍晚歸。仲弢來，乞爲其尊人漱丈撰六十壽序，以節略兩通見示。

閲高承勳《續知不足齋叢書》中所刻明人盩厔王三聘《古今事物考》八卷，山陰羅核軒頎《物原》一卷。王書分天文至道釋數十門，羅書分天原至事原十八門，皆繁雜少端緒，所引皆不言出處，挂漏疏舛，多昧原委。長洲都穆《聽雨紀談》一卷，附其子卬《三餘贅筆》一卷，亦罕有可取。江陰吴方木枋《宜齋野乘》一卷，寥寥數葉，不能成書。史惇《痛餘雜録》一卷，紀明末湖南寇亂之慘，其詆左良玉甚力，謂通賊掠民，與叛無異。謂承天之破，湖廣巡按李振聲，米脂人，甲戌進士，降賊；長沙史可鏡，戊辰進士，爲工科都給事中，賊到即降，授僞巡撫：皆足與《明史》相參。惟襄王翊銘以崇禎十四年張獻忠破襄陽時被殺甚明，而謂襄陽以壬午是十五年。十二月二日破，襄藩出奔鄖陽，撫治王永祚與唐、襄兩藩避長沙，則傳聞之誤矣。又承勳所自輯《豪譜》一卷，分義豪至奢豪二十門，剌取古事，或一門祇二三條，錯雜不倫。新安程景沂所輯《游戲録》二卷，雜取諸小説中所載技術方藥及符籙游戲之事，不分門類，亦多無稽之言。諸種皆所謂底下之書，兩書尤爲穢雜。

作書致王廉生，借《建炎朝野雜記》。

邸鈔：候補五品京堂常明補通政司參議。御史本貴補吏科給事中。

十二日乙巳　晴，熱甚，寒暑表復至九十分。午入前門，至東長安街，倉吏報今日丑刻太平倉火焚兩廒，停放甲米，遂回車。詣金忠甫，不值。詣張肖庵談，逾頃歸。子獻來。得弢夫書，固勸余考差。得廉生書。

十三日丙午　晴，熱甚。敦夫來，介唐來，俱勸余仍赴考差，固辭不往。夜漁笙來，亦欲挽余入試，固辭之。三更後入城，由東華門繞景山至西苑門外，待漏於六項公所，以引見兵科給事中一缺也。與同官褚百約、吴聚堂久談，書玉亦來。

十四日丁未　酉初一刻小滿，四月中。晴微陰，晡後陰，有溦雨，旋止。晨入西苑門，濕霧濛濛，花樹如沐，過橋望樓臺洲島，如在雲靄間。卯後引見勤政殿，巳刻歸。弢夫來。介唐來。朱桂卿來。三君皆必欲挽余入試，介唐今早與僧喜書，言之甚切。然余老矣，兩次入試皆倖列第一，而不獲一豫，乘軺并分，校亦靳之。如以爲意出朝廷，則未嘗獲罪於天，且聖明在上，未聞有好老好少之恉也。如外間之論，以爲政府擬名以請，憎愛所區，高下在手，則有人煬竈，吾安得知？如以爲命也，則吾道不行，時事可知。七十老翁，何苦尚與造物競？況崛彊之性，積忤要津，濟寧以形迹之嫌，已成深隙，猶欲提筐橐筆，與三百白面少年争一日文字之長，供若輩描畫，何其不知耻耶！同人過愛，意甚可感，自分已定，不可彊矣。晡痔發，小卧。周生紳之來，不能見。晡後子培來，必彊余入試，言之甚力，且爲召集家人，内具囊筐，外戒脂秣，并令僧喜爲治筆硯，詣琉璃廠一得閣購新樣墨盒，有所謂頂烟雲頭艷者，經營勞勸，過於自爲。余推謝甚苦，至以袍褂加余身。傍晚弢夫亦至。感念執友之意，必不得已，力疾登車而往。子培恐余中道却回，坐車自後送之，抵東華門已暮矣。敦夫、介唐、介夫、子獻皆寓宿内閣之滿本堂，已飯畢矣。仲弢來，子封來，余壽平來，子培仍驅車出城，仲弢饋食物。夜半後有風。

邸鈔：上諭：吏部奏遵旨嚴議處分一摺。倉場侍郎興廉、游百川均照部議即行革職。興廉，滿洲舉人，素無士名。其子靈椿，交通賄賂，去年御史恩霖所參皆實，興廉力庇之，釋不問。游百川，山東濱州人，家世微甚，其父爲小木匠，其母至行丐於路。百川之生，方露宿山中也。（此山東人皆言之，王廉生言之尤詳。）壬戌進士，由編修官御史，頗有聲，驟擢至今官，而以貪黷聞，可歎也。以内閣學士祥麟爲倉場侍郎。吏部左侍郎許應騤調補倉場侍郎。許侍郎久貳吏部，循資應得總憲，忽有此授，實爲左遷。且方被命查辦倉場，前人獲譴，即繼其任，壹似擠而代之者。此包孝肅之劾宋景文爲三司使不職，去而代之，爲歐陽文忠所論者也。詔：山東督糧道善聯調補奉天奉錦山海道，兼按察使銜。本任道誠勳丁憂。上諭：稽查太平倉御史王會英奏倉廒不戒於火，據實奏聞一摺。據稱本月十一日夜間，太平倉至字廒突然火起，延燒盈字廒，當即撲滅，業將花户交坊看管，請飭懲辦等語。現當整頓倉務之際，太平倉突然火起，焚燒廒座，其中顯有情弊，亟應徹底根究，以期水落石出。所有該倉花户人等即著交刑部嚴行審訊，務得確情，按律懲辦。監督明煜、杜庭璞先行交部分別議處。

十五日戊申　微晴多陰，晡後小風，陰。黎明偕諸子詣中左門，僧喜帶月來送，家人亦携食物至。六十三歲人，此段光景可思也。偕諸同官立談久之，子培諸君皆相送。是日與試者三百四十餘人，翰林至二百六十人，可謂人才極盛矣。辰刻接卷，入保和殿，偕仲弢、廉生接席坐，絅堂諸君爲解筐囊、樹桌几，憫其老也。上命題四書文『彊恕而行求仁莫近焉』，經文『雷雨作而百果草木皆甲坼』，詩『賦得水面初平雲脚低得湖字』。未刻交卷，結束而出，至東華門外坐車出城，晡歸。弢夫來。子培來。

比日熇熱殊甚，夜有風，稍凉，二更後澂雨有雷，四更後雨，至旦數作。作致黄漱翁書，得復。

邸鈔：掌江南道御史周天霖升兵科給事中。户部郎中榮安准其一等加一級，交軍機處記名以道府用。卓異直隸大名府知府陳啓泰、山東兖州府知府穆特亨額俱准其卓異，加一級，仍注册回任候升。以翰林院侍讀學士長麟爲詹事府少詹事。巡視北城御史恩壽授山東督糧道。

十六日己酉　晨有小雨，巳後晴。唐暉庭來。郭子鈞來。聶楫臣來。仲弢來。弢夫來。子蓴來。姪珣來，言慧叔請假事，吏、兵部皆不許續假。蓋近日道府缺出甚少，又有海防、鄭工兩項壓班，京官截取，得之不啻登仙，故偶出一缺，不特書吏居爲奇貨，待銓之人百計營謀，無所不至。建寧爲閩中善地，自不容病人久占，而兵部郎中又數年不得出一缺，聞慧叔之選，子蓴之送，部中人人相賀。有漢軍人奎昌者，曾補郎中，爲醇賢親王所委任，炙手可熱，後以憂去官，日失勢，近以服闋，需次貧甚，至是兵部擬以奎昌補子蓴缺，員外郎沈維誠補慧叔缺。而奎昌以一日不得食，竟餓死，於是維誠補子蓴缺。揚州人張紹蘭，錢唐許文恪外孫也，以總理各國事務衙門章京保舉，不論題選咨留，遇有郎中缺補用。於是日擠慧叔，欲其速去而代之，不得一日緩矣。傍晚答客一二家，詣紫泉談，至夜歸。是夕望，月食既。

邸鈔：詔：前陝甘總督譚鍾麟以尚書銜爲吏部左侍郎。詔：委散秩大臣、鎮國公溥豐准其因病開去差使，加恩賞食半俸。　以内閣侍讀學士陳希齡爲鴻臚寺卿。以户部銀庫郎中宗室松安爲太僕寺少卿。詔：掌江西道御史趙時俊轉掌河南道御史。　命協辦大學士、尚書徐桐，尚書麟書、李鴻藻、許庚身，祁世長，左都御史貴恒，侍郎景善、李文田、汪鳴鑾、徐樹銘爲考試試差閲卷大臣。

十七日庚戌　晴熱。陳伯平太守啓泰來。余壽平來。徐班侯來。子虞來。爽秋來。蓴庭來。漁笙來。陶生喆甡來。傍晚答客二三家，遂至宜勝居，邀漁笙、敦夫、介唐、弢夫、介夫、子獻、子培、子封夜飲。弢夫言今日聞之壽蘅、若農兩侍郎，余卷在汪柳門侍郎手，已取第一，且言閲卷諸公自徐協揆外皆冥索余卷，李蘭孫尚書、景茀庭侍郎各以一卷擬余，後從汪侍郎得一卷，首藝提比用楊墨作柱意，又詩中有『皺知游鏡鯉，跂待罥汀凫』『舟過輕如拭，帆來重似扶』兩聯，共玩味之，以爲必余作也。諸公之意，以余老矣，得一主文，必能爲國家搜取真材，其意甚可感，然余積忤要人，庸能濟乎？談至二更後散歸。資泉自越來，以越茗、乾魚、乾年糕、醃菜見詒。

十八日辛亥　晴，熱甚。書玉來。王芾卿來。吴佩蔥來。戚聖懷來。敦夫來。紫泉來。左笏卿來，爲王姬診脉。命僧喜至福隆堂邀鄉人沈敬甫、俞伯常、張詩卿、鍾棨齋夜飲。得弢夫書。閲《元詩選》癸集。共十六卷，顧俠君之彌甥南沙席世臣據秀野所輯本補訂梓行，皆元人之片什零章不能成集者，每人下亦各有小傳。其書刻於嘉慶戊午，故《四庫》未及收。據席氏序云：從先生之曾孫果庭得已刻之版并未刻之稿，校訂刻之。是顧氏已有成書矣。

十九日壬子　晴，熱甚。子獻來。漁笙來。王蕺子來。朱苗生來。午詣慧叔視疾。詣台州館赴弢夫之飲，坐有廉生、漁笙、介唐、子獻、子封、仲弢。晡散，詣書玉、資泉兄弟，又答客一二家，晚歸。錢唐人吴縣令志道來，其銜帖自署曰分發廣東知縣，以其尊人廣東潮州太守均所著《潮乘備采録》《東江借箸録》兩册見詒。

邸鈔：詔：二十一日親詣大高殿祈雨，分命貝勒載澍等禱時應諸宮廟。

二十日癸丑　晴，熱甚。上午詣安徽館赴庚辰科團拜，演小丹桂部，每人率資一金二錢。晤翁、麟兩尚書師及絅堂、劬庵、桂卿、廉生、花農、子培、仲弢諸同年。夜呼僧喜往觀燈劇，至二更後歸。陳資泉來。介唐來。陳蓉曙來。倉官呈報後日再開倉放米。

邸鈔：上諭：前經降旨修葺頤和園，恭備慈禧端佑康頤昭豫莊誠壽恭欽獻皇太后慈輿臨幸。現在工程將次就竣，欽奉慈諭，於四月二十八日幸頤和園，即於是日駐蹕，越日還宫，從此慈駕往來游豫，頤養冲和。數十年宵旰勤勞，稍資休息，孺懷實深慶慰。所有一切應行事宜，著各該衙門敬謹豫備。詔：二十八日朕先往祗候跪接，王公百官均穿蟒袍補褂於三座門外跪送。朕於是日仍還畫舫齋。五月初一日皇太后由頤和園還西苑，王公百官仍穿蟒袍補褂於三座門外跪接。

二十一日甲寅　上午晴陰相間，下午多陰，有風。

比日疲困多卧，閑閲雜書，偶見書目有《唐詩消夏録》，取閲之。康熙中吴門顧安小謝所編，凡二册，皆唐人五律，槧刻精工。每詩下皆有評語，專講章法、照應、起合及用字之法，近於時文技倆，多涉淺俗，而頗喜爲澀晦之語。然亦間有一得。蓋尚沿明季論詩習尚，雖頗詆譏鍾、譚，實不出《詩歸》窠臼。其論詩最重初唐，次推盛唐，於中唐名作多致不滿，謂其薄弱。杭人周培基爲之增補，頗舉其失，亦閑有考訂，而大率囿於學究之識，忽明忽昧，惟以示初學，不爲無補。蓋自南宋以後，劉辰翁、方虚谷輩評舉詩文，即有此一派也。

得子獻書，催上虞連氏義田碑記。夜半起，入前門，由東華門外沿景山路至西苑門外六項公所待漏，偕同官洪右臣諸君久談，介唐、書玉亦來。

二十二日乙卯　晴，熇熱甚。平明入西苑門，卯正二刻引見勤政殿。自十九日后引見翰林院考差諸員，今日引見詹事府、科道、六部、國子監諸官。巳刻出城，答客一二家而歸。徐花農夫人何之姪女今日贅婿其家，花農以爲己女，來請酒。下午往賀，送禮二金，張姬亦往，送繡帨等四事。晤桂卿、芾卿，同觀花燭。花農固留，飲酒三行，偕陳六舟出，詣芾卿小坐而歸。庚午同年黄松泉編修今日龍泉寺受吊，送賻二金。新到衙門鍾御史鍾華來。張肖庵侍御來。旭莊來。

二十三日丙辰　晴，微陰，鬱熱。外舅馬竺香公忌日，供饋。

閲汲古閣刻六唐人詩，爲《常建集》三卷，《鮑溶集》六卷附集外詩一卷，《韋蘇州集》十卷，《王仲初集》八卷，《姚少監集》十卷，《韓内翰别集》一卷，紙槧精工，是初印本。每集首題籤一葉，有『毛氏正本』朱文一印，『汲古閣』白文一印。爲付裝釘，以五金得之。此等三十年前皆尋常屢見，直不過數百文，近則視同秘笈，以充古董矣。

作書致陳六舟宗丞，辭明日才盛館之飲。子封來。晡後答客一二家，至邑館偕敦夫、葳子、子獻、介唐、介夫談，至晚歸。

邸鈔：兵科給事中周天霖授廣西思恩府知府。

二十四日丁巳　晨及上午微陰，午後晴，酷熱。午飯後詣東直門外驗放鑲黄旗蒙古甲米一千九百六十六石。有佐領德山一分，圖片作德存，據該旗驍騎校雙興等言，德山已於三月間病故，今德存襲職，底册未及呈明更正，固求放行。因令具結，並行文本旗都統據實聲覆。是日又行文工部派員勘修所坐官廳，酉正三刻始竣事，馳歸已昏暮矣。是日暍甚，體中不快。以佩囊、繡袖等四事致花農家，爲新郎新娘子拜見之儀。桂卿來。夜熱甚，露坐久之，頗覺感凉。張樵野廷尉柬訂三十日午飲，作書以家忌辭之。

二十五日戊午　晴陰埃𡋯，鬱熱，過午稍覺微凉，多陰，有風。是日胸中煩懣，身熱气結，困劣多卧。潘伯循喪耦來告，欲往送斂，不果。署吏送來福建所解飯食銀十一兩有奇。介唐、蓴庭諸家來問亡室三周忌辰。自校新刻詩集，僅畢四卷，誤字尚不少，甚矣校書之難也，以力困而止。夜稍涼，卧閱《揮麈録》。

二十六日己未　晴，酷熱，寒暑表至九十餘分。子培來，以今日同人醵飲天寧寺，屬早赴之。姪珣來，言其父病危甚，乞轉請桂卿診。作書致子培、子封，以病辭飲。作書致桂卿請診。閱黄琴六《第六絃谿文鈔》。其《書洪武蘇州府志後》末題『道光庚子秋九月七十九叟黄廷鑑跋』，《書元大德刊本白虎風俗二通後》末題『辛丑九月』，是年過八十矣，不知以何年卒也。桂卿來診，言脉沉伏而濇，宜以宣暢爲治，用藿梗、蘇梗、橘紅、杏仁、廣鬱金、姜竹茹、絲瓜仁、半夏、麯方。余請其往診慧叔，言俟天寧飲歸時往。張姬往潘伯循夫人家接三，送燭楮。晡後慧叔家來告喪，哀哉！余方小食，爲之廢箸，命僧喜奔往視之。慧叔成進士三十年，甫得一郡，未得引見而卒，年五十五。余家衰替，蓋難復振矣！服桂卿方藥。是日頭痛身熱，嗽甚多淡。

邸鈔：以吏科掌印給事中隆恩爲内閣侍讀學士。右贊善李肇南轉補左贊善，編修李殿林升右贊善。檢討龐璽補江南道御史。詔：江寧副都統承綬准其因病開缺，以京口副都統致麟調補江寧副都統。京口三月中有民毆殺旗丁之事，案尚未結。

二十七日庚申　晴，酷熱，下午有風，晡後微陰。病不愈，中熱劇嗽，再服桂卿方。張姬、僧喜往送慧叔斂。仲弢來。介唐夫人來，以明日亡室三年之忌，送楮緡十挂及米糕、杏子、蓮子、白糖，犒使六千，反其蓮、糖。得周式如景曾聳昌書，并饋炭銀十二兩。閱《第六絃谿文鈔》。其中篇篇可傳，惟敘事非所長耳。得弢夫書。梧桐始華，合歡亦含萼。

二十八日辛酉　晴，酷熱，下午狂飈驟起，揚塵蔽天，逾頃漸止。亡室三周忌日，家人俱詣崇效寺殯宮，延僧九人，誦經一日，焚楮衣兩篋，寓樓寓庫兩坐。書玉詒楮燭，蕁庭詒楮燭、糕餅，其姬人往拜。作書致徐班侯，辭今日福蔭堂之飲。是日以病不能出門，命僕人吴升赴東直門外督放鑲黄旗漢軍甲米一千六十二石有奇，傍晚偕書吏來宅，復親自覈簿過朱。僧喜自寺歸，復命至慧叔家接三。對門黄松泉家以明日扶柩還杭，饋其母夫人杏仁及糖兩匣。弢夫來，言漱翁决計解官養疾，以明日拜疏，聞之黯然。比數日來，戚友問事故沓來，驚心隕涕，余病何能已乎？付崇效寺僧經儭銀七兩，齋饌銀六兩，四月殯賃銀六兩，楮衣錢十九千，紙庫錢十八千。付衣賈滕姓夾衫銀十二兩。庚辰同年陳編修與冏爲子取婦，送禮錢六千。

二十九日壬戌　晴。新入臺龐侍御壐來。新授思南太守周兵科天霖來。徐花農來。晡詣同街西鄰唐刑科暉庭，久談。詣漱翁，不值，晤仲弢，久談。詣旭莊、爽秋、子虞、班侯，皆不值。詣潘伯循，唁其婦喪，傍晚歸。介唐來。周式如之子邦翰書來，饋羽纓、藏香、蘭州水菸、果丹皮。

三十日癸亥　辰正三刻一分芒種，五月節。晴陰埃餲，歊熱異常。先本生祖考藴山府君忌日，供饋肉肴七豆，菜肴三豆，餘如常儀。作書致子培、子封。得潘伯循書，言其子病，屬轉請桂卿診。爲作片致桂卿。周介夫來。子培來。是日覺疲劣不可支，夜半咯血三。棗花開。

邸鈔：詔：五月初二日親詣大高殿祈雨，仍命貝勒載澍等禱時應諸宫廟。　通政使司通政使黄體芳奏病尚未痊，懇請開缺。許之。

五月甲子朔　晴，至午陰，下午雲合欲雨，傍晚晴。慧叔初祭，命張姬及僧喜往，饋以麵牲、麵果各五盤，楮段兩架。自南宋以後，人死者七日一祭，至七七止，流俗相沿，久爲典故。今京師人乃以六日謂之先七，益無意義。又最重第三日，親朋畢集，謂之接三，至夜具紙人車馬至通衢，哭而送之，謂之送三，務侈外觀，以送者人多爲貴。作書致桂卿請診。作片致周介夫，還其内閣寓宿銀八錢又泉十千。桂卿來診脉，言是心脾不足，濕困清陽，失升降之職所致，非浮熱，宜以升清降濁爲治。又請爲王姬診。作書致子封，賀其前日生子，饋以食物，得復。是日仍有咳血，服桂卿方。

邸鈔：以大理寺卿張蔭桓署理都察院左副都御史。命編修戴鴻慈廣東南海人，丙子。爲雲南正考官，吏部員外郎王嘉善安徽懷寧人，甲戌。爲副考官；編修丁仁長廣東番禺人，癸未。爲貴州正考官，檢討勞肇光廣東鶴山人，己丑。爲副考官。

初二日乙丑　晨陰，有微雷，上午大雨驟至，逾頃稍止，下午日出，旋陰。得子封書，并代撰學海堂策題兩道，即復謝。周生紳之饋節物六合，受其三，又以新刻昆明林紹清文伯所撰《合數述》兩卷見詒。合數者，英人白爾尼所撰，發明指數之義，凡真數、對數之雜糅及所設最繁難、最無憑之相等式，他法所不能推者，皆可以是術推之，近日傅蘭雅、華蘅芳譯之，爲《合數術》十一卷，此撮其大要耳。作書致季士周，并題目三紙。作書致潘伯循，問其長郎病，得復。黄漱翁來，久談。是日又爲金危危日，擬再作一詩寄雲門、可莊。夜涼。

邸鈔：以太常寺卿志顔爲内閣學士，兼禮部侍郎銜。以翰林院侍講學士宗室會章轉補侍讀學士，以司經局洗馬宗室綿文爲侍講學士。左中允陳秉和升司經局洗馬。福建道御史慶綿轉掌河南道御史。記名道黎庶昌授分巡四川川東道。

初三日丙寅　晴，微陰，頗涼。昨夕覺胸中躁熱，今日嗽劇多淡，作書致桂卿請診，亦以病不至。剃頭。唐暉庭來。蕺子來，子獻來。弢夫來。作書致敦夫，以節事窘甚，託其從張姓所筦悦昌紬莊暫假百金，得復。張姬詣仙洲夫人、介唐夫人，辭生日爲壽之禮，送仙洲夫人節禮二金，又酬其媵爲僧喜繡扇韜壓綫二金。作書致弢夫，饋節物。子培來，談至夜去。司廚以張姬明日生日，饋燕菜肴饌一席，又一品鍋一具。以一品鍋及餑餑詒敦夫、莪子、子獻，以肴饌之半詒桂卿，以半集家人夜飲。得爽秋書，饋於潛朮一匣，作書復謝。

邸鈔：蔭生袁世勳補户部陝西司員外郎。湖北人，侍郎希祖之孫，本上虞人。都察院經歷宋思允升刑部浙江司員外郎。浙江慈谿監生。向例：户、刑兩部司員應回避本省。近年陳康祺以進士歸本班，先曾選浙江司缺回避，輪補其次，陳以補缺無期，遂改知縣，此近例也。何以思允不必回避？且近日浙江道御史缺出，輪應禮部郎中詹鴻儀傳補，以浙人故，補其居次之刑部郎中王聯璧，何以同在一月中辦法岐異乎？於是詹乘間營求，禮部必欲留辦太和門等工程，遂以部資熟手奏留，吏部駁之，終遂其請矣。□□□□恩立補直隸順德府知府。禮部郎中陳兆奎安州，拔貢。補廣西平樂府知府。刑部郎中程嘉佑休寧，蔭生。補福建建寧府知府。保送分發安徽知府徐寶謙、河南知府江槐庭俱照例發往。

初四日丁卯　晴，下午陰，傍晚微雨。張姬生日，吴、陳、殷、詹四家俱送禮物，資泉夫人來。得弢夫書，饋桃、糕等四事，并詒僧喜團扇一柄，佩件四事，作書復謝，還佩件及燭。敦夫來，爲假得百金。介唐來。弢夫來。周生紳之來，以六金爲祝。張樵野廷尉來。廖仲山侍郎來。華生瑞庵編修來，戚聖懷來。午偕家人小飲。再得爽秋書。作書致周紳之，饋以食物，還其祝金。夜凉，小雨時作，五更大雷雨，達曙稍止。是日庭中緑棚成。

初五日戊辰　晨及上午密雨數作，午微晴，旋陰，下午時有小雨，傍晚稍霽，晚又雨。得徐亞翁書，言將出京戀眷之意，以所繪《歲寒三友》小幅見詒，即復。子獻來。仲弢來。朱孝廉興沂來，桂卿之子也。午偕家人飲雄黄酒，以雄黄書『龍』字於壁。芟竹。得周紳之書。作書致介唐，得復。是日還節帳銀二百四十兩有奇，天全木廠三十兩，司廚肴饌銀二十四兩四錢，楊書客銀五十五兩，譚書賈銀十四兩六錢，翰文齋書坊銀六兩，松竹齋紙銀六兩，宜勝居酒食銀九兩，福隆堂酒食銀二兩，協泰米鋪銀三十兩，同興石炭鋪銀二十五兩，謙祥紬鋪銀五兩，天順荷包鋪銀十三兩五錢五分，廣厚乾果銀十三兩五錢，吉慶乾果銀九兩，聚福齋糕餅銀四兩，滕衣賈銀九兩，同發布鋪銀八兩八錢，同盛香油銀四兩三錢，耿、顧賣花媪銀七兩，首飾銀五兩。又錢八十千。司廚四十九千八百，宜勝居六千，福隆堂五千，楊書賈四千五百，京兆榮記酒錢十二千。僕媪節賞錢一百十七千。凡十一人，王升十一千，守廄人六千，餘九人各十千。各長班吏役及各家僕犒一百千。夜雨，徹旦有聲。余壽平饋節敬八金，辭之不獲，姑受之。夜合花開。

初六日己巳　竟日密雨，至夜稍止，一更後又雨，終夕有聲。印識書籍。

初七日庚午　晴，午後有風，晡後有雷，微陰，旋霽。新補山東道桂御史桂斌來。敦夫之子士稱拔貢增彦來，以臺灣菰草席一領、安桂一枝、茶葉兩瓶、蝦子兩瓶見詒，又以筆四枝、墨一匣贈僧喜。作書致潘伯循，問其子病，得復。料檢放米咨行各旗都統文書。

邸鈔：上諭：總理各國事務衙門奏各省教案迭出，請嚴飭各督撫迅速籌辦一摺。據稱本年四月間，安徽蕪湖教堂被匪徒焚毁，江蘇丹陽縣、湖北武穴鎮等處教堂亦相繼被毁，亟應查拏匪犯，早爲嚴防等語。各國傳教，載在條約，曾經降旨，飭令各省隨時保護，歷年已久，中外相安，何以近日焚毁教堂各案同時並起？殊堪詫異。其中顯有巨匪潛謀句煽，布散謡言，摇惑衆心，希圖乘機搶掠，甚至安分良民爲所誘脅，動成鉅案。若不嚴行懲辦，何以嚴法紀而靖地方？著兩江、湖廣、江蘇、安徽、湖北各督撫迅飭該管文武查拏首要各犯，訊明正法，以儆將來。至泰西之教，本是勸人爲善，即從教之人，亦係中國子民，仍歸地方管轄，民教本可相安。著各直省將軍督撫出示曉諭居民，切勿輕聽浮言，妄生事端。各國商民教士，地方官必當隨時設法，保其身家，勿任奸徒擾害。其從前各省未結各案，並著該將軍督撫從速辦結，不得任聽屬員畏難延宕，以清積牘。將此通諭知之。詔：以京師得雨，於初九日親詣大高殿拈香報謝，分命貝勒載澍等報謝時應諸宮廟。

初八日辛未　晴，下午微陰，旋晴。秦芝孫孝廉德埏來，以茶葉兩瓶、彘脯兩肩見詒。弢夫來。花農夫人偕其姪女何來。爲僧喜團扇上畫韓冬郎『紅薔薇映碧芭蕉』詩意，并書《江行》絶句。

邸鈔：上諭：李鴻章、張曜奏會同校閲海軍並查勘各海口臺隖工程事竣一摺。覽奏均悉。該大臣等周歷旅順等處，調集南北洋輪船會齊合操，並將水陸各營以次校閲，技藝均尚純熟，行陣亦屬整齊，各海口礮臺船隖等工俱稱堅固。李鴻章盡心籌畫，連年布置，漸臻周密，洵堪嘉許，交部從優議敘。張曜會同籌辦，交部議敘。各將領訓練士卒，修建臺隖，不無微勞足録，准其擇優保奏，以示鼓勵。海軍關係至要，必須精益求精。仍著李鴻章、張曜切實講求，督飭提鎮各員認真經理，以期歷久不懈，日起有功。另片奏擬在膠州、烟臺各海口添築礮臺等語，著照所請行。

初九日壬申　晴，熱甚。子虞來。閲《元詩選》癸集。其分卷自癸之甲至癸之癸各爲一集，而自癸之戊下皆各分上下卷，故爲十六卷。其癸之癸取元人姓名見於元、明各家選本及山經地志、書畫遺蹟而無字里、官爵、時代可稽者四百三十四人，殿爲一編，其用力可謂勤矣。體例秩然，必出秀野原本無疑也。夜三更後起盥漱入城，由景山路至西苑門外，已有曙色矣。偕同官待漏於六項公所。

初十日癸酉　晴，酷熱，寒暑表至九十餘分。晨入西苑門，樹色湖光，烟靄一碧。卯刻引見勤政殿，以兵科給事中缺擬陪也。王芾卿升員外郎，亦由户部帶領引見。辰刻答拜張廷尉、廖侍郎，出城答龐侍御壟、周給事天霖而歸。午後腹痛，復病腹寫兩次。

傍晚有風，稍涼，閲《顔魯公集》。嘉慶七年公三十代孫江蘇興化縣知縣曲阜顔崇槼所刊，即明無錫安氏所刻十五卷本，出於宋嘉定間永嘉守留元剛所得嘉祐中宋次道所編殘本十二卷，不知何時又分爲十五卷也。宋次道本十五卷，皆集録金石所刻編成之，留氏僅得十二卷，又益以《拾遺》及《年譜》。前有孫淵如序及宋人劉原父序、留元剛序、明人都元敬序、楊石淙一清序、唐人給事中因亮所撰行狀、右庶子令狐峘所撰神道碑銘、留元剛所編《年譜》及《拾遺詩文》一卷，而不載《四庫》所收佚文，其校刻亦有誤字。

徐亞翁來。同鄉吴郎中景祺爲子娶婦，送賀錢四千。同年閔户部荷生喪耦，送奠儀四千。

十一日甲戌　晴，酷熱。作書致殷萼庭，辭今日浙館之飲。仍病腹寫，不適多卧。

閲明刻《群書集事淵海》。共四十七卷，分十門，又子目五百七十二。其書門類糅雜，而偏枯挂漏，配隸不均。如褒賞一門，祇列漢、宋、元三事，餘可知矣。每條下皆注出處，俱習見之書。此書無撰人姓名，前有弘治中大學士劉健、謝遷兩序，言内官監左少監賈性以善價購得鈔本，梓而行之。謝序言蓋是前元士夫入國初後所作，今觀其中載遼、金、元事甚多，而敘遼、金於宋上，又多載元順帝善政，如褒賞門祇三事，而載順帝褒崇察罕一詔，則出元之遺臣甚明。其所引皆注《元史》，是已在明初修史以後，蓋是色目人不甚通學問者所爲，而惓惓故君之思，甚爲可取。賈性，一内臣之不甚顯者，而劉、謝兩序皆稱爲公。文靖言性爲其内書房教讀生，而推奬甚備，且極稱是書。文正序言性以屢至内閣傳旨，故識之，且云：『予愧非博洽者，辭不獲，姑書此以塞責。若其間采輯之當與否，則亦未暇論也。』乃明示不屑交内官之意及是書之不足取，具見木齋太傅風裁嚴峻，遠過河南。而明自王振以後，宦寺權勢，炎炎日盛，雖以孝宗極盛之世，文靖首輔之賢，已不能委蛇假借，故正德時逆瑾一出，事遂無可爲也。《四庫提要》謂所采事蹟自春秋迄戰國，又謂劉健原序深致微詞，皆誤。

傍晚稍凉，夜有佳月，頗凉。

邸鈔：户部郎中顧璜升内閣侍讀學士。掌廣東道御史王會英升兵科給事中。

十二日乙亥　晴，仍熱。剃頭。比日合歡盛開，桐花漸有落者，棗花纍纍，中半含青實矣。爲僧喜團扇上畫『紫櫻桃熟麥風凉』詩意，中爲橋亭，兩人對坐，橋下垂楊一樹，下泊小舟，一人坐舟之尾，所以取興『風凉』。

邸鈔：命翰林院侍講學士瞿鴻禨湖南善化人，辛未。爲福建正考官，編修段友蘭江西永新人，己丑。爲副考官；左副都御史徐致祥江蘇嘉定人，庚申。爲廣東正考官，編修周樹模湖北天門人，己丑。爲副考官；劉玉珂湖北安陸人，丙戌。爲廣西正考官，檢討宋育仁四川富順人，丙戌。爲副考官。上諭：魏光燾奏親老多病，懇准開缺回籍省視一摺。護理甘肅新疆巡撫布政使魏光燾著准其開缺，俟陶模到任交卸撫篆後再行回籍。

十三日丙子　晴，上午微陰，少凉，下午烈景復熾。命僧喜齋戒三日，今日清晨詣前門關帝廟求籤詩，以余復有引去意也。

先是戊子歲考差，余卷爲福協揆取第一，實潘文勤從臾之，都下喧傳，人人快意，江南士夫，尤欣欣望余之持節彼邦，以爲得人慶也。及試差，放已半，而余不得。要人濟寧孫某者，以甲申歲讞獄湖北，勢張甚，時鄧鐵香爲鴻臚卿入楚，人浮言疏劾之，外間傳鐵香疏多出余手，故孫銜余甚。洎入政府，爲醇賢親王所寵，炙手可熱，務修夙怨，鐵香旋被齮齕去，遂力扼余。又以都人皆知余爲第一，恐不滿衆望也，乃令其私人及其婿陳琇瑩等遍播謠言，謂余卷實以小講用『唯初太始，道立於一』二語，福協揆不解所謂而抑之，題爲『吾道一以貫之』。既知爲余，恐得罪清議，乃僞言已取第一。李若農侍郎時爲學士，與余同試殿中，繳卷時得見余文，極贊此二語爲通場獨絶，而心忌之，又素與濟寧狎，其詩又誤用『竣』字爲仄聲，徐蔭軒協揆得其卷，亦不知『竣』字爲平仄，而不喜其文，欲屏之。潘文勤見之曰：

『此南齋李某也，汝敢不取乎？』徐不得已，置之第二。濟寧遂脅李曰：『汝卷有此疵例摘出，今不汝疵也。』李心感甚，遂協力濟寧，謂余卷實不取，潘尚書亦無從臾事。人有質之潘者，潘亦畏孫、李，謾應曰：『余未嘗見此卷也。』於是杭州士夫之忮余者，又欲爲其鄉人許尚書蔽賢解，皆同聲和之矣。今年余卷復列第一，都人又盡知之。近日要人者復令其私人工部郎中趙亮熙竊傳考差所取八十人名單，内杭州九人，杭士試者十一人，惟給事中張元晉、中書連文冲不列。嘉興一人則子封，紹興一人陳遹聲，浙江共十一人，無余名。又令其門下陳編脩等遍告人，謂汪侍郎所取第一實廣西人鍾德祥，侍郎誤以爲余，鍾首藝起比亦以楊墨作柱意，其詩中亦有『皺知游鏡鯉，跂待罥汀凫』二語，惟『汀』字作『沙』，而李侍郎者復言余卷以小講第三句有『相人偶之謂仁』語，用《説文》，爲徐協揆所黜，協揆閱卷後與侍郎同舟出太液池，面告之，且能舉其詩。於是杭人若濮紫泉等及浙人之行走要路者復忻忻相告，併爲一談矣。夫謂福協揆不解『唯初太始』二語，徐協揆不解『相人偶』語，且以爲出《説文》，俱無足怪也。然以諸公遲鈍之目、善忘之心，閱卷匆忙，進呈迫促，而已斥之卷，福公能背誦其破題小講，戊子四月十七日午前，都下人盛傳余破題，滿洲之考差者及户部士夫多能誦之，以福協揆宗室長户部也。余破題惟用『宗聖』二字，它無異人者。徐公能全舉其詩文，則諸公真過目不忘，古人若張子孺、虞永興，近人若徐健庵、于金壇皆所不及。且福協揆長户部時，余爲司屬，試卷糊名，又不知誰何黜之。則竟黜之，乃恐得罪於余，詐言首取，則協揆之虚懷服善，更爲加人數等。至余此試之詩文，何以全與鍾編修同，豈兩人同録舊文耶？抑余竊寫翰林文字耶？趙、陳諸人，鬼蜮萬端，亦何足責！而要人之蔽聰弄權，公肆招摇，法制蕩然，猖狂無忌，其下之舐痔承竅、嫉賢害能，甘居下流，不顧事理，亦可謂愚而悍矣！此事瑣穢，本不足記，所以書之者，以見朝政如此，時局如此，人心如此。余以老病垂盡之身，孑然孤立，尚靦顔立仗，戀數升之芻粟而不肯去，亦何爲乎？

今日神示籤詩二首。問差事云：『與君夙昔結成冤，今日相逢那得緣。好把經文多諷誦，祈求户内保嬋娟。』其下解云：『此籤主有夙冤，雖有好機會，終於無成，所謂無緣對面不相逢也。貴人占此不吉，宜謙恭以保之。』其上引故事云『孫龐鬥智結仇』，神恉顯然，且明著其姓，真可畏哉。問官事云：『年來豐歉皆天數，自是今年旱較多。與子定期三日内，田疇霑足雨滂沱。』其下解云：『富貴皆有天數，非人力所爲。凡百謀爲厄，於時勢尚未順利。定期三日内，言後必有變也。庚者事之變，前庚三日爲丁，後庚三日爲癸，二字則變凶爲吉，當謹修於始，不可妄動。』其上引故事云『邵堯夫告天』。此籤於戊子八月余亦以不得志，有休官意，命僧喜詣神乞籤，亦得此詩。今相隔三年，事猶未變。神意深遠，三日之恉，未知所屬。然玩第二句，則旱既太甚，無望甘霖，已可瞭然矣。憶咸豐己未，余爲周叔雲兄弟所陷，居京師，困甚，詣神乞籤詩，得『何勞鼓瑟與吹笙』，云云，全首見辛酉日記。其下解云：『此籤主比之匪人。』上引故事云『張騫誤入斗牛宫』。至辛酉歲，再禱之神，仍得前詩。以余與周氏兄弟文字至交，本甚昵也，叔雲行十一，是『牛』字；季貺行十二，是『斗』字；余時入貲爲郎，張博望亦郎官也。己未余與二竪同居，辛酉尚與叔雲同寓，未絶之也，故神再示以比匪之害，且顯證其事，然則關廟籤詩之靈，宋人所傳祠山諸籤不足言矣。

潘伯循之婦開吊，送奠儀二金，張姬往吊。午詣介唐，不值。詣陶然亭赴同官吴聚堂之飲。午陰微凉，始聞蟬聲，主人未至，獨坐禪室。葦畦雨後，新緑如滴，北窗半開，遠攬平疇，秀色無際，佳興漸屬，方欲理詠，而主賓沓至，皆臺省同寮，前輩自居，岸然上坐。余不能忍，託言腹痛，將待奏厠，酒一行而歸。聞伯循以病移居邑館，其子昨夕復以疫死，欲往唁之，而日景烈甚，宿疾未平，家人力沮，遂不復出。作書致黃漱翁，爲慧叔求十九日點主。作書致敦夫，問伯循病狀，且請十九日慧叔家偕介唐陪點主，得復。命僧喜往慧叔家商其喪事。金忠甫來。仲弢來，談至夜一更後去。是日庭樹始有新蟬。夜月甚佳，林影如繪。

邸鈔：以宗人府府丞陳彝署理都察院左副都御史。以巴里坤分巡鎮迪道饒應祺署理甘肅新疆布政使。

十四日丁丑　晴，晡後陰悶鬱熱。弢夫來。得仲弢書。陳蓉曙來。楊莘伯來。作書致弢夫，得復。晡出門答客一二家，詣邑館視伯循病。答拜秦芝孫、鮑士稱，晤敦夫、子獻、秉衡、介夫、芝孫，晚歸。左笏卿來。夜作長牘致弢夫，皆言今年考差本末也。弢夫甚親余，爲之謀甚忠，而喜聽浮言，若以鷄蟲之得失爲鯤鵬之變化，故今日作兩書，備論人情之翻覆、余志之憺定，以覺悟之。二更密雨有雷，竟夕時有雨聲，五更又密雨。

邸鈔：翰林院侍講學士潘衍桐轉補侍讀學士，以左春坊左庶子黃卓元爲侍講學士。

十五日戊寅　黎明密雨，日出雨止，上午微陰，頗涼，午有溦雨，下午晴。弢夫來。漁笙來，久談，出觀其令子瓌所作時藝三首。年甫二十，居然老成，後生之秀出者也。宗文宿能徵來，滌甫師之子也。命僧喜詣慧叔家赴三七之祭。張姬詣關帝廟再求余差事及官事籤詩，語甚吉祥，蓋神厭之矣。差詩有『羨君兄弟好名聲』及『丹詔槐黄相逼近』之句，是明言得試差，以戲之耳。夜月皎甚，歸寢後開簾滅燈，卧床觀之，清光滿席。

邸鈔：上諭：張曜奏運河道耆安工次被劫，獲犯訊辦一摺。此次匪徒拒傷道員，搶劫鞘銀，並傷人役多名，情節重大，非尋常盗案可比，難保無巨匪溷迹其間，亟應迅速拏辦，以遏亂萌。著張曜督飭地方文武，就已獲人犯嚴行訊究，並將案内首要各犯嚴拏務獲，從重懲辦，不准一名漏網。山東滕縣知縣秦應達、該汛把總袁其智，於此等重案毫無防範，僅予摘去頂戴，不足示懲。秦應達、袁其智均著先行革職，仍勒令協輯。御史文杰授湖南常德府知府。本任知府劉爗病故。

十六日己卯　丑初三刻夏至，五月中。晨及上午陰，傍午微晴靉靆，午後雷雨，有震霆，下午雨，傍晚漸霽。祀曾祖考妣、祖考妣、本生祖考妣、先考妣，肉肴、菜肴各六豆，祔以三亡弟，餘如常儀。別以素肴祀内子，以肉牙盤十味祀故寓公。共焚楮鋌八挂。朱文川秉成自吴門來，以酒兩罎、羗脯一肩爲饋。是日望，夜月出皎甚，園林清綺，窗户洞明，内外若晝。三更復雨。

十七日庚辰　晨及午晴，下午雲合，有雨，旋止，晡後復霽。得雲門四月二十七日長安書，言將入秦撫幕司章奏矣，并寫寄道中所作詩十一首，詞五首。閱元尚居校刊《石經彙函》。自顧亭林《石經考》至阮文達《儀禮石經校勘記》，共十種，分十六册，槧刻精工，雖間有誤字，然如嚴鐵橋《唐石經校文》一種，所模斷文壞字，竟與原刻無大異，孫淵如《魏三體石經遺字考》且較原刻爲精。黄漱翁來。蕚庭來。作書致仲弢。

邸鈔：詔：鑲白旗蒙古副都統、充東三省練軍總統、奉國將軍溥侁，講求紀律，勞瘁不辭，兹聞溘逝，軫惜殊深。加恩照副都統軍營立功後積勞病故例從優議恤。從定安之請也。

十八日辛巳　晴，酷熱，晡後微陰。比日畏熱，忽忽若病，卧閲馮氏登府《石經補考》。凡漢石經考異二卷，魏石經考異二卷，唐石經誤字辨一卷，蜀石經考異二卷，北宋石經考異一卷，南宋石經考異二卷，國朝石經考異一卷，共十一卷。辨析極精，議論亦折衷平允。王芾卿來。晡後詣慧叔家。靈櫬在堂，繐帷蕭黯。見其妻子，商議殯葬諸事，慘戚久之。出詣蕚庭小坐。詣邑館答拜宗文宿、朱文川，皆不值，辭還文川所饋酒。詣蕺子，亦不值，辭其二十日龍樹寺之飲。傍晚歸。是日料檢覆奏摺件，明日偕載義門覆奏鑲黄旗甲米放竣。

邸鈔：上諭：吏部奏獲咎人員捐賑請奬，申明例案一摺。自來予奪之權，操之自上。近年各省恭逢恩詔及捐輸保奬人員，朕核其情節，有特旨允准者，有交部議奏者。其特旨允准之中，有照原官録用者，有降等給奬者。恩施輕重，朕心自有權衡，豈能以特降綸音、仍聽部議爲准駁？嗣後凡遇各督撫奏請奬敘之案，其交部議奏者，該部自應按照例章分别核辦；若特旨賞給官職及照所請奬敘者，該部即遵諭行，不得援照部章聲請。

十九日壬午　晴，午有急雨，即止。是日酷暑，寒暑表至一百分。早起盥漱畢，詣慧叔家陪吊，僧喜隨往。晤朱小唐學士，徐小雲、汪柳門兩侍郎，張振卿少詹及紫泉、旭莊、弢夫諸君，送奠儀四金。午刻請漱翁點主，敦夫、介唐陪點。漱翁，慧叔之兄雅齋丁卯房師也。午後設席於安徽館之碧玲瓏館。烈景甚酷，雖竹樹茂秀，而無深林高樾，不能蔽景，危石巉竦，轉覺炙逼，下午亟驅車歸。僧喜、張姬俱至晚始反。

閲《皕宋樓藏書志》，其著録之精秘美富，令人有向若之歎。所載大定己酉平陽王朋壽魯老《增廣分門類林雜説》自撰序、大定四年古豐姚孝錫所撰《古清凉傳序》，又大定辛丑案：爲二十一年。永安崇壽禪院雪堂中隱沙門廣英序，皆張氏《金文最》所未載。梁會稽嘉祥寺沙門慧皎所撰《高僧傳自序》，其敘梁以前諸僧，紀載甚備，多《隋志》所不著録。

邸鈔：右中允承德升司經局洗馬。吏部郎中王倣補江西道監察御史。

二十日癸未　晴，酷熱如昨，晡微陰，更鬱。早起詣慧叔家視其出殯，以熱甚即歸，張姬、僧喜俱送至廣寧寺門外三晉庵，傍晚始反。得子蓴書。

是日決計去官，移牒本道，告病開缺。居得言之地，值禁謗之時，上下一心，以言爲諱，權臣擅政，宦竪竊權，官以賄成，事由中制，疆臣跋扈，醜夷眈覗，而酣飲漏舟，熟眠厝火。蕪湖、丹陽、黄州、寧國、九江等處夷教肆害，鉅案迭起。督撫媚夷，殺戮妄行，民人憤怒，勢極必變。而當軸宵人，煬竈固位，忌嫉益甚，惟恐言者或發其覆，脅制朝廷，鈐押百司。冲聖柔仁，恭默不事。余入臺將一載矣，小者不屑言，大者不敢言，寒蟬瘖啞，仗馬趨蹌，趑趄具僚之中，奔走簿書之末，俯首閉目，天下其謂我何？孔子曰：『邦無道，危行言孫。』孟子曰：『有言責者，不得其言則去。』七十老翁，龍鍾衰病，既無所求，將欲何爲？惟有潔身而去，不尸厥職已耳。聖賢有作，知我此心。作書致子培，告以去官之意。知我者謂我心憂而已。

閲《皕宋樓藏書志》。子培來。桂卿來，以碧螺春茗兩瓶爲贈，同作夜談。

二十一日甲申　晴，下午微陰，酷熱蒸鬱。早起入宣武門，至西江米巷送徐亞陶行，不值，賞其僕兩千。出城詣傅子蓴，小坐歸。亞陶以保送知府，援例指省安徽，今冒暍長行；子蓴亦援例指省江西，尚未引見：皆塗修齒耄、蕉萃失志者也。爲弢夫便面畫黄、黑兩牛，行豐草中，上蔭高松，旁帶小橋叢竹，并書王嗣宗詩於上云：『欲挂衣冠神武門，先尋水竹渭南村。却將舊斬樓蘭劍，買得黄牛教子孫。』此詩東坡言於關右寺壁上見之，不知誰作，愛而書之。蔡寬夫《詩話》以爲王景莊詩。景莊知永興甚久，其氣概可想見也。作片致弢夫。新入臺王同年儆來。弢夫來。夜洗足。

二十二日乙酉　晨晴陰相間，巳後靉靆欲雨。剃頭。漁笙來，久談。作片致敦夫，致子獻，俱得復。閲《皕宋樓藏書志》。所載賀方回《慶湖遺老集》自序世系，引謝承《會稽先賢傳》，諸家輯本皆未采及。

邸鈔：命内閣學士李端棻貴州貴陽人，癸亥。爲四川正考官，編修陳同禮安徽懷寧人，癸未。爲副考官；王錫蕃山東黄縣人，丙子。爲湖南正考官，丁立鈞江蘇丹徒人，庚辰。爲副考官；熙瑛滿洲鑲藍旗人，己丑。爲甘肅正考官，李聯芳陝西平利人，辛未爲副考官。

二十三日丙戌　晨晴爽，巳後復酷熱，下午陰雨雷震，晡後漸霽，傍晚夕陽在樹，尚有雨意。慧叔家來還藤椅子，思之愴然。弢夫來。晡後雨過頗涼，庭樹如拭。移几庭下，小安筆硯，望高柳上，夕陽餘映，嫩黄如染，前後槐樗，皆作金翠色，小僮林兒欣然告曰：『此地風景勝極樂寺數倍。』此言可賞。林兒之父，嘗爲商城相國之僕，後遂爲門丁，蠢蠢人耳，此童過其父遠矣。夜雨數作，五更後有雷，益密。

二十四日丁亥　晨震雷大雨，巳後漸霽，竟日晴陰埃𣆯，密雨數作。族姪沅詒北魏造像拓本二十紙，甚有精者，又饋醽鴨卵兩簍，糖陳皮兩匣，陳州藕紬一匹。固還其紬不得，犒其使六千。得内姪婿州山吴士麟四月廿二日書，并寄冰糖、龍眼、乾菜笋煮豆等食物一簍。作書致子培，致介唐，致桂卿。新補江南道達御史達椿來。得子培復、介唐復。閲《桃谿客語》。偕喜赴張詩卿招飲萬福居。夜初雲合雷電，雨大作，一更後稍止，二更後星見，四更又雨，有雷。是夕復涼。

二十五日戊子　晨及上午密雨甚苦，傍午漸晴，午後晴間陰。上午入前門，進西長安門，詣天安門朝房，偕兵部廖仲山侍郎掣武官月選籤。凡都司三缺、守備一缺，皆藍翎侍衛以年勞得之。又守禦所千總一缺，雲騎尉學習期滿得之。午歸。

閲《苕谿漁隱叢話》。其卷五十四載王直方《詩話》云：東坡嘗曰：『吾鄉有一諺云：「富因校些子，貧爲不争多。」此極有理。』余謂此爲一己所需及家人日用言耳，若酬接親朋，則不當存此意。昔者友人周星譽嘗爲余言，凡接待人，切不可云『不好意思』，此四字便足破家。余應之曰：『觀君此語，東坡所以料章子厚必能殺人也。忍心害理，賣友無君，即此一言，推之足矣。』憶咸豐丙辰歲，余館友人家，一日已餔，偶詣陳閑谷，時聞其將游河南，往問其行期。閑谷曰：『明早即行矣。』余驚曰：『何不先告我？』閑谷之母夫人及閑谷皆曰：『累君家久矣，不敢以聞也。』時已將夕，離余家六七里，又須出城，乃歸館向友人借束脩番銀二餅。問所需，告以故。友人曰：『我輩寒士，安得以多金贐人？衹一千錢足矣。』余少之。友人曰：『此固君之脩脯銀，我無與也。我實爲君籌。君之有加於彼亦頻矣，今亦以教讀自給，彼豈不知？且彼行後，其家故在，君家太夫人豈能恝然置之？是仍當有所酬也。此贐何容多乎？』余曰：『朋友千里之行，以千錢贈之，何顔持以往也？』友人曰：『不須君自行。』即夕，命其僕齎錢持余名片去，晌息歸，言其母子陳謝狀。友人笑曰：『何如？凡事須忍。應酬之事，當時自以爲薄，日後思之有餘味，蓋人情已過，而錢終省矣。君其匆之。』余心終耿然。數日歸家，以告先母。先母大怒曰：『千錢可贐戚好乎？我以汝在館，去彼家近，必能爲之謀。彼以貧故，離母别妻子遠游，其交游有幾？汝贐之極少須四五千，汝本意出二番銀，已爲薄矣。汝無錢，何不歸告我乎？』其後閑谷竟客死汴中，不復相見，此事余至今恨之。友人與閑谷亦相識，且姻親也，家又饒裕，其爲余謀非不忠，惟其後所云云則謬矣。因閲東坡語，聊復書之。《叢話》又載高齋詩話云國初有名人作坐右銘云：『避色如避讎，避風如避箭。莫吃空心茶，少餐中夜飯。』四語真字字密諦。

晚微雷，小雨。

二十六日己丑　終日晴陰相間，午後有烈風，晡有小雨。

閲《李忠定公集》。中有與先莊簡公書四首，其一以張德遠秉鈞，忠定方帥江西，屬先莊簡爲之調護，可見三公在南宋初，偉人鼎峙，關系興亡，使能戮力協心，久見任用，宋事未可量也。莊簡與忠定交契最深，與忠獻亦素款，而始見扼於吕頤浩，終見困於秦檜，忠獻又與忠定不叶，此宋之所以不競也。忠獻淮西覆軍後，忠定與之書，歷敘始末，責其僨事，勸其改圖，詞婉而嚴，氣平而直，勤懇切至，有古大臣風。此等皆古人有數文字，而人多忽之。

是日得許星臺布政訃。星臺名應鑅，番禺人，筠庵師之從兄也，咸豐癸丑進士，由部曹至今官。喜爲詩，頗以不職聞，被劾來京，以五月四日歿於通州，年七十二。布政有十子，皆夫人所生，今已歿者五人，而訃中仍列名，惟以黑方圍中作白文別之，此從來所無者也。今人多子者，滿洲裕壽山將軍裕禄亦有十子，亦一夫人所生，而皆無一女，亦爲佳話。然昔年晤將軍之弟同年壽田侍郎裕德，言十人者亦喪其半矣。且兩家諸子亦罕有佳者。晚世气運漸薄，所鍾毓不能奇異也。得亞陶片，薦其僕宋升。家人游陶然亭，欲飲龍樹寺而歸。夜密雨數作，徹旦有聲，凉甚。

邸鈔：上諭：剛毅奏大員假滿，病仍未痊，呈請開缺，據情代奏一摺。貴州巡撫潘霨著准其開缺。以光禄寺卿良培爲太常寺卿。

二十七日庚寅　晨及上午晴陰相間，傍午有風雨，午後晴，日昳又驟雨，晡復晴。是日頗凉。

閲王阮亭《居易録》。阮亭於詩雖專取興趣，頗窘邊幅，然論詩實有微悟。此録所評騭去取，皆折衷平允，無一苟語，學者當奉爲法也，唐、宋以來論詩者，莫精粹於是矣。唐人論詩如《劉賓客嘉話》等，已多不可解。宋人詩話最多，大率迂淺偏滯，無有真際。如《詩話總龜》《漁隱叢話》，所采掇甚備，罕可取裁。明人更譎詭矣，蓋中無真識，而喜爲大言，或以私意標榜，風斯益下耳。

敦夫來。仲弢來。前記關廟籤詩之靈，今日偶與客言，十五日所得籤詩已語語應驗。詩云：『羡君兄弟好聲名，祇管撝謙莫自矜。丹詔槐黄相逼近，巍巍科甲兩同登。』此爲二十二日所放試差李端棻、李聯芳兩人發也。二人名連棻、芳二字，似兄弟，然又皆已四得主考，所謂『羡君兄弟好聲名』，以余亦李姓也；第二句言於我無與，故云『莫自矜』也；第三句言二十二日即命下，已逼近也；第四句言兩人同被命也。其下解云：『此籤問科名者必主兄弟聯芳。』且顯示以名矣。蓋神哂其瀆，故以此戲之。又前日家人詣陶然亭文昌閣問余官事，得籤詩云：『解龜休去路非賒，雲到何山不是家。釣渚別來應更好，回看官職是泥沙。』皆集唐人句，其勸余挂冠之恉，婉而篤矣。

邸鈔：編修劉桂文補山東道御史。京察官内閣侍讀奎華、吏部郎中恩浩均交軍機處記名，以道府用。

二十八日辛卯　晴，微陰，下午埃䨴鬱熱。得王氏妹五月十七日書。子培來，久談。書玉來。剃頭。晡後詣徐季和副都、瞿子玖學士，送其按試粤、閩，則徐已行矣。詣徐班侯小坐。詣爽秋，不值。晚詣宜勝居赴書玉之飲，悶甚不能食，夜二更初歸。

邸鈔：以四川布政使崧蕃爲貴州巡撫，即赴新任，毋庸來京請訓。崧蕃，浙江巡撫崧駿弟。

二十九日壬辰小盡　晴，微陰，酷暑，有風，晡雲合，有雷，晡後烈風，大雨如注，兼挾冰雹，有長寸許者，傍晚漸止，忽見夕陽，旋復陰，晚又雷雨。作書致子獻。上午詣東直門外驗放正白旗包衣甲米。待至日晡，據儲濟倉監督吏部王郎中琛等文稱今日一早開倉，至今未見該旗領米人到。因即移文正白旗都統，嚴查遲誤之由。余時怒甚，其詞甚厲，有云『各旗領米，例有定月；米車候驗，例有定時。貴旗甲米限在五月，乃延不赴領，疊經本院兩次文催，直至二十八日始據該倉監督聲稱接准貴旗移文，定於二十九日赴領。計日已届月盡，既違月例。本院於今日午初親駐城廂，專待驗放，延至申刻，復據該倉監督呈稱並無領米人到。查甲米乃列聖仁恩，兵食攸關，本院係特旨簡派，專司糾察，豈得視同兒戲，任意遷延？似此動輒無端，實屬不成事體。爲此再行片催，貴旗務即傳飭各該佐領並各領米章京，限於明日六月初一日起按次赴倉支領，多備米車，遵照定章，巳刻到門，各佐領親遞圖片，聽候驗放，並將今日因何遲誤之處據實登覆。儻再延玩，定行嚴參，相干未便』云云。付吏行訖，即上車驅還。至東四牌樓，黑雲如墻，自西北起，雷聲隱隱。疾馳十五六里，酉初抵家，大雨如注。使今日米車到門，此時放米未及半，公所頹敝，將同露處，車馬立雨中，霆霤交下，當不可問矣。新補山東道劉御史桂文來。許星臺布政開吊，送奠分十二千。

邸鈔：以浙江按察使龔照瑗爲四川布政使，以四川分巡建昌道黄毓恩爲浙江按察使。黄毓恩，湖北鍾祥人，乙丑翰林。編修吴祖椿授山東登州府知府。本任知府江澍畇病故。

六月癸巳朔　晴陰埃瞖。得瞿子玖書，言即日南行。得爽秋書，以所著《劄記》中《論語》夷逸、朱張一條見示，并問《續漢書·禮儀志》侲子和歌『甲作食𦙶』等語名義。朱文川來辭行，言明日即出都了海運公事畢，將赴常熟令任，乞爲作書致曾君表。弢夫來，言其新娉鄰姬已於昨夕到京。江西人陳挹清來謁，言是德夫之嗣子、邁夫之子也。邑子錢仁俊來謁，湖北縣丞。夜閲《居易録》。

初二日甲午　戌初一刻八分小暑，六月節。晨及午晴，間陰，下午陰溽鬱熱，晡復雲合，傍晚密雨，入夜淋漓。作書致君表，送文川携去，則已行矣。作書復爽秋，略言侲子歌句讀名義，并檢壬戌所著《窮愁録》一册附去，以中有論夷逸、朱張一條，不從鄭義也。子虞來。費屺懷來。爽秋來。漁笙來，敦夫來，介唐來。吴子修來。漁笙招同敦夫、介唐夜飲便宜坊，遇雨，至二更涉淖而歸。是夕徹旦有雨聲。

初三日乙未　竟日密雨，入夜未止。得爽秋書。得子獻書。是日置酒杏花香雪齋，邀漁笙、敦夫、宗文宿、王莪子、秦芝孫及敦夫令郎士稱、族姪沅夜飲，至二更後始散。書玉兄弟以雨不至。閲《尚書古文證疑》。乾隆中高郵孫喬年寶田著，共四卷，凡三十五篇，分條辨駁，大率同閻潛丘之指，務申朱子未竟之説。夜雨，至三更稍止。

邸鈔：編修榮慶升詹事府右中允。

初四日丙申　晴陰鬱溽。漱翁來。陳挹清前日來見，命僧喜飲之便宜坊，今日復來，以有客，辭之去。慧叔之婦復病，遣傭媪來告，以其子婦所繡菸荷包、四喜袋詒僧喜。閲《讀禮通考》。徐氏此書集衆手而成，體例完密，議論亦折衷平允，惟所采輯諸書尚多繁簡失中，亦時不免訛舛。晚有霞粲然，夜仍陰，五更後雷電雨作。

初五日丁酉　昧爽大雨，晨日出，上午晴，下午雨忽驟至如注，晡後益甚，雷有震霆，入晚雨稍止，凉甚。閲《讀禮通考》。其大體全以《通典》爲主，而取材《儀禮經傳通解》《儀禮集説》及各史志傳，采掇既富而議論明晰，甚爲可觀，惟其時注疏之學未甚講求。其館客如萬季野等皆不熟精鄭義，而好與鄭爲難，所采郝京山、汪苕文、萬充宗之説，皆多出臆見。使遲數十年，得戴、段、金、凌仲子、凌曉樓、孔、褚、陳諸儒爲之，則善矣。

邸鈔：兵部右侍郎白桓奏假期屆滿，病仍未痊，懇請開缺。許之。白桓字建侯，順天通州人，故工部尚書鎔之孫，癸亥進士。以太常寺卿壽昌爲漢缺通政使司通政使。壽昌，内務府漢軍人，故工部尚書榮綸子。

初六日戊戌　晴。剃頭。曝衣裘，曬書一架，取六月六理箱服、六月六開書盝之義。作書致敦夫，問伯循疾，得復。

初七日己亥　晨及午晴溽，微陰，下午小雨，旋止，溽暑益甚。弢夫來。

竟日閱《讀禮通考》。其卷十二附録《通典·出後子爲本生祖母服議》：晉太康中，尚書令史逯本亦作『遂』。殷父翔少繼叔父榮，榮早終，不及持重。今祖母姜氏亡，主者以翔後榮，斷殷爲大功。殷謂翔既不及榮持重服，雖名別繼，奉養姜故如親子，且殷是翔之適子，應爲姜之適孫，乞得依令，遣寧去職。尚書奏：『禮無不及還重之制，翔自應降姜，殷無緣還重。』詔可。又引賀循《爲後服議》，謂出後者之子，於所後者名分久定，上有所承，於本生者義漸輕疏，恩所當絶，出後之稱，止於一身，不當傳代，豈得還重。又引宋崔凱《喪服駁》，謂代人即世人，《通典》避唐諱。有出爲大宗後，還爲其父母周，其子從服大功者。經文『爲人後者爲其父母周，爲其兄弟降一等』，此指爲後者身也，不及其子，則當以父所後之家爲服紀。又引晉劉智《釋疑》，謂魯國孔正陽等議以爲爲人後者，服所後之親若子，爲其本親降一等。不言代降一等者，以爲至其子以義斷，不復還本親故也。智以爲爲人後者，此出子及其子孫皆爲人後者也。甲無後，故乙爲之後，乙之子孫皆去其親，往爲甲後，皆當稱爲人後，服本親不傷於後者若子，則其孫亦然矣。本親有自然之恩，降一等，足以明所後者爲重，無緣得絶之。又引王彪之答張禬之從祖母丁喪，本是親祖母，其亡父出後，求詳禮典，議云：如謂族人後大宗者，出後者子，於本祖無服。孫不服祖，於情不安。是以諸儒之説義旨，無孫不服本祖之條。案《記》云：『夫爲人後者，其妻爲舅姑大功。』鄭玄云：『不二降也。』妻於舅姑義服，猶不二降，況其子孫，骨肉至親，便當無服乎！禮疑則重。諸出後者及子孫，還服本親，於所後者有服與無服，皆同降一等。謂禬之當服大功。案：此見《通典》卷九十六『出後子爲本親服議』。

徐氏乾學以爲爲人後者之子，於父本生父母之服，古今喪禮皆無之，將依本宗概降一等之例，則諸書但言爲後者降一等，初不言爲後者之子亦降一等，不得而擅定也，將依父所後之倫序爲定。儻所後而爲疏屬，則竟無服矣。禮疑從重，千古同情，則逯殷、王彪之大功之議，固可爲後世之準也。蓋父爲本生父母期，子從父而降大功，情之至、義之盡也。

慈銘案：賀穆公及崔凱之説，皆主於尊祖敬宗，其義實較劉智、王彪之爲精，賀説尤詳，多爲比例，兹不盡録，然皆爲古禮後大宗者言耳。三代以後，宗法既亡，晉、宋以還，出後彌廣，既無大宗尊祖之義，又無小宗可絶之文，苟有貲財，不論昭穆，豈得尚援承重，還絶本親？則凡爲人後者，自降其父母爲期之外，餘本生之親，屈於父母皆降一等，至祖以上正尊之親仍服本服可也；爲後之子，於父本生之親，皆從其父遞降一等可也。逯殷所請遣寧去職，蓋其時父已早亡，又無伯叔，故自以爲祖之適孫，欲爲祖母還承重服，此不得以爲出後者子之通例，故尚書不准行耳。若以今時言，父之本生父母亡，而父已没，子代其父，仍爲服期，亦無不可。由此推之，父之昆弟姑姊妹、昆弟之妻之子，皆宜爲小功服而爲之報禮，非天降地出，人情而已矣。自禮律不言出後者爲本生祖父母之服，及出後者子還爲本親之服，於是争執紛紜，刑獄失當。十餘年前見邸鈔河南一案，有出繼者之子因其祖母假居其田中草屋，逼令遷去，且毁其器物。其祖母憤而自縊死。巡撫奏稱其爲緦麻服親，占屋不還，因釁自盡，亦非威逼，便同凡論，請予免議，而没其本生之親，亦以禮律無此名也。余謂此人以父本生之母貧就草間，尚不肯容，使非逼之已甚，何至輕生致死？核其情罪，實同梟鏡，而法司疆吏，視爲固然，無一念及本親之誼者，此禮服之不可不講也。先君子出爲先祖後，實繼叔祖父之子，咸豐辛亥冬，先君子本生母顧太恭人殁時，先君子早卒，慈銘於服屬已爲緦麻，疑所服，親族尊行有文學者皆不能質證。先本生祖父命降一等服大功，而親族多疑之，乃改服小功，其後又改齊衰三月。余季弟彦僑出爲祖免叔父後，去年彦僑之女亡，年二十三矣，余以服屬已絶，欲爲之持服，而無文可據，心喪五月而已。今得此比例，庶爲精當，惜爾時閲《通典》未及檢出此條耳。

得張生煦林津門書。

邸鈔：以都察院左副都御史沈源深爲兵部右侍郎，未到任時，以工部右侍郎徐樹銘兼署。右春坊右中允李紱藻轉左春坊左中允，左贊善李肇南升右中允。

初八日庚子　初伏。晨日出，旋陰，有小雨，上午薄晴，午後晴，酷暑鬱溽。始服絺衵。閲《讀禮通考》。新授登州太守吴幼農祖椿來。是日署中視事，期新補御史劉同年桂文到任，吴聚堂來邀同往，以暑甚不果。作書致弢夫，以繡袖、香囊等四事賀其新納姬人，得復。以西瓜一儋詒書玉夫人。是夕月出頗佳。始卧龍須草席。庚辰同年楊檢討福臻以兄喪來赴，送禮錢四千。

初九日辛丑　晴，酷暑，甚可畏。陸珠浦瓖秀才來辭行，漁笙之次郎也，歸應浙試。敦夫令嗣士稱來辭行。士稱以拔貢分發江西知縣，旋丁母憂，今服闋入都，欲應京兆試，而吏部難之，仍歸里應試。作書致子培。得心雲五月十二日廣州書，并所拓蕭山祇園寺磚塔中吴越時崇化寺舍利塔記及西塔基記兩通。塔記題『顯德五年戊午』，而塔基記題『唐下元戊午』，蓋吴越雖名臣事中國，而陰陽向背，實亦以五代爲閏位也。又所書余昔所撰鄞人董君家傳石本兩通。作書致漁笙，以近日酷暑，勸其郎輩少緩南行。聞潘伯循今日申刻病殁邑館中，年五十二。伯循家本式微，能自奮取科第，由翰林改兵部主事，甫得補缺，將升員外郎，而連喪妻子，身亦不禄。其家尚有老母，年七十餘，聞已卧病，可哀也。

近日上虞莫堅卿比部峻亦以咯血亡。莫本會稽人，丙子進士，甫管印結局。三日兩死，吾郡士夫不競甚矣。作書致弢夫，辭今日夜飲及看新人。得漁笙復。夜月殊佳。

初十日壬寅　晨陰，巳後晴，酷熱，晡後陰，傍晚稍凉，晚溦雨。上午詣漁笙、敦夫，俱送其令子南。旋詣子培、子封，晤子封。答拜劉侍御桂文、吴知府祖椿。詣邑館，問伯循棺斂事，晤介唐、子獻、聖懷諸君，午後歸。潘仲午祖年來。新授常德知府文侍御文杰來。饋敦夫西瓜一儋。作致王氏妹書，并寄朱提八兩，爲今年三月間五十壽。又作致季弟婦書，致品芳書，并楹帖。作致平景蓀書，并寄去三月中所書六十壽聯。作書致敦夫、士稱喬梓，以書件託附去。香爐營四巷來告族弟子貞之喪。子貞名嘉彬，高叔祖悔庵公之玄孫，族伯春帆之子也，爲吏於京三世矣。子貞幼窶甚，近在户部緞匹部爲司稿吏，甚得沾潤，爲富人。有五子，其四已娶婦矣。余未與識面，而子貞先數過余，且屢屬慧叔爲致殷勤，甚盼余之一過彼。而余以先官户部有親嫌，近在臺中，又避與書吏通，迄不往，今長已矣！年未六十。宗族之衰，自去冬至今，兄弟行在都者連喪三人，可歎息已。悔庵公諱建烈，字武仲，乾隆十二年舉人。幼敏甚，讀書目數行下，天山府君於諸孫中最愛之，嘗稱其十餘歲爲文如生龍活虎，不可捉摸。及長遭家難，兩上公車，遂絶意仕進。既老，以截取部選得四川某縣知縣，不赴。晚境益困，諸子不振，家日落，鬱鬱以殁。其諸孫中惟一人爲諸生，餘多不肖。南中後嗣，蓋已垂絶。其墓在梅市之路南村，族中諸房爲之祭掃有年矣。子貞久居北，不知此事，余曾屬慧叔告之，方冀少暇，治杯酒，聚諸兄弟子姪，序昭穆以治譜事，考冢墓以辨世次，而今又弱兩个，獨余一身，支持老病，能弗悲乎？倉吏送來驗米公費銀四十四兩。本六十兩，以八折又扣平。禄米倉送來春夏兩季俸米七石八斗。夜密雨，至一更後止。付吏役送銀、米等錢十四千。

十一日癸卯　竟日凉陰，間有微雨，上午薄晴。閲《有學集》。其中多剜版缺葉，蓋有觸犯者已盡去之。其襯葉爲《鈐山堂集》，彼此相笑，亦竟未知誰爲得失也。文士披猖如兩君者，亦可哀矣。命張姬詣子貞家接三，僧喜詣伯循家接三，各送燭楮四事。張姬歸，言子貞年五十六，較慧叔長一年耳。漁笙來。諸暨蔡優貢啓盛來。是日補種竹十四竿，去年南墻所移者悉枯死矣，又栽紫薇六株。王元之謫商州日有詩云：『兩株桃杏映籬斜，妝點商山副使家。』先莊簡在瓊海有《春日偶題》云：『庵後疏籬見碧花，庵前榕葉晚藏鴉。閑階草長落痕滿，裝出儋州副使家。』皆於幽憂中寓閑適之致。余今日雖非謫宦，然窮愁幽憤，則有甚於二公者，以一詩寫之云：『壓擔紅薇幾樹花，十餘竿竹倚肩斜。城南圜叟争相問，此是南臺御史家。』付花錢三十千，竹錢五千。

十二日甲辰　晨微陰，旋晴，竟日酷熱，午後微陰，晡後有風。又買竹三竿及秋花兩儋，遍栽庭院。都中罕見蛇，前日忽有二蛇自門塹流入，其一白花者，長二三尺，宛延中庭，令人掃出之；其一未之見。蓋近以比鄰盡發老屋，驅至此也。此物畏鳳仙花，故多種之。午後詣東直門外驗放甲米，到者僅四百四十餘石，移文鑲藍旗都統及太平倉督促之。晡後自城外沿朝陽門循濠至東便門入城，一路清流帶環，畫船徐至，水光帆影，放佛江村，浴鴨成群，罾魚相錯，遡風十餘里，不知烈日之爲苦也。入城以後，塵歊蒸鬱，溽穢滿衢，過東柳樹井買冰梅湯一碗，飲之不啻瓊漿甘露矣。傍晚歸。蔡癯客啓盛饋𤇾脯、盤香、南糖、豆豉，受盤香及豉一合。是日得詩三首。

酷暑中種竹栽紫薇成三絶句

荷臿循行圜一弓，門前熱客不爲通。先生自有忙公事，手灌花畦待晚風。

夾牖紅薇幾樹花，十餘竿竹倚墻斜。路人指點清陰説，此是南臺御史家。

一覺斜陽午夢回，四圍濃緑映窗開。不知門外除書幾，自領山僮掃緑落。

大暑奉命稽查公事畢由東直門外沿朝陽門至東便門一路水光樹色悠然有會即事成詠

簡書䙰襶奉王程，稱娖單車觸熱行。漸見夕陽歸遠樹，暫隨流水繞重城。林間村落還疑夢，烟際帆檣近似迎。最羡暖波浮鴨樂，一川葭葦與堤平。

邸鈔：命通政使司副使李端遇山東安丘人，癸亥。爲浙江正考官，編修費念慈江蘇武進人，己丑。爲副考官；内閣學士陳學棻湖北安陸人，壬戌。爲江西正考官，編修余誠格安徽望江人，己丑。爲副考官；劉啓端江蘇寶應人，己丑。爲湖北正考官，御史張嘉禄鄞人，丁丑。爲副考官。李端遇齷齪下流，不辨文字，連主江、浙，士林駭歎。